Zoccoli, Hektor

Die Anarchie

Zoccoli, Hektor

Die Anarchie

Inktank publishing, 2018

www.inktank-publishing.com

ISBN/EAN: 9783747760857

Vorwort des Übersetzers.

Das vorliegende Werk eines italienischen Gelehrten über die Anarchie in ihrem Gesamtbild der Theorie und Aktion trägt ein eigenartiges Gepräge, obwohl sich in den letzten Jahren schon so viele Werke, wenigstens ihrem Titel nach, mit demselben Thema beschäftigt haben.

Das Eigenartige, Charakteristische und Bedeutende dieses Werkes liegt nicht bloss darin, dass es viel mehr als eine leblose Darstellung der Lehren einzelner Theoretiker oder Agitatoren ist; nicht nur darin, dass es zum ersten Mal in grossen Strichen die Erscheinung der Anarchie in ihrer allseitigen Entwicklung und Gestaltung im Schosse der anonymen Masse des Proletariats schildert, sowie ihre praktische Aktion, ihr Leben und Wirken darstellt, sondern darin, dass der Verfasser, der absolut keine heuchlerische, weil unmögliche Maske der „Unparteilichkeit" aufsetzt, sondern sich gleich von vornherein, und fast auf jeder Seite des Buches als entschiedener Gegner des Anarchismus erklärt — trotzdem imstande war dieses Werk in solcher Weise zusammenzustellen, die Theorieen und die Aktion einer Bewegung, deren Gegner er ist, mit solcher wissenschaftlicher Aufrichtigkeit zu schildern, dass es ein Anarchist mit gutem Gewissen auf sich nehmen konnte, für die Herausgabe dieses Werkes in deutscher Sprache zu sorgen, und als dessen Übersetzer zu zeichnen.

Nach fleissiger Untersuchung auf Grund einer ausserordentlich reichen Dokumentierung, deren Materialien dem Verfasser zum grössten Teil von Anarchisten selbst geliefert wurden, und die wohl keinem anderen Schilderer der Anarchie zur Verfügung standen, gelangt er im Schlussabschnitt, am Ende des Werkes, zur unerbittlichen Verdammung der Anarchie vom Gesichtspunkt der Wissenschaft und der Ethik.

Obwohl der Verfasser in seinem Vorwort erwähnt, dass er sich schon bei der Sammlung der Dokumente, also schon vor Beginn des Werkes und somit auch vor den dazu notwendigen Studien als entschiedener Gegner der Anarchie erklärte, weist der Übersetzer selbstverständlich den Gedanken von sich, dass der Verfasser an seine Untersuchung mit einer vorgefassten Ansicht herantrat, und zu seinem wissenschaftlichen Resultat auf Grund seiner aprioristischen Absicht gelangte.

Noch weniger steht es einem bescheidenen Übersetzer zu, gegen die Konklusionen eines Gelehrten zu polemisieren, dessen Werk er überträgt. Doch seiner Überzeugung ist der Übersetzer einige Worte schuldig, um zu erklären, dass so sehr er die objektive, sachliche Darstellnng einer Bewegung an der er teilnimmt, von seiten eines Gegners dieser Strömung, als korrekt und aufrichtig anerkennt, — obwohl der Verfasser manchmal mit offenkundiger Befriedigung in recht schmerzlichen Seiten ihrer Geschichte wühlt — der Übersetzer keineswegs mit den Konklusionen dieses Werkes übereinstimmt.

Der Uebersetzr will durchaus nicht bestreiten, dass die Anarchie im

Gegensatz zur geltenden Wissenschaft und Ethik steht, doch scheut er sich nicht — ganz barbarisch und antiwissenschaftlich — zu erklären, dass seiner Ansicht nach die Wissenschaft mit der Erscheinung der Anarchie und ihrer Aktion nichts zu tun hat, und dass es für die Anarchie und das Streben ihrer Adepten nach ihrer Verwirklichung von geringer Bedeutung ist, ob die geltende Wissenschaft und Ethik sie verdammen oder nicht.

Abgesehen davon, dass es wohl keine neu auftretende historische Bewegung oder Strömung gegeben hat, die nicht von der zu ihrer Zeit geltenden Wissenschaft und Ethik verdammt worden wäre, glaubt der Übersetzer, dass das Urteil der Wissenschaft und Ethik nicht immer unbedingt als absolut und definitiv zu betrachten sei, weil eben d i e Wissenschaft und Ethik keine definitiven Errungenschaften der e x a k t e n Wissenschaften darstellen — ohne daran zu erinnern, dass durch neue Entdeckungen sogar als unerschütterlich betrachtete Resultate der exakten Wissenszweige manchmal wie Kartenhäuser über den Haufen geworfen werden mussten. Die Geschichte des Gedankens weist oft genug Beispiele auf, wo die grösste wissenschaftliche Wahrheit von heute der grösste Irrtum von gestern war und umgekehrt — ebenso wie oft die höchste Gerechtigkeit von gestern die höchste Ungerechtigkeit von heute wurde.

Auch die ethische Verdammung wegen der Vernichtung von Menschenleben, die sich manche Anarchisten zu schulden kommen liessen, kann nach der Ansicht des Übersetzers die Anarchie nicht treffen, weil die Vernichtung von Menschenleben durchaus keine Spezialität des Anarchismus ist. Soweit wir in die Geschichte zurückblicken, finden wir wohl keine einzige politische, religiöse oder soziale Strömung oder Partei, ebenso wie keine Nation, die nicht aus „Staatsraison", mit oder ohne juridische oder „völkerrechtliche" Formalitäten, Menschenleben vernichtet hätte, um zu ihren Zielen zu gelangen, — ohne gar von den grauenhaften, unermesslichen, unberechenbaren Vernichtungen von Menschenleben zu sprechen, die durch Kriege aus politischen, diplomatischen oder dynastischen Interessen veranlasst wurden, wobei sich das Verhältnis der von der Anarchie zu den durch die Kriege vernichteten Menschenopfer wie ein Tropfen zu einem Ozean stellen würde, — umso mehr, wenn man von der Ansicht ausgeht, dass vor dem Tode alle Menschen gleich sind.

Diese wenigen Reserven glaubte der Übersetzer sich nicht versagen zu dürfen, weil sonst von ihm stillschweigend angenommen werden könnte, dass er mit der Tendenz des von ihm übertragenen Werkes übereinstimmt.

So wenig ist der Übersetzer in seiner Überzeugung erschüttert, dass er vom Glauben durchdrungen ist, dass durch dieses Werk — wie es auch der Verfasser wünscht und ausdrückt — der Wahrheit ein grosser Dienst geleistet wird — obwohl er die Wahrheit in ganz anderer Richtung sieht als jener.

Das grosse objektive Verdienst um die Wahrheit liegt in der aufrichtigen und verständnisvollen Darstellung positiver Tatsachen.

Ob die Verdammung der Wissenschaft und Ethik unfehlbar war, das wird die Geschichte, der einzige unfehlbare Richter, lehren, dessen, Entscheidung die Zukunft bringen wird.

London, 1908.

Siegfried Nacht.

Vorwort des Verfassers.

Es hätte mir ebenso sehr die Absicht als auch die Ausdauer gefehlt, diese Monographie zu schreiben, wenn mir nicht die feste Überzeugung zur Seite gestanden hätte, dass angesichts dieser moralischen Irrtümer, die in der gegenwärtigen Gesellschaft durch das Werk derjenigen emportauchen, die sie nicht durch den kritischen Gebrauch der Vernunft, dem Recht der freien Überzeugung zu erobern wissen, sich aber mit einem Anschein historischer Kontinuität und Entwicklung aufbauen, die das Verfahren der Wissenschaft nachahmen, indem sie deren Funktion verkehren, die Wissenschaft selbst die fundamentale Pflicht hat deren Entstehung zu erforschen, und deren Gestaltung mit unbeugsamer Strenge der Methode zu verfolgen. Nicht immer ist die Erringung der Wahrheit gleichbedeutend mit gleichzeitiger Vernichtug des Irrtums. Der Irrtum verliert nur dann jeden Anspruch auf unsere kritische und wertende Nachsicht, wann die auf die Methode bezüglichen theoretischen Diskussionen, die für die Bestimmung abstrakter Standpunkte zur Erringung der Wahrheit geeignet sind, sich in ein praktisches Instrument zu konkretieren verstehen, das die Wurzeln des Irrtums aus dem Boden selbst herausreisst, in dem er gediehen ist. In der Erfüllung dieser wissenschaftlichen Pflicht steht die Ethik in den ersten Reihen. Denn wenn es der Ethik gelingt, durch zweckentsprechendes Verfahren zu bestimmen, wo sich ein Irrtum befindet und von welchen logischen und sentimentalen Verirrungen seine Entstehung und Verbreitung bedingt wurde, verlangt sie die Mitverantwortlichkeit anderer Wissenschaften, und wann es notwendig wird, die praktische Wirksamkeit des Rechtes, damit beide für deren konkrete Beseitigung wirken.

Das vorliegende Werk, das zum ersten Mal die anarchistische Lehre und Aktion in ihrer Gesamtbedeutung bearbeitet und durchdringt, will also die Erfüllung einer wissenschaftlichen Pflicht — und somit einer moralischen Pflicht sein.

Woher und wieso ich die Materialien zu meiner Dokumentierung herbeigeschafft habe, die jede Seite dieser Monographie erfüllt, ist kaum nötig anzuführen. Wer für die Erringung eines würdigen Zieles arbeitet, kann auf das Urteil über die Mühe, die ihn seine Arbeit kostete, verzichten. Ich muss aber — da es sich hier um ein Thema handelt, wo alles, sogar das grobe Gerüst der äusserlichen Entwicklung, mit systemathischen Plan und Strenge der Methode aufs neue zu konstruieren war, wobei das Herabsteigen auf den Grund jeder der kleinsten Erscheinungsformen dieser Entwicklung kaum eine der Vorbedingungen war, um zum erstrebten Gesamtresultat zu gelangen — noch folgendes hinzufügen: Ich habe die Gewissheit, das Studium keines einzigen der vorhergehenden fragmentarischen wissenschaftlichen

Arbeiten über die Erscheinungswelt des Anarchismus, die mir in meiner Absicht behülflich sein konnten, übergangen zu haben, — obwohl sie nebenbei nicht einmal dazu ausreichen würden, um eine matte Kompilation zusammenzustellen. Ohne diese Vorbedingung hätte ich mich nicht an die Arbeit gemacht, und ohne sie erschöpft zu haben, würde ich sie nicht veröffentlichen. Somit nehme ich keinen Anstand zu erklären, dass so oft ich etwas nicht besonders erwähne, dies als mitleidiges Stillschweigen gelten kann. Ich habe die Dokumentierung aus so weiten Tiefen geschöpft, als es mir nur möglich war, oder richtiger noch, viel weiter, als aus den den Untersuchungen des Gelehrten gewöhnlich zugänglichen Gebieten. Dennoch habe ich jedesmal dann von den Dokumenten keinen Gebrauch gemacht, wo sie nicht zum Beweise der strengen wissenschaftlichen Untersuchung, sondern zur Unterstützung von Persönlichkeiten und Zielen gedient hätten, die mich ganz und gar nicht kümmerten, weil sie die Wissenschaft nicht kümmern. Zum Schlusse muss ich noch erklären, dass ich fast unzählige Dankesverpflichtungen, und um so grössere denen gegenüber empfinde, die mir mit Bereitwilligkeit und einem Vertrauen entgegenkamen, — durch das ich mich geehrt fühlte —, um einen Gelehrten zu unterstützen, der bis zur äussersten Skrupelhaftigkeit peinlichst darauf hielt, sich vor allem als ihr entschiedener Gegner zu erklären. Aber die Aufrichtigkeit bringt Glück und die ans Licht gezogene Wahrheit dient allen. Und ich spreche auch meinen Dank noch allen jenen aus, die mich in Italien und im Ausland, und besonders in London und Berlin in meinen Nachforschungen unterstützt, und es mir ermöglicht haben, aufrichtig zu bleiben in der Erreichung des höchsten Zieles, und so für die Wahrheit zu arbeiten.

Ich habe nichs weiter hinzuzufügen. Doch noch eins. Noch eine Erklärung der Aufrichtigkeit, wenn der Leser es gestattet. Dieses Buch will der erste Schritt von vielen anderen sein, die noch zu machen notwendig sein wird, um die praktischen Konsequenzen der anarchistischen Theorie zu überwinden, die die allerbedeutendste ethische Verirrung darstellt, die jemals die Welt erschüttert hat. Und es ist nicht meine Schuld, wenn — obwohl ich auch nur vom ersten Schritt spreche, — die Aufrichtigkeit nicht mit grösserer Bescheidenheit wahrheitsgetreu vereinigt werden konnte.

Rom, Oktober 1906. Hektor Zoccoli.

Analytisches Inhaltsverzeichnis.

Die Ideen.

Die Taten.

Schlussbetrachtungen.

EINLEITUNG.

Über die anarchistische Literatur und die vorliegende Abhandlung.

Der Leser, der eine ausgedehnte und massgebende Kenntnis der Literatur des Sozialismus besitzt, was ich — da man doch von einer als bekannt angenommenen Voraussetzung ausgehen muss — als erste Bedingung bei denen annehme, die mir in den Nachforschungen zu dieser Arbeit folgen wollen, kann sich eine Vorstellung von den Schwierigkeiten machen, die die Orientierung in der anarchistischen Literatur mit sich bringt, sobald er nur irgend eines der Nachschlagewerke durchblättert, die bis heute die Quelle waren, aus der selbst die bekanntesten Gelehrten zu schöpfen sich beschränkt haben. Ich könnte mir deshalb die fast überflüssigen Beispiele ersparen. Sucht man z. B. nach den bibliographischen Angaben von G. Adler — dem doch ein gutes Buch über die erste sozialistische Bewegung in Deutschland vor dem Jahre '48 [1]) zu verdanken ist — unter dem Worte *Anarchismus* [2]) im *Handwörterbuch für Staatswissenschaften* von Conrad [3]), so findet man dort kaum drei oder vier Angaben, die mehr geeignet erscheinen die Nachforschungen abzulenken, als sie auf den Kern

---

[1]) G. Adler, *Die Geschichte d. ersten sozialpolitischen Arbeiterbewegung in Deutschland*, Breslau 1885; Vrgl. Id. *Die Lehren d. Anarchisten: Nord u. Süd.* 1885 März.

[2]) Um die Erscheinung des Anarchismus in ihrem Gesamtbild ihrer Lehre, ihrer Aktion und ihrer Organisation der Gesellschaft darzustellen, habe ich die Bezeichnung *Anarchie* gewählt, um den Namen *Anarchismus* blos für die Gesamtdarstellung der Theorien zu reservieren. Ueber diese konventionelle Annahme der Bezeichnung wurde ein ganzes Buch geschrieben: A. Hamon, *Socialisme et Anarchisme; études sociologiques; définitions*, Paris, E. Sansot 1905. vrgl. pp. 99—125.

[3]) Jena, Fischer, 1898, Bd. I pp. 296—327. Unser darüber ausgesprochenes Urteil kann auch eben so gut auf das bezogen werden, was C. Grünberg über die Anarchie im *Wörterbuch d. Volkswirtschaftslehre*, Jena, Fischer, 1898 schreibt — ebenfalls nur eine Fundgruhe von Gemeinplätzen, die von Unberufenen geplündert wird.

der anarchistischen Lehre und Aktion zu führen. Es ist dies eine Sammlung von einer Zeitung entnommenen Artikeln [1]), eine Darstellung der Anarchie vom Gesichtspunkt des Sozialismus [2]); die (wie nicht anders zu erwarten wäre) ausserordentlich tendenziösen Erinnerungen eines Polizeipräfekten [3]) und noch einiges mehr, was aber die Armseligkeit dieser Zusammenstellung auch nicht bereichert.

Wenden wir uns nun an ein Nachschlagewerk von ganz besonderer Kompetenz, z. B. an das Werk von Stammhammer [4]). Unsere

---

[1]) *Der Anarchismus und seine Träger. Enthüllungen aus dem Lager der Anarchisten.* Berlin. Neufeld u. Mehring, 1887. Diese „Enthüllungen", weit davon entfernt, wirklich solche zu sein, wurden zuerst als Korrespondenzen aus London für die *Kölnische Zeitung* geschrieben. Dieser entnommen, wurden sie später, ebenfalls anonym als Buch, enthaltend v - 211 pp. veröffentlicht. Der Verfasser war Rudolf Martin. Id. *Die Entwicklung des Sozialdemokratismus zum Anarchismus: Preuss. Jahrbücher* 1888. 61. Bd. *Die Ziele u. Ideen der Anarchisten; Die Gegenwart* 1888. 34. Bd.

[2]) N. Reichesberg: *Sozialismus und Anarchismus.* Bern u. Leipzig. Siebert 1895. Obwohl diese Schrift von einem sozialistischen Verfasser herrührt, erkennen die Anarchisten die Richtigkeit dieser kurzen Darstellung an, wie noch einer anderen aus ähnlicher Quelle — z. B. E. Renard *Communisme anarchiste: Revue socialiste* 1887 nov. pp. 472—480. Doch handelt es sich hier nur um kurze allgemeine Darstellungen, ohne ernste, systematische Grundlage. Die Anarchisten beurteilen dagegen — was ja begreiflich ist — diese Schriften der Sozialisten, die polemischen Zweck haben, ziemlich abfällig, auch wenn sie sich auf die Anfänge der anarchistischen Bewegung beziehen; z. B. die Artikel von H. Greulich in der *Tagwacht* von Zürich 1877 Nov. 9—14 und im *Jahrbuch für Sozialwissenschaft* ebenfalls in Zürich 1877, Bd. I pp. 1—53, die gegen die Anarchisten vom Juragebiete gerichtet sind; die Artikel von L. Bertrand: *Le communisme anarchiste* in der *Revue socialiste* 1888 Februar pp. 113—129; die Artikel: *Die soziale Doktrin des Anarchismus* von E. Bernstein in d. *Neuen Zeit*, Stuttgart, J. X. 1891—92; das Buch von Rienzi (Pseudonym des holländischen Sozialisten H. van Kol) *L'Anarchisme*, übersetzt von A. Dewinne. Brüssel, Libr. du Peuple, 1893; und noch viele Andere, über die noch an entsprechender Stelle gesprochen werden soll.

[3]) Andrieux, *Souvenirs d'un préfet de police*, Paris, 1885. — Es wird aus meiner ganzen Arbeit zu ersehen sein, dass man um so mehr die Bedeutung der Erscheinung des Anarchismus durchdringen kann, je mehr man von dieser Gattung von Publikationen absieht.

[4]) *Bibliographie des Sozialismus und Kommunismus.* Bd. I. Jena, Fischer, 1893. Bd. II. ibid., 1900. Die italienischen Forscher brauche ich nicht an die Nachforschungen systematischer Bibliographie von A. Bertolini zu erinnern, die in Bezug auf wissenschaftliche Kompetenz diejenige von Stammhammer bei weitem übertreffen. Sein Vorwort für die Uebersetzung von Rae, die reich ist an Angaben über den italienischen Sozialismus, — wobei es nichts ausmacht, dass er hier und da eine Angabe richtigstellen musste — ist vom Jahre 1895 (2te Auflage). Die Angaben, die für eine Arbeit über den Anarchismus verwendet werden können, sind jedoch ziemlich spärlich, wie es eben unvermeidlich ist, wenn man diesen Gegenstand nicht zum Hauptzweck seiner Nachforschungen gemacht hat. Id. *Rivista*

2

Enttäuschung sollte — diesmal aus anderen Gründen — nicht geringer werden. Abgesehen davon, dass dieses Werk gegenwärtig nur bis ins Jahr '98 reicht, ist es offenbar, dass, wenn es auch mit technischer Genauigkeit in Bezug auf den Sozialismus zusammengestellt ist, es absolut unzureichend ist in Bezug auf die Anarchie, deren bibliographische Angaben, überschwemmt von einem Gemenge aller möglichen Notizen, nicht einmal das Verdienst beanspruchen können, den Eindruck einer klaren Erinnerung an die den Publikationen und Dokumenten entnommenen Ereignisse zu hinterlassen. Stammhammer beruft sich ohne Kontrolle auf ein anderes Nachschlagewerk, wobei er alle Ungenauigkeiten, die darin vorkommen, wiedergiebt, ohne seine Vorzüge zu teilen. Dieses Werk — die *Bibliographie de l'Anarchie* von Max Nettlau[1]) das, weit davon entfernt, definitiv zu sein, wie der fleissige Verfasser selbst bemerkt, ist auf jeden Fall bis zum J. 1896 das an Angaben allerreichste Repertorium für unsere Arbeit. Ueber die technische Methode, die vom Verfasser bei seiner Arbeit verfolgt wurde, liessen sich nicht wenige Bemerkungen machen; besonders wäre es vorteilhaft gewesen, die Einteilung des Materials nach der Bedeutung der Schriften und nach den Gebieten wegzulassen, die oft ziemlich willkürlich erscheint, um sich bloss auf das chronologische Kriterium zu beschränken. Doch dies schwächt die grossen Vorzüge der Arbeit nicht ab, von der ich grossen Vorteil gezogen habe, wobei ich mich immer bei entsprechenden Gelegenheiten mit der notwendigen Kontrolle und den seltenen Berichtigungen daran erinnerte. Ich glaubte diese verdiente Achtungsbezeugung einem Forscher zu schulden, besonders auch wo mir trotz oft gleich grossen Fleisses eine solche Hilfe in Bezug auf die anarchistische Bewegung der letzten zehn Jahre versagt war. Gegenüber der Bibliographie von Nettlau verlieren alle die spärlichen Hilfsquellen jede Bedeutung, welche von den Beflissenen noch vorgeschlagen werden könnten, die sich der Darlegung oder Widerlegung einzelner Punkte der

---

di socialismo. Giorn. di Econ. J. IV. fasc. 1—2; *Die sozialistische Literatur in Italien*; *Zeitschr. f. Volksw., Soz.-Pol. u. Verw.* J. IV. 1896, etc.

[1]) M. NETTLAU, *Bibliographie de l'anarchie*; *Vorrede* von ELISÉE RECLUS; *Bibl. d. Temps Nouveaux*, No. 8, Bruxelles, 1897, x - 294 pp. „Ich gestehe" — schreibt Reclus in der Vorrede — „dass ich uns nicht für so reich hielt (an Schriften über den Anarchismus); der Umfang, den diese, noch unkomplette Sammlung angenommen hat, hat mich sehr überrascht." p. VI.

Theorien[1]) widmeten, oder die die Mittel zur Verhütung und zum Schutz gegen die anarchistischen Taten[2]) untersuchten, oder die — noch weniger vorsichtig — das Gesamtbild der Anarchie nach einer durchaus unentsprechenden Vorbereitung behandelten.[3]) Trotzdem habe ich auch auf diese Studien an den entsprechenden

---

[1]) Ich erinnere hier an einige Abhandlungen, auf die ich im Laufe der vorliegenden Monographie keine Veranlassung hatte, besonders Bezug zu nehmen; E. de Molinari, *Le mouvement anarchiste en France et l'union ouvrière nihiliste du midi de la Russie: Journ. d'écon.* 1882, nov; *Sozialismus und Anarchismus in Europa und Nord-Amerika während d. Jahre* 1883—1886. *Nach amtl. Quellen.* Berlin, Wilhelmi, 1887. *Der Anarchismus: Deutsches Wochenblatt*, No. 29. 21 Juli 1892; A. Espersen, *Saggi economico-sociali:* cap. *Gli anarchici;* Sassari 1893; K. Walcker, *Die Anarchistenfrage: Die Gegenwart*, 44. Bd. 1893; C. Lombroso. *Der Anarchismus, Deutsche Revue*, 1894. Okt. A. Posada, *Sociologia y Anarquismo; Revista general de legislacion y jurisprudencia*, 1894 Okt. (übersetzt in *Riforma sociale* 1895, v. III pp. 20); G. Landauer, *Der Anarchismus in Deutschland; Die Zukunft*, 10. Bd. 1895; B. Minzès, *Eine neue Quelle des internationalen Anarchismus: Die Zeit*, Wien, No. 44, 13. Juli 1895; M. Flürscheim, *Utopismus und Anarchismus; Schweiz. Blätter f. Wirtschafts- und Sozialpolitik*, J. IV. 1896; A. Berard, C. Lombroso, A. van Hamel, *Documents d'études sociales, Sur l'anarchie* u. s. w. Lyon, Storck, 1897; E. v. Hartmann, *Der Anarchismus: Die Gegenwart*, 51. Bd. 1897: A. Fischer, *Die Entstehung des Anarchismus; Die Gegenwart* 54. Bd. 1898; F. S. Nitti, *Italian Anarchists; North American Review* 1898, Nov.; E. V. Zenker, *Der Anarchismus und seine Bekämpfer; Zeitschr. f. Sozialwiss.* J. I. 1898. u. s. w.

[2]) Hier gibt es eine umfangreiche Literatur, die von mir konsultiert wurde, um eventuell einiges Material zur Dokumentierung entnehmen zu können, mit deren prinzipiellem Inhalt ich mich aber nicht beschäftigte, da dies der Gegenstand anderseitiger Studien sein soll. Z. B.: O. Bahr, *Die Massregeln gegen den Anarchismus: Die Grenzboten*, IV. 1894; P. Deschanel, *Discussion du projet de loi concernant les menées anarchistes, etc.*, Paris, Pichon, 1894; A. Naquet, *Discussion du projet de loi tendant à réprimer les menées anarchistes, etc.*, Paris, impr. du *Journ. offic.* 1894; G. Garraud, *L'anarchie et la répression*, Paris Larose, 1895; C. Lombroso, *Der Kampf gegen den Anarchismus, Die Zukunft*, 10. Bd. 1895; I. Sell, *Anarchie u. Rechtsstaat: Die Grenzboten*, II. 1895; F. Dreyfus, *La lutte légale contre l'anarchie: Revue pénitencière*, 1896, Mai; G. A. van Hamel, *L'anarchisme et le combat contre l'anarchisme au point de vue de l'anthropologie criminelle, etc.: Archive d'anthropologie criminelle*, 1896, Nov.; A. Lenz, *Der Anarchismus und das Strafrecht: Zeitschrift f. die ges. Strafrechtswiss.*, 16. Bd., 1896; *, *Eine Versicherungsanstalt gegen den Anarchismus der Tat. Projekt f. die Anarchistenkonferenz in Rom: Schweiz. Blätter f. Wirtsch. u. Sozial-Polit.* VI, 1898. M. Beltrami—Scalia, *La conferenza internazionale contro l'anarchia: Rivista di discipl. carcerarie*, 1898 Nov.; F. Crispi, *The antidote for anarchy; Daily Mail*, London 1898, No. 807. H. Seuffert, *Anarchismus und Strafrecht*, Berlin, Liebmann, 1899; u. s. w.

[3]) Ich errinnere noch an die folgenden und übergehe viele andere von noch geringerer Bedeutung: G. Deville, *L'anarchisme*, Paris 1885 (ital. Uebersetzung— Altamura 1893); A. Gumprecht, *Ueber Anarchismus*, Berlin, 1888; G. Boglietti, *L'utopia anarchica: N. Antologia*, 15. Juni 1894; Ch. Chaumet, *Socialistes et anarchistes*, mit Vorwort von Y. Guyot, Bordeaux, Grounouilhon, 1894; V. Donati,

4

Stellen Bezug genommen, wo nur irgend ein Vorteil für meine Dokumentierung zu ziehen war. Ich glaube, dass ich so gut wie gar keine Quelle vernachlässigt habe, als es sich darum handelte, die Elemente der Lehren jener Theoretiker zu studieren, auf deren Theorien ich diese Darstellung und die kritische Analyse zu beschränken für entsprechend hielt.

Aber nun, nachdem wir schon eine umfassende und vorzügliche Ernte von Angaben in Bezug auf Literatur und Dokumente der Anarchie aufgestapelt hatten, blieb die Schwierigkeit, sich diese zu verschaffen, weil es ein Produkt ist, das eben nicht den normalen Umsatz der wissenschaftlichen Produktion besitzt. Nicht nur können sie selbst die allerreichsten Bibliotheken nicht aufweisen, — das *British Museum* in London nicht ausgenommen — aber selbst solche Institutionen sind damit ganz unzureichend ausgestattet, die sich die Sammlung dieser Dokumente zur Hauptaufgabe gestellt haben, wie das *Partei-Archiv* der deutschen Sozialdemokratie in Berlin, das reich ist an Dokumenten über die Beziehungen zwischen den Anfängen der Internationale und der bakunistischen Bewegung, oder wie die Bibliothek des *Musée social* von Paris, dem allerdings auch gute Dokumente über die erste anarchistische Bewegung in Frankreich und der romanischen Schweiz nicht mangeln. Es muss noch ausserdem hinzugefügt werden, dass manche für die Schilderung der Geschichte der Theorien und der anarchistischen Bewegung notwendigen Druckwerke und Dokumente gegenwärtig geradezu bibliographische Raritäten geworden sind, (ich werde diesbezüglich mehrere Beispiele anführen) — die diese Abhandlung auf Schritt und Tritt lückenhaft erscheinen lassen müssten, wenn sie trotz fleissiger und hartnäckiger Nachforschungen nicht hätten aufgefunden werden können. Zum Schluss

Anarchia, studio sociologico, Udine, Bianco, 1894; C. LOMBROSO, *Gli anarchici*, 2a ediz. Torino, Bocca, 1894. (Vgl.: R. MELLA, *Lombroso y los anarquistas: Ciencia social*, Barcelona, 1896); STEINHAMMER, *Die Wahrheit über den internationalen Anarchismus*, etc. Berlin, Steinitz, 1894; DR. WAGNER, *Der Anarchismus*, etc. Linz, *Linzer Tagespost*, 1894; E. BERNATZIK, *Der Anarchismus*, etc.; *Schmollers Jahrb. f. Gesetzgeb.*, I. XIX, 1. 1895; P. BOILLEY, *Les trois socialismes, anarchisme, collectivisme, réformisme*, Paris, Alcan, 1895; E. V. ZENKER, *Der Anarchismus, kritische Geschichte der anarchistischen Theorie*, Jena, Fischer, 1895; O. LEVASSEUR, *Anarchie et Socialisme, etc.* Paris, Charles, 1896; u. s. w.

muss noch an die Schwierigkeit erinnert werden, bloss in die gegenwärtige Tragweite des Anarchismus einzudringen, wobei es nötig ist, Propagandaschriften durchzuwühlen, die in den entferntesten und zerstreutesten Gegenden gedruckt wurden; und deren Verbreitung fast immer nur auf den engen Kreis der Anhänger beschränkt war[1]). Der Leser wird im Text zahllose Beispiele finden, die es bezeugen werden, welche Schwierigkeiten zu überwinden waren.[2])

---

[1]) NETTLAU, *Bibl. de l'an.*, pp. IX, X. betont mit seiner Kompetenz genau die Schwierigkeit, auf die man stösst, um bloss ein Inventar des grössten Teils der anarchistischen Publikationen zu machen; Schwierigkeiten, die natürlich noch grösser werden, sobald es sich darum handelt, diese konsultieren zu müssen. „Diese Schriften" — schreibt Nettlau — „verfasst in mehr als zwanzig Sprachen, zerstreut in mehr als dreissig Ländern, erschienen im Laufe dieses ganzen Jahrhundertes, verschwinden grösstenteils, buchstäblich absorbiert, unbrauchbar geworden durch die grosse Zirkulation, die für die Propaganda notwendig ist, wenn sie auch schon den fortwährenden Verfolgungen und polizeilichen Konfiskationen entgangen sind. Man rechne nicht damit, dass sie ein Asyl in den öffentlichen Bibliotheken finden könnten, die sich diesen Schriften gegenüber sehr gleichgültig verhalten; und was die tätigsten Propagandisten anbetrifft, so geschieht es ihnen am häufigsten, dass sie gerade am wenigsten in der Lage sind, Kollektionen anzulegen, weil sie gerade am meisten dem Elend, dem Gefängnis und dem Exil ausgesetzt sind."

Und ELTZBACHER (*Der Anarchismus*, Berlin, I. Guttenberg. 1900.), dem der unverzeihliche wissenschaftliche Mangel vorzuhalten ist, nicht das Werk von NETTLAU gekannt zu haben, schreibt: „Die anarchistischen Schriften sind in unseren öffentlichen Büchersammlungen ganz spärlich vertreten. Sie sind zum Teil so selten, dass es für den Einzelnen äusserst schwierig wird, auch nur die hervorragendsten von ihnen zu erwerben. So ist es zu begreifen, dass von allen Arbeiten über den Anarchismus nur eine einzige auf umfassender Kenntnis der Quellen beruht. Es ist dies eine 1894 in New-York ohne den Namen des Verfassers erschienene Schrift: *Die historische Entwicklung des Anarchismus.*"

Und ahnt nun der Leser, um was es sich handelt? Um eine Brochüre von 16 Seiten! Auf so viel sollte sich die verwendbare wissenschaftliche Vorarbeit beschränken, mit der er sich ausrüstet, um den Ideengang der Anarchie zu behandeln.

[2]) Ich will hier ein Beispiel anführen. Nehmen wir an, der Forscher müsse an einem bestimmten Punkt seiner Nachforschungen angekommen, sich nun ein Bild über die jüdische anarchistische Bewegung in den Vereinigten Staaten machen. (Und solche Nachforschungen werden häufig nötig, um kaum entfernte Gedanken-Erscheinungen oder ein chronologisches Detail zu präzisieren.). Der Weg, diesen scheinbar so bescheidenen Zweck zu erreichen, ist weder leicht noch kurz. Die anarchistische Bewegung in den Vereinigten Staaten datiert seit kaum mehr als zwanzig Jahren her — oder seit dem, vom 10. bis 15. Oktober 1883 in Pittsburg abgehaltenen Kongress der stark anarchistisch beeinflussten Internationale, in der der Anarchist ALBERT PARSONS das aktivste Mitglied war. Im Mai '86 fand ein grosser Streik statt, dessen Hauptkraft auf Chicago konzentriert war — wobei es sich um die Erringung des achtstündigen Arbeitstages handelte. Dieser Streik verwandelte sich bald in einen heftigen Konflikt. Im selben Jahre bildete sich

Andererseits, da ich nicht die Absicht hatte, eine genaue Geschichte der anarchistischen Theorie und Bewegung zu schreiben, sondern vielmehr alle diese Elemente sammeln und harmonisch systematisieren und es mir dadurch ermöglichen wollte, eine ethische Wertung aufzubauen, hielt ich es nicht für entsprechend, immer die Notiz bloss der Notiz halber und andere Nebensächlichkeiten anzubringen. So habe ich von meiner Arbeit alle diese spezifischen Kleinigkeiten und den gelehrten Kram ausgelassen, die für mich nicht zweckdienlich waren, obwohl jedes solches stillschweigende Uebergehen ein gewisses Opfer für den Ehrgeiz und den Fleiss des Forschers bedeutet, der alle diese mit schwerer Mühe gesammelten Materialien vor sich liegen hat. In diesem Sinne war ich für mich selbst und die gesammelten Dokumente nur in einem einzigen Falle nachsichtig, und zwar als es sich darum handelte, das Leben und Wirken Michael Bakunins zu schildern. Dies geschah wegen der Bedeutung und Lebendigkeit des mir zur Verfügung stehenden Materials, und auch weil der charakteristische Typus

---

in den Vereinigten Staaten die erste Gruppe der jüdischen Anarchisten unter dem Namen *„Die Pioniere der Freiheit von New-York"* durch den Austritt aus der *Russischen Progressiven Union*, deren Zweck es bis dahin war, unter den russisch sprechenden Einwohnern von New-York, radikale Ideen zu propagieren und die Sache der russischen Revolutionäre durch Geldsendungen zu unterstützen. Die *Pioniere* veranstalteten Ende Dezember eine öffentliche Versammlung, anderthalb Monate nach der Vollstreckung des Urteils für die Ereignisse des Streiks von Chicago, für die mehrere Anarchisten zu Tode verurteilt wurden. Für ihre privaten Zusammenkünfte und die Propaganda nahmen sie als offizielle Sprache den jüdischen Jargon an, und nahmen nur diejenigen in ihre Mitte auf, die eine Art Prüfung über ihre Prinzipienbestanden, die natürlich anarchistisch sein mussten. Eine andere Gruppe unter dem Namen: *„Die Ritter der Arbeit"* hatte ein noch kürzeres Dasein und verschwand nach Veröffentlichung von KROPOTKINS Broschüre *Gesetz und Autorität.* Auf Initiative der *Pioniere*, begann im J. '89 die Herausgabe einer Zeitschrift im jüdischen Jargon: *Die Wahrheit*, die ein halbes Jahr dauerte, während dessen 20 Nummern erschienen sind, die zweifellos der Propoganda sehr nützlich waren. Nun wohl, wie kann man sich diese Zeitschrift verschaffen, die ausschliesslich in die Hände der an der Bewegung Teilnehmenden kam? Ein Jahr nach dem Verschwinden der *Wahrheit* begann die Herausgabe des Wochenblattes *Freie Arbeiterstimme*, ebenfalls im jüdischen Jargon, das circa 9 Jahre (vom 4 Juli 1890 bis Mitte 1899) von den Anarchisten EDELSTADT (gestorben), LEWIS und LATY redigiert wurde. Nach einer kurzen Unterbrechung erschien das Blatt wieder, unter der Redaktion des Anarchisten JANOWSKY, und erscheint auch gegenwärtig, ebenso wie die Monatsrevue *Die freie Gesellschaft*, ebenfalls im jüdischen Jargon, deren erste Nummer am 15 Oktober 1895 erschienen ist. Fast immer ist man gezwungen, das Material für die Nachforschungen aus solchen Quellen zu schöpfen.

dieses Agitators es mir erübrigen konnte, über ähnliche Nachforschungen bezüglich aller anderen zu berichten. Meine Richtschnur, die streng historische Disposition dieses Werkes zu wahren, hat mich auch — ohne ihr den systematischen und theoretischen Charakter zu rauben — davon abgehalten, die verschiedenen unbedeutenderen Schattierungen und Abweichungen in den anarchistischen Lehren und der Aktion in den verschiedenen Ländern zu verfolgen und bei diesen zu verweilen, weil Jedem, der gründlich in das Phänomen der Anarchie eindringt, ihr einheitlicher und internationaler Charakter, nicht nur in Bezug auf die verschiedenen Gebiete erscheinen muss, sondern sogar in Bezug auf die beiden theoretischen Tendenzen, deren Gegensatz in Wirklichkeit nur scheinbar ist, — des kommunistischen Anarchismus und des individualistischen Anarchismus — wie aus dem ganzen Inhalt der vorliegenden Monographie gezeigt werden soll. Diese von mir angenommene Richtschnur war auch der Grund, weshalb ich aus dieser kritischen Darstellung jene Theoretiker der Anarchie ausschloss, deren Ideen schon fremd sind der Bewegung, wie sie sich gegenwärtig darstellt und wohl auch in der nächsten Zukunft auftreten wird. Dies ist der Fall mit Godwin (dessen Hauptwerk vom J. 1793[1]) herrührt), und der zahllosen Reihe aller dieser Anderen, deren abstrakte anarchistische Tendenzen nur als ästhetischer und dilettantenhafter Reflex ihrer persönlichen Ideen zu betrachten sind. Wann es sich darum handelte, auf den Grund der Lehre und des Wirkens der Anarchie, als festgefügte ethische Bewegung zu gehen, zögerte ich nicht die Hauptlinien aus Dokumenten und Zeugnissen zusammenzusetzen, die vielleicht nur demjenigen als übertrieben erscheinen könnten, dem diese Art der Nachforschung neu ist — aber nicht für den, der so lange Zeit hartnäckig darauf verwenden musste, um seine Absicht zu erreichen. Doch die dilletantischen, ästhetischen oder literarischen Reflexe blieben nur zum unverkennbaren Vorteil dieses Werkes, ausserhalb der rauhen wissenschaftlichen Begrenzung der vorliegenden Monographie.

[1]) W. Godwin, An enquiry concerning political justice and its influence on general virtue and happines, 2 vol. London 1793. Für die späteren Ausgaben siehe: M. Nettlau. pp. 4, 5.

Anm d. Ueb. In letzter Zeit ist Godwin in deutscher Uebersetzung erschienen und zwar: W. Godwin, *Das Eigentum*, übers. v. Dr. M. Bahrfeld mit Einleitung von G. Adler; Hirschfeld, Leipzig 1907.

DIE THEORETIKER.

Indem wir, dem allgemeinen wissenschaftlichen Brauche folgend, die Bezeichnung „anarchistische Theoretiker" auf jene Schriftsteller beschränkten, die mit einer eigenen, besonderen Methode, — welche ihrerseits mehr oder weniger von anderen normalen Strömungen des Geistes abgeleitet ist — eine Kritik der gegenwärtigen sozialen und politischen Gesellschaftsordnung unternommen und durchgeführt, und die Grundzüge einer zukünftigen Neuordnung entworfen haben, hatten wir den Vorteil, ins Innerste der anarchistischen Lehre einzudringen und einen einheitlichen Gesamteindruck zu erhalten, weil wir die zentrale Richtung all der vielen Strahlen verfolgten, von denen keiner als überflüssig oder abweichend zu bezeichnen ist. Auf diese Weise vereinigt man das Beste, was in Bezug auf die Kritik und den theoretischen Aufbau zu kennen notwendig ist: So gelangen wir bis zu den Berührungspunkten zwischen einer Lehre und der anderen, bis zur Ableitung und zum Ausbau einer Lehre aus der anderen, ohne die eine oder die andere in leere, abstrakte Schemata zu zwängen, sondern, indem wir ihnen vielmehr, wo es nur angängig war, ihren ursprünglichen Reichtum an Argumentation, an logischen und Gefühls-Voraussetzungen sowie unverbesserlichen wissenschaftlichen Lücken überliessen. Nachdem nun dieses Ziel erreicht war, blieb noch etwas übrig, was nicht weniger wichtig ist. Was erreicht man aber auf diese Weise in letzter Analyse? Die Beschreibung und äusserliche Darstellung eines kritischen Systems von Ideen, und dabei sehr diskutabler Ideen, wo kaum das Wort der Wissenschaft eingreift. Und nichts mehr. Aber in der Erscheinung des Anarchie giebt es etwas noch viel tieferes, das unserer Beobachtung nicht entgehen sollte. Die Projektion der anarchistischen Lehre nach aussen, die der Gelehrte mit berechtigter systematischer Kunst in einer bestimmten Seitenanzahl eines Buches hervorruft, vollzieht sich auch von Tag zu Tag in der Wirklichkeit durch einen spontanen Vorgang auf eine nicht zu übersehende Zahl von Individuen, die ausserhalb des wissenschaftlichen Gedankens leben. Der Grundkern der anarchistischen Ideen ist mehr und etwas anderes als eine einfache Abweichung des normalen Gedankenganges, der die Wissenschaft mit siegreichen Argumenten entgegentreten kann. Während der wissenschaftliche Beobachter sich Mühe geben muss, um bloss diese Ideen von einander zu unterscheiden und besonders hervorzuheben, häufen sich diese Ideen bei anderen Individuen mit einer Art spontaner Anpassung über solchen Ansichten und solchen Ueberzeugungen auf, die mit der gegenwärtigen Gesellschaftsordnung übereinstimmen, und wie eine elementare dialektische Auflösung wirken, die hier und da das Gewebe der üblichen Ideen in Stücke reissen und mit der Weite des Gefühls Institutionen und einen sozialen Zustand vorausehen, die von der gegenwärtigen Wirklichheit durch eine enorme historische Lücke entfernt sind. Und da die Illusion dieser Perspektive nicht so gross ist, dass das Bild der zukünftigen Gesellschaft die Tatsache der Zusammenhangslosigkeit beseitigen könnte, die sie von der Gegenwart und der Vergangenheit trennt, so wird diese historische Lücke durch die realistische und vorwärts dringende Idee der — wie angenommen wird — bevorstehenden sozialen Revolution ausgefüllt.

Aus diesen Voraussetzungen leiten sich nun zwei Arten von Anhängern der anarchistischen Lehre ab: Die Theoretiker der täglichen Propaganda und die Anarchisten der Tat. Die theoretischen Anarchisten, denen es nicht gegeben war, auf dem Gebiete der abstrakten Theorie mit einer besonderen Methode aufzutreten, wirken als Verbreiter der Lehren der Theoretiker. Die Einen schliessen sich einer speziellen Richtung an, die Anderen — die mit keiner annähernd abgeschlossenen Ideenrichtung vollständig übereinstimmen — was nicht selten ist — dehnen die allgemeine Ideenausstrahlung verschiedener Lehren aus, und bauen besondere Punkte der Ideen, wie Entfaltungen von noch nicht zur Reife gelangten Keimen, in den Systemen der Theoretiker aus.

Die Anarchisten der Tat unterwerfen sich dagegen nicht dem hemmenden Einfluss irgend einer theoretischen Einsicht und bewegen sich in gerader Linie: Von der Ueberzeugung zur Handlung, von der Idee zu ihrer praktischen Verkündung. Nur die Wiedergabe dieser dreifachen Bewegung bezeichnet für den Beobachter den ganzen Komplex der Erscheinungen der Anarchie: Auf einer Seite die abstrakte Kritik, auf der die theoretischen Konstruktionen aufgebaut sind, — und auf der anderen die Tat; aber in der Mitte das feste Bindeglied, der Schlüssel des Systems, der alles ist in einem solchen Vorgang der Uebertragung und Transformation der Idee, bis sie sich gewissermassen vom Gehirn desjenigen, der sie aufgenommen hat, loslösen konnte, um sich blos auf die Hand zu konzentrieren, die den Streich führt.

Ueber die Ideen der täglichen Propaganda und die anarchistische Aktion wird an entsprechender Stelle gesprochen werden. Hier muss in Bezug auf die Lehren der Theoretiker gesagt werden, dass deren Darlegungen, wie es die Geschichte des Gedankens gewöhnlich zeigt, sich theoretisch in chronologischer Reihenfolge ergänzen. Nachdem nun die gewiss nicht geringe Schwierigkeit überwunden wurde, sich nach der von jedem einzelnen der Theoretiker angenommenen Methode und seinem kritischem System zu orientieren; nachdem auch jene Präzision der Darstellung als erreicht angenommen werden kann, die die Feinheit der die Bedeutung der allgemeinen Ideen abschwächenden oder bekräftigenden Details nicht vernachlässigt, — enthüllt sich die anarchistische Lehre in ihrem vorwiegend kritischen Charakter deutlich in ihren Umrissen, nun klar und durchsichtig einer ethischen Beurteilung zugänglich.

Mit Stirner sind wir auf dem Höhepunkt der reinen Spekulation und der abstrakten Kritik. Rein aus den Voraussetzungen zweier fundamentalen Negationen aus der Domäne des Geistes taucht die konkrete Persönlichkeit des Individuums hervor, das sich durch den unbeugsamen Imperativ, dem eigenen Egoismus zu folgen, selbst den Weg seiner Handlungsweise bestimmt. Mit den Folgenden steigen wir Hand in Hand zu den Grundlagen der Wirklichkeit herab, zur ökonomischen Realität mit Proudhon, zur politischen mit Bakunin. Und wenn es scheinen mag, dass Proudhon in Bezug auf Bedeutung des Beobachtungsstandpunktes Bakunin vorauseilt (wie es auch tatsächlich, historisch gesprochen, vom Standpunkt der ökonomischen Untersuchung in Bezug auf die politische der Fall ist), und wenn es auch scheinen mag, dass Proudhon weit mehr vorauseilte, als es der geringe und leicht zu vernachlässigende chronologische Abstand zwischen dem einen und dem anderen ausmacht, so sieht der Beobachter jedoch die Gründe. Er sieht sie bei Proudhon in der Uebertragung der Keime der Hegelschen Ideologie aus Deutschland nach Frankreich in einem Moment des plötzlichen Auftretens vielseitiger und bewegter ökonomischer Tätigkeit in Frankreich; er sieht sie andererseits in der Dynamik derselben Lehren, die vielleicht noch vollständiger in den Geist Bakunins eindrangen, doch von ihm abstrakt, auf ein Beobachtungsfeld angewandt wurden, das, so gering es auch scheinen mag, selbst Russland nicht ausschliesst. Im übrigen sind die ökonomischen Schlüsse Proudhons nicht weniger entfernt von ihrem logischen und historischen Ausgangspunkt, als von der ökonomischen Auffassung des marxistischen Sozialismus, von der die politischen Ideen Bakunins recht weit entfernt sind. Deshalb können, wie es nun auch das chronologische Kriterium bestätigt, diese beiden Systeme nicht als parallel auftretend betrachtet werden. Mit Kropotkin endlich haben wir den Versuch, die ganze Grundlage der sozialen Verhältnisse durch eine soziologische Kritik zu untergraben.

Und so könnte es scheinen, dass wir die wichtigsten Richtungen der Lehren der Theoretiker entwickelt und dargelegt hätten. Doch, als wir uns schon überzeugt glaubten, mindestens einen konkreten Plan ausgeführt zu haben, um nun die theoretische Diskussion zu beginnen, führt uns der amerikanische Theoretiker Tucker zum Standpunkt zurück, bei dem wir mit Stirner waren: zum Individuum. Allerdings handelt es sich hier um ein reales Individuum, erzogen durch die Berührung eines sehr reichen Lebens, sowie durch ökonomische Faktoren und Einflüsse, aber trotzdem ist es nicht weniger wahr, dass die Auffassung Tuckers in uns jene Stimmung auslöste, die man empfindet, wenn man nach einem langen Weg gezwungen ist, die ganze Strecke bis zum ursprünglichen Ausgangspunkt im Laufschritt wieder zurückzulegen. Nun gerade hier giebt uns Tucker eine wertvolle Lehre. Sie erinnert uns daran, dass, wenn das Gesamtproblem des sozialen Lebens ohne Unterscheidung und Differenzierung der einzelnen Probleme angegriffen wird, die ihrerseits Gegenstand besonderer Wissenschaften sind, — wir gezwungen sind, uns in einem geistigen Rhythmus zu bewegen, der wieder selbst, um sich so auszudrücken, die Lage und die Stellung der Entwicklung verändert — aber die beiden Brennpunkte unveränderlich oder was noch schlimmer ist, zweifelhaft lässt. Dies sind der Ausgangspunkt und der Endpunkt, die Gesellschaft und das Individuum und umgekehrt.

Diese Beobachtung giebt uns nun die Möglichkeit, sofort einen sicheren Standpunkt einzunehmen. Wenn ein Komplex von Untersuchungen, sei es durch die Hilfe sukzessiver Nachforschungen in einer bestimmten Zeitperiode, wie es mit der Anarchie der Fall ist, sei es durch eventuelle Beschleunigungen, wie es recht häufig auf jenen Gebieten vorkommt, wo die rasche und elastische Erörterung der Wissenschaft eingreift, — sich nun in einem solchen Circulus viciosus eingeschlossen sieht, so bedeutet dies offenbar, dass das Problem, über welches diese Nachforschungen gemacht wurden, zurückgewiesen ist, weil es entweder schlecht aufgestellt, oder weil es unberechtigt aufgestellt wurde, und dass es der allergrösste Fehler wäre, anzunehmen, dass die Folgerungen, die sich daraus ableiten lassen, diskutiert werden können oder gar sollen. In einem ähnlichen Fall giebt es für denjenigen, der in der Lage ist, ein solches Recht für sich zu beanspruchen — nur eine Pflicht und zwar, über einen Irrtum sein Urteil abzugeben.

Die metaphysische Kritik: Max Stirner.

Die Entstehungselemente der Lehre Max Stirners (dessen wirklicher Name Johann Kaspar Schmidt war) können weder in einer weit zurückliegenden Ueberlieferung von Ideen gesucht werden, obwohl es leicht wäre, literarische Vergleiche äusserlichen Charakters auch mit Resten der ältesten Ideen anzustellen, noch in seiner aktiven Teilnahme an den Debatten über das soziale und politische Leben und Treiben seiner Zeit. In Bayreuth im Jahre 1806 geboren, lebte er lange Jahre in Berlin, wo er 1856 starb. Es war während der Zeit des Aufblühens der Ideologie der Hegelschen Linken. Strauss, Bauer und Feuerbach hatten schon ihre Hauptwerke veröffentlicht, als Stirner im J. 1845 mit seinem Hauptwerk *Der Einzige und sein Eigentum* auftrat. Der Standpunkt Stirners ist folgender: Indem er die gewagtesten Schlüsse der Hegelschen Linken und speziell Feuerbachs einer Prüfung unterzieht, setzt er dermassen die Kritik fort, dass er dort, wo diese Schlussfolgerungen selbst nicht bis ins Unwahrscheinliche übertrieben sind, andere originellere hervorbringt, die jene noch an Kühnheit der Zerstörung übertreffen. Es ist dies nicht der Ort zum Studium der Stirnerschen Quellen; aber wenn, wie wir bald sehen werden, Stirner seinen Anstoss von der für uns schon so weit entlegenen Verneinung Gottes erhält, so dürfen wir nicht vergessen, in welchem Masse zu dieser Zeit die Diskussion über das religiöse Problem in Deutschland in Schwung war. Kaum zehn Jahre vorher hatte Strauss sein *Leben Jesu*, und vier Jahre zuvor Feuerbach sein *Wesen des Christentums* veröffentlicht, wobei wir viele andere übergehen. Und bei der daraus folgenden Verneinung des Staates vergesse man nicht die damalige soziale und politische Bedeutung der Philosophie Georg Friedrich Hegels, und welch kühnes Unternehmen eine solche unverhohlen aggressive Kritik bedeutete. Und sobald wir uns vor dem Individuum, dem Einzigen befinden, dann erkennen wir darin die konzentrierte und realisierte Form des reinen Feuerbach'schen Egoismus bis zu seinen extremsten Konsequenzen fortgesetzt.[1])

[1]) Max Stirner, *Der Einzige und sein Eigentum*. O. Wigand 1845 (Das Werk erschien jedoch Ende 1844) 2e Auflage 1882; Neue Ausgabe Leipzig, Ph. Reclam (*Univ. Biblioth.*; No. 3057—3060) 1892, mit Vorwort von P. Lauterbach. Wir zitieren diese Ausgabe. Von diesem Werk erschienen Auszüge in der *Freiheit* New-York 1892, in *Entretiens politiques et littér.* 1892, im *Mercure de France* Nov. 1892 etc. Es giebt zwei französische Uebersetzungen; die eine von R. L. Reclaire, Paris Stock. 1900 (*Bibl. sociol.*, No. 28), die andere von H. Lasvignes, Paris, édit. de la *Revue blanche* 1900, und eine italienische Uebersetzung mit Einleitung von E. Zoccoli, Turin, Bocca, 1902. — Max Stirners *Kleinere Schriften u. seine Entgegnungen auf die Kritik seines Werkes: „Der Einzige u. s. Eigent."* (1842—47) hrsg. v. J. H. Mackay, Berlin, Schuster und Löffler 1898, pp. VIII—185. Ich gebe den Inhalt der in diesem heute vergriffenen Buch enthaltenen Schriften an, wobei ich, wo es mir nur möglich ist, den Ort der ursprünglichen Veröffentlichung anführe: *Das unwahre Prinzip uns. Erziehung o. d. Humanismus u. Realismus* p. 9—30 (in *Beilage z. Rheinischen Zeitung*, Köln, No. 100, 102, 104, 109 vom 10, 12, 14, 19 Apr. 1842): *Kunst u. Religion* pp. 35—46 (in *Rheinische Zeitung* ibid. No. 165. 14 Juni 1842 abgedruckt im *Magazin für Litteratur*, Berlin 29. Dez. 1894) „*Königsberger Skizzen*" *v. Karl Rosenkranz* pp. 51—65 (in *Rheinische Zeitung* ibid. No. 207. 26. VII. 1842, vrgl. No. 132. 12. V) „*Einiges Vorläufige vom Liebesstaat* pp. 71—80 (dieser Artikel war bestimmt für die *Berliner Monatsschrift*, hrsg. v. Ludwig Buhl, das erste deutsche anarchistische Blatt, das im Juli oder August 1843 in Berlin erscheinen sollte, doch als die Zensur es verbot, wurde ein *Erstes und einziges Heft* in Mannheim gedruckt, ohne der Zensur vorgelegt zu werden. Selbstverlag von L. Buhl 1844 pp. 332 in 12, wo dieser Artikel von Stirner aufgenommen wurde pp. 34—49.); „*Die Mysterien v. Paris*" *v. Eugen Sue* pp. 85—102 (ibid. pp. 302—332); *Rezensenten Stirners: Entgegnung an Feuerbach, Szeliga u. Hess.* pp. 101—166 (in *Wiegands Vierteljahrsschrift*, Leipzig 1845. III Bd. pp. 147—194; auf diese Polemik folgte der anonyme Artikel von Feuerbach, *Ueber das „Wesen d. Christentums" in Beziehung auf den „Einzigen u. s. Eigentum"* in den *Norddeutschen Blättern f. Kritik, Litter. u. Unterhaltung* 1845 März, und die Broschüre von M. Hess: *Die letzten Philosophen*. Darmstadt, Leske, 1845. pp. 25. — (Vrgl. *Zur Sittengeschichte d. neuesten Philosophie*; *M. Stirner, d. Einzige u. s. Eigentum*; *Grenzboten* 1845. I. 3; Bettina Arnim, *Die Auflösung d. Einzigen durch den Menschen: Die Epigonen*. Leipzig 1847. IV Bd.); *Die philosophischen Reaktionäre*; *Entgegnung auf „Die modernen Sophisten" v. Kuno Fischer*, pp. 171—185 (in *Die Epigonen*, Leipzig 1847. IV Bd. pp. 141—151; der Artikel ist gezeichnet G. Edward, ist aber von Stirner, vrgl. A. Ruges *Briefwechsel u. Tagebuchblätter* aus d. J. 1825—1880, hrsg. v. P. Nerrlich, Berlin, Weidman, 1886, I Bd., Brief vom 14. März 1847; Fischer antwortet noch mit: *Ein Apologet der Sophistik u. „ein philosophischer Reaktionär"* in *Die Epigonen*, IV Bd., 1847) — über Stirner möge man nachschlagen: Saint-René Taillandier, *De la crise actuelle de la philos. hégélienne; les partis extrêmes en Allemagne: Revue d. deux mondes*, 1847, v. XIX, pp. 238-268; Th. Funck-Brentano, *Les sophistes allemands et les nihilistes russes*, Paris, Plon,

18

I.

Die Gottesverneinung.

Was in dem Weltall sein mysteriöses, „unbegreifliches" Wesen treibt, — sagt Stirner in seinem E i n z i g e n — ist eben der geheimnisvolle Spuk, den Wir[1]) höchstes Wesen nennen. Und diesem *Spuk* auf den Grund zu kommen, ihn zu *begreifen*, in ihm die *Wirklichkeit* zu entdecken (das „Dasein Gottes" zu beweisen), — diese Aufgabe setzten sich Jahrtausende die Menschen; mit der grässlichen Unmöglichkeit, der endlosen

1877, pp. 183, ss.; W. BOLIN, *L. Feuerbach: s. Wirken u. s. Zeitgenossen*, ecc., Stuttgart, Cotta, 1891, pp. 98-112; R. SCHELLWIEN, *M. Stirner u. F. Nietzsche: Erscheinungen d. modernen Geistes u. d. Wesen d. Menschen*, Leipzig, Pfeffer, 1892; C. GUERRA, *M. Stirner ou l'anarchie de la pensée: L'Ere nouvelle*, Paris, 1893, aout; E. HORN, *M. Stirner u. d. Anarchismus: Die Zukunft*, 1893, II Bd.; O. HANSSON, *Seher u. Deuter*, Berlin, Rosenbaum, 1894 enthält eine Abhandlung über Stirner; J. C. KREIBIG, *Geschichte u. Kritik des ethischen Skepticismus*, Wien, Hölder, 1896, pp. 100-122. Vrgl. eine wertvolle Aufstellung von I. PETRONE in *Rivista interrnaz. di scienze soc. e discipl. ausil.*, 1896, Okt., pp. 331, ss.); J. DUBOC, *Das Ich u. d. Uebrigen (f. u. wider M. Stirner): e. Beitrag z. Philos. d. Fortschritts*, Leipzig, Wigand, 1897; M. J. P. LUCCHESI, *D. Individualitätsphilos.*: Diss., Leipzig, 1897; J. H. MACKAY, *M. Stirner, sein Leben u. sein Werk*, Berlin, Schuster u. Löffler, 1898. Dieses Buch MACKAY's veranlasste mehrere weitere Schriften und zwar: E. BERNSTEIN, *Einiges über Stirner: Neue Zeit*, Stuttgart, J. XVI, II, 1898; L. BERG, *M. Stirner: Blätter f. litter. Unterhaltung*, Leipzig, 1898, N⁰ 29; A. GOLDSCHMIDT, *M. Stirner: Die Gesellschaft*, Leipzig, 1898, III. Bd., pp. 227-39; K. JOEL, *M. Stirner: Neue deutsche Rundschau*, Berlin, 1898, Okt.; M MONGRÉ, *M. Stirner: Zeit*, Wien, 1898, No. 213; R. STEINER, *M. Stirner nach H. Mackay: Magazin f. Litter.*, Berlin, 1898, No. 26; O. STOESSL, *Stirner's Lebensbeschreibung v. J. H. Mackay: Gegenwart*, Berlin, 1898, No. 26); M. KRONENBERG, *Moderne Philosophen: Porträts u. Charakteristiken*, München, Beck, 1899. (Hier befindet sich ein Essay über Stirner, das auch von der *Nation* in Berlin veröffentlicht wurde, J. XVI, No. 4, 1898); R. SCHELLWIEN, *D. Wille u. M. Stirner, Wille als Erziehungsprinzip... Pädagog. Folgerungen: Pädagogische Studien*, hrsg. M. SCHILLING, Dresden, Bleyl u. Kämmerer, 1899, pp. 89-99, 109-131; E. ZOCCOLI, *I gruppi anarchici d. Stati Uniti e l'opera di M. Stirner*, Modena, Vincenzi, 1901; P. ELTZBACHER, *Der Anarchismus*, Berlin, I. Guttenberg, 1900; S. BENELLI, *Un apostollo dell'anarchia (M. Stirner): Rass. Internaz.*, 15 Juni, 1902, pp. 307, ss.; E. SCHULTZE, *Stirner'sche Ideen i. e. paranoisch. Wahnsyst.: Sitzungsber. der Niederrhein Gesellsch. f. Natur- u. Heilkunde*, Bonn, 1902, XXV; F. UEBERWEG, *Grundriss d. Geschich. d. Philos. d. neunzehnten Jahrhund.*, 9 Aufl., Berlin, Mittler u. Sohn, 1902, pp. 332-333; V. BASCH, *L'individualisme anarchiste: M. Stirner*, Paris, Alcan, 1904, pp. 1-151.

1) Überall, wo die Ideen Stirners mit seinen eigenen Worten dargestellt werden, wurde auch die Stirnersche Schreibweise Ich, Mir, Wir, Uns, u.s.w. beibehalten. D. Übers.

Danaidenarbeit, den Spuk in einen Nicht-Spuk, das Unwirkliche in ein Wirkliches, den *Geist* in eine *leib*haftige Person zu verwandeln. — Hinter der existierenden Welt suchten sie das „Ding an sich", das Wesen; sie suchten hinter dem *Ding* das *Unding* S. 51. Was zuerst für die Existenz des Menschen galt, wie Welt u. dergl., das erscheint jetzt als blosser Schein, und das *wahrhaft Existierende* ist vielmehr das Wesen, dessen Reich sich füllt mit Göttern, Geistern, Dämonen, d. h. mit guten oder bösen Wesen. Nur diese verkehrte Welt, die Welt der Wesen, existiert jetzt wahrhaft. Das menschliche Herz kann lieblos sein, aber sein Wesen existiert, der Gott, „der die Liebe ist" ; das menschliche Denken kann im Irrtum wandeln, aber sein Wesen, die Wahrheit existiert : „Gott ist die Wahrheit". Die Wesen allein und nichts als die Wesen zu erkennen und anzuerkennen, das ist Religion ; ihr Reich ein Reich der Wesen, des Spukes und der Gespenster. Der Drang, den Spuk fassbar zu machen oder den Nonsens zu realisieren, hat ein *leibhaftiges Gespenst* zuwege gebracht, ein Gespenst oder einen Geist mit einem wirklichen Leibe, ein beleibtes Gespenst — Gott. Und die genialsten Menschen haben sich abgemartert, um diese gespenstische Erscheinung zu begreifen.

Durch das Christentum schlingt sich die Frage nach dem Dasein Gottes hindurch, die, immer und immer wieder aufgenommen, Zeugnis dafür ablegt, dass der Drang nach dem Dasein, der Leibhaftigkeit, der Persönlichkeit, der Wirklichkeit, unaufhörlich das Gemüt beschäftigte, weil er niemals eine befriedigende Lösung fand. Endlich fiel die Frage nach dem Dasein Gottes, aber nur, um wieder aufzustehen in dem Satze, dass, das „Göttliche" Dasein habe, nach der Lehre von Feuerbach. Vom „Göttlichen" machte man nun den Schritt zur Verzichtleistung auf das „Menschliche". Aber auch dieser Versuch wird sich nicht lange aufrecht erhalten, und um dies zu beweisen, würde die Beobachtung genügen, dass keine Idee ein Dasein habe, denn keine ist der Leibhaftigkeit fähig. Rastlos geht es gleichwohl auf die Verkörperung los, so sehr auch stets die Leibhaftigkeit ausbleibt. (S. S. 425, 426).

Wohl kann man mit Feuerbach und Anderen sagen, dass die Religion das Menschliche aus dem Menschen hinausgerückt und in ein Jenseits so verlegt habe, dass es dort unerreichbar als ein für sich Persönliches, als ein ‚Gott' sein eigenes Dasein führte; allein der Irrtum der Religion ist damit keineswegs erschöpft. Man könnte den Gott ins Göttliche verwandeln, und man bliebe dennoch religiös. Denn das Religiöse besteht in der Unzufriedenheit mit dem *gegenwärtigen* Menschen, d. h. in der Aufstellung einer zu erstrebenden „*Vollkommenheit*", in dem „nach seiner Vollendung ringenden Menschen," es besteht in der Fixierung eines *Ideals*, eines Absoluten. Die Vollkommenheit ist das „höchste Gut", der finis bonorum; das Ideal eines Jeden ist der vollkommene Mensch, der wahre, der freie Mensch u. s. w. Und diese Tendenz erstreckt sich noch weit hinaus über das religiöse Gebiet. „Die Bestrebungen der Neuzeit zielen dahin, das Ideal des „freien Menschen" aufzustellen. Könnte mans finden, gäbs eine neue — Religion, weil ein neues Ideal ein neues Sehnen gäbe, ein neues Abquälen, eine neue Andacht, eine neue Gottheit, eine neue Zerknirschung." (S. 284). Je mehr also die Religion den Menschen aus dem Zusammenhang des realen Lebens herauszureissen sucht, umsomehr überlässt sie ihn wehrlos der schweren Bürde des Ideals, die jede nützliche Bewegungsfreiheit verhindert. Hier liegt die praktische Bedeutung des religiösen Problems und die Notwendigkeit einer verneinenden Lösung. Da aber die Verneinung bis zu den tiefsten Wurzeln hinabsteigen muss, ist es notwendig, die religiösen Argumente Stück für Stück ohne Rast zu beschneiden, um sie vorerst zu begreifen und darauf zu verneinen.

„Die eigentliche Gottesfurcht hat längst eine Erschütterung erlitten, und ein mehr oder weniger bewusster ‚Atheismus', äusserlich an einer weitverbreiteten ‚Unkirchlichkeit' erkennbar, ist unwillkürlich Ton geworden." Aber dies ist nach Stirner ein sehr unbedeutender Fortschritt, der übertroffen werden muss. Er ist sehr unbedeutend, denn was dem Gott genommen wurde, ist dem Menschen zugesetzt worden, und die Macht der Humanität vergrösserte sich in eben dem Grade, als die der Frömmigkeit an Gewicht verlor: „der Mensch" ist der heutige Gott, und Menschenfurcht an die Stelle der alten Gottesfurcht getreten. Weil aber „der Mensch", nur ein anderes höchstes Wesen vorstellt, ist in der Tat am höchsten Wesen nichts als eine Metamorphose vor sich gegangen und die Menschenfurcht bloss eine veränderte Gestalt der Gottesfurcht. Unsere Atheisten sind fromme Leute. (S. 216).

Man muss einen anderen Standpunkt einnehmen, und zu diesem Zweck führe man die Analyse bis auf die innersten Ursachen, die die Verirrungen der Religion veranlasst haben. Indem ich mich gegen die Zumutungen und Begriffe der Gegenwart wende, vollziehe ich, sagt Stirner, die massloseste *Entheiligung*. Nichts ist mir heilig! Es wäre töricht, zu behaupten, es gäbe keine Macht über der meinigen. Nur die Stellung, welche Ich Mir zu derselben gebe, wird eine durchaus andere sein, als sie im religiösen Zeitalter war: Ich werde der *Feind* jeder höheren Macht sein, während die Religion lehrt, sie uns zur Freundin zu machen und demütig gegen sie zu sein. Der *Entheiliger* spannt seine Kraft gegen jede *Gottesfurcht*, denn Gottesfurcht würde ihn in allem bestimmen, was er als heilig bestehen liesse. Ob am Gottmenschen der Gott oder der Mensch die heiligende Macht übe, ob also etwas um Gottes oder um des Menschen (der Humanität) willen heilig gehalten werde, das ändert die Gottesfurcht nicht, da der Mensch so gut als „höchstes Wesen" verehrt wird, als auf dem speziell religiösen Standpunkte der Gott als „höchstes Wesen" unsere Furcht und Ehrfurcht verlangt, und beide Uns imponieren." (S. 21.).

Es kann nicht gesagt werden, dass man eine Religion begriffen, und noch weniger, dass man sie besiegt habe, wenn man ihren Widersinn hervorgehoben hat, wo doch gerade dieser Widersinn selbst seine Expansionskraft bildet. Den Widersinn einer Religion zu besiegen, ist kein Sieg, um den zu kämpfen es der Mühe wert wäre, wenn man die Verneinung nicht bis zu den Keimen dieser Gespensterglauben fortsetzt, die aus dem Widersinn selbst ihre Nahrung ziehen. Wer an kein Gespenst mehr glaubt, der braucht nur in seinem Unglauben konsequent fortzuwandeln, um einzusehen, dass überhaupt hinter den Dingen kein apartes Wesen stecke, kein Gespenst oder — was naiverweise auch dem Worte nach für gleichbedeutend gilt — kein „G e i s t". Doch wer den Mut nicht hatte, sich von dem ersten grundlegenden Vorurteil zu befreien, das alle anderen gebiert, ist noch weit davon entfernt, dieser Behauptung zuzustimmen. Die grosse

Mehrheit wird uns bald entgegentreten, um zu versichern, dass sich aus allem ein Geist offenbart.

„Aus der Blume, der kleinen, lieblichen, spricht der Geist des Schöpfers zu Dir, der sie so wunderbar geformt hat; die Sterne verkünden den Geist, der sie geordnet, von den Berggipfeln weht ein Geist der Erhabenheit herunter, aus den Wassern rauscht ein Geist der Sehnsucht herauf, und — aus dem Menschen reden Millionen Geister. Mögen die Berge einsinken, die Blumen verblühen, die Sternenwelt zusammenstürzen, die Menschen sterben — was liegt am Untergang dieser sichtbaren Körper? Der Geist, der ‚unsichtbare', bleibt ewig!" (S.S. 45, 46).

So denkt und spricht der religiöse Mensch, sodass die Welt selbst ein unheimliches Gespenst wird, der Scheinleib eines Geistes. Was wäre ein Gespenst denn anders als ein scheinbarer Leib, aber wirklicher Geist? Nun, die Welt ist „eitel", ist „nichtig", ist nur blendender „Schein"; ihre Wahrheit ist allein der Geist; sie ist der Scheinleib eines Geistes. Aber wenn die ganze Welt vergeistigt erscheint, und einem geheimnissvollen Gespenst ähnlich gemacht wird, so ist dies, nach Stirner, nicht überraschend, denn es ist nur des Schein eines innewohnenden Geistes. „Spukt nicht Dein Geist in Deinem Leibe, und ist nicht jenes allein das Wahre und Wirkliche, dieses nur das ‚Vergängliche, Nichtige' oder ein ‚Schein'? Sind wir nicht alle Gespenster, unheimliche Wesen die auf ‚Erlösung' harren, nämlich ‚Geister?'" (S. 46). Und es handelt sich hier um keine unhistorische, phantastische Hypothese. Die Lehre Christi kommt zum Resultat, dass der eigentliche Geist oder das eigentliche Gespenst — der Mensch sei. Der *leibhaftige* oder beleibte Geist ist eben der Mensch: er selbst das grauenhafte Wesen und zugleich des Wesens Erscheinung und Existenz oder Dasein. Fortan graut dem Menschen nicht eigentlich mehr vor Gespenstern ausser ihm, sondern vor ihm selber: er erschrickt vor sich selbst. In der Tiefe seiner Brust wohnt der *Geist der Sünde*, schon der leiseste *Gedanke* (und dieser ist ja selber ein Geist) kann ein *Teufel* sein u. s. w. — Das Gespenst hat einen Leib angezogen, der Gott ist Mensch geworden, aber der Mensch ist nun selbst der grausige Spuk, hinter den er zu kommen, den er zu bannen, zu ergründen, zur Wirklichkeit und zum Reden zu bringen sucht: der

Mensch ist — *Geist*. Mag auch der Leib verdorren, wenn nur der Geist gerettet wird : auf den Geist kommt alles an, und das Geistes- oder „Seelenheil" wird alleiniges Augenmerk. (S. 53).

Nachdem nun der Weg freigemacht wurde zu diesem grundlegenden Gespenst „dem Menschen", wird nun die ganze Reihe der „Geister" und „Spuks" (wie Wahrheit, Recht, Gesetz, die gerechte Sache) vernichtet, die wie Nebel vor der „Sonne des Egoismus" zerstieben. Die ganze moralische Welt ist nur eine Reihe von fixen Ideen, die dem Menschen keine Ruhe liessen. Er machte sich zum Sklaven einer Reihe von Ideen, einer Menge von „Besessenheiten", oder wenn man diese Bezeichnung vorzieht, von Enthusiasmen, die zum Fanatismus führen, und dies nicht nur in religiösen Dingen, sondern auch für jene Wiederspiegelung der Religion, die als Moral auftritt. Und was wird heutigentages nicht alles Religion genannt ? Die „Religion der Liebe", „die Religion der Freiheit", die „politische Religion", und alles hat seine Quelle in einem fanatischen Enthusiasmus für unfassbare Phantasien.

Der religiöse Mensch horcht immer darauf, was sein Gott sagen wird, und wenn ein jeder seinen eigenen Herrgott befragt hat, dann schickt er sich in den Willen seines Herrn und hört gar nicht mehr darauf, was E r s e l b e r gerne sagen und beschliessen möchte. Es sind nicht viele Worte nötig, um darzulegen, dass es besser wäre, dass jeder an sich selbst appeliere, als an sein eigenes Hirngespenst. „Darum wendet Euch lieber an Euch als an eure Götter oder Götzen. Bringt aus Euch heraus, was in Euch steckt, bringt's zu Tage, bringt Euch zur Offenbarung." (S. 190). Welche Vorstellung macht sich der Christ von seinem Gott ? „Als ein Wesen, das handelt, „wie's ihm gefällt." „Und der törichte Mensch, der's gerade so machen könnte, soll statt dessen handeln, wie's „Gott gefällt". — Sagt man, auch Gott verfahre nach ewigen Gesetzen, so passt auch das auf Mich, da auch Ich nicht aus meiner Haut fahren kann, sondern an meiner ganzen Natur, d. h. an Mir mein Gesetz habe. Aber man braucht Euch nur an Euch zu mahnen, um Euch gleich zur Verzweiflung zu bringen. „Was bin Ich ?" so fragt sich jeder von Euch. Ein Abgrund von regel-und gesetzlosen Trieben, Begierden, Wünschen, Leidenschaften, ein Chaos ohne Licht und Leitstern !

Wie soll Ich, wenn Ich ohne Rücksicht auf Gottes Gebote oder auf die Pflichten, welche die Moral vorschreibt, ohne Rücksicht auf die Stimme der Vernunft, welche im Lauf der Geschichte nach bitteren Erfahrungen das Beste und Vernünftigste zum Gesetze erhoben hat, lediglich Mich frage, eine richtige Antwort erhalten? Meine Leidenschaft würde Mir gerade zum Unsinnigsten raten. — So hält Jeder sich selbst für den — T e u f e l." (S. 190) Was würdet Ihr aber denken, wenn Euch einer erwiderte: dass man auf Gott, Gewissen, Pflichten, Gesetze u. s. w. hören solle, das seien Flausen, mit denen man Euch Kopf und Herz vollgepfropft und Euch verrückt gemacht habe? Und wenn er Euch früge, woher Ihr's denn so sicher wisst, dass die Naturstimme eine Verführerin sei? Und wenn er Euch gar zumutete, die Sache umzukehren, und geradezu die Gottes- und Gewissensstimme für Teufelswerk zu halten? Solche heillose Menschen gibt's; wie werdet Ihr mit ihnen fertig werden?

Auf eure Pfaffen, Eltern und guten Menschen könnt Ihr Euch nicht berufen, denn die werden eben als eure Verführer von jenen bezeichnet, als die wahren Jugendverführer und Jugendverderber, die das Unkraut der Selbstverachtung und Gottesverehrung emsig aussäen, die jungen Herzen verschlämmen und die jungen Köpfe verdummen. Jene nun fahren aber fort und fragen: Um weswillen bekümmert Ihr Euch um Gottes und die andern Gebote? Ihr meint doch nicht, dass dies bloss aus Gefälligkeit gegen Gott geschehe? Nein, Ihr tuts wieder — u m E u r e t w i l l e n. — Also auch hier seid I h r die Hauptsache und jeder muss sich sagen: Ich bin mir alles und ich tue alles M e i n e n t h a l b e n. Würde Euch's jemals klar, dass Euch der Gott, die Gebote u. s. w. nur schaden, dass sie Euch, verkürzen und verderben: gewiss, Ihr würfet sie von Euch gerade wie die Christen einst den Apollo oder die Minerva oder die heidnische Moral verdammten. Sie stellten freilich Christus und hernach die Maria, sowie eine christliche Moral an die Stelle; aber sie taten das auch um i h r e s Seelenheils willen, also aus Egoismus oder Eigenheit. (S.S. 191, 192). Die religiöse Sklaverei hat Euch verhüllt, was Ihr wirklich seid. Man hat Euch glauben gemacht, Ihr seid keine Egoisten, sondern Idealisten, „gute Menschen". „Schüttelt das ab! Suchet nicht die Freiheit, die Euch gerade um Euch selbst bringt, in der „Selbstverleugnung", sondern suchet Euch Selbst, werdet Egoisten, werde jeder von Euch ein allmächtiges Ich. Oder deutlicher: Erkennet Euch nur wieder, erkennet nur, was Ihr wirklich seid, und lasst eure heuchlerischen Bestrebungen fahren, eure törichte Sucht, etwas Anderes zu sein, als Ihr seid." (S. 194). Die religiösen Bestrebungen selbst sind heuchlerisch, denn trotz ihres äusseren Scheins sind die Gläubigen durch alle diese Jahrtausende Egoisten geblieben, aber schlafende, sich selbst betrügende, verrückte Egoisten. Noch niemals hat eine Religion der Versprechungen und „Verheissungen" entraten können, mögen sie aufs Jenseits oder Diesseits verweisen („langes Leben" u. s. w.); denn lohnsüchtig ist der Mensch, und „umsonst" tut er nichts. Also auch die Religion ist auf unserem Egoismus begründet, und sie — beutet ihn aus; berechnet auf unsere Begierden, erstickt sie viele andere um einer willen. Die Religion verspricht Mir das — „höchste Gut"; dies zu gewinnen achte Ich auf keine andere meiner Begierden mehr und sättige sie nicht. — All euer Tun und Treiben ist uneingestandener, heimlicher, verdeckter und versteckter Egoismus. Aber weil Egoismus, den Ihr Euch nicht gestehen wollt, den Ihr Euch selbst verheimlicht, also nicht offenbarer und offenkundiger, mithin unbewusster Egoismus, darum ist er nicht Egoismus, sondern Knechtschaft, Dienst, Selbstverleugnung, Ihr seid Egoisten und Ihr seid es nicht, indem Ihr den Egoismus verleugnet. Wo Ihr's am meisten zu sein scheint, da habt Ihr dem Worte „Egoist" — Abscheu und Verachtung zugezogen. (S. 194). Und dieses Prinzip ist speziell dem Christentum so inhärent, dass sein zähester Kampf dem Egoismus galt.

„Krieg des Pfaffentums mit dem Egoismus, der geistlich Gesinnten mit den weltlich Gesinnten macht ja den Inhalt der ganzen christlichen Geschichte aus. In der neuesten Kritik wird dieser Krieg nur allumfassend, der Fanatismus vollständig. Freilich kann er auch so erst, nachdem er sich ausgelebt und ausgewütet hat, vergehen." (S. 418). Die schädliche Wirkung des Christentums wird noch offenbarer in seinen Beziehungen zur Gesellschaft. Weil das Christentum, unfähig den Einzelnen als Einzigen gelten zu lassen, ihn nur als Abhängigen dachte und eigentlich nichts als eine Socialtheorie war, eine Lehre des Zusammenlebens, und zwar sowohl des Menschen mit Gott als des Menschen mit dem Menschen: so musste bei ihm alles „Eigene" in ärgsten Verruf kommen: Eigennutz, Eigensinn, Eigenwille, Eigenheit, Eigenliebe. Unsere Sprache hat sich so ziemlich auf den christlichen Standpunkt eingerichtet, und das allgemeine Bewusstsein ist noch zu christlich, um nicht vor allem Nichtchristlichen als vor einem Unvollkommenen oder Bösen zurückzuschrecken. Deshalb steht es auch schlimm um den „Eigennutz."

Um leichter die Herrschaft über die Menschen zu haben, hat man die Bedeutung der Worte und ihre Beziehungen verändert. „Eigennutz im christlichen Sinne heisst etwa dies: Ich sehe nur darauf, ob etwas Mir als sinnlichem Menschen nützt. Ist denn aber die Sinnlichkeit meine ganze Eigenheit? Bin Ich bei Mir selbst, wenn ich der Sinnlichkeit hingegeben bin? Folge ich Mir selbst, meiner eigenen Bestimmung, wenn Ich jener folge? Mein eigen bin Ich erst, wenn nicht die Sinnlichkeit, aber ebensowenig ein anderer (Gott, Menschen, Obrigkeit, Gesetz, Staat, Kirche u. s. w.) Mich in der Gewalt haben, sondern Ich selbst; was Mir, diesem Selbsteigenen oder Selbstangehörigen, nützt, das verfolgt mein Eigennutz. Uebrigens sieht man sich alle Augenblicke genötigt, an den Eigennutz, den allezeit gelästerten, als an eine Alles bewältigende Macht zu glauben." (S. 199).

Die Liberalen geben sich der Illusion hin, den Menschen aus den Banden des christlichen Zwanges frei zu machen. „Nach wessen Freiheit schreien und lechzen sie denn? Nach der des Geistes! Des Geistes der Sittlichkeit, Gesetzlichkeit, Frömmigkeit, Gottesfurcht u. s. w. Das wollen die antiliberalen Herrn auch, und der ganze Streit zwischen beiden dreht sich um den Vorteil, ob die letzteren das Wort allein haben oder die ersteren einen „Mitgenuss desselben Vorteils" erhalten sollen. Der Geist bleibt für beide der absolute Herr, und sie hadern nur darum, wer den hierarchischen Thron, der dem „Statthalter des Herrn" gebührt, einnehmen soll. Das Beste an der Sache ist, dass man dem Treiben ruhig zusehen kann mit der Gewissheit, dass die wilden Tiere der Geschichte sich ebenso zerfleischen werden, wie die der Natur; ihre verwesenden Kadaver düngen den Boden für — Unsere Früchte." (S. 78).

Die Religion, und vor allem das Christentum versucht unter den zahllosen Albernheiten seiner „formellen Erklärungen" in die Seelen ein anderes, zweideutiges und giftiges Prinzip einzupflanzen, und zwar das der „S e l b s t v e r l e u g n u n g", dem es einen bedeutenden Wert beilegt. „So ist die Selbstverleugnung den Heiligen gemein mit den Unheiligen, den Reinen und den Unreinen. Der Unreine v e r l e u g n e t alle „besseren Gefühle" alle Scham, ja die natürliche Furchtsamkeit und folgt nur der ihn beherrschenden Begierde. Der Reine verleugnet seine natürliche Beziehung zur Welt („verleugnet die Welt") und folgt nur dem ihn beherrschenden „Verlangen". Der Heilige macht sich zum „Spotte der Welt", ist hartherzig und „strenggerecht". Wie der Unheilige vor dem Mammon s i c h s e l b s t verleugnet, so verleugnet der Heilige s i c h vor Gott und den göttlichen Gesetzen." (S. 73) Wie kann man also die Selbstverleugnung als Verhaltungsprinzip betrachten, wo wir sehen, dass sie mit gleicher Strenge von zwei Kategorien von Menschen beobachtet wird, die man gewohnt ist einander entgegenzustellen ?

„Die Selbstverleugnenden müssen als Heilige denselben Gang nehmen, wie als Unheilige, und wie diese nach und nach ins vollste Mass selbstverleugnender Gemeinheit und N i e d r i g k e i t versinken, so müssen jene zur entehrendsten E r h a b e n h e i t aufsteigen. Der Niedrige wie der Erhabene langen nach einem ‚Gute', jener nach dem materiellen, dieser nach dem ideellen, dem sogenannten ‚höchsten Gute' ". (S. 74). „Ungemein viel glauben diejenigen zu sagen, welche den Menschen ‚Uneigennützigkeit' ans Herz legen. Was verstehen sie darunter ? Etwas Ähnliches als unter ‚Selbstverleugnung'. Wer aber ist dieses Selbst, das verleugnet werden und keinen Nutzen haben soll ? Du scheinst es selber sein zu sollen. Und zu wessen Nutzen empfiehlt man Dir die uneigennützige Selbstverleugnung ? Wiederum D i r zu Nutzen und Frommen, nur dass D u durch Uneigennützigkeit Deinen ‚wahren Nutzen' Dir verschaffst." — Wir bewegen uns also in einem Circulus viciosus.

„Ob Jemand Geldgewinn oder Volksbefreiung erzielen mag, dass er einem Zwecke, und zwar s e i n e m Zwecke zustrebt, bleibt doch im einen wie im andern Falle gewiss : Eigennutz hier wie da, nur dass sein nationaler Eigennutz a u c h a n d e r n zu gute käme, mithin, g e m e i n n ü t z i g wäre. Ist nun etwa die Uneigennützigkeit unwirklich und nirgends vorhanden? Im Gegenteil, nichts ist gewöhnlicher! Man darf sie sogar einen Modeartikel der zivilisierten Welt nennen, den man für so unentbehrlich hält, dass man, wenn er in solidem Stoffe zu viel kostet, wenigstens mit seinem Flitterschein sich ausputzt." (p. 76).

Es ist lächerlich von den Menschenrechten zu sprechen. Der Mensch ist der Mensch überhaupt und insofern jeder, der Mensch ist. Nun soll jeder die ewigen Menschenrechte haben und sie geniessen. Aber nur Ich habe alles, was Ich Mir — verschaffe; als Mensch habe Ich nichts. Man möchte jedem Menschen alles Gute zufliessen lassen, bloss weil er den Titel „Mensch" hat. Ich aber lege den Akzent auf Mich, nicht darauf dass Ich Mensch bin. Der Mensch ist nur etwas als meine Eigenschaft (Eigentum), wie die Männlichkeit oder Weiblichkeit. „Ich bin Mensch gerade so wie die Erde Stern ist. So lächerlich es wäre, der Erde die Aufgabe zu stellen, ein „rechter Stern" zu sein, so lächerlich ists, Mir als Beruf aufzubürden, ein „rechter Mensch zu sein." (S. 213). „Die Gattung ist nichts, und wenn der Einzelne sich über die Schranken seiner Individualität erhebt, so ist dies vielmehr gerade Er selbst als Einzelner, er ist nur, indem er sich erhebt, er ist nur, indem er nicht bleibt, was er ist; sonst wäre er fertig, tot. Der Mensch ist nur ein Ideal, die Gattung nur ein Gedachtes. Ein Mensch sein, heisst nicht das Ideal des Menschen erfüllen, sondern sich, den Einzelnen, darstellen. Nicht, wie Ich das a l l g e m e i n M e n s c h l i c h e realisiere, braucht meine Aufgabe zu sein, sondern wie Ich Mir selbst genüge. Ich bin meine Gattung, bin ohne Norm, ohne Gesetz, ohne Muster u. dergl. Möglich, dass ich aus Mir sehr wenig machen kann; dies Wenige ist aber alles und ist besser, als was Ich aus Mir machen lasse durch die Gewalt Anderer, durch die Dressur der Sitte, der Religion, der Gesetze, des Staates u. s. w.

Durch das, was Ich bin, ist Alles b e d i n g t, was ich tue, denke u. s. w., kurz meine Äusserung oder Offenbarung. Der Jude z. B. kann nur so oder so wollen, kann nur so „sich geben"; der Christ kann sich nur christlich geben und offenbaren u. s. w. Wäre es möglich, dass Du Jude oder Christ sein könntest, so brächtest Du freilich nur Jüdisches oder Christliches zutage;

allein es ist nicht möglich, Du bleibst beim strengsten Wandel doch ein E g o i s t, ein Sünder gegen jenen Begriff" (S. 214). Und das Bewustsein dieser „Sünde" kann folgende Gedanken hervorrufen: „Ich bin Mir zuwider oder widerwärtig; Mir graut und ekelt vor Mir, Ich bin Mir ein Greuel, oder Ich bin Mir nie genug und tue Mir nie genug. Aus solchen Gefühlen entspringt die Selbstauflösung oder Selbstkritik. Mit der Selbstverleugnung beginnt, mit der vollendeten Kritik schliesst die Religiosität. Ich bin besessen und will den ‚bösen Geist' loswerden. Wie fange Ich's an? Ich begehe getrost die Sünde, welche dem Christen die ärgste scheint, die Sünde und Lästerung wider den heiligen Geist. ‚Wer den heiligen Geist lästert, der hat keine Vergebung ewiglich, sondern ist schuldig des ewigen Gerichts!' Ich will keine Vergebung und fürchte Mich nicht vor dem Gerichte. Der Mensch ist der letzte böse G e i s t oder Spuk, der täuschendste oder vertrauteste, der schlaueste Lügner mit ehrlicher Miene, der Vater der Lügen." (S. 215).

Um diese Befreiung bald durchzuführen, ist es also notwendig, den Kreis jeder Religion, und ganz besonders der herrschenden Religion zu verlassen. Ebenso wie das Altertum an dem Tage zusammenbrechen musste, an dem seine Sehnsucht befriedigt wurde, so ist es auch unmöglich anzunehmen, dass die moderne Kultur fortdauern könnte, ohne das Christentum zu verlassen. „Vorchristliche und christliche Zeit verfolgen ein entgegengesetztes Ziel; jene will das Reale idealisieren, diese das Ideale realisieren. Jene sucht den ‚heiligen Geist', diese den ‚verklärten Leib'. Daher schliesst jene mit der Unempfindlichkeit gegen das Reale, mit der ‚Weltverachtung'; diese wird mit der Abwerfung des Idealen, mit der ‚Geistesverachtung' enden. Nun haben Wir an den Alten Anhänger der Idee, an den Neuen Anhänger der Realität vor uns. Beide kommen von dem Gegensatze nicht los und schmachten nur, die einen nach dem Geiste, und als dieser Drang der alten Welt befriedigt zu sein schien, die andern sogleich wieder nach der Verweltlichung dieses Geistes. Wie der Zug der Heiligung oder Reinigung durch die alte Welt geht, so geht der der Verleiblichung durch die christliche: der Gott stürzt sich in diese Welt, wird Fleisch und will sie erlösen, d. h. mit sich erfüllen; da er aber ‚die Idee' oder ‚der Geist' ist, so führt man (z. B. Hegel) am Schlusse die Idee in alles, in die Welt ein und beweist, ‚dass die Idee, dass Vernunft in allem sei'. Dem, was die heidnischen Stoiker als „den Weisen" aufstellten, entspricht in der heutigen Bildung „der Mensch," jener wie dieser ein — fleischloses Wesen. Der unwirkliche ‚Weise', dieser leiblose ‚Heilige' der Stoiker, wurde eine wirkliche Person, ein leiblicher ‚Heiliger' in dem fleischgewordenen Gotte; der unwirkliche ‚Mensch', das leiblose Ich, wird wirklich werden im leibhaftigen Ich, in Mir." (S. 425). „Erst dann hat der Mensch den religiösen Aberglauben und seinen Spuk wirklich überwunden, wenn er nicht bloss den Gespensterglauben, sondern auch den Glauben an den Geist abzulegen die Kraft besitzt, nicht bloss den Geisterglauben, sondern auch den Geistesglauben. Wer an einen Spuk glaubt, nimmt nicht mehr das ‚Hereinragen einer höhern Welt' an, als wer an den Geist glaubt, und beide suchen hinter der sinnlichen Welt eine übersinnliche, kurz sie erzeugen und glauben eine andere Welt, und diese andere Welt, das Erzeugnis ihres Geistes, ist eine geistige Welt: ihre Sinne fassen und wissen ja nichts von einer anderen, unsinnlichen Welt, nur ihr Geist lebt darin. Der Fortgang von diesem Glauben an das Dasein geistiger Wesen dahin, dass auch des Menschen eigentliches Wesen sein Geist sei, und dass auf diesen allein, auf sein ‚Seelenheil' alle Sorgfalt gerichtet werden müsse, ist nicht schwer. Damit wird die Einwirkung auf den Geist, der sogenannte ‚moralische Einfluss' gesichert. Es springt daher in die Augen, dass die vollkommene Rechtlosigkeit der Sinnlichkeit, die Unsinnlichkeit und Unnatur repräsentiere, und dass die Sünde und das Sündbewusstsein unsere Jahrtausende lange Plage war.

Wer aber wird auch den Geist in sein Nichts auflösen? Er, der mittelst des Geistes die Natur als das Nichtige, Endliche, Vergängliche darstellte, er kann allein auch den Geist zu gleicher Nichtigkeit herabsetzen: Ich kann es, es kann es jeder unter Euch, der als unumschränktes Ich waltet und schafft, es kann's mit einem Worte der — Egoist." (S.S. 86, 87).

Wenn man sich von dem Spuk der „Heiligkeit" beherrschen lässt, verliert man alles Machtgefühl und allen Mut. Man wird demütig und ohnmächtig. Und doch ist kein Ding durch sich heilig. Es wird nur heilig durch unsere Heiligsprechung, durch unseren Spruch, durch unser Kniebeugen, durch unser Gewissen. Für kleine Kinder, wie für Tiere, existiert nichts Heiliges, weil man, um dieser Vorstellung Raum zu geben, schon so weit zu Verstand gekommen sein muss, dass man Unterschiede wie: „gut und böse, berechtigt und unberechtigt" u. s. w. machen kann; nur bei solchem Grade der Reflexion oder Verständigkeit — dem eigentlichen Standpunkte der Religion — kann an die Stelle der natürlichen Furcht die unnatürliche (d. h. erst durch Denken hervorgebrachte) Ehrfurcht treten, die „heilige Scheu". Es gehört dazu, dass man etwas ausser sich für mächtiger, grösser, berechtigter, besser u. s. w. hält, d. h. dass man die Macht eines Fremden anerkennt. Hier beginnt die Gespensterschar aller christlichen Tugenden. Und damit die Suggestion noch wahrhaftiger erscheine, heisst es: „Gälte dem Menschen nicht irgend etwas als heilig, so wäre ja der Willkür, der schrankenlosen Subjektivität Tür und Tor geöffnet! Furcht macht den Anfang, und dem rohesten Menschen kann man sich fürchterlich machen; also schon ein Damm gegen seine Frechheit. Allein in der Furcht bleibt immer noch der Versuch, sich vom Gefürchteten zu befreien durch List, Pfiffe u. s. w. Dagegen ist's in der Ehrfurcht ganz anders. Hier wird nicht bloss gefürchtet, sondern auch geehrt: das Gefürchtete ist zu einer innerlichen Macht geworden, der Ich Mich nicht mehr entziehen kann. Durch die Ehre, welche Ich einer Sache zolle, bin Ich vollständig in seiner Gewalt, und versuche die Befreiung nicht einmal mehr. Nun hänge ich mit der ganzen Kraft des Glaubens daran, Ich glaube. Ich und das Gefürchtete sind eins: „nicht Ich lebe, sondern das Respektierte lebt in Mir!" Das zur Verehrung gesteigerte Gefürchtete darf nicht mehr angetastet werden: die Ehrfurcht wird verewigt, das Respektierte wird vergöttert. Der Mensch ist nun nicht mehr schaffend, sondern lernend, d. h. beschäftigt mit einem festen Gegenstande, sich vertiefend in ihn, ohne Rückkehr zu sich selber. (S. 88). Doch alles dies tritt zurück, sobald nun jemand die Frage wagen würde, ob die Religion und Moral nicht selbst bloss Truggebilde seien, und bloss deshalb als unerrschüttlich betrachtet werden, weil wir sie über allen unseren Zweifel stellen. Doch muss der Angriff gegen diese derartig sein, dass er nicht selbst als Akt der Religiosität und der Moral erscheine. Wer fühlt, dass er nichts mehr mit der Religion und der Moral gemein habe, und sie nicht mehr als arge Feinde betrachtet, die ihm keine Ruhe lassen, bricht seine Beziehungen mit ihnen, wodurch allein sie schon zerstört werden. Diejenigen, deren Verhalten noch religiös und moralisch ist, obwohl sie einen oppositionellen Standpunkt einnehmen, zeigen, dass sie noch nicht vollständig mit sich im Reinen sind. Wer die Religion und die Moral überwindet, der muss auch die ganze Serie der heiligen Ideen überwinden, die der Mensch nach der allgemeinen Auffassung befolgen soll. Man muss die Auffassung überwinden, dass „Familie, Vaterland, Wissenschaft u. dergl. an Mir einen berufstreuen Diener finden sollen." — Da stossen Wir auf den uralten Wahn der Welt, die des Pfaffentums noch nicht entraten gelernt hat. Für e i n e I d e e leben und schaffen, das sei der Beruf des Menschen, und nach der Treue seiner Erfüllung messe sich sein m e n s c h l i c h e r Wert. Dies ist die Herrschaft der Idee oder das Pfaffentum. „Keine Idee, kein System, keine heilige Sache ist so gross, dass sie nie von diesen persönlichen Interessen überboten und modifiziert werden sollte. Wenn sie auch augenblicklich und in Zeiten der Rage und des Fanatismus schweigen, so kommen sie doch durch, den gesunden Sinn des Volkes' bald wieder obenauf. Jene Ideen siegen erst dann vollkommen, wenn sie nicht mehr gegen die persönlichen Interessen feindlich sind, d. h. wenn sie den Egoismus befriedigen." (S. 77).

Das Endresultat der religiösen und moralischen Vorurteile war die Brechung des Mutes zur Demut herab. Der Mensch soll sich da beugen vor dem B e r u f des Menschen, soll seinen Willen aufgeben gegen einen fremden, der als Regel und Gesetz aufgestellt wird; er soll sich e r n i e d r i g e n vor einem H ö h e r e n: Selbsterniedrigung. „Wer sich selbst erniedrigt, wird erhöhet werden." Ja, ja, die Kinder müssen beizeiten zur Frömmigkeit, Gottseligkeit und Ehrbarkeit a n g e h a l t e n werden; ein Mensch von guter Erziehung ist Einer, dem „gute Grundsätze" b e i g e b r a c h t und e i n g e p r ä g t worden sind, zu denen auch in erster Reihe das Gebot der Nächstenliebe gehört.

Wenn ihr ihnen befehlt: beuge Dich vor dem Höchsten — so

werden sie antworten: wenn er Uns beugen will, so komme er selbst und tue es; Wir wenigstens wollen uns nicht von freien Stücken beugen. Glückt es Euch nicht mehr, ihnen Gespensterfurcht einzujagen, so ist die Herrschaft der Gespenster zu Ende, und die Ammenmärchen finden keinen — G l a u b e n.

Und so wird auch das sogenannte „Gebot der Liebe" fallen, durch das die Beziehungen der Menschen unter einander geregelt sein sollen. Formulieren Wir den Sinn dieses Gesetzes, so wird er etwa folgender sein: Jeder Mensch muss ein Etwas haben, das ihm über sich geht. Du sollst dein „Privatinteresse" hintansetzen, wenn es die Wohlfahrt anderer, das Wohl des Vaterlandes, der Gesellschaft, das Gemeinwohl, das Wohl der Menschheit, die gute Sache u. derg. gilt! Es ist uns nicht neu, dass wer „vor Liebe zur Gerechtigkeit brennt," ausruft: fiat iustitia, pereat mundus! Er kann wohl fragen und forschen, was denn die Gerechtigkeit eigentlich sei oder fordere und w o r i n sie bestehe, aber nicht, o b sie etwas sei. Es ist sehr wahr: „Wer in der Liebe bleibet, der bleibet in Gott und Gott in ihm". Der Gott bleibt in ihm, er wird ihn nicht los, wird nicht gottlos, und er bleibet in Gott, kommt nicht zu sich und in seine eigene Heimat, bleibt in der Liebe zu Gott und wird nicht lieblos. (S. 336). Die Liebe wurde in den Beziehungen der Menschen auf den Gipfelpunkt aller Dinge erhoben, sie soll der Inhalt des Menschen und auch sein Beruf sein. Daher der Bekehrungseifer. Dass die Kommunisten und Humanen mehr als die Christen vom Menschen erwarten, bringt sie keineswegs von demselben Standpunkte weg. Dem Menschen soll das Menschliche werden! War es den Frommen genug, dass ihm das Göttliche zu teil wurde, so verlangen die Humanen, dass ihm das Menschliche nicht verkümmert werde. Gegen das Egoistische stemmen sich beide. Natürlich, denn das Egoistische kann ihm nicht bewilligt oder verliehen werden (Lehen), sondern er muss es selbst sich verschaffen. Jenes erteilt die Liebe, dieses kann Mir allein von Mir gegeben werden. Allein man ist weder sich schuldig, etwas aus sich, noch andern, etwas aus ihnen zu machen: denn man ist seinem und anderer Wesen nichts schuldig. Die Liebe des natürlichen Menschen wird durch die Bildung ein G e b o t. Als Gebot aber gehört sie d e m Menschen als solchem, nicht Mir. Der Mensch,

d. h. die Menschlichkeit, stellt jene Forderung an Mich: die Liebe wird gefordert, ist meine Pflicht. Statt also wirklich Mir errungen zu sein, ist sie dem Allgemeinen errungen, dem Menschen, als dessen Eigentum. Folglich muss Ich die Liebe Mir wieder vindizieren und sie aus der Macht des Menschen erlösen.

Gegenüber dieser Ansicht kommt nun der Egoist zu gerade entgegengesetzten Schlüssen. Es ist ja kein Zweifel, dass ich unzählige Genüsse für jemand andern opfern kann. „Unzähliches kann Ich Mir zur Erhöhung seiner Lust versagen, das Teuerste kann Ich für ihn in die Schanze schlagen, mein Leben, meine Wohlfahrt, meine Freiheit. Es macht ja meine Lust und mein Glück aus, Mich an seinem Glücke und seiner Lust zu laben. Aber Mich, Mich selbst opfere Ich ihm nicht, sondern bleibe Egoist und — geniesse ihn. Wenn Ich ihm Alles opfere, was Ich ohne die Liebe zu ihm behalten würde, so ist das sehr einfach und sogar gewöhnlicher im Leben, als es zu sein scheint; aber es beweist nichts weiter, als dass diese eine Leidenschaft in Mir mächtiger ist, als alle übrigen. Dieser Leidenschaft alle andern zu opfern, lehrt auch das Christentum. Opfere Ich aber einer Leidenschaft andere, so opfere Ich darum noch nicht Mich, und opfere nichts von dem, wodurch Ich wahrhaft Ich selber bin, nicht meinen eigentlichen Wert, meine Eigenheit. Wo dieser schlimme Fall eintritt, da sieht's um nichts besser mit der Liebe aus, als mit irgend welcher andern Leidenschaft, der Ich blindlings gehorche." (S. 340).

Ich liebe die Menschen auch. Aber Ich liebe sie mit dem Bewusstsein des Egoismus; Ich liebe sie, weil die Liebe Mich glücklich macht, Ich liebe, weil Mir das Lieben natürlich ist, weil Mir's gefällt. Ich kenne kein „Gebot der Liebe". Ich habe Mitgefühl mit jedem fühlenden Wesen, und ihre Qual quält, ihre Erquickung erquickt auch Mich. „Weil Ich die kummervolle Falte auf der geliebten Stirn nicht ertragen kann, darum, also um Meinetwillen, küsse Ich sie weg. Liebte Ich diesen Menschen nicht, so möchte er immerhin Falten ziehen, sie kümmerten Mich nicht; Ich verscheuche nur meinen Kummer. Wie nun, hat irgendwer oder irgendwas, den und das Ich nicht liebe, ein Recht darauf, von Mir geliebt zu werden? Eltern, Verwandte, Vaterland, Volk, Vaterstadt u. s. w., endlich überhaupt die Mitmenschen behaupten ein Recht auf meine Liebe zu haben und nehmen sie ohne weiteres in Anspruch. Sie sehen sie als ihr Eigentum an und Mich, wenn Ich dasselbe nicht respektiere, als Räuber, der ihnen entzieht, was ihnen zukommt und das Ihre ist. Ich soll lieben. Ist die Liebe ein Gebot und Gesetz, so muss Ich dazu erzogen, herangebildet und, wenn Ich dagegen Mich vergehe, gestraft werden. (S.S. 340, 341).

„Aber die Liebe ist kein Gebot, sondern, wie jedes meiner Gefühle, mein Eigentum. Erwerbt, d. h. erkauft mein Eigentum, dann lasse Ich's Euch ab. Eine Kirche, ein Volk, ein Vaterland, eine Familie u. s. w.— die sich meine Liebe nicht zu erwerben wissen, brauche Ich nicht zu lieben, und Ich stelle den Kaufpreis meiner Liebe ganz nach meinem Gefallen." (S. 342). Die egoistische Liebe ist grundverschieden von der blinden und tollen Liebe, die sich durch ein Müssen meiner Gewalt entzieht. In meine Liebe darf sich nicht die Idee des Sollen eindrängen, wodurch der „Gegenstand" für mich „heilig" wird und Ich ihm durch das Gewissen oder die Bande des Eides verbunden bin. In diesem Fall wäre nun der „Gegenstand" nicht für Mich, sondern Ich für ihn da. So verwahre Ich Mich gegen die Besessenheit der religiösen Liebe, die in dem Gebot besteht, in dem Gegenstand eine „heilige" Sache zu lieben. Meine Liebe, die Liebe des Egoisten, ist mein eigen. Der Gegenstand meiner Liebe wird wirklich mein Gegenstand oder mein Eigentum. Meinem Eigentum bin Ich nichts schuldig und habe keine Pflicht gegen dasselbe, so wenig Ich etwa eine Pflicht gegen mein Auge habe; hüte ich es dennoch mit grösster Sorgsamkeit, so geschieht das Meinetwegen. Dem Egoisten ist nichts hoch genug, dass er sich davor demütigte, nichts so selbständig, dass er ihm zu Liebe lebte, nichts so heilig, dass er sich ihm opferte. Die Liebe des Egoisten quillt aus dem Eigennutz, flutet im Bette des Eigennutzes und mündet wieder in den Eigennutz." (S. 344).

Es liegt wenig daran, wenn die Liebe, in diesem Sinne aufgefasst, nicht mehr Liebe genannt werden kann. Ich hege die Liebe, weil es eines meiner Gefühle ist, aber es widerstrebt mir — ebenso wie Feuerbach — sie als eine höhere Macht über Mir zu betrachten, als eine göttliche Sache, als eine religiöse und moralische Pflicht.

So sehen wir — schliesst nun Stirner — wie unter unseren Händen der Gottesglaube mit allen davon abgeleiteten und ihn hervorbringenden Ideen verschwindet. Gott ist die Schöpfung unserer Phantasie und unseres Gefühls. Die Darstellung seines Entstehens und seiner Wirksamkeit ist seine entschiedenste Verdammung. Der Glaube ist die Konsequenz dieser Schöpfung „aus Nichts", aus dem auch der Geist entstand. Wie es nach der Mythologie ausreichte, die ersten Menschen zu erschaffen, damit daraus die Massen entstehen, so genügte es den Geist zu erschaffen, um bis zu Gott zu gelangen. Um sich selbst zu erschaffen, hatte er nichts ausser sich, und doch musste er erst Gestalt annehmen, genau so wie man kein Denker ist, bevor man gedacht, und kein Sänger bevor man gesungen hat. Die Erschaffung geistiger Dinge machte aus dem Menschen einen Geist, obwohl er nicht aufhörte wohl zu fühlen, dass er doch etwas mehr sei, als ein Geist, d. h. auch noch etwas anderes sei. Aber wie einem Denkenden oft im Enthusiasmus des Denkens der Sinn des Gehörs und des Gesichts verloren geht, wo er nichts sieht und nichts hört, so wünschte der Mensch im Enthusiasmus des Geistes mit allen seinen Kräften unkörperlich zu werden und alles andere zu vergessen. Der Geist wird sein Ideal, das Ziel, das noch nicht erreicht ist. Der Geist heisst Gott, und man kommt zum Schluss, dass Gott Geist ist. Gegen alles was nicht Geist ist, gibt es nur Verachtung, also auch gegen sich selbst, weil sich Niemand ganz von den weltlichen Dingen zu befreien weiss. Anstatt zu erklären: Ich bin mehr als ein Geist, sagt der Mensch im Gegenteil: „Ich bin weniger als der Geist, und den reinen Geist kann ich mir nur vorstellen, aber keiner sein. Da ich es nicht bin, muss wer anderer als dieser Geist bestehen, und den nenne ich Gott. Der Geist der bloss für sich bestehen sollte, musste etwas Jenseitiges sein. Und da der Mensch nicht unkörperlich, nicht der reine Geist sein kann, — kann der Geist als solcher nur ausserhalb des Menschen sein Dasein haben — ausserhalb der menschlichen Welt, also nicht auf der Erde, sondern im Himmel. Indem diese absurde Ideologie durch die Dialektik zerstört wird, werden nach Stirner die letzten Ausläufer des Gottesglaubens zerstört. Doch ist der Sieg des Kampfes gar nicht wert, wenn man hier stehen bliebe. Der Sturz und die Ueberwindung Gottes machten nur einer neuen

Illusion Platz — die aus dem Menschen Gott machte. Man glaubte alles erreicht zu hahen, als es endlich gelang Gott zu überwinden — und man erkannte nicht, dass der Mensch Gott getötet habe, um selbst „der einzige Gott im Himmelreich" zu werden. Und daraus folgt die Notwendigkeit, die Verneinung auf die ganze Struktur dieses ethischen und sozialen Systems auszudehnen, das aus dem Einzelnen ein diszipliniertes Molekül eines Organismus machen will, der sich die Aufgabe stellt, Verdienst und Schuld, Belohnung und Strafe zu bemessen.

So wird nun die Notwendigkeit eingeleitet und begründet, die Kritik auch auf die Grundlagen und den organischen Aufbau des Staates zu lenken, um auch in diesem Fall zu dessen Verneinung zu gelangen.

II.

Die Verneinung des Staates.

Man behauptet von der neueren Philosophie oder Zeit, sie habe es zur Freiheit gebracht. Doch, wirft Stirner ein — hat sie uns nicht von der Gewalt der Gegenständlichkeit befreit. Oder bin Ich etwa frei vom Despoten, wenn Ich mich zwar vor dem persönlichen Machthaber nicht fürchte, aber vor jeder Verletzung der Pietät, welche Ich ihm zu schulden wähne? Die neuere Zeit verwandelte nur die existierenden Objekte, den wirklichen Gewalthaber in vorgestellte, d. h. in Begriffe, vor denen der alte Respekt sich nicht nur nicht verlor, sondern an Intensität zunahm. Den bestehenden Staat zu revoltieren, die bestehenden Gesetze umzustürzen, trug man wenig Bedenken; allein gegen den Begriff des Staates zu sündigen, dem Begriffe des Gesetzes sich nicht zu unterwerfen, hat niemand gewagt. So blieb man „Staatsbürger" und ein „gesetzlicher" loyaler Mensch; ja man dünkte sich nur um so gesetzlicher zu sein, je rationalistischer man das vorige mangelhafte Gesetz abschaffte, um dem „Geiste des Gesetzes" zu huldigen. In alledem hatten nur die Objekte eine Umgestaltung erlitten, waren aber in ihrer Uebermacht und Oberhoheit verblieben. Man hatte nichts anderes getan, als dass man die Dinge in Vorstellungen von den Dingen, in Gedanken und Begriffe verwandelte, und die Abhängigkeit um so inniger und unauflöslicher wurde. So hält es z. B. in Bezug auf die Familie nicht schwer, von den Geboten der Eltern sich zu emanzipieren, allein der aufgekündigte Gehorsam fährt einem leicht ins Gewissen, und man vergiebt sich um so schwerer eine Versündigung gegen die Vorstellung, welche man von der Familienliebe und der Pietätspflicht gefasst hat. Von der Abhängigkeit gegen die existierende Familie erlöst, fällt man in die noch mehr bindende Abhängigkeit von dem Familienbegriff: man wird vom Familiengeiste beherrscht. Und diese zu einem Gedanken, einer Vorstellung verinnerlichte und entsinnlichte Familie gilt nun als das „Heilige", dessen Despotie noch zehnmal ärger ist, weil sie in meinem Gewissen rumort. Aehnlich, wie mit der Familie, verhält sich's mit der Sittlichkeit. Von der Sitte sagt sich Mancher los, von der Vorstellung „Sittlichkeit" sehr schwer. Die Sittlichkeit ist die „Idee" der Sitte, ihre geistige Macht, ihre Macht über die Gewissen; dagegen die Sitte zu materiell ist, um den Geist zu beherrschen, und einen „geistigen" Menschen, einen sogenannten Unabhängigen, einen „Freigeist" nicht fesselt. (S. 106).

Die Sittlichkeit wird ihn bald unter ihr tyrannisches Joch beugen. Und ähnlich, wie mit der Familie und der Sittlichkeit verhält es sich auch mit dem Staat. Es ist tatsächlich nicht schwer Rebellen gegen einen bestimmten Staat zu finden, doch bleibt für sie alle der Begriff des Staates unverletzlich, dem immer unbestrittene Achtung gezollt wird. Daher kommt die Auffassung, dass dieser oder jener Staat, der seinen Aufgaben nicht nachkommt, und dadurch unsern Gehorsam verringert, bis zu einem solchen Grade verbessert werden kann, dass er dieses Ziel erreicht. Man hat also nichts anderes getan, als dass die Form unserer Unterwerfung geändert wurde — dies kann aber unsere Absicht, uns zu befreien, nicht aufheben. Es ist auch klar, dass die neue Form dieses Despotismus nicht anders beseitigt werden kann, als unter der Bedingung, dass auch die abstrakten Begriffe der Familie, der Sittlichkeit und des Staates vollständig aufgelöst werden.

Die üblichen Beweisgründe, mit denen man den Staat, seine

Tätigkeit und Wirksamkeit zu rechtfertigen sucht, sind recht mannigfaltig; doch können jene, die eine gemeinsame Char k-teristik tragen, in besondere Gruppen zusammengefasst werden. In erster Linie erscheint der Liberalismus mit seiner ganzen Ausrüstung von Sophismen.

Durch den Liberalismus wurden nur andere Begriffe aufs Tapet gebracht, nämlich statt der göttlichen menschliche, statt der kirchlichen staatliche, statt der gläubigen „wissenschaftliche". Es was nur eine Verneinung von Abstraktionen und Begriffen, um an deren Stelle andere Abstraktionen und Begriffe zu setzen. Seit diesem Schritt ist die Verwirrung der Gedanken gewachsen. Es war nun möglich, den Menschen mit dem Glauben zu martern. dass er nur das geniessen dürfe, was ihm erlaubt ist, dass er sich an nichts wagen dürfe, was ihm nicht gegeben wird, — dass er nur durch die Gnade des Gebers leben dürfe. Natürlich ist dieser Geber der Staat, wie es gleichfalls natürlich ist, dass sobald der Mensch die erstrebten Dinge zu erreichen glaubte, diese wieder recht weit in die Ferne gerückt wurden. Der Mensch wurde auf dem Altar des Staates geopfert, wie er schon früher auf dem Altar der Kirche geopfert worden ist. Man verlangte von jedem. er solle seine Individualität abstreifen, in welcher die egoistische Ungleichkeit und der Unfriede haust, um sich ganz dem Staate zu weihen, dem Hüter und Beschützer der Menschenrechte. Das Bürgertum ist nichts anderes, als der Gedanke, dass der Staat, alles in allem, der wahre Mensch sei, und dass des Einzelnen Menschenwert darin bestehe, ein Staatsbürger zu sein. Nachdem die Bourgeoisie ihren Kampf gegen die privilegierten Klassen durchgeführt hat, erreichte sie die Gleichheit der Bürger. Kein Sonderinteresse sollte ferner verfolgt werden, sondern nur das allgemeine Interesse. Die eigene Persönlichkeit sollte im Staate aufgehen, den Staat zu seinem Zweck und zu seinem Ideal machen. Der Gedanke des Staats zog in alle Herzen ein und weckte Begeisterung; ihm zu dienen, diesem weltlichen Gotte, das ward der neue Gottesdienst und Kultus. Den Staat kümmerte es nicht, ob diese Verehrung von Armen oder Reichen kam, ihm genügte die Verehrung. „Der Liberalismus ist nichts anderes als die Vernunfterkenntnis, angewandt auf unsere bestehenden Verhältnisse". Sein Ziel ist eine „vernünftige Ordnung", ein „sittliches Verhalten".

eine „beschränkte Freiheit", nicht die Anarchie, die Gesetzlosigkeit, die Eigenheit. Herrscht aber die Vernunft, so unterliegt die Person.

Nach der Auffassung des politischen Liberalismus ist es schon recht viel, dass man die Unabhängigkeit von der persönlichen Herrschaft errungen und die Person gegen jede andere Person geschützt hat. Nur das Gesetz befiehlt, und es befiehlt in der Ausübung der persönlichen Freiheit. Also sind alle Menschen gleich.

Der politische Liberalismus hob die Ungleichheit der Herren und Diener auf; er machte herrenlos, anarchisch. Der Herr wurde nun vom Einzelnen, dem „Egoisten" entfernt, um ein Gespenst zu werden: das Gesetz oder der Staat. (S. 169). „Wir haben daher im Liberalismus nur die Fortsetzung der alten christlichen Geringachtung des Ichs. Statt mich zu nehmen, wie ich bin, sieht man lediglich auf mein Eigentum, meine Eigenschaften und schliesst mit mir einen ehrlichen Bund, nur um meines — Besitztums willen; man heiratet gleichsam, was ich habe, nicht was ich bin. Der Christ hält sich an meinen Geist, der Liberale an meine Menschlichkeit." (S. 204). Es rechnet der politische Liberalismus, wie alles Religiöse, auf den Respekt, die Humanität, die Liebestugenden. Denn in der Praxis respektieren eben die Leute nichts, und alle Tage werden die kleinen Besitzungen wieder von grösseren Eigentümern aufgekauft, und aus den „freien Leuten" werden Tagelöhner. (S. 290). Dies ist die notwendige Bedingung des politischen Liberalismus. Vor Allem bewilligt er die Gleichheit der politischen und einer unzähligen Menge anderer Rechte, ohne darauf zu sehen, wem er diese Rechte erteilt, wenn der Empfänger nur die Pflichten erfüllt, welche aus den überlassenen Rechten entspringen. Wir sind ihm Alle recht und — gleich, einer nicht mehr und nicht weniger wert, als der andere. Wer den Armeebefehl empfängt, das gilt mir gleich, spricht der souveräne Staat, vorausgesetzt, dass der Belehnte die Sache gehörig versteht. „Gleichheit der politischen Rechte" hat sonach den Sinn, dass jeder jedes Recht, welches der Staat zu vergeben hat, erwerben darf, wenn er nur die daran geknüpften Bedingungen erfüllt. Die Ständemonarchie, d. h. das absolute Königtum vor der Revolution, erhielt den

Einzelnen in Abhängigkeit von tausend anderen kleinen Monarchien. Das waren die Zünfte, die Stände etc. Doch die Revolution kam, und man verlangte noch mehr: eine wirkliche absolute Monarchie ohne die Beschränkungen der alten Monarchie. Das Bürgertum wünschte einen absoluten Herrn, neben dem keine anderen Herren möglich wären, die seine Macht beschränken. Und so erreichte man die „souveräne Nation", diese neue, unendlich strengere, unerbittlichere, logischere Monarchie. Der dritte Stand negierte sich als Stand und erhob sich zur Nation. So verschwand das bis dahin herrschende Prinzip der Stände. Die Revolution hatte den Zweck, die innerhalb des Staates bestehenden kleinen Monarchien abzuschaffen. Der dritte Stand erhob sich mit der Absicht, der einzige Stand zu werden, d. h. die Nation — der Staat par excellence. Der Einzelne konnte sich nun, da das Resultat so grosse Aehnlichkeit mit der religiösen Reformation zeigt, in direkte Beziehungen mit seinem Gotte setzen, d. h. also in unserem Falle, mit dem Staat. Alle ohne Ausnahme erhielten nun von ihm den Ehrentitel „Bürger".

Die Bourgeoisie ist der Adel des Verdienstes; „dem Verdienste seine Kronen" — ihr Wahlspruch. Nach ihr ist nicht der „Geborene" frei, aber auch nicht Ich bin frei, sondern der „Verdienstvolle", der redliche Diener des Staates. Verdient machen muss man sich um den Staat, d. h. um das Prinzip des Staates, um den sittlichen Geist desselben und man erwirkt die Freiheit. „Gelten aber die Verdienstvollen als die Freien (denn was fehlt dem behaglichen Bürger, dem treuen Beamten an derjenigen Freiheit, nach der sein Herz verlangt?), so sind die „Diener" die — Freien. Der gehorsame Diener ist der freie Mensch! Welch eine Härte der Widersinnigkeit! Dennoch ist dies der Sinn der Bourgeoisie, und ihr Dichter Goethe, wie ihr Philosoph Hegel haben die Abhängigkeit des Subjekts vom Objekte, den Gehorsam gegen die objektive Welt u. s. w. zu verherrlichen gewusst." (S. 125). Wer im bürgerlichen Staate „der Sache" dient, besitzt die wahre Freiheit. Und diese Sache ist die Vernunft, die durch den Gedanken der Menschheit den einzelnen Menschen in Bande schlägt. Keine „vernünftigeren" Leute als die redlichen Diener, die zunächst als Diener des Staates gute Bürger genannt werden. Der Liberalismus übt also eine Bevormundung aus, die viel ärger ist, als jede absolute Autokratie. „Politische Freiheit" bedeutet die Gebundenheit des Einzelnen im Staate und an die Staatsgesetze. Es ist nichts als die zweite Phase des Protestantismus. Nur unter der Voraussetzung, dass man Religion habe, kann man Religionsfreiheit geniessen, Religionsfreiheit heisst nicht Religionslosigkeit, sondern Glaubensinnigkeit, unvermittelter Verkehr mit Gott. Religionsfreiheit bedeutet, dass die Religion frei ist, politische Freiheit, dass die Polis, der Staat frei ist. „Sie bedeutet nicht Meine Freiheit, sondern die Freiheit einer Mich beherrschenden und bezwingenden Macht; sie bedeutet, dass einer Meiner Zwingherrn, wie Staat, Religion, Gewissen frei sind. Staat, Religion, Gewissen, diese Zwingherrn, machen Mich zum Sklaven, und ihre Freiheit ist Meine Sklaverei." (S. 127). Die „individuelle Freiheit", über welche der bürgerliche Liberalismus eifersüchtig wacht, bedeutet keineswegs eine vollkommen freie Selbstbestimmung, sondern nur Unabhängigkeit von Personen. Die Errungenschaft der revolutionären Bewegung des Bürgertums war bloss diese Freiheit, die Unabhängigkeit vom Belieben, vom „tel est nôtre plaisir." Daher musste der konstitutionelle Fürst selbst aller Persönlichkeit entkleidet, alles individuellen Beschliessens beraubt werden, um nicht als Person, als individueller Mensch, die „individuelle Freiheit" anderer zu verletzen. Der persönliche Herrscherwille ist im konstitutionellen Fürsten verschwunden. Der konstitutionelle König, der nun durch die Entziehung aller persönlichen Bedeutung so vergeistigt wurde, dass er für einen „Geist", für eine Idee gelten kann, ist erst der wahrhaft christliche König, die echte Konsequenz des christlichen Prinzips. In der konstitutionellen Monarchie waltet die individuelle Freiheit, Unabhängigkeit von jedem individuellen Gebieter, von jedem, der mir mit einem tel est nôtre plaisir gebieten könnte. Sie ist das vollendete christliche Staatsleben, ein vergeistigtes Leben.

Das Bürgertum benimmt sich durch und durch liberal. Jeder persönliche Eingriff in die Sphäre des andern empört den bürgerlichen Sinn. Es will sich von niemand befehlen lassen, — ausser von den Gesetzen, weil diese nicht den Willen einer bestimmten Person, sondern den Willen des Staates ausdrücken. Indem es sich aber die persönliche Freiheit versichert, merkt das Bürgertum nicht, dass es auf diesem Wege der ärgsten Sklaverei entgegen geht. Man wird nun in aller Form im Namen des Gesetzes geknechtet. „Im Bürgerstaat giebt es nur „freie Leute", die zu tausenderlei gezwungen werden". (S. 130). Das Bürgertum will die Unpersönlichkeit des Befehls und gibt sich damit zufrieden. Es genügt, dass das ausgeführt wird, was gut, vernünftig in den Gesetzen begründet ist. Es könnten also nur Konflikte der Sachen, aber nicht der Personen entstehen.

Die Freiheit zählt nicht, sondern der Besitz, der es gestattet, sich der Dinge zu erfreuen. Und wer nicht im Besitz der Lebensgüter ist, und sich nun auch nach der Freiheit sehnt, dem kann zugerufen werden: „Wovon willst Du denn frei werden? Von deinem Kommissbrot und deinem Strohlager? So wirf es weg! — Damit aber scheint Dir nicht gedient zu sein; Du willst vielmehr die Freiheit haben, köstliche Speisen und schwellende Betten zu geniessen. Sollen die Menschen Dir diese „Freiheit" geben — sollen sie Dir's erlauben? Du hoffst das nicht von ihrer Menschenliebe, weil Du weisst, sie denken alle wie — Du: Jeder ist sich selbst der Nächste! Wie willst Du also zum Genuss jener Speisen und Betten kommen? Doch wohl nicht anders, als wenn Du sie zu Deinem Eigentum machst!" (S. 183). Der Begriff der Freiheit, auf dem sich der bürgerliche Staat aufbaut, ist unfähig die berechtigten Ansprüche eines jeden Einzelnen zu befriedigen. Die Freiheit, eine endlose Zahl von Dingen haben zu dürfen, reicht noch nicht dazu aus, dass wir die Dinge auch wirklich erhalten und sie geniessen können. Aus der Freiheit selbst kann man gar keinen Vorteil ziehen, weil sie keinen wirklichen Inhalt hat. Sie ist unnütz. Frei oder los von allen Dingen sein, heisst nur — nichts mehr zu haben.

Man müsse etwas finden, was weit mehr ist als Freiheit. „Du müsstest nicht bloss l o s s e i n, was Du nicht willst, Du müsstest auch h a b e n, was Du willst, Du müsstest nicht nur ein „Freier", Du müsstest auch ein „Eigner" sein. Je freier ich werde, desto mehr Zwang türmt sich vor meinen Augen auf, desto ohnmächtiger fühle ich mich. In dem Masse als ich mir Freiheit erringe, schaffe ich mir neue Grenzen und neue Aufgaben". (S. 184).

Müssen wir etwa die Freiheit aufgeben? Nein, nichts soll verloren gehen, auch die Freiheit nicht; aber sie soll unser eigen werden, und das kann sie in der Form der Freiheit nicht. Welch ein Unterschied zwischen Freiheit und Eigenheit! Gar vieles kann man los werden, alles wird man doch nicht los; von vielem wird man frei, von allem nicht. „Dagegen Eigenheit, das ist mein ganzes Wesen und Dasein, das bin ich selbst. Frei bin ich von dem, was ich los bin, Eigner von dem, was ich in meiner Macht habe oder dessen ich mächtig bin. Mein eigen bin ich jederzeit und unter allen Umständen, wenn ich mich zu haben verstehe und nicht an Andere wegwerfe." (S. 185). Wenn wir an die unbeschränkte Freiheit denken, so soll das bedeuten, dass wir uns von all dem befreien wollen, was uns lästig ist. Und im Leben sind die Dinge, die uns lästig fallen, unzählbar. Und wem zu Liebe wollt Ihr Euch befreien? Offenbar doch nur Euch zu Liebe, weil Euch die Dinge im Wege sind. Man möge also den Mut haben aus, Uns selbst das Mittel und den Hauptpunkt aller Dinge zu machen. Es ist zwecklos die Freiheit um Rat zu fragen, die nur ein Traum ist und eine leere Theorie, wo es viel besser ist, uns selbst, unser Interesse zu befragen. Das ist praktischer. Bin ich nicht mehr wert als die Freiheit? Ich bin wirklich, kein Zukunftstraum, keine Hoffnung wie die Freiheit, sondern ein Ding der gegenwärtigen Wirklichkeit. Es ist also viel entsprechender, dass ich mir statt des Traumes der Freiheit, die Betonung meines Egoismus und meiner Individualität vornehme. Der Mensch ist sich selbst mehr Gehorsam schuldig, als anderen Menschen. Die Freiheit geht dahin, uns unsere Persönlichkeit verleugnen zu lassen, während der Egoismus uns nur zu uns selbst, zu unserer Eigenheit zurückruft.

Der Eigene, der Individualist, ist der geborene ursprünglich Freie, weil er nichts mehr schätzt als sich. Er weiss, dass seine Freiheit erst vollkommen wird, wenn sie seine Gewalt ist. Mit einer Handvoll Gewalt kommt man weiter, als mit einem Sack voll Recht. Nehmt Euch die Gewalt, und die Freiheit kommt von selbst. Wer die Gewalt hat, steht über dem Gesetz. Die Freiheit kann nur meine Selbstbefreiung sein, d. h. ich kann nur diese Freiheit haben, die ich mir selber erringe. Geschenkte oder oktroyierte Freiheit ist keine Freiheit. Wenn es Menschen gibt, die sich das Recht herausnehmen, die Freiheit zu geben, so sind sie eben Schelme, die mehr geben, als sie haben. Sie geben Euch dann nämlich nichts von ihrem eigenen, sondern gestohlene Ware, geben Euch eure eigene Freiheit, die Freiheit, welche Ihr Euch selbst nehmen müsstet; und sie geben sie Euch nur, damit Ihr sie nicht nehmet und die Diebe und Betrüger obenein zur Verantwortung zieht." (S. 197).

Wir sehen also, worauf sich der bürgerliche Liberalismus beschränkt, ob er auch in seiner gemässigten Form auftritt, in der er die Freiheit in kleinen Portionen erstrebt, oder in seiner radikalen Form, in der er die unbeschränkte Freiheit verlangt. Keine von den beiden Parteien sagt uns, wie der Wilde gebändigt werden soll, der sich noch in jedem Menschen verbirgt, wie es zu machen sei, dass mit der Befreiung der Menschen, nicht auch gleichzeitig die Bestie losgekettet wird. Das heisst also, dass jeder Liberalismus, ebenso wie Gott den Teufel, einen Todfeind, einen unbezwinglischen Gegner hat — und zwar den Barbaren, den Einzigen, den Egoisten, der hinter jedem Menschen steht. Der Staat, die Gesellschaft, die Menschheit sind unfähig ihn zu unterjochen. Diese Situation des unüberwindlichen Antagonismus wird durch das Bürgertum noch verschärft, denn „Geld regiert die Welt". Ein besitzloser Adliger und ein besitzloser Arbeiter sind als „Hungerleider" für die politische Geltung bedeutungslos: Geburt und Arbeit tun's nicht, sondern das Geld giebt Geltung. Die Besitzenden herrschen, der Staat aber erzieht aus den Besitzlosen seine „Diener", denen er in dem Masse, als sie in seinem Namen herrschen (regieren) sollen, Geld (Gehalt) giebt.

„Ich empfange alles vom Staate. Habe ich etwas ohne die Bewilligung des Staates? Was ich ohne sie habe, dass nimmt er mir ab, sobald er den fehlenden ‚Rechtstitel' entdeckt. Habe ich also nicht Alles durch seine Gnade, seine Bewilligung? Darauf allein, auf den Rechtstitel, stützt sich das Bürgertum. Der Bürger ist, was er ist, durch den Staatsschutz, durch die Gnade des Staats. Er müsste fürchten, alles zu verlieren, wenn die Macht des Staates gebrochen würde. Wie ist's aber mit dem, der nichts zu verlieren hat, wie mit dem Proletarier? Da er nichts zu verlieren hat, braucht er für sein „Nichts" den Staatsschutz nicht. Er kann im Gegenteil gewinnen, wenn jener Staatsschutz den Schützlingen entzogen wird. Darum wird der Nichtbesitzende den Staat als Schutzmacht des Besitzenden ansehen, die diesen privilegiert, ihn dagegen nur — aussaugt. Der Staat ist ein — Bürgerstaat, ist der status des Bürgertums. Er schützt den Menschen nicht nach seiner Arbeit, sondern nach seiner Folgsamkeit („Loyalität"), nämlich danach, ob er die vom Staate anvertrauten Rechte dem Willen, d. h. den Gesetzen des Staates gemäss geniesst und verwaltet." (S. S. 136, 137).

Alles was von den einzelnen besessen wird, gehört dem Staat und die Arbeiter fallen unter dem Regime des Bürgertums immer in die Hände der Besitzenden, der Kapitalisten d. h. derer, welchen irgend ein Staatsgut — und alles Besitzbare ist Staatsgut — gehört. Es kann der Arbeiter seine Arbeit nicht verwerten nach dem Masse des Wertes, welchen sie für den Geniessenden hat. Den grössten Gewinn hat der Kapitalist davon. — Gut und mehr als gut werden nur die Arbeiten derjenigen bezahlt, welche den Glanz und die Herrschaft des Staates erhöhen, die Arbeiten hoher Staatsdiener. Der Staat bezahlt gut, damit seine „guten Bürger", die Besitzenden, ohne Gefahr schlecht bezahlen können; die „guten Bürger" entrichten gern hohe Abgaben an ihn, um desto niedrigere ihren Arbeitern zu leisten. „Aber die Klasse der Arbeiter bleibt, weil in dem, was sie wesentlich sind, ungeschützt, eine diesem Staate, diesem Staate der Besitzenden, feindliche Macht. Ihr Prinzip, die Arbeit, ist nicht seinem Werte nach anerkannt: es wird ausgebeutet, eine Kriegsbeute der Besitzenden, der Feinde. Die Arbeiter haben die ungeheuerste Macht in den Händen, und wenn sie ihrer einmal recht inne würden und sie gebrauchten, so widerstände ihnen nichts: sie dürften nur die Arbeit einstellen und das Gearbeitete als das Ihrige ansehen und geniessen. Dies ist der Sinn der hie und da auftauchenden Arbeiterunruhen. Der Staat beruht auf der — Sklaverei der Arbeit. Wird die Arbeit frei, so ist der Staat verloren." (S. 138).

Man sieht also, wie weit man fehlgeht, vom Staate eine Besserung der Lebenslage des Proletariats erwarten zu wollen. Aber auch die Verhältnisse des Einzelnen sind im Staate nicht günstiger. Der Staat lässt mich nicht zu meinem Werte kommen und besteht nur durch meine Wertlosigkeit : er geht allezeit darauf aus, von mir N u t z e n z u z i e h e n, d. h. mich zu exploitieren, auszubeuten, zu verbrauchen, bestände dieser Verbrauch auch nur darin, dass ich für eine proles sorge (Proletariat) ; er will, ich soll „seine Kreatur" sein. Keine Versöhnung ist möglich zwischen mir und dem Staate.

Vor nichts hat der Staat sich mehr zu fürchten, als vor dem Werte Meiner, und nichts muss er sorgfältiger zu verhüten suchen, als jede mir entgegenkommende Gelegenheit, mich selbst zu v e r w e r t e n. Ich bin der Todfeind des Staates. Gezwungen ständig vor mir auf der Hut zu sein, versucht der Staat mir alles zu nehmen, was mein ist, um meine Absicht nicht durchzusetzen. Der Konflikt der daraus entsteht „wird nur gelöst durch den Krieg Aller gegen Alle. Die Armen werden nur frei und Eigentümer, wenn sie sich — empören, emporbringen, erheben. Schenkt ihnen noch so viel, sie werden doch immer mehr haben wollen ; denn sie wollen nichts Geringeres, als dass endlich — nichts mehr geschenkt werde. Man wird fragen : Wie wird's denn aber werden, wenn die Besitzlosen sich ermannen ? Welcher Art soll denn die Ausgleichung werden ? Was ein Sklave tun wird, sobald er die Fesseln zerbrochen, das muss man — erwarten."(S.S. 303, 304).

Der Staat, nach der bürgerlichen Auffassung, wird also gründlich verneint, weil er sich nicht nur unfähig zeigte, seinen Zweck zu erfüllen, sondern weil auch bewiesen wurde, dass diese Unfähigkeit seinem fundamentalen Prinzip selbst anhaftet. Es ist also berechtigt, sagt Stirner, ihm den Krieg zu erklären, um seine Vernichtung zu erzielen. So wird die formelle Grundlage des Liberalismus überwunden, der sich historisch folgendermassen ausdrückt : Der Einzelne ist n i c h t der Mensch, und daher kommt die Persönlichkeit gar nicht in Betracht. Sobald diese Zerstörung durchgeführt ist, verschwindet auch eine andere liberale Lehre, die bereit ist deren Erbschaft zum eigenen Vorteil anzutreten. Und diese Lehre sagt : Der Einzelne h a t n i c h t s von alledem was gemein ist, weil es weder ein Mein, noch Dein, weil es kein Eigentum gibt. Auch dieser Lehre, dem sozialen Liberalismus, ist es notwendig kritisch entgegenzutreten und sie entschieden zu verneinen.

Der Sozialismus stellt folgende Erwägung voraus: Wir sind freigeborene Menschen, und doch sehen wir uns zu Sklaven von Egoisten gemacht. Was wäre also am logischsten zu tun? Nun, antwortet Stirner — ebenfalls Egoisten werden. Der Sozialismus stellt sich dagegen die Aufgabe, die Egoisten unmöglich zu machen, indem alle „Lumpen" werden, wo keiner mehr was besitze, damit alle etwas haben. Und nun verwickeln sich die Sozialisten in Widersprüche. Mit dem Worte alle meint man die Gesellschaft. Nun hat die Gesellschaft zwar Leiber zur Verfügung, aber keinen einigen und eigenen Leib. Sie wird also immer eine Abstraktion, ein „Geist" bleiben, wie die Nation für die Liberalen. „Aber sind die Personen auch gleich geworden, so doch nicht ihr Besitztum. Und doch braucht der Arme den Reichen, der Reiche den Armen, jener das Geld des Reichen, dieser die Arbeit des Armen. Also es braucht keiner den andern als Person, aber er braucht ihn als Gebenden, mithin als einen, der etwas zu geben hat, als Inhaber oder Besitzer. Was er also hat, das macht den Mann. Und im Haben oder an „Habe" sind die Leute ungleich. Folglich, so schliesst der soziale Liberalismus, muss keiner haben, wie dem politischen Liberalismus zufolge keiner befehlen sollte, d.h. wie hier der Staat allein den Befehl erhielt, so nun die Gesellschaft allein die Habe. Wir müssen, was nur halb vollbracht war, ganz zu Ende führen. Unserer Freiheit von der Person des andern fehlt noch die Freiheit von dem, worüber die Person des andern gebieten kann, von dem, was sie in ihrer persönlichen Macht hat, kurz von dem „persönlichen Eigentum". Schaffen Wir also das persönliche Eigentum ab. Keiner habe mehr etwas, jeder sei ein — Lump. Das Eigentum sei unpersönlich, es gehöre der — Gesellschaft" (S. 139). Heute kann noch der eine in der Schätzung des anderen als „Lump", als „Habenichts" gelten, dann aber hört diese Schätzung auf, und wir werden alle gleiche Lumpe. Der Lump ist das Ideal des Proletariers, Lumpe sollen wir alle werden. So argumentiert der Sozialist und im Interesse der „Menschheit" begeht er den zweiten Raub, am „Persönlichen". Wie der Staat dem Einzelnen den Befehl nahm, so will ihm die Gesellschaft sein Eigentum nehmen.

Dieser Fehler des Sozialismus, so offenkundig in seinem Schluss, ist ebenso offenkundig in seinem Ausgangspunkt. Die Unterdrückten, also die Angehörigen der unteren Klassen, machen für ihr Elend durch eine Illusion, die so alt ist wie der Mensch selbst, nicht sich selbst, sondern die Gesellschaft verantwortlich und machen sich daran, anzugeben, wie die Gesellschaft beschaffen sein soll, damit die Armut verschwinde. Indem sie als den Grund ihrer Armut den Staat, den Egoismus der Reichen u. dgl. angeben, werden sie gar nicht gewahr, dass es unsere, und nur unsere Schuld ist, wenn es einen Staat und wenn es Reiche gibt. Sind etwa die Reichen die Ursache des Pauperismus? Gerade das Gegenteil ist wahr. Die Armen sind es, die den Reichtum der anderen geduldet haben! Wollt Ihr also, dass die Reichen ihr Eigentum mit den Armen teilen? Doch aus welchem Grunde sollten die Reichen sich selbst aufgeben, d. h. aufhören reich zu sein? Es wäre viel nützlicher für Euch, Euch selbst verschwinden zu lassen, d. h. die Armut verschwinden zu lassen. „Du, der Du täglich deinen Taler hast, bist reich vor Tausenden, die von vier Groschen leben. Liegt es in deinem Interesse, mit den Tausenden zu teilen, oder liegt es nicht vielmehr in dem ihrigen?" (S. 312).

Der Einzelne will sich seinen Anteil selbst erringen und sagt sich: „Was ich imstande bin, mir zu verschaffen, ist mein." Oft hat der, der eine Sache braucht oder wünscht, nicht das Geld, um sie zu kaufen. Woher nehmen? Wieso all dieses Eigentum erringen? Nun wisse, Du kannst das als Eigentum in Anspruch nehmen, was zu erreichen Du stark genug bist; Du bist so viel wert, wie viel Du Dich wert zu machen weisst; ziehe also vor, anstatt zu empfangen — zu n e h m e n, je nachdem Du brauchst.

Wir können nichts von den Lehren der Sozialisten und Kommunisten erhoffen. Es soll jeder mit hinreichenden Mitteln versorgt werden, wobei es wenig darauf ankommt, ob man sozialistisch sie noch in einem persönlichen Eigentum findet, oder kommunistisch aus der Gütergemeinschaft schöpft. Der Sinn der Einzelnen bleibt dabei derselbe, er bleibt Abhängigkeitssinn. Die verteilende B i l l i g k e i t s b e h ö r d e lässt mir nur zukommen, was ihr der Billigkeitssinn, ihre l i e b e v o l l e Sorge für Alle, vorschreibt. Aber der Einzelne will überhaupt gar keinen Zwang dulden. Der Kommunismus würde dieselbe Sklaverei hervorrufen wie die Bourgeoisie. „Der Kommunismus drückt mich durch Aufhebung alles persönlichen Eigentums nur noch mehr in die Abhängigkeit von der Allgemeinheit oder Gesamtheit zurück, und so laut er immer auch den „Staat" angreife, was er beabsichtigt, ist selbst wieder ein Staat, ein status, ein meine freie Bewegung hemmender Zustand, eine Oberherrlichkeit über Mich. Gegen den Druck, welchen Ich von den einzelnen Eigentümern erfahre, lehnt sich der Kommunismus mit Recht auf; aber grauenvoller noch ist die Gewalt, die er der Gesamtheit einhändigt. Der Egoismus schlägt einen andern Weg ein, um den besitzlosen Pöbel auszurotten. Er sagt nicht: Warte ab, was Dir die Billigkeitsbehörde im Namen der Gesamtheit — schenken wird, sondern: Greife zu und nimm, was Du brauchst! Damit ist der Krieg Aller gegen Alle erklärt. Ich allein bestimme darüber, was ich haben will. Wissen soll man's eben, dass jenes Verfahren des Zugreifens nicht verächtlich sei, sondern die reine Tat des mit sich einigen Egoisten bekunde." (S. 301). Dann erst hört der Pöbel auf, Pöbel zu sein, wenn er zugreift, wenn der Gedanke verschwindet, dass das Zugreifen Sünde, Verbrechen sei. Bloss der alte Glaube an die Sünde ist der Grund des gegenwärtigen Zustandes. Gelangen die Menschen dahin, dass sie den Respekt vor dem Eigentum verlieren, so wird jeder Eigentum haben, wie alle Sklaven freie Menschen werden, sobald sie den Herrn als Herrn nicht mehr achten. Nur aus dem Egoismus kann dem Pöbel Hilfe werden, und diese Hilfe muss er sich selbst leisten und — wird sie sich leisten. Lässt er sich nicht zur Furcht zwingen, so ist er eine Macht. Das Eigentum der heutigen Privilegierten ist nur durch die Furcht und den Respekt der andren, der Besitzlosen garantiert. Diese müssten aber erwidern: „Wollt ihr unsern Respekt, so k a u f t ihn für den uns genehmen Preis. Wir wollen euer Eigentum Euch lassen, wenn ihr dieses Lassen gehörig aufwiegt. Womit wiegt Ihr's auf, dass Wir Kartoffeln kauen und Eurem Austernschlürfen ruhig zusehen? Kauft Uns die Austern nur so teuer ab, als Wir Euch die Kartoffeln abkaufen müssen, so sollt Ihr sie ferner essen dürfen. Oder meint Ihr, die Austern gehörten Uns nicht so gut als Euch? Ihr werdet über G e w a l t schreien, wenn Wir zulangen und sie mit verzehren, und Ihr habt recht. Ohne Gewalt bekommen Wir sie nicht, wie Ihr nicht minder sie dadurch habt, dass Ihr Uns Gewalt antut" (S. 315). Die Gewalt wird uns also vom Joch der heutigen Eigentumsform und von allen den daraus folgenden Vorrechten befreien.

Aber der Sozialismus und der Kommunismus dehnen ihre Ideologie noch auf andere, die Arbeit betreffende grundlegende Momente aus. Die Bourgeoisie hat das Evangelium des W e l t- g e n u s s e s, des materiellen Genusses verkündet und wundert sich nun, dass diese Lehre unter uns Armen Anhänger findet; sie hat gezeigt, dass nicht Glaube und Armut, sondern Bildung und Besitz selig macht: das begreifen wir Proletarier auch. Von Befehl und Willkür einzelner befreite uns das Bürgertum. Doch nun bemerkt der Proletarier, dass jene Willkür übrig blieb, welche aus der Konjunktur der Verhältnisse und der Zufälligkeit der Umstände entspringt, von denen die sozialen Ungleichheiten herrühren. Aendern Wir dann die Verhältnisse, — ruft er deshalb — aber ändern Wir sie durchgreifend und so, dass ihre Zufälligkeit ohnmächtig wird und ein G e s e t z! Der Kommunismus stellt sich also zweierlei Aufgaben, einerseits hat er darauf acht, dass der geistige Mensch befriedigt werde, er will dem Proletarier das geben, was ihn erfreut und ihn für die lange geistlose Arbeit belohnt, und anderseits schaut er sich nach Mitteln für den materiellen oder leiblichen um. Das Bürgertum hatte geistige und materielle Güter f r e i h i n g e s t e l l t und jedem anheim gegeben, danach zu langen, wenn ihn gelüste, weil nur geistige und materielle Güter uns zu Menschen machen, diese Güter ohne Widerrede erworben werden müssen, um Mensch zu sein. Der soziale Liberalismus und der Kommunismus sagen, dass etwas tun „dürfen" nur bedeutet, dass es zu tun nicht verboten ist, nicht aber, dass es zu tun möglich ist. Man muss sich also die Mittel verschaffen, die es jedem möglich machen, für sich selbst zu arbeiten. Doch so gerät man wieder in den circulus viciosus, ähnlich dem bürgerlichen Liberalismus. Zugleich aber hält sich der Arbeiter in seinem Bewusstsein, dass das Wesentliche an ihm „der Arbeiter" sei, vom Egoismus fern, und unterwirft sich der Oberhoheit einer Arbeitergesellschaft, wie der Bürger mit Hingebung am Konkurrenz-Staate hing. „Dass die Gesellschaft gar kein Ich ist, das geben, verleihen oder gewähren könnte, sondern ein Instrument oder Mittel, aus dem Wir Nutzen ziehen mögen, dass Wir keine gesellschaftlichen Pflichten, sondern lediglich Interessen haben, zu deren Verfolgung uns die Gesellschaft dienen müsse, dass Wir der Gesellschaft kein Opfer schuldig sind, sondern, opfern Wir etwas, es uns opfern: daran denken die Socialen nicht." (S. 146). Aber ich, der Egoist, will eben gar keine Verpflichtungen, und keinen Dienstzwang. Ich will bloss die Welt geniessen, sie muss also mein Eigentum werden, und damit sie es werde, muss ich sie erobern. Ich will nicht die Freiheit und Gleichheit der Menschen; ich will nur die Macht über sie haben, sie zu meinem Eigentum zu machen. Mein Genuss ist die Grundlage meiner Beziehungen zu den Menschen, und es giebt kein religiöses oder politisches Prinzip, das mich auf meine Macht über Leben und Tod verzichten lassen könnte.

Nachdem Stirner so den Kommunismus und den Sozialismus abgelehnt hat, analysiert und verwirft er auch die dritte Form des Liberalismus, den humanen Liberalismus, dessen Ausdruck etwa lauten würde: Da der einzelne nicht der Mensch ist und auch nichts Menschliches besitzt, darf er eben nicht bestehen und muss mit seinem Egoismus vernichtet werden, um dem Typus „Mensch" Platz zu machen. Für den humanen Liberalismus gilt der Arbeiter für den materiellsten und egoistischsten Menschen. Er leistet für die Menschheit gar nichts, tut alles für sich, zu seiner Wohlfahrt. Wie der Bürger den Staat, so wird der Arbeiter die Gesellschaft benutzen für seine egoistischen Zwecke. Und dies genügt dem „Humanen", um sich verpflichtet zu fühlen, ihn zu bekämpfen und einzuwenden: „Der Arbeiter macht nichts, drum hat er nichts: er macht aber nichts, weil seine Arbeit stets eine einzeln bleibende, auf sein eigenstes Bedürfnis berechnete, tägliche ist". Allerdings ist notwendig, dass der Mensch herrenlos sei, aber darum soll auch nicht wieder der Egoist über den Menschen, sondern der Mensch über den Egoisten Herr werden. Dem Egoismus soll jede Tür verriegelt werden, es müsste ein völlig „uninteressiertes" Handeln erstrebt werden, die gänzliche Uninteressiertheit. Dies ist allein menschlich, weil nur der Mensch uninteressiert ist. (S. 149). Es müsse kein egoistisches Interesse gelten dürfen. Man kann nur ein theoretisches Interesse gelten lassen und dies sei kein Interesse für die einzelnen oder für den einzelnen, sondern für die Idee, für den Menschen. Doch — wirft Stirner ein — wann kann jemand mit Berechtigung glauben, jemals dieser „Mensch als solcher" zu werden? Unsere Nachkommen werden noch Schranken und Vorurteile wegzuschaffen finden, für die unsere Kräfte nicht ausreichten. Die Menschen der Nachwelt werden noch manche Freiheit erkämpfen, die Wir nicht einmal entbehren. Wozu brauchst Du jene spätere Freiheit? Der Egoist, der Einzige hört auf, sich in Beziehung auf andere Menschen zu messen oder messen zu lassen. Niemand habe Pflichten, wenn er sie sich nicht selbst stellt. „Solange Du sie stellst, wirst Du nicht von ihnen lassen, und Ich habe ja nichts dagegen, dass Du denkst und denkend tausend Gedanken erschaffest. Aber Du, der Du die Aufgaben gestellt hast, sollst Du sie nicht wieder umwerfen können? Musst Du an diese Aufgaben gebunden sein, und müssen sie zu absoluten Aufgaben werden?" — (S. 176).

Der humane Liberalismus behauptet, dass er über den Staat siegen dürfe, aber er wahrt sich zugleich gegen den Vorwurf, welcher ihm von der Staatsregierung gemacht wird, dass er „Willkür und Frechheit" sei; er meint also, „Willkür und Frechheit" dürften nicht siegen, nur er dürfe es. Es ist vielmehr umgekehrt: der Staat kann nur von frecher Willkür wirklich besiegt werden. (S. 178). Alles, auch die Auflösung des Staates muss mir zu gute kommen, sonst gehörte sie nur in die Reihe der unzähligen Auflösungen, welche zugunsten anderer, z.B. eben des Menschen, Gottes, des Staates, der reinen Moral u.s.w. alte Wahrheiten für Unwahrheiten erklärten, und lang genährte Voraussetzungen abschafften. (S. 178). So fällt auch der historische Irrtum, der darin bestand, dass alle Versuche sozialer Unwälzungen nur den Zweck hatten zu reformieren und zu verbessern, und niemals zu zerstören und zu geniessen. Die Revolution war nicht gegen das Bestehende gerichtet, sondern gegen dieses Bestehende, gegen einen bestimmten Bestand. Sie schaffte diesen Herrscher ab, nicht den Herrscher, im Gegenteil wurden die Franzosen aufs unerbittlichste beherrscht; sie tötete die alten Lasterhaften, wollte aber den Tugendhaften ein sicheres Bestehen gewähren. (Laster und Tugend unterscheiden sich ihrerseits wieder nur, wie ein wilder Bursche von einem Philister). (S. 132). Der „besonnene Fortschritt" hat auch nur diesen Zweck, ein neues Regime an Stelle des alten zu setzen, und so wird der Umsturz zum Aufbau. In der Revolution handelte nicht der Einzelne weltgeschichtlich, sondern ein Volk: die Nation, die souveräne, wollte alles bewirken. Ein eingebildetes Ich, eine Idee, wie die Nation ist, tritt handlend auf, d. h. die einzelnen geben sich zu Werkzeugen dieser Idee her und handeln als „Bürger". Wenn ich also die Aufhebung des Staates anstrebe, kann ich mir nichts von einer Revolution versprechen und würde deshalb nicht ein Quentchen meiner Ernergie aufwenden, um eine solche hervorzurufen. Ich werde dagegen mit allen meinen Kräften auf eine Empörung hinarbeiten. (1) Die Revolution zielte auf neue Einrichtungen, die Empörung führt dahin, uns nicht mehr einrichten zu lassen, sondern uns selbst einzurichten, und setzt auf „Institutionen" keine glänzende Hoffnung. Einrichtungen zu machen gebietet die Revolution, sich auf- oder emporzurichten heischt die Empörung. Welche Verfassung zu wählen sei, diese Frage beschäftigte die revolutionären Köpfe, und von Verfassungskämpfen und Verfassungsfragen sprudelt die ganze politische Periode über, wie auch die sozialen Talente an gesellschaftlichen Einrichtungen (Phalansterien u. dergl.) ungemein erfinderisch waren. Verfassungslos zu werden, bestrebt sich der Empörer. (S. 370). Und der Staat selbst beschleunigt diese Befreiung durch alle seine Zwangsmassregeln. Wann der

(1) „Revolution und Empörung dürfen nicht für gleichbedeutend angesehen werden. Jene besteht in einer Umwälzung der Zustände, des bestehenden Zustandes oder status, des Staats oder der Gesellschaft, ist mithin eine politische oder soziale That; diese hat zwar eine Umwandlung der Zustände zur unvermeidlichen Folge, geht aber nicht von ihr, sondern von der Unzufriedenheit der Menschen mit sich aus, ist nicht eine Schilderhebung, sondern eine Erhebung der Einzelnen, ein Emporkommen, ohne Rücksicht auf die Einrichtungen, welche daraus entspriessen." S. 370.

Nicht ohne boshafte Ironie fügt Stirner hier nachfolgende Fussnote an:

Um Mich gegen eine Kriminalklage zu sichern, bemerke Ich zum Ueberfluss ausdrücklich, dass Ich das Wort „Empörung" wegen seines ethymologischen Sinnes wähle, also nicht in dem beschrankten Sinne gebrauche, welcher vom Strafgesetze verpönt ist.

Staat sein Prinzip, bei den Seinigen nichts vorauszusetzen, als dass sie Menschen seien, die bestimmte Pflichten auszuführen haben, wörtlich durchgeführt hat, dann hat er sich sein Grab gegraben. Während er wähnen wird, an den Seinigen lauter Menschen zu besitzen, sind diese mittlerweile zu lauter Egoisten geworden, deren jeder ihn nach seinen egoistischen Kräften und Zwecken benutzt. An den Egoisten geht die „menschliche Gesellschaft" zu Grunde; denn sie beziehen sich nicht mehr als Menschen aufeinander, sondern treten egoistisch als ein Ich gegen ein von mir durchaus verschiedenes und gegnerisches Du und Ihr auf. Der Staat kann ohne Sittlichkeit nicht bestehen und muss auf Sittlichkeit halten.

„Darum sind Wir beide, der Staat und Ich, Feinde. Mir, dem Egoisten, liegt das Wohl dieser „menschlichen Gesellschaft" nicht am Herzen, ich opfere ihr nichts, Ich benutze sie nur; um sie aber vollständig benutzen zu können, verwandle Ich sie vielmehr in mein Eigentum und mein Geschöpf, d. h. Ich vernichte sie und bilde an ihrer Stelle den Verein von Egoisten.". (S. 219). Die Staaten werden nur so lange dauern, solange sie von einem „herrschenden Willen" geleitet werden, der eines ist mit dem Staatswillen. Das Gesetz setzt Gehorsam voraus. Für den Staat ist es notwendig, dass keiner einen eigenen Willen habe. Wenn ein jeder seinen eigenen Willen hätte, würden die Staaten zu Grunde gehen. Nun eben, mein eigener Wille ist der Untergang des Staates. Der eigene Wille und der Staat sind feindliche Mächte, zwischen denen kein Friede möglich ist. So lange der Staat besteht, wird für ihn der Wille des einzelnen, seines ewigen Feindes, etwas Unberechtigtes, etwas Böses sein. Und solange der einzelne dieses Prinzip als gut erachtet, wird es auch gerecht und unbestreitbar bleiben. Wie kann es verhindert werden, dass der Staat mich durch seinen Despotismus nicht unterjocht, der Staat, der auch despotisch bleibt, wenn ich einmal die Schwäche hatte, mit meinem Willen seinen Befehlen nachzukommen, indem ich meinen eigenen Willen in einer lästigen Unbeweglichkeit verknöchere? Nur durch die Nichtannerkennung jeder Pflicht, nur dadurch, dass ich mich an nichts binde, durch nichts binden lasse. Wenn ich keine Pflicht habe, brauche ich kein Gesetz und keine Macht anzuerkennen, von der die Gesetze herrühren.

Die Auflösung der Gesellschaft aber ist der Verkehr oder Verein. Allerdings entsteht auch durch Vereinigung eine Gesellschaft, aber nur wie durch einen Gedanken eine fixe Idee entsteht, dadurch nämlich, dass aus dem Gedanken die Energie des Gedankens, das Denken selbst, verschwindet. Hat sich ein Verein zur Gesellschaft krystallisiert, so hat er aufgehört, eine Vereinigung zu sein; denn Vereinigung ist ein unaufhörliches Sich-Vereinigen; er ist zum Stillstand gekommen, zur Fixheit ausgeartet, er ist — tot als Verein, ist der Leichnam des Vereins, er wird Gesellschaft, Gemeinschaft. Und beide werden mir bald meine Eigenheit nehmen.

Zwar nimmt eine Gesellschaft, zu der ich mich halte, mir manche Freiheit, dafür gewährt sie mir aber andere Freiheiten; auch hat es nichts zu sagen, wenn ich selbst mich um diese und jene Freiheit bringe. Dagegen will ich eifersüchtig auf meine Eigenheit halten. Uebrigens ist die Beschränkung der Freiheit überall unabwendbar, denn man kann nicht von allem frei werden. Der Zweck des Vereins ist auch nicht die Freiheit — denn auch diese kann ich meiner Eigenheit zuliebe opfern. Während die Gesellschaft und der Staat unversöhnliche Feinde meiner persönlichen Eigenheit sind, ist der Verein gerade die Frucht dieser Eigenheit, dieser ist nicht mehr für mich heilig, weil er mein Werk, meine Schöpfung ist. Der Staat ist heilig, während der Verein, weil er eben meine Schöpfung ist, keine Macht über mich hat. Wenn man sich mit anderen verbindet, muss man vom Standpunkt ausgehen, dass man einen Teil seiner Freiheit opfern müsse, zwar nicht dem allgemeinen Wohl, aber seinem eigenen. Eine Appellation an die aufopfernde Gesinnung und die selbstverleugnende Liebe der Menschen sollte endlich ihren verführerischen Schein verloren haben, nachdem sie hinter einer Wirksamkeit von Jahrtausenden nichts zurückgelassen als die heutige — Misère. Warum denn immer noch fruchtlos erwarten, dass die Aufopferung uns bessere Zeiten bringen soll; warum nicht lieber von der Usurpation sie hoffen? Nicht mehr von den Gebenden, Schenkenden, Liebevollen kommt das Heil, sondern von den Nehmenden, den Aneignenden (Usurpatoren), den Eignern. Die Gemeinschaft, als das „Ziel" der bisherigen Geschichte, ist unmöglich. Sagen wir uns vielmehr von jeder Heuchelei der Gemeinschaft los, dass wir alle gleich sind. Wir sind nur in Gedanken gleich, nicht wie wir wirklich und leibhaftig sind, weil die Menschen keine Abstraktionen sind. Es ist keiner für mich eine Respektsperson, sondern lediglich wie andere Wesen ein Gegenstand, für den ich Teilnahme habe oder auch nicht, ein interessanter oder uninteressanter Gegenstand, ein brauchbares oder unbrauchbares Subjekt. Und wenn ich ihn gebrauchen kann, so verständige ich mich mit ihm, um durch die Uebereinkunft meine Macht zu verstärken. In dieser Gemeinsamkeit sehe ich durchaus nichts anderes, als eine Multiplikation meiner Kraft, und nur solange sie meine vervielfachte Kraft ist, behalte ich sie bei. Den Verein hält weder ein natürliches Band (wie Familie, der Stamm, die Nation, oder auch die Menschheit) zusammen, noch ein geistiger, (wie die Gemeinschaft, die Kirche) weil der Verein nicht dich besitzt, sondern weil du ihn besitzest. Während in der Gesellschaft deine Arbeit ausgebeutet wird, machst du dagegen im Verein alle deine Kraft und deinen Wert geltend, und du bist derjenige der den Verein ausnützst, und ihn ohne jede Pflicht wieder aufgibst, wenn du keinen Nutzen mehr aus ihm zu ziehen weisst. Ist die Gesellschaft mehr als du, so geht sie dir über dich; der Verein ist nur dein Werkzeug oder das Schwert, wodurch du deine natürliche Kraft verschärfst und vergrösserst. Man wird gleichwohl mit dem Einwande nicht zurückhalten, dass uns die geschlossene Uebereinkunft wieder lästig werden und unsere Freiheit beschränken könne; man wird sagen, wir kämen auch endlich darauf hinaus, dass „Jeder um des Allgemeinen willen einen Teil seiner Freiheit opfern müsse". Allein um des „Allgemeinen" willen fiele das Opfer ganz und gar nicht, allein meines eigenen Nutzens willen, aus Eigennutz, ein. Was aber das Opfern betrifft, so „opfere" ich doch wohl nur dasjenige, was nicht in meiner Gewalt steht, d. h. ich „opfere" gar nichts. (S. 367).

III.

Das Individuum (Der „Einzige").

Bevor Stirner die moralische Richtlinie anzugeben versucht, nach der sich das tätige Leben des Einzelnen, des Individuums zu richten hätte, skizziert er in kurzen Zügen die psychologische Entwicklung des Individuums.

„Von dem Augenblicke an, wo er das Licht der Welt erblickt, sucht ein Mensch aus ihrem Wirrwarr, in welchem auch er mit allem andern bunt durcheinander herumgewürfelt wird, sich herauszufinden und sich zu gewinnen.

Doch wehrt sich wiederum alles, was mit dem Kinde in Berührung kommt, gegen dessen Eingriffe und behauptet sein eigenes Bestehen.

Mithin ist, weil Jegliches auf sich hält, und zugleich mit anderem in stete Kollision gerät, der Kampf der Selbstbehauptung unvermeidlich.

Siegen oder Unterliegen, — zwischen beiden Wechselfällen schwankt das Kampfgeschick. Der Sieger wird der Herr, der Unterliegende der Unterthan: jener übt die Hoheit und „Hoheitsrechte", dieser erfüllt in Ehrfurcht und Respekt die „Unterthanenpflichten".

Aber Feinde bleiben beide und liegen immer auf der Lauer: sie lauern einer auf die Schwäche des andern, Kinder auf die der Eltern, und Eltern auf die der Kinder (z. B. ihre Furcht), der Stock überwindet entweder den Menschen oder der Mensch überwindet den Stock." (S. 17).

Die Kindheit macht schon den Schritt zur Befreiung, sobald sie auf den Grund der Dinge und „hinter die Dinge" zu kommen sucht. Sind Wir erst dahinter gekommen, so wissen Wir uns sicher; sind Wir z. B. dahinter gekommen, dass die Rute zu schwach ist gegen Unsern Trotz, so fürchten Wir sie nicht mehr, „sind ihr entwachsen".

Wir kommen gemach hinter alles, was uns unheimlich und nicht geheuer war, und setzen alledem unseren Widerstand, unsere Unbezwingbarkeit entgegen. So vergehen die Tage der Kindheit, ohne dass wir es nötig hatten, uns mit der Vernunft und dem unheimlichen Spuck der „höheren Mächte" herum zuschlagen. Doch die Jugend lehnt sich bald gegen diese rein mechanische Auffassung des Lebens auf, die blos dem Kampf gegen die Naturkräfte entspringt. Der Jüngling sucht nicht mehr sich die Dinge nur anzueignen, zu erlernen, sondern er sucht nach den Gedanken, den Ideen, die sich in ihnen verbergen. Seine Handlungen richten sich nun nach seinen Gedanken, nach seinem Gewissen, nach seinem geistigen Ideal.

„Ist aber der Geist als das Wesentliche erkannt, so macht es doch einen Unterschied, ob der Geist arm oder reich ist, und man sucht deshalb reich an Geist zu werden :

Es will der Geist sich ausbreiten, sein Reich zu gründen, ein Reich, das nicht von dieser Welt ist, der eben überwundenen. So sehnt er sich denn, alles in allem zu werden, d. h. obgleich ich Geist bin, bin ich doch nicht v o l l e n d e t e r Geist, und muss den vollkommenen Geist erst suchen. (S. S. 20, 21).

So finden wir uns vor einem „vollkommenen Geist", der nicht in uns ist, sondern ausser uns ; es ist der Geist des Ideals, der höhere Geist, „Gott ist der Geist". Und dieser jenseitige „Vater im Himmel" giebt diesen „vollkommenen Geist", denen, die ihn darum bitten. Doch nun folgt dem Jüngling der Mann.

Den Mann scheidet das vom Jüngling, dass er die Welt nimmt, wie sie ist, statt sie überall im Argen zu wähnen und verbessern, d. h. nach seinem Ideale modeln zu wollen ; in ihm befestigt sich die Ansicht, dass man mit der Welt nach seinem I n t e r e s s e verfahren müsse, nicht nach seinen I d e a l e n.

Erst dann, wenn man sich l e i b h a f t i g liebgewonnen, und an sich, wie man leibt und lebt, eine Lust hat — so aber findet sich's im reifen Alter, beim Manne — erst dann hat man ein persönliches oder e g o i s t i s c h e s Interesse, d. h. ein Interesse nicht etwa nur Unseres Geistes, sondern totaler Befriedigung, Befriedigung des ganzen Kerls, ein e i g e n n ü t z i g e s Interesse. Der Mann ist geneigt „praktischer" zu werden, und sich selbst zum Mittelpunkt aller Dinge zu machen, während der Jüngling für verschiedene Ideale „schwärmt".

„Darum zeigt der Mann eine z w e i t e Selbstfindung. Der Jüngling fand sich als G e i s t und verlor sich wieder an den a l l g e m e i n e n Geist, den volkommenen, heiligen Geist, d e n Menschen, die Menschheit, kurz alle Ideale ; der Mann findet sich als l e i b h a f t i g e n Geist." (S. 22).

Wie wir uns also in der Jugend als Geist hinter den Dingen finden, so finden wir uns später hinter den Gedanken, als deren Schöpfer und Eigner. Als wir noch Jünglinge waren, umschwebten uns die Gedanken, sie nahmen leibhaftige Gestalt für uns an, wurden Gespenster wie Gott, Kaiser, Papst, Vaterland u.s.w. Zerstöre ich ihre Leibhaftigkeit, so nehme ich sie in die Meinige zurück und sage: Ich allein bin leibhaftig. Und nun nehme ich die Welt als das, was sie mir ist, als die Meinige, als mein Eigentum: Ich beziehe alles auf mich. (S. S. 22, 23).

So ist der Ausgangspunkt des Programms festgelegt, dass der Einzelne sich für sein Verhalten vornimmt und zwar nicht nur im abstrakten Sinne, sondern auch gegenüber der Gesellschaft und dem Staat. Und da dieses Verhaltungsprinzip doch nicht imperativ sein, sondern nur aus dem Konflikt und dem Sieg des indivuduellen Egoismus über die vorhandene gesellschaftliche Umgebung resultieren soll, müssen wir nun sehen, wie so der berechtigte Standpunkt des Rechtes der Einzelnen gegenüber dem Einfluss vertreten wird, den die Gesellschaft auf ihn ausübt.

Die Gesellschaft besteht nur kraft der Herrschaft, die sie über die Einzelnen ausübt, also ist das Recht für sie nichts anderes, als der herrschende Wille. (1). Mein Recht ist also für die Gesellschaft dieses Recht, das sie nur giebt, das sie mir zu gebrauchen gestattet. Doch kann ich sagen im Rechte zu sein, wenn es mir von der Gesellschaft, von Allen zugebilligt wird? Und soll ich diese Anerkennung von der Gesellschaft erwarten? Kann mein Recht von der Schätzung eines Fremden abhängen, gleichviel ob es ein Dummkopf oder ein Weiser ist? Und kann eine solche Rechtsabmessung verschieden von den Justiznormen Derjenigen sein, die zu ihrem eigenen Vorteil richten? Wie könnte ein vom Sultan eingesetztes Tribunal anders richten, als nach dem Recht, das vom Sultan bestimmt ist? Könnte dieses Tribunal Jemandem Recht geben, der gegen die Rechte und Gesetze des Sultans auftritt? Könnte es mir z. B. ein Recht auf „Hochverrat" zuerkennen, wenn der Sultan dies nicht anerkannte? Auf alle diese Fragen, kann ich ja nur mit einer Verneinung antworten, und erklären, dass nur ich allein beurteilen kann, ob ich Recht oder Unrecht habe, ob ich ein Recht habe, oder nicht. Die Anderen kön-

1) „Das Recht ist der Geist der Gesellschaft. Hat die Gesellschaft einen Willen, so ist dieser Wille eben das Recht: sie besteht nur durch das Recht. Da sie aber nur dadurch besteht, dass sie über den Einzelnen eine Herrschaft übt, so ist das Recht ihr **Herrscherwille.** Aristoteles sagt: „Gerechtigkeit sei der Nutzen der Gesellschaft". (S. 218.)

nen nur sagen, ob sie meinem Rechte beistimmen oder nicht und ob das, was für mich Recht ist, auch für sie als Recht besteht.

„Selbst die Revolutionärsten unserer Tage wollen uns einem neuen „heiligen Rechte" unterwerfen, dem „Rechte der Gesellschaft", der Societät, dem Rechte der Menschheit, dem „Rechte Aller" u. dergl. Das Recht „Aller" soll m e i n e m Rechte vorgehen. Als ein Recht Aller wäre es allerdings auch mein Recht, da ich zu Allen mitgehöre; allein, dass es zugleich ein Recht Anderer oder gar aller Andern ist, das bewegt mich nicht zur Aufrechterhaltung desselben.

Nicht als ein R e c h t A l l e r werde Ich es verteidigen, sondern als m e i n Recht, und jeder Andere mag dann zusehen, wie er sich's gleichfalls bewahre. Das Recht Aller (z. B. zu essen) ist ein Recht jedes Einzelnen. Halte s i c h Jeder dies Recht unverkümmert, so üben es von selbst Alle; aber sorge er doch nicht für Alle, ereifere er sich dafür nicht als für ein Recht Aller." S. 219).

Beim Rechte fragt man immer: „Was oder Wer giebt mir das Recht dazu?" Antwort: Gott, die Liebe, die Vernunft, die Natur, die Humanität u. s. w. Nein, nur D e i n e G e w a l t, D e i n e Macht giebt Dir das Recht (Deine Vernunft z. B. kann Dir's geben).

Die sogenannte „Gleichheit der Rechte", die von der Revolution proklamiert wurde, ist nur eine andere Form der christlichen Gleichheit."

Als die Revolution die Gleichheit zu einem „Rechte" stempelte, flüchtete sie ins religiöse Gebiet, in die Region des Heiligen, des Ideals. Daher seitdem der Kampf um die „heiligen, unveräusserlichen Menschenrechte". Gegen das „ewige Menschenrecht" wird ganz natürlich und gleichberechtigt das „wohlerworbene Recht des Bestehenden" geltend gemacht: Recht gegen Recht, wo natürlich eines vom andern als „Unrecht" verschrieen wird. Das ist der R e c h t s s t r e i t seit der Revolution. Was Du zu sein die M a c h t hast, dazu hast Du das R e c h t. Ich leite alles Recht und alle Berechtigung aus m i r her; Ich bin zu Allem b e r e c h t i g t; dessen ich mächtig bin. Ich bin berechtigt, Zeus, Jehova, Gott zu stürzen, wenn ich's k a n n; kann ich's nicht, so werden diese Götter stets gegen mich im Rechte und in der Macht bleiben.

„Ich entscheide, ob es in mir das Rechte ist; ausser mir giebt es kein Recht. Ist es mir recht, so ist es recht. Möglich, dass es darum den Andern noch nicht recht ist; das ist ihre Sorge, nicht meine: sie mögen sich wehren. Und wäre etwas der ganzen Welt nicht recht, mir aber wäre es recht, d. h. Ich wollte es, so früge ich nach der ganzen Welt nichts. So macht es Jeder, der sich zu schätzen weiss, Jeder in dem Grade, als er Egoist ist, denn Gewalt geht vor Recht, und zwar — mit vollem Rechte." (S. 222).

Man kann auch nicht von natürlichen Rechten sprechen, die uns schon von der Natur gegeben sein sollen. Die Natur kann mir kein Recht geben, kann mich nicht instand setzen, das zu verändern, was meiner Gewalt zu tun nicht möglich ist. Dass das Königskind sich über andere Kinder stellt, das ist schon seine Tat, die ihm den Vorzug sichert, und dass die anderen Kinder diese That billigen und anerkennen, das ist ihre That, die sie würdig macht — Untertanen zu sein.

Jeder Recht, das ich mir nicht selbst erteile, aber mir gewähren lasse, sei es von Gott oder von der Gesellschaft, bleibt ein fremdes Recht. Die Kommunisten sagen: Die gleiche Arbeit berechtigt die Menschen zu gleichem Genusse. Nein, die gleiche Arbeit giebt Dir gar kein Recht, sondern der gleiche Genuss allein berechtigt Dich zum gleichen Genuss. Geniesse, so bist Du zum Genuss berechtigt. Hast Du aber gearbeitet und lässest Dir den Genuss entziehen, so — „geschieht Dir recht".

„Wenn Ihr den Genuss nehmt, so ist er euer Recht; schmachtet Ihr hingegen nur darnach, ohne zuzugreifen, so bleibt er nach wie vor ein „wohlerworbenes Recht" derer, welche für den Genuss privilegiert sind. Er ist ihr Recht, wie er durch Zugreifen euer Recht würde." (S. 223).

„Wer die Gewalt hat, der hat — Recht; habt Ihr jene nicht, so habt Ihr auch dieses nicht.

Ist diese Weisheit so schwer zu erlangen? Geht doch die Gewaltigen und ihr Thun an! Wer ihnen Unrecht geben wollte, dem stünde dazu nur Ein Weg offen, der der Gewalt."

„Es müsste ja Alles drunter und drüber gehen, wenn Jeder thun könnte, was er wollte! Wer sagt denn, dass Jeder Alles thun kann? Wozu bist Du denn da, der Du nicht Alles Dir gefallen zu lassen brauchst ? Wehre Dich, so wird Dir Keiner was thun ! Wer Deinen Willen brechen will, der hat's mit Dir zu thun und ist Dein F e i n d. Verfahre gegen ihn als solchen. Und die Erscheinungen feindlichen Verhaltens können auch bei allem Schutz, den uns der Staat angedeihen lässt, nicht vermieden werden. Diejenigen, welche Egoisten sein wollen, mögen anstatt Gesetze vom Staat zu erwarten und diese dann zu respektieren, sich empören und ihm den Gehorsam verweigern. Von Fall zu Fall mögen sie sich selbst ihr Gesetz des Verteidigung bestimmen und praktisch durchführen. Der Begriff des Verbrechers setst etwas Heiliges voraus, das der Verbrecher verletzt hat. Du gegen Mich kannst nie ein Verbrecher sein, sondern nur ein Gegner.

Die Gesellschaft will zwar haben, dass J e d e r zu seinem Rechte komme, aber doch nur zu dem von der Gesellschaft sanktionierten, dem Gesellschaftsrechte, nicht wirklich zu s e i n e m Rechte. Ich aber gebe oder nehme mir das Recht aus eigener Machtvollkommenheit, und gegen jede Uebermacht bin ich der unbussfertigste Verbrecher. Eigener und Schöpfer meines Rechts — erkenne ich keine andere Rechtsquelle als — Mich, weder Gott, mit seinen „ewigen Menschenrechten", weder göttliches noch menschliches Recht.

Das Recht soll nach liberaler Vorstellungsweise für mich verbindlich sein, weil es durch die m e n s c h l i c h e V e r n u n f t so eingesetzt ist, gegen welche m e i n e V e r n u n f t die „Unvernunft" ist. Früher eiferte man im Namen der göttlichen Vernunft gegen die schwache menschliche, jetzt im Namen der starken menschlichen gegen die egoistische, die als „Unvernunft" verworfen wird. Und doch ist keine andere wirklich als gerade diese „Unvernunft". Weder die göttliche noch die menschliche Vernunft, sondern allein deine und meine jedesmalige Vernunft ist wirklich, wie und weil Du und Ich es sind. „So sind die Menschen des Gedankens „Recht", den sie selber erschufen, nicht wieder Meister geworden : die Kreatur geht mit ihnen durch. Das ist das absolute Recht, das von mir absolvierte oder abgelöste. Wir können es, indem Wir's als absolutes verehren, nicht wieder aufzehren, das Geschöpf ist mehr als der Schöpfer, ist „an und für sich".

Lass das Recht einmal nicht mehr frei umherlaufen, zieh' es

in seinen Ursprung, in Dich, zurück, so ist es Dein Recht, und recht ist, was Dir recht ist" (S. 240). Ein solches Recht ist aber nicht mehr ein Recht, wie es allgemein aufgefasst wird. Mit dem Begriff verliert das Wort auch seinen Sinn. Was ich früher „mein Recht" nannte, erscheint mir nun als etwas ganz Verschiedenes. Was ich ohne eine Berechtigung von irgend etwas oder jemand ausser mir habe, das habe ich ohne Recht, habe es einzig und allein durch meine Macht. Ich fordere kein Recht, darum brauche ich auch keins anzuerkennen. Was ich mir zu erzwingen vermag, erzwinge ich mir, und was ich nicht erzwinge, darauf habe ich kein Recht. Es ist nicht zu vergessen, dass seit jeher Begriffe, Ideen oder Prinzipien uns beherrschten, und dass unter diesen Herrschern der Rechtsbegriff oder der Begriff der Gerechtigkeit eine der bedeutendsten Rollen spielte. Nun gilt es sich von dieser Herrschaft zu befreien. Berechtigt oder unberechtigt — darauf kommt mir's nicht an; bin ich nur mächtig, so bin ich schon von selbst ermächtigt und bedarf keiner anderen Ermächtigung oder Berechtigung. Recht ist ein Begriff, der für mich fremd ist; er ist über mir, ist absolut, und existiert in einem Höheren, als dessen Gnade mir's zufliesst: Die Gewalt dagegen ist mein, denn ich bin der Starke oder kann es werden.

Mit dieser Auffassung vom Recht ist noch die Auffassung über den Zweck des Lebens, und also auch über das Verhalten des Einzelnen verknüpft. Bisher hat sich die Welt nur darum gekümmert, ihr Leben zu verdienen, ohne an den Genuss des Lebens zu denken. Wer bloss von der Sorge zu leben erfüllt ist, vergisst darüber das Leben zu geniessen. Und man geniesst das Leben, indem man es verbraucht, gleich der Kerze, die man benutzt, indem man sie verbrennt. Wir wollen also — sagt Stirner — nach dem Genuss des Lebens suchen. Die religiöse Welt erstrebte das „wahre Leben", strebte nach der Erfüllung einer bestimmten Berufung. Meine Eigenheit, meine Individualität stellt sich gerade auf den entgegengesetzten Standpunkt, gegen diese Auffassung.

„Ein ungeheurer Abstand trennt beide Anschauungen: in der alten gehe Ich auf Mich zu, in der neuen gehe Ich von Mir aus, in jener sehne Ich Mich nach Mir, in dieser habe Ich Mich und mache es mit Mir, wie man's mit jedem andern Eigentum macht, Ich geniesse Mich nach meinem Wohlgefallen. Ich bange nicht mehr ums Leben, sondern „vertue" es. Von jetzt an lautet die Frage, nicht wie man das Leben erwerben, sondern wie man's vertun, geniessen könne, oder nicht, wie man das wahre Ich in sich herzustellen, sondern wie man sich aufzulösen, sich auszuleben habe." (S. S. 375, 376). So wird auch das Gespenst Ideal fallen, das nichts anderes ist, als das gesuchte, stets ferne Ich. Uns selbst zu suchen, heisst wünschen, was man sein soll. Das heisst, dass unser Ideal noch nicht erreicht ist, also in einem Zustand unbefriedigter Sehnsucht leben, in der Hoffnung, die so grundverschieden ist von der Freude, vom Genuss des Lebens. Doch nun sind wir am Ende einer scheidenden Geschichtsperiode, die diese Lebensauffassung umwälzen wird, die nicht nur den Frommen, sondern auch den Lebemännern gemeinsam ist. Der Lebensgenuss wird über die Lebenssehnsucht triumphieren und wird das Ideal in seiner religiösen und moralischen Form vertilgen und — auch die Not ums tägliche Brot. Wer sein Leben dazu aufwenden muss, um sein Leben zu fristen, der kann es nicht geniessen, und wer sein Leben erst sucht, der hat es nicht und kann es ebensowenig geniessen. Wenn wir wissen werden, dass das Leben keinen anderen Zweck habe, dass es kein „zukünftiges Leben" gebe, wird man keine Furcht haben, das gegenwärtige Leben zu geniessen. Dem Leben ist kein „Beruf" gegeben, für den das Leben nur das Werkzeug, nur das Mittel wäre. Ein Mensch ist zu nichts „berufen" und hat keine „Aufgabe", keine „Bestimmung", so wenig als eine Pflanze oder ein Tier einen „Beruf" hat. Die Blume folgt nicht dem Berufe, sich zu vollenden, aber sie wendet alle ihre Kräfte auf, die Welt, so gut sie kann, zu geniessen und zu verzehren.

Wie nun diese Rose von vorn herein wahre Rose, diese Nachtigall stets wahre Nachtigall ist, so bin Ich nicht erst wahrer Mensch, wenn Ich meinen Beruf erfülle, einer Bestimmung nachlebe, sondern Ich bin von Haus aus „wahrer Mensch". Nicht in der Zukunft, ein Gegenstand der Sehnsucht, liegt der „wahre Mensch", sondern daseiend und wirklich liegt er in der Gegenwart. Ich betrachte die Dinge nicht als Ziele, zu denen wir gelangen sollen, sondern als Tatsachen, von denen ich ausgehe. Ich betrachte mich und die anderen nicht als das, was wir sein *sollten*, sondern als das, was wir wahrhaftig sind. Man hört oft sagen: „Wenn die Menschen wären, wie sie sein *sollten*, sein *könnten*, wenn alle Menschen vernünftig wären, alle „einander als Brüder liebten", dann wär's ein paradiesisches Leben. — Wohlan, die Menschen sind, wie sie sein sollen, sein können. Was sollen sie sein? Doch wohl nicht mehr, als sie sein können! Und was können sie sein? Auch eben nicht mehr, als sie — können, d. h. als sie das Vermögen, die Kraft zu sein haben. Das aber sind sie wirklich, weil, was sie nicht sind, sie zu sein *nicht imstande sind*: Möglichkeit und Wirklichkeit fallen immer zusammen. Man kann nichts, was man nicht tut, wie man nichts tut, was man nicht kann". (S. 385). „Man muss sich alle Befürchtungen „aus dem Sinn zu schlagen" wissen. Es darf uns nicht beschäftigen, womit *Wir* uns nicht beschäftigen. Jedes Urteil, welches Ich über ein Objekt fälle, ist das *Geschöpf* Meines Willens, und wiederum leitet Mich jene Einsicht dahin, dass Ich Mich nicht an das *Geschöpf*, das Urteil, verliere, sondern der *Schöpfer* bleibe, der Urteilende, der stets von neuem schafft.

Alle Prädikate von den Gegenständen sind meine Aussagen, meine Urteile, meine — Geschöpfe. Wollen sie sich losreissen von Mir und etwas für sich sein, oder gar Mir imponieren, so habe Ich nichts Eiligeres zu tun, als sie in ihr Nichts, d. h. in Mich, den Schöpfer, zurückzunehmen. Gott, Christus, Dreieinigkeit, Sittlichkeit, das Gute u. s. w. sind solche Geschöpfe, von denen Ich Mir nicht bloss erlauben muss, zu sagen, sie seien Wahrheiten, sondern auch, sie seien Täuschungen. Wie Ich einmal ihr Dasein gewollt und dekretiert habe, so will Ich auch ihr Nichtsein wollen dürfen; Ich darf sie Mir nicht über den Kopf wachsen, darf nicht die Schwachheit haben, etwas „Absolutes" aus ihnen werden zu lassen, wodurch sie verewigt und meiner Macht und Bestimmung entzogen würden." (S. 395).

Da man nun durch den Liberalismus zur gegenseitigen Toleranz gekommen ist, nach der jedermann über ein Ding so denken mag als er will, so kann ich auch, wenn es mir beifällt, indem ich die äussersten Konsequenzen aus diesem Prinzip ziehe —, mich überhaupt nicht mehr um die Dinge kümmern, sie überhaupt nicht mehr denken und sie zu Nichte machen. Ich will mich auch über die „Wahrheit" erheben und ihrer Herrschaft entziehen. Die Wahrheit soll mir gegenüber so gemein und so gleichgiltig sein wie alle anderen Ansichten. Ich will mich von ihr weder unterjochen, noch mich von ihr hinreissen lassen. Es gibt nicht eine Wahrheit, nicht das Recht, nicht die Freiheit, die Menschlichkeit u. s. w., die vor mir Bestand hätte und der ich mich unterwürfe. Sie sind Worte, nichts als Worte, wie denn alle Dinge nichts als „eitle Dinge" sind. Welches auch der Standpunkt sei, zu dem Du gelangst, kannt Du ihn als das Ziel betrachten, wenn es Dir so gefällt, weil Du durchaus keinen „Beruf" hast, weiter zu gehen und kannst da stehen bleiben oder weiter gehen, ganz wie es Dir gefällt. Keine Sache, kein sogenanntes „höchstes Interesse der Menschheit", keine „heilige Sache" ist wert, dass Du ihr dienest, und um ihretwillen Dich damit befassest; ihren Wert magst Du allein darin suchen, ob sie Dir um Deinetwillen wert ist.

Dein Denken, — wo doch das Denken und das Empfinden nicht beseitigt werden können — soll nicht den abstrakten Gedanken zur Grundlage haben, sondern Dich, Deine Individualität. Die Wahrheit ist wie eine Herrin, und alle diejenigen, die die Wahrheit verherrlichen, suchen und verherrlichen einen Herrn. Doch wo lebt dieser Herr? Wo sonst denn, als in unserem Kopf? — So lange Du an die Wahrheit glaubst, glaubst Du nicht an Dich und bist ein — Diener, Du allein bist die Wahrheit, oder vielmehr, Du bist mehr als die Wahrheit, die vor Dir gar nichts ist. Niemals hat die Wahrheit gesiegt, sondern stets war sie mein Mittel zum Siege, ähnlich dem Schwerte. Die Wahrheit für sichselbst ist tot, ein Buchstabe, sie hat nur ihr Leben von Mir, von meiner Lebendigkeit. „Wie die Welt als Eigentum zu einem Material geworden ist, mit welchem ich anfange, was ich will, so muss auch der Geist als Eigentum zu einem Material herabsinken, vor dem ich keine heilige Scheu mehr trage. Zunächst werde ich dann nicht ferner vor einem Gedanken schaudern, er erscheine so verwegen als er wolle, weil, wenn er Mir zu unbequem und unbefriedigend zu werden droht, sein Ende in meiner Macht liegt. Aber auch vor keiner Tat werde ich zurückbeben, weil ein Geist der Gottlosigkeit, Unsittlichkeit, Widerrechtlichkeit darin wohne. Sind einst die Dinge der Welt eitel geworden, so müssen auch die Gedanken des Geistes eitel werden. Kein Gedanke ist heilig, denn kein Gedanke gelte für „Andacht", kein Gefühl ist heilig (kein heiliges Freundschaftsgefühl, Muttergefühl u, s. w.), kein Glaube ist heilig. Sie sind alle veräusserlich, mein veräusserliches Eigentum, und werden von Mir vernichtet wie geschaffen." (S. 419). Diesem Kampf der Zerstörung und der Schöpfung sehe ich ruhig und lächelnd zu. Ich werde auch ein Lächeln der Triumphes haben, wenn ich geschlagen bin. Das eben ist der Humor von der Sache. Seinen Humor an den Kleinlichkeiten der Menschen auszulassen, das vermag jeder, ihn aber mit allen „grossen Gedanken, erhabenen Gefühlen, edler Begeisterung und heiligem Glauben" spielen zu lassen, das setzt voraus, dass ich der Eigner von allem sei. Hat die Religion den Satz aufgestellt, Wir seien allzumal Sünder, so stelle ich ihm den andern entgegen: Wir sind allzumal vollkommen! Denn Wir sind jeden Augenblick alles, was Wir sein können, und brauchen niemals mehr zu sein. Da kein Mangel an uns haftet, so hat auch die Sünde keinen Sinn. Mein Selbstgenuss darf nicht von dem Gedanken beeinträchtigt werden, dass ich jemandem zu dienen habe und gegen ihn irgend welche Pflichten hätte, deren Nichterfüllung irgend eine Strafe nach sich zieht. Ich bin nur mein eigener Diener. In diesem Falle bin ich aber nicht nur in der Tat, sondern auch für mein Bewusstsein der Einzige. Du wirst dann erkennen, dass Du mächtiger bist, als die anderen, Deine Macht wird grösser; wenn Du Dir selbst mehr zusprichst, als die anderen Dir zusprechen, wirst Du auch mehr haben. Dann erst wirst Du der Herr sein, dessen was Dein Eigen ist, d. h. alles dessen, was Du Dir zu eigen zu machen Kraft besitzest. Ich bin einzig. Und nur als dieses einzige Ich nehme ich mir alles zu eigen, wie ich nur als dieses Ich mich betätige und entwickle. Das Ideal „der Mensch" ist realisiert, wenn die christliche Anschauung umschlägt in den Satz: „Ich, dieser Einzige, bin der Mensch". „Im Einzigen kehrt selbst der Eigner in sein schöpferisches Nichts zurück, aus welchem er geboren wird. Jedes höhere Wesen über Mir, sei es Gott, sei es der Mensch, schwächt das Gefühl meiner Einzigkeit und erbleicht erst vor der Sonne dieses Bewusstseins. Stell' Ich auf Mich, den Einzigen, meine Sache, dann steht sie auf dem vergänglichen, dem sterblichen Schöpfer seiner, der sich selbst verzehrt, und Ich darf sagen: Ich hab' mein' Sach' auf Nichts gestellt" (S. 429.)

Der Einzige schreitet in der Weise vor, ohne sich von Hindernissen aufhalten zu lassen, die er niederschlägt. Es kann mir ein anderer Mensch seine Rechte entgegen halten, so viel er will, was kümmert Mich sein Recht und sein Anspruch? Hat er sein Recht nur von dem Menschen und hat er's nicht von M i r, so hat er für M i c h kein Recht. Sein Leben z. B. gilt Mir nur, was mir's wert ist. Ich respektiere weder sein sogenanntes Eigentumsrecht oder sein Recht auf dingliche Güter, noch auch sein Recht auf das „Heiligtum seines Innern", oder sein Recht darauf, dass die geistigen Güter und Göttlichkeiten, seine Götter, ungekränkt bleiben. Seine Güter, die sinnlichen wie die geistigen, sind M e i n und Ich schalte damit als Eigentümer nach dem Masse Meiner — Gewalt." (S. 288). Das egoistische Individuum wird also keineswegs davor zurückweichen, ein Verbrechen zu begehen, um seine persönlichen Zwecke zu erreichen. Da die Eigenheit keine Pflichten der Treue anerkennt, und alles, selbst die Abtrünnigkeit zulässt, so kann sie sich auf keinen Fall von der Gesetzlichkeit gebunden fühlen. Je mehr der ergebene Sinn für G e s e t z l i c h k e i t sich verliert, um so mehr wird der Staat, dieses System der Sittlichkeit, an Kraft und Güte geschmälert werden. Mit den „guten Bürgern" verkommt auch der gute Staat und löst sich in Anarchie und Gesetzlosigkeit auf. Die „Achtung vor dem Gesetze" ist der Kitt, durch den das Staatsganze zusammengehalten wird. „Das Gesetz ist h e i l i g, und wer daran frevelt, ein V e r b r e c h e r." Ohne Verbrechen kein Staat: die sittliche Welt — und das ist der Staat — steckt voll Schelme, Betrüger, Lügner, Diebe u. s. w. Da der Staat die „Herrschaft des Gesetzes", die Hierarchie desselben ist, so kann der Egoist in allen Fällen, wo s e i n Nutzen gegen den des Staates läuft, nur im Wege des Verbrechens sich befriedigen" (S. 227).

Indem der Egoist dem Staat entgegentritt, wendet er sich gegen das allerstärkste Zwangssystem, das ihn in seinen Bewegungen hemmt. Wie die weltliche Macht der Kirche, so soll auch durch das Werk des Einzelnen, des Individuums der Staat fallen. Der Egoist ist es, der uns voranschreitet, sich im Verbrechen kundgibt und alles verspottet, was für heilig gehalten wird. Dieser Bruch mit dem Heiligen, oder vielmehr des Heiligen kann allgemein werden. „Eine Revolution kehrt nicht wieder, aber ein gewaltiges, rücksichtsloses, schamloses, gewissenloses, stolzes — Verbrechen, grollt es nicht in fernen Donnern, und siehst Du nicht, wie der Himmel ahnungsvoll schweigt und sich trübt ?" (S. 281).

Die ökonomische Kritik: P. J. Proudhon.

Man kann sich sofort eine Vorstellung von der Eigenart des intellektuellen Lebens Proudhons machen, wenn wir ein Detail hervorheben, das nicht einmal das hervorstechendste ist. Wir meinen folgendes: Während sein Gedankengang an dieselbe Hegelsche Linke anknüpft, aus der wir Stirner ankommen sahen, und aus der wir auch Bakunin herrühren sehen werden, hat Proudhon selbst — fünf Jahre nachdem schon seine erste Denkschrift über das Eigentum erschienen war, nachdem er schon die beiden Bände seines „Systems der ökonomischen Widersprüche" niedergeschrieben hatte, nachdem also die Grundprinzipien seiner Lehren schon festgelegt waren — irgendwo zugegeben, dass er niemals Hegel gelesen hatte, dessen System er jedoch angenommen zu haben vorgab. [1]) Es hat ihm genügt, einiges über Hegel durch Grün, [2]) Bakunin und Marx zu erfahren, die damals, in der Zeit von '44 und '45 sich in Paris aufhielten und mit ihm

---

[1]) In einem Brief vom 19. I. 1845 an Bergmann schreibt er: „Ist es nicht zu beklagen, dass während in Deutschland sich jeder Schriftsteller irgend einer bekannten methodischen Form unterwirft und immer genau das logische System angibt, dessen er sich bedient, man in Frankreich ewig nach links und rechts herumredet, ohne sich jemals zu verständigen?" Und nachdem er erklärt, dass er die „serielle Dialektik" Hegels adoptiert hat, fügt er hinzu: „Ich kann noch nicht mein Urteil über die Verwandtschaft zwischen meiner Metaphysik und z. B. der Logik Hegels abgeben, weil ich niemals Hegel gelesen habe". — Uebrigens hat die Wissenschaft sehr bald ihr Urteil über den negativen und paradoxalen Wert seines Werkes über das Eigentum gefällt. G. de Molinari z. B. schliesst eine sehr genaue Studie über dieses Werk mit folgenden Worten ab: „Sein Buch ist — um sich der Worte des Dichters zu bedienen — nichts als eine Menge sichtbarer Dunkelheiten". Journal d. économ. 1847. XVIII. S. 397. Vrgl. Foucher de Careil., L'économie polit. et la dialectique de Proudhon: Journal d. économ. Dec. 1865.

[2]) Vrgl. K. Grün. *Die soziale Bewegung in Frankreich u. Belgien; Briefe u. Studien*. Darmstadt, Leske, 1845. Grün (geb. 30 Sept. 1813 in Lüdenscheid, gest. 18 Feb. 1837 in Wien) war in seiner Jugend in Frankreich während des Winters 1844—45, von wo er eine Reihe von Briefen über die soziale Bewegung Frankreichs

in Berührung standen. Marx erklärte sich später selbst direkt „verantwortlich für die hegelsche Sophistisierung Proudhons" [1]). Diese Tatsache sagt uns, woraus durch die Macht der Umstände, aber noch mehr durch das Temperament, die theoretische Vorbildung Proudhons bestand, der trotzdem, mit seiner geringer Ausrüstung allgemeiner Ideen, die selten originell, aber immer unpräzise waren und oft in gewaltsamer, sophistischer, enorm rhetorischer Form dargestellt wurden, eine der bedeutendsten Richtungen der anarchistischen Lehren begründen konnte, so dass Kropotkin, von dem man in diesem Fall annehmen muss, dass er sich das Vergnügen erlaubte, etwas Unrichtiges zu sagen, — Proudhon den „Vater der Anarchie" nennt. Bezüglich der Umstände, unter denen Proudhon seine Schriften veröffentlichte, wird es wohl genügen, kurz zu erwähnen, dass er 1809 in Besançon geboren wurde, zuerst Typograph war, und, nachdem er ein Stipendium von der Akademie dieser Stadt errang, nach Paris übersiedelte, um zu studieren. Geschäfte halber verliess er Paris wieder für einige Zeit. Im Jahre 1847 kehrte er wieder dorthin zurück, wo er auch, — abgesehen von einer zweijährigen Abwesenheit (von 1858—60) die er in Brüssel zubrachte, um sich einer Gefängnisstrafe wegen Pressvergehens zu entziehen, — am 19 Januar 1865 starb. Wenn man an die Geschichte Frankreichs dieser Jahre zurückdenkt, sowie an die Gährung der sozialen Ideen, die diese Geschichts-

---

schrieb, die später gesammelt als Buch herausgegeben wurden — das wir hier zitieren. Er spricht darin mehrere Male von Proudhon, den er kannte, mit emphatischer Begeisterung, z. B: „Das grosse und erhabene Werk Hegels, das darin besteht, die Freiheit und die Notwendigkeit, eines im anderen, im Schosse des Absoluten zu lösen, ... diese grosse Wahrheit, an der so viele französische Hirne ihr Waterloo gefunden haben, ... Proudhon hat sie vollständig begriffen. ....." Grün übersetzte auch die beiden Bände der „Contradictions" ins Deutsche (Darmstadt, Leske 1847) und auch einige andere kleinere Schriften, u. a.: *Die französische Februarrevolution* (befindet sich in *Die Revolution im J.* 1848; in zwanglosen Heften hrsg. v. K. G., Trier, Linz. 1848; nur ein Heft erschien). Nicht viel Wert hat die Schrift von SAINT RENÉ TAILLANDIER, *L'athéisme allemand et le socialisme français; Ch. Grün et Proudhon: Revue d. deux mondes*, 1848, v. IV. Okt. Nov. Vrgl. *Demokratische Studien; unter Mitwirkung von* L. BAMBERGER, K. GRÜN etc. hrsg. v. L. WALESRODE, 2 Bd. Hamburg, Meissner, 1860/61.

[1]) — K. MARX, *Misère de la philosophie; réponse à la Philosophie de la misère, de M. Proudhon*, Paris, Giard 1896 S. 250 — Auch deutsch erschienen: *Das Elend der Philosophie, Antwort auf die Philosophie des Elends von H. P. Proudhon.* Stuttgart Dietz 1892.

74

periode in Frankreich und auch in anderen Ländern, besonders in Deutschland hervorrief, besonders wenn man die Staatslehre und die parlamentarische Aktion ins Auge fasst, die in den Sozialismus durch Louis Blanc und die revolutionären Sozialisten, von Ledru Rollin und den sozialistischen Demokraten (wie sie sich damals nannten) eingeführt und besonders in dem System von Marx und Engels entwickelt wurden, erklärt man sich den Standpunkt, den Proudhon in Bezug auf die Form seiner Schriften einnimmt, die einmal schwerfällig doktrinär, dann wieder einmal donnernd, polemisch und pamphletistisch auftreten, und auch seine Stellung im öffentlichen Leben, die es mit sich bringt, dass er im Jahre 1848 Mitglied der National-Versammlung, im nächsten Jahre Begründer einer „Volksbank" wird, und mehrere Male für Pressvergehen verfolgt wurde.

Wenn man von den polemischen Abschweifungen und den gelegentlichen übermässigen Weitschweifigkeiten absieht, die gewissermassen als Ausschmückung für alle Schriften Proudhons dienen, können jene seiner Hauptideen, die zur Entwicklung der anarchistischen Lehre beigetragen haben, auf einen knappen Umriss reduziert werden. Es fehlen darin jene wahrhaft streng logischen Feinheiten des Raisonnements, wie sie z. B. bei Stirner zu finden sind, und die man anführen muss, um damit die allgemeinen Ideen gewissermassen zu illustrieren. Das Werk Proudhons ist reicher an Worten als an Gedanken, und das Zuviel an Worten ist eine fortwährende Gefahr zur Entstehung von Missverständnissen, welche sogar zur Formulierung von Unsinn führen. Dies erklärt, auch ohne zu theoretischen Gehässigkeiten Zuflucht zu nehmen, die sich die späteren Anarchisten über diesen Gegenstand manchmal erlaubten, warum der Sozialismus durch die Worte Marx's selbst, in seinem, wenigstens was die Form anbetrifft, systematischen Aufbau, sofort darauf aufmerksam machte, wie schädlich der Kontakt mit der lärmenden Ideologie Proudhons sei, obwohl ja doch Proudhon in seinen Lehren so viele Elemente enthält, von denen der Sozialismus selbst recht viel hätte schöpfen können. So kam es, wie wenn es stillschweigend abgemacht wäre, dass Proudhon in der Gedankenwelt bloss als Befruchter der anarchistischen Lehren gilt. Und die Anarchisten hatten allen Grund, sich diesen Umstand zu Nutze zu ziehen, wodurch sie auch die Gefahr vermieden, mit den autoritären Sozialisten zusammengeworfen zu werden. So kann man sich der Kritik Proudhons durch Marx — abgesehen von der Masslosigkeit der Form — anschliessen, ohne deshalb die Versprechungen und Schlussfolgerungen des marxistischen Sozialismus anerkennen zu müssen. Marx erkannte, dass das Werk Proudhons; „*Qu'est-ce que la propriété?*", das zweifellos als sein bedeutendstes zu betrachten ist, sein grosses Aufsehen nicht so sehr der Neuheit seines Inhalts verdankte, als vielmehr der neuen und kühnen Form seiner Ausdrucksweise. In diesem Buche, sagt Marx, ist Proudhon im Verhältnis zu Saint-Simon und zu Fourier dasselbe, was Feuerbach zu Hegel. Mit Hegel verglichen, erscheint Feuerbach sehr armselig. Jedoch n a c h Hegel macht er Epoche, weil er einzelne, der christlichen Gesinnung unangenehme und für den Fortschritt der philosophischen Kritik wichtige Punkte besonders hervorhob und präzisierte, die von Hegel im mystischen Halbdunkel gelassen wurden.[1]). In einer streng wissenschaftlichen Geschichte der politischen Oekonomie würde diese Schrift von Proudhon kaum einer Erwähnung würdig sein. Aber diese Aufsehen erregenden Bücher üben ihren Einfluss ebenso sehr in der Wissenschaft aus als in der Literatur. Die erste Ausgabe der Schrift von Malthus war ein Sensationspamphlet und noch dazu ein Plagiat von Anfang bis zu Ende. Und doch welchen Impuls gab dieses „Pasquill" dem Menschengeschlecht! So weit Marx.[2]). Aber er macht noch eine seiner Geschichtsauffassung entsprechende Bemerkung. Wenn

---

[1]) Um die ganze Bedeutung dieses Urteils von Marx zu erfassen, das man ohne Uebertreibung als historisch bezeichnen kann, ist es nötig an den Standpunkt zu erinnern, den Marx und Engels selbst gegenüber der Hegelschen Linken und besonders gegenüber Bruno Bauer und Feuerbach in einer Schrift eingenommen hatten, die für das Studium der theoretischen Genesis des Sozialismus eine klassische Bedeutung hat. Es ist: *Die heilige Familie oder Kritik der kritischen Kritik; gegen Bruno Bauer u. Consorten.* Frankfurt a/M., Liter. Anst. 1845. Vrgl. F. ENGELS, *L. Feuerbach u. der Ausgang d. klassischen deutschen Philosophie; mit Anhang: K. Marx über Feuerbach vom J. 1845*, Stuttgart, Dietz, 1888; A. MÜHLBERGER, *K. Marx u. L. Feuerbach; eine Parallele; Deutsche Worte.* J. XIII. 1893. Einige wertvolle Bemerkungen sind über dieses Thema auch in der kurzen Schrift von A. RAU zu finden: *P. J. Proudhon u. L. Feuerbach: Deutsche Zeitschrift* (Berlin hrsg. E. WACHLER) II. J. Juli 1900 S. S. 617—624.

[2]) *Proudhon jugé par Karl Marx* (Auszug aus dem *Sozial-Demokrat* 16—18. Jan. 1865) im Anhang zu MARX; *Misère de la Philosophie*, cit. S.S. 246, 247.

Proudhon die Beziehungen des modernen bürgerlichen Eigentums ergründen wollte, hätte er diese, wie Marx sagt, nicht in ihrem juridischen Ausdruck als Willensbeziehungen, sondern in ihrer realen Form als Beziehungen der materiellen Produktion zusammenfassen sollen. Wenn also Proudhon die Summe dieser ökonomischen Verhältnisse dem juridischen Begriff des Eigentums unterordnet, konnte er eben nicht über diese Antwort hinauskommen, die schon von Brissot[1]) vor dem Jahre 1789 in ganz denselben Worten gegeben wurde und zwar: „Eigentum ist Diebstahl"[2]). Hier wird ersichtlich, dass Marx von Proudhon erwartet, dass er sich seinen Ideen anschliesse, was aber weder in der Möglichkeit, noch in der Absicht Proudhons liegen konnte. Seit der

---

1) J. P. BRISSOT DE VARVILLE, *Sur la propriété et sur le vol. Recherches philosophiques sur le droit de propriété et sur le vol considérés dans la nature et dans la société;* Paris, Ghio, 1872. MARX zitiert die andere Ausgabe mit einer kleinen Ungenauigkeit, die hier berichtigt wird.

2) K. MARX. O. c. S. 248. Es ist nur zu sehr begreiflich, wenn PROUDHON selbst nicht derselben Ansicht über die Originalitat seines Werkes war. Dasselbe Buch über das Eigentum ist voll von weitläufigen Auseinandersetzungen über die Bedeutung der dort von ihm vertretenen Prinzipien; aber mit den grössten Ueberschwenglichkeiten schrieb er darüber an seine Freunde:

„.... Meine Arbeit über das Eigentum ist angefangen, ... Der Styl wird herb und streng sein; die Ironie und der Zorn werden nur zu sehr zu erkennen sein; es ist ein unvermeidliches Uebel. Wenn den Löwen hungert, brüllt er ....." (Brief an Ackermann 12. Feb. 1840); „..... Diesmal werde ich kein G l o r i a P a t r i mehr singen (Anspielung auf sein vorhergehendes Werk „*De la célébration du dimanche* etc. 1. Aufl. 1839); es wird ein wahrhaftiges Sturmläuten werden ..... Ich sage nicht zu viel, wenn ich ankündige, dass noch nichts Ähnliches an Form und an Inhalt bis auf den heutigen Tag erschienen ist" ..... (Brief an Bergmann 22. Febr. 1840); „.... Ich mache ein teuflisches Werk, das mich selbst erschreckt; ich werde daraus strahlend wie ein Engel, oder verbrüht wie ein Teufel hervorgehen; beten Sie zu Gott für mich" (Brief an einen Vetter 29 Mai 1840). Und als das Werk im Juni dieses Jahres erschien, schrieb er wieder an Bergmann: „Die Wirkung dieses Buches ist die, dass es den Leser verwundert und erschreckt „und was noch besser ist, dass es ihn zum Nachdenken zwingt." An einen anderen Freund schreibt er: „Ich kann daran (an das Buch über das Eigentum) nicht ohne ein Angstbeben denken. — Ich sage gar nicht, wenn es verstanden würde, ich sage bloss, wenn es gelesen würde, ist es mit der alten Gesellschaft zu Ende". Nachdem er einige Monate darauf sein Buch wiederlas findet er, dieses Buch sei „tatsächlich eine Abhandlung m e t a p h y s i s c h e r A l g e b r a, wie eine solche vielleicht bis heute noch nicht erschienen ist." (Brief an Ackermann 15. Nov. 1840) Sechs Jahre darauf war dieser Enthusiasmus immer noch nicht auf das gebührende Mass herabgesunken. Er schrieb zu dieser Zeit: „Eigentum ist Diebstahl! In tausend Jahren werden nicht zwei solche Aussprüche gemacht wie dieser. Ich habe kein anderes Gut auf der Erde als diese Definition; aber sie ist für mich wertvoller als die Millionen Rothschilds, und ich wage es auszusprechen, dass sie als

Zeit der Veröffentlichung seiner Denkschrift über das Eigentum vergingen nicht weniger als acht Jahre, bis, abgesehen von einer Andeutung in einem damals wenig verbreiteten Werk über die Kritik der Nationalökonomie, von Marx selbst und von Engels im „Kommunistischen Manifest" (Februar 1848) die Grundlagen der ökonomischen Geschichtsauffassung dargelegt wurden. Abgesehen also von der methodischen Unbestimmtheit Proudhons, konnte er sich aber doch keiner Untersuchungsmethode bedienen, die erst nach seinem Werk aufgestellt wurde, — sogar wenn man annehmen will, dass er sie adoptiert und gebraucht hätte.

Mehr auf den Grund geht die Kritik Marx's, als die beiden Bände der „Oekonomischen Widersprüche oder die Philosophie des Elends" erschienen. Marx antwortete darauf bekanntlich mit einem ganzen Buch: La Misère de la Philosophie (Das Elend der Philosophie) [1]. In Frankreich, sagt er darin, hat Proudhon das Recht ein schlechter Nationalökonom zu sein, weil er da als guter deutscher Philosoph gilt; in Deutschland hat er das Recht, ein schlechter Philosoph zu sein, weil er dort für einen der bedeutendsten französischen Nationalökonomen gehalten wird. Proudhon habe von der Hegelschen Dialektik bloss die Sprache. Seine dialektische Bewegung sinkt auf die dogmatische Unterscheidung des Guten vom Bösen herab. Jede ökonomische Kategorie habe ihre gute und ihre schlechte Seite, den Vorteil und den Nachteil, die zusammengefasst den Widerspruch in jeder Kategorie bilden. Das zu lösende Problem ist also: die gute Seite zu bewahren und die schlechte zu beseitigen. Jedoch, wirft Marx ein, kann mit Formeln die Geschichte weder gemacht, noch gedeutet werden. Das Werk Proudhons reduziert sich auf eine blosse deklamato-

---

das wichtigste Ereignis unter der Herrschaft Louis Philipps bezeichnet werden wird." Doch kaum zehn Jahre, nachdem diese Worte von Proudhon niedergeschrieben wurden, konnte sich Marx mit seiner beissenden Ironie folgende Hypothese erlauben: „Vielleicht wird die Nachwelt zur Charakterisierung dieser neuesten Phase der französischen Geschichte sagen, dass Louis Bonaparte ihr Napoleon und Proudhon ihr Rousseau - Voltaire gewesen ist." A. a. O. S. 258.

[1]) Das Werk Proudhons wurde dem Publikum am 15. Okt. 1846 freigegeben. Die Kritik von Marx erschien französisch in Brüssel, C. G. Vogler, mit dem Datum 15. Juni 1847; Erst viel spater wurde davon eine deutsche Uebersetzung veröffentlicht, Stuttgart, 1885, 2te Auflage 1892.

rische Form und eine Manier, die Tatsachen zu umschreiben. Es entgehe ihm vollständig der Wert der dialektischen Methode Hegels, in der die reine Vernunft die These aufstellt, ihr die Antithese entgegenstellt und dann die Synthese bildet, also sich bekräftigt, sich negiert und dann die eigene Negation negiert. Indem Proudhon mit einem Zug die Synthese erreichen wollte, gelangt er zum Schluss zu „kombiniertem Irrtum".[1]).

Wenn man mit dieser von Marx ausgesprochenen Kritik, die also als die authentische Kritik des Sozialismus gegenüber dem theoretischen anarchistischen Standpunkt Proudhons aufgefasst werden kann, die geistigen Verdienste vergleicht, die Proudhon selbst von den Anarchisten zuerkannt werden, hat man vollständig den relativen Charakter und den Wert seines Werkes vor sich. Wo die Anarchisten so weit gehen, den grössten Teil der Lehren Proudhons noch als lebensberechtigt zu betrachten, und häufig, wie wir dies noch typischer bei Tucker sehen werden, sich als seine Schüler erklären, ist es begreiflich, dass sie sein Werk

---

[1]) K. Marx, A.a.O. S. 175 „Wovon er (Proudhon) uns im Tone der Gaukler und Prahlhänse die Ohren vollbläst, das sind sein Selbstlob, sein lästiges Gefasel und die ewige Aufschneiderei über seine angebliche „W i s s e n s c h a f t" ..... an vielen Stellen deklamiert Proudhon systematisch und regt sich künstlich auf." Ibid. S. 253. Marx, der gewöhnlich in dieser heftigen und rauhen Art polemisierte, setzt noch lange in diesem Tone fort, er nennt Proudhon einen „Parvenu der Wissenschaft" einen „kleinen Krämer" u. s. w. Ueber die Beziehungen zwischen Proudhon und Marx wurden Forschungen angestellt, doch wurde noch nicht in erschöpfender Weise festgelegt, was der Letztere, trotz aller bitteren Kritiken, dem Ersteren schuldete. Vrgl. K. Kautsky: *Das „Elend der Philosophie" u. das „Kapital"; Die Neue Zeit* 1886; B. Malon, *K. Marx, A. Proudhon: Revue socialiste.* Jan. 1887; A. Mühlberger. *K. Marx, „Das Elend der Philosophie", Antwort auf Proudhons „Philos. d. Elends": Jahrbücher f. Nat. Oekon. u. Statistik.* 1892, 3, 4; Bourguin, *Des rapports entre Proudhon et K. Marx; Revue d'écon. polit.* J. VII. 1893. Es ist eine Tatsache, dass Marx, und deshalb also auch Engels, keinen einzigen, noch so besonderen Punkt der Ideen Proudhons hervortreten liessen, ohne gleich dasselbe Thema zu behandeln, sei es auch nur ausschliesslich zum Zwecke der Kritik. Die Schriften von Engels z. B. „*Zur Wohnungsfrage*", die im *Volksstaat*, Heft 1—3, Leipzig 1872 erschienen (zweite Ausgabe als Sonderabdruck in Zürich 1887, *Sozialdemokr. Bibliothek* No. 13) sind nichts als eine Diskussion der Ideen Proudhons über dieses Thema, die in einer Brochüre unter demselben Titel (Leipzig 1872) von A. Mühlberger, einem unermüdlichen Vorbreiter der Proudhonschen Lehren in Deutschland entwickelt wurden. (Vrgl. St. Grossmann, *Proudhon nach A. Mühlberger*; *Zeit*, Wien 1899, No. 224. Bezügl. eines allgemeinen Urteils, das präzise theoretisch die Beziehungen des Marxismus berücksichtigt, siehe: G. Sorel, *Essai sur la philosophie de Proudhon: Revue philos.* 1892; 33, 34.

als Ganzes ausserordentlich günstig beurteilen. Nach der Ansicht des Anarchisten Tcherkesoff[1]) gebührt Proudhon das Verdienst, der Erste gewesen zu sein, der sich mit unvergleichlicher Heftigkeit gegen das Recht der Mehrheit, ihre Beschlüsse der Minderheit aufzuzwingen, erhob. Und wenn er auch anerkennt, das seine Methode dialektischer Beweisführung ihn häufig zu sehr bedauernswerten Spekulationen verleitet, habe er trotzdem mit Hilfe dieser Methode niemals einen solchen Irrtum begangen, der mit dem Irrtum Marx's betreffend „das angebliche und absurde Gesetz der Kapitalkonzentration" auch nur vergleichbar ist. Proudhon schulden wir — fügt Tcherkesoff hinzu — ausser der Entwicklung der Prinzipien: „Die Sklaverei ist Mord", „Eigentum ist Diebstahl" und „Gott ist das Uebel" [2]) noch die definitive theoretische Formulierung der ökonomischen und sozialen Freiheit des Individuums,

---

[1]) W. Tcherkesoff, *Précurseurs de l'Internationale : Bibl. d. „Temps Nouveaux"*. No. 13. Bruxelles 1899, S.S. 114—132.

[2]). Diesen Ausspruch finden wir zum ersten Mal im Kapitel VIII. der *„Contradictions économiques"*: „Mit welchen Rechte könnte mir Gott sagen: „Sei heilig, weil ich heilig bin?"; „Lügengeist", würde ich ihm antworten, „idiotischer Gott, dein Königreich ist zu Ende; suche dir unter den Tieren andere Opfer aus. Ich weiss, dass ich weder heilig bin, noch es jemals werden kann, und wie kannst du es sein, wenn ich dir ähnlich bin? Ewiger Vater, Jupiter oder Jehovah, wir haben dich kennen gelernt; du bist, du warst, du wirst immer der missgünstige Neider Adams, der Tyran des Prometheus bleiben. . . . . . Die Sünden, derentwegen wir dich um Vergebung bitten, lässt du uns ja begehen; in die Versuchungen, vor denen uns zu bewahren wir dich bitten, hast du uns geführt. . . . . Und nun bist du entthront und zerschmettert. Dein Name, so lange Zeit das letzte Wort des Gelehrten, die Weihe des Richters, die Kraft des Fürsten, die Hoffnung des Armen, die Zuflucht des reuevollen Schuldigen, nun wohl, dieser unmitteilbare Name, der von nun an der Verachtung und der Verwünschung geweiht ist, wird von den Menschen ausgepfiffen werden: Denn Gott ist Dummheit und Feigheit; Gott ist Heucheln und Lüge, Gott ist Tyrannei und Not, Gott ist das Uebel. . . . . . „Wenn Jemand — sagt er an einer anderen Stelle — die Hölle verdient hat, so ist es Gott" (ibid. Bd. I S. 380). In allen folgenden Werken, besonders in diesem furchtbaren Werk: *„La Justice dans la révolution et dans l'Eglise"* (1858) werden solche Aussprüche zu Gemeinplätzen. Wir finden sie auch in seinen posthumen Werken. z. B.: „Abgesehen von seinem grundlegenden und angeborenen Glauben, seiner Sehnsucht nach Gott und dem Ewigen, ist der Mensch in seiner Vernunft und in seinem Bewusstsein derart beschaffen, dass wenn er sich ernst nimmt, er gezwungen ist, den Glauben aufzugeben, ihn als schlecht und schädlich zu verwerfen und zu erklären, für ihn sei Gott das Uebel." P. J. Proudhon, *Jésus et les origines du Christianisme; préf. et manuscrits inédits classés par* C. Rochel. 2e ed. Paris G. Havard 1896 S. 93. Vrgl.: I. Milsand, *L'anti-christianisme de Proudhon: Revue d. deux mondes* 1852. Dec.

was er mit den Worten ausdrückte, dass der Mensch nicht will, dass man ihn organisiere und ihn mechanisiere; sowie das, gegenüber den anderen, vor den blutigen Junitagen von 1848 mehr oder weniger verbreiteten sozialen Systemen, von Proudhon vertretene Prinzip des Mutualismus in der Produktion und im Tausch. Nach Proudhon sollte das System der freien, aus gegenseitigem Einvernehmen der Menschen entstehenden Arbeiterkompagnien, die vollständig unabhängig und untereinander auf anarchistischer Grundlage föderiert sind, an Stelle der zukünftigen Organisation des autoritären Kommunismus und der gegenwärtigen kapitalistischen Lohnsklaverei gesetzt werden. Es ist deshalb begreiflich — schliesst Tcherkesoff — dass die allerentschiedenste Gegnerschaft von den Vertretern des autoritären Kommunismus des sozialistischen Staates kommen musste. [1]).

Zweifellos sind weder die exzessiven kritischen Voreingenommenheiten der Sozialisten, noch die bedingungslose Anhängerschaft der Anarchisten die besten Quellen, um sich einen genauen

---

[1]) Tcherkesoff, der bei diesem Punkte (a. a. O. 126) verweilt, dass Proudhon an Stelle des Staates die autonome Gesellschaft, und an Stelle der politischen Organisation die ökonomische setzen wollte, behauptet, dass Proudhon diesen Gedankengang schon durch Saint-Simon, Victor Considerant und die Fourieristische Schule vorbereitet fand und vor allem durch Comte, dem bedeutendsten Schüler Saint-Simons". (Vrgl.: G. de Molinari. *Le positivisme ou doctrine sociale de M. Auguste Comte: Journal d'économ.* 1850. Okt.; P. Janet, *Les origines de la philos. d'A. Comte: Comte et Saint-Simon: Revue d. deux mondes* 1867, 1. Aug.) Es ist richtig; doch wäre es nötig, dies mit entsprechender Reserve zu präzisieren. Eine gründliche Studie über die Quellen Proudhons ist noch nicht gemacht worden und ist vielleicht auch nicht der Mühe wert. Sehen wir, wie P. über Comte in einem Brief an Darimon vom 3. Sept. 1852 urteilte:

„. . . . .dieses Rindvieh Auguste Comte, der Pedantischste der Gelehrten, der Armseligste unter den Philosophen, der Seichteste unter den Sozialisten, der Unverdaulichste unter den Schriftstellern . . . . . etc.". Es ist nur billig hinzuzufügen, dass es nicht zu den Gewohnheiten Proudhons gehörte, sehr skrupelhaft denen gegenüber zu sein, denen er zu Dank verpflichtet war. Ich habe vorhin angeführt, wie er bei der Originalität seiner paradoxalen Definition des Eigentums beharrte, obwohl sie gar nicht von ihm herrührte. Man denke also, welchen Grad der Heftigkeit er erst erreichen musste, wenn es sich um erklärte Gegner handelt: „Bastiat ist ein Esel" schrieb er z. B. (Brief an Darimon 16. Feb. 1850), nachdem er von ihm in einer unerbittlichen Polemik über die Unentgeltlichkeit des Kredits besiegt worden war, die im *Voix du Peuple* (19. Nov. 49—10. Feb. 50) publiziert wurde. (Vrgl.: P. J. Proudhon, *Oeuvres complèt.*, Paris, Lacroix, 1868, s. s., vol XIX, *Mélanges*, vol. III enthält am Schluss die sechs Briefe Bastiats und die Antworten Proudhons; F. Bastiat, *Oeuvres complètes*, Paris, Guillaumin, 1850, sq. vol. V; A. Mühlberger, *Kapital und Zins; Die Polemik zwischen Bastiat u. Proudhon*, Jena, Fischer, 1896).

Begriff über die grundlegenden Ideen Proudhons zu machen. Wenn auch die Bemerkungen der einen und der anderen nur die gegenwärtige praktische Bedeutung der Proudhon'schen Lehren in Bezug auf den Sozialismus und den Anarchismus leichter begreifen lassen, muss aber dennoch seine innerste theoretische Bedeutung in dem Werke selbst erforscht, und trotz der vielfachen formalen Ausschmückungen, in die Proudhon seine Gedanken hüllt, diese, so weit es möglich ist, auf einen einheitlichen Ausdruck reduziert werden. Indem wir andeuten, was Proudhon unter den ökonomischen Kräften versteht und wie er deren Funktion auffasst, bereiten wir uns auch darauf vor, seine Theorie über das Eigentum zu verstehen, worauf er die allgemeine ökonomische Grundlage als Resultat seiner Auffassung der Gerechtigkeit aufbaut [1]).

I.

Die ökonomischen Kräfte.

Es gibt gewisse Aktionsprinzipien — bemerkt Proudhon — die als ökonomische Kräfte wirken. Diese beziehen sich auf die Arbeit und auf den Reichtum, wie sich andere Prinzipien auf den Staat beziehen. Oekonomische Kräfte sind: Die Arbeitsteilung, die Konkurrenz, der Kredit, das Eigentum u. s. w. Den Staat dagegen betreffen: Die Klassenunterschiede, das Vertretungssystem,

1) Die Vorarbeit für diese Studie konnte es mir natürlich nicht zur Pflicht machen, in erschöpfender Weise die ganze bekannte, auf Proudhon bezügliche Literatur in Betracht zu ziehen. Doch haben wir hier eine kleine Anzahl von Angaben (die nebenbei bedeutend zahlreicher sind, als alle selbst von den fleissigsten Erforschern des Lebens und der intimsten Geschichte des Proudhonschen Gedankens benützten und angegebenen Quellen) die hier unbedingt notwendig sind, um eine chronologische Linie seiner Ideenbildung zu haben und gleichsam auch die Entwicklung seiner Lehren in Bezug auf die anarchistische Bewegung. In diesem Falle hat man auch noch die Bestätigung der grossen Expansionskraft der ersten Keime der anarchistischen Lehren, die mit der des viel strengeren Gebietes der wissenschaftlichen Produktion garnicht verglichen werden kann. Diese Expansionskraft wurde noch im Falle Proudhon durch die wahrhaftig exzeptionell produktive Raschheit seiner Feder gefördert. Man hat von ihm in der Tat ungefähr vierzig Bände seiner Werke und ca. zwanzig Bände Korrespondenz. Indem ich mich meiner direkten Nachforschungen bediene, will ich hier anführen:

die juridische Hierarchie u. so fort. Wenn die ökonomischen Kräfte im Gleichgewicht gehalten, ihren eigenen Gesetzen überlassen werden und auf keine Weise von der Willkür des Menschen abhängen, kann die Arbeit organisiert, und der Wohlstand für alle garantiert werden. Wenn sie dagegen ohne Leitung gelassen

---

a) diese Werke Proudhons, die in engerem Sinne seine anarchistische Auffassung betreffen, wobei ich, wo es von Interesse ist, das Datum des ersten Erscheinens und verschiedene Uebersetzungen angebe; b) die Proudhonsche Literatur in aller Kürze; c) mit noch grösserer Kürze die Gegenschriften gegen seine Theorien.

a) *Les Oeuvres complètes*, Paris, Lacroix, 1868 sq., wurden in nachstehender Reihenfolge veröffentlicht: Vol. I. *Qu'est-ce que la propriété? ou recherches sur le principe du droit et du gouvernement*, *1er mémoire* (1te Aufl. 1840, 4te Aufl. 1849; deutsche Uebersetzung von F. Meyer, Bern, 1844, eine andere von A. F. Cohn, Berlin, 1895—96; spanische Uebersetzung von G. Lizarraga, Madrid, 1873; englische Uebers. von B. R. Tucker, Boston, 1885); *2e mémoire; Lettre à M. Blanqui sur la propriété* (1e Aufl. 1841, 2te Aufl. 1848). — Vol. II. *Avertissement aux propriétaires, ou lettre à M. V. Considérant sur une défense de la propriété*, *3e mémoire* (1te Aufl. 1841. 2e Aufl. 1849); *Plaidoyer de l'auteur devant la Cour d'Assises de Besançon* (1te Aufl. 1842); *Célébration du dimanche* (1te Aufl. 1839, 4te Aufl. 1850, zwei deutsche Uebers.) u. s. w. — Vol. III. *De la création de l'ordre dans l'humanité ou principes d'organisation politique* (1te Aufl. 1843, 2te 1849), Vol. IV, V. *Système des contradictions économiques ou philosophie de la misère* (1te Aufl. 1843, 3te Aufl. 3 Bde 1867; 2 deutsche Uebers. von K. Grün, Darmstadt, 1847, und von W. Jordan, Leipzig, 1847; engl. Uebers. von B. R. Tucker, Boston, 1888; ital. Uebers.: *Bibliot. d. economista*, 3a ser. vol. 1. Turin, 1882; spanische Uebersetzung von F. Pi y Margall, Madrid, 1870, vier Bde). — Vol. VI. *Solution du problème social* (1te Aufl. 1848, es erschienen bloss zwei Lieferungen, doch sollte das Werk aus 20—22 Heften bestehen; span. Uebers. von F. Pi y Margall, Madrid, 1869). — Vol. VII. *La révolution sociale* (1te bis 6te Aufl. 1852; deutsche Uebers. Bremen, 1852; zwei andere Auflagen 1871 und 1878 derselben Uebersetzung); *Le droit au travail et le droit de propriété* (1te Aufl. 1848; deutsche Uebers. Leipzig, 1849; eine andere deutsche Uebers. von L. Darimon, 1851); *L'impot sur le revenu* (1te Aufl. 1848). — Vol. VIII. *Du principe fédératif* (1te Aufl. 1863; spanische Uebers. von F. Pi y Margall, Madrid, 1868); *Si les traités de 1815 ont cessé d'exister?* 1e Aufl. 1863). — Vol. IX. *Confession d'un révolutionnaire pour servir à l'histoire de la révolut. de février* (1te Aufl. 1849, 3te Aufl. 1851; deutsche Uebers. von A. Ruge, Leipzig, 1850: *Proudhon's Ausgewählte Schrift.*, I Bd.; Es gibt eine kritische Zusammenstellung in schwedischer Sprache, die ich nicht kenne, von A. Nyblaeus, Lund, 1846, und eine russische Darstellung (*In Izdanie socialno-revoljucionnoi partii*), vol. III, ohne Angabe des Druckortes, doch in Zürich, 1874, ersch., 212 S.S.; In diesen drei Bänden, die 1872 zu erscheinen begannen, sind die ersten, offen anarchistischen Schriften in russischer Sprache enthalten; deren grösster Teil entstammt der Feder Bakunins). — Vol. X. *Idée générale de la révolution au XIXe siècle* (1te Aufl. mit dem Titel: *Idées révolutionnaires*, etc., 1849, mit dem neuen Titel 1e u. 2te Aufl., 1851; deutsche Uebers. von A. Ruge, Leipzig, 1850: Proudhon's *Ausgewähl. Schrift.*, II Bd.; span. Uebers. von J. Comas, Barcelona, 1868). — Vol. XI. *Manuel du spéculateur à la bourse* (1te Aufl. anonym, 1853, 5te Aufl. 1857; deutsche anon. Uebers., Hannover,

werden, bleibt die Gesellschaft, so weit sie der Herd, der Faktor oder das Produkt der Zirkulation und des Konsums ist, im Zustand fortwährend zunehmenden Leidens. Noch schlimmer wirds, wenn diese ökonomischen Kräfte noch einen Kampf gegen die herrschende politische Form führen müssen, die, wie sie es

---

1857). — Vol. XII. *Des réformes à opérer dans l'exploitation des chemins de fer* (1855; interessiert nicht unsere Studie). — Vol. XIII. XIV. *La guerre et la paix: recherches sur le principe et la constitution du droit des gens* (1e Aufl., 1861). — Vol. XV. *Théorie de l'impôt* (1te Aufl, 1861, ital. Uebers. *Bibliot. d. economista*, 2a ser., vol. X, Torino, 1868; span. Uebers. von R. Robert, Madrid, 1862). — Vol. XVI. *Majorats littéraires* (1te Aufl., Bruxelles, 1862, 2te Aufl., Paris, 1863; deutsche Uebers., Leipzig, 1862); *Fédération et unité en Italie* (1e Aufl., 1862; span. Uebers. von A. Alvarez, Madrid, 1870); *Nouvelles observations sur l'unité italienne* (1te Aufl., 1865); *Les démocrates assermentés* (1te Aufl., 1863). — Vol. XVII-XIX. *Mélanges, articles de journaux*, 1847-'55; diese drei Bande enthalten Beiträge von Proudhon, die noch nicht alle wiedergegeben sind. Vergl.: A. Darimon, *A travers une révolution*, 1847-'55, Paris, 1884, SS. 343-344, und A. Herzen, *Proudhon et la Voix du Peuple: Revue Blanche*, 1895, 1. Apr. No 46 — und die folgenden Zeitschriften: *Le représentant du Peuple* 1. Apr.— 10. Juli, und 9-21. Aug. 1848, 108 Nummern; *Le Peuple* 2. Sept. 1848-13. Juni 1849, 206 N.; *La Voix du Peuple*, 25. Sept. 1849-14. Mai 1850, 223 N.; *Le Peuple de* 1850, 15. Juni.-13. Okt. 1850, 33 N.). — Vol. XX. *Philosophie du progrès* (1te Aufl., Bruxelles, 1853; span. Uebers. von F. Pi y Margall, Madrid, 1868); *La justice poursuivie par l'Eglise* (1te Aufl., Bruxelles, 1858). — Vol. XXI-XXVI. *De la justice dans la révolution et dans l'Eglise* (1te Aufl. 1858, 3 Bde,; deutsche Uebers. von L. Pfau, Hamburg u. Zürich, 1858-'60, 2 Bde.). — Vol. XXVII-XXXIII. *Oeuvres posthumes;* Einige Wichtigkeit für uns haben: *Théorie de la propriété; De la capacité politique des classes ouvrières* (span. Uebers. von F. Pi y Margall., Madrid, 1869); *Théorie du mouvement constitutionnel* (span. Uebers. von G. Lizarraga, Madrid, 1873); *Du principe de l'art et sa destination sociale*, u. s. w. — Die wichtigste Korrespondenz Proudhons befindet sich in nachstehenden beiden Sammlungen. *Proudhon expliqué par lui-même: lettres inédites de P. J. P. à M. N. Villiaumé*, etc., Paris, Alcan, 1866; *Correspondance de P. J. Proudhon, précédée d'une notice par* J. A. Langlois, Paris, Libr. intern., 1874 sq., 14 Bde. — Eine Studie über die Korrespondenz machte mit literarischem Verständnis Saint-Beuve, *Proudhon, sa vie et sa correspondance*, Paris, Levy, 1872 (schon erschienen in der *Revue contemporaine* in den J. 1865, 82, 83); Vrgl.: N. Reyntiens, *La corresp. de Proudh.: Rev. de Belgique*, 1874, v. 18; H. Baudrillant, *P. J. Proudh., sa correspond. et son historien: Rev. d. deux mondes*, 1. Febr. 1873; F. Baile, *Proudhon d'après sa correspondance: Biblioth. univ.*, 1875, v. 53.

b) Ausser der Proudhonschen Literatur, auf die ich mich an entsprechenden Stellen in den vorhergehenden Seiten zu berufen hatte, müssen noch mindestens jene Schriften erwähnt werden, die zum intimen Verständnis der Werke Proudhons, sowie zu ihrer richtigen Beurteilung unumgänglich notwendig sind. Wir liessen alle aus, die nur den Zweck der Popularisierung und Verbreitung seiner Ideen hatten. J. Garnier, *Ouvrages de Proudh.: Journal d. écon.*, 1843; H. B. Oppenheim, *P. J. Proudhon's Philosophie der Gesellschaft: Die Opposition* (hrsg. v. K. Heinzen, Mannheim), 1846; G. de Molinari, „*Philos. de la misère*", *p. Proudh.: Journal d. écon.*, 1847; Id.,

immer tut, ihrer Organisation Hindernisse entgegenstellt. Man könnte einige Beispiele geben. Man weiss, was die Arbeitsteilung zu bedeuten hat. In einer gegebenen Industrie erfolgt die Einteilung der Arbeit in der Weise, dass jede Person immer nur dieselbe einfache Operation, oder nur eine kleine Gruppe von

---

M. Proudhon et M. Thiers: Journal d. écon., Aug. 1848; J. Tissot, *Examen de la théorie de M. Proud. sur la propriété*, Paris, Joubert, 1849; J. Breynat, *Les socialistes modernes* (enthält eine Studie über Proud.), Paris, Garnier, 1849; Ch. Marchal, *P. J. Proud. et Pierre Leroux; révélations édifiantes*, Paris, Dentu, 1850; Ch. Coquelin, *Du dernier ouvrage de M. P. J. Proudhon (Idée générale de la révolution, u. s. w.): Journal des écon.*, 1851; J. Vrau, *Proud. et son système économique*, Paris, Ledoyen, 1853; *P. J. Proud. und seine Schriften: Unsere Zeit*, 1859, Bd. III; A. Bertauld, *Théorie de la propriété par Proudh.: Rev. crit. de législ. et de jurispr.*, 1865, v. 27; B. Gastineau, *Les socialistes: P. J. Proud.: sa vie et ses oeuvres*, etc., Paris, Dentu, 1865; J. Tissot, *P. J. Proudh.: Revue littér.* (Besançon), 1. März 1865; E. Pelletan, *Proudh. et ses oeuvres complètes: Revue d. deux mondes*, 15. Jan. 1866; F. Hack, *P. J. Proudh.: ein Beitrag zur Geschichte des Sozialismus: Zeitschr. f. Staatsw.*, 1871, Heft 114; G. Ferrari, *P. J. Proudh.: Nuova Antol.*, 1875, v. 28; A. Mühlberger, *Von u. über Proudh.: Die Wage*, Berlin, 1878-'79 (Ist eine Serie von zehn Artikeln); N. Seymour, *P. J. Proudhon*, London, 1888 (Propagandaschrift, Auszug aus der Londoner Zeitschrift *The Anarchist*, erschienen von März 1885 bis Aug. 1888, 40 N.); A. Mühlberger, *Studien über Proudh.: ein Beitrag zum Verständnis der socialen Reform*, Stuttgart, Göschen, 1891; K. Diehl, *P. J. Proudhon, sein Leben u. seine Werke: Die Eigentums- u. Wertlehre: Sammlung nat.-ökon. Abhandl. d. Staatswiss. Seminars zu Halle*, V. Bd., 2 H., 1888: II. 1. *Das System d. ökon. Widersprüche: die Lehren v. Geld, Credit, Capital*, ibid., VI Bd., 3 H. 1890; 2. *Proudhon's praktische Vorschläge, Halle*, 1890; III. *Sein Leben u. seine Socialphilosophie*, Jena, Fischer, 1896; R. Snell, *P. J. Proudh.: Rev. socialiste*, 1891, v. 14; A. Desjardins, *P. J. Proudh., sa vie, ses oeuvres, sa doctrine*, 2 Bde., Paris, Perrin, 1896 (Cfr.: A. Boyenval, *Proudhon et la sophistique, à propos d'un livre récent: Réforme sociale*, 16. Okt. 1896; J. Simon, *Proudh.: Revue d. Revues*, 1896, v. 17); L. Rosenthal, *Les destinées de l'art social d'après P. J. Proudhon: Rev. intern. de sociologie*, 1894. II; Ch. Sarinière, *P. J. Proudh.: Rev. polit. et parlem.* 1896; E. Faguet, *Proudhon: Revue de Paris*, 15. Mai 1896; Ch. A. Dana, *Proudhon and his bank of the People*, New York, Tucker, 1896 (ist eine Propagandabroschüre); H. Denis, *Proudh. u. d. Prinzipien der Tauschbank; Zeitschr. f. Volkswirtsch., Soz. Pol. u. Verw.*, V. Bd. 1896; E. Bernstein, *Proudh. als Politiker und Publizist. Neue Zeit*, J. XIV. 1896 No. 46; A. Mühlberger, *P. J. Proudhon, Leben u. Werke*, Stuttgart, Fromman, 1898; A. Dufresne et F. Pelloutier, *Proudhon, philosophe; Rev. socialiste*, 1899, v. 30; E. Bernstein, *Dokumente des Sozialismus*, Berlin 1901, 1. Bd.: *Ein Artikel v. Proudhon a. d. J. 1848* S.S. 26—33.

e) Die Diskussion von spezifisch polemischem Charakter, die Schritt für Schritt den Werken Proudhons folgte, verdient nur deshalb in Betracht gezogen zu werden, um mit deren Hilfe genau das intellektuelle und ethische Milieu zu rekonstruieren, in dem diese Werke erschienen waren. Was den Inhalt anbetrifft, ruft diese in uns eine gewisse Enttäuschung hervor. Gegenüber dem übertriebenen Ungestüm Proudhons hatten diejenigen leichteres Spiel, die ihm mit ruhiger Argumentation entgegentraten,

Operationen auszuführen hat, wodurch die Arbeit, statt vollständig aus der Hand eines Arbeiters hervorzugehen, das gemeinsame und kollektive Werk einer grossen Zahl von Arbeitern wird. Nun haben alle Nationalökonomen von Smith bis auf die allermodernsten nachgewiesen, dass die Arbeitsteilung die Grundlage der modernen Industrie sei : Durch dieselbe wird die Produktivität der Arbeit verdoppelt und verhundertfacht und die politische Oekonomie erhöht zur Höhe einer Philosophie. Es könnte demnach scheinen, dass das Erste, was die Aufmerksamkeit des Gesetzgebers „in einer auf der Feindschaft gegen das feudale und kriegerische Regime begründeten Gesellschaft", die also gezwungen ist, sich auf der Grundlage der Arbeit und des Friedens zu organisieren, in Anspruch nehmen müsste, die Trennung der industriellen Funktionen, die Teilung der Arbeit sein müsste. Doch verhält es sich in Wirklichkeit nicht so. Dieser ökonomische Faktor ist allen Umwälzungen des Zufalls und des Interesses unterworfen. Der Arbeiter wird durch die immer mehr ins Detail geführte Arbeitsteilung in einen immer mehr erniedrigenden Zustand eines Automaten herabgedrückt. Dies macht zwar die Industrie unvergleichlich produktiver, aber zur selben Zeit verelendet sie den Arbeiter physisch und psychisch um alle diese Reichtümer, die sie für den Unternehmer und den Kapitalisten hervorbringt.

— (es beweisen dies die Entgegnungen von BASTIAT, von DE MOLINARI, selbst die von MARX und verschiedener anderer Schriftsteller, die sich mit ihm beschäftigten) — als diejenigen, die sich gegen ihn direkter und persönlicher Polemik bedienten. Von diesen Letzteren erwähne ich als die am meisten charakteristischen : H. DE LOURDOUEIX, *Le dernier mot de la révolution, M. Proudhon, réfuté, Exposé critique du Fourierisme*, Paris, Dentu, 1852 ; PREVOST, *Proudhon jugé et traité selon ses doctrines méthaphysiques*, Paris, Guerin, 1858 ; I. MICHEL, *Quelques notes sur l'ouvrage de M. Proudhon ; De la justice dans la révolut. et dans l'église*, Paris, L. Virès, 1859 ; F. BONIFACE, *A. P. J. Proudhon*, Bruxelles, Fischer, 1862 ; E. GRÉGOIRE, *Proudhon au tribunal de la pénitence*, Paris, Giraud, 1850 ; E. DE PRESSENSÉ, *La ruine sociale ; réponse à M. Proudhon ; ni matérialisme, ni jésuitisme*, Paris, Duclaux 1852 ; A. HUARD, *De l'injustice dans la révolution et de l'ordre dans l'église . . . . ., réfutation de P. J. Proudhon*, Paris, Lebigre-Duquesne, 1858 ; E. DE MIRECOURT, *Lettres à M. P. J. Proudhon, en réponse à son livre de la justice dans la révolution et dans l'église*. Paris 1858 ; COLINS, *A. M. J. P. Proudhon, sur son ouvrage intitulé ; De la justice dans la révolution et dans l'église*, Paris, Bertol, 1858 ; L. VALRAS, *L'économie politique et la justice ; examen critique et réfutation des doctrines économiques de M. P. J. Proudhon* etc. Paris, Guillaumin, 1860, DENIS DE CHATEAUGIRON, *L'anti-Proudh.*, Rennes, Eón, 1860, u. s. w.

Die Nationalökonomen denken gar nicht daran, dass diese zerstörende Untergrabung der allergrössten ökonomischen Kraft vermieden werden könnte. „Jemehr die Arbeitsteilung und die Macht der Machinen wächst, umso mehr sinkt die Intelligenz des Arbeiters, und umsomehr geht das Bestreben, die Zahl der Arbeitshände zu reduzieren. Doch je mehr der Wert der Arbeiter sinkt und die Nachfrage nach Arbeitern sich verringert, desto mehr sinkt auch der Lohn, desto mehr wächst die Not. Und es handelt sich hier nicht um einige Hundert Menschen, die die Opfer dieser industriellen Erschütterungen werden — es berührt Millionen" [1]). Die philanthropischen Konservativen machen für diese Anomalie das industrielle System verantwortlich, sie möchten, dass man zum feudal-agrikolen System zurückkehre. Jedoch ist nicht die Industrie als solche anzuklagen; hier ist das Prinzip gefälscht worden, die Kräfte sind desorganisiert worden und diesen Umständen allein muss man die Verderben bringende Richtung zuschreiben, in welche die Gesellschaft hineingeraten ist.

Aehnliche Beobachtungen können auch über die Konkurrenz und den Kredit, sowie über alle anderen ökonomischen Kräfte gemacht werden. Die Konkurrenz ist das Grundgesetz des Handels. Sie aufheben zu wollen, würde bedeuten, die Freiheit selbst aufzuheben und die Wiederherstellung des alten Regimes des Mittelalters einzuleiten und die Arbeit wieder in den Zustand der Günstlingswirtschaft und des Missbrauchs zurückzuführen, aus den sie das Jahr 1789 befreit hat. Aber auch die Konkurrenz hat sich in ihrem Prinzip korrumpiert, weil ihr ein höherer regulierender Geist fehlt, und sie zeigt nun ebenfalls eine Tendenz zum Bösen. Es genügt ja, bloss daran zu denken, dass im Wettspiel der Konkurrenz die unzählige Masse der Lohnarbeiter-Klasse ausgeschlossen bleibt. Jede Konkurrenz bleibt ihr untersagt, und es bleibt unter den einzelnen nur der Kampf um den mageren Lohn. Die Konkurrenz, die also ein gemeinsames Recht aller hätte sein sollen, tritt als eine Ausnahme und ein Privilegium auf. Es können blos jene ihr Recht auf Konkurrenz ausüben, denen ihr Kapital ermöglicht, Unternehmer zu werden. Anstatt also

---

[1]) P. J. Proudhon, *Idée générale de la révolution au XIXe siècle* (*Oeuvres compl.* v. X.) SS. 45—46.

zur Demokratisierung der Industrie und zur Unterstützung des Arbeiters zu dienen, anstatt die Ehrlichkeit des Handels zu garantieren, hat es die Konkurrenz mit sich gebracht, dass eine kommerzielle und finanzielle Aristokratie entstand, die noch tausend Mal habsüchtiger ist, als die alte besiegte Aristokratie des Adels. Durch die Konkurrenz fliessen alle Profite aus der Produktion dem Kapital zu. Der Konsument, der den kommerziellen Betrug gar nicht ahnt, ist vollständig in der Hand des Spekulanten und als Wechselwirkung werden noch die Lebensbedingungen des Arbeiters immer schlechter. Und der Kredit? Der blieb im Zustand einer geheimen Macht. Das Geldgeschäft hat sich rasch in den Händen einiger Monopolisten konzentriert, und deren Arsenal ist die Bank. Der Staat kam in die Macht einer Vereinigung von Kapitalisten, und durch die Steuern, mit denen diese Bankokratie alle industriellen und landwirtschaftlichen Unternehmungen belegt, ist das Eigentum hypothekarisch schwer belastet worden. Diese finanzielle Ausbeutung überträgt sich auf die Beziehungen mit der Industrie mit dem Resultat, dass das Eigentum wucherische Tendenzen hat, die den Landwirt von seinem Feld, den Arbeiter aus seinem Wohnort vertreiben — sodass diejenigen, deren Arbeit alles hervorbringt, weder die eigenen Produkte kaufen, noch eine Wohnstätte besitzen, noch jemals sagen können: Dieses Haus, dieser Garten, dieser Weinberg, dieses Feld gehört mir. Bei dem gegenwärtigem Kreditsystem und der wachsenden industriellen Zersplitterung der industriellen Kräfte, ist es schliesslich eine ökonomische Notwendigkeit, dass der Arme, je mehr er arbeitet, immer ärmer wird, und der Reiche, ohne zu arbeiten, immer reicher wird. Dies ist noch nicht alles. Durch die Abweichung von ihren Prinzipien ist die bestehende Gesellschaft nicht bloss unaufhörlich bestrebt, den Produzenten zu verarmen und die Arbeit dem Kapital zu unterwerfen, was durchaus widerspruchsvoll ist; aber sie drängt auch dahin, aus den Arbeitern eine Klasse von Heloten zu bilden, die wie in vergangen Zeiten, der Kaste der freien Menschen untergeordnet ist.... Sie ist daran, die Versklavung der Arbeiterklasse und die Notwendigkeit ihres Elends zum politischen und sozialen Dogma zu erheben. [1]).

[1]) „Wenn der Arbeiter durch die detaillierte Arbeitsteilung, den Maschinen-

Diese recht zahlreichen Beobachtungen geben nur den ersten Umriss des Standpunktes von Proudhon. Er sieht als Grundlage der bestehenden „industriellen Gesellschaft" einen Zustand des Antagonismus und der Krieges, die sich durch die Ablenkung der ökonomischen Kräfte ausdrücken, insofern sie auf das Prinzip der politischen Grundlage einwirken und von ihren Verhältnissen abhängen. Was an sich im Prinzip gut ist, wird durch Ursachen abgelenkt, die nicht in seinem inneren Wesen liegen. Es scheint also, dass nur noch ein kleiner Schritt von dieser Summe der tatsächlichen Konstatierung bis zu den politischen Negationen, zu theoretischen und praktischen Verneinungen (oder zu beiden) führen muss, die sich als die Ursachen dieses Zustandes des antagonistischen Kampfes enthüllen, der zum individuellen und sozialen Elend und eventuell auch zur synthetischen Festlegung des wahrscheinlichen Spieles der ökonomischen Kräfte führen muss, sobald sie von den erwähnten politischen Beschränkungen befreit würden. Doch Proudhon begnügt sich nicht damit, diese beiden Punkte — den ökonomisch-politischen Antagonismus und der nur ökonomischen Harmonie mit einander zu verknüpfen. Seine Absicht, die jeder sofort erkennt, der sich eine genaue Vorstellung von seinem Ideensystem macht, ist die, eine Brücke über einen viel tieferen Abgrund zu schlagen, und zwar über die Verneinung des Eigentums. Das ist die einzige, elementare, logische Richtlinie, nach der man in übersichtlicher Weise die homogene Grundlage seines Gedankens verfolgen kann. Die Behauptung, dass die Verneinung des Eigentums die Voraussetzung seines Systems war, was nur materiell richtig ist, wäre nur als eine einfache chronologische Festellung richtig, doch ohne jede ins Innere der Sache eindringende Bedeutung.

---

dienst und die ignorantenhafte Schulbildung stumpfsinnig gemacht, durch die Niedrigkeit der Löhne entmutigt, durch die Arbeitslosigkeit demoralisiert, durch die Monopole ausgehungert worden ist; wenn er ohne Brod, ohne Geld, obdachlos dasteht, dann bettelt er, stiehlt er, raubt oder mordet er. Nachdem er durch die Hände der Ausbeuter ging, kommt er nun in die Hände der Richter und Henker. Ist es nicht klar?" PROUDHON, *Idée génér.* . . . . . S. 57.

II.

Das Eigentum.

Auf der ersten Seite seiner ersten Denkschrift über das Eigentum, die, wie erwähnt, 1840 erschienen war, nimmt Proudhon die Gelegenheit wahr, den bekannten Satz niederzuschreiben: „Eigentum ist Diebstahl". Und auf der zweiten Seite fügt er hinzu: „Ich greife nur der Geschichte um einige Tage vor". In diesem Satz liegt die ganze Freimütigkeit Proudhons, der im Eifer seiner unversiegbaren theoretischen Improvisation schliesslich dahin gelangt, sich der widersprechenden Ironie der Zeit zum Opfer zu bringen.

Die drei Grundprinzipien, die nach Proudhon die Volksbewegungen von 1789 und 1830 geheiligt haben, sind: a) die Souveränität der menschlichen Willkür, d. h. mit einem Wort der Despotismus, b) die Ungleichheit des Vermögens und des Ranges, c) das Eigentum. Ueber diesen allen steht die Gerechtigkeit, die alle stets als Schutzgeist der Souveräne, der Feudalherren, der Eigentümer anrufen; Gerechtigkeit ist das erste, allgemeine kategorische Gesetz jeder Gesellschaft. Es handelt sich also darum, festzustellen, ob die Begriffe von Despotismus, bürgerlicher Ungleichheit und Eigentum den ursprünglichen Begriff des Gerechten entsprechen, oder nicht vielmehr das Produkt einer unberechtigten Ideenassoziation sind. Bleiben wir jetzt beim Eigentum, fährt Proudhon fort, und fragen wir uns, ob es gerecht ist. Die Untersuchung ist eine doppelte. Indem wir einerseits alle zu Gunsten des Eigentums vorgebrachten Gründe akzeptieren, werden wir uns darauf beschränken ihr Prinzip zu suchen, um uns selbst nachher ein Urteil bilden zu können, ob dieses Prinzip getreulich durch das Eigentum selbst wiedergegeben ist. Auf diese Weise werden wir dahin gelangen zu erkennen, dass alle zu Gunsten des Eigentums vorgebrachten Gründe immer notwendig auf die Ungleichheit und somit also auf die Negierung des Eigentums selbst schliessen. Man wird ersehen, dass das Recht der

Besitznahme das Eigentum verhindert, und das Recht auf Arbeit es zerstört. Andererseits, da das Eigentum notwendig unter dem „kategorischen Begriff" der Gleichheit aufgefasst wird, werden wir untersuchen, warum trotz dieser logischen Notwendigkeit die Gleichheit nicht besteht. Und auf diese Weise wird man finden, dass das Eigentum sich wohl „als Zufall kundgeben" kann, aber dass es als Institution und als Prinzip „mathematisch unmöglich" sei. Von dieser Untersuchung ausgehend wird es zum Schluss möglich werden, uns den Ursprung des Eigentums, die Ursachen seiner Entstehung und seiner Dauer, aber auch die Gründe seines baldigen Verschwindens zu erklären. Man wird ausserdem endgültig seine Identität mit dem Diebstahl festlegen können. Ich werde beweisen, sagt Proudhon, dass diejenigen, die heute nichts besitzen, mit demselben Rechtsanspruch Eigentümer sind wie die Besitzenden, aber anstatt daraus zu schliessen, dass das Eigentum unter alle aufgeteilt wird, verlange ich als Massregel der allgemeinen Sicherheit, dass es für alle aufgehoben werde.

Der Reiche und der Arme sind wegen des Eigentums in ewigem Kriegszustand. Das Eigentum ruft als notwendige Gegenwirkung den Krieg gegen das Eigentum hervor. Die Freiheit und die Sicherheit des Reichen wird durch die Freiheit und Sicherheit des Armen nicht beeinträchtigt; sie können sich sogar gegenseitig stärken und unterstützen — dagegen muss aber das Eigentumsrecht des ersten ständig gegen den Eigentumsinstinkt des letzteren verteidigt werden. Hier ist der erste Widerspruch! Es ist richtig, dass das Eigentum ein ausserhalb der Gesellschaft stehendes Recht ist. Es ist offenbar, dass wenn die Güter eines jeden gesellschaftliches Eigentum wären, die Lebensverhältnisse für alle die gleichen wären und es dann ein Widerspruch wäre zu behaupten: „Das Eigentum ist das Recht, wonach ein Mensch auf absolute Weise über ein gesellschaftliches Gut verfügen kann." Wenn wir also um der Freiheit, der Gleichheit, der Sicherheit willen zu einer Gesellschaft vereinigt sind, so sind wir es nicht um des Eigentums willen. Und wenn das Eigentum ein natürliches Recht ist, ist dieses natürliche Recht kein soziales, sondern ein antisoziales Recht. Eigentum und Gesellschaft sind also Dinge, zwischen denen unversöhnliche Feindschaft besteht. Es muss also entweder die Gesellschaft zu Grunde gehen, oder diese muss das Eigentum vernichten.

Die Begründung, mit der man das Recht auf das Eigentum festzulegen sucht, ist zweierlei Art und zwar die Besitznahme und die Arbeit. Das Recht auf Besitznahme entsteht aus dem wirklichen, physischen Besitz einer Sache. Nach Grotius hat das Eigentum seinen Ursprung zuerst in den Kriegen und den Eroberungen und dann in Verträgen und Uebereinkünften. Aber es frägt sich, wieso, wenn diese Verträge und Uebereinkünfte ursprünglich die Teile gleich gemacht haben, später diese Gleichheit wieder verschwunden ist? Wenn diese Verträge und Uebereinkünfte von der Gewalt aufgestellt und von den Schwächeren angenommen wurden, sind sie ungültig; und da die stillschweigende Zustimmung der Nachkommen sie nicht gültig machen kann, leben wir in einem steten Zustande des Unrechts und des Betrugs. Eine ursprüngliche natürliche Gleichheit in der menschlichen Gesellschaft vorauszusetzen, bedeutet zuzugeben, dass die gegenwärtige Ungleichheit von der Natur dieser Gesellschaft herrührt, was den Verteidigern des Eigentums unbegreiflich ist Wenn wir von diesen Erwägungen zum positiven Gesetz übergehen, müssen wir mit einer nicht weniger negativen Kritik abschliessen. Indem das Gesetz das Eigentum begründete, hat es ein ausserhalb seines Bereiches liegendes Recht geschaffen. Es hat eine Abstraktion, ein Metapher, eine Fiktion verwirklicht, indem es den Egoismus sanktioniert hat. Das ewige und absolute Recht, das eigene Besitztum zu bewahren, enthält auch das Recht, es zu übertragen, zu verkaufen, zu verschenken, zu kaufen und zu verlieren. Dies führt also zu nichts weniger als zur Vernichtung jener Gleichheit, zu deren Zweck es errichtet wurde. Man wird auch nicht sagen können, dass die allgemeine Anerkennung des Eigentumsrechts das Recht selbst legitimiert. Da die Bedeutung einer solchen Anerkennung gleich null ist, obwohl sie notwendig von der Ungleichheit abhängt, ist sie im Widerspruch mit ihrem eigenen Prinzip. Nachdem nun das Eigentum durch allgemeine Uebereinstimmung gerechtfertigt wurde, also auch mit der Ungleichheit, ist man nun gezwungen, die Ungleichheit der Bedingungen mit Hilfe des Eigentums zu rechtfertigen. Und übrigens, wenn als Konsequenz eines angeblichen sozialen Vertrages das Eigentum die Gleichheit zur

Bedingung habe, so ist vom Augenblick, in dem diese Gleichheit nicht mehr besteht, der Vertrag zerrissen, und jedes Eigentum wird Usurpation. Dasselbe kann man in Bezug auf das Eigentumsrecht sagen, das durch die Religion geheiligt wurde, weil sich zu allen Zeiten die Priester in den Dienst der Fürsten stellten, und die Götter immer so redeten, wie es die politischen Machthaber wollten. Endlich muss bemerkt werden, dass die Okkupation nicht nur zur Gleichheit führen, sondern auch das Eigentum verhindern würde. Da jeder Mensch durch die blosse Tatsache, dass er existiert, und ohne einen Gegenstand zur Ausbeutung und zur Bearbeitung nicht sein Leben erwerben kann, das Recht auf Okkupation besitzt; da andererseits die Zahl der Okkupanten durch Geburts- und Sterbefälle eine stets veränderliche ist, woraus folgt, dass der Anteil an Material, worauf jeder Arbeiter Anspruch erheben kann, veränderlich ist wie die Zahl der Okkupanten, ist folglich auch die Okkupation immer nur von der Bevölkerungszahl abhängig. Da also folglich der Besitz niemals ein unveränderliches, fixes Recht bleiben kann, kann der Besitz in der Tat unmöglich zum Eigentum werden. Der Okkupant ist also notwendigerweise Besitzer und Nutzniesser, doch diese Eigenschaften schliessen die des Eigentümers aus. Der Schluss ist also: Wenn das Recht auf Okkupation für alle gleich ist, kann der Masstab für die Grösse der Okkupation nicht von der Willkür, sondern von den veränderlichen Bedingungen des Raumes und der Zahl abhängen, wobei das Eigentum nicht entstehen kann.

Doch eine andere Lehre behauptet, dass das Eigentum von der Arbeit herrühre. Nun wohl, wir stimmen überein, dass die Arbeit ein Eigentumsrecht auf den Gegenstand verleiht. Es frägt sich aber nun: Warum ist dieses Recht nicht allgemein? Warum wird der Vorteil dieses angeblichen Rechtes bloss auf eine kleine Zahl beschränkt und der grossen Masse der Arbeiter versagt? Soll die Arbeit, die bis jetzt so fruchtbar war, nun steril geworden sein? Warum erwirbt der Pächter durch die Arbeit diese Erde nicht mehr, die die Arbeit dem Eigentümer eingetragen hat? Weil — antwortet man — die Ende schon angeeignet ist. Doch hat der Pächter durch Amelioration des Bodens einen neuen Wert dem Eigentum hinzugefügt, er hätte also ein Anrecht auf einen Teil dies Gutes selbst. Aber noch mehr. Wenn der Arbeiter, der einem Gegenstand

Werte hinzufügt, ein Recht auf dieses Eigentum hat, erwirbt auch derjenige, der den Wert aufrecht erhält, dasselbe Recht „weil auch in diesem Falle beständig Werte hinzugefügt und geschaffen werden müssen, denn den Boden bebauen bedeutet der Erde ihren jährlichen Wert geben, durch alljährlich wiederholte Schöpfung verhindern, dass der Wert des Grundstücks abnimmt oder verloren geht. Also in der Theorie wird jeder, der arbeitet, Eigentümer, und der Arbeiter behält auch nach Empfang des Arbeitslohnes ein natürliches Recht auf die von ihm produzierte Sache. Die Urbarmachung des Bodens und die Herstellung der Produktionsmittel ist es, was der Kapitalist dem Produzenten schuldet und ihm niemals wieder gibt. Diese betrügerische Hintanhaltung ist die Ursache der Armut des Arbeiters, des Reichtums der Faulenzer und der Ungleichheit der Lebensbedingungen. Man kann also einer dieser drei Konsequenzen nicht entgehen: Entweder hat der Arbeiter nach Abzug allen Lohnes einen Anteil an der Sache, die er mit einem Unternehmer produziert hat, oder der Unternehmer gibt dem Arbeiter ein Equivalent für seine produktive Leistung wieder, oder endlich er verpflichtet sich, ihm immer Arbeit zu geben. Doch ist es klar, dass der Kapitalist weder der zweiten, noch der dritten dieser Bedingungen nachkommen kann. Er kann sich nicht in den Dienst von Tausenden von Arbeitern stellen, die direkt oder indirekt Beziehungen mit ihm hatten, noch kann er sie alle und immer beschäftigen. Es bliebe also die Teilung des Eigentums. Aber wird das Eigentum eingeteilt, so werden alle Bedingungen gleich, und dann gibt es weder grosse Kapitalisten, noch grosse Grundbesitzer mehr. Ist nun, wie man behauptet und wie wir zugegeben hatten, der Arbeiter Eigentümer der von ihm erzeugten Werte, so folgt daraus, dass a) der Arbeiter auf Kosten des untätigen Eigentümers erwerbe, b) dass der Arbeiter, da jede Produktion notwendigerweise kollektiv ist, nach Massgabe seiner Arbeit ein Anrecht auf einen Anteil an der Produktion und am Gewinn habe, und c) dass, da jedes angehäufte Kapital kollektives Eigentum ist, niemand dessen ausschliessliches Privateigentum haben kann. Unter der Herrschaft der Gleichheit ist jede Ersparnis, die nicht eine weitere Reproduktion oder einen Genuss zum Zwecke hat, unmöglich. Warum? Weil diese Ersparnis nicht kapitalisiert werden kann und deshalb zwecklos wird, weil ihr „der Endzweck fehlt." Der Arbeiter ist in bezug auf die Gesellschaft ein Schuldner, ein Schuldner, der notwendigerweise zahlungsunfähig stirbt: Der Eigentümer ist ein ungetreuer Verwahrer, der das Vorhandensein des seiner Obhut anvertrauten Gutes ableugnet, sich aber trotzdem die Tage, Monate und Jahre bezahlen lässt, die er in diesem Beruf verwendet hat.

Das Eigentum ist „unmöglich", weil es für nichts etwas beansprucht. Weder die Erde, noch die Arbeit, noch das Kapital sind produktiv. Die Produktion ist das Resultat dieser drei gleichmässig notwendigen Elemente, die aber, jedes besonders genommen, in gleicher Weise unfruchtbar sind. Die Natur ist das Material zur Ausnutzung und zur Produktion; doch die Natur produziert bloss für die Natur. Im ökonomischen Sinne sind ihre Produkte inbezug auf den Menschen noch keine Produkte. Das Kapital, die Werkzeuge und die Maschinen sind gleichfalls unproduktiv. Der Ambos ohne Schmied und ohne Eisen produziert nichts. Sogar Arbeit und Kapital vereint, doch schlecht kombiniert, produzieren ebenfalls nichts. In allen diesen Fällen kann man von Produktion bloss bildlich sprechen. Der Eigentümer, der eine Abgabe als Preis für den Dienst seiner Werkzeuge oder der Produktivkraft seines Grundstückes beansprucht, setzt eine rundfalsche Sache voraus, nämlich, dass die Kapitalien etwas durch sich selbst produzieren, und so empfängt er dadurch, dass er sich diese eingebildeten Produkte bezahlen lässt, buchstäblich etwas für nichts. Dies ist eine „ausschliesslich auf Betrug und Gewalt von einer Seite und Schwäche und Unwissenheit auf der anderen Seite begründete Erpressung". Die Produkte, sagen die Nationalökonomen, können nur durch andere Produkte erworben werden. Dieser Satz allein ist die Verurteilung des Eigentums. Der Eigentümer, der weder durch sich, noch durch seine Produktiongsmittel etwas produziert und doch Produkte in Tausch für nichts erhält ist entweder ein Schmarotzer oder ein Räuber. Ist es demnach wahr, dass das Eigentum nur als Recht bestehen kann, so ist das Eigentum „unmöglich".

Aber das Eigentum ist auch aus vielen anderen Gründen. wie sich Proudhon ausdrückt, „unmöglich" Ich hebe bloss einen hervor. Der Eigentümer, fährt er fort, ist eine Maschine die nicht funktioniert, oder eine Maschine die zwar zum eigenen Vergnügen und nach eigener Laune funktioniert, aber nichts produziert. Was der Eigentümer als Arbeiter verzehrt, lässt er sich zurückerstatten ; er gibt nicht seine eigene Arbeit in Tausch für sein Eigentum, weil er dadurch selbst aufhören würde, Eigentümer zu sein. Indem er als Arbeiter konsumiert, gewinnt noch der Eigentümer, oder zumindestens verliert er nichts, weil er sich immer erneuert, wenn er aber als Eigentümer konsumiert, macht er sich ärmer. Wollte er sein Eigentum geniessen, müsste er es zerstören. Um also effektiv Eigentümer zu sein, muss er aufhören, bloss Eigentümer zu bleiben. Der konsumierende Eigentümer verbraucht, vernichtet das Produkt. Noch ärger kommt es, wenn er zu sparen glaubt. Der sparende Eigentümer verhindert die anderen am Geniessen, ohne selbst zu geniessen. Es gibt kein vollständiges Eigentum ohne dessen Genuss, kein Genuss ohne Verzehren, kein Verzehren ohne den Verlust des Eigentums. Wir müssen noch weiter gehen. Kein Mensch kann sich bereichern, ohne dass ein anderer verarmt. Das Eigentum ist also die Ungleichheit der Rechte, denn wenn es nicht die Ungleichheit der Rechte wäre, wäre es die Gleichheit der Güter, und dann würde das Eigentum eben nicht bestehen. Doch das Grundprinzip aller konstitutionellen Staaten ist die Gleichheit der Rechte ; also ist auch nach diesem Prinzip das Eigentum unmöglich.

Die Bestimmung der wahren Form der menschlichen Gesellschaft erheischt vor allem die Lösung der folgenden Frage : Wie konnte das Eigentum, wenn es nicht unserem natürlichen Zustand entspricht, entstehen ? Wieso konnte der bei den Tieren so untrügliche „Gesellschaftsinstinkt" beim Menschen so fehlgehen ? Das moralische Uebel und die Unordnung in der Gesellschaft erklärt sich Proudhon ganz natürlich durch unsere Fähigkeit der Reflexion. Der Pauperismus, das Verbrechen, die Revolten, die Kriege haben die Ungleichheit der Bedingungen zur Mutter, die die Tochter des Eigentums und des Egoismus ist, die wieder ihrerseits von der „Autokratie der Vernunft" herrühren. Der Mensch hat nicht mit dem Verbrechen angefangen, sondern mit der Kindheit, Unwissenheit und Unerfahrenheit. Der Mensch ist als geselliges Wesen geboren, d. h. er sucht in allen seinen Beziehungen die Gleichheit und die Gerechtigkeit, doch liebt er auch die

Unabhängigkeit. Die Schwierigkeit, gleichzeitig diese verschiedenen Bedürfnisse zu befriedigen, ist die erste Ursache des Despotismus des Willens und der Aneignung, die daraus folgt. Die grössten Übel der Menschheit rühren von der schlecht ausgeübten Geselligkeit und von der „Gerechtigkeit" her, auf welche die Gesellschaft so stolz ist, die sie aber mit so beklagenswerter Ignoranz anwendet. Die Ausübung der Gerechtigkeit wird früher oder später der sozialen Unordnung ein Ende bereiten und uns über unsere Rechte und Pflichten aufklären. Und wenn das Eigentum fällt, fällt auch mit ihm der Despotismus, der das Resultat des Eigentums ist. „Ich bin Anarchist — erklärt Proudhon — obwohl durchaus ein Freund der Ordnung, bin ich doch, in des Wortes ganzer Bedeutung Anarchist" [1]. Die Herrschaft des Menschen durch den Menschen ist niemals berechtigt, sondern immer ungesetzlich und absurd und wird nur verringert, wenn die ihr entsprechende Ungesetzlichkeit und Unsinnigkeit der bestehenden Eigentums-Herrschaft erkannt wird, das die Ausbeutung des Schwachen durch den Starken, mit einem Wort, den Raub darstellt. Beim Raub und Diebstahl, wie ihn die Gesetze verbieten, werden allein Gewalt und List, und dies offen angewandt. Beim gesetzlich erlaubten Diebstahl verbergen sich diese unter einem produzierten Nutzen, dessen sie sich bedienen, um ihre Opfer zu berauben. Die

---

[1] PROUDHON, *Ibid.* S. 212. — „Anarchie, Abwesenheit jedes Herrn, jedes Souveräns, das ist die Regierungsform, der wir uns täglich mehr nähern und die nur die eingewurzelte Gewohnheit, den Menschen zur Regel und seinen Willen zum Gesetz zu nehmen, als die grösste Unordnung und den Ausdruck des Chaos betrachten lässt." *ibid S.* 216. Zehn Jahre später verknüpfte Proudhon seine besonderen Ideen mit den soeben angeführten in folgenden Worten: (Brief an Darimon 14. Febr. 1850) „Unsere Idee der Anarchie ist in die Welt geschleudert. Die Nicht-Regierung verbreitet sich wie früher das Nicht-Eigentum. Man muss also jetzt auf ähnliche Weise vorgehen. Nachdem wir das Eigentum, den Wucher verneint haben, haben wir uns auf die Einrichtung einer Bank zum Zwecke unentgeltlichen Kredits beschränkt (— die er ein Jahr zuvor begründet hatte und die die erwähnte Polemik mit BASTIAT veranlasste —). In ähnlicher Weise, nachdem wir den Staat verneint haben, müssen wir zu erkennen geben, dass es sich nun darum handelt, eine progressive Bewegung zur Vereinfachung usque ad nihilum durchzuführen." Vrgl. A. DESJARDINS: *P. J. Proudhon; sa vie, ses oeuvres, sa doctrine, etc.*, vol. II. S. 183. DARIMON, an den dieser Brief gerichtet ist, hat ein Vorwort zur zweiten Auflage des Werkes von PROUDHON, *Organisation du crédit et de la circulation, et solution du problème social, sans emprunt etc.* geschrieben, Paris, Garnier, 1849 (1e Aufl. Paris, Guillaumin 1848) und eine andere Vorrede zum Werk „*Résumé de la question sociale; Banque d'échange*", ibid. Garnier 1849.

direkte Anwendung der Gewalt und der List sind frühzeitig und einstimmig zurückgewiesen worden, aber noch keine Nation ist bis dahin gelangt, sich vom Diebstahl in seiner Vereinigung mit dem Talent, der Arbeit und dem Besitz zu befreien [1]).

Welche Organisationsform soll man also an Stelle des bestehenden Eigentums setzen? Proudhon was darin nicht immer seinem Standpunkt treu und konsequent. Vor dem Jahre '40, also in der Abhandlung, von der wir hier einige Stellen angeführt haben, schlägt Proudhon vor, dass an Stelle des Eigentums individueller Besitz eingeführt werde; doch schon im nächsten Jahre erklärte er, dass er unter dem Eigentum nur seine Auswüchse verstand. Im Jahre '46 erklärte er, dass das Eigentum in bezug auf sein Prinzip und seinen Inhalt und für die menschliche Persönlichkeit niemals verschwinden solle. Zehn Jahr später bekräftigt er diese Auffassung, wobei er hinzufügt, dass er für das Eigentum, was er auch in seiner ersten „Denkschrift" zu tun die Absicht hatte, nur eine Ausgleichung d. h. die Gerechtigkeit verlange [2]).

III.

Die Gerechtigkeit.

Die Gerechtigkeit und die Autorität sind für Proudhon unvereinbare Ausdrücke, obwohl man gewohnt ist, obwohl man dabei beharrt, sie zu Synonymen zu machen. Die Gerechtigkeit hat wie die Ordnung durch die Gewalt ihren Anfang genommen. Ursprünglich war die Gerechtigkeit nicht das Gesetz des Gewissens, sondern dasjenige des Fürsten. Aus Furcht und nicht aus Liebe befolgt, ist die Justiz ebenso wie die Regierung nur die mehr oder weniger vernunftgemässe Bemessung der Willkür. Um Gerechtigkeit zu empfangen zahlte man; und es ist selbstverständlich, dass wer besser zahlte, auch mehr Aussicht hatte recht zu behalten. So ist die „Gerechtigkeit" das geblieben, was sie seit ihrem Ursprung war,

---

[1]) Proudhon *Ibid.* *S.* 211.

[2]) Vrgl. P. Eltzbacher. *Der Anarchismus*, *zit.*

nämlich eine Emanation der Autorität, also eine absolut ungültige und in allen ihren Beschlüssen verwerfliche Zwangsformel. Dass die Gesellschaft sich verteidigt, wenn sie angegriffen ist, sei durchaus berechtigt, meint Proudhon weiter. Es kann wohl in ihrem Interesse sein, wenn sich sich beim Risiko von Repressalien rächt. Aber dass sie „Recht spreche" und nach dem Urteil strafe, dieses Recht bestreite ich ihr und bestreite ich jeder Autorität, welche immer sie sein möge. „Der Mensch allein hat das Recht, über sich zu urteilen, und wenn er sich schuldig fühlt, wenn er glaubt, dass ihm eine Sühne zusteht, hat er das Recht, für sich die Strafe zu verlangen. Die Gerechtigkeit ist ein in seinem innersten Wesen freiwilliger Gewissensakt; und das Gewissen kann nicht anders gerichtet, verurteilt oder freigesprochen werden, als von sich selbst; alles Andere ist Krieg, Herrschaft der Autorität und der Barbarei, Missbrauch der Gewalt." [1]). Nichts in der Gesellschaft, im Gewissen, in der Vernunft autorisiert die Tyrannei des strafenden Gesetzes. Es handelt sich hier nicht um Gerechtigkeit, sondern um die boshafteste und grausamste Rache, das letzte Bollwerk des alten Hasses der Patrizierklasse gegenüber den unterjochten Klassen. Welchen Vertrag habt ihr mit jenen Menschen abgeschlossen, dass ihr euch das Recht herausnehmt, über deren Missetaten zu Gericht zu sitzen? Ich suche den freien und freiwilligen Vertrag, der es euch übertragen hat und ich finde nur das Schwert der Gewalt. Wo es also keinen Vertrag gibt, kann es auch mit Rücksieht auf das äussere Forum weder Schuld noch Verbrechen geben. Wenn ich ein Gesetz nicht haben wollte, verpflichtet es mich nicht, existiert es nicht für mich. Sich dessen gegen mich zu bedienen, bevor ich es anerkannte, trotz meines Protestes bedeutet so viel, wie wenn man dem Gesetz eine rückwirkende Kraft geben und es verletzen würde. Man möge auch nicht von stillschweigender Zustimmung sprechen. So wäre es auch notwendig, damit das allgemeine Volksbewusstsein ein Recht, eine Moral, eine Gesellschaft anerkenne, deren Vorschriften darzulegen und sie der Zustimmung aller zu unterbreiten. Es gibt nur eine einzige Möglichkeit Gerechtigkeit auszuüben, nämlich, dass der Beschuldigte oder Angeklagte sie sich selber bemesse. Und das wird der

---

[1]) Proudhon, *Idée génér. de la révolution au XIXe siècle cit.* p. 271.

Fall sein, wenn jeder an einem Vertrag teilgenommen haben wird, in dem die Rechte, die Pflichten und die Tätigkeit eines jeden durch gegenseitigen Austausch der Garantien bestimmt worden sind. Dann wird die Gerechtigkeit, der die Freiheit vorangehen wird, nicht mehr Rache, sondern Widergutmachung sein. Wenn zwischen dem Gesetz der Gesellschaft und dem Willen des Individuums kein Widerspruch mehr herrschen wird, wird keine Rekrimination mehr möglich sein ; das Individuum wird die einzige Zuflucht des Geständnisses haben. Nach dem demokratischen Prinzip müsste der Richter von dem zu richtenden erwählt werden. Und daraus folgt, dass die sofortige Aufhebung der heutigen Gerichtshöfe und Tribunale eine der ersten Notwendigkeiten der Revolution wird [1]). Die Beseitigung der juridischen Autorität darf nicht länger verzögert werden. „Die konstituierte Gerechtigkeit ist immer eine Formel des Despotismus, und folglich die Negation der Freiheit und des Rechtes. Wo ihr eine Form der Rechtsprechung bestehen lasst, dort habt ihr der Kontrarevolution ein Monument errichtet, aus dem früher oder später eine politische oder religiöse Autorität entstehen wird" [2]). In der gegenwärtigen Gesellschaft trifft der Richter mehr den Feind als den Schuldigen, und deshalb ist die Tendenz, die die Gerechtigkeit immer mehr demokratisieren will, in stetem Fortschreiten.

Das Herrschaftssystem ist im Begriffe immer komplizierter zu werden, ohne deshalb regelmässiger noch sittlicher zu werden oder uns bessere Garantien zu bieten. Dieser Zustand ist das sicherste Anzeichen der baldigen Zersetzung, Dekadenz und des Verschwindens der Autorität. Zwischen dem politischen und dem ökonomischen Regime, d. h. zwischen der Herrschaft der Gesetze und der der Verträge gibt es keine Versöhnung. Man müsse wählen. Die Gesellschaft, die ihre politische Form, in welchem Massstab es auch sei, aufbewahrt, kann sich nicht nach dem ökonomischen Gesetz organisieren. Wie kann man die lokale Initiative mit der

---

[1]) „Eine Revolution ist in der Reihe der moralischen Erscheinungen ein Akt der souveränen Gerechtigkeit, die von der Notwendigkeit der Dinge herrührt, die also in sich selbst ihre Rechtfertigung trägt, und der zu widerstreben es für den Staatsmann ein Verbrechen ist." *Ibid.* S. 36.

[2]) PROUDHON, *Ibid.* S. 275.

Vorherrschaft einer zentralen Autorität vereinigen? Wie das allgemeine Wahlrecht mit der Hierarchie der Beamten? Wie das Prinzip, dass niemand zum Gehorsam gegen die Gesetze verpflichtet ist, wenn er ihnen nicht selbst und direkt beigestimmt hat, mit dem Recht der Majorität? Der Schriftsteller, der diese Widersprüche erkennt und sich verleiten liesse, sie lösen zu wollen, würde keinen Beweis von Kühnheit geben, sondern sich nur als Betrüger enthüllen. Das einzige gründliche Mittel ist, die Regierung und jede Autorität absolut zu beseitigen, „die reine Anarchie herzustellen" [1]). Und was würde man an Stelle der Regierung setzen? Das ist sofort gesagt: Die industrielle Organisation. An Stelle der Gesetze würde man die Verträge setzen. Kein allgemeines Gesetz, nicht einmal wenn es mit Einstimmigkeit beschlossen wäre. Jeder Bürger, jede Kommune oder Korporation mache ihre eigenen. An Stelle der herrschenden Mächte würde man die ökonomischen Kräfte setzen. An Stelle der alten Klassen unter den Bürgern, Adelige und Nicht-Adelige, Bürgertum und Proletariat würde man die Kategorien und Spezialitäten der Funktionen setzen und zwar: Landwirtschaft, Industrie, Handel u. s. w. An Stelle der öffentlichen Gewalt würde man die kollektive Gewalt einzetzen, an Stelle der permanenten Armeen, die industriellen Kompagnien, an Stelle der Polizei die Identität der Interessen, an Stelle der politischen Zentralisation die ökonomische Zentralisation. „Die wie eine Geissel gefürchtete Anarchie wird endlich als Wohltat empfangen werden." [2]). Die Revolution wird diese Umwandlung herbeiführen. Die Nachforschung nach den ersten und letzten Gründen ist aus der ökonomischen wie aus der Naturwissenschaft entfernt. Die durch die Erfahrung unterstützte Vernunft, setzt dem Menschen die Gesetze der Natur und der Gesellschaft auseinander und sagt ihm: Diese Gesetze sind die der Notwendigkeit selbst. Kein Mensch hat sie gemacht, keiner zwingt sie auf. Sie sind allmählich entdeckt worden und ich, die Vernunft bin bloss da um mein Zeugnis abzugeben. Wenn du sie befolgst, wirst du gerecht und gut sein. Wenn du sie verletzt, bist du ungerecht und böse. Keine anderen Motive für deine

[1]) PROUDHON, *Ibid.*, S. 259.
[2]) PROUDHON, *Ibid.*, S. 261.

Handlungsweise schlage ich dir vor. „Schon haben unter deines gleichen viele erkannt, dass die Gerechtigkeit für jeden und für alle besser ist als die Ungerechtigkeit, und haben unter einander abgemacht, sich gegenseitig Treue und Recht zu bewahren, d. h. die Vertragsregel zu befolgen, die die Natur der Dinge als einzig geeignet angibt, um in weitestem Masse den Wohlstand, die Sicherheit, den Frieden zu verbürgen. Willst du dich deren Vertrage anschliessen und an deren Gesellschaft teilnehmen? Versprichst du, niemals zu lügen, noch zu betrügen weder inbezug auf die Gerechtigkeit, noch im Handel, noch in irgend einer deiner Abmachungen? Du bist frei anzunehmen oder zurückzuweisen." [1]). Wer dies ablehnt nimmt teil an der Gesellschaft der Wilden und nichts beschützt ihn. Wer dagegen den Vertrag beschwört, nimmt teil an der Gesellschaft der freien Menschen. Alle seine Brüder vereinigen sich mit ihm, versprechen ihm Treue, Freundschaft, Unterstützung, Dienstfertigkeit, Tausch. Die einen sind den anderen gegenüber für jede eventuelle Verletzung des Vertrages verantwortlich.

Zum Resultat eines solchen Vertrages kann man aber nur, wie schon betont wurde, durch eine Revolution gelangen. Das unwiderstehliche Bestreben nach einer freien Vereinbarung unter den Menschen und die Notwendigkeit der Revolution halten gleichen Schritt. Die eine kann nicht ohne die andere durchgeführt werden. Die Revolution ist unvermeidlich. Wie der Instinkt der Reaktion jeder sozialen Institution innewohnt, ist auch das Bedürfnis nach der Revolution gleichfalls unüberwindlich. Reaktion und Revolution sind in Wechselbeziehung stehende Begriffe und bedingen sich gegenseitig. Die Uebel aufzustapeln und die revolutionären Kräfte durch die Unterdrückung absperren zu wollen, heisst sich dazu zu verurteilen, mit einem Sprung die ganze Entfernung zu überwinden, die die Vorsicht schrittweise zu durchlaufen empfiehlt. Die Revolution ist eine Macht, die keine andere Gewalt überwinden kann und in deren Natur es liegt, durch den Widerstand selbst, auf den sie stösst, sich zu vermehren und zu wachsen. Es ist demnach für den Triumph einer Idee vollständig gleichgültig, ob sie in ihrer Entstehungsperiode verfolgt,

---

[1]) PROUDHON, *Ibid.*, SS. 311, 312.

unterdrückt und gehetzt wird oder sich ohne Widerstand entwickeln und verbreiten kann. „Wenn die Revolution nicht existieren würde, würde die Reaktion sie erfinden" [1]. Die unter dem Ansporn des Bedürfnisses unbestimmt erfasste Idee wird bald ein Recht. Und da die Rechte solidarisch sind, kann man keines negieren, ohne gleichzeitig die anderen aufzugeben. Daraus folgt, dass eine Regierung der Reaktion zur Willkür ohne Ende gezwungen ist und so durch ihre Absicht, die Gesellschaft vor der Revolution zu bewahren, die ganze Gesellschaft für die Revolution interessiert. In dieser Revolution liegt die Zukunft der Menschheit [2]. Sie wird die austeilende Justiz, die Herrschaft der Gesetze, die regierende Militärgewalt verdrängen durch die ausgleichende Gerechtigkeit, die Herrschaft der Verträge, das ökonomische oder industrielle Regime.

---

1) Proudhon, *Ibid.*, S. 13.

2) Proudhon schrieb im J. 1846 an Marx in Bezug auf das Eigentum, dass er die Anwendung der Gewalt verwerfe, weil er es „vorziehe das Eigentum auf langsamem Feuer zu verbrennen". Aber später (15. Febr. 1850). sprach er Darimon gegenüber schon viel präziser revolutionärere Ansichten aus. „Nur ausnahmsweise werden wir noch von Zeit zu Zeit die Theorie betreiben; was heute notwendig ist, ist den Krieg zu entfachen. Vor unserem Tode werden wir hoffentlich das Gift der Revolte über das ganze Land verbreitet haben."

Die politische Kritik: Michael Bakunin.

Wie die Persönlichkeit Stirners ganz durch das feinsinnige Spiel seiner kühnen Spekulationen charakterisiert ist, und wie die Persönlichkeit Proudhons, obwohl sie von den historischen Umständen seiner Zeit berührt ist, besonders durch die leidenschaftliche Polemik in den Vordergrund tritt, die seine Ideen hervorgerufen haben, liegt die Persönlichkeit Bakunins ganz in der Aktion, in einer unzusammenhängenden, aber ausdauernden, instinktiven, nicht überlegenden revolutionären Aktion. Seine Schriften, die sich nicht direkt auf die revolutionäre Aktion beziehen, haben deshalb in Bezug auf sein Leben einen bloss episodischen und zufälligen Charakter. Nichtsdestoweniger haben sie dokumentarischen Wert, wobei deren geringe innere Bedeutung durch die Tatsache kompensiert ist, dass sie sich in der anarchistischen Propaganda des Prestige erfreuen, — das die Entfernung der Zeit eher vergrössert als verringert — dass sie das Werk eines Agitators sind, der sich auch der Aktion nicht entzog und der durch lange, lange Jahre mit einer Beharrlichkeit, die ausschliesslich wissenschaftliche Mittel bald erschüttert hätten, den Lehren von Karl Marx und des autoritären Sozialismus entgegentrat. Das Leben Bakunins löst sich also in diesem Sinne als System erlebter Ideen aus, und deren Studium, das uns gleichfalls nötig ist, um uns einen genauen Begriff von seiner Persönlichkeit zu geben, uns auch in die Wirklichkeit der anarchistischen Aktion einführt, die an entsprechender Stelle Gegenstand besonderen Untersuchung wird.

In einem von Nettlau[1]) veröffentlichen Fragment: „*Die*

[1]) Dr. Max Nettlau ist der Verfasser eines hochgelehrten Werkes: *Michael Bakunin, eine Biographie*, das über jedes mögliche Lob erhaben ist. Dieses Werk, das in Bezug auf Bakunin vollständig erschöpfend ist und ein ausserordentlich reiches,

Geschichte meines Lebens" gibt uns Bakunin Kunde von seinen ersten Lebensjahren. Er wurde am 8/20 Mai 1814 in Prjamuchino geboren, einem Familiengut im Twer'schen Gouvernement, Distrikt Torjok zwischen Moskau und Petersburg. Sein Vater, der dem alten Adel angehörte, kam in frühester Jugend nach Italien und lebte in Florenz bis zu seinem 35sten Lebensjahr. Als ihm nach seiner Rückkehr nach Russland das Hofleben in Petersburg „anrüchig" schien, „zog er sich fürs ganze Leben aufs Land zurück, das er niemals wieder verliess." Von 1817 bis 1825 nahm er an der Geheimen Gesellschaft des Nordens teil, die im Dezember 1825 in Petersburg einen Militäraufstand versuchte, der aber misslang. „Meine Mutter — setzt Bakunin fort — war eine Murawieff, eine Kousine Michael Murawieffs, des Henkers (1796 —1866), und des Sergius Murawieff, der gehenkt wurde. Es war eine eitle, egoistische Person und keines ihrer Kinder liebte sie. Dagegen vergötterten wir unseren Vater, der während unserer Kindheit für uns voller Güte und Nachsicht war." Bakunin wurde nach westeuropäischer Art erzogen und lebte die ersten Jahre ausserhalb der russischen Wirklichkeit „in einer Welt des Gefühls und der Phantasie, der alle Wirklichkeit fehlte". Dabei war es eine sehr liberale Erziehung. Im Alter von vierzehn Jahren wurde er nach Petersburg

---

noch unveröffentliches Material über die ganze anarchistische Bewegung enthält, wurde bloss in 50 autographierten und numerierten Kopien ausgeführt. Es erübrigt sich zu erwähnen, dass es genug schwer ist, es sich zu verschaffen, und dass dieses Werk nicht einmal alle bedeutendsten Bibliotheken Europas besitzen. Ich zitiere von der Kopie No. 20, die in meinem Besitze ist. Das Werk besteht aus 837 Seiten in Folio, Text und 446 Seiten von *Anmerkungen und Nachträge*. Es wurde am 21. Februar 1896 angefangen und am 18. Juli 1900 vollendet. Es ist in drei Bände geteilt. Kurze Auszüge und Resumés des ersten Teiles sind in der *Société nouvelle* Sept. 1896, SS. 309—324 unter dem Titel „*Contribution à la Biographie de M. Bakunin par Nettlau* erschienen, die auch das Fragment „*Histoire de ma vie*" enthält. M. Nettlau. *M. Bakun. in d. J.* 1848—'49. : *Sozialistische Monatshefte*, 1898, SS. 187—95. Das Kapitel XVI ist ins Flämische übersetzt, in der Revue *Van Nu en Straks* von Antwerpen. Mai 1898 erschienen : *Bakunin en de Maiomwenteling in Dresden*. (Diese Revue wurde erst von ihrer zweiten Serie seit Januari 1896 ausdrücklich anarchistisch). Eine kurzes, aber authentisches allgemeines Resumé erschien unter dem Titel : *M. Bakunin, eine biographische Skizze* von M. Nettlau mit Vorrede von G. Landauer. Hrsg. von *Der Sozialist*. Berlin 1900. Vom Werke Nettlaus hat V. Dave ausgiebigen Gebrauch für seine Abhandlung : *M. Bakunin und K. Marx* gemacht, Paris *Humanité nouvelle* 1900. Erschien auch in deutscher Uebersetzung im *Weckruf* Zürich 1905

in die Artillerieschule geschickt. Drei Jahre darauf wird er zum Offizier ernannt. Doch nicht lange sollte es dauern, bis auch in ihm jener Geist der Rebellion erwachte, den nach Bakunins Aeusserung die russischen Intelligenzklassen „der barbarischen Frische ihrer Natur" verdanken. Die militärische Erziehung selbst sollte dazu beitragen [1]). Nachdem er in ein lithauisches Dorf geschickt wurde, gab er bald seine Demission und hielt sich dann bei seiner Familie oder in Moskau auf. Hier trat er in nahe Beziehungen mit Nikolaus Stankewitch (1835) der ihn zum Studium der deutschen Philosophie veranlasste. Bakunin übersetzte darauf für eine Zeitschrift ein Werk von Fichte [2]). Zwei Jahre darauf war er ganz in das Studium Hegels vertieft. „Stankewitch — schreibt Bakunin — ist wahrhaftig eine geniale Natur, ein grosser Geist und zugleich ein grosses Herz ..... er war in Moskau der lebendige Mittelpunkt einer Gruppe junger Leute, die sich mehrere Jahre hindurch gewissermassen von seiner Intelligenz, seinen Gedanken, seiner Seele nährten. Ich gehöre zu deren Zahl und betrachte ihn gewissermassen als meinen Schöpfer [3]). Stankewitch, setzt Bakunin fort, war eine reiche und auserlesene Natur; er gehörte zur Kategorie jener Menschen, die David Strauss das „intime Genie" nannte. Er nahm auch an der Gruppe Bielinski's teil (gest. 1848), des allerenergischsten Vorkämpfers für die Sache der Volksemanzipation unter dem Kaiser Nikolaus.

---

[1]) Ueber den militärischen Beruf schreibt BAKUNIN im Fragment *Histoire de ma vie* (Nettlau S. 10) folgendes: „Die Erziehung dieser Menschen, (der Soldaten) ist vom gemeinen Soldaten bis zu den höchsten Graden der militärischen Hierarchie eine derartige, dass sie notwendig die Feinde der Nicht-Militärs und des Volkes werden müssen. Schon die Uniform, die sie tragen und die so sehr an die Livree erinnert, alle die Unterscheidungszeichen und der lächerliche Tand, der die verschiedenen Regimenter und die Grade unterscheidet, alle diese Kindereien, die einen ganz ansehnlichen Teil ihres Lebens ausmachen und die sie oft so hanswurstähnlich erscheinen liesse, wenn sie nicht immer so drohend wären, — alles dies scheidet sie, viel mehr noch als man glauben würde, von der ganzen Gesellschaft ab ..... Zu alledem muss man noch den Tod eines jeden originellen Gedankens innerhalb dieser routinierten und künstlichen Existenz hinzufügen."

[2]) Vrgl.: M. DRAGOMANOV, *Correspondance de M. Bak.; Lettres à Herzen et à Ogareff* (1860—74) Paris, Perrin, 1896. S. 7. Die Zeitschrift war der Teleskop (1836), dessen Direktor Nadejdine sie Stankewitsch und seinem Kreis zur Verfügung stellte. BAK. übersetzte für diese Zeitschr. *Fichte's Vorlesungen u. die Bestimmung des Gelehrten* (Jena) 1799.

[3]) M. NETTLAU, A. a. O., S. 15.

Später lernte er auch Alexander Herzen kennen, der gerade vom Exil zurückkam, und nachdem er von ihm und von Nikolaus Ogareff ein Darlehen erhalten, ging er nach Berlin (1840), wo er Werder's Vorlesungen über Logik besuchte, seinen Enthusiasmus für Hegels Philosophie noch steigerte und daran ging eine Studie *Ueber den gegenwärtigen Zustand der Philosophie in Deutschland* vorzubereiten [1]). Er folgte auch den Vorlesungen Schellings, gegen den damals eine anonyme Broschüre erschien : „*Schelling und die Offenbarung, Kritik eines neuen reaktionären Versuchs gegen die freie Philosophie*" (1842) die Bakunin [2]) zugeschrieben wurde. Kurze Zeit darauf drückte er seine Ideen in einer Jules Elysard unterzeichneten Schrift aus, die den Titel : *Die Reaktion in Deutschland. Ein Fragment von einem Franzosen* trug. Diese Abhandlung erschien in den *Deutschen Jahrbüchern* (No. 247—251, 17—21. Oktober 1842), die in Leipzig von Arnold Ruge herausgegeben wurden. In diesem Artikel verherrlicht Bakunin, trotzdem er immer noch hie und da seiner ursprünglichen Hegelschen Orthodoxie nachgibt, die politische Aktion und die revolutionären Traditionen im antichristlichen und demokratischen Sinne, den Ideen von Strauss und Feuerbach folgend. Von diesem Augenblick seines Anschlusses an die hegelsche Linke kann man schon sein rebellisches und revolutionäres Verhalten erkennen, das er von nun ab einnahm.

---

[1]) M. Dragomanov, A. a. O. S. 15.

[2]) Deren Autor war jedoch Ferd. Oswald. Diesbezüglich schrieb aber A. Ruge an seinen Bruder Ludwig (Apr. 1862) : „Lies nur diese Brochüre, sie ist von einem Russen Bakunin, der jetzt hier verweilt. Denke Dir, dieser liebenswürdige junge Mann hat alle die alten Esel von Berlin übertrumpft. Jedoch glaube ich, dass Bakunin, den ich kenne und den ich sehr gern habe, wegen der russischen Angelegenheiten hier als Litterat nicht besonders günstig aufgenommen werden wird. . . ." Nach einem Jahre legte sich der Enthusiasmus Ruges bedeutend, denn er schrieb da wieder an seinen Bruder (3. Mai 1843) : „Meine Reise nach der Schweiz ist aufgeschoben. Bakunin, dem ich so viel Kredit gewährt habe, ist wieder in Verlegenheit mir diese Schuld, wie auch alle anderen zu bezahlen. Ich hatte volles Vertrauen zu ihm und nun muss ich gestehen, dass ich ein Gefühl lebhaften Aergers darüber empfinde, dass ich wegen eines Menschen, der mir fremd ist, nun gezwungen bin, den ganzen Sommer hier zu hocken. Ich habe bei Bondi für ihn gebürgt, und erst letzthin habe ich für ihn 306 Thaler bezahlt, nachdem ich ihm schon gelegentlich seiner Reise mit Herwegh nach der Schweiz, eine Summe von 2500 Thalern geliehen hatte." — M. Dragomanov A. a. O. SS. 25, 26.

Hier schrieb er den bekannten Satz: „Die Lust der Zerstörung ist zugleich eine schaffende Lust." [1])

Als er 1843 nach der Schweiz kam, wo er einige Zeit verblieb, kam er mit den deutschen Kommunisten und deren Haupt Weitling in Berührung, der in dieser Zeit von den Züricher Gerichten prozessiert und verurteilt wurde. [2]). Darauf ging Bakunin im Juli 1844 nach Paris, [3]) nachdem ihn die russischen Tribunale seiner Offiziers- und Adelstitel für verlustig erklärt hatten, als er sich trotz der Aufforderung des Kaisers Nikolaus weigerte, nach Russland zurückzukehren. Er blieb in Paris bis Ende Dezember 1847. „Es war zur Zeit — schrieb später (1870) Bakunin [4]) — als die ersten Bücher und Ideen Proudhons

---

[1]) Dieser Artikel hat ein weitgehendes, enthusiastischer Echo hervorgerufen. ALEXANDER HERZEN erklärte ihn, bevor er noch wusste, dass er von Bakunin herrühre, als ein Meisterwerk. „Der Verfasser dieses Artikels, schrieb er, ist der erste von allen Franzosen, denen ich je begegnet wäre, der so gut Hegel und die deutsche Auffassung begriffen hätte. Es ist ein von der demokratischen Partei in ihren vollen Kraft laut erhobener Ruf, der ihr Vertrauen in die Sympathie der gegenwärtigen und der zukünftigen Generationen, ihre Ueberzeugung vom baldigen Siege ausdrückt. M. DRAGOMANOV A. a. O., S. 19. RUGE macht darauf aufmerksam, dass der Artikel wegen seiner „wissenschaftlichen Form", durch die er bloss den Eingeweihten in die Hegelsche Philosophie verständlich wurde, von der Zensur verschont blieb. Trotzdem wurden die „Deutschen Jahrbücher" kurze Zeit darauf verboten. „Nach dem Verschwinden der Jahrbücher, sagt RUGE, traf ich Bakunin aufs neue in Paris; wir versöhnten uns, doch wurden in unseren Beziehungen seit damals Geldfragen ausdrücklich vermieden". A. RUGE, *Erinnerung an M. Bakunin: Neue Freie Presse*, Wien 1876, 28, 29. Sept.

[2]) Vrgl. G. ADLER u. E. KALER, *Wilhelm Weitling: Socialdemokr. Bibl.* No. 11 Zürich 1887; *Die Kommunisten in der Schweiz nach den bei Weitling vorgefundenen Papieren* (Diese Publikation wurde von BLUNTSCHLI für die Züricher Regierung gemacht und darin wird auch BAKUNIN offenkundig denunziert) Zürich 1843. Seit dieser Zeit bildete sich in der Schweiz eine freiheitliche und atheistische Bewegung im Gegensatz zum autoritären Kommunismus des WEITLING. Deren Anhänger gaben sich den Titel Das Junge Deutschland und hatten als deren Organ die Monatschrift: *Blätter der Gegenwart für soziales Leben*, die in Lausanne erschienen (8 Nummern Dez. 1844—'45) Vrgl. W. MARR: *Das Junge Deutschland in der Schweiz; ein Beitrag z. Gesch. d. geheimen Verbindungen uns. Tage.* Leipzig 1846; *Rapport génér. adressé au Conseil d'Etat de Neuchâtel s. la propaganda secrète allem. et s. l. clubs de la Jeunne Allem. en Suisse* (offizielle Regierungs-Publikation), Neuchatel 1845.

[3]) E. DE LAVELEYE irrt sich in seiner Angabe des J. 1847 als Jahr der Reise BAKUNINS nach Paris. 1847 war das Jahr seiner Ausweisung. (*Le socialisme contemp.*), Bruxelles, Muquardt, 1881, S. 306).

[4]) In einem Manuskript, das den Titel „Bourgeoisie rurale" führt (SS. 48 in 4°)

in die Oeffentlichkeit traten, die schon im Keime die ganze soziale Revolution enthielten, wobei ich für diese Bemerkung Louis Blanc, seinen allzuschwachen Rivalen und Karl Marx, seinen neidischen Antagonisten schon um Entschuldigung bitte." In Paris war er mit Proudhon bekannt, mit dem er wie uns Alexander Herzen mitteilt „ganze Nächte in ewigen Diskussionen über Hegel zubrachte". [1]) Bakunin rühmte später in seiner Arbeit *Antitheologisme* (1867) Proudhon nach, dass „er sich kühn als Anarchist erklärte und den Mut hatte sich auch ganz einfach Atheist zu nennen" [2]). Im ersten Jahr seines Aufenthaltes in Paris war er auch mit Marx bekannt. In der Schrift: *„Persönliche Beziehungen mit Marx"* (1871) erklärt Bakunin, dass sie zu jener Zeit beinahe Freunde waren. „Er war damals viel mehr fortgeschritten als ich, wie er auch heute, zwar nicht mehr fortgeschritten, aber unvergleichlich gelehrter ist als ich. Damals wusste ich nichts von politischer Oekonomie, ich hatte mich noch nicht von meinen metaphysischen Abstraktionen befreit und mein Sozialismus kam mehr aus Instinkt. Er war dagegen, obwohl viel jünger als ich, schon Atheist, ein gelehrter Materialist und bewusster Sozialist. . . . Wir sahen uns ziemlich häufig, weil ich ihn wegen seines Wissens und seiner glühenden und ernsten, wenn auch immer von persönlicher Ehrsucht begleiteten Hingebung für die Sache des Proletariats achtete, und ich suchte gerne seine Konversation auf, die immer belehrend und geistreich war — insofern sie nicht von kleinlichem Hass inspiriert war, was allerdings nur allzu häufig vorkam.

---

von dem Nettlau Auszüge gibt, a. a. O., SS. 65 u. sg. Diese Schrift ist, wie Bakunin angibt, die „natürliche Fortsetzung" der *Lettres à un Français*, veröffentlicht im September 1870.

[1]) Proudhon, erzählt Herzen in seinen Memoiren war „in sehr intimer Freundschaft" mit Bakunin: „Eines Abends (es war 1847) schien Karl Vogt, der sehr oft Reichel besuchte (einen deutschen Musiker, bei dem Bakunin wohnte) gelangweilt zu sein, die ewigen Diskussionen über die Phänomenologie anzuhören und ging nach Haus. Am nächsten Morgen kam er wieder, um Reichel abzuholen um mit ihm in den „Jardin des Plantes" zu gehen. Erstaunt zu so früher Stunde eine lebhafte Konversation im Zimmer Bakunins zu hören, öffnet er die Türe und was sieht er? Proudhon und Bakunin sitzen am selben Platz, an dem er sie am Abend vorher verlassen hat, vor dem erloschenen Feuer des Kamins und schliessen mit einigen kurzen Sätzen die Debatte, die sie am Abend vorher angefangen haben." M. Dragamanov, A. a. O., S. 35.

[2]) M. Nettlau, A. a. O., S. 66 —

Niemals waren wir in herzlicher Intimität miteinander. Er nannte mich einen sentimentalen Idealisten und er hatte Recht; ich nannte ihn einen perfiden und heimtückischen Ehrgeizling, und auch ich hatte Recht." [1]) Bis zu welchem Grade sich bald die Beziehungen zwischen Bakunin und Marx verbittern, werden wir noch mehrmals zu sehen bekommen. Inzwischen wurde Bakunin auf Verlangen des russischen Botschafters für eine Rede, die er am 29. November 1847 in einer Gedenkfeier zum siebzehnten Jahrestag des ersten polnischen Aufstandes hielt, aus Frankreich ausgewiesen [2]), worauf er nach Brüssel abreiste. Doch als im J. '48 als Resultat der Februarrevolution die Republik proklamiert wurde, kehrte er nach kurzer Zeit nach Paris zurück. Alexander Herzen

---

[1]) M. Nettlau, A.a.O., S. 69. Nettlau zitiert noch dieses andere Urteil Bakunins über Marx: Seine Eitelkeit (vanité) kennt keine Grenzen, eine richtige Juden-Eitelkeit. . . . . . Dieser jetzt schon sehr starke Hochmut wurde durch die Schmeicheleien seiner Schüler und Freunde noch vergrössert. Sehr persönlich, sehr eifersüchtig, sehr empfindlich und sehr rachsüchtig wie Jehova, der Gott seines Volkes, duldet Marx nicht, dass man einen anderen Gott anerkenne, als ihn selbst. . . . . . Proudhon, der niemals ein Gott war, der aber zweifellos ein grosser revolutionären Denker war, und der unermessliche Dienste für die Entwicklung der sozialistischen Idee geleistet hat, ist bloss aus diesem Grund die Zielscheibe aller Angriffe Marx's geworden. Proudhon in seiner Anwesenheit zu loben, ist eine tötliche Beleidigung gegen Marx, die alle natürlichen Konsequenzen seiner Feindschaft auf sich zu ziehen verdienen; und diese Konsequenzen sind zuerst der Hass und dann die allerschmutzigsten Verläumdungen. Marx hat niemals vor einer noch so perfiden und niederträchtigen Lüge zurückgeschreckt, wenn er glaubte, eine solche ohne allzu grosse Gefahr für ihn selbst gegen jene benützen zu können, die das Unglück hatten, ihm in den Weg zu laufen." —

[2]) Bakunin schlug ein Einvernehmen zwischen den Polen und den russischen revolutionären Elementen vor. „Durch eine wahrhaftig beklagenswerte Fatalität, deren erstes Opfer es selbst wird, ist Russland seit seiner Erhebung zur Würde einer Macht ersten Ranges, eine Begünstigung für das Verbrechen und eine Bedrohung aller heiligen Interessen der Menschheit geworden.". . . . Aber da die Polen die Feinde des Kaisers Nikolaus und des offiziellen Russland sind, werden sie naturnotwendig, auch ohne es zu wollen, die Freunde des russischen Volkes; denn „Russland ist nicht nur unglücklich, es ist auch unzufrieden, es ist am Ende seiner Geduld. Wisst Ihr, was man sich sogar am Hofe von St. Petersburg in die Ohren flüstert? Wisst Ihr, was die Vertrauten, die Günstlinge, selbst die Minister des Kaisers denken? Dass die Herrschaft Nikolaus der Louis XV. gleicht. Alle Welt ahnt das Gewitter voraus, ein nahendes, furchtbares Gewitter, das viele erschreckt, das aber die Nation mit Freuden herbeiruft . . . . . die revolutionären Elemente mangeln nicht in Russland. Es belebt sich, es regt sich auf, es zählt seine Kräfte, es erkennt sich selbst, es konzentriert sich, und der Moment ist nicht mehr weit, in dem der Sturm, der grosse Sturm, der unser Heil sein wird, hervorbrechen wird. Meine Herren, im Namen dieser neuen Gesellschaft, dieser wahrhaftigen russischen Nation komme ich hierher, Ihnen die Einigung vorzuschlagen . . . Die Versöhnung Russlands und Polens ist ein ungeheueres Werk und wohl würdig, dass man sich ihm vollständig hingebe. Es ist die Emanzipation von

schrieb darüber: „Die ersten Tage, die der Februarrevolution folgten, waren die schönsten Tage im Leben Bakunins", in denen er sich mit Leib und Seele der Revolution hingab und für die „Revolution in Permanenz und für den unerbittlichen Kampf bis zur Ausrottung des letzten Feindes" Propaganda machte. [1])

Nachdem er im April ohne genau bekannten Grund Frankreich verlassen, ging er zuerst nach Leipzig, um sich darauf in Breslau niederzulassen, um in der Nähe der russischen Grenze zu sein, mit der Absicht nochmals, wie er sagte „etwas für die Revolution zu tun." [2]) In Breslau schloss Bakunin „durch seinen Geist und seinen liebenswürdigen Charakter" — wie Ruge sich ausdrückte, zahlreiche Freundschaften. [3]) Dort wurde von B. und seinen Freunden ein Slavenkongress beraten, der in Prag abgehalten werden sollte, damit sich die verschiedenen slavischen Nationalitäten gemeinsam verständigen. Der Kongress, der am 1. Juni 1848 eröffnet wurde, wurde am 12. desselben Monates, wegen der in Prag ausgebrochenen Insurrektion, an der auch Bakunin teilnahm, abgebrochen. [4]) Während des Bombardements der Stadt gelang es ihm nach Berlin zurückzukehren, wo er mit Stirner bekannt wurde. Darauf taucht er anfangs 1849 wieder in Leipzig

---

60 Milionen Menschen, es ist die Befreiung aller slavischen Völker, welche unter einem fremden Joche seufzen, es ist endlich der Sturz, der definitive Sturz des Despotismus in Europa." *Discours prononcé le 29 nov. 1847 p. célébrer le 17e anniv. de la révol. polonaise*, Paris, Impr. Guiraudet et Jouanet 1847, S.S. 3, 8, 11, 13, 14.

[1]) „Caussidière, der Barrikaden-Präfekt, der die „Ordnung durch die Unordnung schaffen wollte", erzählt weiter Herzen, wusste nicht mehr, wie diesen teueren Prediger loszuwerden. Zusammen mit Flocon (Mitglied der provisorischen Regierung) dachte er daran, ihn mit einer brüderlichen Umarmung zu den Slaven zu schicken, in der Hoffnung, dass er sich dort das Genick brechen wird. Dieser Umstand ist nicht ganz sicher „Welch ein Mensch! Welch ein Mensch!' sagte Caussidière in Bezug auf Bakunin, den ersten Tag der Revolution ist er unbezahlbar, am zweiten Tag ist er gut zum Erschiessen." M. Dragomanov, A. a. O., S.S. 41, 42.

[2]) In einem Brief aus dieser Zeit sprach Bakunin von der Revolution „die nachstens ausbrechen sollte"; doch hat es sich bloss um eine seiner üblichen phantastischen Vermutungen gehandelt. M. Dragomanov, A. a. O.., S. 43.

[3]) M. Dragomanov, A. a. O., S. 46.

[4]) In einer Pariser Korrespondenz, die in der Nummer vom 6. Juli 1848, der von Marx redigierten Neuen Rheinischen Zeitung erschien, war nachstehendes zu lesen: „ . . . . . Was die slavische Propaganda anbetrifft, hat man uns gestern versichert, dass George Sand sich im Besitze von Papieren und Dokumenten

auf, wo er seine Schrift „A p p e l l a n d i e S l a v e n" (Köthen 1848) geheim verbreitete, in der er sich speziell an die Slaven Russlands wendet und ihnen den Rat gibt, die Initiative zur Befreiung der Polen und der Russen vom Despotismus Nikolaus, zu ergreifen, denn Russland sei bereit in die Revolution zu treten. Im Monat Mai nahm er an den Ereignissen von Dresden teil, wobei er, durchdrungen von seinem revolutionären Instinkt, annahm, dass die Revolution viel bedeutendere Proportionen angenommen hätte. Während der Verteidigung Dresdens vom fünften bis zum neunten November, übte dort Bakunin einen bedeutenden Einfluss, fast den eines Diktators aus. [1]) Doch wurden schon am 10ten die Dresdener Revolutionäre überwunden und Bakunin wurde am selben Tage in Chemnitz verhaftet. „Im J. 1849, — resumiert Bakunin selbst [2]) — wurde ich in Sachsen [3]) verhaftet, vor Gericht gestellt und zum Tode verurteilt; darauf wurde ich im J. 1850 an Oesterreich ausgeliefert, weil der

---

befinden soll, die Herrn Bakunin, den aus Frankreich ausgewiesenen Russen, schwer belasten und blossstellen und nachweisen, dass er ein Werkzeug Russlands, oder ein in dessen Dienst letzthin eingetretener Agent sei, und dass man ihn für einen grossen Teil der in letzter Zeit vorgenommenen Verhaftungen der unglücklichen Polen verantwortlich machen müsse ...." Marx veröffentlichte in einer späteren Nummer (vom 5. August) das Dementi der Sand, in dem sie erklärte, dass sie niemals den geringsten Beweis für die Beschuldigungen besessen habe, die man gegen Bakunin zu verbreiten versucht. — Trotzdem beharrte Marx dabei mit den zweideutigen Worten: „Wir haben dieses Gerücht unseren Lesern in der Form mitgeteilt, wie es uns von zwei verschiedenen Korrespondenten, die sich gegenseitig nicht kennen, übermittelt wurde." ..... V. Dave, *M. Bak. und K. Marx* cit S.S. 10—12.

[1]) A. Herzen erzählt in seinen *Posthumen Werken*, dass Bakunin geraten habe, auf den Mauern der Stadt Rafaels Madonna und die Gemälde Murillos als Verteidigungsmittel gegen die Preussen auszuhängen, weil die Preussen viel zu grosse künstlerische Kultur hätten, um zu wagen, auf einen Rafael zu schiessen". M. Dragomanov, A. a. O., S.S. 52, 53. In diesen Tagen war Bakunin in grosser Intimität im Leben und in Gedanken mit Richard Wagner.

[2]) Im Manuskript. *Persönliche Beziehungen mit Marx*; Blatt 92 l. c., Verg.: M. Nettlau, A. a. O., S. 125.

[3]) Der preussische Offizier, der ihn in Altenburg zu bewachen hatte, bezeugt in seinem Rapport seine unbeugsame Standhaftigkeit. Er erzählt, dass Bakunin ihn zu überzeugen versuchte, dass in der Politik bloss das Resultat entscheide, ob etwas eine grosse Tat oder ein Verbrechen sei. Vom August 1849 bis Mai 1850 blieb Bakunin hinter Schloss und Riegel in der Festung von Königstein. Das Kriegsgericht verurteilte ihn zum Tode, doch wurde das Urteil vom König in lebenslängliches Gefängnis umgewandelt. Bald darauf wurde er an Oesterreich ausgeliefert. Man brachte ihn in Ketten nach Prag. Die oesterreichische Regierung hoffte von diesem, zu lebenslänglicher Haft Verurteilten die Geheimnisse der slavischen Bewegung zu erfahren. Doch Bakunin

König von Sachsen das Todesurteil nicht vollstrecken lassen wollte, obwohl wir drei, nämlich zwei meiner Kameraden und ich uns weigerten, um Begnadigung anzugehen. Prozessiert und zum Tode verurteilt in Oesterreich, wurde ich 1851 an Russland ausgeliefert, weil Oesterreich dem König von Sachsen versprochen hatte, mein Todesurteil nicht ausführen zu lassen, worauf Russland das gleiche Versprechen dem König von Sachsen selbst wiederholen musste." Bis 1854 war Bakunin in der Peter-und-Pauls-Festung in Petersburg interniert, darauf bis März '57 in der Schlüsselburg „wo ihn seine Energie nicht einen Tag verliess, und von wo er als derselbe Mensch herauskam, als der er hineinkam." [1]) Darauf wurde er zuerst nach West-Sibirien, dann nach Ost-Sibirien verbannt, wo er von der ihm gelassenen Freiheit Gebrauch zu machen wusste, [2]) um 1861 zu fliehen, worauf er nach einer langen Reise [3]) am 27. Dezember in London ankam.

In London angelangt, berichtet Bakunin selbst, traf ich wieder meine Kompatrioten Herzen und Ogareff und durch deren Vermittlung machte ich die Bekanntschaft von Mazzini. Und nun hörte ich was mir Herzen, Ogareff und Mazzini erzählten: Während

---

verweigerte jede Antwort. Man liess ihn nun fast ein Jahr lang zufrieden. Doch erschreckten die im März des folgenden Jahres umlaufenden Gerüchte, dass Bakunin befreit werden solle, die österreichische Regierung, die ihn deshalb nach Olmütz transportieren liess. Dort blieb er sechs Monate lang gefesselt und mit einer Kette an die Mauer angeschmiedet. Zum zweiten Mal verurteilten ihn die österreichischen Tribunale zum Tode; doch wurde er im Oktober 1851 von Oesterreich an die russische Regierung ausgeliefert." Diese Einzelheiten entstammen der Zeitschrift: *La Cloche* No. 119, 120. M. Dragomanov, A. a. O., S.S. 53, 54.

[1]) M. Bakounine, 2 S.S. in folio, 1. Juli 1876, Nekrolog im Supplement zum *Bulletin jurassien*. Vrgl.: M. Nettlau, A. a. O., S. 127, und A. Costa, *Vita di M. Bakunin*, Bologna 1877; Biblioteca del Martello, v. I., S. 14.

[2]) Um eine Vorstellung vom Grade dieser Freiheit zu haben, lese man den Brief Bakunins an Herzen vom 8. Dez. 1860 aus Irkutsk. (M. Dragomanov, A. a. O., S.S. 103—121). Er verherrlicht darin seinen Verwandten Murawieff, den Generalgouverneur von Ost-Sibirien, als einen Menschen, der der revolutionären Sache ergeben sei, und auf dem die Zukunft Russlands beruhe". Bakunin mutete ihm folgende Absichten zu: *a*. Absolute Befreiung der Bauern mit Abtretung an diese, der von ihnen bearbeiten Erde; *b*. Oeffentliche Tribunale mit Geschworenen, vor die alle Staatsbeamten von oben bis unten gestellt werden können; *c*. Praktischer Volks-Unterricht in grossem Massstabe; *d*. Self-governement (Autonomie). Aufhebung der Bureaukratie, Dezentralisation des Reiches u. s. w. Andere, von De Laveleye a.a.O., S. 307 angeführte Details scheinen mir nicht ganz richtig zu sein.

[3]) Am 15/3. Oktober 1861 schrieb er von San Francisco an seine Freunde Herzen und Ogareff: „Es ist mir gelungen aus Sibirien zu flüchten, und nachdem ich lange

ich mich in den deutschen und russichen Festungen und in Sibirien gewiss nicht amüsierte, haben Marx und Consorten über mich die infamsten Tratschereien herumgetragen, herumgeschrien und in den englischen und deutschen Zeitungen veröffentlicht, in denen sie versicherten, dass es gar nicht wahr sei, dass ich in einer Festung gefangen sei, sondern dass mich im Gegenteil der Kaiser Nikolaus mit offenen Armen empfangen habe, um mir alle Bequemlichkeiten und alle Freuden des Lebens anzubieten." [1]) Das war natürlich nicht dazu geeignet, die Beziehungen zwischen Marx und Bakunin günstiger zu gestalten, und um deren, in bezug auf die Auffassung des sozialen Problems abweichenden Meinungen zu versöhnen. Aber bald kam Bakunin auch mit Herzen in Konflikt, der damals die Zeitschrift Kolokol herausgab, indem er ihm eine Propaganda für sofortige revolutionäre Aktion entgegenstellte. „Bakunin, schrieb später Herzen, fand dass wir (d. h. Herzen und seine Mitarbeiter) zu sehr gemässigt waren, dass wir nicht von unserer Stellung Gebrauch zu machen wussten und dass wir nicht genügend für die Anwendung energischer

---

auf dem Amur und der Küste der Tartarischen Meerenge entlang gereist habe, bin ich über Japan heute in San Francisco angelangt. Doch sind auf dieser Reise meine, übrigens sehr geringen Ersparnisse vollständig erschöpft worden, und wenn ich nicht durch Zufall einen grossmütigen Menschen getroffen hätte, der mir 250 Dollars geliehen hat, um nach New York fahren zu können, wäre ich in sehr grosser Verlegenheit gewesen. Ich bitte Euch deshalb, sendet mir 500 Dollars nach New York, die mir für meine Reise nach London unbedingt notwendig sind. Ich könnte dann ungefähr am 10. Dezember bei Euch anlangen. —" In einem anderen Brief an dieselben Freunde gibt er weitere Einzelheiten über seine Reise: „Stiller Ocean, 410 Meilen vom Isthmus von Panama, An Schiffsbord 22. Okt./3. Nov. 1861: „Ich bin von Irkutsk am 5/17. Juni abgereist. Ich habe dort meine Frau zurückgelassen, die nach meiner Reise zu ihrer Mutter aufs Land fahren sollte, um später in London wieder mit mir zusammenzutreffen. Ich fuhr den Amur hinunter bis Nikolajewsk und schiffte mich inkognito auf einem amerikanischen Schiff ein. Ich reiste viele Tage lang in der Tartarischen Meerenge und in der Nähe der Japanischen Küste, bis ich endlich am 5. September Jokohama erreichen konnte, das 14 Meilen von Jeddo entfernt ist. Hier gelang es mir ein amerikanisches Packetboot zu finden, das nach San Francisco abfährt. Ich schreibe Euch diesen Brief an Bord des „Orizaba", der in diesem Moment 400 Meilen vom Isthmus von Panama entfernt ist. Ich denke am 14. d. M. in New York zu sein, wenn uns nicht ein Privater with a letter of mark noch auf dem Wege überrascht. Ich werde mich in New York aufhalten, um von Euch Nachrichten und Geld zu erwarten, da meine Geldquellen momentan vollständig erschöpft sind ....." M. Dragomanov, S.S. 121, 122, 125, 126.

[1]) M. Nettlau. A. a. O., S. 128. Die wichtigste Beschuldigung war wieder, dass er ein Spion der russischen Regierung sei: Vrgl. V. Dave, citierte Schrift, S.S. 13, 14.

Mittel eingenommen sind." [1]) Tatsächlich hat Bakunin, seinem Aktionsprogramm folgend rund um sich einen Kreis von Slaven vereinigt, und nach so viel Jahren Schweigen und Einsamkeit lebte er in ihrer Berührung wieder auf. „Er polemisierte, predigte, kommandierte, schrie, fasste Beschlüsse, veränderte sie wieder, um sie zu verbesseren, organisierte und reizte Tag und Nacht, zu jeder Minute zur Aktion auf." [2]) Er träumte zu dieser Zeit von einer Erhebung, die nicht bloss gegen die russische Regierung, sondern auch gegen die russischen und polnischen Grossgrundbesitzer gerichtet werden sollte. [3]) Inzwischen näherte sich tatsächlich der polnische Aufstand von '62, und Bakunin fühlte sich nun in seinem Element. Das bewegte und doch abgeschlossene Leben, die Nächte ohne Schlaf, die Unterhandlungen und Abmachungen und schliesslich die chemischen Tinten, die Chiffren und die besprochenen Zeichen nährten sein revolutionäres Fieber, das, wie sich Herzen ausdrückt, den zweiten Monat der Schwangerschaft der Revolution in den neunten verwandelte. [4]) Er glaubte schon an die Möglichkeit einer militärischen Revolution und an eine Erhebung der russischen Bauern, er sah schon die „Slavische Föderation" voraus, er träumte schon von der

---

1) M. Dragomanov, A. a. O., S. 60.

2) Id., A. a. O., S. 61.

3) Id., A. a. O., S.S. 65—69, *passim*.

4) Die Chiffreschriften und die alten symbolischen Formeln der geheimen Konspirationen gehörten zu den ständigen Fanatismen Bakunins, wenn man sie nicht als unerklärlichen Zeitvertreib betrachten will. A. Herzen schrieb an ihn am 1. Sept. 1863: „Nach zehn Jahren Gefängnis bist Du immer noch derselbe Theoretiker mit dieser unbestimmten Verschwommenheit geblieben, in Geldsachen wenig skrupelhaft und mit epikuräischen Instinkten, die zwar schüchtern, aber beharrlich hervortreten, immer vom Bedürfnis nach revolutionärer Aktion gestachelt. Und Nalbandoff war nicht das einzige Opfer Deines Herumredens. Ich denke noch z.B. an Voronoff. Die unnötige Bemerkung, die Du über ihn in einem Brief an Nalbandoff gemacht hast, hat ihm anstatt seines Exils in den Kaukasus, die Festung eingetragen, die von der Verbannung nach Sibirien gefolgt war. Nach der Abreise des Cw. kommt an mich ein chiffrierter Brief. Da ich ein geschworener Feind aller Konspiration bin, legte ich ihn beiseite, doch Tchorj. sagte mir, dass Du ihm Dein Notizbuch mit den Schlüsseln zurückgelassen hast. Er bringt es uns, und als wir es durchsahen, wurden wir, Ogareff und ich von einem wahrhaftigen Schwindel ergriffen. Wir fanden in einem Deiner Hefte die Adressen aller am meisten verdienstvollen Männer Russlands mit Notizen und verschiedenen Details. Und dabei ist dieses Heft schon von Hand zu Hand gegangen . . . . ." M. Dragomanov, A. a. O., S.S. 186, 187. Eine von den Chiffren Bakunins wurde von T. Martello in seiner Storia dell' Internaz., Padua. Salmin, 1873, S.S. 257—259 besprochen. —

vom Winterpalast und der Festung von Petersburg wehenden roten Fahne der „Erde und Freiheit". Es ist kaum nötig anzuführen, dass er '63 vollständig enttäuscht war, obwohl er es nicht wagte, es sich selbst einzugestehen. [1]) Er wandte sich nun nach Schweden, wobei er alle, mit denen er in Berührung kam, sogar die Minister und den Bruder des Königs zu überzeugen suchte, dass sehr bald in Russland eine Erhebung der Bauern stattfinden werde. Indem er versuchte, die revolutionären Kräfte zu organisieren, hatte er den Plan geheim in Polen und Lithauen einzudringen. Es scheint aber, dass er davon abkam, als er zur Ueberzeugung gelangte, dass die Häupter des polnischen Aufstandes eine solche Revolution, wie sie Bakunin wünschte, viel mehr fürchteten als die russische Regierung. Tatsache ist, dass er kurze Zeit darauf nach London zurückkehrte, [2]) von da ging er wieder über Belgien, Frankreich und die Schweiz nach Italien. „Ich verbrachte, erzählt er selbst, [3]) diesen Winter (Anfang 1864) und einen Teil des Sommers in Toscana (Florenz) und im April ging ich wieder nach Schweden, indem ich über dieselben Länder zurückreiste, über die ich gekommen war. Im Oktober kehrte ich wieder nach London zurück." [4]) Von da kam er wiederum nach Florenz, von

---

[1]) Einige Jahre darauf theoretisiert er in seiner Schrift: *Questions revolutionnaires dans le pays Russe et en Pologne* in folgender Weise: „Was die Volksbewegungen so mächtig macht, ist der Umstand, dass sie von einer grossen einmütigen Passion getrieben, alle mitreissen, die Schwachen wie die Starken, die Frauen, die Kinder und die Greise, wie die jungen Leute und die reifen Männer; ist, dass die Abwesenheit jeder, von einer höheren Autorität aufgezwungenen formellen Ordnung und jeder künstlichen Regel, diese Teilnahme aller Altersstufen und jeden Geschlechtes im notwendigen Moment möglich macht; während die definitive Unterdrückung der immer verschwindenden und immer aufs neue auflebenden populären Kräfte dadurch selbst fast unmöglich wird. Wir haben in dem letzten polnischen Aufstand einen glänzenden Beweis dafur gesehen. Es war eine anarchische Bewegung ....." M. NETTLAU, A. a. O., S. 157.

[2]) M. NETTLAU, A. a. O., S. 172.

[3]) ID., ibid. So wird hiermit noch eine unrichtige Angabe DE LAVELEYES (A.a.O. S. 307), berichtigt.

[4]) Zu dieser Zeit wollte MARX sich wieder BAKUNIN nähern. „Wir hatten nun — schreibt BAKUNIN in seinen *Rapports personnels avec Marx*, eine Auseinandersetzung. Er schwur mir, dass er niemals etwas gegen mich gesagt oder getan hätte, dass er im Gegenteil für mich immer eine aufrichtige Freundschaft und grosse Achtung bewahrt hätte. Ich wusste, dass was er mir sagte, nicht die Wahrheit war, doch habe ich ihm tatsachlich keinen Groll mehr nachgetragen ....." M. NETTLAU, A. a. O., S. 172; Vergl.: M. DRAGOMANOV, A. a. O., S.S. 69, 70.

hier ging er wieder Anfang Oktober '65 nach Neapel, wo er bis Ende September 1867 verblieb.

Ueber diesen wechselnden Aufenthalt Bakunins in Florenz, der in Italien starke literarische Verwertung gefunden hat,[1]) will ich mich nicht länger aufhalten. In Neapel hatte nach der Aussage von Männern, die ihn kannten, „seine Propaganda keinen günstigeren Erfolg als in Florenz." Er wandte sich vor allem an die Mazzinianer, die ihm „mit einer gewissen Achtung zuhörten, zum Teil auch, weil er Ausländer war und auf wunderbare Weise aus Sibirien geflüchtet war, aber sie blieben weiter Mazzinianer und er Nihilist". [2]) Trotzdem gelang es ihm eine Gruppe

[1]) Bekanntlich durch die Feder von Angelo De Gubernatis, und zwar mehrere Male.

[2]) Aus einem Privatbrief von Andrea Giannelli, eines Freundes von Bakunin, an Nettlau, A.a.O., S. 174. In einem Brief von 5. Nov. 1865, der zu einer Reihe noch unveröffentlichter Briefe Bakunins gehört, beurteilt er in folgenden Worten die Lage in Italien: „Was für eine melancholische Sache ist doch diese italienische Demokratie! Wenn sie selbst alle ihre intellektuellen Reichtümer vereinigen würde, würde sie kaum eine Idee an den Tag bringen. Sie will immer nur von den Gefühlen und Instinkten leben und sich immer ein heroisches Aussehen geben. Das geht nicht; man muss denken, um vorwärts zu kommen. Aber in diesem Land, das dem Papst die Hand reicht, scheint man den Gedanken auf den Index gesetzt zu haben. Die Demokratie befindet sich demnach hier, wie überall in Italien, in einem schwer zu beschreibenden Zustand der Entkraftung und Stagnation, und fortwährender und chronischer Missverständnisse. . . ." Später (Brief vom 6. Jan. 1867) schrieb er wieder: „. . . . Garibaldi und Mazzini . . . . sind in meinen Augen, wenn auch nicht die einzigen, so doch die am meisten Schuldigen, die am meisten Verdammenswerten, vom Gesichtspunkt der Revolution, trotz aller persönlichen und nationalen Grösse, die sie zweifellos in die Zahl der Heroen der Geschichte eintreten lassen wird . . . . . Sehr mit Unrecht geschieht es, dass man fast in allen Landern diese beiden Worte: patriotisch und revolutionär zusammenwirft . . . . Nur in seltenen historischen Momenten ereignet es sich, dass die Nation wahrhaftig das allgemeine Interesse, das Recht, die Freiheit der ganzen Menschheit repräsentiert, dass ein Bürger, der sich Patriot nennt, sich auch gleichzeitig Revolutionär nennen kann." Und an einer anderen Stelle. (Aux Citoyens rédact. du Réveil): „. . . . . aus einer nationalen Revolution siegreich hervorgegangen, verjüngt, triumphierend, im glücklichen und so seltenen Besitze eines Helden und eines grossen Mannes, Garibaldi und Mazzini, müsste es scheinen, dass Italien, das Vaterland der Intelligenz und der Schönheit in wenigen Jahren alle anderen Lander an Wohlfahrt und Grösse übertreffen sollte. Es hat sie alle im Elend übertroffen". M. Nettlau, A. a. O., S.S. 175—177. Im selben Jahre wurde Bakunin verdächtigt, falsche Banknoten hergestellt und verbreitet zu haben. „Was mich anbetrifft — schrieb darüber Bakunin an Herzen (23 Mai 1867) — bin ich absolut überzeugt, dass diese Beschuldigung von Kisseleff, meinem ehemaligen „Freund" aus Paris herrührt, der heute Botschafter in Florenz ist. Ich hoffe bald alles aufzudecken und bereit zu sein, diesen neuen Streich zurückzuschlagen." Ueber diese Gerüchte, die über ihn umliefen, wurde Bakunin auch von De Gubernatis

revolutionärer Sozialisten zu begründen, [1]) aus der 1867 die Neapolitanische Sektion der Internationalen Arbeiter-Association [2]) hervorging, eine Organisation, die lange Zeit öffentlich und geheim ihr Dasein zu erkennen gab. [3]) Später war Bakunin auf den Kongressen von Basel und von St. Imier der Delegierte dieser Sektionen. „Er war nach einem Zeugnis seiner Kameraden hoch geachtet und brüderlich geliebt; Alle betrachteten ihn als einen Menschen, der auf dem Wege des menschlichen Fortschrittes neue Momente aufgezeigt hat, indem er in klarer Weise den grossen Kampf der Vergangenheit gegen

---

benachrichtigt. Nun schrieb BAKUNIN an seinen Freund FANELLI (23. Mai) . . . „Was die von H. De Gubernatis erzählten Dinge anbetrifft, so ist es mir unmöglich, sie in Zweifel zu ziehen. Es ist wahr, dass er ein ziemlich schwacher Kopf ist, dem jedes selbstständige Urteil und jede Kritik mangelt, der zum Teil dadurch sein Gleichgewicht verloren hat, weil ihn sein glühender, aber ohnmächtiger, eitler und unruhiger Enthusiasmus unter allen Parteien eine falsche Stellung einnehmen liess. Aber dabei ist er ein ehrenhafter Junge, unfähig zur bewussten Lüge oder zur Verdrehung der Tatsachen." Zur selben Zeit las man in der *Offiziellen Warschauer Zeitung*: „Das Bestehen einer im Ausland weilenden Gesellschaft von Mordbrennern und Falschmünzern russischer Staatsnoten, zu denen HERZEN und BAKUNIN mit ihrer Bande gehören, ist eine so vollständig erwiesene Tatsache, dass der Grossmeister der Polizei Seiner Majestät dem Kaiser diesbezüglich seinen untertänigen Rapport erstattet hat." Nach Dave haben diese Gerüchte in KARL MARX den eifrigsten Verbreiter gefunden, der „daran verzweifelnd, Bakunin als Spion gelten zu lassen, nun im Kreise der in London zu jener Zeit lebenden Emigranten die freudige Nachricht verbreitete, dass Bakunin Falschmünzer sei," V. DAVE, *M. Bak. u. K. Marx*, cit., S. 14—16. Vrgl.: M. NETTLAU, A. a. O., S.S. 182—184, der erklärt, nicht zu wissen, wie diese Angelegenheit abgeschlossen wurde.

[1]) Vrgl.: *Bulletin jurassien*. 16. Juli 1876; M. NETTLAU, A. a. O., S. 180.

[2]) B. MALON, *L'Internationale: Nouvelle Revue* 1884, 15 Febr. S.S. 751—753, irrt sich in der Angabe des Datums 1865.

[3]) Nach dem Zeugnis von A. GIANNELLI, hatte BAKUNIN, der Freimauer war, zu jener Zeit Vertrauen in die Freimauerei und rechnete auf ihre Unterstützung zur Verwirklichung seiner eigenen Ideen. M. NETTLAU, A.a.O., S. 182. BAKUNIN, schrieb an seine Freunde HERZEN und OGAREFF (Brief v. 23. März 1866): „Die Freimaurerei könnte mir vielleicht als Maske oder als Pass dienen, aber hier ernste Betätigung zu suchen, wäre so kindisch, wie den Trost im Weine finden zu wollen." M. DRAGOMANOV; A. a. O., S. 209. Das hielt ihn davon nicht ab, einige Zeit darauf einen „*Katechismus der Freimaurerei*" zu schreiben, in dem er ausführt, dass die Freimaurerei „insofern sie ihrer ursprünglichen Bestimmung treu bleiben will, die vollständige Emanzipation des Menschen und die Konstitution der Menschheit durch die Freiheit auf den Ruinen aller Autorität anstreben müsse". . . . . Das Christentum, diese „absolute Religion" habe zum Resultat „die systematische Vernichtung und Versklavung der Menschheit zu Gunsten der Gottheit." Nun fügt er, als ideologisches Resultat hinzu: „Besteht Gott, so ist der Mensch Sklave — ist der Mensch frei, gibt es keinen Gott. Es giebt keinen Ausweg aus diesem Dilemma."

die Zukunft, der Autorität gegen die Freiheit enthüllte. Er war es, der die kämpfende anarchistisch-sozialistische Partei begründet hat." [1]) Das Programm dieser italienischen Organisation, die dem Eintritt Bakunins in die Internationale vorangeht, legte nach Malon, der aber jedenfalls übertreibt, in Bakunins Hände die ganze sozialistische Bewegung Italiens. Dieses Programm kann man folgendermassen zusammenfassen: Aufhebung des Staates in allen seinen religiösen, juridischen, politischen und sozialen Formen; Reorganisation durch die freie Initiative der freien Individuen in freien Gruppen. Dies war die Formel, fügt Malon hinzu, aus der später der Anarchismus entstand. [2])

„Ich war in Neapel, schreibt Bakunin, als mich die Kunde von

---

[1]) Suppl. zum *Bulletin jurassien*, cit.

[2]) B. Malon zitierte Schrift, l. c. — Im *Programma della rivoluzione der Società dei legionari della rivoluz. sociale italiana* heisst es: „Die Fahne, der alle Völker folgen werden, kann nur das Motto Gleichheit und Freiheit haben. Die überwiegenden Bedürfnisse müssen durch die ungestüme und legitime Gewalt des Volkes bis zu den äussersten Konsequenzen verwirklicht werden." Die Hauptpunkte des Programms der Revolution waren folgende: 1. Aufhebung des göttlichen Rechtes; 2. des diplomatischen Rechtes; 3. des historischen Rechtes; 4. Verzicht auf jede Idee nationaler Vorherrschaft; 5. Freiheit des Individuums in der Kommune; 6. Freiheit der Kommunen und freie Föderation der Kommunen in der Provinz oder in der Nation; 7. Aufhebung des gegenwärtigen öffentlichen und privaten Rechtes; 8. Politische Gleichheit Aller; 9. Aufhebung aller persönlichen oder königlichen Privilegien; 10. Emanzipation der Arbeit vom Kapital; 11. Das einzige Eigentum ist: Die Arbeitswerkzeuge den Arbeitern, die Erde denen, die sie bebauen: 12. Freie Föderation der Nationen untereinander. — Es gab ein Zentral-Komitee, das für alle Mitglieder der Gesellschaft unbekannt blieb. Ein Zensor wurde gewählt, dessen Obhut ein Schwarzes Buch anvertraut wurde. Die Rechte waren: Freiheit, Gleichheit, Brüderlichkeit; die Pflichten: Arbeit, Propaganda, Aktion. Die Mitglieder mussten sich jene „militärischen Kentnisse" aneignen, die sie instandsetzen könnte „eine mehr oder weniger zahlreiche Masse bewaffneten Volkes revolutionär anzuführen." Es fehlten nicht die „symbolischen Zeichen", die „Losungsworte", damit „das tiefste Geheimnis die Persönlichkeit der Legionäre umgebe, denen es feierlich verboten ist, sich gegenseitig Mitteilungen zu machen, auch wenn sie im Kreise derselben Familie leben." Es waren die Fälle von „Unvorsichtigkeit oder Leichtsinn" vorgesehen, der „Täuschung und jeder anderen unmoralischen Handlung" „Verrat und Abtrünnigkeit". In diesem letzten Fall war die Strafe „Verfluchung und Infamie". Ausserdem „wird das geheime Bulletin des Zentral-Komitees den Verräter oder Abtrünnigen dem geschworenen Hass aller Legionäre der Gesellschaft weihen, die nun alle möglichen Mittel anwenden werden, um ihn moralisch zu vernichten oder derart, dass er nicht mehr schaden kann". — Diesem Programm der italienischen Gesellschaft steht ein anderes Programm der „Société internationale révolutionnaire" mit mehr Einzelheiten zu seiten, und einem Anhang „Catéchisme révolutionnaire", der im J. 1866 verfasst wurde. M. Nettlau, A. a. O., S.S. 204—246.

einem internationalen demokratischen Friedenskongress ereichte, der in September 1867 in Genf zusammentreten sollte. Ich hatte ungefähr vier Jahre in Italien zugebracht, wo ich Zeuge der ersten, allmähligen Entstehung von, um aufrichtig zu sein, zwar noch sehr konfusen, aber immerhin schon sehr fortgeschrittenen sozialistischen Bestrebungen, Neigungen und Ideen war. Nirgends konnte man besser als in Italien die Nichtigkeit des alten Prinzips der ausschlieslich politischen Revolution und die Dekadenz der Bourgeoisie studieren, dieser ausschliesslichen Vertreterin der Ideen von '89 und von '93, die man noch heute als den revolutionären Patriotismus bezeichnet." [1]) Seit dem Kongress von Genf, an dem er teilnahm, und wo er zum Mitglied des Generalrates ernannt wurde, fällt sein Leben immer mehr mit der anarchistischen Propaganda zusammen. Zu dieser Zeit tritt besonders sein Kampf über das Kriterium und die Richtung der revolutionären Organisation im Gegensatz zu Marx hervor; ein Kampf, der durch kleinliche persönliche Motive von beiden Seiten noch verbittert wurde. [2]) Als er im Juli '68 in die Internationale Genfer

---

[1]) M. Nettlau, A. a. O., S. 176.

[2]) Dave schreibt das Wiederauftreten der alten Anklagen gegen Bakunin in dieser Zeitperiode dem Aerger zu, den Marx über die Aufnahme Bakunins in die Internationale empfunden hat. Marx soll der Inspirator der in dieser Zeit im *Demokratischen Wochenblatt* von Liebknecht und in der *Zukunft*, Organ der preussischen Demokratie (J. III. No. 167, 187, 189) gegen Bakunin gerichteten Verdächtigungen sein. „Ich habe, schreibt Bakunin ungefähr einen Monat vor dem Kongress von Basel und kurz vor dem Kongress von Eisenach erfahren, dass einer der Führer der neuen sozialdemokratischen Partei Nord-Deutschlands, dessen Namen ich verschweige, (es ist Liebknecht) in einer halbpolitischen freundschaftlichen Zusammenkunft zu sagen wagte, dass ich offenbar ein ausserordentlich gefährlicher Agent der russischen Regierung sei, dass ich aus Sibirien nur mit Hilfe eben dieser Regierung geflohen bin, und dass er diesbezüglich alle Beweise in Händen habe; dass ich durch die Gründung der Allianz der sozialistischen Demokratie, die Internationale Arbeiter-Assoziation zerstören wollte, und schlau und diplomatisch wie es alle Russen sind, wäre es mir gelungen, den alten deutschen Sozialisten Johann Philipp Becker zu betören und zu sich herüberzuziehen. Dieser reiste gerade zum Kongress von Eisenach, und ich gab ihm einen offenen Brief an meinen Verläumder mit . . . ." Dieser Brief, dessen Original sich im Besitze von M. Nettlau befindet, wurde einem Ehrengericht vorgelegt. Abgesehen von der Frage der Allianz, erklärten die Schiedsrichter, wie Bakunin mitteilt „dass mein Gegner mit unglaublicher Leichfertigkeit gehandelt habe, indem er'ein Mitglied der Internationale auf Grund einiger verläumderischen Artikel beschuldigte, die in einem bourgeoisen Blatt erschienen sind.' V. Dave, zit. Schr. S.S. 16—18; M. Nettlau, A. a. O., S.S. 350, ss.

Sektion aufgenommen wurde, hatte Bakunin schon definitif seine Ideen festgelegt, die fast ohne jede wissenschaftliche Vorbereitung entstanden, und in vollem Widerspruch mit der Association waren, der er beitrat. Er konnte sich daher nicht der Disziplin einer Partei unterwerfen, an deren Organisation und Leitung andere den wichtigsten Anteil hatten. „Ich verabscheue den Kommunismus, schrieb er kurze Zeit nach seinem Eintritt in die Internationale, weil er die Negation der Freiheit ist und ich kann nichts Menschliches ohne die Freiheit begreifen. Ich bin nicht Kommunist, weil der Kommunismus alle Kräfte der Gesellschaft im Staat konzentriert und absorbiert, weil dessen Ziel die Zentralisation des Eigentums in den Händen des Staates ist, während ich die Vernichtung des Staates selbst anstrebe." [1]) Als er übrigens Ende September '68 die *Internationale Allianz der Sozialistischen Demokratie*, und in deren Schosse die *Geheime brüderliche Allianz* organisierte, die er vollständig und in allem nach seinen Ansichten bildete, zeigte er welch Unterschied ihn vom Programm der *Internationale* trennte. Die *Allianz* war eine Organisation, die eine kollektive Macht darstellte, in der alle einzelnen Individualitäten verschwanden. Es gab drei Grade der Zugehörigkeit: *Die internationalen Brüder*, in einer Anzahl von hundert Mann, die sich untereinander kannten, aber sich nicht den Aussenstehenden zu erkennen gaben, und mit einer Art Diktatur ausgestattet waren, deren Haupt Bakunin war; die *nationalen Brüder*, und die einfachen *Eingeweihten*, die aus den lokalen revolutionären Gruppen rekrutiert wurden. Der Einzelne musste auf jede Reputation und auf jeden Anspruch auf Ruhm verzichten, um auf sich nur „die Gefahren, die Widerwärtigkeiten, die harten Entbehrungen zu laden, doch mit dem Bewusstsein, eine Macht zu sein und Schrecken einzuflössen". — „Das Individuum ist verschwunden, schrieb Bakunin an die Kameraden (9. Februar 1870), und an Stelle der Individuen tritt die unsichtbare, unbekannte und überall anwesende Legion, die handelt und stirbt und alle Tage wieder neu geboren wird; wenn Dutzende verhaftet werden, treten hundert Neue an deren Stelle. Die Individuen verschwinden, aber die Legion ist unsterblich

---

[1]) M. Nettlau, A. a. O., S.S. 256, 257.

und jeden Tag mächtiger." Sein Ideal war, dass alle Ideen von individuellem Heroismus aufgegeben werden und dass die „Tätigkeit individueller Kräfte, die dramatischen Effekte und historischen Institutionen" beiseite gelassen werden. Er wollte, dass „sich die Menschenmassen wahrhaftig von aller Autorität und allen gegenwärtigen und zukünftigen Herren emanzipieren", weil er der Ansicht war, dass die Zeit der „historischen Individualitäten" für immer vorbei ist. Der Charakter unserer Zeit, fügte er hinzu, offenbart sich in einer bezeichnenden Opposition der Massen gegen jede Autorität und jedes Individuum, dass seinen Willen aufdrängen will. Wenn der Mechanismus der öffentlichen Gewalten erschöpft sein wird, wird es weder Ordnung noch öffentliches Interesse mehr geben. „Und was müsste an deren Stelle treten, damit die revolutionäre Anarchie nicht der Reaktion den Weg ebnet ? Die kollektive Aktion einer unsichtbaren, über alle Länder ausgedehnten Organisation. Ohne diese Organisation wird man niemals den Zustand der Machtlosigkeit verlassen, d.h. vom Wort zur Tat schreiten können." Einige Monate darauf fügte er hinzu : „Ich bin mehr als jemals Gegner der Zentralisation des revolutionären Staates und sehe das Heil nur in der revolutionären Anarchie, die auf allen Gebieten von einer unsichtbaren kollektiven Gewalt geleitet wird, der einzigen Diktatur, der ich zustimme ; weil bloss diese mit der Ehrlichkeit und der vollen Energie der revolutionären Bewegung vereinbar ist." Es ist notwendig, dass die Anarchie, und dies bedeutet das Erwachen des spontanen Lebens und aller lokalen Kräfte auf allen Punkten, so weitgehend als möglich werde, damit die Revolution lebendig, wirklich und mächtig werde und bleibe. Die politischen Revolutionen mit ihren Anhängern der sichtbaren Diktatur verlangen, nachdem die Revolution kaum ihre ersten Triumphe errungen hat, dass die Leidenschaften besänftigt und dass die Ordnung, das Vertrauen und die Unterwerfung unter die neu gebildeten Gewalten wieder hergestellt werden. In dieser Weise wird der Staat wieder hergestellt. Wir dagegen, sagt Bakunin, müssen alle Leidenschaften aufrühren, erwecken und entfesseln ; „wir müssen die Anarchie hervorrufen und als unsichtbare Lenker inmitten des Sturmes müssen wir das Volk führen, nicht mit Hilfe einer sichtbaren Gewalt, sondern durch die kollektive Diktatur der Alliierten, eine Diktatur ohne Uniform, ohne Titel, ohne offizielles Recht, die dadurch nur umso mächtiger wird, dass ihr jeder Anschein der Macht fehlen wird. Das ist die einzige Diktatur, die ich anerkenne. Aber damit sie wirken könne, ist es nötig, dass sie bestehe, und deshalb muss man sie schon im vorhinein vorbereiten und organisieren, weil sie nicht von selbst entstehen wird, auch nicht durch Diskussionen oder theoretische Auseinandersetzungen, oder prinzipielle Debatten oder auch durch Volksversammlungen....... Mein ganzer Ehrgeiz beschränkt sich darauf, den anderen zu helfen, diese kollektive unsichtbare Macht zu bilden, die allein die Revolution retten und lenken könnte." [1]).

Diese Auffassung des Wirkens einer revolutionären Assoziation erklärt die Verschiedenheit in Programm und Taktik der Internationale und der Allianz, ganz unabhängig von der Verschiedenheit der Charaktere von Marx und Bakunin und der feindlichen Spannung in ihren Beziehungen. Aber es ist ausser Zweifel, dass Bakunin aus dieser Verschiedenheit der Auffassung mehr als es ihm möglich war, in dem Sinne Vorteil ziehen wollte, als ob es sich um ein absichtliches und von Marx gehegtes Missverständnis handeln würde. Marx sah dagegen immer in der Allianz ein entgegengesetztes und die Internationale zersetzendes Element, wenn auch über die von ihm zu ihrer Bekämpfung angewandten Mittel sehr stark diskutiert werden könnte. Die Internationale und die Allianz, betonte dagegen immer Bakunin, wären sich durchaus nicht feindlich „wie die durchweg marxistische Synagoge von London es allen glauben machen möchte." Die Allianz sei die notwendige Komplettierung der Internationale, ohne welche diese letztere sich in eine Art monströsen internationalen Staates mit einer autoritären Regierung unter der Diktatur von Marx verwandeln würde. Ohne die Allianz würde sich die Internationale, wie es die marxistische Clique gerne möchte, bald in ein gefügiges Werkzeug zur Verwirklichung persönlicher ehrsüchtiger Pläne verwandelt sehen, was der wirklichen Emanzipation der Volksmassen entgegensteht. Aber die Internationale und die Allianz verfolgen gleichzeitig, obwohl sie

---

[1]) M. Nettlau. A. a. O., S.S. 280—282.

dasselbe Endziel haben, verschiedene Aufgaben. Die eine hat zum Zweck die Arbeitermassen über die Unterschiede der Nationen, Länder und Grenzen der Staaten hinweg, in einen ungeheuren und kompakten Körper zu vereinigen. Die Allianz hat dagegen die Aufgabe „dieser Masse eine wahrhaft revolutionäre Richtung zu geben". Die Programme der einen und der anderen unterscheiden sich, ohne sich entgegenzustehen, durch den Grad ihrer Entwicklung. Das Programm der Allianz ist die ausführliche Erläuterung desjenigen der Internationale. Ihre Aufgabe ist der Revolution zu dienen. Sie ist also keine theoretische und ausschliesslich ökonomische, sondern vor allem kämpfende Organisation, die die Aufgabe hat „die Macht der Volksmassen zu organisieren, um die Vernichtung aller Staaten und aller jetzt bestehenden religiösen, politischen, juridischen, ökonomischen und sozialen Institutionen, sowie die absolute Emanzipation der unterdrückten und ausgebeuteten Arbeiter des ganzen Welt herbeizuführen. Die Aufgabe der Organisation der Allianz ist, die Massen dahin zu drängen Tabula rasa zu machen, damit die ländlichen und industriellen Bevölkerungen sich nach den Prinzipien der Gerechtigkeit und der Gleichheit, der Freiheit und der Solidarität, von unten nach oben, spontan und frei, organisieren und föderieren, ohne jede offizielle Vormundschaft, ob sie nun reaktionär sei, oder ob sie sich auch als revolutionär proklamieren möge." [1]) Die Internationale bereitet die Elemente der revolutionären Organisation vor, aber führt sie nicht durch. Sie beschränkt sich darauf, den öffentlichen und legalen Kampf der Arbeiter zu organisieren, und theoretische Propaganda der sozialistischen Ideen innerhalb der Arbeitermassen zu betreiben, dies sei aber noch nicht die revolutionäre Organisation der Massen. Sie beschränkt sich darauf, die Welt der Arbeiter von der Welt der Priviligierten loszureissen, genügt aber noch nicht dazu, den Arbeitern einen revolutionären Anstoss zu geben. Die Internationale begnügt sich damit, den Arbeitern eine offizielle Theorie zu bieten, was aber nicht hindert, ja sogar noch dazu beiträgt, dass verschiedene und entgegengesetzte Lehren auftreten, welche ihre äussersten Pole in den beiden abweichenden Strömungen finden, und zwar der

---

[1]) M. Nettlau, A. a. O., S.S. 286, 287. —

autoritären Sozialisten, die die Emanzipation durch die Reformen des Staates, und der revolutionären Sozialisten, die diese von der Vernichtung des Staates erwarten. Diese letzteren müssen sich ihrerseits zur Erreichung ihres Zieles eng vereinigen. „Aber da dieses Werk ein praktisches, revolutionäres Ziel hat, kann die gegenseitige Abmachung, die die notwendige Bedingung ist, nicht öffentlich sein, denn wenn diese öffentlich wäre, würde sie gegen die Initiateure die Verfolgungen der ganzen offiziellen und offiziösen Welt hervorrufen und würde zermalmt werden, bevor es ihr noch möglich geworden wäre, die allergeringste Bewegung auszuführen. Deshalb kann also diese Vereinbarung, und die Assoziation, die aus ihr entstehen soll, nicht anders durchgeführt werden als geheim ..... Dies ist die Absicht und der Zweck der Allianz. Sie ist eine geheime Gesellschaft, die im Schosse der Internationale gebildet ist, um ihr eine revolutionäre Organisation zu geben und um sie zusammen mit den Volksmassen, die ausserhalb bleiben, in eine genügend organisierte Macht zu verwandeln, dass sie imstande wäre, die politische, klerikale und bourgeoise Reaktion zu vernichten und alle ökonomischen, juridischen, religiösen und politischen Institutionen der Staaten zu zerstören." [1])

In diesem Konflikt zwischen der Allianz und der Internationale konzentriert sich einige Jahre hindurch die ganze Tätigkeit Bakunins, dessen Schriften das Echo dieses Konfliktes, mit Beziehungen auf alle sozialen Ereignisse, die sich in dieser Zeit abspielten oder vorbereiteten, in ziemlich weite Kreise trug. Etwas weniger als ein Jahr vor der Kommune, sah er schon dieses Ereignis voraus, und obwohl er seine Reserven darüber machte, ohne jedoch die Möglichkeit auszuschliessen, dass die revolutionäre Bewegung in Paris beginnen sollte, entwarf er beinahe dessen Programm. Nach Bakunin hätte Paris eine vollständig negative Initiative ergreifen sollen und zwar „der Zerstörung und der Auflösung, aber nicht der Organisation." „Wenn Paris, schrieb er im April 1870, sich erhebt und triumphiert, wird es das Recht und die Pflicht haben, die vollständige Auflösung des politischen, juridischen, finanziellen und administrativen Staates,

---

1) M. Nettlau, A. a. O., S.S. 290, 291. —

den öffentlichen und privaten Bankrott, die Aufhebung aller Funktionen, aller Behörden und aller Formen des Staates zu proklamieren, aus allen öffentlichen und privaten Dokumenten und Aktenstücken würde ein Freudenfeuer gemacht werden müssen, damit die in Verbänden vereinigten Arbeiter Besitz ergreifen von allen Arbeitswerkzeugen, von den Fabriken und allen Kapitalien jeder Art, und nach Strassen und Bezirken bewaffnet und organisiert bleiben. Diese bilden nun die revolutionäre Föderation aller Bezirke, die leitende Kommune." [1]) Diese Föderation hätte sich nach Bakunin kein Recht anzumassen, Frankreich zu regieren und zu organisieren; sondern bloss die Bevölkerungen aller Kommunen Frankreichs und des Auslands aufzufordern, ihrem Beispiel zu folgen, dass jede die Revolution für ihre eigene Rechnung mache, die dahin gehen soll „den Staat, das juridische Recht und das priviligierte Eigentum" zu zerstören. Alle Kommunen hätten sich darauf zu föderieren, um eine kollektive Organisation der Betriebe und der Beziehungen der Produktion und des Austausches zu bilden, die auf der Gleichheit begründet ist, die ihrerseits die Grundlage aller Freiheit ist. Gleichzeitig hätte man auch eine gegenseitige Verteidigung gegen die Feinde der Revolution, eine aktive Propaganda der Revolution selbst und die praktische revolutionäre Solidarität zu organisieren und zwar, „mit den Freunden aller Länder gegen die Feinde aller Länder". Die Revolution müsste also unabhängig vom Zentralpunkt sein und bleiben, der als ihr Ausdruck und ihr Produkt erscheinen würde, aber nicht als die Quelle, die Leitung und die Ursache. Und was die einzelnen Individuen anbetrifft, hätte sich jeder nur von der Liebe zur Gerechtigkeit und zur Gleichheit leiten zu lassen und nicht vom Wunsche „sich eine historische Pose zu geben", oder sich von diesem „italienischen Charlatanismus" hinreissen zu lassen, der von manchen „als ausgezeichnetes Mittel die Massen zu magnetisieren" betrachtet wird. Die Zeitperiode, die der Kommune vorangeht, ist für Bakunin eine der aktivsten seines Lebens. „Ich will nicht, schrieb er damals [2]), ich will nicht

---

[1]) In einem Brief an Richard, Vrgl.: A. Richard, *Bakounine et l'Internationale à Lyon; Rev. de Paris*, 1896, 1. Sept. S.S. 119—160, und M. Nettlau, A.a.O., S.S. 412 s.s.

[2]) Brief aus Locarno an Prof. A. Vogt, 3. Febr. 1870. Vrgl.: M. Nettlau, A.a.O., S. 474.

sterben, bevor ich etwas getan habe und will mit energischer und glühender Tätigkeit die Tage ausfüllen, die mir noch zu leben vergönnt sind." Die Nachrichten vom preussisch-französischen Krieg nährten noch mehr seine glühende Begeisterung. Die französische „blague" vernichtet von der wissenschaftlichen Brutalität der Preussen ! rief er aus. Das offizielle Frankreich stürzt und das revolutionäre Frankreich erwacht. „Die Revolution wird bald vor der Türe stehen, zuerst in Frankreich und in Italien, und dann ein wenig überall. Es lebe die Revolution ! " [1]). So vervielfachte sich seine Tätigkeit und er schrieb an die Freunde, sich vollständig auf eine revolutionäre Bewegung vorzubereiten, die er für unvermeidlich erachte ; sich daran zu machen, sich bereit zu halten, die Republikaner in Kenntnis zu setzen. Er berief Fanelli und andere italienische Republikaner zu sich nach Locarno, um ihnen seine Aussichten über die Lage in Italien auszusprechen, die ihm von Freunden als geeignet geschildert wurde. Er forderte die Spanier, deren revolutionäre Organisation grosse Fortschritte gemacht hatte, auf, die bevorstehende allgemeine Bewegung zu unterstützen. Nur die raschen Erfolge der Preussen waren seinen Projekten im Wege, weil er befürchtete, nicht mehr von der sonst unvermeidlich entstehender Unordnung profitieren zu können. [2]) In seiner hastigen Verfolgung der Ereignisse schrieb er im September, dass das französische Volk auf keine Regierung, auch auf keine revolutionäre Regierung rechnen möge, sondern nur auf sich selbst. „Die Regierungsmachine, der Staat ist gebrochen. Frankreich kann bloss durch eine sofortige, allgemeine, dezentralisierte Erhebung der ganzen Bevölkerung der Städte und der Dörfer gerettet werden. Das Volk muss sich erheben und ausserhalb jeder Vormundschaft und jeder offiziellen Regierungs-Organisation von unten nach oben organisieren und entschieden den Sturz des Staates mit allen seinen Einrichtungen und die Aufhebung aller Konstitutionen proklamieren. Nur ein Gebot habe es anfrecht zu halten und zwar die Sicherheit Frankreichs gegen die Preussen nach aussen, gegen die Verräter nach innen." [3]). Die Kommunen müssten sich organisieren und

---

[1]) Brief aus Locarno, 11 Aug. 1870. Vrgl. : M. Nettlau, S. 426.

[2]) A. Richard, cit. Schrift.

[3]) Brief von 4. Sept. 1870.

bewaffnen und ihre Delegierten in irgend einen Ort mit Ausschluss von Paris senden, um die provisorische Regierung zu bilden. Die grossen Provinz-Mittelpunkte Lyon und Marseille müssten diese Initiative ohne Zögern ergreifen, denn Zögern wäre ein Verbrechen; ohne Verspätung, denn die rasche Aktion drängt. Das Bürgertum ist lächerlich, ohne Hirn und ohne klares Bewusstsein. Die Administration ist bonarpartistisch. Das ganze Heil Frankreichs beruht also bloss auf den Arbeitern, auf der Bevölkerung der Städte, die das Volk der Landgemeinden mitreissen muss. Wenn sich die Arbeiter von Lyon und Marseille, schliesst er, nicht sofort erheben, sind Frankreich und der europäische Sozialismus verloren. Und er erklärte sich bereit, selbst persönlich an der Aktion teilzunehmen.

Am 6. September konnte er in der Tat mit sichtlicher Freude aus Locarno an seinen Freund Adolf Vogt in Bern schreiben: „Meine sozialistisch-revolutionären Freunde von Lyon rufen mich nach Lyon. Ich bin entschlossen, meine alten Knochen dorthin zu tragen und dort wahrscheinlich meine letzten Handlungen auszuführen." [1]) Und er ging nach Lyon. Dies veranlasste Marx, drei Jahre darauf mit beissender Ironie zu schreiben, dass nun endlich der kritische und herbeigesehnte Moment gekommen war, in dem Bakunin die allerrevolutinärste Tat ausführen konnte, die die Welt jemals gesehen hat, nämlich die Aufhebung des Staates zu dekretieren. Jedoch kam dazwischen, setzt Marx fort — dass der Staat, in der Form von zwei Kompagnien der bürgerlichen Nationalgarde, durch ein Tor, das man zu beschützen vergessen hatte, eindrang, den Saal reinfegte und Bakunin in grösster Eile den Weg nach Genf nehmen liess. [2]) In ihrer rauhen Wirklichkeit hatten sich auch die Dinge tätsächlich nicht anders abgespielt. Bakunin ging nach Lyon mit der Absicht, seine Freunde von der Notwendigkeit zu überzeugen, dass man alle Leidenschaften, alle Appetite, den ganzen Hass des rebellischen, entfesselten und wütenden Volkes sich austoben und betätigen lassen müsse,

---

[1]) M. Nettlau, *A. a. O.*, S. 489.

[2]) *L'Alliance intern. de la démocratie socialiste et l'Association intern. d. Travailleurs.* London 1873. S. 21. Bis zu welchem Masse man diese Schrift Marx zuschreiben kann, darüber später. . . .

dass man sich wohl davor hüten möge, die Bewegung in die Banden einer Doktrin oder irgend einer Autorität einzukerkern und zu disziplinieren. Er sagte, dass es nötig sei, Vertrauen in das Volk zu haben und dass es nur gerecht sei, wenn es Vergeltung nehme; dass das Volk genügend betrogen, misshandelt und ausgebeutet wurde, um nun das Recht zu haben, sich, ganz gleich auf welche Weise, endlich zu rächen; dass dessen Exzesse von anderen, unendlich mehr verbrecherischen hervorgerufen wurden, dass alle politischen Regierungsformen, alle Gesetzgebungen ihren Ursprung in der Gewalt hätten und erst nachträglich zu einer Moral Zuflucht nähmen, um einer unterdrückenden Minorität die Frucht ihres Raubes zu garantieren; dass niemand eine der natürlichen Ordnung der Dinge überlegene Gerechtigkeit oder Weisheit besitze, die ihm das Recht geben könnte, über andere Menschen zu urteilen und ihnen ihre Verhaltungsnorm vorzuschreiben. Und er schloss damit, dass es sich nun darum handle „eine Revolution der Rache und der Verzweiflung" entstehen zu lassen. [1]) Mit diesen Ideen versuchte Bakunin alle revolutionären Leidenschaften zu erwecken und zu vereinigen, wozu er die grösste Tätigkeit entfaltete. Es wurden Versammlungen über Versammlungen abgehalten, die einen öffentlich, die anderen geschlossen, worauf ein Zentralkomitee für die Wohlfahrt Frankreichs begründet wurde. Doch ging man nicht über den Versuch dieser Organisation hinaus, auch hatte man weder ein präzises Ziel, noch entstand daraus die revolutionäre Spontaneität, die Bakunin erwartet hatte. Er erklärte, dass es notwendig sei, um jeden Preis zu handeln und sich mit Leib und Seele in den Kampf zu stürzen, ohne sich irgend einen Ausweg zu reservieren. Dies war ein Moment, den er als von grösster Bedeutung erklärte. Als nun in Lyon niemand die furchtbare Initiative eines blutigen Konfliktes nehmen wollte, triumphierte die Illusion Bakunins, und damit verbreitete sich eine Art von Rausch, der selbst die Gleichgültigsten die Möglichkeit des Erfolges voraussehen liess. Von Bakunin selbst wurde am 28. September ein Manifest redigiert und veröffentlicht, dass von seinen Freunden unterzeichnet und in einer allgemeinen Versammlung gutgeheissen wurde, in

---

[1]) A. Richard, zit. Abh.

dem unter anderem erklärt wurde, dass in Anbetracht „dass die Verwaltungs- und Regierungsmachine des Staates machtlos geworden sei, der Staat hiemit aufgehoben ist" ; dass das Volk Frankreichs in den vollen Besitz seiner selbst wieder eintrete ; dass alle Gerichtshöfe, Steuern, Hypotheken u.s.w. beseitigt sind ; dass, da der Staat gestürzt sei, er auch nicht mehr zur Zahlung privater Schulden eingreifen könne u. s. w. „Diese, vom Volke unterstützte Vereinbarung — so schloss das Manifest — wird Frankreich retten. Zu den Waffen!" [1]). Doch am selben Tage, der für die Erhebung beschlossen war, wurde Bakunin inmitten seiner Freunde verhaftet. Dieses Ereignis beschleunigte die revolutionäre Bewegung, verdarb sie aber auch. Eine riesige Menge von Arbeitern stützte sich nach der Stelle, wo Bakunin verhaftet wurde, machte sich zur Herrin des Platzes und vertrieb die Offiziere der Nationalgarde. Bakunin wurde von seinen eigenen Freunden befreit und konnte mitten durch die Reihen der bürgerlichen Nationalgardisten hindurchgehen, denen er zurief, dass sie ihm während der Verhaftung das Portemonnaie geraubt hätten und nannte sie Diebe und Schurken. Das Komitee für die Wohlfahrt Frankreichs versammelte sich sofort, um praktische Massnahmen zu ergreifen; doch jeder Versuch war umsonst. Die revolutionäre Bewegung war in einem vollständig misslungenen Versuch erschöpft. „Ich habe hier nichts mehr zu tun," schrieb Bakunin an diesem Abend an einen Freund [2]), und reiste nach Marseille ab, wo er kurze Zeit darauf (23. Oktober) zugab, dass er garkeinen Glauben mehr an die Revolution in Frankreich habe, weil das Volk doktrinär, unehrlich und spiessbürgerlich geworden sei, wie die ärgsten Bourgeois. „Die soziale Revolution hätte es retten können, aber da es unfähig war, sie durchzuführen, läuft es recht viel Gefahr, von den Preussen definitiv erobert zu werden ..... So oft ich mich zwinge, mir das Gegenteil einzureden, glaube ich dennoch, dass Frankreich verloren, und durch die Unfähigkeit, die Feigheit und Geldgier der Bourgeois den Preussen preisgegeben ist. Der Militarismus und die Bureaukratie, die adelige Arroganz und der protestantische Jesuitismus der Preussen, aufs innigste ver-

---

[1]) M. Nettlau, *A. a. O.*, S. 511.

[2]) M. Nettlau, *A. a. O.*, S. 514.

bunden mit der Knute meines teuren Souverains und Herrschers, des Kaisers aller Reussen, sind im Begriffe über den ganzen Kontinent von Europa zu triumphieren, und Gott weiss für wie viele Jahrzehnte. Lebt wohl, alle meine Träume baldiger Emanzipation. Es wird eine mörderische und schreckliche Reaktion werden. [1]) Das hielt Bakunin nicht ab, auch an der Erhebung in Marseille teilzunehmen, bis er endlich, wohl vermeidend sich erkennen zu lassen [2]), sich nach Genua einschiffte und von dort Ende Oktober 1870 nach Locarno zurückkehrte.

Während einer kurzen Zeit unterbrach Bakunin seine revolutionäre Tätigkeit und nahm — während er auch weiter seine Ansichten über den preussisch-französischen Krieg formulierte, eine seiner Schriften „Antitheologisme" wieder auf, die bis dahin unveröffentlicht geblieben war und gab im Mai 1871 deren ersten Teil unter dem Titel „Das knuto-germanische Reich und die soziale Revolution" in Genf heraus. Er setzte das Werk unter dem Titel „Die historischen Sophismen der doktrinären Schule der deutschen Kommunisten" fort, von der erst nach seinem Tode ein Auszug veröffentlicht wurde, dessen wichtigsten Teil die Broschüre „Gott und der Staat" [3]) bildet. Inzwischen

---

[1]) M. Nettlau, *A.a.O.*, S. 516. Andererseits ist es aber gut daran zu erinnern, dass er sich bald darauf widersprach. z. B.: „Während meines kurzen Aufenthaltes in Lyon und in der Umgebung von Marseille habe ich gesehen, habe ich gefühlt, dass das Volk durchaus nicht tot war. Es hat alle grossen Instinkte und alle gewaltigen Energien eines grossen Volkes. Was ihm fehlt, ist die Organisation und die richtige Leitung. . . ." Und auf einer anderen Stelle heisst es: „Die Deutschen haben soeben einen ungeheueren Dienst dem französischen Volk erwiesen. Sie haben seine Armee vernichtet. Die französische Armee! Dieses so furchtbare Werkzeug des kaiserlichen Despotismus, diese einzige Existenzbedingung der Napoleons! So lange jene mit ihren brudermörderischen Bajonetten bestand, war kein Heil für das französische Volk möglich . . . . . Heute existiert diese unermessliche Armee mit ihrer furchtbaren Organisation nicht mehr. Frankreich kann nun frei sein. Es wird es dank den deutschen Brüdern werden." . . . . . Ibid., S.S. 520 und 522.

[2]) Bakunin liess sich seinen Bart und seine langen Haare abnehmen und verdeckte seine Augen durch blaue Brillengläser. Nachdem er sich so verwandelt in einem Spiegel ansah, sagte er, dies auf seine Verfolger beziehend: „Diese Jesuiten zwingen mich ihren Typus anzunehmen". A. Rickard, zit. Abh.

[3]) Anm. d. Ueb. — Um bibliographische Missverständnisse zu vermeiden, ist vielleicht nachstehende Bemerkung nicht überflüssig. B. hat keiner seiner Schriften den Titel „*Gott und der Staat*" gegeben. Diese Schrift bildet die Seiten 149—210 und 214—247 des unveröffentlichten Manuskripts der (nicht-erschienen) zweiten Lieferung

waren die Ereignisse der Pariser Kommune eingetreten, mit denen er sich nun, zusammen mit den Mitgliedern der Internationale der Jura-Sektionen befasste. Die Mitglieder hatten noch keine offizielle Rücksprache genommen und jeder handelte auf seine persönliche Verantwortlichkeit hin „um die Pariser Sozialisten mit Hilfe von Bewegungen in der Provinz zu unterstützen." [1]) Im Mai hielt Bakunin drei Vorträge in der Zentralsektion des Distrikts von Courtelary (Jura), die selbstverständlich eine Lobeshymne auf die Kommune waren. Seien wir gute Brüder schloss er; glaubt nicht, dass wir am Ende der Revolution sind, wir sind an ihrem Anfang. Die Revolution ist nun auf der Tagesordnung für mehrere Jahrzehnte. Sie wird uns früher oder später zu finden wissen. Schliessen wir unsere Reihen und bereiten wir uns würdig auf diesen Kampf vor, der alle Völker retten und endgültig die Menschheit befreien soll. Aber seine Ideen über die Kommune findet man viel präziser und gründlicher in einer anderen Schrift, die Ende Juli desselben Jahres verfasst, aber auch erst nach seinem Tode veröffentlicht wurde und zwar: „Die Kommune von Paris und der Staatsbegriff". In dieser Schrift suchte er auf Grund der Analyse der Entwicklung der Gesellschaft und der damals in Europa sich abspielenden Ereignisse nachzuweisen, dass das einzige Heilmittel gegen die sozialen Übel die Revolution sei, und dass man dahin wirken müsse, dass diese Wahrheit von allen ehrlichen Menschen anerkannt werde. Nachdem er nun die Unterschiede darlegte, die zwischen den Kommunisten bestehen, die die Arbeiter organisieren zu müssen glauben, um sich der politischen Macht der Staaten zu bemächtigen, und den revolutionären Sozialisten, die sich organisieren, um die Staaten zu zerstören, erklärte er, dass die Kommune

---

des Werkes „*L'Empire Knouto-germanique et la Révolution sociale*". Nach dem Tode B.'s veröffentlichten E. Réclus u. C. Cafiero diese Manuskriptseiten, denen sie selbst den Titel „*Dieu et l'Etat*" gaben, (Genève, Impr. Jurassienne, 1882; préface de C. Cafiero et d. E. Réclus). Diese Schrift erschien in deutscher Uebers. v. J. Most in d. „Int. Bibl." No 17, Juli, 1891, New-York. Nun befindet sich aber in dem von N[ettlau] herausgegebenen I. Bd. der *Oeuvre's* B.'s ebenfalls eine Schrift „*Dieu et L'Etat*". Dies ist aber *nicht* diese allgemein bekannte Broschüre, sondern die Seiten 286—340 desselben, vorhin erwähnten Manuskripts der unveröffentlichten zweiten Lfg. des *L'Emp. Kn.-Germ.*, etc. — Vergl.: S. 152, Bibliogr. Fussnote.

[1]) Supplem. zum *Bulletin jurassien*, zit.

von Paris gerade eine solche erste herrliche und praktische Kundgebung des revolutionärenSozialismus gewesen ist. Und es war auch eine historische Tat von ungeheurer Bedeutung, dass die Verneinung des Staates sich gerade in Frankreich manifestiert hatte, das bis zu diesem Augenblick das Land der politischen Zentralisation par excellence war. Während Bakunin noch in diesen Ideen steckte, profitierten die Häupter der I n t e r n a t i o n a l e von den Verhältnissen, um ihre Autorität umso fester zu begründen, um die allgemeinen Kongresse aufzuheben und um definitiv die Opponenten zu verdrängen, die sich ihren Hass zugezogen haben. Zur Zeit, wo jedes Mitglied der schweizerischen Sektionen nur vom Leben der Helden der Kommune lebte und alle Männer der Tat in der I n t e r n a t i o n a l e ihre Tätigkeit und alle Kräfte ihrer Intelligenz darauf konzentrierten, den Kameraden von Paris zu Hilfe zu kommen, dachten Marx und seine Kreaturen nur daran, die Ereignisse dieses gigantischen Dramas zur Verwirklichung ihrer kleinlichen Kalkulationen auszunutzen, indem sie versuchten, aus der ganzen I n t e r n a t i o n a l e einen Tummelplatz für ihren Ehrgeiz und ihre Intrigen zu machen. Und von nun an gerät Bakunin über Hals und Kopf in die Kämpfe, die in den, dem Krieg von 1870 folgenden Kongressen sich abspielten, und die einige Jahre dauerten. Aber man kann sich von diesen Kämpfen keinen entsprehenden Begriff machen, ohne sie im Zusammenhang mit der allgemeinen Bewegung zu behandeln, die aber schon ausserhalb der Tätigkeit Bakunins allein liegt, worauf wir nun an entsprechender Stelle zurückkommen werden.

Abgesehen von den persönlichen Zwistigkeiten zwischen den beiden, ist es gewiss, dass zwischen den Ideen Bakunins und jenen von Marx keine Versöhnung möglich war. Und Bakunin selbst, der doch behauptete, dass es „ein gehässiger und infamer Schachzug seiner Gegner sei", ihn als Parteichef betrachten zu wollen, war sich zumindestens dieser unversöhnlichen Situation bewusst und liess keine Gelegenheit vorbeigehen, sie zu betonen. Er bestritt es, von der Absicht beseelt zu sein, in der I n t e r n a t i o n a l e als Nebenbuhler Marx's auftreten zu wollen, doch gab er zu, ganz entgegengesetzte Ansichten zu verkünden — was auf dasselbe herauszukommen scheint. Er erkannte auch Marx als „einen der intelligentesten Begründer und Anreger der Internationale" an, aber vom Augenblick, als sich diese Organisation konsolidierte, wollte er sie von jeder sichtbaren oder versteckten Bevormundung emanzipieren. [1]) Bakunin aber, der so wenig bereit war sich von den Erfahrungen, wenn sie auch noch so bezeichnend waren, belehren zu lassen, als auch seine Überzeugungen durch die Berührung wissenschaftlicher und theoretischer Debatten zu vervollständigen, findet sich bald in einen Kreis von Ideen eingeschlossen, die er, so merkwürdig arm sie auch waren, blind und hartnäckig vertrat. Und so brachen mit dem Fortschritt der Jahre polemische Explosionen hervor, die immer leidenschaftlicher wurden, je mehr er in Berührung mit sozialen und politischen Bewegungen kam, die sich ausserhalb seiner Auffassung des individuellen und kollektiven Lebens entrollten. Das typische Beispiel hat man in den unaufhörlichen Polemiken mit Marx und einen weiteren Beleg in der Polemik mit Mazzini, die in den Jahren '71 und Anfang '72 stattfand [2]), in denen Bakunin sich nicht auf der Höhe der reinen Ideendiskussione aufrecht erhalten konnte und bewies, dass er weit davon entfernt war, die Bedeutung des Werkes von Mazzini zu begreifen. Für Bakunin vertrat Mazzini das Prinzip eines metaphysischen und mystischen Idealismus, aufgepfropft auf den patriotischen Ehrgeiz des Staatsmannes. Dieses Prinzip ist der Kultus Gottes und der Kultus der göttlichen und menschlichen Autorität, der Glaube an die messianische Bestimmung Italiens als Königin der Nationen, mit Rom als Hauptstadt der Welt. Die Bitterkeit und der Zorn Mazzinis gegen den Sozialismus, meint Bakunin, seien ganz natürlich. Nachdem er über dreissig Jahre lang an der Spitze der revolutionären Bewegung Europas stand, fühlt er, dass diese Führung seinen Händen entrinnt, fühlt er, dass er allein, verlassen, unverstanden bleibt und von nun an unfähig ist zu begreifen, was sich vor seinen Augen abspielt. Seine Anathemas gegen die Pariser Kommune und gegen die I n t e r n a t i o n a l e bilden „zwei Verbrechen, die in den Augen der ganzen sozialistischen Demokratie Europas unver-

---

[1]) Brief vom 10. Mai 1872 an den spanischen Internationalisten Anselmo Lorenzo; Vrgl.: M. Nettlau, *A. a. O.*, S.S. 586 sq.

[2]) Für präzise bibliographische Angaben siehe später auf Seite 151—152, Fussnote [1]) a.)

zeihlich sind" [1]) Die mazzinianische Taktik, fügte noch Bakunin hinzu, ist ein ewiges Spiel, das dahin führen muss, mit Hilfe des allgemeinen Wahlrechtes und des Volksarmes ein System theokratischer Autokratie triumphieren zu lassen, das den Instinkten, den Bedürfnissen und den Bestrebungen des Volkes absolut feindlich ist und auf Kosten des Volkes ein Unterdrükkungswerkzeug gegen das Volk selbst hervorbringen muss. Ausserdem sei Mazzini der Mann der Antorität. Er bewundert die Macht und die Idee der Macht, weil er Bourgeois ist und Theologe. Er will den Staat, also will er die Bourgeoisie. Und deshalb ist er antirevolutionär in seiner ganzen Natur, in der ganzen Tendenz seiner Empfindungen und Ideen. „Aus diesem Grunde hat Mazzini in allen Bewegungen, die er — ich will nicht sagen durchgeführt, denn in Wirklichkeit hat er keine einzige durchgeführt, — aber bloss unternommen hat, immer sorgfältig vermieden, direkt an die Volksmassen zu appelieren. Er hätte eher zugestimmt, das Joch der Oesterreicher und der Bourbonen und schliesslich sogar des Papstes zu ertragen, als gegen diese die Leidenschaften des Proletariats aufzurufen. Und dies ist nach meiner festen Überzeugung der wichtigste Grund aller seiner schmerzlichen Misserfolge...... Keine einzige von den Erhebungen, Expeditionen und Waffenergreifungen, die speziell von Mazzini veranlasst worden sind, haben jemals Erfolg gehabt." Nachdem die theologischen Ideen Mazzinis — betonte noch Bakunin nach dessen Tode — ausgerüstet mit dieser freiheitsmörderischen Gewalt, die allen göttlichen Abstraktionen gemein ist, schliesslich über das revolutionäre Temperament und die notwendigerweise liberale Natur des Italieners den Sieg davongetragen hatten, verwandelten sie ihn in den letzten Tagen seines Lebens in einen unerbittlichen Feind der Revolution. Er hat sie in allen ihren gegenwärtigen grössten Kundgebungen verflucht; in der Kommune von Paris, in der I n t e r n a t i o n a l e, in der positiven Wissenschaft. Mazzini hat alles angegriffen, was uns teuer und heilig ist, schloss Bakunin, und wollte uns Ideen und Einrichtungen aufzwingen, die wir aus der Tiefe unseres Herzen und mit aller

---

[1]) M. Bakounine, *Risposta d'un internazionale a G. Mazzini*, Milano, supplem. *Gazz. rosa*, 1871 S. 18.

Kraft unserer Überzeugungen verabscheuen. Wir wären Feiglinge und Verräter, wenn wir ihn nicht aufs äusserte bekämpft hätten. [1])

Doch wurde Bakunin wieder von diesen leidenschaftlichen Polemiken durch die aufeinanderfolgenden Kongresse, und besonders durch den Kongress von Haag (1872) abgelenkt, der seinen Ausschluss aus der Internationale beschloss, und zwar wegen der zweifachen Beschuldigung des Betruges (escroquerie) und der Zufluchtnahme zur drohenden Einschüchterung, um sich der Bezahlung von persönlichen Schulden zu entziehen. [2]) Diese

---

[1]) M. NETTLAU, *A. a. O.*, S.S. 619—639, *passim*. In einem Brief vom 10. März 1872 an CELSO CERETTI; resumierte BAKUNIN in folgender Weise sein Urteil über MAZZINI: „...... Hierin liegt das grosse Werk, das unsterbliche Werk Mazzinis; Er hatte diese Jugend gebildet und durch sie dieses Italien geschaffen wie es ist, jawohl, aber nur so wie es ist, das zivilisierte, gebildete, bourgeoise Italien, das politische Italien, den Staat Italien, nicht das soziale Italien, nicht das volkstümliche und lebendige Italien. Dem idealen Werke Mazzinis fehlte die Weihe des Volkes; ..... die von Mazzini geschaffene politische Einheit ist heute über die Hälfte verfault, ist das Eldorado der Parasiten und der verächtlichsten Raubbestien geworden..... Das von Mazzini geschaffene Italien ist unabwendbar zum Italien der Lanza, der Bonghi, der Correnti und der Visconti-Venosta, zum Italien der Crispi, Mordini, Nicotera und *tutti quanti* geworden. Es war dies kein unglücklicher Zufall, sondern eine logische und unvermeidliche Notwendigkeit" "..... *Société nouvelle*, Febr. 1896, S. 176.

[2]) Diese Ausschliessung BAKUNINS aus der Internationale wurde seit der Konferenz von London im September 1871 vorbereitet, als auf den Vorschlag des von Marx geleiteten Generalrates darüber beraten wurde, eine Untersuchung über die Teilnahme der *Allianz* und BAKUNINS an der Affaire NETSCHAJEFF einzuleiten, die an entsprechender Stelle ausführlicher behandelt wird. Einen Bericht über diese Untersuchung auszuarbeiten wurde NIKOLAUS UTIN, ein exilierter Russe beauftragt, der mit wahrem Fanatismus sich dem Marxismus angeschlossen hatte. Dieser Bericht, an dessen Redaktion Marx selbst so wenig fremd war, dass er ihm ohne weiteres, meiner Ansicht nach mit Recht, schon wegen der Form zugeschrieben wird, (Vrgl.: M, NETTLAU, *Bibl. de l'anarchie*, zit. S.S. 43 u. 219) wurde unter dem Titel: *L'Alliance Internat. de la démocratie socialiste et l'Ass. I. d. Tr.*, etc. Londres-Hambourg 1873. zit., veröffentlicht und diente den Delegierten zum Kongress von Haag als Grundlage zu folgenden Erklärungen: „1. Dass die *geheime Allianz*, die mit, denen der *Int. Arb. Assoziation* vollständig entgegengesetzten Statuten begründet wurde, bestanden hat, dass es aber nicht genügend nachgewiesen sei, dass sie noch weiter bestehe; 2. Dass durch einen Statuten-Entwurf und durch von „Bakounine" unterzeichnete Briefe nachgewiesen wurde, dass dieser Bürger versuchte hatte, was ihm auch vielleicht gelungen ist, in Europa eine geheime Gesellschaft zu begründen, deren Statuten vom sozialen und politischen Gesichtspunkt von denen der Int. Arb. Ass. vollständig verschieden sind; 3. Dass der Bürger Bakunin sich betrügerischer Handlungen schuldig gemacht hat, die zum Zwecke hatten, sich ganz oder teilweise das Eigentum eines Anderen anzueignen, was die Tatsache der Gaunerei (escroquerie) konstituiert. 4. Dass er ausserdem, um seinen Verpflichtungen nicht nachkommen zu brauchen, selbst oder durch seine Agenten Zuflucht zur Erpressung nahm." ..... Bevor er noch

Beschuldigungen, die auf dem folgenden Kongress von St. Imier und auf anderen Teilkongressen in Italien ihr Nachspiel und sozusagen ihre Rehabilitation und kollektive Revanche fanden, drängten Bakunin, sich wieder aufs neue in die revolutionäre Aktion zu stürzen. Diesem Beschluss ging aber eine wohberechnete, aber unerwartete Wendung voraus. Indem er als Vorwand die Beschuldigungen angab, die am Haager Kongress von Marx gegen ihn geschleudert wurden, der „durchdrungen von wütendem Hass öffentlich die Rolle eines denunzierenden und verläumdenden Polizeiagenten auf sich genommen hat" — in Wirklichkeit aber, um in seinen Bewegungen und in seinem Organisationswerk ungehinderter zu sein, veröffentlichte Bakunin Ende 1873 verschiedene Erklärungen, dass er sich vom Kampf und vom öffentlichen Leben zurückziehe um die letzten Jahre seines Lebens in Frieden abzuschliessen. „Ich habe schon genug davon, — schrieb er in einem im *Journal de Genève* vom 25. September 1873 veröffentlichten Brief. Nachdem ich mein ganzes Leben im Kampf verbracht habe, bin ich nun müde. Ich bin sechzig Jahre vorüber, und meine Herzkrankheit, die mit dem Alter immer ärger wird, macht mir das Leben immer schwieriger. Andere, Jüngere gehen ans Werk ; was mich anbetrifft, fühle ich in mir nicht mehr die Kraft und vielleicht auch nicht mehr das notwendige Vertrauen um länger den Sisyphus-Stein gegen die überall triumphierende Reaktion heranzuschleppen, Ich ziehe mich deshalb vom Kampfplatz zurück und verlange nur eines von meinen teueren Zeitgenossen — das Vergessen. Von nun an werde ich niemands Ruhe mehr stören, man möge also auch mich in Ruhe lassen" [1]).

auf den Kongress von St. Imier kam, auf dem Bakunin seine Revanche nahm, übernahm eine Gruppe von russischen Flüchtlingen in der Schweiz in der Zeitung *La Liberté* von Brüssel seine Verteidigung, wo sie am 13. Okt. 1872 veröffentlichten: „Diese Dinge sind uns wohl bekannt, sie sind uns in den geringsten Details bekannt, und wir werden es uns zur Pflicht machen, sie in ihrer vollen Wahrheit klarzulegen, sobald dies uns zu tun durch die Umstände erlaubt sein wird." Ausserdem wurde noch hinzugefügt : „Herr Marx, dessen Geschicklichkeit wir ja übrigens nicht bezweifeln wollen, hat bei dieser Gelegenheit sehr falsch kalkuliert. Alle ehrlichen Menschen in allen Ländern werden ohne Zweifel nur Empörung und Ekel gegen eine solche grobe Intrige und so offenbare Verletzung der einfachsten Prinzipien der Gerechtigkeit empfinden . . . . Bakunin ist viel zu sehr gekannt und geachtet, als dass ihn die Verläumdung erreichen könnte." Vrgl. für weitere Einzelheiten : V. Dave, *K. Marx u. M. Bakunin*, S.S. 22, 23.

[1]) M. Nettlau, *A. a. O.*, S. 750.

Und damit dieser scheinbare Rückzug vom öffentlichen Leben auch einen noch deutlicheren offiziellen Charaktes habe, schrieb er im selben Sinne einen am 12. Oktober veröffentlichten Brief an die Kameraden der Juraföderation[1]), in dem er sie ersucht, seine Demission aus der Föderation und der Internationale anzunehmen. „Ich kann nicht, schrieb er da, das öffentliche Leben verlassen, ohne an Euch noch ein letztes Wort der Dankbarkeit und Sympathie zu senden. Seit den viereinhalb Jahren, die wir uns kennen, habt ihr, trotz aller Ränke unserer gemeinsamen „Freunde" und die infamen gegen mich gerichteten Verläumdungen, mir Euere Achtung, Euere Freundschaft und Euer Vertrauen bewahrt. Ihr liesset Euch nicht durch die Bezeichnung „Bakunisten" einschüchtern, die Euch ins Gesicht geschleudert wurde. Ihr habt es vorgezogen, eher den Anschein auf sich zu nehmen, abhängige Menschen zu sein, als die Gewissheit ungerecht gewesen zu sein." „Durch meine Geburt und durch meine persönliche Stellung, setzte Bakunin fort, bin ich nur ein Bourgeois, und als solcher könnte ich unter Euch nur theoretische Propaganda machen. Nun bin ich aber der Überzeugung, dass die Zeit der grossen theoretischen, gedruckten oder gesprochenen Reden vorbei ist. . . . . . Es ist nicht mehr die Zeit für die Ideen, sondern für Handlungen und Taten. Was vor allem notwendig ist, ist die Organisation der proletarischen Kräfte. Aber diese Organisation muss das Werk des Proletariats selbst sein. Wenn ich jung wäre, würde ich mich in die Mitte der Arbeiter begeben, und am arbeitsamen Leben meiner Brüder teilnehmend, würde ich ebenfalls zum grossen Werk dieser notwendigen Organisation beitragen. Aber weder mein Alter noch meine Gesundheit erlauben mir das zu tun. Sie gebieten mir im Gegenteil Einsamkeit und Ruhe." [2])

Dieser Rückzug hatte, wie ich schon betont habe, einen nicht

---

[1]) M. NETTLAU, *A. a. O.*, S. 751 sq.

[2]) Der Brief schloss mit folgenden Ratschlägen:

„1. Haltet fest an dem Prinzip der grossen und weitgehenden Volksfreiheit, ohne die die Gleichheit und die Solidarität selbst nur eine Lüge ist; 2. Organisiert immer mehr die internationale, praktische, kämpfende Solidarität der Arbeiter aller Berufe und aller Länder, und erinnert Euch, dass unendlich schwach, wie ihr es als isolierte Individuen, Ortschaften oder Länder seid, ihr eine unermessliche, unwiderstehliche Macht in dieser universellen Kollektivität finden werdet".

ausgesprochenen Beweggrund und verbarg ganz andere Absichten. Schon Ende August desselben Jahres, als er von Barletta nach Locarno ging, versuchte der reiche italienische Revolutionär Carlo Cafiero, der später im J. 1892 in einem Irrenhaus starb, [1]) Bakunin zu überzeugen, — Bakunin selbst erzählt es — dass er sich von direkter Teilnahme an jeder revolutionären Expedition enthalte, um diese Dinge den Jungen zu überlassen, und um dagegen selbst ein „immer aktives und immer geheimes und wohl verborgenes Zentrum einer permanenten internationalen Konspiration" zu werden. Bakunin glaubte nun, mit unbedeutenden Vorbehaltungen diesen Rat annehmen zu müssen. Und der wichtigste Vorbehalt war, dass er sich die Pflicht und das Recht bewahrte, sich in

---

[1]) Cafiero, geboren in Barletta 1846, lernte Bakunin in Neapel im J. '67 kennen. 1875 heiratete er eine russische Revolutionärin Olympia Koutusoff, die Übersetzerin einer anonymen, russischen anarchistischen Broschüre: *Die Apostel des Sozialismus in Russland*, Neapel, 1887: Bibl. Humanitas, No. 5, die vollständig konfisziert wurde. Wegen des Aufstandes von S. Lupo in Benevento am 5. Apr. '77 angeklagt, wird er nach zwanzig Monaten Untersuchungshaft von den Geschworenen freigesprochen. Nach verschiedenen Reisen im Ausland, wird er aufs neue im J. '82 in Mailand verhaftet und von den Polizeiagenten nach Locarno zurückgeschafft. Seit dieser Zeit beginnt seine Vernunft zu wanken, indem er sich einbildete, dass er im Gefängnis irgend ein Geheimnis ausgesagt hätte, das seine politischen Freunde blosstellte. Eines Tages reist er unverhofft von Locarno ab, geht nach Florenz „und wird am 13. Februar 1883 nackt auf den Hügeln von Fiesole aufgegriffen." Darauf war er einige Jahre lang im Irrenhaus von Florenz interniert und wurde später nach einer wahren Odyssee des Zivilverfahrens in Freiheit gesetzt und der privaten Fürsorge seiner Frau übergeben. Nach seiner Rückkehr in Barletta im J. '89 wird er ins Irrenhaus von Nocera Inferiore aufgenommen, wo er im Alter von sechs und vierzig Jahren am 17. Juli 1892 stirbt. Vrgl.: G. Schiralli, *Note su C. Cafiero*, Trani, Paganelli, 1892. In dieser Schrift befinden sich einige tatsächlichen Irrtümer, die hier und im Text rektifiziert wurden. Die Ideen Cafieros, die zum Zwecke der Propaganda verbreitet werden, sind in einer, am Kongress der Juraföderation in Chaux-de-Fonds vom 9. u. 10. Oktober 1880 gehaltenen Rede niedergelegt, dann zuerst im *Révolté* von Genf (vom 13. bis 27. Nov. desselb. J.) wiedergegeben, und darauf zu wiederholten Malen besonders als Broschüre abgedruckt, und zwar unter dem Titel: *Anarchie et communisme*; in franz. durch E. Darnaud, Foix, 1890; in ital., Livorno, F. Marchetti, 1892 (Biblioteca del „*Sempre Avanti*", No. 4.), und in der *Favilla* von Mantua, 1892; in span. im *El Perseguido* in Buenos Ayres, 23. Okt. — 15. Dez. 1892; in portug. in *Os Barbaros* in Coimbra, 1. Jan. 1896 (nicht abgeschlossen); in deutscher Sprache in der *Freiheit*, 5. Apr. 1890. Cafiero war auch ein tätiger Mitarbeiter an der Zeitschrift *La Campana* (Neapel 1871 —'72); er schrieb eine Serie von Artikeln unter dem Titel *Révolution*, die in *La Révolution sociale* von Paris, II J. No. 10. v. 20. Feb. 1881 und den darauffolgenden, veröffentlicht wurden; er soll auch noch ein Compendium des ersten Bandes des *Kapital* von Marx geschrieben haben, das ich aber nicht kenne. (Vgl.: A. Bertolini, in der Vorrede zu *Socialismo contemp.*

jede revolutionäre Bewegung zu werfen, die einen mehr oder weniger allgemeinen, ernsten und dauerhaften Charakter tragen würde. „Ich habe immer geglaubt und gedacht, sagt Bakunin, dass das für mich am meisten wünschenswerte Ende wäre, inmitten eines grossen revolutionären Sturmes zu sterben." [1]) Nachdem er dieses neue System angenommen hatte, um umso besser „im geheimen arbeiten zu können", war Bakunin damit einverstanden, dass es das beste Mittel sei „auf der ganzen Linie die Maske des friedlichen und nur materiell gesinnten Bourgeois anzunehmen." Es wurde also von Bakunin angenommen, dass er als permanenter Mittelpunkt der neuen geheimen revolutionären Vereinigung seine Absichten geheim halte und die Maske eines „müden und angewiderten Revolutionärs annehme, der infolge seines Ekels alle seine Illusionen verloren habe und sich nun mit Leidenschaft den materiellen Interessen seines Eigentums und seiner Familie hingebe."Als Folge dieser Beschlüsse veröffentlichte Bakunin die vorhin erwähnten zwei Briefe. Doch lag dagegen ein Hindernis in der Tatsache vor, die alle kannten, und zwar, dass er bis zu

---

von Raz, 2te Aufl. Florenz, 1895, S. x.) Eine Cafiero verherrlichende Biographie stammt aus der Feder von E. Zuccarini, (der auch andere anarchistische Sachen geschrieben hat), die in der *La Rivendicazione* von Forli vom 23. Apr. 1887 veröffentlicht und von *La Révolte* vom 17—24. Januar 1891, sowie auch von anderen Blättern abgedruckt wurde Der vorhin erwähnte jurassische Kongress vom J. 1880, an dem Cafiero den wichtigsten Anteil hatte, ist deshalb von Wichtigkeit, weil die Schlussfolgerungen des am vorhergehenden Kongress vom Oktober 1879 von Kropotkin verlesenen Rapportes präziser definiert wurden, der als Programm „den anarchistischen Kommunismus als Ziel und den Kollektivismus als vorübergehende Form des Eigentums" vorschlug. Er war auch derhalb von Wichtigkeit, weil das von Adhémar Schwitzguébel ausgearbeitete und im Auftrage der Arbeiter-Föderation des Distrikts von Courtelary vorgelegte sozialistische Programm zurückgewiesen wurde, das die letzte jurassische Formel des anarchistischen Kollektivismus war. Kropotkin, Reclus und Cafiero bekämpften diese Theorie, verwarfen den Kollektivismus definitiv und vertraten die Auffassung des anarchistischen Kommunismus. Der Kongress schloss sich dieser Auffassung an. Vgl.: M. Nettlau, *Bibl. d. l'anar*, cit. S. 58. „Unter den Italienern, schrieb später Kropotkin (in seinen *Memoiren eines Revolutionärs*) — die mit uns in der Schweiz zusammen arbeiteten, gab es zwei Männer, deren Namen immer zusammen genannt wurden, und deren Andenken mehr als eine Generation in Italien bewahren wird. Ich will von zwei intimen Freunden Bakunins reden, Cafiero und Malatesta, Cafiero war ein Idealist von höchstem und reinstem Typus, er verbrauchte eine bedeutendes Vermögen in Dienste unserer Sache und kümmerte sich niemals darum, ob er am nächsten Tag zu essen haben würde."...

[1]) Im *Mémoire justificatif* vom Juli 1874, S. 67.

jener Zeit „ausserordentlich arm, in einem an Not grenzenden Zustand lebte". Wieso vor der ganzen Welt diese plötzliche Veränderung in seinen Vermögensverhältnissen erklären? Daraufhin nahm Bakunin „den brüderlichen Antrag" Cafieros an, der „spontan" gestellt wurde; einen Antrag, über den später Bakunin selbst schrieb, dass „wenn ich ihn zurückgewiesen hätte, ich die Integrität meines Lebens bis ans Ende bewahrt hätte ....., durch die Annahme habe ich einen Verrat gegen mich selbst, gegen meine Vergangenheit, und wenn ich das richtige Wort aussprechen soll, eine Erbärmlichkeit begangen." Der Antrag Cafieros war, dass er in Locarno ein Haus mit einem Grundstück ankaufe, dessen „nomineller Eigentümer" Bakunin werden solle. In diesem Hause würde Bakunin „mit seiner ganzen Familie ständigen Wohnsitz haben und würde es auch als Stätte der Rast, der Zuflucht und vorübergehender Wohnung für alle Intimen dienen." Bakunin wurde, wie er später selbst schrieb, aus verschiedenen Gründen veranlasst anzunehmen: Weil er schon „wirklich müde und enttäuscht war; weil die Arbeit, die ihm und seinen Freunden zu tun möglich blieb „nur die geheime und verhüllte Arbeit war"; und schliesslich, wegen „seiner Sorge um die Zukunft der eigenen Familie und sein sehr starker Wunsch ihr einen Zufluchtsort zu geben und ihr wenigstens bis zu einem gewissen Grade die Zukunft zu sichern". Tatsache ist nun, dass Cafiero „nachdem er sich von seinen Brüdern freigemacht" mit denen er zusammen ein grosses Vermögen geerbt hatte, im August 1873 „die erste Geldsumme mit sich führend, nach Locarno kam. Die erste Anzahlung der Villa L a B a r o n a t a wurde gemacht, die Bakunin „nicht bloss mit der Zustimmung Cafieros, sondern infolge seiner dringendsten Bitten" kaufte. Das erforderte eine erste Ausgabe von ungefähr zwanzigtausend Frank. Von diesem Augenblick beginnt eine Serie von, wie sich Bakunin selbst ausdrückt, „phantastischen Projekten und Unternehmungen". Das alte Haus, das gekauft wurde, „hatte zu wenig Zimmer, um die ganze Familie Bakunins und die vertrauten Freunde unterzubringen, die zeitweise dort bei ihm zu wohnen gekommen waren", und ausserdem war es feucht. Wenn Cafiero aufrichtig war — denn Bakunin selbst bemerkt, dass „es oft einen grossen Unterschied zwischen seinen Worten und seinen innersten Gedanken gab" —

kümmerte er sich genügend um sein Wohl und deshalb wurde darüber beraten, ein neues Haus zu konstruieren. Cafiero selbst traf die Anordnung, dass in der Nähe der beiden schönsten Zimmer, die für Bakunin bestimmt würden, „ein grosses Gewächshaus angelegt werde, wo er die balsamische Luft der Blumen einatmen könnte". Bakunin nahm also von dem neuen Haus wie ein „Bourgeois-Eigentümer" Besitz, und wurde noch von Cafiero mit Wagen. Pferden und einem Boot versehen. [1])

Aber diese bourgeoise Idylle hatte recht bald einen traurigen Epilog. Zurück von einer Reise nach Bern findet Bakunin die Baronata „in voller Auflösung". Es hatte einen Schwarm von Gästen geregnet, und die durchschnittlichen Kosten waren „zum Schaudern". Er setzte „alle seine Bemühungen ins Werk, um sie zu verringern" — doch umsonst. Umso weniger gelang es, als die Arbeiten fortdauerten, eine neue Zugangsstrasse zur Villa anzulegen und die umliegenden Grundstücke in einen Garten zu verwandeln. Bakunin und Cafiero waren sich darin einig, zugeben zu müssen, dass um dies durchzuführen noch mindestens fünfzigtausend Frank notwendig seien. Cafiero verschaffte sich diese Summe und

---

[1]) Bakunin selbst erzählt: „Nun bin ich als Bourgeois und Grundbesitzer etabliert. Um mir diesen Anschein noch mehr zu geben, wollte Cafiero absolut, dass ich noch mindestens ein Pferd und Wagen besitze, und er selbst machte auch den Ankauf .... einer sehr alten, ausserordentlich beschädigten Kalesche, an deren Stelle er selbst wieder die neue Kalesche ankaufte. Nachher war er wieder der Ansicht, dass ich unbedingt noch ein zweites Pferd, ein Fuhrwerk und ein Boot kaufe." Ich bin überzeugt, dass die einsichtigen Leser über den bezeichnenden Wert dieser Einzelheiten mit mir übereinstimmen. Ich bedauere, dass ich Verschiedenes noch übergehen muss. Noch eines will ich aber doch anführen: „Die einzige persönliche Ausgabe, die ich machte, war in Bern im September 1873, wo ich mir neue Kleider anschaffte. Cafiero wird im Kassabuch meine Berner Ausgaben ziemlich bedeutend finden. Ich muss aber hinzufügen, dass ich nicht bloss für mich allein Kleider anschaffte, sondern noch für drei Freunde; dass wenn ich mir eine komplete Ausstattung von Wäsche und Kleidern gemacht habe, dies auch nur auf die dringende und übrigens sehr konsequente Empfehlung Cafieros, der mir sagte, dass da wir beschlossen haben, dass ich als Bourgeois erscheine, es auch absolut notwendig wäre, dass ich mir auch ein dementsprechendes Aeussere gabe." M. NETTLAU, A.a.O., S.S. 782, 783. In den vorhergehenden Jahren hatte Bakunin Perioden wahrhaftiger Not durchgemacht. In einem Brief an OGAREFF vom 14. Nov. 1871 schrieb er: „.... Zu diesem Fieberzustand kommt noch der vollständige Geldmangel, und ausserdem noch Schulden überall.... seit gestern haben wir kein Fleisch mehr am Tische .... Und ich weiss nicht mehr, wo Geld aufzutreiben." Die Frau Bakunins schrieb an denselben drei Monate darauf (9. Februar, 1872). „Die Not pocht an unsere Türe — Michael hat gar nichts und ich habe noch zwei Kinder auf den Armen —" M. DRAGOMANOV, *A. a. O.*, S.S. 353—357.

sandte sie an Bakunin, damit er die Arbeiten fortsetzen und zu Ende führen könne. Cafiero redete auch Bakunin zu, er möge seine Familie kommen lassen und „indem er ihm das nötige Reisegeld anbot," „lud mich Cafiero gleichzeitig ein — versichert Bakunin — meiner Frau zu schreiben, dass sie von nun an keine Sorgen mehr um die Zukunft ihrer Kinder haben möge, weil diese Zukunft vollständig gesichert ist". In zwei Raten wurden ihm nun viertausend Francs geschickt. „Ich habe es nicht nötig zu sagen, setzt Bakunin fort, dass Cafiero in allen diesen Angelegenheiten, Unternehmungen und Versprechungen von reinster brüderlicher Hingebung inspiriert war, und es war gerade diese brüderliche Grossherzigkeit, die mich blindlings alles annehmen liess, was er mir vorgeschlagen hatte." [1]. Aber deshalb, fügt Bakunin hinzu, hatte ich auch immer Cafiero als den hauptsächlichsten, wenn schon nicht einzigen Eigentümer der B a r o n a t a betrachtet. Vom Standpunkt der Gerechtigkeit gehörte ihm die Villa vollständig, vom Standpunkt der Brüderlichkeit „musste er sie mindestens zur Hälfte, oder gemeinsam mit mir besitzen." Als dann Cafiero von einer Reise nach Russland zurückkehrte, die er zu dieser Zeit gemacht hat, machte ihm Bakunin in Anwesenheit eines Freundes den Vorschlag „diese Association oder diese Gemeinsamkeit des Eigentums durch eine öffentliche Erklärung legalisieren zu lassen". Er fügte noch hinzu, dass „um alle Arbeiten zu vollenden und die innere Administration der B a r o n a t a sowie die Existenz der eigenen Familie während der nächsten zwei Jahre zu sichern, während deren die zugehörigen Grundstücke sehr wenig oder nichts eintragen würden, noch einmal mindestens fünfzigtausend Lire notwendig wären." Cafiero antwortete, dass er, wie er es auch tat, nach Barletta gehen will, um seine Angelegenheiten definitiv zu erledigen. Er kam in Locarno am Abend desselben Tages an, an dem die Familie Bakunins anlangte [2]. Nun erzählt Bakunin, dass ihm plötzlich am

---

[1] M. Nettlau, *A. a. O.*, S. 787.

[2] Bakunin schrieb da in sein Notizbuch: „13. Juli 1874, Montag. Ankunft von Antonie (Bakunins Frau) die Ross (ein russisch. Revolutionär und Freund Bakunins) gestern Sonntag in Mailand getroffen hat — mit der ganzen Familie, Papa und den Kindern — angekommen um 11 Uhr 30 — Sehr froh — Abends Illumination und Feuerwerk arrangiert von Cerutti — Spät abends kommt Carlo Cafiero." —

nächsten Tage seine Frau die Gerüchte mitteilte, die „gewisse Individuen" über Cafiero, und vor allem über ihn selbst verbreiteten. „Man sagte, erzählt B., dass ich sein Vertrauen und seine Unerfahrenheit ausbeute, dass ich seine grossmütige Freundschaft missbrauche und ihn ruiniere". Bakunin sprach sofort darüber mit Cafiero in Anwesenheit eines anderen Freundes. Cafiero schien darüber sehr aufgeregt zu sein und versprach „von den Verläumdern Erklärungen zu verlangen". Doch am nächsten Tage sagte Cafiero, „dass er gar keine Erklärungen zu verlangen habe, weil man ja im Grunde die Wahrheit sage." [1]) „Wenn ich allein gewesen wäre — sagt diesbezüglich Bakunin — hätte ich ihm nach den ersten Worten diese verfluchte B a r o n a t a mit allem, was sie enthielt überlassen, und hätte mich nicht dazu erniedrigt, ein einziges Wort zu erwiedern." Doch hielt ihn der Gedanke an die Familie zurück. „Was mich anbetraf, war mein Entschluss gefasst; ich hatte beschlossen zu sterben. Doch glaubte ich noch vor meinem Tode das Schicksal der Meinigen sichern zu müssen." Andrerseits lähmte ihn vollständig das Verhalten Cafieros. Er überliess ihm darauf die B a r o n a t a mit allem was sie enthielt, hatte aber noch „die Schwäche, von ihm das Versprechen anzunehmen, dass er auf irgend eine Weise das Schicksal seiner Familie nach seinem Tode sicherstellen werde". Als die Dinge sich so verhielten, reiste Bakunin am 27. Juli 1874 nach Bologna [2]) mit der Absicht, dort den Tod in einer revolutionären Erhebung zu suchen, an deren Vorbereitung er selbst teilgenommen hatte.

---

[1]) Aus dem Notizbuch: „14. Dienstag. Antonie berichtet mir von den Verläumdungen, die O . . . . [789] über mich G. . . . [789a] gegenüber vorbrachte. — Ich teile dies in der Gegenwart von Ross Cafiero mit. — Cafiero — der wenigstens entrüstet scheint, verspricht mir zuerst mit Lippa, dann mit Zagcew darüber zu sprechen. — 15. Mittwoch. — Er (Cafiero) kommt diesen Morgen, wirft die Maske der Freundschaft ab, und bricht gegen mich vor Ross mit einer für mich höchst beleidigenden Flut von Redensarten los." . . .

[2]) Aus dem Notizbuch: „15. Mittwoch — 25. Samstag. Innere Qualen — so viel ich denke, ich finde keinen Ausweg — Cafiero wird immer schlechter — Ross enthüllt sich immer als Rodin, indem er für mich grosse Freundschaft simuliert, in Wirklichkeit aber alles mögliche tut, um das Wohlwollen Cafieros zu gewinnen. — Abends den 25. stellte ich die Abtretungsurkunde der B a r o n a t a an Carlo aus — Emilio Bellerio, Remigio Chiesa, Advokat. — Ich bin entschlossen nach Bologna abzureisen. — 26. Sonntag. Schmerzliche und geheime Vorbereitungen — 27. Montag. Letzte Aussprache mit Carlo, zuerst allein, dann in Anwesenheit von Emilio (Bellerio) und Ross,

Der Verlauf und das Resultat dieser insurrektionellen Bewegung sind allgemein bekannt. Der Boden war schon vom Comitato italiano per la Rivoluzione sociale durch gegenseitige Abmachungen und Propaganda-Flugblätter vorbereitet, denen auch die Inspiration und die direkte Mitarbeit Bakunins nicht mangelte. [1]) Andrea Costa ging Ende '73 selbst

---

die endlich definitiv ihre mir sehr feindliche Gesinnung enthüllen — Vergangene Freundschaft verwandelt in heftige Feindschaft — Von allen begleitet, reise ich nach etwas Schlaf mit Ross ab. — 28. Dienstag. Um 7 Uhr früh angekommen in Splügen. — 29. Mittwoch. Briefe und Mémoire beendet. — Nach dem Mittagessen mit Ross, unter dem Namen Armfeld Abfahrt nach Italien — nach Colico — per Wagen.

[1]) Die Bulletins No. 1. und 2. waren von ANDREA COSTA redigiert. Im ersten, vom Januar 1874 heisst es unter anderem: „.....an die Volksmassen, die vor Hunger sterben, an die Elenden, an die Ausgebeuteten und an alle, die arbeiten und leiden....., gegen alle jene will die Reaktion die Inquisition und die Militärdiktatur einführen... Die Reaktion will uns erdrückt wissen, also erheben wir uns. Die Reaktion will uns zerstreut sehen, also organisieren wir uns. Die Reaktion möchte uns tot sehen, also zeigen wir uns lebendig. Die ganze Reaktion ist gegen uns, seien wir also alle gegen sie. .... Der triumphierenden Reaktion, die auf uns einschlägt, der Monarchie von göttlichem Recht, der bürgerlichen Republik, dem Kapital, der Kirche, dem Staate, allen Ausdrucksformen der bestehenden Gesellschaft erklären wir den Krieg. Wir haben das Recht und die Macht .... Überzeugt, dass die Zeit der friedlichen Propaganda der revolutionären Ideen schon vorüber ist, und dass an deren Stelle die tosende und strahlende Propaganda der Aufstände und Barrikaden treten müsse, lassen wir kein Mittel unversucht etc. .... Wenn wir es durchführen können, dass von der heutigen Gesellschaft kein Stein auf dem anderen bleibe — dann wehe euch, ihr Sieger und Ausbeuter von heute." — Im zweiten Bulletin vom März heisst es: „.... Das Parlament ist die grosse Markthalle, wo Italien en gros und en detail verkauft wird. Der Beamtenkörper, die Verwaltungsbehörden und die Armee bilden eine unermessliche Futterkrippe, von der sich verkaufte Subjekte ernähren.... Im ganzen ist dies die Welt der Gauner die man bloss zu nennen brauchte, damit alle davon überzeugt sind. Diese Banditen in gelben Handschuhen, die Italien ausgeplündert haben .... u.s.w.: Hören wir den Ruf der sterbenden Kommunarden und zögern wir nicht, auf die blutige Strasse zu steigen. .... Heute verhöhnt uns noch die Tyrannei; wenn ihr wollt, werden wir morgen die Triumpheshymne des Sieges über ihrem verwünschten Grabe anstimmen können. Schenkt Garibaldi kein Gehör, der Sozialismus wie er ihn versteht, ist ein Betrug" ..... u. s. w. — Das dritte Bulletin trägt das Datum 7. August 1874 und schliesst mit einem Appell „an unsere Brüder im Heere": „.... Die erste Pflicht des Sklaven ist sich zu empören, die erste Pflicht des Soldaten zu desertieren ... Soldaten, desertiert, wendet die Waffen, die euere Herren euch in die Hände legten um uns zu ermorden, gegen jene; durch dieses blosse Versprechen werden wir Brüder sein und ihr wendet euch, um die soziale Revolution wohl verdient gemacht haben"... Das letzte Bulletin, das vom 8. August 1874 in Brussel datiert, aber in Bologna erschienen ist, enthält unter anderem: „.... Das Reich der Liebe, der Gerechtigkeit und der Gleichheit ist nahe daran verwirklicht zu werden .... Um aber alles dies zu erreichen, ist Blut notwendig, nicht weil ihr danach dürstet, sondern weil die Herren an ihrem Raube festhalten. Nun wohl, man vergiesse es einmal, aber es möge bis auf

nach Locarno um verschiedenes mit ihm zu besprechen. Bakunin kam nach Bologna am Abend des 30. Juli. Doch am 3. August wird Costa verhaftet, und am 7. erschien die Bewegung schon als unrettbar verloren, was Bakunin sichtlich schmerzte, der fortwährend die Worte wiederholte: Ich muss sterben, ich muss sterben! Er machte den Vorschlag, sich um jeden Preis mitten unter das Volk zu werfen, [1]) doch als dieser Vorschlag von seinen Freunden nicht angenommen wurde, entschloss er sich wieder im geheimen abzureisen. Er reist auch tatsächlich in Verkleidung [2]) am 12. ab, und kommt mit der Linie Modena am Abend in Verona an. Am Morgen des 14. kommt er nach Splügen und telegraphiert an Cafiero, er möge mit Geld dorthinkommen. Statt dessen kommt am 23. die Schwester seiner Frau, die am nächsten Tage wieder abreist, nachdem abgemacht wurde, dass Bakunin nach Amerika flüchten soll. Doch als am 26. das Geld anlangt, reist er nach Freiburg und schreibt von da an seine intimeren Freunde, dass er die Reise nach Amerika aufgebe, deren einziges Ziel nur gewesen wäre „sich naturalisieren zu lassen und sich einen regelrechten Pass zu verschaffen." Er habe aber dies gar nicht mehr nötig, weil er diesmal wirklich und nun für immer die Absicht habe, auf die Politik und alle revolutionären Unternehmungen zu verzichten.[3]) Am 2. September kommt Cafiero, von dem er sich ein Darlehen von fünftausend Lire erbat und erhielt, worauf

---

den letzten Tropfen auf die schurkischen Starrköpfe zurückfallen, die es gewollt haben ..... Und wer wird uns widerstehen können? Gott wohl nicht, denn der hat seine Blitze dem Vatican verkauft. Das Gesetz ebensowenig, weil es nur der Aberglaube von Wenigen ist ..... weder der König, noch die Pfaffen, noch die reichen Aushungerer des Volkes." .....

[1]) Bakunin schrieb in sein Notizbuch: „Misserfolg — Schreckliche Nacht — vom 7. auf den 8. — Revolver — zwei Finger weit vom Tode — es kommen nach einander L. [795 b.], Silvio, Berardi, Gua. [803 b.] — allein geblieben zwischen 3 und 4 Uhr — um 4 Uhr tot — um 3 Uhr 40 früh kommt Silvio." — 8. Samstag. — Um 3 Uhr 40 früh kommt Silvio und verhindert mich am Tod — Schlafen — Silvio geht — Morgens kommt Ca. [800 a.] — den Gua [803 b.] geschickt hatte — Abends schafft mich Silvio zu T. [807]"

[2]) Aus demselben Notizbuch: „12. Mitwoch — Ca. [800 a.] kommt und verkleidet mich als Priester — nach dem Essen mit Fa. [808] zur Eisenbahn. ...."

[3]) Am 27 August schrieb er an E. Bellerio: „Ich habe genug von der Politik und den revolutionären Unternehmungen — meine letzte Expedition hat mir entschieden den Geschmack daran genommen — und ich bin genug alt, um das Recht zu haben, meine Demission zu nehmen."

der Schuldschein von seiner Schwägerin unterzeichnet wurde. Endlich langt er Anfang Oktober bei seiner Familie in Lugano an, die sich während der zwei Monate seiner Abwesenheit dort angesiedelt hatte.

Bakunin selbst hatte die Überzeugung, dass er niemals in seinem Leben eine solche von Hindernissen und Widerlichkeiten aller Art erfüllte Zeit durchgemacht habe. Aber die Schwierigkeiten waren noch nicht abgeschlossen und kurze Zeit darauf, wandte er sich wieder an einen Freund, Emilio Bellerio, dass er ihm noch ein Darlehen von tausend Lire von Cafiero verschaffe, wobei es sich, wie er sich ausdrückte „hier nicht um einen Akt der Gefälligkeit seinerseits, sondern um einen Akt engster Freundschaft handeln würde, denn nachdem er mich plötzlich in eine unmögliche Lage versetzt hat, nachdem er mich in Bologna ohne Geld gelassen hat, ... sollte er mir wenigstens, nicht durch eine Schenkung, aber durch ein Darlehen die Möglichkeit geben, mich aus einer entsetzlichen Lage ohne Ausgang herauszuziehen ; .... wenn er sich weigert, werde ich von dieser Weigerung Kenntnis nehmen, von diesem Bruch eines gegebenen Wortes und werde diese neue Erfahrung so vielen anderen hinzufügen." [1]) Anfang Januar '75 schrieb er wieder an Bellerio : „..... Ich benötige dringend, absolut notwendig zweihundert Lire, nicht für mich selbst, aber zum Unterhalt der ganzen Familie. Es handelt sich um Miete, Ernährung und Heizung, also um Leben oder Erschöpfung aus Mangel an Nahrung, Krankheit oder gar den Tod. Ausserdem bitte ich Dich um diese Summe nur für die Zeit von zwei Monaten, und wenn Dir diese Frist zu lange erscheint, dann nur für einen Monat." Das letzte Jahr im Leben Bakunins verlief inmitten dieses Suchens nach Gelddarlehen unter seinen Freunden und den Klagen, über seinen durch die Erschüttungen seines stürmischen und bewegten Lebens untergrabene Gesundheit. eines Lebens, während dessen sich die politischen und sozialen Verhältnisse so weit entfernt von seinen phantastischen Vermutungen entwickelt hatten. [2]) „Die Stunde der Revolution, schrieb

[1]) Brief vom 9. Dez. 1874.

[2]) Brief vom 15. Februar 1875 : „Eine der Passionen, die mich zur Stunde beherrschen, ist eine ungeheuere Neugierde. Da ich schon einmal erkennen musste, dass das Böse gesiegt hat und dass ich es nicht verhindern kann, machte ich mich daran, dessen

er, ist vorbei, nicht wegen der schrecklichen Missgeschicke, deren Zeugen wir waren und der furchtbaren Niederlagen, deren mehr oder weniger schuldige Opfer wir waren; sondern weil, wie ich zu meinem grossen Bedauern konstatiert habe und alle Tage aufs neue konstatiere, die revolutionäre Leidenschaft, Erfahrung und Gedanke absolut nicht in den Massen zu finden sind." Und nachdem er die Angehörigen der Juraföderation daran hatte erinnert hatte, ihren Kampf mit „heroischer Ausdauer" fortzusetzen, schrieb er weiter: „Was mich anbetrifft, bin ich schon zu alt, zu krank und zu müde geworden, und ich will es auch gestehen, in vielen Beziehungen auch schon zu sehr enttäuscht, um die Kraft und die Lust zu fühlen an deren Werk teilzunehmen. Ich habe mich nun ganz bestimmt vom Kampf zurückgezogen und will den Rest meiner Tage in Beschaulichkeit verbringen, die nicht müssig, sondern intellektuell höchst tätig sein soll, von der ich hoffe, dass sie etwas nützliches hervorbringen wird." Zu diesem Zwecke machte er sich tatsächlich ans Studium, und es ist vielleicht nicht ohne Interesse zu erwähnen, dass er das Kapital von Marx las. Im Oktober '75 konnte er seinen Freunden mitteilen, dass er ein Gut verkauft habe, dass er in Russland in Gemeinschaft mit seinen Brüdern besass, und dass er mit der enhaltenen Summe einen Teil der Villa Bakunin abzahlte, die er im Frühjahr dieses Jahres in Lugano „nominell erworben" hatte. Doch kaum hatte er dieses „unglückselige und furchtbar verkürzte Kapital, und noch dazu nicht auf einmal, sondern in drei Raten erhalten", wandte er sich wieder an seine Freunde um Hilfe. Sein letzter bekanntgewordener Brief (vom 4. März 1876) ist ebenfalls ein Geldansuchen, zwar nicht für sich, aber für einen Freund, und nicht einmal für ihn persönlich, „sondern für eine Angelegenheit von höchster Wichtigkeit". Kaum einige Monate darauf, am 16. Juni 1876 erfolgte sein Tod, als er in Bern war, wo er sich von

Entwicklung und Entfaltung mit einer fast wissenschaftlichen, durchaus objektiven Passion zu studieren. Welche Akteure und welche Szene! — Im Hintergrund, die ganze Situation Europas beherrschend, Kaiser Wilhelm und Bismarck an der Spitze eines grossen Lakaienvolkes. Jenen gegenüber stehen der Papst mit seinen Jesuiten, der ganzen römisch-katholischen, milliardenreichen Kirche, die einen grossen Teil der Welt durch die Weiber, durch die Unwissenheit der Massen, und durch die unvergleichliche Geschicklichkeit ihrer uneingestandenen Affiliierten beherrschen, die ihre Augen und ihre Hände überall haben ....."

seinem alten Freund, dem Dr. Adolf Vogt, wegen seiner Herzkrankheit behandeln liess, die ihn schon seit einigen Jahren quälte.

Ich habe ausführlich in den kleinsten Details das Leben Bakunins verfolgt, um das Recht zu haben, k e i n Urteil über seine sittliche Persönlichkeit abzugeben. Und ich möchte auch kein solches Urteil beim Leser hervorrufen. Dies deshalb, um uns umso freier zu fühlen, sobald wir seinen Lehren gegenüberstehen werden, für die unser Urteil und unsere Verdammung ohne jede Möglichkeit des Zweifels ganz objektiv hervorquellen müssen. Den besten Dienst, den man der Wahrheit erweisen kann, ist der, es überflüssig zu machen, sie zu betonen. Und so kann man sogar vorläufig das Urteil derjenigen, die ihm wohlwollende Richter waren, entschuldigen. „Er war sanft wie ein Lamm und ein unwiderstehlicher „*enguirlandeur*" wenn er jemand nötig hatte" schreibt einer seiner Biographen. [1]) Und Alexander Herzen nannte Bakunin zehn Jahre vor seinem Tode „einen grossen Vagabunden" bei dem der Müssiggang, der Scharfsinn und die Freimütigkeit gigantische Proportionen angenommen hatten. „Ohne Sorge um den Morgen; das Geld verachtend, das er nach links und rechts ausstreute, wenn er genügend hatte, borgte er von allen Seiten, wenn er keines hatte, mit der Unbefangenheit des Kindes, das sich an seine Eltern wendet, ohne jemals ans Wiedergeben zu denken, und dies mit der gleichen einfachen Selbstverständlichkeit, die er zeigte, wann er alles weggab was er besass." Seine Persönlichkeit offenbarte sich in machtvoller und exzentrischer Art. Seine Fehler waren minimal im Vergleich mit seinen günstigen Eigenschaften. War, schreibt Herzen, seine Fähigkeit in den allerverschiedensten Umgebungen, in die ihn das Schicksal warf, die charakteristischen Züge eines Jeden aufzulesen, die ihm gestatteten, die revolutionären Elemente zu erkennen, um sie hervorzuheben und vorwärts zu drängen und ihnen die eigene Lebendigkeit und Leidenschaft mitzuteilen, nicht eine überlegene Eigenschaft? Im Innern der Natur dieses Menschen lag der Keim eines kolossalen Tätigkeitstriebes, der keine Gelegenheit hatte, sich in entsprechender Weise auszudrücken. [2])

---

[1]) A. MATTEY (A. ARNOLD). *M. Bak.*: *Nouvelle Rev.*, 1891, 1. Aug. S.S. 589—60;.
[2]) Vrgl.: M. DRAGOMAKOV, *A. a. O.*, S.S. 100,101.

Ein Teil dieser Aktivität war auch der Arbeit des Geistes gewidmet, die uns diese Seite der Persönlichkeit Bakunins näher rückt, die noch heute wirkt, wobei die Anziehungskraft, die sein Auftreten als Mann der Tat hervorruft, eine propagandistische Wirkung ausübt, die wohl von keinem der lebenden Agitatoren übertroffen worden ist. [1])

---

[1]) Ich will mich darauf beschränken in Bezug auf die Schriften BAKUNINS a), sowie von der ihn betreffenden Litteratur b), nur die allerwichtigsten anzuführen, wobei ich die zahllosen Uebersetzungen übergehe, und auch diese Angaben nicht mehr wiederhole, die in den verhergenden Noten angeführt wurden :

a) *Discours prononcé le* 29 *nov.* 1847, *p. célébrer le* 17e *anniv. de la révol. polonaise*, Paris, 1847 (deutsche Übersetzung unter dem Titel : *Russland wie es wirklich ist*, u. s. w. Mannheim, Hoff, 1848) ; *Aufruf an die Slaven v. einem russischen Patrioten, M. B., Mitglied d. Slavenkongresses in Prag.* Köthen, 1848 ; *Die Volksrache : Romanof, Pugatschef o. Pestel*, London, 1862 ; *Discours au Congrès de Bern, de la Ligue de la Paix et de la Liberté* : *Kolokol*, Genève, 1868, 1. Dez. (diesefranzösische Zeitschrift ist nicht mit der anderen, unter demselben Titel in Brüssel von A. Herzen von 1862 —'66 publizierten Zeitschrift zu verwechseln) ; *Discours* de B. *au Congrès de Genève* : *Annales du Congrès* de *G.*, Genève, 1868, S.S. 187—191 ; *Disc. d'une reunion publique de Genève le* 23 *nov.* '68 : *La liberté*, ibid., 1868, 5. Dez. ; *L'association internationale d. trav. de Genève aux ouvriers d'Espagne*, ibid., 21. Okt. 1868 ; *Les endormeurs : L'égalité*, ibid., 1869, 26. Juni— 24. Juli. ; *Conférence donnée à la section du Locle* : *Le Progrès*, Locle, 1869, 1. März. (Dieses Blatt erschien in Locle vom 18. Dez. 1868 bis zum 2. Apr. 1870, 42 Nummern) ; *Disc. au meeting du Crêt-du-Locle*, ibid., 1869, 30. Mai ; *Aux compagnons d. l' A. I. d. T. du Locle et de La Chaux-de-Fonds* ; ibid., 1869, 1. März-2. Okt. ; *L'instruction integrale : L'égalité*, Genève, 1869, 31. Juli—21. August. ; *La politique de l'Internationale* : ibid., 1869, 7-14. Aug. ; *Quelques paroles à mes jeunes frères en Russie* ; *Liberté*, Bruxelles, 1869, 5. Sept.; *Les ours de Berne et l'ours de St. Petersbourg* etc., Neuchâtel, 1870; *Lettres à un français sur la crise actuelle, Septembre* 1870 : ibid., 1870 ; *La révolution sociale, ou la dictature militaire*, Genève, 1870, (später erschien diese Schrift unter dem Titel : *L'empire Knouto-germanique et la révolution sociale*, ibid., 1871) ; *La teologia politica di G. Mazzini, s. l.*, 1871; *Réponse d'un Internationale à Mazzini* : *Liberté*, Bruxelles, 1871 18.—19. Aug., (die schon zitierte italienische Übersetzung, die heute fast unauffindbar ist, befindet sich im Supplement zur No. 227 der Zeitschrift : *Il Gazettino roso*, Milano, 1871 ; diese Ausgabe ist deshalb wichtig, weil sie im Anhang. S. 24—32 einen anonymen, der Zeitschrift *L'Eguaglianza* von Girgenti (1871—'72) entnommenen Artikel enthalt, unter dem Titel : *L'Internazionale e Mazzini*, der die Diskussionen jener Zeit zwischen den Mazzinianern und den Freunden BAKUNINS verstehen lässt) ; *Programme de l'Alliance de la démocr. sociale : Mémoire prés. p. la Féder. jurassienne, s. l.* 1873 ; *Aux compagnons de la Féder. jurass.* : *Bull. jurass.* 1873, 23. Okt. ; *Gosudarstvennost Anarchia* (russ. — *Das Staatswesen und die Anarchie*) Zurich, 1874 ; *La Commune de Paris et la Notion de l'Etat : Le travailleur, Genève*, 1878 Apr. — Mai. S. S. 6-15 ; *Le gouvernementalisme et l'anarchie* : *Avant-Garde, Chaux-de-Fonds*, 1878, 10. Febr. — 21. Okt.;*Dieu et l'Etat*,Genève, Impr.jurass.,1882 (mitVorrede von C.Cafiero und E.Reclus), Im Text berufe ich mich auf diese Schrift unter dem Zeichen B. (Ich zitiere aus der italienischen Uebersetzung mit der Vorrede von L. BISSOLATI und F. TURATI, Florenz,

I.

Politischer Materialismus.

Jede besondere Wissenschaft kann nach Bakunin nur dann zu berechtigten Resultaten gelangen, wenn sie auf durchgehend „materialistischer" Basis begründet ist. Was nun für jede Wissenschaft gilt, gilt also auch in weiterem Sinne für die historischen und ethischen Wissenschaften. Die Wissenschaft erhält die Weihe der Rationalität bloss unter der Bedingung, dass sie sich von

---

Nerbini, 1903) ; *Circolare ai miei amici d' Italia*, etc. : *Il Paria*, Ancona, 1885, 13. — 17. Aug. (Die 1ste Auflage in Neapel, wurde in Anbetracht des nach Rom am 1. Nov. 1871 von der mazzinianischen Partei einberufenen Arbeiterkengresses geschrieben, und auch besonders unter dem Titel : *Il socialismo e Mazzini, lett, agli amici d'Italia*, ibid. 1885, veröffentlicht; diese Ausgabe enthält eine biographische Skizze B.'s wahrscheinlich aus der Feder MALATESTAS ; die Bemerkungen im Anhang, die aus derselben Feder stammen, sind nicht weniger wichtig, S.S. 97—103) ; *Oeuvres* : *Fédéralisme socialisme et antithéologisme* ; *Lettres s. le patriotisme* ; *Dieu et l'Etat*, Paris, Stock, 3e édit., 1895). Dieser Band wurde von N[ETTLAU] besorgt) ; Im Text berufe ich mich darauf unter dem Buchstaben A) ; *Histoire de ma vie* : *Societé nouvelle*, 1896 Sept. ; und *Revue socialiste*, Paris, 1898. Nov. — Anm. d. Ueb. —Es erschien inzwischen ein weiterer Band der Werke B.'s. im Verlage Stock, Paris, 1907 : *Oeuvres*, tome II enthaltend : *Les ours de Berne et l'ours de St. Petersbourg* (1870). — *Lettres à un Français*. — *Sur la crise actuelle* (*Septembre* 1870). — *L'Empiro Knouto-Germanique et la Revolution sociale* (1870—'71). — *Avec une notice bibliographique, des Avant-Propos et de* einsetrenl *notes par James Guillaume*. — Bd. III. erscheint Mitte 1908, ibid. —

b)*, *L'Internationale*: *K. Marx, Mazzini et Bakounine*, 2e éd. Bruxelles, Libr. cosmop. 1871, Okt. ; *Die angeblichen sozialen Theorien u. d. wirklichen politischen Bestrebungen des Herrn Bakunin* (Auszug aus dem *Volksstaat*), Leipzig, F. Thiele ; F. ENGELS, *Die Bakunisten an der Arbeit, Denkschrift ü. d. letzten Aufstand in Spanien* (Sep. Abdruck aus dem *Volksstaat*), Leipzig, Genoss-Buchdr., o. I. (1873) ; T. MARTELLO, *Storia d. Internaz.* etc., cit., Padova, Salmin, 1873, S.S. 250 ss., 467 ss. ; *, *Un socialiste russe M. Bak.* ; *Rev. génér.* 1876, 2 ; CH. ALERINI, *Une page de la vie de Bak.* : *Bull. jurassien*, 1876, 1. Okt.; K. GRÜN, *Bak. Nekrolog.* : *Die Wage*, Berlin, 1876 ; A. RUGE, *Erinnerung an M. Bak.* : *Neue freie Presse*, Wien, 1876, 28, 29. Sept. ; A. COSTA, *Vita di M. Bakunin* : *Bibl. d. „Martello"*, cit., v. I. Bologna 1877 ; *, *M. Bak. u. d. Radicalismus* : *Deutsche Rundschau*, 1877, 11, 12 ; E. DE LAVELEYE, *L'apôtre de la déstruction univ.* ; *Bak. et l'Internationale* : *Rev. d. deux mondes*, v. 39, 1880, 1. Juni (vgl. : ID., *Le Socialisme contemp.* cit. chap. IV. S.S. 300—365) ; I. GOLOWIN, *D. russische Nihilismus* ; *meine Beziehungen zu Herzen und Bak.*, etc. Leipzig. Senf (1880) ; H. P. G. QUACK. *De socialisten, Personen en stelsels*, 4 Bde., Amsterdam, 1887 —'91, Bd. IV : *K. Marx* ; H. SEYMOUR, *M. Bak.* (Abdruck aus „*Anarchist*") London, 1888 ; F. TURATI, *Notes sur Bak.*, übers. von E. Darnaud (Abdr. aus d. „*Sperimentale*" in Brescia), Foix,

allen theologischen und metaphysischen Phantomen befreie. Auf diese Weise kann die „rationelle Wissenschaft" danach streben, das ganze bekannte Universum zu umfassen, ohne sich um das Unbekannte zu kümmern. Sie wird sich also nicht nur der „analytischen Methode bedienen, denn sie kann sich auch gestatten zur Synthese ihre Zuflucht zu nehmen, wobei sie recht häufig mit Analogien und Deduktionen operiert, dabei aber diesen Synthesen so lange einen niemals mehr als bloss hypothetischen Wert zuschreibt, bis sie durch die strenge experimentale Analyse oder die Kritik vollständig bestätigt worden sind." (A., S. 68) Es wäre nicht entsprechend, diese methodischen Vorbemerkungen und Versprechungen, von denen die Schriften Bakunins wimmeln, in präzisere Formeln zu fassen, weil die Charakteristik ihrer relativen Originalität eben durch diesen extremen Mangel an Präzision gegeben ist.

Die Hypothesen der sogenannten „rationellen Wissenschaft" sind einer grösserer Beachtung würdig als diejenigen der Metaphysik, weil diese ihre Hypothesen als logische Konsequenzen eines absoluten Systems ableitet und somit die Natur zu deren Anerkennung zwingen will; während die Hypothesen der rationellen Wissenschaft, die aus einer Synthese entspiingen, die niemals etwas anderes ist, als der allgemeine Ausdruck einer durch die

---

1890; *, *Zur Biographie Bak.'s*; *Freiheit*, New York, 1891, Jan.—Apr.; A. Mattey (A. Arnould). *M. Bak.: Nouv. Revue*, F. 71, 1891, 1 Aug. S.S. 580—603, cit.; I. Bourdeau, *Le socialisme allem. et le nihilisme russe*, Paris, Alcan, 1892 (enthält ein Kap. über Bak.); A. Reichel, *Bak.*: Suppl. de la *Révolte* 1893, 25. Nov.—2. Dez.; E. Zane-Fleury, *Bak. d'après une publication fragmentaire de ses oeuvres: Journal d'économ*, 23, 5, 1895, Aug.; M. Dragomanov, *M. Bak.'s politische Ideen: Die Zeit*, Wien, No. 33, 1895, 18. Mai; Id., *M. Bak. et son action politique en Europe; esquisses et notes biograph.: Revue socialiste*, 1895, Nov. Dez. (Übers. M. Stromberg; und Vorrede zur *Correspondance de M. B.*, cit.); L. Heritier, *M. Bak. u. seine Schriften: Neue Revue*, Wien, 1895, No. 39, 40; G. Raz, *Il socialismo contemp.*, 2. Aufl. Florenz, Le Monnier, 1895 cit., cap. IX. S.S. 359—409, und Einleitung von A. Bertolini, *Il socialismo contemp. in Italia*; A. Richard, *Bak. et l'Internat. à Lyon: Revue de Paris*, 1896, 5, cit.; G. Cimbali, *Bak. nelle sue lett. intime: Nuova Antol*; 1896, 66, 4; F. Dumur, *M. Bak. d'après sa correspondance: Bibl. univ.*, 1897, 6; M. Stromberg, *Bak. en Italie*; *Revue socialiste*, 27, 1898, 15 Feb.; *, *Ein Brief Bak.'s an Marx*; *Die neue Zeit*, Stuttgart, 1900, I. S.S. 4—7; V. Dave, *M. Bak. et K Marx: Humanité nouvelle*, 1900, 1, zit.; I. Petrone, *La filos. politica contemp.*, 2a ed. Roma, Coop. poligr. 1904, cap. III. S.S. 84—90; P. Kropotkin, *Note bibliogr. su M. Bak.: Il Pensiero*, Roma, IV, 1, 1. Jan. 1900, S.S. 5—7.

Erfahrung erwiesenen Anzahl von Tatsachen, niemals den imperativen und obligatorischen Charakter der Metaphysik haben kann, sondern im Gegenteil dermassen dargestellt sind, „dass man sie zurückziehen kann, sobald sie durch neue Erfahrungen dementiert wurden" (*A.*, S. 69). Die Philosophie und die rationelle Wissenschaft (Philosophie und Wissenschaft sind für Bakunin zwei durchaus strittige Begriffe) gehen also nicht so „autoritär" vor wie die Metaphysik. Diese baut sich immer von oben nach unten mit Hilfe von Deduktionen und Synthesen auf und behauptet vergeblich die Autonomie und die Freiheit der besonderen Wissenschaften anzuerkennen. Diese Behauptung ist vergeblich, weil sie den Wissenschaften Gezetze und sogar Tatsachen aufdrängt, die in der Natur oft unauffindbar sind, wodurch die Metaphysik die Wissenschaften verhindert, mehr dem Experimentalverfahren zu folgen, dessen Resultate alle Spekulation der Metaphysik zu nichte machen könnten. Die rationelle Philosophie ist dagegen „demokratisch". Diese organisiert sich frei von unten nach oben und hat als einzige Grundlage die Erfahrung. „Nichts, was nicht wirklich analysiert und durch die Erfahrung oder durch die strengste Kritik bestätigt wurde, kann von ihr angenommen werden." (*A.*, S. 70) So sind alle Dinge, die Stoff zu metaphysischen Nachforschungen gaben, wie Gott, das Unendliche, das Absolute, ausgeschlossen. „Da aber auch die Phantasien und Hirngespinste einen Teil der Entwicklung des menschlichen Geistes darstellen, da der Mensch gewöhnlich erst zur Kenntnis der einfachen Wahrheit gelangt, nachdem er alle möglichen Illusionen erfunden und erschöpft hat, und da auch die Entwicklung des menschlichen Geistes ein reales Objekt der Wissenschaft darstellt — so weist ihr die natürliche Philosophie ihren wirklichen Platz an, indem sie sich mit ihnen vom Gesichtspunkt der Geschichte beschäftigt und es unternimmt, uns gleichzeitig die physiologischen und historischen Ursachen aufzuzeigen, die die Entstehung, die Entwicklung und den Niedergang der religiösen und metaphysischen Ideen, wie auch deren relative und vorübergehende Notwendigkeit in der Entwicklung des menschlichen Geistes erklären." (*A.*, S. 70) Auf diese Weise erweist man diesen Irrwegen des Geistes alle Gerechtigkeit die ihnen zukommt, — um sie darauf für immer aufzugeben.

Der Philosoph, der sich von diesen Prinzipien inspiriert, strebt danach, alle besonderen Wissenschaftszweige in einem einzigen System zu vereinigen und zu koordinieren. Diese Koordination aller positiven Wissenschaften in ein einziges menschliches Wissen, bildet die „positive Philosophie" oder die „universelle Wissenschaft'. Diese Philosophie wurde zum ersten Mal von August Comte in ein kompletes System zusammengefasst. Die Philosophie Comtes errichtet zwischen den verschiedenen Wissenschaften eine Art organischer Verkettung, mit deren Hilfe sie bei der abstraktesten Wissenschaft, der Mathematik beginnend allmählig zu vergleichsweise immer konkreteren Wissenschaften aufsteigt, die immer mehr zusammengesetzte Dinge zum Gegenstand haben. So gelangt man bis zur Soziologie „die die ganze menschliche Geschichte als Entwicklung des kollektiven und individuellen menschlichen Seins im politischen, ökonomischen, sozialen, religiösen, künstlerischen und wissenschaftlichen Leben umfasst." (*A.*, S. 71)

Es würde also scheinen, dass der Soziologie die leitende Aufgabe der menschlichen Gesellschaft zufällt. Doch Bakunin geht nun daran, grössere Vorbehalte zu machen, als wir erwartet hätten. Vor allem ist die Soziologie eine junge Wissenschaft und die Gesellschaft kann nicht nach ihren Aussprüchen geleitet werden, bevor sie nicht selbst zur vollen Reife gelangt ist. Die Menschheit kann und darf aber nicht bis zu dieser Zeit warten, um sich von den sie bedrückenden Nöten zu befreien. Und auch wenn diese Wissenschaft reif wäre, so wäre doch jene Gesellschaft ein recht armseliges Ding, die sich darauf beschränken würde eine Wissenschaft in die Praxis umzusetzen und anzuwenden. Ein Universum, das nichts anderes enthielte, als das was der Menschengeist bis nun durchdrungen, erkannt und begriffen hat, wäre recht arm im Vergleich mit dem wirklich bestehenden Universum. Doch was wird also die spezifische Rolle der Wissenschaft im allgemeinen und der Soziologie im besonderen sein ? Es wird eine methodische Funktion sein, die den Zweck haben wird, die erklärenden Momente der sozialen Geschehnisse und ihrer Gesetze zu bestimmen, und in den Massen eine bewusste Betätigung der Kontrolle über alles hervorzurufen und zu bilden, was ist und was in der Gesellschaft berechtigterweise sein müsste. „Die allgemeine Idee ist immer eine Abstraktion, und dadurch selbst die Verneinung des realen Lebens. Die Wissenschaft kann bloss aus den wirklichen

Tatsachen ihren allgemeinen Sinn, ihre Beziehungen, ihre Gesetze, in einem Wort das Dauernde in der stetigen Umwandlung herausschöpfen, aber nicht ihre individuelle und die gewissermassen von Wirklichkeit und Leben glühende Seite. Die Wissenschaft enthält den Gedanken der Wirklichkeit, aber nicht die Wirklichkeit selbst, den Gedanken des Lebens, aber nicht das Leben. Hier ist ihre Grenze, die einzige Grenze, die sie wahrhaftig nicht überschreiten können wird, weil es eine Grenze ist, die von der Natur des Gedankens selbst gegeben ist, der das einzige Organ der Wissenschaft ist.' (*B.*, S. 70) Dies sind die unbestreitbaren Rechte und die Aufgabe der Wissenschaft. Wenn sie sich das Recht anmassen sollte, das Leben zu regieren, würde ihre Ohnmacht und ihre schädliche Wirkung bald zu erkennen sein. Die Wissenschaft hat die Aufgabe, die allgemeinen Beziehungen der vorübergehenden und realen Dinge zu konstatieren; „indem sie die allgemeinen, der Entwicklung der sozialen Erscheinungen inherenten Gesetze aufdeckt, verbürgt sie den progressiven Weg der Menschheit, indem sie ihre allgemeinen Bedingungen angibt, deren rigorose Beobachtung notwendig ist und deren Unkenntnis oder Vergessen immer schädlich wäre. Mit einem Wort, die Wissenschaft ist die Bussole des Lebens, aber nicht das Leben." (*B.*, S.S. 70,71)

Das Leben, vom universellen Gesichtspunkt betrachtet, erscheint uns als Schöpfung. Wie die grossen Künstler nicht darauf gewartet haben, dass ihnen die Wissenschaft vorher die Gesetze des Kunstwerkes enthülle, ebenso sind die Völker, unabhängig von den abstrakten wissenschaftlichen Vermutungen, die eigenen Schöpfer ihrer Geschichte. Die Völker, die ihre Geschichte schaffen, sind höchst wahrscheinlich nicht weniger reich an Instinkten, nicht weniger mächtige Schöpfer, nicht mehr abhängig von den Gelehrten und den Wissenschaftlern, als es die Künstler sind. Wenn man sagt, dass das Leben eine Schöpfung ist, hüte man sich jedoch in grobe und schon überwundene Irrtümer zu verfallen. Die Schöpfung erheischt die Idee eines Schöpfers, und wir bestreiten die Existenz eines einzigen Schöpfers ebenso sehr für die menschliche als für die physische Welt, die nebenbei nur eine einzige bilden. Auch wenn man von schöpferischen Völkern spricht, ist es notwendig im Auge zu behalten, dass jedes Volk ein kollektives Wesen ist, das ohne Zweifel physio-psychologische und politisch-soziale Besonderheiten hat, die es von allen anderen Völkern unterscheidet und es in gewissem Sinne individualisiert; doch handelt es sich niemals um ein Individuum, ume in einziges und unteilbares Wesen im realen Sinne des Wortes. Das, was sich gewöhnlich der „Volkswille" nennt, wird niemals, auch wenn er auf ein einziges Ziel gerichtet ist, die „Konzentration" erreichen, die vom Willen eines realen Individuums erreicht wird. Und wenn man sagen hört, ein ganzes Volk „wolle", so kann man sicher sein, dass sich irgend ein Usurpater, Mensch oder Partei dahinter verbirgt. Wenn man sagt, dass das Leben eine Schöpfung ist, darf man also darunter die Schöpfung weder im theologischen, noch im metaphysischen, noch im künstlerischen Sinne verstehen, kurz in keiner dieser Auffassungen, hinter denen man ein schöpferisches Individuum findet oder vermutet. Man muss dagegen die Schöpfung im Sinne eines unendlich komplizierten Produktes einer unzählbaren Quantität recht verschiedener, grosser und kleiner Ursachen betrachten, von denen manche bekannt, der grössere Teil aber noch unbekannt ist, und die sich in einem bestimmten Moment, nicht ohne Grund, aber auch ohne ein vorher bestimmtes Ziel und ohne irgend welchen Vorbedacht, vereinigt haben und dadurch die Tatsache hervorbrachten.

Die Naturgesetze sind unwandelbar und unvermeidlich. Sie sind die Grundlage jedes Lebens und bilden unser Sein. Es wäre also nutzlos sich gegen sie zu empören. Man käme zum Absurdum und zur Vernichtung. Wenn man sie dagegen erkennt und sie sich mit Hilfe des Geistes aneignet, erhebt sich der Mensch über die unmittelbare Herrschaft der äusseren Welt, und indem er nun selbst Schöpfer wird und nur noch den eigenen Ideen gehorcht, verwandelt er die Welt nach den eigenen, wachsenden Bedürfnissen und „drückt ihr in gewissem Sinne das Bild der eigenen Menschlichkeit auf". Die menschliche Welt hat also keinen anderen unmittelbaren Schöpfer als den Menschen selbst, der sie hervorbringt, indem er die Erkenntnis der Aussenwelt und seiner selbst erringt. Diese Eroberung des Menschen entspringt einer von ihm unabhängigen und unwiderstehlichen Gewalt, die allen Lebewesen gleich inherent ist. Diese Kraft stellt den allgemeinen Strom des Lebens dar, die universelle Kausalität, die Natur selbst, die sich in allen Lebewesen in der Tendenz ausdrückt, die jedes einzelne für sich hat, die Lebensbedingung der eigenen Art zu realisieren, d.h. die eigener Bedürfnisse zu befriedigen. Und diese Tendenz, die wesentlichste und höchste Manifestation des Lebens, bildet die Grundlage des Willens, der bei allen Lebewesen, ohne den zivilisiertesten Menschen auszuschliessen, unabwendbar und unüberwindlich ist. Dieser Wille, der bei den niederen Organismen nur instinktiv und fast mechanisch ist, gelangt zu seiner höchsten Ausdrucksform beim Menschen, indem er ihm gestattet, die eigenen Bedürfnisse zu vergleichen, zu kritisieren und zu ordnen. Diese höhere Funktion übt der Mensch mit Hilfe des Denkens und des Wissens aus, und diese Mittel gelangen in ihm zu einer derart imperativen und vorherrschenden Macht, dass sie schliesslich sein ganzes Leben umwandeln. (*A.*, S. S. 108, 109). Die Anerkennung dieser allgemeinen Prinzipien übt und muss eine nützliche Wirkung auf das praktische Leben ausüben. Der ungeheurere Vorteil der positiven Wissenschaft über die theologischen und metaphysischen Abstraktionen besteht darin, dass sie zwar notwendigerweise auch Abstraktionen aufstellt, jedoch nur solche, die direkt die allgemeine Natur und die Logik der Dinge, sowie deren Beziehungen und die allgemeinen Gesetze ihrer Entwicklung ausdrücken. Die, auf diese Weise aufgefasste Wissenschaft kann in gewissem Sinne das Kollektivbewusstsein der Gesellschaft bilden, ohne dass es jedoch die Möglichkeit und das Recht habe, das ganze Leben in seiner Wirklichkeit zu umfassen und auszudrücken. Selbst die Wissenschaft der Geschichte, auch wenn sie bei ihrer weitesten, wenn auch nicht definitiven Entfaltung angelangt wäre — und sie ist noch weit davon entfernt — könnte nichts anderes aufstellen, als ein getreues und vernünftiges Bild der natürlichen Entwicklung der materiellen und idealen, ökonomischen, politischen und wissenschaftlichen Bedingungen der Gesellschaft, die eine Geschichte hatten. Aber dieses universelle Bild der menschlichen Gesellschaft, wie ausführlich und fleissig es auch ausgeführt wäre, könnte bloss allgemeine und somit also abstrakte Beurteilungen sein. „Die Milliarden von Individuen, die das lebendige und schmerzliche Material dieser zugleich triumphierenden und düsteren traurigen Geschichte geliefert haben, — triumphierend über die unermessliche Hekatombe der unter ihrem Wagen zermalmten Menschenopfer ; diese Milliarden unbekannter Individuen, ohne die kein einziges der grossen abstrakten Resultate der Geschichte erreicht worden wäre, — und die, vergessen wir es nicht, niemals einen Vorteil aus irgend einem dieser Resultate gezogen haben — werden nicht den geringsten Platz in unseren Annalen finden. Sie haben gelebt und wurden vernichtet für das Wohl der abstrakten Menschheit, und das ist alles" (*B.*, S. 77). Dies ist aber kein Grund, daraus der Geschichtswissenschaft einen Vorwurf zu machen. Es wäre dies ungerecht. Die Individuen sind unfassbar durch den Gedanken, die Ueberlegung, das menschliche Wort, das unfähig ist etwas anderes auszudrücken als Abstraktionen; sie sind ebenso in der Gegenwart wie in der Vergangenheit unfassbar. Wie sie die gegenwärtige soziale Wissenschaft ignoriert, so wird sie auch die Wissenschaft der Zukunft ignorieren. Aber wir haben das Recht von ihr zu verlangen, dass sie mit treuer und sicherer Hand die allgemeinen Ursachen der individuellen Leiden angebe, wobei sie die noch allzuhäufige Vernichtung und Unterwerfung der lebenden Individuen unter abstrakte Verallgemeinerungen nicht vergessen darf, und uns gleichzeitig die allgemeinen Bedingungen aufzeige, die zur wirklichen Emanzipation der in den Gesellschaften lebenden Individuen notwendig sind. Dies ist ihre Aufgabe und ihre Grenzen, über die hinaus sie ohnmächtig und schädlich wäre, denn hier würden die doktrinären Anmassungen beginnen, die Anmassung durch ihre patentierten Repräsentanten regieren zu wollen. Die einzige Aufgabe der Wissenschaft ist also, es muss dies wiederholt werden, das Leben zu erleuchten, weil doch nur das Leben selbst, von jedem doktrinären Hindernis befreit und der Freiheit seiner Aktion wiedergegeben, wahrhaft schöpferisch wirken kann.

Die wichtigste Ursache der weiten und tiefen politischen Verirrungen, die seit Jahrhunderten hervortreten, muss vor allem in dem idealistischen Standpunkt erkannt werden, der von der Wissenschaft und vom Volksbewusstsein angenommen wurde. Der politische Idealismus ist nicht weniger absurd, nicht weniger schädlich, nicht weniger heuchlerisch als der Idealismus der Religion, von dem er nur eine andere Form und zwar die weltliche und irdische Anwendung darstellt. Im inneren Charakter eines jeden

Idealismus, ob es nun religiöser, metaphysischer oder politischer Idealismus sei, liegt es, die wirkliche Welt zu verachten, und sie auszubeuten, da man sie verachtet. Daher kommt es, dass jeder politische Idealismus notwendig zur Hypokrisie führen muss. „Der Mensch ist Materie und kann nicht ungestraft die Materie verachten. Er ist Tier und kann seine Tiernatur nicht vernichten; aber er kann und soll sie umwandeln und vermenschlichen, und zwar mit Hilfe der Freiheit, das heisst, durch die vereinigte Betätigung der Gerechtigkeit und der Vernunft, die ihrerseits eine Rückwirkung auf jene haben, weil sie ihr Produkt und ihr höchster Ausdruck sind. Dagegen ist aber der Mensch jedesmal, so oft er von seiner Tiernatur absehen wollte, ihr Spiel und ihr Sklave geworden und noch häufiger, ihr heuchlerischer Diener. Der Beweis dafür sind die Priester der idealsten und absurdesten Religion der ganzen Welt, des Katholizismus. Vergleicht ihre wohlbekannte Obszönität mit ihrem Keuschheitsschwur, ihre unersättliche Habsucht mit ihrer Lehre, auf die Güter dieser Welt zu verzichten, und ihr werdet gestehen müssen, dass es wohl keine materialistischere Wesen giebt, als diese Verkünder des christlichen Idealismus. Was ist gerade in diesem Moment die Frage, die alle Kirchen nun bewegt? Es ist die Frage der Beibehaltung ihrer Güter, die nun in Gefahr stehen, von dieser anderen Kirche konfisziert zu werden, die der Ausdruck des politischen Idealismus ist, dem Staat" (*A.*, S.S. 220,221). Der Idealismus, der sich im Staate widerspiegelt, macht aus ihm den jüngeren Bruder der Kirche. Der nach den Vorschriften der idealen, religiösen und politischen Schule tugendhafte Mensch muss gleichzeitig Gott dienen und sich dem Staate widmen. Der auf den Staat angewandte Idealismus ist eine Form der Theologie, die nach ihren Reden, das kollektive Wohl, die kollektiven Interessen und das Recht aller der auflösenden Wirkung der egoistischen Interessen und Passionen der einzelnen entgegenstellt. Es gibt also für die Individuen keine höhere Tat, keine grössere Pflicht, als sich dem Triumph und der Macht des Staates zu widmen, sich dafür zu opfern und wenn es sein müsste, für ihn zu sterben. Jedoch verbirgt diese „politische Theologie", die so grosse Aehnlichkeit zur religiösen Theologie hat, unter ihrem verfänglichen Aeusseren die traurige Wirklichkeit, unter der so viele zu leiden haben.

Es ist also berechtigt, wenn sich gegen diese Anschauungen in den Volksmassen eine neue und entgegengesetzte Auffassung bildet. Diese Auffassung wird weder Propheten noch ihre Priester haben. Sie wird von jedem einzelnen und von allen verkündet werden, ohne dass eine neue Kirche oder ein neuer Staat gebildet werden; sie wird bis zu ihren letzten Resten „das schädliche und verdammte Prinzip der menschlichen und göttlichen Autorität" zerstören, und indem sie jedem seine volle Freiheit wiedergibt, verwirklicht sie die Gleichheit, die Solidarität und die Brüderlichkeit des Menschengeschlechts. (*A.*, S. 322). Vor allem wird sie sich daran machen, das Prinzip der Autorität zu vernichten, weil jede konsequente und aufrichtige Staatstheorie auf diesem Prinzip begründet ist, d. i. auf der durchaus theologischen, metaphysischen und politischen Idee, dass die Massen, immer unfähig sich selbst zu regieren, sich zu allen Zeiten „dem wohlwollenden Joch einer Weisheit und einer Gerechtigkeit unterwerfen müssen, die ihnen auf die eine oder andere Weise von oben aufgezwungen werden." Der erste Zweifel über die legitime Grundlage der Autorität offenbart sich in der Frage: Welche Weisheit und welche Gerechtigkeit, in wessen Namen und von wem ist sie bestimmt? Die von den Massen anerkannte und geachtete Autorität kann nur drei Ursprungsquellen haben, und zwar die Gewalt, die Religion oder die Wirkung einer höheren Intelligenz. Aber die vereinigte Wirkung der Gewalt und der Religion muss durch die Verneinung der Religion selbst fallen. Es bliebe also die Autorität der höheren Intelligenzen, die immer nur die Repräsentantin der Minorität ist. Selbst in jenen Staaten, die die am meisten demokratischen Institutionen haben (wir nehmen als Beispiel die Vereinigten Staaten von Nord-Amerika und die Schweiz) kann man beobachten, dass das Self-governement der Massen, trotz allem Anschein der Allmacht des Volkes, fast immer eine Fiktion bleibt. In Wirklichkeit sind es immer die Minoritäten, die regieren. Und so ist die Volkssouveränität — ein Wort, das wir verabscheuen, weil in unseren Augen jede Souveränität verabscheuungswürdig ist — oder die Regierung der Massen durch sich selbst, ebenfalls eine Fiktion. Das Volk ist souverän dem Rechte nach, aber nicht in Wirklichkeit, weil es notgedrungen von seiner täglichen Arbeit absorbiert ist; und wenn es schon nicht ganz ignorant ist, so steht es doch zumindestens in seiner Bildung ganz erheblich unter den bürgerlichen Klassen und ist somit gezwungen, in deren Hände seine angebliche Souveränität auszuliefern. Man denke aber nicht, dass diese Kritik der demokratischen Regierung zu Gunsten der Monarchie ausfallen müsste. Wir sind, sagt Bakunin, überzeugt, dass die allerunvollkommenste Republik tausendmal mehr wert ist, als die aufgeklärteste Monarchie, weil es wenigstens in der Republik Momente gibt, in denen das immer ausgebeutete Volk wenigstens nicht unterdrückt ist, während es dies in der Monarchie immer ist. Aber wenn wir auch die Republik vorziehen, müssen wir immer erkennen und betonen, dass, welche immer auch die Form der Regierung sein möge, man immer den genannten Nachteilen anheimfällt.

Der offenbare und definitive Nachweis der Schäden, die das Prinzip der Autorität mit sich bringt, ist ersichtlich, sobald es auf Menschen angewandt wird, die schon die Periode ihrer vollen Erkenntnis erreicht haben. In diesem Fall wird das Prinzip der Autorität „eine Abscheulichkeit, eine flagrante Verneinung der Menschheit, eine Quelle der Sklaverei und intellektueller und moralischer Erniedrigung." Die „väterlichen Regierungen" haben die Volksmassen in einer solch tiefen Unwissenheit verkommen lassen, dass die Emanzipation nicht möglich wird, ohne sich nun an diese wahrhaftige Schule des Volkes zu wenden, die das Leben selbst ist. „Die einzige grosse und allmächtige, natürliche und zugleich vernünftige Autorität, die einzige, die wir respektieren können, ist die des kollektiven und öffentlichen Geistes einer auf gegenseitiger Achtung aller ihrer Glieder begründeten Gesellschaft." Diese Autorität ist nicht göttlich, sondern menschlich, und vor dieser werden wir uns gerne beugen, weil sie anstatt die Menschen zu unterwerfen, sie befreien wird. Sie wird mächtiger sein als alle von der Kirche und dem Staate errichteten Autoritäten, „mächtiger als unsere Strafgesetzbücher, als unsere Kerkermeister, als unsere Henker." Uebrigens ist die Macht des Kollektivgefühls und des öffentlichen Geistes schon heute ausserordentlich bemerkbar. Die zur Begehung von Verbrechen geneigten Menschen wagen es selten sich ihr herausfordernd entgegenzustellen. Die Macht des Kollektivgefühls wird viel leichter betrogen als provoziert oder offen herausgefordert, — höchstens dann, wann es sich um

Individuen handelt, die sich von irgend einer herrschenden Minorität unterstützt fühlen. Aber „kein Mensch, so mächtig er sich auch dünken möge, wird jemals die Kraft haben, die allgemeine Verachtung der Gesellschaft zu ertragen; keiner würde leben können, ohne sich durch die Zustimmung und die Achtung wenigstens eines Teiles dieser Gesellschaft unterstützt zu fühlen. Dazu wäre es unerlässlich, dass der Mensch von einer ausserordentlichen tiefen und Ueberzeugung durchdrungen sei, um den Mutzu finden im Gegensatz zu allen zu denken und vorzugehen; doch ein egoistischer, und niederträchtiger Mensch wird niemals diesen Mut besitzen." (*B.*, S. 57) Diese Tatsache ist mehr wert als irgend ein Beweis, um „die natürliche und notwendige Solidarität nachzuweisen, die alle Menschen unter einander vereinigt." Man könnte noch fragen, warum diese soziale Macht, wenn sie besteht, bis heute nicht ausgereicht hat, die Menschen zu moralisieren und zu „vermenschlichen". Die Antwort darauf ist nicht schwer. Diese Macht hat ihre Funktion nicht ausgefüllt, weil sie selbst nicht, vermenschlicht wurde. Und sie wurde nicht vermenschlicht, weil das soziale Leben, dessen getreuer Ausdruck sie immer ist, auf dem göttlichen Kultus und nicht auf der menschlichen Achtung, auf der Autorität und nicht auf der Freiheit, auf den Vorrechten und nicht auf der Gleichheit, auf der Ausbeutung und nicht auf der Brüderlichkeit der Menschen, auf der Ungerechtigkeit und der Lüge, und nicht auf der Gerechtigkeit und der Wahrheit begründet war. „Deshalb hat ihre wirkliche Aktion, in ständigem Widerspruch mit den von ihr verkündeten humanitären Theorien, beständig einen schädlichen und verderblichen Einfluss ausgeübt. Sie beseitigt nicht die Laster und Verbrechen, im Gegenteil, sie bringt sie hervor. Ihre Autorität ist eine göttliche, also ist es eine menschenfeindliche Autorität. Ihr Einfluss ist schädlich und verderblich. Wenn man sie wohltuend und menschlich gestalten will, muss die soziale Revolution durchgeführt werden. Macht, dass alle Bedürfnisse wahrhaftig solidarisch werden, macht, dass die materiellen und sozialen Interessen eines jeden mit den menschlichen Pflichten aller übereinstimmen. Und um dies zu erreichen, gibt es nur ein Mittel: Zerstört die Institutionen der Ungleichkeit, begründet die ökonomische und soziale Gleichheit aller, und auf dieser Grundlage wird sich die Freiheit, die Sittlichkeit und die für alle solidarische Menschheit erheben". (*B.*, S. 58).

Während also der Idealismus in der Theorie den allerbrutalsten Materialismus in der Praxis zur Folge hat, gelangt man dagegen, wenn man von materialistischen Voraussetzungen ausgeht, nach Durchlaufung der ganzen Stufenleiter der Negationen der Autorität, von der göttlichen angefangen, um bei der politischen zu schliessen, — zum höchsten Ziel — der Freiheit, die als das letzte und konkrete Ziel aller menschlichen Entwicklung zu betrachten ist. (*A.*, S. 105).

II

Die Theorie der Freiheit.

Inmitten der ökonomischen Grundlage der primitiven Gesellschaft bildeten sich die ersten Begriffe und die ersten Ideen, die eben nicht isoliert und spontan durch den wunderbar erleuchteten Geist besonders inspirierter Individuen geschaffen wurden, sondern aus der kollektiven intellektuellen Arbeit entstanden sind. Diese Ideen waren ursprünglich einfache, natürlich sehr unvollkommene Konstatierungen natürlicher und sozialer Tatsachen. Der Inhalt dieser Gedanken war von der äusseren und inneren realen Welt gegeben. Der Geist des Menschen, d.i. die ausschliesslich organische, also materielle Funktion des Gehirnes, die von den äusseren und inneren Eindrücken hervorgerufen wird, fügte ihnen bloss eine formelle Aktion zu, die darin besteht, diese Eindrücke von den Dingen und Tatsachen zu vergleichen und zu richtigen oder falschen Systemen zu kombinieren. Darauf wurden mit Hilfe des Wortes die ersten Vorstellungen präzisiert, festgelegt und von einem Individuum aufs andere übertragen, sodass die persönlichen Vorstellungen eines jeden zusammentrafen, sich kontrollierten, sich umwandelten, sich gegenseitig komplettierten und sich dann mehr oder weniger zu einem einzigen System vereinigend, schliesslich den Gemeinsinn, den Kollektivgedanken der Gesellschaft hervorbrachten. „Dieser Gedanke, der durch die Tradition von einer Generation auf die andere übertragen wurde, und sich durch die intellektuelle Arbeit der Jahrhunderte immer mehr entwickelt hat, bildet das intellektuelle und moralische Erbteil einer Gesellschaft, einer Klasse, einer Nation." (*A.*, S. 291) Jede neue Generation findet von der Wiege auf eine ganze Menge von Ideen, Vorstellungen und Gefühlen vor, die sie als Erbschaft von den vergangenen Jahrhunderten erhält. Dieser Komplex präsentiert sich nicht plötzlich als ein System von Vorstellungen und Ideen, als Religion, oder als eine Lehre; das Kind wäre unfähig, sie in dieser Form zu begreifen, sondern sie werden ihm als eine Welt von Tatsachen aufgedrängt, die ebenso sehr in den Personen, als in den Dingen, die es umgeben, verkörpert und verwirklicht sind. Obwohl die menschlichen Ideen und Vorstellungen ursprünglich nichts anderes waren als das Produkt wirklicher, natürlicher und sozialer Erscheinungen, bekommen sie später, wenn sie sich im Kollektivbewusstsein einer Gesellschaft wohlbegründet haben, die Macht, ihrerseits wieder produktive Ursachen neuer, zwar nicht eigentlich natürlicher, aber sozialer Tatsachen zu werden. Diese gelangen schliesslich dahin, die Existenz, die Sitten und die Institutionen der Menschen, ja alle Beziehungen der Menschen in der Gesellschaft, wenn auch zweifellos sehr langsam, zu verändern und zu transformieren. Durch ihre Verkörperung in den Dingen des täglichen Lebens eines jeden, werden sie für alle, selbst für die Kinder fühlbar und greifbar. Auf diese Weise findet jede neue Generation, wenn sie ins Mannesalter tritt, in dem eigentlich erst die Geistesarbeit beginnt, die notwendigerweise auch von einer gründlicheren Kritik begleitet ist, in sich selbst und in der sie umgebenden Gesellschaft eine ganze Welt von festbegründeten Gedanken und Vorstellungen, die ihr als Ausgangspunkte dienen und ihr die Grundlage geben, auf der sie die eigene intellektuelle und moralische Arbeit aufbauen kann.

Dieser Art sind die abstrakten und allgemeinen Ideen über das Wesen Gottes und der Seele, zwar vollständig absurde, aber in der historischen Entwicklung des Menschengeistes unvermeidliche, unumgängliche Ideen, die bloss sehr langsam durch dievielen Jahrhunderte hindurch zur rationellen und kritischen Erkenntnis ihrer selbst und ihrer eigenen Ausdrucksformen gelangten, und immer vom Absurdum ausgehen, um zur Wahrheit, und von der Sklaverei, um zur Freiheit zu gelangen. Das Absurde und die Sklaverei sind von der allgemeinen Unwissenheit und dem Interesse der priviligierten Klassen geheiligt, und dies ist so wahr, dass man auch heute noch nicht offen und in populärer Sprache gegen sie sprechen könnte, „ohne Gefahr zu laufen, von der bürgerlichen Heuchelei gesteinigt zu werden." Das Individuum, das also zu einer gewissen Kenntnis gelangt ist, findet nun einen ganzen gewaltigen Ring von der Freiheit entgegengesetzten Ideen vor, die von den das allgemeine Bewusstsein oder den kollektiven Aberglauben ausdrückenden Theorien und allen religiösen, politischen und ökonomischen Institutionen der Gesellschaft, der es angehört, geheiligt, erklärt und kommentiert werden. Das Individuum selbst wird nun, ob es persönlich daran interessiert ist, sie zu verteidigen, oder auch nicht, ganz von diesen Ideen durchtränkt, und ist in allen seinen materiellen, intellektuellen und moralischen Gewohnheiten deren unwillkürlicher Komplize. Man möge sich also über die Macht nicht wundern, die diese, das kollektive Bewusstsein der Gesellschaft ausdrückenden Ideen auf die Massen der Menschen ausüben, wie dass sich Individuen finden, die den Gedanken, den Willen und den Mut haben sie zu bekämpfen, weil der Druck der Gesellschaft auf das Individuum ein unermesslicher ist und es niemanden gibt, so mächtig er auch sei, der sich vollständig dieser despotischen und unwiderstehlichen Aktion entziehen könnte, die wieder ihrerseits den klarsten Beweis für den sozialen Charakter des Menschen erbringt. Man könnte sagen, dass das in den grossen öffentlichen Institutionen und in den kleinsten Details des privaten Lebens verkörperte Kollektiv-Bewusstsein zur Grundlage aller seiner Theorien dienen möge, und diese bilden eine Art umgebenden Mittels, intellektueller und moralischer Athmosphäre, die zwar schädlich, jedoch gleichzeitig zur Existenz aller ihrer Mitglieder absolut notwendig ist. Die grösste Zahl der Menschen fühlt sich nicht beruhigt und im Frieden mit sich selbst, wenn sie nicht getreu und blind der Tradition folgt, und dies ist das allergrösste Hindernis gegen den Fortschritt und die Beschleunigung der Emanzipation des Menschengeschlechtes. Diese zum Verzweifeln trostlose Langsamkeit ist das grösste Unglück der Menschheit. Um deren permanente oder vorübergehende Ursachen zu begreifen und zu verstehen, muss man viel gründlicher den Rhythmus dieser individuellen und kollektiven Bewegung kennen, die von der Sklaverei bis zu den ersten Eroberungen der Freiheit führt. Man kann auch sofort hinzufügen, dass eine von diesen Ursachen auch ohne Zweifel die Unwissenheit der Massen ist. Allgemein und systematisch von jeder wissenschaftlichen Erziehung durch den väterlichen Eifer der Regierungen und die priviligierten Klassen ferngehalten, die es für nützlich finden, die Massen für so lange Zeit als möglich in Unwissenheit, Frömmigkeit, und im Glauben zu erhalten, diesen drei Worten, die so ziemlich dieselbe Sache ausdrücken, kennen die Massen gar nicht die Existenz und die Anwendung dieses Werkzeuges der intellektuellen Emanzipation, die uns die Kritik liefert, ohne die keine moralische und soziale Revolution durchgeführt werden kann. „Die Massen, die alles Interesse haben, sich gegen die bestehende Ordnung der Dinge zu empören, halten daran noch mehr oder weniger durch die Religion ihrer Väter, diese Vorsehung der priviliegierten Klassen" (*A.*, S.297). Andererseits halten an ihnen die privilegierten Klassen, die weder Frömmigkeit noch Glauben besitzen, durch ihr politisches und soziales Interesse, deren Existenzbedingung durch die Reaktion gegeben ist; diese Reaktion folgt nicht bloss dem Gefühl des Egoismus, sondern, da es sich um traditionelle und historische Assoziationen handelt, wie es die Klassen sind, folgen sie einem Moralprinzip, einer Religion, irgend einem Glauben, der ohne Zweifel sehr wenig vernünftig, in den meisten Fällen lächerlich und deshalb auch sehr engherzig, aber immerhin aufrichtig ist.

Nach den Idealisten ist der Mensch, insofern er mit einer unsterblichen Seele, einer dieser Seele inherenten Unvergänglichkeit und Freiheit begabt ist, ein eminent antisoziales Lebewesen. Und wenn er immer vernünftig geblieben wäre, ausschliesslich mit seiner Ewigkeit beschäftigt, wenn er den Geist gehabt hätte alle Güter, alle Leidenschaften und alle Eitelkeiten dieser Erde zu verachten, wäre er niemals aus dem Zustand der Unschuld und des göttlichen Blödsinns herausgekommen und hätte sich niemals zur Gesellschaft vereinigt. In einem Wort, hätten Adam und Eva niemals die Frucht vom Baum des Erkenntnis gekostet, würden wir alle noch als Tiere in diesem irdischen Paradiese leben, das ihnen Gott als Wohngebiet angewiesen hat. Aber vom Augenblick an, in welchem die Menschen wissen, sich zivilisieren, vermenschlichen, denken, sprechen und sich der materiellen Güter erfreuen wollten, mussten sie notwendigerweise ihre Einsamkeit aufgeben, um sich zur Gesellschaft zu organisieren. Denn wie sie innerlich unendlich, unsterblich, frei sind, sind sie äusserlich begrenzt, sterblich, schwach und von der äusseren Welt abhängig. Für uns Materialisten, sagt Bakunin, die weder an die Unsterblichkeit der Seele, noch an den freien Willen glauben, erscheint diese Langsamkeit in der primitiven Entwicklung der Menschheit, als eine zwar schmerzliche, aber natürliche Tatsache. Vom „Gorillazustand" ausgehend, gelangt der Mensch schwer zum Bewusstsein seiner menschlichen Natur und zur Verwirklichung seiner Freiheit. Von Anfang an kann er weder dieses Bewusstsein noch diese Freiheit haben. Er wird als „wilde Bestie und als Sklave" geboren, und vermenschlicht sich und emanzipiert sich allmählich nur im Schosse der Gesellschaft, die notwendigerweise der Entstehung seiner Gedankens, seines Wortes, und seines Willens vorangeht. Es kommen ihm da die kollektiven Kräfte aller ehemaligen und gegenwärtigen Glieder der Gesellschaft entgegen, die also die Grundlage und der Ausgangspunkt seines Menschendaseins sind. Es folgt daraus, dass der Mensch seine individuelle Freiheit, also seine Persönlichkeit nicht verwirklichen kann, ohne sich mit allen ihn umgebenden Individuen, und nur mit Hilfe der Arbeit und der kollektiven Macht der Gesellschaft zu verbinden, ausserhalb der er von allen wilden Bestien, die auf der Erde leben, ohne Zweifel die allerstupideste und allerelendeste geblieben wäre. Im System der Materialisten, das allein natürlich und logisch ist, begründet die Gesellschaft, weit davon sie zu schmälern oder zu begrenzen, vielmehr erst die Freiheit der menschlichen Individuen. Sie ist die Wurzel, der Baum, und die Freiheit ist ihre Frucht. Deshalb soll der Mensch in jeder Epoche die Freiheit nicht am Anfang, sondern am Ende der Geschichte suchen ; und man kann sagen, dass die wirkliche und von jedem menschlichen Individuum durchgeführte Emanzipation, der wahre, grosse Zweck, das höchste Endziel der Geschichte ist.

Die materialistische und realistische Auffassung der Freiheit, die der idealistischen vollständig entgegengesetzt ist, beruht in folgendem : „Der Mensch wird erst Mensch und gelangt zum Bewusstsein erst bei der Verwirklichung seines Menschentums, erst in der Gesellschaft und nur durch die kollektive Aktion der ganzen

Gesellschaft; er kan sich vom Joch der ihn umgebenden Natur nur durch die kollektive und soziale Arbeit emanzipieren, die allein imstande ist, die Erde in einen der Entwicklung der Menschheit günstigen Aufenthaltsort zu verwandeln, und ohne diese materielle Emanzipation kann es auch für niemand intellektuelle und moralische Emanzipation geben. Der Mensch kann sich nicht vom Joch seiner eigenen Natur emanzipieren, d.h. er kann die Instinkte und Bewegungen seines eigenen Körpers erst durch die Erziehung und die Bildung der Leitung seines immer mehr entwickelten Geistes unterordnen. Aber das eine wie das andere sind eminent, ausschliesslich soziale Dinge, denn ausserhalb der Gesellschaft würde der Mensch ewig ein wildes Tier oder ein Heiliger bleiben, was ungefähr dasselbe bedeutet. Schliesslich kann der isoliert stehende Mensch nicht das Bewusstsein seiner Freiheit haben. Frei sein heisst für den Menschen, von einem anderen Menschen, von allen Menschen, die ihn umgeben, als solcher anerkannt, betrachtet und behandelt zu werden. Die Freiheit ist also durchaus keine Sache der Isolierung, sondern der gegenseitigen Rückwirkung, nicht der Ausschliesslichkeit, sondern im Gegenteil der Vereinigung, denn die Freiheit eines jeden Individuums ist nichts anderes, als die Rückstrahlung seines Menschentums oder seines menschlichen Rechtes im Bewusstsein aller freien Menschen, seiner Brüder, seiner Gleichen." (*A.*, SS. 277, 278). Als Mensch kann ich mich bloss in Anwesenheit und von anderen Menschen frei nennen und fühlen; vor einem Lebewesen einer niederen Gattung bin ich weder Mensch noch frei, weil dieses Tier unfähig ist mein Menschentum zu begreifen, und also auch anzuerkennen. Ich bin selbst weder Mensch noch frei, insofern ich nicht die Freiheit und das Menschentum aller mich umgebenden Menschen anerkenne. Allein indem ich deren menschlichen Charakter achte, achte ich den menschlichen Charakter meiner selbst. Ein Sklavenhalter ist kein Mensch, sondern bloss Herr. Indem er das Menschentum seiner Sklaven verkennt, verkennt er das Menschentum seiner selbst.

Wenn also der Mensch in der natürlichen Umgebung, deren Produkt er ist, bloss mit Hilfe seines Gedankens zum Bewusstsein der eigenen Freiheit kommt, so geschieht dies allein durch die A r b e i t, die er durchführt. Die Betätigungsform, die die Arbeit bildet, d.h. also das allmählige Werk der Umwandlung der Oberfläche unserer Erdkugel durch die physische Kraft aller Lebewesen, entsprechend den Bedürfnissen eines jeden, findet man mehr oder weniger entwickelt auf allen Stufen des organischen Lebens vor. Aber diese beginnt erst die „spezifisch menschliche Arbeit" darzustellen, wenn sie von der Intelligenz des Menschen und dem wohlerwogenen Willen geleitet, nicht bloss zur Befriedigung der feststehenden, und notwendigerweise durch das ausschliesslich tierische Leben begrenzten Bedürfnisse dienen, sondern auch jener Bedürfnisse „des denkenden Wesens, das sein Menschentum erringt, indem es seine Freiheit in der Welt verkündet und verwirklicht." (*A.*, S. 110). Die Durchführung dieser unermesslichen und unendlichen Aufgabe ist nicht bloss das Werk der intellektuellen und moralischen Entwicklung ; sie ist gleichzeitig das Werk der materiellen Emanzipation. Der Mensch wird erst wirklich Mensch, erringt die Möglichkeit seiner inneren Entwicklung und Vervollkommung erst unter der Bedingung, dass er wenigstens in einem gewissen Ausmasse die Sklavenketten bricht, in denen die Natur alle ihre Kinder festhält. Diese Ketten sind der Hunger, die Entbehrungen aller Art, der Schmerz, die Wirkung des Klimas, der Jahreszeiten, im allgemeinen der tausend Bedingungen des tierischen Lebens, die den Menschen in einer fast absoluten Abhängigkeit von den ihn umgebenden Verhältnissen festhalten. Der erste Schritt, den der Mensch zu seiner Emanzipation aus dieser Sklaverei macht, besteht in der abstrakten Tat der Intelligenz, die dadurch, dass sie sich über die sie umgebenden Dinge erheben kann, es ermöglicht, deren Beziehungen und Gesetze zu erforschen. Aber der zweite Schritt ist notwendig ein materieller Akt, der durch den Willen bestimmt ist und von der mehr oder weniger gründlichen Kenntnis der Aussenwelt geleitet ist. Es ist die Anwendung der Muskelkraft des Menschen zur Umgestaltung dieser Welt je nach seinen wachsenden Bedürfnissen.

Nachdem diese tatsächlichen Voraussetzungen gegeben sind, ist es klar, dass in der gegenwärtigen Welt nur dann durch die Freiheit nützliche Resultate erreicht werden können, wenn man von einer streng realistischen und materialistischen Auffassung der Freiheit ausgeht. Die Freiheit, wie sie von den Materialisten aufgefasst wird, kann nur durch die Hilfe der Gesellschaft und bloss in der striktesten Gleichheit und Solidarität eines jeden gegenüber allen verwirklicht werden. So kann man in ihr zwei Hauptmomente ihrer Entwicklung unterscheiden. Das erste ist positiv und sozial und entspricht der vollen Entwicklung und dem vollen Ausleben aller menschlichen Fähigkeiten und Kräfte eines jeden durch die Erziehung, die wissenschaftliche Bildung, dass materielle Wohlergehen, alles Bedingungen, die dem einzelnen Individuum nur durch die kollektive, materielle und intellektuelle Arbeit der ganzen Gesellschaft gegeben werden können. Das zweite Moment der Freiheit ist negativ. Es ist das der Empörung des Individuums gegen jede göttliche oder menschliche, kollektive oder individuelle Autorität. Voran geht die Empörung gegen das höchste Phantasma der Theologie, gegen Gott. Es ist offenbar, dass so lange wir einen Herrn im Himmel haben, wir Sklaven auf der Erde bleiben. Unsere Vernunft und unser Wille werden vernichtet. So lange wir glauben, Gott absoluten Gehorsam zu schulden, und ihm gegenüber ist jede andere Art des Gehorsams undenkbar, müssen wir uns geduldig und ohne einen Schein der Kritik, der heiligen Autorität seiner Vermittler und seiner Erwählten, den Erlösern, Propheten, göttlich inspirierten Gesetzgebern, Kaisern, Königen und deren Funktionären und Beamten, den geheiligten Vertretern und Dienern der beiden grossen Institutionen unterwerfen, die sich uns als von Gott zur Leitung der Menschen eingesetzt ausgeben, und zwar der Kirche und des Staates. Jede weltliche oder menschliche Autorität stammt direkt von der geistigen oder göttlichen Autorität ab. Aber die Autorität ist die Verneinung der Freiheit. Gott, oder vielmehr die Fiktion Gott ist also die Heiligung und die intellektuelle und moralische Ursache aller Sklaverei auf Erden; die Freiheit der Menschen kann also erst durchgeführt werden, wenn diese unheilvolle Fiktion eines himmlischen Herrn vollständig vernichtet ist. Es kommt nun die Empörung eines jeden gegen die Tyrannei der Menschen, gegen die vom Staate vertretene und legalisierte individuelle und soziale Autorität. Und hier muss man die offizielle, somit also tyrannische Autorität der zum Staate organisierten Gesellschaft von der natürlichen Wirkung unterscheiden, die die nicht offizielle, aber natürliche Gesellschaft auf jedes ihrer Glieder ausübt.

Die Empörung gegen diese natürliche Wirkung der Gesellschaft ist für das Individuum viel schwieriger als die Empörung gegen die offiziell organisierte Gesellschaft, den Staat, obwohl sie häufig ebenso unvermeidlich ist wie diese letztere. Die soziale Tyrannei, stellt, obzwar sie oft genug erdrückend und unheilvoll ist, nicht jenen Charakter imperativer Gewalt des legalisierten und formellen Despotismus dar, die die Autorität des Staates auszeichnet. Sie drängt sich nicht als Gesetz auf, dem jedes Individuum unter Androhung juridischer Massregeln sich zu unterwerfen gezwungen ist. Ihre Wirkung ist gelinder, gewinnender, weniger bemerkbar, aber umso mächtiger als die Autorität des Staates. Sie beherrscht die Menschen durch die Sitten, die Gebräuche, die Menge der Empfindungen, die Vorurteile und die Gewohnheiten, ebenso sehr des materiellen Lebens, als des Geistes und des Herzens, wobei dies alles das bildet, was wir „öffentliche Meinung" nennen. Diese umschlingt den Menschen seit seiner Geburt, durchdringt ihn und bildet die Grundlage seiner individuellen Existenz, so dass jeder in gewissem Masse deren Mithelfer gegen sich selbst wird, und dies häufig, ohne es selbst zu bemerken. Daraus folgt, dass, um sich gegen diese Wirkung zu empören, die die Gesellschaft natürlich auf den Menschen ausübt, es für den Menschen nötig wäre, sich wenigstens teilweise gegen sich selbst zu empören, weil er selbst mit allen seinen materiellen, intellektuellen und moralischen Wünschen und Bestrebungen nichts anderes ist als das Produkt der Gesellschaft. Daher kommt die ungeheuere Macht der Gesellschaft, die sie auf die Menschen ausübt.

Die Empörung des Individuums gegen die Gesellschaft ist also ganz erheblich schwieriger, als die Empörung gegen den Staat. Der Staat ist eine historische, vorübergehende Institution, eine transitorische Form der Gesellschaft, wie die Kirche, deren jüngerer Bruder er ist. Aber er hat nicht diesen unabwendbaren und unveränderlichen Charakter der Gesellschaft, die allen Entwicklungsformen der Menschheit voranging, und die vollinhaltlich an der Allmacht der Naturgesetze teilnehmend, die Grundlage selbst jedes menschlichen Daseins bildet. Der Mensch wird, wenigstens vom Augenblick an, in dem er seinen ersten Schritt zum Menschentum machte, in der Gesellschaft geboren: er wählt sie nicht.

denn er ist im Gegenteil ihr Produkt, und so ist er notwendigerweise den natürlichen Gesetzen unterworfen, die ihre Entwicklung bestimmen, wie er auch allen anderen Naturgesetzen gehorcht. Die Gesellschaft ist älter als die Individuen und überlebt sie dennoch, ganz wie die Natur selbst; sie ist ewig wie die Natur, oder vielmehr, auf der Erde geboren, wird sie solange dauern, wie die Erde selbst. Eine radikale Empörung gegen die Gesellschaft wäre also für den Menschen ebenso unmöglich, wie die Empörung gegen die Natur selbst, weil die menschliche Gesellschaft nichts anderes ist, als die letzte grosse Offenbarung oder Schöpfung der Natur auf dieser Erde. Ein Individuum, das die Gesellschaft selbst in Frage stellen wollte, also die Natur im allgemeinen und die seinige im besonderen, würde sich ausserhalb aller Bedingungen einer wirklichen Existenz setzen, es würde sich in das Nichts, in die absolute Leere, in die tote Abstraktion, in Gott stürzen. Man kann also ebensowenig fragen, ob die Gesellschaft eine Wohltat oder ein Uebel sei, wie es unmöglich ist, sich zu fragen, ob die Natur eine Wohltat oder ein Uebel sei. Sie ist eine unermessliche positive und ursprüngliche Tatsache, die älter ist als jede Kenntnis, als jede Idee, als jede intellektuelle und moralische Schätzung, sie ist die Grundlage selbst, sie ist die Welt, in der sich notwendig, und erst später, das entwickelt, was wir Gut und Böse, eine Wohltat oder ein Uebel nennen.

Man kann nicht dasselbe vom Staate sagen. Vom Staate kann man ohne Zögern sagen, dass er ein Uebel sei, aber ein bloss *historisch* notwendiges Uebel, ebenso in der Vergangenheit notwendig, wie früher oder später seine vollständige Vernichtung notwendig wird. Er ist ein notwendiges Uebel, wie der primitive Wildheitszustand und die späteren theologischen Abschweifungen notwendig waren. Der Staat ist nicht die Gesellschaft, er ist nur eine ebenso brutale, als abstrakte historische Form der Gesellschaft. Er ist in allen Ländern aus der Ehe der Gewalt, des Raubes, der Plünderung, kurz, der Kriege und der Eroberungen, mit den von der theologischen Phantasie der Völker nacheinander erschaffenen Göttern historisch entstanden. Er war von Anfang an und bleibt noch bis heute die göttliche Sanktion der brutalen Gewalt und der triumphierenden Ungerechtigkeit. Die Empörung gegen den Staat ist also viel leichter, weil er in seiner eigenen Natur die Gründe trägt, die diese Empörung herausfordern. Der Staat ist die Autorität, die Gewalt, die Ostentation und die Verehrung der Gewalt. Er führt sich nicht ein, er sucht nicht zu überzeugen, und jedesmal, wenn er dies versucht, tut er dies höchst ungerne, denn in seiner Natur liegt es nicht zu überzeugen, sondern sich aufzudrängen, zu zwingen. Es nützt nichts, so viel Mühe er sich auch gibt, seine Natur als gesetzlicher Vergewaltiger des Willens der Menschen, als die permanente Verneinung ihrer Freiheit zu verhüllen. Selbst dann, wann er das Gute befiehlt, vereitelt er und verdirbt er es, gerade weil er es befiehlt und jeder Befehl die berechtigte Empörung der Freiheit hervorruft und aufstachelt, und weil vom Augenblick an, in dem das Gute befohlen wird, vom Standpunkt der wahren Moral, der allerdings nicht göttlichen, aber menschlichen Moral, es das Böse wird. Die Freiheit, die Moral und die Würde des Menschen müssen gerade in der Tatsache bestehen, dass er das Gute ausführt, nicht weil es ihm befohlen wird, sondern weil er es begreift, es will und es liebt. (*A.*, SS. 281 u. 288).

Somit ist in grossen Zügen der Weg vorgezeichnet, der nach Bakunin den Menschen aus dem Reich der blinden Fatalität und der Autorität zur Freiheit führt und führen soll. Dies ist die Aufgabe der Menschen. Sie ist unendlich und unerschöpflich, und wohl ausreichend, die allerehrgeizigsten Herzen und Geister zu befriedigen. „Ein momentanes und unbemerkbares Wesen inmitten dieses uferlosen Ozeans der universellen Transformation, mit einer ungekannten Ewigkeit hinter ihm und einer unbekannten Ewigkeit vor ihm, bleibt der denkende, der tätige, der seiner menschlichen Mission bewusste Mensch stolz und gelassen im Bewusstsein seiner Freiheit, die er sich selbst erringt, indem er die ganze Welt um sich her aufklärt, unterstützt, emanzipiert, und wenn es sein muss revoltiert. Hierin liegt sein Trost, seine Belohnung und sein einziges Paradies. Wenn ihr ihn darauf um seine innersten Gedanken und sein letztes Wort über die wirkliche Einheit des Weltalls befragt, dann wird er euch sagen, dass es die ewige und universelle Transformation ist, eine Bewegung ohne Anfang, ohne Grenzen und ohne Ende. — Es ist also das absolute Gegenteil aller Vorsehung — die Verneinung Gottes." (*A.*, SS. 127, 128). Und die Erringung der Freiheit durch die Energie dieser leitenden Ideen, wird nicht bloss durch die Empörung gegen das Böse erreicht, das sich aller Augen offenbart, sonder auch durch die Empörung gegen das, was als gut angesehen wird, das übermässig Gute, das sich aufzudrängen sucht oder sich als absolutes despotisches Gesetz aufzwingen will, ob es nun ein religiöses, theoretisch-philosophisches, oder auch politisches, juridisches oder soziales Gesetz sei. Kurz, die Empörung ist auch nötig, wenn das Gute, ob es nur als solches scheint oder wirklich eines ist, sich dem Individuum als die Negation der Freiheit aufzwingt, und nicht selbst ein Produkt der Freiheit ist. Jede Rebellion gegen jede Art von autoritär aufgedrängtem Guten ist nicht nur natürlich, sondern berechtigt. Weit davon ein Uebel zu sein, ist im Gegenteil diese Empörung selbst ein Gutes. Denn es gibt kein Gut ausserhalb der Freiheit, und die Freiheit ist die Quelle und die absolute Bedingung von allem Guten, das wahrhaftig diesen Namen verdient, denn das Gute ist nichts anderes als die Freiheit. (*A.*, S. 204).

III

Soziale Ethik.

Keine grosse politische oder soziale Transformation, sagt Bakunin, konnte sich vollziehen, ohne dass ihr eine analoge Bewegung in den philosophischen und religiösen Ideen vorangegangen oder von einer solchen begleitet wäre, die die Gesinnungen der Individuen und der Gesellschaften bestimmen. Alle Religionen mit ihren Göttern waren immer die Schöpfungen der glaubenden und leichtgläubigen Phantasie des Menschen, der noch nicht auf der Höhe der reinen Erwägung und des auf der Wissenschaft begründeten freien Gedankens angelangt war. Der religiöse Himmel war also ein Spiegel, in dem der durch den Glauben exaltierte Mensch, lange Zeit hindurch sein eigenes vergrössertes, aber umgekehrtes, nämlich v e r g ö t t l i c h t e s Bild gefunden hat. „Die Geschichte der Religionen, die Geschichte der Grösse und des Verfalls der Götter, die aufeinander folgten, ist also nichts anderes, als die Geschichte der Entwicklung der Intelligenz und des Kollektivbewusstseins der Menschen. Je nachdem sie in sich oder ausserhalb ihrer eine Kraft, eine Fähigkeit oder irgend eine Eigenschaft entdeckten, schrieben sie diese, nachdem sie sie, wie es die Kinder gewöhnlich tun, durch den Akt der religiösen Phantasie über alle Massen vergrösserten und ausdehnten, ihren Göttern zu. So kam es, dass dank dieser Bescheidenheit und Grossmütigkeit der Menschen, der Himmel sich durch die der Erde abgenommene Beute bereicherte, und dass dessen natürliche Konsequenz war, dass je reicher der Himmel wurde, die Menschheit umso elender ward. Sobald die Gottheit installiert war, wurde sie zur Herrin, zur Quelle, zur Spenderin aller Dinge proklamiert ; die wirkliche Welt war nur noch durch sie da, und nachdem sie der Mensch ohne sein Wissen erschaffen hat, warf er sich vor ihr auf die Kniee, und erklärte sich als ihr Sklave, ihre Kreatur." (*A*., S. 62) Wenn dies der Geist der Religion ist, kann man sagen, dass das Christentum das Prototyp jeder Religion ist, die Religion par excellence. Die Natur und das Wesen einer jeden Religion sind die systematische, absolute Verarmung, Vernichtung und Versklavung der Menschheit zu gunsten der Gottheit. Aber dieselben charakteristischen Züge offenbaren sich jeder in Metaphysik, ob sie nun deistisch oder pantheistisch sein mag. Da Gott alles ist, ist die wirkliche Welt und der Mensch nichts. Ist Gott die Wahrheit, die Gerechtigkeit und das ewige Leben, so ist der Mensch die Lüge, die Ungerechtigkeit und der Tod. Ist Gott der Herr, ist der Mensch Sklave. Da der Mensch unfähig ist, aus sich selbst den Weg der Gerechtigkeit und der Wahrheit zu finden, muss er sie als Offenbarung von oben durch die Vermittlung der durch die göttliche Gnade Abgesandten und Auserwählten empfangen. „Wer von Offenbarung spricht, sagt auch Offenbarer, Propheten, Priester, und sobald sie einmal als die Vertreter der Gottheit auf Erden, als die Lehrer und Vorbereiter der Menschheit zum ewigen Leben anerkannt sind, erhalten sie dadurch die Mission, sie hier unten zu lenken, sie zu regieren, ihnen zu befehlen. Alle Menschen sind ihnen Glauben und absoluten Gehorsam schuldig ; als Sklaven Gottes müssen sie auch die Sklaven der Kirche und des Staates sein, insofern dieser die Weihe der Kirche hat. Dies ist's was von allen bestehenden oder gewesenen Religionen das Christentum allein vorzüglich begriffen hat, und das von allen christlichen Sekten, der römische Katholizismus allein mit einer rigorosen

Konsequenz proklamiert und verwirklicht hat. Deshalb ist das Christentum die absolute Religion, die letzte Religion und die römische, apostolische Kirche die einzig konsequente, legitime und göttliche." (*A*., S. 63)

Die christliche Religion ist mehr wie jede andere auf dem Blute begründet und historisch im Blute getauft. Man kann nach Millionen die Opfer zählen, die diese Religion der Liebe und der Vergebung für die grausame Rache ihres Gottes hingeschlachtet hat. Man denke an die Foltern, die sie erfunden und angewandt hatte. Und man kann auch nicht sagen, dass sie heute milder und menschlicher geworden sei. Durch die Indifferenz und den Skeptizismus erschüttert, ist sie nur machtlos, oder richtiger, bedeutend weniger mächtig geworden; denn unglücklicher Weise fehlt ihr auch heute nicht die Macht des Bösen. Und man sehe nach jenen Ländern, in denen sie durch die reaktionären Leidenschaften galvanisiert, sich daranmacht, wieder aufs neue aufzuleben. Ihr erstes Wort ist immer Rache und Blut, ihr zweites Wort die Abdankung der menschlichen Vernunft und ihre Schlussfolgerung die Sklaverei. „So lange das Christentum und die christlichen Priester, so lange irgend eine göttliche Religion noch den geringsten Einfluss auf die Volksmassen, die Vernunft, die Freiheit, die Menschheit, die Gerechtigkeit auszuüben fortfahren, wird die Gerechtigkeit auf Erden nicht triumphieren, weil so lange die Volksmassen im religiösen Aberglauben versunken bleiben, sie sich immer als Werkzeuge aller koalierten Despotismen gegen die Emanzipation der Menschheit gebrauchen lassen werden. Es ist also für uns sehr nötig, die Massen nicht bloss aus Liebe zu ihnen, sondern auch aus Liebe zu uns selbst vom religiösen Aberglauben zu befreien, um unsere Freiheit und unsere Sicherheit zu retten." (*A*., S. 67, 68) Und um sie vom Aberglauben zu befreien, kann eine Propaganda, die die Massen über das innerste Wesen jeder Religion aufklärt, niemals genug empfohlen werden. Man muss sie verstehen lassen, dass wenn auch ihrem Ursprung nach, die Religion das erste Erwachen der Vernunft darstellt, es ein Erwachen ist, dass die Form der Unvernunft hat. Als der Mensch beim ersten Scheine dieser inneren Sonne erwachte, die wir Selbstbewusstsein nennen, und als er langsam, Schritt für Schritt aus diesem „magnetischen Halbschlummer," aus diesem instinktiven

Dasein hervorging, die allen Stadien mehr entwickelter Zivilisation voranging, d.h. als er sich im Zustand reiner Unschuld, also, im Tierzustand befand, musste er unvermeidlich von einem Gefühl der Furcht ergriffen werden, die ihn inmitten dieser Natur isolierte. Diese Natur musste ihm durch das Prisma seiner durch diese beginnende Ueberlegung aufgeregte und erweiterte Einbildungskraft als eine dunkle und mysteriöse, viel feindlichere und bedrohendere Macht erscheinen, als sie es in Wirklichkeit ist. Aus diesem Ursprung entwickelten sich die ersten Empfindungen und Eindrücke des wilden Menschen. So entstand der Fetischismus und daran knüpft sich die ganze Skala der Religionen. Durch seine Fähigkeit der Abstraktion erschafft sich der in der Natur, als ihr Produkt geborene Mensch eine zweite Existenz, die seinem Ideal entspricht und wie dieses fortschreitet. Ohne in Einzelheiten gehen zu wollen, können wir sagen, dass der göttliche Charakter sich auszudrücken beginnt, sobald man sich eine Allmacht vorstellt, wobei es von geringerer Bedeutung ist, wen man im Besitze dieser Allmacht annimmt. Sie ist egoistisch und hochmütig, sie liebt die Komplimente, die Verbeugungen, die Demütigungen und Hinschlachtungen der Menschen, ihre Anbetung und ihre Opfer — und sie verfolgt und bestraft grausam die Rebellen, die Stolzen, die Gottlosen. Dies ist und bleibt die Hauptgrundlage der göttlichen Natur und aller antiken und heutigen Götter, die von der menschlichen Unvernunft erschaffen wurden. Es hat niemals auf der Welt ein eifersüchtigeres, hochmütigeres, egoistischeres, blutdürstigeres Wesen gegeben, als den Jehovah der Juden, oder Gott, den Vater der Christen. (*A.*, SS. 99, 104, 115).

Vielen, sagt Bakunin weiter, könnten diese Fragen der Metaphysik und Theologie gegenüber den Problemen die uns hauptsächlich beschäftigen, hier befremdend erscheinen. Doch nun können diese Fragen nicht mehr von den Fragen des Sozialismus und der Politik getrennt werden. „Die reaktionäre Welt wird, von einer unbesiegbaren Logik getrieben, immer mehr religiös. Sie unterstützt den Papst in Rom, sie verfolgt die Naturwissenschaften in Russland, und stellt ihre militärischen und bürgerlichen, politischen und sozialen Ungerechtigkeiten unter den Schutz des lieben Gottes, den sie wieder als Gegendienst mit aller Macht in der Kirche, in der Schule, mit Hilfe einer heuchlerisch religiösen, servilen, gefälligen, schwerfällig gelahrten Wissenschaft und allen dem Staate zur Verfügung stehenden Mitteln beschützt. Da sich die Herrschaft Gottes im Himmel, durch die offene oder verhüllte Herrschaft der Knute und die regelrechte Ausbeutung der Arbeit der versklavten Massen auf der Erde ausdrückt, — ist dies heute das religiöse, soziale, politische und absolut logische Ideal der Partei der Reaktion in Europa. Deshalb muss aus dem entgegensetzten Grund die Revolution atheistisch sein, denn die historische Erfahrung und gleichzeitig die Logik haben nachgewiesen, dass ein Herr im Himmel genügt, um Tausende auf der Erde zu erschaffen. (*A.*, S. 88, 89). Und übrigens ist unser Ideal, das die Verwirklichung des Wohlstandes und aller Bestimmungen der Menschen auf der Erde, ohne himmlische Vergütung bedeutet, die Erfüllung, und somit die Verneinung jeder Religion, die vom Augenblick in dem diese Bestrebungen verwirklicht sind, keine Existenzberechtigung mehr hat. Dann wird man begreifen, wieso Gott, diese absolute A b s t r a c t u m, das Produkt des menschlichen Gedankens war, der über alle bekannten Wesen, alle bestehenden Welten hinausgehend, endlich nichts anderes wurde als die absolute Welt, und nun den Irrtum hegte, in dieser erhabenen Nacktheit das einzige und höchste Wesen zu erkennen. Aber vom Augenblick, in dem in der Geschichte zum ersten Mal das aufgestellt wurde, was man als Gott bezeichnete, vergass der Mensch, oder vielmehr wusste er es nicht, dass seine intellektuelle Aktion ihn erschaffen hat, und begann ihn anzubeten, ohne sich in seiner eigenen Schöpfung zu erkennen. Auf diese Weise wechselten sofort die Rollen: Das Geschöpf wurde der angenommene Schöpfer, und der wirkliche Schöpfer, der Mensch, nahm seinen Platz unter den vielen anderen armseligen Geschöpfen als eine elende, kaum etwas bevorzugte Kreatur ein. Seit dieser Zeit schreibt der Mensch Gott alle Eigenschaften, alle Kräfte, alle Tugenden zu, die er nacheinander in sich selbst und ausser sich entdeckt. Als höchstes Wesen und als absolutes A b s t r a c t u m angenommen, ist Gott jeder Bestimmung und jeden Inhalts leer, nackt und null wie das Nichts. Und nun füllt und bereichert er sich mit allen Wirklichkeiten der existierenden Welt, deren Abstraktion er nur ist, aber durch die religiöse Phantasie als deren Herr und Gebieter erscheint. Dies bedeutet, dass

Gott der „absolute Plünderer" ist, und da der Antropomorphismus die Essenz aller Religionen ist, ist der Himmel, der Aufenthalt der unsterblichen Götter, wie schon gesagt wurde, nichts anderes, als ein ungetreuer Spiegel, der dem gläubigen Menschen sein eigenes, vergrössertes und umgekehrtes Bild zurückstrahlt. (*A*., S. 130, 132).

In der guten alten Zeit, als die christliche Kirche noch nicht erschüttert und hauptsächlich von der römisch katholischen Kirche repräsentiert war, blühte sie in all ihrer Macht. Gott hatte gar keine Schwierigkeiten, seine Auserwählten zu bestimmen. „Es war selbstverständlich, dass alle Souveräne, ob gross oder klein, nur durch die Gnade Gottes regierten, wenn sie nicht gerade exkommuniziert waren; auch der Adel begründete sein Privilegien auf dem Segen der heiligen Kirche. Selbst der Protestantismus, der wohl zweifellos gegen seinen Willen gewaltig zur Vernichtung des Glaubens beigetragen hat, hat wenigstens in dieser Beziehung die christliche Lehre vollständig intakt gelassen: „Alle Autorität, wiederholt er mit dem Apostel, dem heiligen Paulus, kommt von Gott." Er hat sogar die Autorität des Herrschers gefestigt, indem er erklärte, dass die Herrschaft direkt von Gott herrühre, ohne dass sie das Eingreifen der Kirche bedürfe, sondern ihr vielmehr die Kirche unterordnete." (*A*., S. 320. Fussnote). Aber nach der Philosophie des XVIII. Jahrhundertes und der bürgerlichen Revolution, die dem Glauben einen tötlichen Streich versetzt hatten und alle auf diesem Glauben begründeten Institutionen umstürzten, ist es nun der Autoritätsdoktrin recht schwer, sich in Bewusstsein der Menschen wieder aufzurichten. Die gegenwärtigen Souveräne erklären sich zwar nach wie vor „von Gottes Gnaden," aber diese Märchen, die ehemals eine solche lebendige und tatsächliche Bedeutung hatten, werden von den sogenannten Intelligenzklassen und selbst von einem Teil des Volkes, als eine alte Phrase ohne jede innere Bedeutung betrachtet. Napoleon III. versuchte sie durch das Hinzufügen einer anderen Phrase: „und durch den Willen des Volkes" zu verjüngen, die entweder sich selbst oder die vorhergehende aufhebt oder bedeutet, dass alles was das Volk will, auch Gott will. Es bleibt also zu wissen, was das Volk will und welches Organ diesen Willen am getreuesten ausdrückt. Wir sind aber recht weit davon, ein Einvernehmen zwischen den verschiedenen politischen Tendenzen erhoffen zu können. Dennoch ist aber vielmehr richtiger, dass es ein Einverständnis gibt, aber nur in diesem Punkt, dass das Volk regiert werden müsse, ob es sich nun selbst die eigenen Regierer und Herren erwählt, oder ob sie ihm aufgezwungen werden sollen. Das Wichtigste ist, d a s s es Regierungen und Herren habe. Der Intelligenz entblösst, müsse es sich von denen lenken lassen, die sie haben. „Während man in den vergangenen Jahrhunderten die Autorität naiv im Namen Gottes beanspruchte, beansprucht man sie heute, doktrinär, im Namen der Intelligenz. Es sind nicht mehr die Priester einer gefallenen Religion, sondern die patentierten Priester der doktrinären Intelligenz, die die Macht reklamieren, und dies zu einer Zeit, wo die Intelligenz offenbar Bankrott macht. Denn niemals haben gebildete und gelehrte Menschen und im allgemeinen das, was man die aufgeklärten Klassen nennt, den Beweis einer solchen moralischen Erniedrigung, einer solchen Feigheit, eines solchen Egoismus und eines so vollständigen Mangels jeder Ueberzeugung geliefert, wie heutzutage. Durch ihre Feigheit, sind sie trotz all ihrer Wissenschaft stupid geblieben, denn sie begreifen nichts als die Beibehaltung des Bestehenden, wobei sie die wahnsinnige Hoffnung hegen, den Lauf der Geschichte durch die brutale Gewalt und die militärische Diktatur aufzuhalten, vor denen sie heute erbärmlich, anbetend im Staube liegen. Wie ehemals die Repräsentanten der göttlichen Intelligenz und Autorität, die Kirche und die Priester, sich zu offenkundig der ökonomischen Ausbeutung der Massen anschlossen, was auch der Hauptgrund ihres Niedergangs wurde, ebenso haben sich die Repräsentanten der menschlichen Intelligenz und Antorität, der Staat, die gelehrten Körperschaften und die aufgeklärten Klassen zu offenkundig mit demselben Werk der ungerechten und grausamen Ausbeutung identifiziert, um auch nur die geringste moralische Kraft, das geringste Prestige bewahrt haben zu können. Durch ihr eigenes Gewissen verdammt, sehen sie sich unverhüllt erkannt, und haben nun gegen die, wie sie selbst wissen, nur allzu sehr verdiente Verachtung, keine andere Zuflucht, als zu den wilden Argumenten der organisierten und bewaffneten Gewalt." (*A.*, SS. 321, 322. Fussnote).

„Die göttliche Moral hat ihren vollständigen Ausdruck in folgender christlicher Maxime gefunden: Du wirst Gott lieben, mehr als dich selbst, und deinen Nächsten ebenso wie dich selbst. Dies bedeutet die Selbstaufopferung und Opferung seines Nächsten zugunsten Gottes. Übergeben wir die Selbstaufopferung, die als Wahnsinn aufgefasst werden kann; aber die Opferung seines Nächsten ist absolut unmoralisch. Und weshalb bin ich zu einem unmenschlichen Opfer gezwungen? Für mein Seelenheil. Das ist das letzte Wort des Christentums. Um also Gott zu gefallen und meine Seele zu retten, soll ich meinen Nächsten opfern. Das ist der absolute Egoismus. Dieser weder verringerte, noch zerstörte, sondern im Katholizismus durch die erzwungene Kollektivität und die autoritäre, hierarchische und despotische Einheit der Kirche bloss verhüllte Egoismus erscheint in seiner ganzen zynischen Aufrichtigkeit im Protestantismus, der eine Art religiöses ‚Rette-sich-wer-kann' darstellt." (*A.*, SS. 303, 304) Die Metaphysiker bemühen sich diesen Egoismus zu bemänteln, indem sie weniger von den Beziehungen des Menschen zu Gott und mehr von den gegenseitigen Beziehungen unter den Menschen reden. Ihr Standpunkt ist also weder aufrichtig noch logisch, denn entweder ist Gott nicht Gott, oder absorbiert und vernichtet seine Anwesenheit alles Uebrige. Aber wenn man auch bei den Beziehungen unter den Menschen verbleibt, haben die Metaphysiker unrecht. Sie behaupten, dass die Moral eine absolut individuelle Tatsache, ein dem Menschen ins Herz geschriebenes, göttliches Gesetz sei, das unabhängig von seinen Beziehungen mit den anderen Menschen ist. Nun ist dies ein unlösbarer Widerspruch. Vom Augenblick, seitdem ich, noch vor allen meinen Beziehungen mit der Gesellschaft ein von Gott selbst in mein Herz geschriebenes moralisches Gesetz in mir trage, wird dieses moralische Gesetz meinem Dasein in der Gesellschaft ablehnend und gleichgültig, wenn nicht gar feindlich sein. Da sich die Gesellschaft ausserhalb meiner Beziehungen mit den Menschen gebildet hat, kann sie nichts mit meinem Moralgesetz gemein haben. Man könnte einwenden, dass dieses Gesetz mir befiehlt, die anderen Menschen zu lieben wie mich selbst. Aber darauf kann man nun antworten, dass wenn es wahr ist, dass es dieses Gebot enthält, ich daraus schliessen muss, dass es nicht isoliert, besonders in mein Herz geschrieben wurde. Dies setzt notwendig dessen Existenz vor meinen Beziehungen mit anderen Menschen voraus, dass es also diese Beziehungen nicht erschafft, sondern, da es sie schon bestehend vorfindet, es sich darauf beschränkt sie zu regeln, und gewissermassen deren ausgestaltete Offenbarung, deren Erklärung, deren Produkt ist. Daraus folgt auch auf diesem Wege, dass das Moralgesetz keine individuelle, sondern eine soziale Tatsache ist, eine Schöpfung der Gesellschaft.

Die so aufgefasste Moral, steht in gar keinen Beziehungen mit der transzendentalen Moral des Staates. Wir nennen sie die transzendentale Moral, weil sie gewöhnlich das Niveau der menschlichen, gemeinen oder privaten Gerechtigkeit und Moral übersteigt, wobei sie sich oftmals in Widerspruch mit jener versetzt. Für den Staat ist der Patriotismus die höchste Pflicht und die grösste Tugend, auch wenn er im Gegensatz zur privaten Moral der Individuen steht. „So wird seinen Nächsten zu beschimpfen, unterdrücken, berauben, plündern, ermorden oder zu unterjochen, nach der gewöhnlichen Moral der Menschen als Verbrechen betrachtet. Im öffentlichen Leben dagegen, vom Standpunkt des Patriotismus, wird dies alles, wenn man es zum grösseren Ruhm des Staates tut, um seine Macht zu bewahren oder zu vergrössern, eine Pflicht und eine Tugend. Und diese Tugend, diese Pflicht sind für jeden patriotischen Bürger obligatorisch; jeder ist gezwungen, sie nicht bloss gegen die Ausländer, sondern auch gegen die eigenen Mitbürger, die wie er selbst Glieder oder Untertanen des Staates sind, auszuüben, so oft es das Wohl des Staates erheischt. Dies erklärt uns, warum seit Beginn der Geschichte, d.h. also seit der Entstehung der Staaten die Welt der Politik immer nur die Bühne der hohen Schurkerei und des erhabenen Brigantentums war und noch immer ist. Nebenbei ist es hochgeachtete Schurkerei und Brigantentum, da sie durch den Patriotismus, die transzendentale Moral und das höchste Interesse des Staates vorgeschrieben sind. Dies erklärt uns, warum die Geschichte der alten und modernen Staaten nur eine Reihe von empörenden Verbrechen darstellt, warum die gegenwärtigen und ehemaligen Könige und Minister, Staatsmänner, Diplomaten, Bureaukraten und Krieger, wenn man sie vom Standpunkt der einfachen Moral und der menschlichen Gerechtigkeit beurteilt, tausendfach den

Galgen und die Galeeren verdient haben. Denn es gibt keine Greuel, keine Grausamkeit, keine Ruchlosigkeit, keinen Meineid, keinen Betrug, keine infame Abmachung, keinen zynischen Raub, keine freche Plünderung und keinen gemeinen Verrat, die nicht von den Repräsentanten der Staaten begangen wurden und noch täglich begangen werden, ohne eine andere Entschuldigung anzuführen als dieses elastische, zugleich so bequeme und so furchtbare Wort — „die Staatsraison." — Ein wahrhaft furchtbares Wort; denn es hat in den offiziellen Kreisen und in den herrschenden Klassen der Gesellschaft mehr Menschen verdorben und entehrt, als selbst das Christentum. Sobald es ausgesprochen ist, schweigt alles und alles hört auf: Ehrenhaftigkeit, Ehre, Gerechtigkeit, Recht, selbst das Mitleid schwindet und mit ihm die Logik und der klare Verstand. Das Schwarze wird weiss und das Weisse schwarz, das Grässliche menschlich, und die niederträchtigsten Schurkereien, die grausamsten Verbrechen werden verdienstvolle Taten." (4., SS. 151, 152, 153). Machiavelli, ein realistischer und positiver Denker wie Wenige, hat als Erster begriffen, dass die grossen und mächtigen Staaten nur durch das Verbrechen — durch viele grosse Verbrechen und durch die entschiedene Verachtung alles dessen, was Ehrenhaftigkeit genannt wird, begründet und aufrecht erhalten werden können. Er schrieb es, erklärte es und bewies es mit einer furchtbaren Aufrichtigkeit. Und Machiavelli hatte Recht. Wir können nach der Erfahrung einiger Jahrhunderte, die sich seiner Erfahrung anreiht, nicht daran zweifeln. Die ganze Geschichte sagt uns, dass während die kleinen Staaten nur durch die Schwäche tugendhaft sind, erhalten sich die mächtigen Staaten nur durch das Verbrechen. Nur wird unsere Schlussfolgerung von der seinigen aus einem sehr einfachen Grunde verschieden sein. Wir sind nämlich die Kinder der Revolution und haben von ihr die Religion der Menschheit geerbt, die wir auf den Ruinen der Religion der Gottheit begründen müssen. Wir glauben an die Menschenrechte und die Selbstwürde und die notwendige Emanzipation des Menschengeschlechtes. Wir glauben an die menschliche Freiheit und an die, auf der menschlichen Gerechtigkeit begründete menschliche Brüderlichkeit.

„Wir glauben, in einem Wort, an den Sieg der Menschheit auf

der Erde; aber dieser Sieg, den wir mit aller Sehnsucht herbeirufen und den wir mit unseren vereinten Bemühungen näher heranrücken wollen, der durch seine Natur selbst die Negation des Verbrechens ist, das selbst wieder nichts anderes ist als die Negation der Menschheit, — dieser Sieg wird nur möglich werden, wenn das Verbrechen zu bestehen aufhört, das gegenwärtig mehr oder weniger überall die Grundlage der politischen Existenz, der von der Idee des Staates absorbierten, beherrschten Nationen darstellt. — Und da es nun nachgewiesen ist, dass kein Staat bestehen könnte, ohne Verbrechen zu begehen, oder wenigstens ohne von solchen zu träumen und sie auszuhecken, sogar wenn seine Machtlosigkeit ihn an deren Ausführung verhindern sollte, kommen wir heute zum Schluss, dass die Vernichtung der Staaten eine absolute Notwendigkeit sei, oder, wenn man dies vorzieht, dass sie in diesem Sinne von Grund aus und vollständig transformiert werden, dass sie aufhören, diese zentralisierten, durch die Gewalt, durch die Autorität oder durch irgend ein Prinzip von oben nach unten organisierten Mächte zu sein, und sich auf diese Weise reorganisieren, dass alle Teile die absolute Freiheit haben, sich zu vereinigen oder nicht zu vereinigen, und sich jeder die Freiheit bewahrt, aus der Vereinigung, der man sich freiwillig angeschlossen hatte, wieder auszuscheiden; — dass sie sich von unten nach oben organisieren, nach den wirklichen Bedürfnissen und den natürlichen Tendenzen der Parteien, durch die freie Föderation der Individuen und der Vereinigungen, der Kommunen, Bezirke, Provinzen und der Nationen in der Menschheit." (A., SS. 155, 156). Der moderne Staat ist die Negation dieser Menschheit und dieser Gerechtigkeit. Indem er die überwiegende Mehrheit aus seinem Schosse ausschliesst, indem er sie ausserhalb der gegenseitigen Verpflichtungen und Rechte der Moral, der Gerechtigkeit und des Rechtes stellt, verneint er die Menschheit, und mit dem grossen Wort „Patriotismus" zwingt er allen seinen Untertanen die Ungerechtigkeit und die Grausamkeit als die höchste Pflicht auf. Der Staat vermindert, verstümmelt, tötet in den Individuen das Menschheitsgefühl, um aus ihnen „Bürger" zu machen, oder was noch richtiger ist, damit sie sich nicht über den Bürger hinaus, auf die Höhe des Menschen erheben. Jeder

Staat muss, will er vermeiden unterzugehen, oder von den Nachbarstaaten verschlungen zu werden, nach der Allmacht streben, und einmal mächtig geworden, muss er erobern. Und sagt man erobern, dann spricht man von eroberten, unterjochten, versklavten Völkern. Die Sklaverei ist also eine notwendige Konsequenz des Staates selbst. Die Sklaverei kann ihrer Form oder ihrem Namen nach wechseln, aber im Grunde bleibt sie immer dasselbe. Und diese Grundlage lässt sich durch folgende Worte ausdrücken: „Sklave sein, heisst gezwungen zu sein, für andere zu arbeiten, — ebenso wie Herr sein bedeutet, von fremder Arbeit leben." Die Lage der Lohnarbeiter ist gewiss viel würdiger und weniger hart, als jene der Sklaven, aber jene sind nicht weniger durch den Hunger und die politischen und sozialen Institutionen gezwungen, durch harte Arbeit den absoluten oder relativen Müssiggang der anderen zu erhalten. Sie sind also den Sklaven ähnlich. „Und im allgemeinen konnte niemals, weder ein antiker, noch ein moderner Staat der erzwungenen Arbeit der Massen der Lohnarbeiter oder der Sklaven entraten, die die hauptsächlichste und absolut notwendige Grundlage der Musse, der Freiheit und der Kultur der politischen Klasse, der Bürger ist." (*A.*, SS. 157, 158).

Nachdem nun der Begriff und die Wirklichkeit des Staates überwunden sind, fühlen wir uns diesem Ziel der Menschlichkeit und Gerechtigkeit, das unser Ideal darstellt, näher gerückt. Man wird bis zur vollständigen Aufgabe alles dessen gelangen, was man das historische Recht der Staaten nennt, und das absolute Recht jeder grossen oder kleinen Nation, jedes schwachen oder starken Volkes, jeder Kommune auf vollständige Autonomie anerkennen — unter der einzigen Bedingung, dass ihre innere Konstitution keine Bedrohung und keine Schädigung der Autonomie und der Freiheit der anderen Staaten enthalte. Wenn ein Land einen Teil eines Staates bildet, so folgt daraus, auch wenn sich dieses Land freiwillig angeschlossen hatte, noch nicht die Verpflichtung, für immer angeschlossen zu bleiben. Keine einzige ewige Verpflichtung kann von der menschlichen Gerechtigkeit, der einzigen, die nach unsere Auffassung Antorität besitzt, angenommen werden. Und wir anerkennen auch niemals andere Rechte und andere Pflichten, als jene. die auf der Freiheit begründet sind. Das Recht der freien Vereinigung und der ebenso freien Auflösung der Vereinigung ist das wichtigste aller politischen Rechte. Gegen all das, was der Ruhm, die Grösse und die Macht des Staates genannt wird, muss ein unerbittlicher Kampf geführt werden. Allen diesen falschen und unheilvollen Idolen, für die Millionen von Opfern hingeschlachtet wurden, stellen wir den Ruhm der menschlichen Intelligenz entgegen, die sich in den Wissenschaften ausdrückt, und die allgemeine Wohlfahrt, die auf der Arbeit, der Gerechtigkeit und der Freiheit begründet wird. Die Einigung ist das Ziel, nach dem die Menschheit unwiderstehlich vorwärtsstrebt. Doch wird diese Einheit unheilvoll, sie vernichtet die Intelligenz, die Würde, die Wohlfahrt der Individuen und Völker, so oft sie ausserhalb der Freiheit, durch die Gewalt, oder durch die Autorität irgend einer theologischen, metaphysischen, politischen, oder auch ökonomischen Idee begründet wurde. Der Patriotismus, der nach der Einheit ausserhalb der Freiheit strebt, ist ein schädlicher Patriotismus, der den volkstümlichen und wirklichen Interessen des Landes, dem er zu dienen vorgibt immer unheilvoll ist; oft wird er, ohne es zu wollen, der Freund der Reaktion und der Feind der Revolution, somit also der Emanzipation der Völker und Menschen. Man muss jede politische, ökonomische und soziale Organisation, die nicht innerlich vom grossen Prinzip der Freiheit durchdrungen ist, ohne die es keine Intelligenz, keine Gerechtigkeit, keine Wohlfahrt, keine Menschlichkeit geben kann, mit allen Kräften bekämpfen. (*A*., SS. 17—21). Und wenn wir von der Gerechtigkeit sprechen, verstehen wir darunter nicht jene, die uns von den Gesetzen und der römischen Jurisprudenz gegeben ist, die zum grössten Teil auf Gewaltakten begründet und von der Zeit und dem Segen irgend einer christlichen oder heidnischen Kirche geheiligt, und als solche als absolutes Prinzip anerkannt wurde, wobei alles Uebrige nur dessen logische Deduktion ist. Wir sprechen von der Gerechtigkeit, die sich ausschliesslich im Gewissen der Menschen begründet, die sich im Gewissen eines jeden, auch des Kindes vorfindet, und sich als einfache G l e i c h u n g ausdrückt. Diese universelle Gerechtigkeit, die wegen der Usurpationen der Gewalt und der religiösen Einflüsse weder in der politischen, noch in der juridischen noch in der ökonomischen Welt vorwiegen konnte, wird als Grundlage für die neue Welt dienen müssen. Ohne sie ist weder die Freiheit, noch die Wohlfahrt, noch der Friede möglich. Sie gebietet uns die Sache des bis heute so furchtbar misshandelten Volkes in unsere Hände zu nehmen und für es, zugleich mit der politischen Freiheit, dessen ökonomische und soziale Emanzipation zu erstreben. Man muss bloss aufs neue das grosse Prinzip der französischen Revolution proklamieren, und zwar, dass jeder Mensch die materiellen und moralischen Mittel besitzen müsse, sein ganzes Menschentum zu entfalten, ein Prinzip, dass in folgendem Problem zum Ausdruck kommt: „Die Gesellschaft auf diese Weise zu organisieren, dass jedes Individuum, Mann oder Weib, sobald es ins Leben tritt, die ungefähr gleichen Mittel vorfindet, die ihm zur Entwicklung seiner verschiedenen Fähigkeiten und deren Verwertung durch seine Arbeit notwendig sind." (*A.*, S. 53). Man müsse also eine Gesellschaft organisieren, die dadurch, dass sie jedem Individuum die Ausbeutung fremder Arbeit unmöglich macht, niemanden am Genuss der sozialen Reichtümer, die ja in Wirklichkeit immer nur Produkte der Arbeit sind, teilnehmen lässt, der nicht direkt zu deren Produktion beigetragen habe. Diese soziale Organisation müsste ausserhalb jeder Autorität irgend welcher Art durchgeführt werden. Der Staat müsste bloss das Erbrecht verändern und sukzessive aufheben; und da dieses Recht eines der wesentlichen Bedingungen des erblichen und göttlichen Staates ist, so wird der Staat schliesslich in der nach der Gerechtigkeit frei organisierten Gesellschaft aufgehen. So lange aber das Erbrecht wirken wird, wird es erbliche ökonomische Ungleichheiten geben, und dies ist nicht die natürliche Ungleichheit der Individuen, sondern die künstliche Ungleichheit der Klassen, und diese wird sich immer unvermeidlich in der erblichen Ungleichheit der Entwicklung und der Kultur der Intelligenz ausdrücken und wird weiter die Quelle und die Heiligung aller politischen und sozialen Ungleichheiten bleiben. Das Problem der Gerechtigkeit liegt hierin: Die Gleichheit des Ausgangspunktes beim Beginn des Lebens für jedermann, insofern diese Gleichheit von der ökonomischen und politischen Organisation der Gesellschaft abhängt, so dass am Ende jeder, abgesehen von den verschiedenen natürlichen Veranlagungen, wirklich nur der Sohn seines eigenes Werkes war. Hier muss noch hinzugefügt werden, dass es eingeführt werden muss, dass die Erde, als das Eigentum des ganzen Volkes, nur von denen besessen sein soll, die sie mit ihren Händen bearbeiten, und dass jedes von Erbschaft herrührende Vermögen dem öffentlichen Kapital zurückgegeben werde, das dann zur Erziehung und Bildung aller Kinder beider Geschlechter, einschliesslich ihrer Erhaltung bis zu ihrer Volljährigkeit, verwendet werden soll. (*A*., S. 57).

So wird der Mensch seine Aufgabe in der allgemeinen Ordnung der Welt erfüllen können, eine Aufgabe von der er sich Rechenschaft ablegen soll, nicht bloss in den Umständen, in denen er gerade lebt, sondern auch mit einem synthetisch-abstrakten Ausblick auf das Leben und den Tod in seinen höchsten Gesetzen. Das Leben mit all seinen vorübergehenden Freuden und Herrlichkeiten ist unten; der Tod mit seiner ewigen und erhabenen Eintönigkeit ist oben, in der Einheit. Erhebt euch immer mehr, höher und höher, durch die Macht der Abstraktion, schreitet heraus aus der irdischen Welt, umfasst in einem Gedanken das Sonnensystem, denkt an diese erhabene Einheit, — was bleibt euch, um sie zu erfüllen? „Wenn durch die Macht dieser Abstraktionsfähigkeit, die vor keinen Schranken halt macht, ihr euch noch höher erhebt, über das Sonnensystem hinaus, und ihr in eueren Gedanken nicht bloss die Millionen Sonnen vereinigt, die wir am Firmamente glänzen sehen, sondern diese Unendlichkeit der anderen Sonnensysteme, die wir nicht sehen, und die wir niemals sehen werden, deren Existenz wir aber vermuten, weil unser Gedanke aus demselben Grund, aus dem er keine Grenzen für seine Abstraktionstätigkeit hat, sich zu glauben weigert, dass das Universum, d.h. die Totalität aller bestehenden Welten eine Grenze oder ein Ende haben könne, — wenn ihr dann, immer kraft eurer Gedanken von der besonderen Existenz einer jeden dieser bestehenden Welten abstrahiert, wenn ihr versucht, euch die Einheit dieses unendlichen Universums vorzustellen, — was bleibt euch dann, um sie zu bestimmen und auszudrücken? Ein einziges Wort, eine einzige Abstraktion: Das unbestimmte Wesen, das heisst die Unbeweglichkeit, die Leere, das absolute Nichts — Gott." (*A*., SS. 120—121). Und nun sind wir bei der Idee der Solidarität oder universellen Kausalität, die nicht als absolute und erste Ursache, sondern im Gegenteil als die Resultante aufzufassen ist, die immer wieder von der gleichzeitigen Aktion aller besonderen

Ursachen aufs neue hervorgebracht wird, eine Aktion, die immer schöpferische und immer erschaffene universelle Kausalität ist. Die universelle Kausalität erschafft die Welten, ohne irgend einen vorhergenden Gedanken oder Willen, ohne möglichen Vorbedacht und Vorbestimmung, da sie selbst, ausser ihrer unaufhörlichen Verwirklichung, keinerlei, weder vorheriges noch besonderes Dasein hat, und nichts anderes ist, als eine absolute Resultante. Es ist eine Schöpfung, die ohne selbstbewussten und von seinem Werk gesonderten Schöpfer erfolgt ist. Jedes Wesen wird unbewusst und unwillkürlich erzeugt, geboren, entwickelt sich, lebt und stirbt inmitten und unter dem allmächtigen, absoluten Einfluss der universellen Solidarität; die reale Einheit des Universums ist die absolute Solidarität und Unendlichkeit seiner wirklichen Umwandlungen, denn die unaufhörlichen Transformationen jedes besonderen Wesens bilden die wahrhaftige, die einzige Realität eines jeden. Das ganze Universum ist nur eine Geschichte ohne Schranken, ohne Anfang und ohne Ende.

Die soziologische Kritik: Peter Kropotkin.

Viele Ursachen könnten annehmen lassen — doch werden wir in Wirklichkeit sehen, welche und wieviel Vorbehalte diesbezüglich gemacht werden müssen — dass die anarchistischen Anschauungen Kropotkins das letzte Resultat einer Reihe wissenschaftlicher Forschungen seien. Der richtigste Grund für diese Annahme liegt in der Tatsache, dass Kropotkin wirklich einen grossen Teil seiner geistigen Tätigkeit darauf verwandt hat, sich eine legitime Kompetenz auf einem besonderen Zweige der Wissenschaft anzueignen. Doch entsteht andererseits der wichtigste Vorbehalt aus der blossen Tatsache seines Lebens, das, nachdem kaum die Jahre der ersten Jugend vorüber waren ganz von der Bewegung der internationalen anarchistischen Betätigung erfüllt war. Dies musste offenbar einen beständigen Anstoss zur Abweichung von der ernsten und objektiven wissenschaftlichen Erörterung veranlassen, wie es auch wirklich veranlasst hat. Einige kurze biographische Angaben werden diese beiden Punkte erklären und uns auf die kritische Darlegung und Beurteilung seiner Lehren vorbereiten.

Kropotkin ist in Moskau im Jahre 1842 geboren. Seine Ahnen waren Fürsten von Smolensk. Mit fünfzehn Jahren wurde er in die Pagen-Corps-Schule in Petersburg aufgenommen. Seit zwei Jahren war schon Kaiser Nikolaus I. tot, und Russland schien zu neuem Leben zu erwachen. Auch in dieser Schule fühlte man die Wirkung dieses relativ liberalen Erwachens. Nach vier Jahren wird Kropotkin zum Sergeanten des Pagencorps und zum Kammerpagen des Zaren ernannt. Er füllte diesen Posten ein Jahr lang aus. Im Jahre 1862 entschloss er sich plötzlich in ein am Amur stationiertes sibirisches Kosakenregiment einzutreten und wird zum Offizier ernannt. „Die fünf Jahre, die ich in Sibirien zubrachte, schreibt Kropotkin, bildeten für mich eine wahre Schule des Lebens und des Charakters. Ich kam mit Leuten jeder Gattung in Berührung, den besten und den schlechtesten, mit den Spitzen der Gesellschaft und den Tiefststehenden, den Vagabunden und den sogenannten unverbesserlichen Verbrechern. Es bot sich mir reiche Gelegenheit, das tägliche Leben der Bauern, ihre Lebensweise und ihre Gewohnheiten zu beobachten und noch mehr Gelegenheit zu erkennen, wie wenig ihnen die Staatsregierung, auch wenn sie von den besten Absichten beseelt war, zu bieten vermochte." [1]) Während dieser fünf Jahre bereiste Kropotkin einen grossen Teil Sibiriens und der Mandschurei, wobei er das Funktionieren der komplizierten Formen sozialer Organisation studierte, die sich diese im Naturzustande lebenden Völkerschaften ohne die Berührung mit der Zivilisation gegeben hatten. Diese direkte Beobachtung offenbarte ihm die Rolle, die die anonymen Massen in den grossen historischen Ereignissen ausüben, und er begann die Unterschiede zwischen dem zu beurteilen, was man durch das Kommando und die Disziplin erreicht und dem freien Einvernehmen von allen Beteiligten. „Wenn ich auch damals, schricht er, meine Wahrnehmungen noch nicht in den Schlagworten, wie sie sich im Parteikampfe ausgebildet haben, formulierte, so kann ich doch jetzt sagen, dass mir in Sibirien der vorher von mir gehegte Glauben an die Staatsdisziplin völlig verloren ging. So wurde ich dazu vorbereitet, Anarchist zu werden." [2]). Darauf legte er seinen Offiziersrang nieder, und anfang 1867 machte er sich auf die Reise nach Petersburg.

In Petersburg trat er als Student in die Universität ein, wo er die mathematische Fakultät besuchte, aber auch einen guten Teil seiner Zeit geographischen Studien widmete. Mehrere Jahre hindurch verwendete er darauf, die grossen Linien der Struktur Südasiens sowie die asiatinte Orographie zu studieren. Das Resultat dieser Studien, die Kropotkin als „s e i n e n grössten Beitrag zur Wissenschaft" erachtet, wurde später (1873) in einer zu diesem Zweck gezeichneten Karte in einer erklärenden Denkschrift niedergelegt. In diesen Jahren der Arbeit wurde er (1871)

---

[1]) P. Kropotkin. *Memoiren eines Revolutionärs*, Stuttgart, R. Lutz, 1903 Bd. I. S. 218. —

[2]) *Ibid.* Bd. I. S. 282.

von der Geographischen Gesellschaft auf eine Reise nach Finnland und nach Schweden geschickt, um dort geologische Nachforschungen auszuführen. Als er nach Petersburg zurückkehrte, fand er die intellektuelle und soziale Umgebung stark verändert. Nach dem Attentat Karakasows auf Alexander II. (16. April 1866) lebte jeder Mensch, der im Verdacht stand, fortgeschrittene Ideen zu haben, in ständiger Furcht verhaftet zu werden. „Und Verhaftung aus politischen Gründen konnte alles mögliche bedeuten: jahrelange Haft in der Peter-Pauls-Festung, Verschickung nach Sibirien, ja sogar Folterung in den Kasematten der Festung." [1]) Inzwischen bildeten sich zwei grosse Strömungen einer grossen Bewegung; die eine hatte zum Motto: Ins Volk, und setzte sich zur Aufgabe, trotz des Widerstandes der Regierung Erziehung und Bildung ins Volk zu tragen; die andere Strömung war ausdrücklich politisch. Die Reformen, welche den Ruhm des Beginns der Herrschaft Alexanders II. bildeten, hatten seit dem Jahre 1862 reaktionären Massregeln Platz gemacht. Karakasow und seine Freunde dachten nun, dass die Fortsetzung der Herrschaft Alexanders II. eine beständige Gefährung der bis dahin errungenen Resultate sei, und dass Russland in die Schrecken der Herrschaft Nikolaus I. zurückfallen könnte. Karakasow fehlte seinen Schuss gegen Alexander II. und wurde gehenkt. Doch dies verhinderte nicht, wie Kropotkin erzählt, dass sich die allerverschiedensten Strömungen bildeten, um diese gewaltige Agitation unter den jungen Leuten hervorzurufen, die bald einen revolutionären und geheimen Charakter annahm und die fünfzehn Jahre lang die Aufmerksamheit ganz Russlands auf sich zog. Kropotkin verfolgte die Gährung dieser neuen Ideen mit Sympathie, und diese Sympathie wurde zum vollständigen Anschluss an die Bewegung, als er seine erste Reise nach der Schweiz machte, wo er in direkte Berührung mit den der Internationale angeschlossen Sozialisten kam.

Als Kropotkin nach Zürich kam, schloss er sich einer der Lokalsektionen der Internationale an und machte sich sofort fleissig ans Studium der sozialistischen Literatur der letzten Jahre. „Eine ganz neue Welt sozialer Beziehungen und ganz neue Methoden des Denkens wie des Handelns enthüllen sich bei

[1]) *Ibid.*, Bd. II. S. 46.

dieser Lektüre und gewähren Einsicht in etwas, das man sonst nirgends finden kann, nämlich in die Tiefe und moralische Stärke der Bewegung, in den Grad, in dem die Menschen von den neuen Theorien erfüllt sind, wie in ihre Bereitwilligkeit, sie in ihrem täglichen Leben zur Anwendung zu bringen und für sie zu leiden." [1]) Um diese Bewegung besser zu ergründen, beschloss Kropotkin einige Monate hindurch vollständig das Leben der Arbeiter zu führen. Mit dieser Absicht ging er nach Genf, das damals einer der wichtigsten Mittelpunkte der internationalistischen Bewegung war. Indem er der Freund und Kamerad der Arbeiter wurde, konnte er die Bewegung in ihrem innersten Charakter verfolgen und erfahren, was die Arbeiter selbst über sie denken. Aber eine kurze Erfahrung liess ihn gewahr werden, wie selten die gebildeten Menschen waren, die ihre Hilfe der Sache des Volkes widmeten, ohne an persönliche politische Vorteile für sich zu denken. Darauf entfernte er sich von dieser Sektion, um aus nächster Nähe das Programm der anderen Fraktion der Internationale von Genf kennen zu lernen, deren Mitglieder, bevor noch der Name Anarchisten üblich war, Bakunisten genannt wurden. Er ging also nach Neuchâtel und verweilte einige Tage unter den Uhrmachern des Juragebietes. Im Jahre 1872 war die Juraföderation gerade im Begriffe sich gegen die Autorität des Generalrates der Internationalen Arbeiter-Assoziation aufzulehnen, und wurde schliesslich das Zentrum der Opposition gegen den Generalrat und bildete somit den ersten Kern einer rein anarchistischen Organisation. In diesen Tagen schloss Kropotkin Freundschaft mit den Redakteuren des *Bulletin* der Föderation. [2]) Darauf ging er nach Sonvilliers, wo er mit anderen Mitgliedern der Bewegung bekannt wurde. „Die Prinzipien der Gleichheit, schreibt Kropotkin, die ich im Jura herrschend vorfand, die Unabhängigkeit im Denken und im Gedankenausdruck,

[1]) *Ibid.*, Bd. II. S. 75.

[2]) Kropotkin kannte Bakunin nicht persönlich, der damals wie wir wissen in Locarno wohnte. Kr. bemerkt aber, dass die Mitglieder der Juraföderation „immer unter dem Einfluss der riesenhaften Gestalt des Revolutionärs standen, der alles für die Sache der Revolution hingegeben hatte, der für sie allein lebte und von seiner Auffassung derselben die höchsten und reinsten Anschauungen für das Leben überhaupt ableitete." *Ibid.*, Bd. II. S. 94. —

wie sie sich nach meiner Wahrnehmung unter den dortigen Arbeitern entwickelte, und ihre grenzenlose Hingabe an die gemeinsame Sache machten auf meine Gefühle einen noch stärkeren Eindruck; und als ich die Uhrmacher des Jura, nachdem ich etwa zwölf Tage unter ihnen geweilt hatte, verliess, standen meine sozialistischen Ansichten fest: ich war Anarchist." [1])

Nach einer Reise nach Belgien kehrt Kropotkin mit diesen Ideen nach Russland zurück, wo sich in der Zwischenzeit die nihilistische Bewegung immer mehr ausgedehnt hatte; er machte sich nun daran, unter seinen Freunden die Ideen zu propagieren, die er sich während seines Aufenthaltes in der Schweiz angeeignet hat. Er schloss sich ausserdem einer geheimen revolutionären Gesellschaft an, die eine lebhafte Wirkung auf die Geschichte der sozialen Bewegung ausüben sollte, nämlich an den Kreis Nikolaus Tschajkowskys, und arbeitete in diesem Kreise zwei Jahre lang mit grösster Hingebung, wobei er sich besonders der Propaganda unter den Webern und den Arbeitern der Wollfabriken Petersburgs widmete. Andrerseits machte die Regierung zahlreiche Verhaftungen unter den Propagandisten und gegen Ende 1873 wurden die Repressivmassregeln immer furchtbarer. Auch Kropotkin wurde verhaftet und in der Peter-Pauls-Festung interniert, wo er zwei Jahre lang seinen Prozess abwartete. Als er hier krank wurde, wurde er ins Militärspital gebracht, von wo es ihm Mitte 1876 gelang zu fliehen. Mit dem Pass eines Freundes ausgerüstet, reiste er durch Finnland, von einem kleinen Hafen aus über Schweden nach England. Einige Monate blieb er in London anonym, wo er sein Leben durch die Mitarbeit an wissenschaftlichen Zeitschriften erwarb. Nachdem er dort einen Auftrag auf eine grössere dauernde geographische Arbeit erhielt, kehrte er nach der Schweiz zurück, wo er sich in La Chaux-de-Fonds niederliess. Hier gab er sich mit Leib und Seele der revolutionären Propaganda der Juraföderation hin, in der Männer verschiedener Nationalitäten arbeiten, die fast alle persönliche Freunde Bakunins gewesen sind. Darunter waren auch einige Flüchtlinge der Pariser Kommune, wie der Geograph Elisée Reclus, „der in seiner Lebensweise ein echter Puritaner, in geistiger Beziehung den französischen Enzy-

---

[1]) *Ibid.*, Bd. II. S. 91.

klopädisten des achtzehnten Jahrhundertes gleicht, ein Anarchist, dessen Anarchismus nur der folgerechte Ausfluss seiner weiten und tiefen Kenntnis der Formen des menschlichen Lebens unter allen Himmelsstrichen und auf allen Stufen der Gesittung ist." [1]) In dieser Umgebung arbeitete sich in Theorie und Praxis, von unten nach oben „die zukünftige Organisation der neuen Gesellschaft" heraus. — „Was mich betrifft, fügt Kropotkin hinzu, so kam ich allmählich zur Erkenntnis, dass der Anarchismus mehr zu bedeuten hat, als eine blosse Aktionsmethode oder nur eine besondere Auffassung von einer freien Gesellschaftsordnung. Er stellte sich mir bald als Teil einer natürlichen und sozialen Philosophie dar, die in ganz anderer Weise als die bisher in den anthropologischen und soziologischen Wissenschaften angewandten metaphysischen und dialektischen Methoden zu entwickeln war. Ich erkannte, dass bei ihm dieselben Methoden wie bei den Naturwissenschaften zur Anwendung kommen müssten, doch nicht nach Herbert Spencer auf dem schlüpfrigen Grunde blosser Analogien, sondern auf der festen Unterlage der auf die menschlichen Einrichtungen angewandten Induktion. Und ich bemühte mich nach Kräften in dieser Richtung beizusteuern." [2])

Die Propagandaarbeit in Chaux-de-Fonds, wurde von Kropotkin unterbrochen, um zum Kongress nach Gent zu reisen. Hier machten ihn seine Freunde aufmerksam, dass die belgische Polizei den Befehl erhalten hat ihn zu verhaften, weil er sich unter falschem Namen im Hotel eingetragen hatte. Er reiste also wieder nach London ab, von wo er nach kurzer Zeit nach Paris übersiedelte, wo nun nach der Unterdrückungsperiode die der Kommune gefolgt war, die sozialistische Bewegung wieder aufzuleben begann. [3]) Mit Andrea Costa, Jules Guesde und einigen anarchistischen Arbeitern ging Kropotkin daran, die ersten bescheidenen Organisationsgruppen zu rekonstituieren. Am Jahrestag

---

[1]) *Ibid.*, Bd. II. S. 230.

[2]) *Ibid.*, Bd. II. S. 246.

[3]) In dieser Zeit — also in den Jahren '77 und '78 sammelte Kropotkin recht viel historisches Material für ein Werk über den Ursprung der französischen Revolution, das er aber bis heute noch nicht veröffentlicht hatte, aber diese Materialien in seinen Propagandaschriften bei entsprechenden Gelegenheiten benützte, besonders in seinem „*L'esprit de la Revolte*" („Der Geist der Empörung") in „*Paroles d'un Revolté*." (S.S. 275—305).

der Kommune, im März 1878, übertraf die Zahl der Anhänger noch nicht zweihundert Mann. Als zwei Jahre darauf die Kommunarden amnestiert wurden, gewann die sozialistische Bewegung wieder einen plötzlichen Aufschwung. Es folgten deshalb zahlreiche Verhaftungen, darunter die von Costa. Kropotkin entging der Verhaftung durch einen Irrtum der Polizei, worauf er wieder nach der Schweiz zurückkehrte, wo er im Februar 1879 in Genf die halbmonatliche Zeitschrift *Le Revolté* herauszugegeben begann, die er fast vollständig allein redigierte. Dieses Blatt hatte einen bedeutenden Einfluss auf die Anarchisten und nach den ersten Nummern wurde es in der *Imprimerie Jurassienne* gedruckt, die Partei-eigentum war, wo auch sonst zahlreiche Propagandaschriften erschienen sind.

Nach der Tötung Alexanders II. (am 13. März 1881) wurde Kropotkin auf Beschluss des Bundesrates aus der Schweiz ausgewiesen, als er gerade aus London zurückkehrte, wo er einem anarchistischen Kongress beigewohnt hatte. Inzwischen hatte eine geheime Liga, die zum Schutze des Lebens Alexanders III. begründet wurde ein Todesurteil gegen Kropotkin ausgesprochen. Nach der Ausweisung ging er nach Thonon in Savoyen und hielt sich darauf wieder ein Jahr in London auf. Während der Jahre '81-'82 gewann die anarchistische Bewegung in Frankreich erhebliche Ausdehnung. In Lyon fanden einige Dynamitattentate statt und circa sechzig Anarchisten wurden verhaftet. Nach einigen Tagen wurden auch Kropotkin verhaftet, der im Verdachte stand das Haupt der Bewegung zu sein. Der Prozess dauerte fünfzehn Tage, worauf alle Angeklagten verurteilt wurden. Ein Amnestievorschlag wurde sehr bald im Parlament deponiert und in allen drei folgenden Jahren wiederholt, bis schliesslich alle Verurteilten (1886) amnestiert wurden. Während der Gefängnisszeit in Clairvaux, machte Kropotkin eine Reihe von Beobachtungen über die Wirkung des Gefängnissregimes auf die Gefangenen, die ihm wieder Stoff zu einer später veröffentlichten Propagandaschrift gaben.

Als Kropotkin das Gefängniss verliess, blieb er noch einige Wochen in Paris, worauf er wieder nach London ging. Der Sozialismus war zur Zeit in vollem Aufschwung. Er nahm nun wieder an dieser Bewegung teil, und begründete mit einigen englischen Freunden die anarchistisch-kommunistische Monatschrift *Freedom* [1]), die eine bedeutende Wirkung hatte. Er nahm nun wieder seine Arbeiten über den Anarchismus auf, deren kritischer Teil. während seiner Haft von Elisée Reclus in einen Band unter dem Titel „*Paroles d'un Révolté*" gesammelt und herausgegeben wurden. In London schrieb Kropotkin nun eine Serie von Artikeln, die den konstruktiven Teil der anarchistisch-kommunistischen Gesellschaft darstellen, und die in Paris in der Zeitschrift *La Révolte* veröffentlicht wurden, die dem vorhin erwähnten Blatt *Le Révolté* gefolgt war. Später wurden auch diese Artikel in einen Band unter dem Titel „*La Conquête du Pain*" vereinigt. Gleichzeitig machte er auch damals eine Reihe ökonomischer Studien, die zuerst in den Zeitschriften *Nineteenth Century* u.s.w. veröffentlicht wurden, die ebenfalls später in einen Band unter den Titel' *Fields, Factories and Workshops*, [2]) wo er über die Mittel der modernen Agrikultur spricht und die Frage eines solchen Erziehungssystems behandelt, nach dem es einem jeden möglich wäre sich gleichzeitig einer manuellen und einer intellektuellen Arbeit zu widmen. Später veröffentlichte er eine Serie von Studien über das „Naturgesetz der gegenseitigen Hilfe" als Kompletierung der Formel vom „Kampf ums Dasein," [3]) eine Studie „Ueber die historische Rolle des

---

[1]) Die erste Nummer erschien am 1. Okt. 1886. Im J. 1889 begann man mit der Veröffentlichung der *Freedom Pamphlets*, die die Schriften KROPOTKINS, MALATESTAS, ETIEVANTS, GRAVES, etc. enthielten.

[2]) Erschien auch in deutscher Sprache unter dem Titel : P. KROP., *Landwirtschaft, Industrie und Handwerk*, Berlin, Schuster u. Löffler 1903.

[3]) *Mutual aid among animals* : *Nineteenth Century*, v. 28, N. 337, Sept. ; N. 369. Nov. 1890 ; *Mutual aid among savages, ibid.*, v. 29. N. 538 Apr., No. 546, 1891 ; *Mutual aid among barbarians, ibid.*, 1892. Jan. ; *Mutual aid in the mediaeval city, ibid.*, v. 36. No. 183 Aug., No. 397 Sept., 1894 ; *Mutual aid among modern men, ibid.*, vol 39. No. 65. Jan. 1896 ; *Mutual aid among ourselves, ibid.*, Juni 1896. — Diese Studien wurden in anderen Zeitschriften reproduziert und hatten mehrere Übersetzungen. Sie erschienen auch schon in Buchform in deutscher Sprache u. zw. P. KROP., *Gegenseitige Hilfe in der Entwicklung*, Leipzig, Theod. Thomas, 1904; Andere seiner rein wissenschaftlichen Studien gehören nicht in den Rahmen dieses Werkes. Der Forscher kann sie jedoch finden im : *Geographical Journal*, London, v. 3. No. 318 Apr., 1894 ; v. 5. No. 146 Apr. 1895; v. 10. No. 196. Aug. 1897; v. 11. No. 63. Jan. 1898; v. 12. No. 306. Sept. 1898; v. 16. No. 95. Juli 1900, etc. In *Nineteenth Century*, v. 35. No. 141, 673 ; v. 36, No. 987. 1894 ; v. 38, No. 82, 1895 ; v. 39, No. 416 ; v. 40, No. 240, 1896; v. 41, No. 250 ; v. 42. No. 22, 799, 1897; v. 43, No. 494, 1898; v. 44, No. 259, 189 8; v. 45, No. 404; v. 46 No. 934 ; v. 48, No. 256, 919, 1900 ; etc. Der grösste Teil dieser Artikel wurde später im *Eclectic Magazine*, New York ; und in *Littell's living age*, Boston, Mass. reproduziert.

Staates" [1]) und andere Schriften, die noch an entsprechender Stelle erwähnt werden sollen. Auch gegenwärtig setzt Kropotkin seine Propaganda in den anarchistischen Blättern mit der Ueberzeugung fort, dass die unaufhörlichen Bestrebungen der kleinen anarchistischen Gruppen dazu beigetragen haben die Ideen der Beseitigung aller Regierung, die Ideen der individuellen Rechte, der lokalen Organisation und der freien Assoziation zu entwickeln und zu verbreiten, die nun den Ideen der Allmacht des Staates, der Zentralisation und der Disziplin, die bis vor wenigen Jahrzehnten noch unbestritten vorherrschten, überall entgegentreten. Und er ist überzeugt, „das ein glückliches Zusammentreffen von zufälligen Ereignissen in Europa eine der 1848er Bewegung an Ausdehnung nicht nachstehende und weit folgenreichere Revolution herbeiführen kann: nicht ausschliesslich im Sinne eines blutigen Kampfes zwischen den Anhängern verschiedener sozialer Anschauungen, sondern eine Revolution im Sinne einer tiefgreifenden, reissend schnell sich entwickelnden Neugestaltung" [2]) .... „Die Erringung dieses grossen Erfolges, sagt Kropotkin am Schlusse seiner Memoiren, ist ein schöner Lohn, für die Anstrengungen, die so viele Tausende von Männern und Frauen aller Völker und aller Klassen in den letzten dreissig Jahren gemacht haben." [3])

---

[1]) Diese Studie wurde im J. '97 verfasst, wobei Kropotkin ursprünglich die Absicht hatte sie zum Gegenstand eines Vortrages in Paris zu machen. Doch wurde Krop. durch die französische Regierung die Landung in Frankreich verboten. Dieser nichtgehaltene Vortrag wurde vergrössert zuerst französisch gedruckt und darauf in verschiedene Sprachen ubersetzt. Die deutsche Übersetzung („*Die historische Rolle des Staates*") erschien zuerst im „Sozialist" Berlin, und wurde darauf als Separatabdruck in Broschürenform 1898 veröffentlicht.

[2]) *Memoiren eines Revolutionärs*, II Bd. S. 376.

[3]) Die anarchistischen Lehren sind hauptsächlich in den Schriften enthalten, die sich in folgenden Werken befinden: *Paroles d'un Révolté*, mit Vorrede von E. Reclus. 1. Aufl. Paris, Marpon et Flammarion, 1885; dessen deutsche Übersetzung u. d. Titel „*Worte eines Rebellen*" erschien in Londen 1896, jedoch nur bis zur incl. 9ten Lieferung: *Gesetz und Autorität*, entspr. also bis zur S. 244. der französischen Ausgabe; das folgende Kapitel „*Revolutionäre Regierungen*" erschien besonders als Broschüre in Berlin 1896. Von dem Werk erschien eine englische Übersetzung in Sheffield, 1894; eine holländische in Amsterdam 1896, u. s. w. Im Text bedeutet der Buchstabe „P.", dieses Werk (Paroles d'un Révolté) wobei die Seitenzahlen der französischen Ausgabe sich gewöhnlich mit den Seitenzahlen der Londoner deutschen Ausgabe decken. — *La conquete du pain*, Vorrede von E. Reclus, 1. Aufl. Paris. P. - V. Stock, 1892. (span. Übers. Buenos Ayres, 1895; spater Barcelona, Sempere; portugies. Porto. 1895—'96; engl. im *Freedom* 1892; deutsche Übers. zuerst Zürich, Sanftleben, 1896, spater 1906 in Berlin unter dem Titel „*Wohlstand für Alle*". Im Text wird dieses Werk mit dem

I

Der wissenschaftliche Standpunkt der Anarchie.

Um die Bedeutung und den, wie Kropotkin ihn nennt, wissenschaftlichen Standpunkt der Anarchie zu begreifen, muss man sich vor allem vom ersten Vorurteil zu befreien, das in diesem Begriff nur einen Haufen von Zukunftsvermutungen und einen

---

Buchstaben *C.* bezeichnet. Die Seitenzahlen entsprechen der deutschen Züricher Ausgabe. — *L'Anarchie sa philosophie, son Ideal*, 1. Aufl. Paris, P.-V. Stock, 1896 ; holland Übers. Amsterdam 1896; ital. Genf, L. Bertoni, 1901 ; eine deutsche Übersetzung erschien im *Neuen Leben*, Berlin 1902. Im Text ist unter dem Buchstaben *A*, diese Broschüre (franz. Ausgabe), gemeint. — Ich will hier, um die grosse Verbreitung dieser Lehre aufzuweisen, einige von den in den ersten beiden Bänden gesammelten Schriften, deren ursprünglichen Publikationsort und einige Übersetzungen anführen : *La situation*, *Paroles*, S.S. 1—8 : *Révolté*, 8. III. 1879 (ital. Übers. : Torino, 1890, *Bibl. p. il pop.* No. 1 ; engl. : *The Alarm*, Chicago, 7. VII. 1888 ; deutsche : *Freiheit*, 14. III. 1896 ; dänische ; *Proletaren*, 26. IV. 1896) ; *La décomposition d. Etats*, *Par.*, SS. 9—16 ; *Révolté*, 5. IV. 1879. (ital. Übers. : Milano 1893, *Opusc. popol. social.* No. 4 ; portugiesisch : *A Revolta*. Lisboa, 1893 ; deutsch : *Sozialist*, Berlin, 19. VI 1792 u. *Freiheit*, 18. IV. 1896 ; dänisch : *Proletaren*, 24. V. 1896 ; armenisch : Paris, 1892) *La nécessité de la Revolution*, *Par.*, SS. 17—24 : *Révolté*, 5. III. 1881, (ital. Übers. : Torino, 1890, *Bibl. p. il pop* No. 1 ; span. : *El Esclavo*, Tampa, Florida, 5. IX. 1894, und *El Perseguido*, Buenos Ayres, 22. XI. 1894 ; deutsch : *Autonomie*, 21—28. V. 1892 und *Freiheit*, 18. VI. u. 11. IV. 1896) ; *La prochaine Revolution*, *Par.*, SS. 25—32 (deutsche Übers. : *Freiheit* 30. V. 1895) ; *Les droits politiques*, *Par.*, S.S. 33—41 ; *Révolté*, 18. II. 1882 (deutsche Übers. : *Sozialist*, 26. VI. 1892 u. *Freiheit* 6. VI. 1896 ; armenisch. : Paris 1892) *Aux jeunes gens*, *Par.*, S.S. 43—75: *Revolté*, 26. VI.—21. VIII. 1880 (von dieser Schrift bestehen nicht weniger als vierzig Ausgaben, und hat Übersetzungen sogar in polnisch, bulgarisch, griechisch) etc. — *Nos richesses*, *Conquete*, S.S. 1—14 : *La Révolte*, 26. VII —31. VIII. 1890 (deutsche Übers. *Sozialist*, 19.—26. XI. 1892 u. *Freiheit*, 18. IV. 1896) ; *L'aisance pour tous*, *Conqu.* S.S. 15—29 ; *ibid.*, 6.—20. IX. 1890; *Le communisme anarchiste*, *Conq.* S.S. 31—45 : *ibid.*, 11. X. — 15. XI., 1890 (deutsche Übers. : *Autonomie* 19. X.—19. XI. 1892 u. *Zukunft*, Wien, 1893 ; alle diese Artikel sind auch in jüdischen Jargon übersetzt, erschienen zuerst in New York 1894, dann in London 1906). Manche Kapitel, wie z. B. *L'agriculture*, *Conquête*, S.S. 265—297 (ital. Übers. Roma, Mongini, 1905) wurden auch von der sozialistischen Propaganda aufgenommen. — Doch ist es überflussig alle Nachforschungen hier anzuführen, die anderweitig grössere Bedeutung haben.

Unter den Studien, die sich mit dem Werk Kropotkins und seiner Persönlichkeit beschäftigen sind mir bekannt : *, *P. Krop. Words of a rebel* : *Spectator*, London, v. 59, No. 960. ; A. Thun, *Bilder a. d. russischen Revolution* : *Fürst Kropotkin, Stephanowitsch, Scheljabow*, Berlin, Habel, 1885 : *Deutsche Zeit- und Streitfragen*, v. XVI. Heft 211 ; E. Demolins, *Questions sociales* ; *la theorie anarchiste d'après le prince Kropotkine* : *La science sociale*, 1892. v. 13 ; *, *Conquête du Pain* ; *Temple Bar*, v. 103, No.

unbewussten Drang zur Zerstörung aller bestehenden Zivilisation erblickt. Das Grundprinzip der anarchistischen Lehre liegt weder in der Zerstörung noch in der Gewalt. Um ihre innerste Bedeutung zu erfassen, ist es nach Kropotkin notwendig, Schritt für Schritt die Wege zu verfolgen, nach denen sich in letzter Zeit alle Wissenschaften orientiert hatten, oder wenigstens eine exakte synthetische Erkenntnis ihrer realen und effektiven Schlüsse zu haben. Je weiter wir den Aussichtspunkt für unsere Beobachtungen wählen, desto klarer, lebendiger erscheint vor uns, von der Wirklichkeit unvermeidlich bedingt, die anarchistische Auffassung in ihrem wissenschaftlichen Wert.

Allen ist die tiefe Umwälzung bekannt, die auf allen Gebieten der verschiedenen Wissenschaften über die Art, die Ereignisse des Weltalls aufzufassen und zu erklären, stattgefunden hat und noch gegenwärtig stattfindet. Es würde beinahe genügen an den Sieg zu erinnern, der über die geozentrische und die anthropozentrische Auffassung davongetragen wurde. Dieser Sieg wurde schon vor Jahrhunderten errungen, aber noch heute und noch später in der Zukunft wird man die immer naheliegenden Resultate fühlen. Die Erde ist also nicht mehr das Zentrum der Schöpfung, wie auch der Mensch nicht mehr der Auserwählte des Schöpfers ist, denn jene ist nur ein Sandkorn im Sonnensystem und dieser

---

521, 1894 : E. SELLERS, *Our most distinguished refugee (Prince Kropotkine)* : *The contemporary Review*, v. 66, No. 537, 1894, Okt. (Vrgl. *Eclectic Magazine*, New York v. 123, No. 653, 1894. Nov.) ; R. E. ELY, *Prince P. Krop.* : *Athlantic Monthly*, Boston Mass., v. 82, No. 338, 1898 Sept. ; *. *Autobiography of a revolutionist* : *ibid.*, v. 82 ss., 1898—'99; G. BRANDES, *P. Krop.* : *Zeit*, Wien, No. 266, 1899 ; *, *Prince P. Krop.*: *Academy*. London. v. 57, No. 624, 1899 ; DR. LAURENTIUS, *Krop's Morallehre u. deren Beziehung zu Nietzsche*, Leipzig, Pierson, 1899 (1ste Ausg. Dresden 1896) ; E. DANIELS, *D. Anarchist Fürst P. Krop.* : *Preuss. Jahrbucher*, v. 102, 1903 SS. 275—321 ; I. HOLLAENDER, *P. Krop.* : *Nation*, Berlin, 1900, No. 7, 8 ; E. G. JOHNSON, *Memoirs of a revolutionist* ; *Dial*, Chicago Ill., v. 28, No. 9, 1900. Jan. ; E. LIMEDORFER, *Memoirs of a revolutionist* ; *Critic*, New York, v. 36, No. 446, 1900, Mai ; F. OPPENHEIMER, *Memoiren eines Revolutionärs* ; *Sozialist. Monatshefte*, Berlin, 1900, S.S. 733—'37 ; I. RIES, *E. fürstl. Anarchist* : *Gegenwart*, Berlin, 1900, No. 35 ; C. SCHARDT, *Memoiren eines Revolutionärs*: *Frankfurter Zeitung*. 1900, No. 208 (Vrgl. *Beil. z. allgem. Zeitung*, hrsg. O. BULLE, München, 1900, No. 222 ; *Leipzig. Tageblatt u. Anzeiger*, hrsg. H. KUCHLING, 1900, No. 481, 483 ; G. LANDAUER, Zeit, Wien, 1900, No. 325) ; T. DE WYZEWA, *L'apostolat d'un nihiliste russe* : *Rev. d. deux mondes*, 1900, 15. März. R. PENZIG, *Ein ganzer Mann (P. Krop.)* ; *Ethische Kultur*, Berlin, 1901, No. 20 ; ST. v. DUNIN—BORKOWSKI, *Ein anarchist. Fürst* : *Katol. Blätter*, Freiburg, i/B., v. 61, 1901 S.S. 181—191 ; 303—312 ; F. DE ROBERTO, *P. Krop. Nuova Antol.*, 1905, 1 Aug., S.S. 412—437.

ein kleines Wesen mit lächerlichen Anmassungen vor einer grenzenlosen Unendlichkeit. Aehnliche Veränderungen sind in Bezug auf alle anderen Wissenschaften eingetreten. Aus den physikalischen Wissenschaften sind die alten Einheiten wie Wärme, Magnetismus, Elektrizität verschwunden. Ein erhitzter oder elektrisierter Körper wird nicht mehr als eine unbelebte Masse angesehen, der sich eine unbekannte Kraft zugesellt hat. Jetzt ist man auf dem Wege in den Körpern und im Raum der sie umgibt die Vibrationen der unendlich kleinen Atome zu erkennen, die nach allen Richtungen hinsteuern, vibrieren, sich bewegen und so die genannten Phänomene hervorrufen. In den Wissenschaften, die sich mit dem organischen Leben befassen, verschwindet der Begriff der Arten und ihrer Variationen, um an deren Stelle den Begriff des Individuums zu setzen. Für den Biologen sind die Variationen der Art die Resultanten, die Summe der Variationen. die sich in jedem Individuum besonders vollzogen haben. In der Physiologie wird nun das Leben einer Pflanze oder eines Tieres als eine Agglomeration eine Kolonie von Millionen besonderer Individuen angesehen und nicht als eine einzige und unteilbare Persönlichkeit. Es ist nun eine Föderation von Organen, deren jeder Teil aus unabhängigen Zellen besteht, die sich vereinigen. um gegen die ungünstigen Bedingungen ihres Daseins zu kämpfen. „Das Individuum ist eine ganze Welt von Föderationen und selbst ein ganzer Kosmos." (*A*., S. 11). In jeder mikroskopischen Zelle entdeckt der Physiologe eine Welt autonomer Elemente, deren jedes sein eigenes Leben lebt, für sich sein Wohlergehen sucht. und dies durch die Gruppierung und Assoziierung mit anderen Elementen erreicht. „Jedes Individuum ist also ein Kosmos von Organen, jedes Organ ein Kosmos von Zellen, jede Zelle ein Kosmos unendlich kleiner Elemente; und in dieser so komplizierten Welt hängt das Wohlbefinden der Gesamtheit vollständig von der Summe des Wohlbefindens ab, dessen sich jedes der mikroskopischen Teilchen der organischen Materie erfreut." (*A*., S. 11). Auch in der Psychologie bemerken wir eine analoge Erscheinung, die zu Schlussfolgerungen von ganz bedeutender Tragweite führen muss. Noch in letzter Zeit sprach der Psychologe vom Menschen, als von einem einigen und unteilbaren Wesen. Treu nach der religiösen Tradition, wurden die Menschen in Gute und Böse, Intelligente und Stupide, in Egoisten und Altruisten eingeteilt. Selbst unter den Materialisten des achtzehnten Jahrhundertes dauerte noch die Idee einer Seele, einer unteilbaren Einheit fort. Dagegen „sieht der Psychologe unserer Tage im Menschen eine Menge besonderer Fähigkeiten, von gleichen autonomen Bestrebungen, die unabhängig von einander funktionieren, sich ausgleichen, aber sich auch fortwährend widersprechen. In seiner Gesamtheit genommen ist somit der Mensch für den Psychologen nur die fortwährend wechselnde Resultante aller seiner verschiedenen, aller unabhängigen Bestrebungen der Zellen des Gehirnes und des Nervensystems. Alle sind untereinander insofern verbunden, dass ein jedes imstande ist auf alle anderen einzuwirken, aber ein jedes führt sein eigenes Leben, ohne irgend einem Zentralorgan — einer Seele — untergeordnet zu sein." (*A.*, S. 12).

Die allgemeine Tendenz der Wissenschaften geht also dahin, nicht die grossen Resultate und die grossen Summen, sondern vielmehr die unendlich kleinen, die Teile zu erforschen, aus denen diese Summen bestehen, deren Unabhängigkeit und Individualität sie ebenso wie ihre enge Zusammengehörigkeit schliesslich erkannt hatte. „Was die Harmonie anbetrifft, die der menschliche Geist in der Natur entdeckt, so ist sie im Grunde genommen nur die Konstituierung einer gewissen Stätigkeit der Erscheinungen, und der moderne Gelehrte erkennt sie ohne Zweifel heute mehr als jemals an. Aber er sucht sie nicht mehr durch die Wirkung von nach einem bestimmten Plan festgestellten Gesetzen zu erklären, die durch ein vernünftiges Wollen beschlossen wurden." (*A.*, S. 13). Das was man N a t u r g e s e t z nannte, ist nichts anderes als die Beziehung zwischen bestimmten von uns beobachteten Erscheinungen und jedes Naturgesetz besitzt nur einen bedingten Kausalcharakter: Wenn diese Erscheinung unter bestimmten Bedingungen stattfindet, folgt jene andere Erscheinung. Kein einziges Gesetz liegt also ausserhalb der Erscheinungen. Jedes Phänomen, nicht das Gesetz bestimmt das Phänomen das auf das erste folgt. [1]) Das was man die H a r m o n i e

[1]) P. KROPOTKIN, *Les Temps nouveaux* (conférence faite à Londres), Paris, Au Bureau de „*la Révolte*", 1894, S. 11.

d e r N a t u r zu nennen beliebte ist einfach das Werk des Zufalls. Der Zufall der Zusammenstösse und der Begegnungen genügte um sie hervorzubringen. Diese Naturerscheinung wird Jahrhunderte dauern, weil das Gleichgewicht, das es darstellt, Jahrhunderte zu seinem Werden benötigte; eine andere wird nur einen Augenblick dauern, wenn die Form ihres momentanen Gleichgewichts in einem Augenblick geboren ist. Es handelt sich also immer nur um ein zeitliches Gleichgewicht, eine provisorische Anpassung, die sich unter all den Kräften herausgebildet hat. Dieses Gleichgewicht dauert unter der einzigen Bedingung „sich ständig zu verändern, in jedem Moment die Resultante aller Gegenwirkungen darzustellen." Wenn eine einzige dieser Kräfte in ihrer Betätigung gehindert wird, verschwindet sofort die Harmonie. „Die Kraft wird ihre Wirkung aufspeichern, denn sie muss an den Tag, sie muss ihre Wirkung ausüben und wenn andere Kräfte sie hervorzutreten hindern, wird sie dadurch durchaus nicht vernichtet, sondern sie wird schliesslich das Gleichgewicht brechen, die Harmonie zerreissen, um einen neuen Platz im Gleichgewicht zu finden und auf eine neue Anpassung hinzuarbeiten.' (*A.*, S. 14).

Auch die Geschichte, setzt Kropotkin fort, die solange nur die Geschichte des Königtums war, weist nun die Tendenz auf, die Geschichte der Völker und schliesslich das Studium der Individuen zu werden. „Der Geschichtsforscher will heute wissen, wie die einzelnen Glieder, aus denen diese oder jene Nation bestand, in einem bestimmten Zeitalter lebten, was deren Glaube war, welche Existenzmittel sie hatten, welches soziale Ideal ihnen vorschwebte und welche Mittel sie zu dessen Verwirklichung besassen. Und durch das Zusammenwirken aller dieser, ehemals vernachlässigten Kräfte, wird er heute alle grossen Geschichtsereignisse zu erklären suchen." Aehnlich bemüht sich auch die Rechtswissenschaft ganz besonders die Entstehungsgeschichte der Institutionen, die sich aufeinander folgten und noch folgen, in ihrer Entwicklung in den verschiedenen Zeitaltern zu erforschen. Viel mehr als das geschriebene Gesetz werden die lokalen Gebräuche und das Gewohnheitsrecht analysiert, „in denen das konstruktive Genie der unbekannten Massen zu jeder Zeit seinen wirklichen Ausdruck gefunden hat." Eine ganz neue Wissenschaft entwickelt sich in dieser Richtung, die unsere alten Auffassungen umstürzt und „dahin gelangt, die Geschichte in derselben Weise zu erklären, wie die modernen Naturwissenschaften alle Erscheinungen der Natur." Selbst die politische Oekonomie, die im Anfang nur das Studium des Reichtums der *Nationen* war, wird heute endlich das Studium über den Wohlstand der *Individuen*. Die Frage ob eine Nation einen starken Exporthandel habe, sinkt an Bedeutung vor der anderen Frage, nämlich, „dafür zu sorgen, dass das Brod in der Hütte des Bauern und des Arbeiters nicht mangle." (*A.*, S. 15). Die Nationalökonomie fragt den Reichen und den Armen: Bis zu welchem Massstabe könnt ihr euere Bedürfnisse nach dem Notwendigen und nach Luxus befriedigen. Und da sie konstatiert, dass die notwendigsten Bedürfnisse des Lebens für neun Zehntel der Menschheit nicht befriedigt werden, stellt sie sich dieselbe Frage, die sich ein Physiologe vor einer Pflanze oder einem Tiere stellen würde: Mit welchen Mitteln kann man die Bedürfnisse aller, bei geringstem Kraftverlust befriedigen? Wieso kann die Gesellschaft einem jeden, folglich also allen, die grösstmögliche Summe von Wohlstand und Glück verbürgen? So sehen wir, wie die Volkswirtschaftslehre, „nachdem sie solange nur eine einfache Konstatierung von Erscheinungen war, die sie im Interesse der reichen Minderheit auslegte, nun danach strebt, oder vielmehr die nötigen Elemente ausarbeitet, eine Wissenschaft im wahren Sinn des Wortes zu werden — eine Physiologie der menschlichen Gesellschaft." (*A.*, S. 16; *Les temps nouv.* SS. 9, 15).

Das Resultat dieser neuen Orientierung der einzelnen Wissenschaften drückt sich in einer neuen Auffassung der Gesellschaft aus, die vollständig von allen diesen die bis zum heutigen Tage vorherrschend waren, verschieden ist. „Unter dem Namen des Anarchismus entsteht eine neue Auffassung des vergangenen und gegenwärtigen Lebens der Gesellschaften, wie auch gleichzeitig die Erkenntnis deren Zukunft, und beide sind von demselben Geiste entstanden wie die Naturauffassung, von der soeben gesprochen wurde. Der Anarchismus bietet sich uns nun somit als ein integrierender, wesentlicher Bestandteil einer neuen Philosophie dar." (*A.*, S. 16). Diese Tendenz hat tiefe Wurzeln in der historischen Wirklichkeit der Gegenwart. Man beobachtet mit Aufmerksamkeit die Ideenbewegung im Schosse der bestehenden Gesellschaft, mit welchem Eifer der Menschengedanke an einer gründlichen und vollständigen Nachprüfung aller seiner Urteile arbeitet, die ihm von den vergangenen Gesellschaften vermacht wurden, wie an der Ausarbeitung neuer philosophischer und wissenschaftlicher Systeme, die bestimmt sind die Grundlage der zukünftigen Gesellschaft zu werden. „Es ist nicht mehr allein jener finstere Reformator, der erschöpft durch eine über seine Kräfte gehende Arbeit, entkräftet durch das Elend, dass eine Geduld übersteigt, diese schmachvollen Zustände, deren Druck er empfindet, kritisiert und von einer besseren Zukunft träumt; es ist auch der Gelehrte, der, obgleich in den alten Vorurteilen grossgezogen, dieselben nach und nach abschüttelt. Indem er sein Ohr den Ideenströmungen leiht, von denen der Volksgeist erfüllt wird, wird er eines Tages zu deren Sprachrohr, zu deren Verkünder....... Niedergang und Zersetzung der gesellschaftlichen Formen, allgemeine Unzufriedenheit; eifrige Ausarbeitung neuer Formen und der ungeduldige Wunsch nach einem Wechsel der Dinge; jugendlicher Aufschwung der Kritik auf allen Gebieten der Wissenschaft, der Philosophie, der Sittenlehre und allgemeine Gährung der öffentlichen Meinung, das ist die eine Hälfte des Bildes, welches sich dem Beobachter darbietet. Auf der anderen Seite sehen wir die gedankenlose Gleichgiltigkeit oder den verbrecherischen Widerstand derjenigen, die im Besitze der öffentlichen Macht sind und noch die Gewalt und in plötzlichen Aufwallungen den Mut besitzen sich der Entwicklung der neuen Ideen entgegenzustellen. Dies war noch immer der Zustand alter Gesellschaften am Vorabend der Revolution, so ist es auch heute. Diese Behauptung entspringt nicht etwa der überreizten Einbildungskraft einiger „Unruhestifter", es ist die ruhige und wissenschaftliche Beobachtung, die dies enthüllt." (*P.*, SS. 26, 27).

Da nun die Bewegung dieser neuen Ideenrichtung von den Wissenschaften ausgehen kann, um zur Anarchie zu gelangen, so kann man auch umgekehrt von der Anarchie ausgehend, sie wie Lichtstrahlen einer zentralen Flamme auf die Wissenschaften ausdehnen und anwenden. Sobald die Hüter der reinen Wissenschaft von den Prinzipien des Anarchismus durchdrungen sind und die ganze Bedeutung der kommenden Revolution begriffen haben, werden sie auch zur Ueberzeugung gelangen, dass die ganze Wissenschaft aufs neue aufzubauen und mit den neuen Prinzipien in Uebereinstimmung zu bringen ist. Es ist notwendig auf diesem Gebiete eine Revolution durchzuführen, deren Wichtigkeit jene, welche bezüglich der Wissenschaften im achtzehnten Jahrhundert stattgefunden hat, bei weitem übertreffen muss. Die Geschichte, die heute noch nichts anderes ist als ein Märchen, das man stillschweigend als Wahrheit angenommen hat, das über die Grösse der Könige, der Parlamente etc. berichtet, ist vollständig vom Gesichtspunkt des Volkes umzuschmelzen, vom Gesichtspunkt der von den Massen in der Entwicklung der Menschheit durchgeführten Arbeit. Die Nationalökonomie, die heute nur die Beschönigung der kapitalistischen Ausbeutung darstellt, ist vollständig, von ihren Grundprinzipien aus und in allen ihren zahllosen Anwendungsmöglichkeiten aufs neue auszuarbeiten. Und dasselbe bezieht sich auch auf die Anthropologie, die Soziologie und die Ethik. (*P.* SS. 64, 65).

Welcher immer auch der logische Vorgang sein mag, der als systematische Richtlinie zur Bildung der anarchistischen Ueberzeugung dienen konnte, ist es nach Kropotkin, von grosser Wichtigkeit, deren unvermeidliche Notwendigkeit zu betonen, so oft man gewisse Prämissen annehmen will, die in vollständiger Uebereinstimmung mit den elementarsten Errungenschaften der modernen Wissenschaften stehen sollen. Im Masse, in dem sich der Menschengeist von den Ideen befreit, die ihm von den Minoritäten der Priester, der Militärkaste und der Richter aufgezwungen wurden, die ihre Herrschaft befestigen wollten und der Gelehrten, welche dafür bezahlt werden, sie zu verewigen, — entsteht eine neue Auffassung der Gesellschaft, in der kein Platz mehr für die herschenden Minoritäten übrig bleibt. „Indem diese neue Gesellschaft vom ganzen, durch die Arbeit von Generation aufgespeicherten Kapital Besitz ergreift, organisiert sie sich in der Weise, dass dieses Kapital im Interesse aller angewandt wird, und konstituiert sich ohne eine Herrschaft irgend welcher Minoritäten. Sie enthält in ihrem Schosse eine unendliche Verschiedenheit individueller Fähigkeiten, Temperamente und Tatkräfte, sie schliesst niemanden aus. Sie ruft sogar den Kampf, den Konflikt herbei, weil sie weiss, dass die Epochen des Konflikts, in denen frei diskutiert wird, ohne dass das erdrückende Gewicht einer festgesetzten

Autorität in die Wagschale geworfen wird, — die Epochen der höchsten Entfaltung des menschlichen Genies waren. Indem sie anerkennt, dass alle ihre Glieder gleiche Anrechte auf alle von der Vergangenheit aufgespeicherten Schätze besitzen, kennt sie keine Einteilung in Ausgebeutete und Ausbeuter, in Regierte und Regierung, in Herrscher und Beherrschte, sondern sucht in ihrem Inneren eine gewisse harmonische Ausgleichung herbeizuführen, aber nicht indem sie alle ihre Mitglieder einer Autorität unterwirft, die berufen wäre die Gesellschaft zu repräsentieren, nicht durch das Bestreben die Gleichförmigkeit herzustellen, sondern indem sie alle Menschen zu freier Entwicklung, zur freien Initiative, zu freiem Handeln, zu freier Vereinigung heranziehen wird. — Sie erstrebt die vollständige Entfaltung der Persönlichkeit, verbunden mit der grössten Entwicklung der freiwilligen Vereinigung nach allen Richtungen, in allen möglichen Graden, für alle denkbaren Ziele ; die Vereinigung die fortwährend wechselt, in sich selbst die Elemente ihrer Lebensdauer trägt und diese Formen annimmt, welche in jedem Moment am besten den vielfachen Bestrebungen aller entsprechen : kurz, eine Gesellschaft, der alle von vorherein bestimmten, durch das Gesetz erstarrten Formen widerstreben ; die aber die Harmonie im immer wechselnden und fliehenden Gleichgewicht — unter der Manigfaltigkeit der verschiedenen Kräfte und Einflüsse aller Art sucht, welche ihren Lauf verfolgen, und die so, gerade dank ihrer Freiheit sich ungehindert zu betätigen und sich aufzuwiegen, neue Kräfte hervorrufen können, die ihnen günstig sind, wenn sie dem Fortschritt zustreben." (*A.*, SS. 17—18). [1])

Das Ideal einer solchen Gesellschaft, setzt Kropotkin fort, kann dem Forscher nicht neu erscheinen. Wenn man die Geschichte der volkstümlichen Institutionen analysiert, finden wir ständig die Tendenz die Gesellschaft nach dem betonten Ideal zu konstituieren, oder wenigstens zu orientieren. Und andrerseits ist es wohl bekannt, dass diese Tendenz immer von den herrschenden Minoritäten hintangehalten wurde. Aber während, wenigstens bis zum achtzehnten Jahrhundert dieses Ideal vom theokratischen

[1]) Vrgl. für Näheres : P. KROPOTKIN : *L'inévitable Anarchie*, Bruxelles Bibliothèque d. Temps Nouv. 1896.

Geiste befleckt war, erscheint es heute vor uns auf einer wissenschaftlichen Grundlage, als die Auffassung einer Gesellschaft, die aus der Beobachtung der sozialen Erscheinungen abgeleitet wurde. Das Ideal einer Gesellschaft, in der sich ein jeder bloss durch seinen eigenen Willen regiert, (der ja wieder natürlich nur das Resultat der auf jeden einzelnen einwirkenden Einflüsse sein kann) drückt sich in seiner ökonomischen, politischen und ethischen Seite aus und stellt sich unterstützt von der Notwendigkeit des Kommunismus dar, der sich unserer modernen Gesellschaft durch den eminent sozialen Charakter unserer heutigen Produktionsweise aufdrängt. (*A.*, SS. 18—19).

II.

Kritische Beurteilung der gegenwärtigen Gesellschaftsordnung.

Die theoretische, oder wie Kropotkin sagt, wissenschaftliche Rechtfertigung des anarchistischen Ideals muss ihre tatsächliche Bekräftigung in einer kritischen Beurteilung der gegenwärtigen Gesellschaftsordnung finden, aus denen einer der beiden, oder beide nachfolgenden Schlüsse resultieren müssen: Wenn die bestehende politische und ökonomische Ordnung derartig ist, dass man sie vom Grund aus umwälzen müsse, so ist in diesem Falle die Möglichkeit dieses Ziel zu erreichen, nachzuweisen; oder bereiten schon die bestehenden Zustände die Durchführung des anarchistischen Ideals vor, so wären in diesem Falle die Anhänger der anarchistischen Lehre nichts mehr, als die Veranlasser einer beschleunigteren Entwicklung. Die Elemente der Antwort wollen wir nun in der Darstellung seines Gedankens vorführen.

In der gegenwärtigen Gesellschaft, sind alle Individuen durch eine Erziehung verdorben, die dahin geht, in ihnen jeden Geist der Empörung zu verlöschen und in ihnen die Unterwerfung unter die Autorität zu entwickeln. Alle sind durch diese Lebensverhältnisse unter dem Joch des Gesetzes, das alles regelt, unsere Geburt, unsere Erziehung, unsere Liebe, unsere Freundschaften, verdorben worden. Wenn das fortdauern sollte, werden wir jede Initiative und jede Gewohnheit für uns selbst zu denken, verlieren. „Unsere Gesellschaften scheinen nicht mehr zu verstehen, wieso man anders, als unter der Herrschaft des Gesetzes leben könnte, das von einer repräsentativen Regierung ausgearbeitet ist und von einer Handvoll Regierer angewandt wird." (*P.*, S. 215). Und doch ist das Gesetz ein relativ modernes Produkt, denn die Menschheit hat Jahrhunderte und abermals Jahrhunderte gelebt, ohne irgend ein geschriebenes Gesetz gehabt zu haben. Zu dieser Zeit waren die Beziehungen der Menschen untereinander durch einfache Gebräuche und Gewohnheiten geregelt, die die fortwährende Wiederholung ehrwürdig machte und die sich jeder seit seiner Kindheit aneignete. Alle menschlichen Gesellschaften sind durch diese primitive Phase durchgegangen und noch gegenwärtig hat ein grosser Teil der Menschheit keine geschriebenen Gesetze. (*P.*, S. 22). Wenn man die Sitten der primitiven Völker betrachtet, begegnet man zwei verschiedenen Strömungen. „Da der Mensch nicht allein lebt, entwickeln sich in ihm für die Erhaltung der Gesellschaft und die Vermehrung der Rasse nützliche Gefühle und Gewohnheiten. Ohne gesellschaftliche Gefühle, ohne solidarische Betätigung wäre das gemeinschaftliche Zusammenleben absolut unmöglich gewesen. Diese Gefühle sind nicht aus den Gesetzen entstanden, sondern sind vielmehr allen Gesetzen vorangegangen. Noch weniger entstanden sie aus der Religion, welche sie ausschliesst, denn sie sind auch allen Religionen vorangegangen." (*P.*, S. 222). Allmählich haben sich diese Gefühle entwickelt, die aus einer nützlichen und notwendigen Entwicklung folgen, und die die Gesellschaft im Kampf ums Dasein, den sie führen muss, unterstützen. Ein ganzes Netz von Gefühlen und Gebräuchen sind das unvermeidliche Resultat des gesellschaftlichen Zusammenlebens. Obwohl sie nicht dem Menschen inherent sind, wie die Theologen und Metaphysiker behaupten, sind diese Eigenschaften die natürliche Konsequenz des gemeinschaftlichen Zusammenlebens.

Aber in den menschlichen Gesellschaften entstehen auch recht bald andere Wünsche, andere Passionen, und in der Folge auch andere Gebräuche und andere Sitten. „Der Wunsch über andere zu herrschen, seinen Willen aufzudrängen, der Wunsch sich der Arbeitsfrüchte einer benachbarten Gau zu bemächtigen, um sich schliesslich mit allen Genüssen zu umgeben, ohne selbst zu arbeiten, während die Sklaven das Notwendigste erzeugen und ihren Herren alle Annehmlichkeiten und Vergnügungen verschaffen; — alle diese persönlichen, selbstsüchtigen Wünsche erzeugen eine andere Strömung von Gebräuchen und Gewohnheiten. Einerseits ist es der Priester, dieser Charlatan, der den Aberglauben ausbeutet und der die Furcht vor dem Teufel, von dem er sich selbst befreit hat, unter den anderen verbreitet; dann ist es der Krieger, der zum Ueberfall und Plünderung der Nachbarn drängt um mit Beute beladen und von Sklaven gefolgt zurückzukehren; — alle beide wussten es Hand in Hand den primitiven Gesellschaften Gewohnheiten aufzudrängen, die für sie selbst vorteilhaft waren und dazu geeignet waren, ihre Herrschaft über die Massen zu verewigen. Indem sie die Unbeholfenheit, die Furcht und die Gleichgültigkeit der Menge ausnützten, auch dank der ständigen Wiederholung derselben Akte, gelang es ihnen schliesslich, diese Sitten dauernd zu begründen, was dann die beste Stütze ihrer Herrschaft bildete." (*P.*, SS. 223—224). So gelangt der abergläubische Mensch schliesslich dahin, nur zu den alten Sitten der Vergangenheit Vertrauen zu haben, auch wenn diese Vergangenheit das Elend, die Unterdrükkung und die Sklaverei bedeutet. Man kann sogar behaupten, dass je unglücklicher ein Mensch ist, desto weniger er an irgend eine Aenderung denkt, aus Furcht noch unglücklicher zu werden. Der Geist der Hilflosigkeit und Gewohnheitsanpassung bildete zu allen Zeiten die Macht der Unterdrücker, und bis weit zurück in der primitiven Gesellschaft wussten dies die Priester und Kriegshäuptlinge zum Nachteil der Unterdrückten geschickt auszubeuten.

Der geschickt ausgebeutete konservative Geist genügte, um die Gewaltanmassung der Häuptlinge über die Freiheit der Individuen zu sichern. „Solange die Ungleichheit unter den Menschen bloss in den natürlichen Ungleichheiten bestand, und diese noch nicht durch die Zentralisation der Macht und des Reichtums verdoppelt und verhundertfacht waren, da waren noch keine Gesetze und dieser furchtbaren Mechanismus der Tribunale und immer schwererer Strafen notwendig, um sie aufzuzwingen. Aber als die Gesellschaft sich immer mehr in zwei feindliche Klassen zu trennen begann, von denen die eine ihre Herrschaft fest zu begründen und die andere sich ihr zu entziehen sucht, da begann der

Kampf". (*P.*, SS. 225—226). Der Sieger bemüht sich nun heute die vollzogene Tatsache zu verewigen, er will sie über alle Diskussion erhaben, heilig und ehrwürdig erklären. Das Gesetz erscheint nun geheiligt durch den Priester und beschützt durch den Krieger. Die Priester bestreben sich die der herrschenden Minorität günstigen Gewohnheiten zu verewigen und die militärische Autorität übernimmt es, ihr den Gehorsam zu sichern. „Der Krieger findet gleichzeitig in dieser neuen Tätigkeit ein Mittel seine eigene Macht zu festigen ; zu seinen Diensten steht nun nicht mehr bloss die brutale Kraft, denn er wird nun zum Verteidiger des Gesetzes." (*P.*, SS. 226). Da aber ein Gesetz, das nichts anderes darstellt, als einen Komplex von Vorschriften zum ausschliesslichen Vorteil der Herrschenden nicht so leicht anerkannt und befolgt würde, ist es dem Gesetzgeber gelungen in ein- und demselben Gesetzbuch die beiden Gewohnheitsströmungen zu vereinigen, und zwar die *Maximen*, die die aus dem gemeinschaftlichen Leben entstandenen Prinzipien der Sittlichkeit und der Solidarität darstellen und die *Vorschriften*, die die Ungleichheit für immer verewigen sollen.

Diesen doppelseitigen Charakter hat das Gesetz bis auf den heutigen Tag bewahrt. Sein Ursprung entstammt dem Interesse der Herrscher die Sitten und Gewohnheiten zu verewigen, die sie selbst im eigenen Interesse eingeführt hatten. Sein Charakter ist die geschickte Verschmelzung der der Gesellschaft nützlichen Sitten und Gebräuche, also von Gebräuchen die keines Gesetzes bedürften, um anerkannt zu werden, mit anderen Gebräuchen, die bloss den Herrschenden Vorteile bieten und den Massen schädlich sind, und nur aus Furcht vor Strafe befolgt werden. Da also das Gesetz aus der Gewalt und dem Aberglauben geboren ist und im Interesse des Priesters, des Eroberers und des reichen Ausbeuters befestigt wurde, hat es absolut kein Anrecht auf die Achtung der Menschen. Schon die blosse Analyse seines Ursprunges rechtfertigt nach Kropotkin, diese Schlussfolgerung. Aber dieser Schluss wird noch entschiedener bekräftigt, wenn man die spätere Entwicklung des Gesetzes unter den Auspizien der Religion, der Autorität und des gegenwärtigen parlamentarischen Regimes verfolgt.

Wenn man die Entwicklung des Gesetzes verfolgt, ist es nicht schwer sich davon zu überzeugen, dass während der Kern der in ihnen niedergeschriebenen gesellschaftlichen Sitten im Laufe der Jahrhunderte einer sehr schwachen und ziemlich langsamen Umwandlung unterworfen war, sich dagegen der andere Teil der imperativen Vorschriften ganz zum Vorteil der herrschenden und zum Nachteil der unterdrückten Klassen entwickelt hat. Das Gesetz hat sich, wie man es auch beim Kapital beobachtet, von den Leiden und dem Elend der Menschheit genährt. Und seine Geschichte ist in allen Ländern annähernd gleich. „In demselben Masse als es einerseits der Kirche, anderseits den Feudalherren gelang, das Volk zu verknechten, entschwand auch das Recht der Gesetzgebung aus den Händen des Volkes, um auf die Bevorrechteten überzugehen. Die Kirche erweiterte ihre Macht; von ihren angesammelten Reichtümern unterstützt, mengte sie sich immer mehr in das Privatleben ein, und unter dem Vorwand die Seele zu retten, bemächtigt sie sich der Arbeitsfrüchte ihrer Leibeigenen, dehnt sie ihre Gerichtsbarkeit aus, vermehrt sie die Zahl der Vergehen und Strafen und bereichert sich im Verhältnis zur Zahl der begangenen Vergehen, denn in i h r e Kassen fliessen die Strafgelder." (*P.*, S. 230). Andrerseits macht der Feudalherr das gleiche, der im Masse, als er seine Macht auf die Bebauer des Feldes und die Handwerker der Stadt aussdehnt, auch Richter und Gesetzgeber wird. Um das zehnte Jahrhundert herum „waren die Gesetzgeber eine Handvoll von Räubern, die sich vermehren und organisieren, um ihr Banditenhandwerk gegen ein Volk auszuüben, das immer friedlicher wurde, je mehr es sich dem Ackerbau widmete." (*P.*, S. 230). Indem sie so zu ihrem Vorteil die im Volke lebenden Gerechtigkeitsgefühle ausnützen, massen sie sich die richterliche Macht an, wobei sie sich aus der Anwendung der Gerechtigkeitsprinzipien eine Einnahmequelle machen und solche Gesetze schaffen, die zur Verewigung ihrer Herrschaft dienen müssen. Das Gesetz wird also zum Werkzeug, um die Ausbeutung und die Herrschaft der reichen Müssiggänger über die arbeitenden Massen aufrecht zu erhalten. Seine angebliche zivilisatorische Mission ist null. Wird man also da noch von uns verlangen können, es zu respektieren? Die erste Pflicht der Revolutionäre wird sein, alle bestehenden Gesetze zu vernichten. (*P.*, S. 235).

Sollten diese Ausführungen nach dieser ziemlich summarischen

Analyse des Gesetzes im abstrakten Sinne, nicht vollständig überzeugend scheinen, so möge man seine Aufmerksamkeit einen Augenblick diesen drei Kategorien zuwenden, unter denen die Gesetze rubriziert werden könnten. Diese bestehen : *a*) zum Schutze des Eigentums, *b*) zum Schutze der Regierung, *c*) zum Schutze der Person.

Die Gesetze über das Eigentum sind nicht dazu geschaffen, um dem Individum oder der Gesellschaft den Genuss ihrer Arbeitsprodukte zu sichern. Sie sind dagegen dazu geschaffen, „um den Produzenten eines Teiles seiner Produkte zu berauben, und um einigen ihren Anteil an Produkten zu sichern, die sie den Produzenten, oder der ganzen Gesellschaft geraubt haben." (*P*., S. 236). Das Gesetz garantiert z. B. seine Rechte auf ein Haus, das nicht das Arbeitsprodukt des angeblichen Eigentümers ist ; vor allem weil er es von anderen aufbauen liess, denen er nicht den ganzen Wert ihrer Arbeit bezahlt hat, und weiter, weil dieses Haus einen sozialen Wert repräsentiert, den er selbst nicht hervorbringen könnte. „Das Gesetz gibt ihm nun Anrechte auf einen Teil davon, was allen gemeinsam, aber niemandem besonders angehört." [1]) Die Hälfte unserer Gesetze, somit die Zivilgesetzbücher aller Länder haben keinen anderen Zweck, als diese Aneignung, dieses Monopol zum Vorteil einiger gegen die ganze Menschheit aufrecht zu erhalten. Drei Viertel aller von den Tribunalen behandelten Angelegenheiten sind Streitigkeiten unter den Monopolisten : zweier Diebe, die sich ihre Beute strittig machen. Und ein guter Teil unserer Strafgesetze hat wieder denselben Zweck, denn sie haben zum Gegenstand den Arbeiter in einer dem Meister unterge-

---

[1]) Kropotkin ist unermüdlich seine Voraussetzungen bis zu den letzten Konsequenzen auszudehnen : „Dasselbe Haus hat, mitten in Sibirien errichtet, nicht denselben Wert als in einer grossen Stadt ; und sein Wert stammt bekanntlich aus der Arbeit von vielleicht fünfzig Generationen, welche die Stadt gebaut, verschönert, mit Wasser und Gas versehen, schöne Promenaden, Universitäten, Theater, Magazine, Eisenbahnen und Strassen nach allen Richtungen angelegt haben. Mit der Zuerkennung des Eigentums auf ein Haus in London, Paris oder Rouen an einen Herrn So-und-So, spricht ihm das Gesetz — mit Unrecht — einen gewissen Teil der Arbeitsprodukte der ganzen Menschheit zu. Und gerade deshalb weil diese Aneignung eine schreiende Ungerechtigkeit darstellt, (nebenbei tragen alle andere Formen des Eigentums denselben Charakter) bedurfte es eines ganzen Arsenals von Gesetzen und einer Armee von Soldaten, Polizisten und Richtern, um sie gegen die gesunde Vernunft und das der Menschheit innewohnende Gerechtigkeitsgefühl aufrecht zu erhalten." (*P*., S. 237).

benen Stellung zu erhalten, mit dem Zweck diesem die Ausbeutung des Arbeiters zu verbürgen. [1])

Bezüglich der konstitutionellen Gesetze, die dazu dienen die Regierung aufrecht zu erhalten, wird es genügen das zu wiederholen worüber nun alle Anarchisten einig sind, und zwar „dass es die Aufgabe aller Regierungen sei, ob sie nun monarchisch, konstitutionell oder republikanisch sind, durch die Gewalt die Privilegien der besitzenden Klassen, der Aristokratie, des Klerus und der Bourgeoisie zu schützen und aufrecht zu erhalten." [2]) Es kann also keinen Zweifel geben, dass auch diese Gesetze, ebenso wie die anderen beseitigt werden müssen. [3])

Die Gesetze, die sich auf den Schutz der Person und die Bestrafung und Verhütung von Verbrechen beziehen, haben sich aus dem Grundkern der der menschlichen Gesellschaft nützlichen Sitten

---

[1]) *P.* S. 237. — Die Stellung, die die Anarchisten allen diesen Gesetzen gegenüber einzunehmen haben, ist in folgenden Worten ausgedrückt: „Da alle diese das Eigentum betreffenden Gesetze, die zur Freude unserer Advokaten die dicken Bände der Gesetzbücher ausfüllen, keinen anderen Zweck haben, als die ungerechte Aneignung der Arbeitsprodukte der Menschheit durch eine Anzahl von Monopolisten zu beschützen, haben sie gar keine Existenzberechtigung und die revolutionären Sozialisten sind wohl entschlossen sie alle am Tage der Revolution verschwinden zu machen. Wir können tatsächlich mit vollem Gerechtigkeitsbewusstsein ein vollständiges Auto-da-fe aus *allen* diesen Gesetzen veranstalten, die mit den sogenannten „Eigentumsrechten" in Beziehung stehen, von allen Eigentumsdokumenten, von allen Archiven — kurz von alledem, was sich auf diese Institution bezieht, und die bald, ebenso wie die Sklaverei und die Leibeigenschaft der vergangenen Jahrhunderte, als Schandflecke der Menschheit betrachtet werden." *P.*, S. 238.

[2]) *P.*, S. 239. „Ein gutes Drittel unserer Gesetze, — die ‚Staatsgrundgesetze', die Gesetze über die Steuern, die Zollangelegenheiten, über die Organisation der Ministerien und ihrer Kanzleien, über die Armee, die Polizei, die Kirche, etc. . . . . haben keinen anderen Zweck, als die Regierungsmaschinerie aufzuputzen, zu entwickeln und aufrecht zu erhalten, die wieder ihrerseits fast vollständig nur dazu dient die Privilegien der besitzenden Klassen zu beschützen. Wenn man alle Gesetze analysiert, wenn man sie Tag für Tag in ihrer Wirkung beobachtet, wird man bemerken, dass es nicht ein gutes gibt, das wert wäre aufbewahrt zu werden, angefangen von jenen, die unsere Kommunen mit gebunden Händen und Füssen der Willkür des Pfaffen, des Grossgrundbesitzers des Ortes und des Unterpräfekten ausliefert, bis hinauf zu dieser Konstitution, (die 19te oder 20te seit 1789) die uns ein Abgeordnetenhaus von Kretins und Börsenjobbern gibt, die die Diktatur des ersten besten Abenteurers oder die Regierung irgend eines gekrönten Krautkopfs vorbereitet." *P.*, S. 239. —

[3]) „Nicht allein die Anarchisten, sondern auch ziemlich viele mehr oder weniger revolutionäre Bourgeois sind sich darin einig, dass den besten Gebrauch, den man von allen Gesetzen, die Organisation der Regierung betreffend, machen könnte, derjenige wäre, mit ihnen ein grosses Freudenfeuer anzuzünden." *P.*, S. 240.

herausentwickelt, die von den Herrschern zur Festigung ihrer Herrschaft ausgebeutet wurden. Trotz aller diesbezüglich bestehender Vorurteile, ist es Zeit, dass „die Anarchisten laut erklären, dass diese Kategorie der Gesetze ebenso unnütz und schädlich ist wie die vorhergehende." (*P.*, S. 249). Drei Viertel aller Vergehen und Verbrechen sind vom Wunsch abgeleitet, sich der jemand anderem angehörigen Reichtümer zu bemächtigen. Diese Vergehen werden am Tage verschwinden, an dem das Privateigentum zu bestehen aufgehört haben wird. (*P.*, S. 241) Und wenn man einwirft, dass es immer brutale Menschen geben wird, die das Leben der anderen bedrohen werden, so muss man darauf mit dem schon anerkannten Prinzip antworten, dass die Strenge der Strafen die Zahl der Verbrechen und Vergehen nicht vermindert. Hängt, vierteilt die Mörder, wenn ihr wollt, und die Zahl der Morde wird nicht um einen geringer. Wenn ihr dagegen die Todesstrafe aufhebt, wird es deshalb auch nicht um einen Mord mehr geben. Die Verringerung der Strafe vermehrt nicht die Angriffe gegen das Leben. Vielmehr beweist die Statistik, dass die Zahl der Verbrechen im Verhältnis zu den Schwankungen der Lebensmittelpreise wächst oder sinkt. [1]) Und weiter ist

---

[1]) „Es soll nicht gesagt werden, dass alle Morde vom Hunger inspiriert seien, gibt Kropotkin zu. Durchaus nicht, aber wenn die Ernte gut ist, und die Lebensmittel zu einem zugänglichen Preis, lassen sich die Menschen, die nun fröhlicher und weniger elend sind als gewöhnlich, weniger von den düsteren Leidenschaften wegen unbedeutender Ursachen hinreissen." *P.*, S. 241. — In einem Vertrag über *Die Gefängnisse*, den er in Paris im J. 1890 gehalten hatte, machte Kropotkin eine ausführliche, wenn auch nicht sehr tiefe Kritik des Gefängniswesens der modernen zivilisierten Staaten und besonders Frankreichs. Ich will die wichtigsten Punkte nach der mir zugänglichen italienischen Ausgabe anführen. (Es ist die Broschüre : P. Kropotkin, *Le prigioni*, Torino, Libr. editr. socialista del „*Grido del Popolo*", 1895) : *a*) Nach welchem System auch immer die Strafen verhängt werden, vergrössert noch verringert dies die gegen die bestehenden Gesetze verstossenden Handlungen (S. 12) ; *b*) alle Gefängnishäftlinge werden nach Abbüssung der Strafe „unvermeidlich wieder rückfällig" (S. 11) ; die Aufseher aller Gefängnisse haben immer das Bestreben sich aus den Gefangenen eine ständige Profitquelle zu machen (Einschmuggeln von Tabak, Spirituosen etc) (S. 13) ; *d*) kein einziger Häftling erachtet die über ihn verhängte Strafe als gerecht (S. 13) ; *e*) das Gefängnis ist nur das Los der Ungeschickten und nicht der Verbrecher (S. 15) ; *f*) das Gefängnis vernichtet die Selbstständigkeit des Willens (S. 19). — Es gibt verschiedene Ursachen, die das Begehen antisozialer Akte veranlassen, und zwar : *a*) *physische* (der Mensch ist ein Mechanismus, er hat keinen freien Willen, und sein Wollen steht unter direkter Wirkung äusserer Umstände, S. 28), *b*) *physiologische* (die Handlungen der Menschen hängen von der Struktur seines Hirnes, und im besonderen sei-

es bekannt, dass die Furcht vor Strafe keinen einzigen Mörder von seiner Tat zurückgehalten hat. Es gibt keinen Mörder, der nicht die feste Überzeugung hatte, sich der Strafe entziehen zu können. Was die Konsequenzen dieser Voraussetzungen sind, ist leicht zu begreifen, und ohne davon zu sprechen, dass in einer Gesellschaft, in der der Mensch eine bessere Erziehung erhalten wird, in der die Entfaltung aller seiner Fähigkeiten und die Möglichkeit sie zu gebrauchen, ihm so viel Genüsse bereiten würde, dass er sie nicht durch einen Mord zu verlieren suchen wird ; ohne von der zukünftigen Gesellschaft zu sprechen, so würde sich sogar in unserer Gesellschaft, sogar bei dem traurigen Resultat des gegenwärtigen Elends, vom Tage, an dem *gar keine Strafe* über die Mörder verhängt würde, die Zahl der Morde nicht um einen einzigen Fall vermehren ; es ist sogar noch wahrscheinlich, dass sie um alle diese Fälle abnehmen würde, die von den in den Gefängnissen vertierten Rückfälligen herrühren. (*P.*, S. 242). Man spricht häufig von den Wohltaten des Gesetzes, aber man hat sie niemals mit den degradierenden Resultaten der Strafe verglichen, die dieses Gesetz selbst verhängt hatte. Die Instinkte der Grausamkeit im Menschen (und der Mensch ist das grausamste Tier auf Erden geworden) wurden gepflegt und entwickelt vom König, vom Richter und vom Priester, die mit dem Gesetz ausgerüstet, jedes noch so grausame Verbrechen begehen, um ihre Autorität aufrecht zu erhalten. Man sehe, was aus dem Menschen wird, der im Gefängnis seiner Freiheit beraubt und mit anderen herabgekommenen und verdorbenen Menschen eingeschlossen ist.

---

nes Nervensystem u. dgl. ab, (S. 28) sowie von physiologischer und psychologischer erblicher Belastung S. 29) ; *c*) *soziale* (die ganze Gesellschaft ist für jede antisoziale, in ihrem Schosse begangene Handlung verantwortlich — genau so, wie die ganze Gesellschaft am Ruhme ihre Heroen teilnimmt, S. 36). — Bezüglich der Gegenmittel müsse man aber im Auge behalten, dass *a*) das „pedagogische Gefängnis, das Irrenhaus" noch schlimmer wäre, wie selbst die heutigen Gefängnisse (S. 32); *b*) dass wenn die Entwicklung die Beziehungen zwischen Kapital und Arbeit verändert haben wird, und es keine Müssiggänger mehr geben wird, und jeder die Möglichkeit haben wird nach seinen persönlichen Neigungen zum Nutzen der Kommune zu arbeiten, „die Notwendigkeit der Richter, der Gefängnisse und der Henker verschwinden wird." (S. 38) ; *c*) dass alle Eigentumsverbrechen, gleichzeitig mit dem Eigentum selbst verschwinden müssen (S. 39) ; *d*) dass in einer Gesellschaft von Gleichen, unter freien Menschen, wo alle für alle arbeiten, die antisozialen Akte nicht mehr zu befürchten sein werden, weil sie nicht mehr stattfinden werden. (S. 44). —

Man bedenke weiter im allgemeinen, welche Verkümmerung des Geistes in der Menschheit durch die Idee des *Gehorsams* herbeigeführt wurde, die das Wesen des Gesetzes und des ganzen ungeheueren Mechanismus des Gesetzes und der Autorität bilden. „Man denke daran, und man wird sicher mit uns übereinstimmen, wenn wir behaupten, dass das Gesetz und das Strafverfahren verabscheuungswürdige Dinge sind, die aufhören müssen weiter zu bestehen." (*P.*, SS. 243, 244).

Diesen Anklagen gegen das Gesetz und gegen die Autorität stellt die Bourgeoisie verschiedener Behauptungen entgegen und ganz besonders die von den vermeinlichen Vorteilen der „politischen Freiheiten". Diese Freiheiten, sagen sie uns, sind eine Garantie für alle, dass das Gesetz immer dem allgemeinen Interesse entsprechen werden, und weiter versichern sie die Möglichkeit der Durchführung aller mit Berechtigung gewünschten Reformen. Wenn wir aber, meint nun Kropotkin, diese politischen Freiheiten vom Gesichtspunkt der Klassen analysieren, die nichts besitzen und über niemand regieren und wenig Rechte und viele Pflichten haben, wird der Einwand der Bourgeoisie unwiderleglich überwunden. Es soll gewiss nicht behauptet werden, dass die politischen Rechte absolut keinen Wert haben. Es ist dadurch zweifellos ein grosser und wichtiger Schritt vollzogen worden. Doch muss man die verschiedenen Rechte von einander unterscheiden. Es gibt wohl welche, die einen realen Wert haben, doch gibt es wieder andere, die absolut keinen Wert haben. Es gibt Rechte, denen gegenüber das Volk immer gleichgültig und ablehnend geblieben ist, weil es nur zu gut gefühlt hat, dass sie bloss zum Schutze der herrschenden Bourgeoisie gegen die Usurpationen der Macht und der Aristokratie dienen sollen, dass sie nur ein Werkzeug in den Händen der herrschenden Klassen sind, um *ihre* Macht über das Volk aufrecht zu erhalten. „Diese Rechte sind eben gar keine wirklichen politischen Rechte, weil sie auf keine Weise die Massen des Volkes beschützen, und wenn sie sich dennoch mit diesem pomphaften Namen ausstatten, so ist das dem Umstand zuzuschreiben, dass unsere politische Sprache ein von den herrschenden Klassen für ihren speziellen Gebrauch und für ihr Interesse ausgearbeiteter Jargan ist." (*P.*, S. 34). Mann kann nicht von politischen Rechten sprechen, wenn sie nicht dazu dienen, die

Unabhängigkeit, die Freiheit, die Menschenwürde derjenigen zu schützen, welche noch nicht die Macht haben von den anderen die Achtung dieser Rechte für sich zu erzwingen. Solche Rechte bringen gar keinen Nutzen, wenn sie nicht ein Befreiungsmittel für jene sind, die frei werden wollen. Die Geschichte des allgemeinen Wahlrechtes ist dafür besonders lehrreich. Dasselbe gilt auch für die Pressfreiheit, die Versammlungsfreiheit, die Unverletzlichkeit des Hausrechtes u. s. w. —

Es genügt diese sogenannten politischen Freiheiten, etwas näher zu betrachten, um sofort zu entdecken, dass sie nur dann respektiert werden, wenn das Volk von ihnen gegen die privilegierten Klassen „keinen Gebrauch macht." (*P.*, S. 38). Doch am Tage, an dem das Volk sich ihrer zu bedienen anfängt, um diese Vorrechte zu beseitigen, werden diese sogenannten Freiheiten, sofort zurückgezogen. Es ist dies auch ganz natürlich. Der Mensch hat nur diese Rechte, die er sich durch den Kampf errungen hat. Er hat nur diese Rechte, die er jederzeit bereit ist, mit den Waffen in der Hand zu verteidigen. Es ist offenbar, dass in der gegenwärtigen, in Herren und Knechte eingeteilten Gesellschaft, wirkliche Freiheit nicht bestehen kann, sie wird auch nicht bestehen können, so lange es Ausbeuter und Sklaven, Herrscher und Beherrschte geben wird. Damit soll nicht gesagt sein, dass man in Erwartung der „anarchistischen Revolution" auch diesen blossen Schatten der Freiheit zerstören solle. Das Wichtigste liegt darin, dass man zur Ueberzeugung gelange, dass man nicht von konstitutionellen Gesetzen diese Rechte verlangen und erwarten könne. Erst dann, wenn das Volk als Macht auftretend imstande sein wird, den eigenen Willen aufzuzwingen, wird es dazu gelangen seine eigenen Rechte respektieren zu lassen. Wollen wir die Freiheit haben zu sagen und zu schreiben was uns gutdünkt? Wollen wir das Recht haben uns zu versammeln und uns zu organisieren? Nun, dann haben wir uns an kein Parlament zu wenden, um uns die Erlaubnis zu erbitten, noch werden wir vom Senat ein Gesetz erbetteln. Wir müssen eine organisierte Macht werden, um unser Recht auf Rede- und Versammlungsfreiheit gegen jedermann zu verteidigen, der sich anmassen würde es uns verkürzen zu wollen; *seien wir mächtig*, und wir können sicher sein, dass niemand wagen wird uns das Recht zu reden, zu schreiben, zu drucken und uns zu versammeln, strittig zu machen. „Am Tage an dem es gelungen sein wird, so viel Verständnis bei den Unterdrückten zu erwecken, dass sie, mehrere Tausend Mann stark, in die Strassen steigen, um ihre Rechte zu verteidigen, wird man es nicht wagen sie anzutasten, noch die vielen anderen vorzuenthalten, welche wir noch fordern werden. Dann, aber nur dann, werden wir diese Rechte wirklich errungen haben, die wir sonst noch Jahrzehnte lang von den Parlamenten vergeblich erbetteln werden. Dann werden sie uns auf eine andere und sicherere Art garantiert, als wenn man sie stets von neuem auf einen Fetzen Papier niederschreibt. Die Freiheiten werden nicht gegeben, sie werden genommen." (*P.*, S. 41).

Wenn es notwendig sein sollte sich davon zu überzeugen, wie weit eine Repräsentativregierung davon entfernt ist die politische Freiheit in dem Sinne wir sie auffassen, zu verbürgen, so möge man im Auge behalten, dass sie der notwendige Reflex des bestehenden ökonomischen Regimes ist. „Die politische Organisation wechselt nicht nach dem Willen des Gesetzgebers ; sie kann zwar den Namen wechseln und heute unter der Form der Monarchie, morgen als Republik hervortreten, aber sie erfährt keine gleichwertige Umwandlung, sie bildet und formt sich nach dem Muster der ökonomischen Herrschaftsform deren Ausdruck sie immer ist, und zugleich ihre Betätigung und ihre Stütze." (*P.*, S. 169). Wenn zuweilen die politische Herrschaft eines Landes in seiner Entwicklung hinter der ökonomischen Umwälzung, die sich dort vollzogen hat, zurückbleibt, dann wird sie eines Tages plötzlich gestürzt, umgewandelt, umgeformt, sodass sie sich der neuen ökonomischen Grundlage anpasst. Ein anderes Mal kommt es wieder vor, dass die politische Herrschaftsform den ökonomischen Umwälzungen zu rasch voranläuft, und dann entspricht sie nur einer Formel, die keine reale Anwendung finden kann. Die historische „Erklärung der Menschenrechte", wird solange eine Lüge bleiben, solange die Freiheit und Gleichheit nicht von der Grundlage der ökonomischen Bedingungen abgeleitet sind. Von nun an wissen oder erraten es die arbeitenden Klassen, dass die Gesellschaften weiter in den bestehenden politischen Institutionen ersticken werden, solange die kapitalistische Wirtschaftsform beseitigt ist. „Sie wissen, dass diese Einrichtungen, obwohl sie schöne Namen tragen, doch nichts sind, als die in ein System gebrachte Korruption und die Herrschaft der Stärkeren, nichts, als die Ertötung aller Freiheit und allen Fortschritts; sie wissen, dass das einzige Mittel diese Hindernisse zu brechen darin bestünde, die ökonomischen Beziehungen auf einer neuen Grundlage, und zwar des kollektiven Eigentums zu errichten. Sie wissen endlich, dass um eine durchgreifende und dauerhafte Revolution durchzuführen, eine ökonomische Revolution durchgeführt werden müsse. (*P.*, S. 170). Aber es ist auch nötig das innige Band nicht zu vergessen, das zwischen dem politischen und ökonomischen Regime besteht. Es ist offenbar, dass eine Revolution in der Form der Produktion und Vorteilung der Produkte nicht ohne eine gleichzeitige tiefgehende Umwälzung in den politischen Institutionen vor sich gehen könnte. „Die Aufhebung des Privateigentums und der daraus folgenden Ausbeutung, die Verwirklichung einer kollektivistischen oder kommunistischen Gesellschaft wäre bei gleichzeitiger Beibehaltung unserer Parlamente und unserer Souveräne unmöglich. Ein neues ökonomisches Regime erfordert ein neues politisches Regime." (*P.*, S. 171).

Schon die blosse abstrakte Vermutung einer möglichen neuen ökonomischen Gesellschaftsform lässt uns die ganze schreiende Unzulänglichkeit der gegenwärtigen politischen Institutionen erkennen. Die repräsentative Regierung hat mit der Zustimmung des Volkes die Verteidigung der Privilegien der kommerziellen und industriellen Bourgeoisie gegen die Aristokratie einerseits und gegen die Ausgebeuteten andrerseits, organisiert. Und nun sehen wir, dass das allerunbedeutendste Arbeiterschutzgesetz, so harmlos es auch sein mag, dem Parlament nicht anders als durch heftige Agitation oder gar Empörungen entrissen werden kann. Es muss noch folgendes hinzugefügt werden: Jede Regierung hat die Tendenz persönlich zu werden, somit drängt jede ihren Ursprung und ihren Inhalt auf. Wenn nun ein nach einem Zensus oder nach allgemeinen Wahlrecht konstituiertes Parlament ausschliesslich von Arbeitern gewählt und von Arbeitern zusammengesetzt wäre, so würde es immer den Menschen suchen, dem es die Sorge um die Regierung anvertrauen und sich selbst unterordnen könnte. Solange wir einer kleinen Gruppe alle ökonomischen, politischen, militärischen, finanziellen, industriellen Befügnisse anvertrauen, wird diese kleine Gruppe notwendig dahin streben, sich wieder einem einzigen Chef zu unterordnen. Und dies geschieht zu normalen Zeiten. Aber wenn der Krieg an den Grenzen auszubrechen droht, wenn sich ein Bürgerkrieg im Inneren entfesselt, dann wird es dem ersten besten Ehrgeizling, dem ersten geschickten Abenteuerer gelingen, sich dieses tausendfach verzweigten Mechanismus zu bemächtigen der den Namen Staatsverwaltung führt, und sich der Nation aufzudrängen. Wie könnte ein ähnliches Räderwerk in eine neue Gesellschaft hineinpassen, die auf der Gleichheit der Bedingungen und dem Kollektivbesitz der Arbeitsmittel begründet ist? Man kann also daraus schon jetzt schliessen, dass die Zeit dieses Regimes schon abgelaufen ist. Sein Verschwinden ist heute so unvermeidlich, wie seinerzeit seine Entstehung unvermeidlich war. Es entspricht der Herrschaft der Bourgeoisie und wird mit der Bourgeoisie selbst verschwinden. Wenn wir die soziale Revolution wollen, müssen wir die Form der politischen Organisation suchen, die der neuen Form der ökonomischen Organisation entsprechen wird. Diese neue Form ist schon vorgezeichnet. „Es ist die Bildung von Gruppen, die vom Einfachen zum Komplizierten aufsteigend, sich zur Befriedigung all der vielfachen Bedürfnisse der Individuen in der Gesellschaft frei konstituieren." (*P.*, S. 212). Von diesem Standpunkt ausgehend, ist es Kropotkin leicht in seinen Vermutungen fortzuschreiten, und wir werden ihm auch in dieser Ideenrichtung folgen. Inzwischen genügt es zu erklären, dass die bestehenden politischen Einrichtungen, sich seiner Ansicht nach, gegenüber der embryonalen ökonomischen Bewegung der bestehenden Gesellschaft schon heute als unzureichend erweisen. „Ueberall sucht die freie Grupierung sich an die Stelle des passiven Gehorsams zu stellen. Diese freien Gruppen zählen schon nach Millionen und jeden Tag tauchen neue auf. Sie breiten sich immer mehr und mehr aus und beginnen sich aller Zweige der menschlichen Tätigkeit zu bemächtigen, der Wissenschaften, der schönen Künste, der Industrie, des Handels, der gegenseitigen Unterstützung, selbst der Landesverteidigung und der Versicherung gegen den Diebstahl und gegen die Gerichte, — nichts entgeht ihnen, ihr Gebiet dehnt sich immer weiter aus, und wird schliesslich alles das umfassen, was sich der König und die Parlamente ehemals angemasst hatten." (*P.*, S. 212).

Die grösste Bewegung der heutigen Entwicklung ist gewiss nicht der Tendenz des Autoritätsprinzips günstig; die Entwicklung vollzieht sich dagegen im Sinne der allervollständigsten Freiheit des Individuums, der produzierenden und konsumierenden Gruppe, der freien Föderation. Die Entwicklung vollzieht sich nicht im Sinne des Eigentums-Individualismus, sondern im Sinne des gemeinschaftlichen Produzierens und Konsumierens. „In den grossen Städten, sagt Kropotkin, erschreckt der Kommunismus schon niemand mehr, allerdings nur sobald der anarchistische Kommunismus gemeint ist." (*P.*, S. 88). Am Land ist es auch nicht mehr sehr verschieden. Und es könnte auch nicht anders sein. Wenn die Anarchie und der Kommunismus nur Produkte abstrakter philosophischer, im Arbeitszimmer der Gelehrten erdachten Spekulationen wären, würden sie kein Echo finden. Aber diese beiden Ideen sind im Innersten des Volkes selbst geboren." Sie sind der Ausdruck dessen, was der Arbeiter und Landmann herbeisehen, wenn sie, für einen Moment die Tagessorgen beiseite schiebend, an eine bessere Zukunft denken. „Dies ist die Auffassung, die das Volk über die kommende Umwälzung hegt, die sobald als möglich stattfinden soll, um die Gerechtigkeit und die Solidarität in unsere Städte und Dörfer zu tragen."(*P.*, S. 89). Es ist also durchaus nicht überraschend, dass diese Ideen vom Volke gutgeheissen werden, wenn sie ihm in klarer und verständlicher Weise auseinandergesetzt werden.

Es handelt sich also nicht bloss darum, den Gegensatz der beiden grossen Klassen der modernen Gesellschaft zu überwinden, nämlich den Gegensatz zwischen den arbeitenden und den nicht arbeitenden Klassen, denen jene mehr als die Hälfte ihrer Produkte hergeben müssen. Das Ziel ist viel höher und grösser, es soll eine grössere Summe von Wohlsein allen solidarisch verschafft werden. Solange die gegenwärtige, „ökonomische Sklaverei" dauern wird, kann man von Freiheit und Solidarität nicht sprechen. Armut und Sklaverei sind gleichwertige Begriffe, und das wissen auch jene, die von der Armut der anderen leben. Wie kann also die gegenwärtige Aneignungsform auf die Länge weiter dauern? Die Kapitalisten selbst wissen es und können ihr Eigentumsrecht nicht rechtfertigen. Sie beschränken sich darauf, es so lange zu geniessen, als es ihnen gestattet sein wird, ohne sich darum zu kümmern, es mit einer einzigen Rechtfertigung zu unterstützen. Aber diesen gegenüber tritt schon eine Minorität von Denkern hervor, die diese Frage bewegt und sie dem Geiste des Volkes nahe legt, das mit der Ueberzeugung antwortet, dass die Reichen die Reichtümer bloss durch ‚Usurpation' besitzen. Der Volksgeist, kann auch übrigens gar nicht anders antworten. Wie kann man den Bauern glauben machen, dass es für die Nation nützlich wäre, dass dieser oder jener Reiche die Erde für seinen Park in Anspruch nehme, während so viele Bauern der Umgebung nichts sehnlicher wünschen, als sie zu bebauen? Wie kann man den Arbeiter glauben machen, dass diese Werkstätte oder dieses Bergwerk gerechterweise ihren gegenwärtigen Herren angehören, während der Arbeiter selbst „den staatlichen Raub und den gesetzlichen Diebstahl, auf dem sich das grosse kommerzielle und industrielle Eigentum aufbaut" klar zu erkennen beginnt. Gegenüber dieses Erkentnis ist es unsinnig daran zu glauben, dass der Bauer und der Arbeiter noch von der Illusion getäuscht werden könnten, dass die persönliche Aneignung des Kapitals allen zu Nutze kommen könnte, indem ein solcher Reichtum geschaffen würde, dass alle daran teilnehmen könnten. Die tägliche Erfahrung erinnert uns daran, dass sobald im Gesellschaftszustand des Privateigentums, das, was zur Produktion und zum Leben notwendig ist, in die Hände einiger übergangen ist, „diese es ständig verhindern, dass das produziert wird, was zum Wohlstand aller notwendig ist." „Der Arbeiter fühlt es unbestimmt, sichert Kropotkin, dass unsere gegenwärtige technische Macht allen den grössten Wohlstand bieten könnte, aber er begreift auch, wie das kapitalistische System und der Staat es nach allen Richtungen hin verhindern, diesen Wohlstand zu erringen." (*A.*, S. 21).

Die gegenwärtige Gesellschaft ist nicht nur unfähig genügend zu erzeugen, um den materiellen Wohlstand zu sichern, sondern sie erlaubt es gar nicht genügend zu produzieren. Einige Nationalökonomen geben sich recht viel mit Auseinandersetzungen über die Ueberproduktion ab, und erklären nur damit alle industriellen Krisen. Sie würden sich aber in sehr grosser Verlegenheit befinden, wenn sie bloss einen einzigen Artikel nennen sollten, von dem z. B. Frankreich grössere Quantitäten erzeugt, als zur Befriedigung der Bedürfnisse der Bevölkerung ausreichen würde. Das, was die Nationalökonomen Ueberproduktion nennen, ist bloss eine Produktion, die die Kaufkraft der durch das Kapital und den Staat verelendeten Arbeiter übersteigt. Der Arbeiter kann niemals den Wohlstand geniessen, den er hervorgebracht hat, während die Zahl jener, die auf seine Kosten leben, immer grösser wird. Diese Zahl wächst in direktem Verhältnis zum Fortschritt der Industrie. Die Industrie wird und muss sich demnach nicht diesen Dingen zuwenden, die zur Befriedigung der Bedürfnisse aller erforderlich sind, sondern jenen, die im gegebenen Moment, einem Unternehmer den grössten zeitweiligen Gewinn bieten. Der Reichtum der einen ist auf der Armut der anderen begründet, und die Notlage der grossen Menge muss um jeden Preis aufrecht erhalten bleiben, damit genügend Arme bleiben, die willig sind, sich für einen Teil dessen zu verkaufen, was sie hervorzubringen fähig sind. Auf diese Weise wird die private Kapitalaufspeicherung möglich. Wenn es keine durch die Drohung des Hungers dazu gezwungenen Menschen gäbe, würde niemand seine Arbeitskraft für weniger verkaufen, als er zu produzieren imstande ist. (*A.*, S. 23). Der Arbeiter, der für die nächsten zwei Wochen nicht wovon zu leben hat, den auch der Staat in die Unmöglichkeit versetzt, seine Kräfte zu verwenden, ohne sie jemand anderem zu verkaufen, verkauft sich dem, der ihm Arbeit zu geben verspricht. Er verzichtet somit auf den Gewinn, den ihm seine Arbeit verschaffen kann, überlässt dem Unternehmer den grösseren Teil der Produkte die er hervorbringen wird, gibt selbst seine Freiheit auf und verzichtet auf das Recht seine Meinung über die Nützlichkeit dessen, was er produziert, sowie über die Produktionsweise geltend zu machen. Die Akkumulation des Kapitals erfolgt also nicht aus dessen Fähigkeit Mehrwert in sich aufzunehmen, sondern aus der Notwendigkeit in der sich der Arbeiter versetzt sieht, seine Arbeitskraft zu verkaufen, wobei er durch die Tatsache, dass er sie im vorhinen verkauft, genau weiss, dass er nicht alles erhalten wird, was seine Arbeitskraft produzieren wird; dass er in seinen Interessen geschädigt wird; dass er sich dem Käufer seiner Arbeitskraft unterwirft. Ohne diese Bedingungen würde der Kapitalist niemals seine Arbeitskraft zu kaufen suchen. Daraus folgt, dass um dieses System zu ändern, man es in seinem innersten Wesen, in seinen Ursachen angreifen muss, nämlich im Kauf und Verkauf, und nicht in seinen Folgen, im Kapitalismus. Mit den uns zur Verfügung stehenden mächtigen Hilfsmitteln der Produktion muss es möglich werden, durch die Verteilung der Produkte allen das zu verbürgen, was zum Leben notwendig ist, Wohnung, Nahrung, Kleidung. Wenn das Lohnsystem nicht aufgehoben wird, wird der Arbeiter immer der Sklave desjenigen bleiben, dem er seine Arbeitskraft zu verkaufen gezwungen sein wird, ob nun dieser Käufer der Staat oder ein bürgerlicher Unternehmer ist.

Der Geist des Volkes ahnt es, dass wenn der Staat sich an die Stelle des Unternehmers als Käufer und Überwacher der Arbeitskraft stellen würde, man wieder in eine „verabscheungswürdige Tyrannei" geraten würde. Die Abstraktion „Staat" würde in der Form „zahlreicher Funktionäre" auftreten, die trotz ihrer vielleicht ganz vorzüglichen persönlichen Eigenschaften, sich bald in „unerträgliche Gebieter" verwandeln würden. Die soziale Neuordnung soll die gegenwärtigen Übel beseitigen, ohne neue zu schaffen. Der Kollektivismus hat gerade aus diesen Gründen die Massen niemals tief bewegt. Sie neigen sich viel mehr dem Kommunismus zu, aber einem immer mehr von der Theokratie und dem jakobinischen Autoritätsgeist früherer Zeiten befreiten Kommunismus, und dies ist der freiheitliche, der anarchistische Kommunismus.

Es bleibt also noch zu erwägen, wie der erste Akt der sozialen Revolution, absolut ohne Intervention des Staates „zur materiellen Garantie des Daseins für alle Glieder der Gemeinschaft" führen muss. (*A.*, S.S. 29—31).

III.

Vermutungen über die zukünftige Gesellschaft.

Um die Grundlage der zukünftigen Gesellschaft, wie sie aus der Verwirklichung des anarchistischen Kommunismus erfolgen würde, auch nur embryonisch vorauszusehen, darf vor allem nicht daran gezweifelt werden, dass die im „bürgerlichen Feudalismus" und der „allmächtigen Plutokratie" begründete ökonomische Gesellschaftsform der Gegenwart eine Revolution veranlassen wird, deren Ziel sein wird, „das Privateigentum und den Staat aufzuheben". (*P.*, S.S. 90 u. 95).

Die Völker gelangen von der Sklaverei zur Freiheit durch die Revolution. Die Kommune von Paris hatte unter anderen Verdiensten, die sie sich erworben hatte, jenes, dieser neuen Idee eine objektive, tatsächliche Bekräftigung zu geben. Diese Idee ist nicht die individuelle Auffassung eines einzelnen. Sie entstand im Gegenteil aus dem „kollektiven Geist", sie ging „aus dem Herzen des ganzen Volkes" hervor. Und wenn sie anfangs unbestimmt war, und dieselben Menschen, die sie in Wirklichkeit umsetzen wollten, ihre spätere Entwicklung nicht ahnen konnten, präsentiert sie sich nun klar in ihren Mitteln und ihren Resultaten. (*P.*, S. 120). Die Revolution allein wird die notwendige und erfolgreiche Lösung des gegenwärtigen Zustandes der Ungerechtigkeit geben, der sich als ständiger Kriegszustand ausdrückt. Nachdem die Revolution alle Arbeitswerkzeuge, die Maschinen, die Rohmaterialen und den ganzen sozialen Reichtum in die Hände der Produzenten zurückgeführt, und die ganze Produktion in der Weise wieder reorganisiert haben wird, dass die Bedürfnisse aller Produzenten befriedigt werden können, wird sie notwendigerweise allen ökonomischen Erschütterungen und allen daraus folgenden schweren Konflikten eine Ende setzen. Durch die Revolution, sagt Kropotkin, wird man zu dem Ziel gelangen, dass jeder für alle, und alle für jeden arbeiten werden, und dass die Grundbedingungen des Friedens unter den Völkern erreicht werden. Heute dagegen stösst die Verwirklichung des Friedens auf einen unvermeidlichen und gleichzeitig beabsichtigen Widerstand vonseiten der gegenwärtigen Inhaber des sozialen Reichtums. (*P.*, S. 85). Sobald dieses höhere Ziel erreicht ist, ist es natürlich, dass der Friede auch in den persönlichen Beziehungen der Menschen eintreten wird.

Um zu einem vollständigen revolutionären Bewusstsein zu gelangen, sind offenbar nicht wenige Vorurteile zu überwinden. Vor allem, da die Revolution von den Proletariern durchgeführt werden wird, müssen diese zur Überzeugung gelangen, dass sie auf keinen Befehl von irgend einer Person und natürlich auch von keiner Regierung zu warten haben. Sie wissen, dass sie über die Köpfe derjenigen hinwegzuschreiten haben, die sich ihnen als Priester, Eigentümer oder Regierer aufzudrängen versuchen werden. Die anarchistische Partei hat, indem sie die „Autoritätsreligion" bekämpft, die Absicht, diese Vorurteile bis zu ihren letzten Überbleibseln zu vernichten, damit sich die Arbeiter durch die Macht nicht mehr länger vom Kampf abhalten lassen. (*P.*, S. 139). Auch muss jener Aberglaube überwunden werden, dass alles nur darin bestehe eine Regierung zu stürzen. Dies ist das „revolutionäre Ideal des Bürgertums", Für die Anarchisten bedeutet ein solcher Akt kaum den Anfang der sozialen Revolution. Wenn die Staatsmaschine zerstört, die Beamtenhierarchie desorganisiert, die Soldaten das Vertrauen in ihre Chefs verloren haben werden und mit einem Wort, die Verteidigerarmee des Kapitals besiegt sein wird, dann erst ersteht vor unseren Augen das grosse Werk der Zerstörung jener Institutionen, die dazu dienen, die ökonomische und politische Sklaverei zu verewigen. Dann erst wird die Möglichkeit vorhanden sein sich frei zu betätigen. (*P.*, S. 246). Und in welcher Richtung wird sich diese freie Betätigung bewegen ? Wir werden es recht bald sehen. Vorläufig muss aber noch erklärt werden, dass die Revolution hervorbrechen wird, noch bevor es möglich geworden sein wird ein allgemeines Einvernehmen herzustellen. Jene, die eine genaue Vorstellung von dem haben werden, was am Tag nach der Revolution zu tun sein wird, werden eine sehr kleine Minorität bleiben. Die grosse Majorität des Volkes hat bis jetzt nur noch einen sehr unbestimmten Begriff von dem Ziel, das es verwirklicht zu sehen wünscht, und kennt noch nicht den richtigen Weg, der dahinführt. In Wirklichkeit wird auch die praktische Lösung erst gefunden und präzisiert werden, wann die Umwandlung schon begonnen haben wird. Sie wird das Produkt der Revolution selbst, des handelnden Volkes sein, dem es nicht schwer fallen wird sich davon zu überzeugen, dass es sich nicht mehr den alten Formen anzupassen habe. Ein neues Leben verlangt neue Formen. Man wird begreifen, dass zwischen Regierung und Revolution ein unüberwindlicher, unvereinbarer Gegensatz besteht, und dass das eine die Negation des anderen ist. Somit wird auch der Irrtum überwunden werden, eine „Diktatur" oder „eine revolutionäre Regierung" zu konstituieren. Es ist notwendig es zu betonen, dass die soziale Revolution kein einfacher Wechsel der Regierung werden darf. Die soziale Revolution muss die Besitzergreifung des ganzen sozialen Reichtums durch das Volk zum Zwecke haben. Sie ist die Aufhebung aller Gewalten, die bis heute die Entwicklung der Menschheit hintangehalten haben. Das Volk muss somit aus eigener Initiative handeln, ohne den Befehl dazu von irgend welcher Seite zu erwarten. Ebenso muss das Werk der ökonomischen Reorganisation, die der Revolution folgen wird, frei und spontan sein. Die Ausarbeitung neuer sozialer Formen wird von der kollektiven Arbeit der Massen ausgeführt werden müssen. Keine Regierung wird jemals revolutionär sein können, keine Regierung wird jemals dazu beitragen können, dass das Volk in den Besitz aller sozialen Reichtümer eintrete und den ausbeutenden Klassen ihre Macht entreisse. Die Anarchisten werden sich dagegen mit Leib und Seele in die soziale Revolution stürzen, und da auf dieser Bahn jede Regierung eine Hindernis ist, werden sie alle Ehrsüchtigen, die versuchen werden sich heranzudrängen, um über die Geschicke des Volkes zu bestimmen, bald zur Ohnmacht verdammen und beiseite fegen. (*P.*, S. 265).

Die Richtung, die die Revolution einnehmen wird, wird also von der Summe der verschiedenen Umstände abhängen, die sie veranlasst haben werden. Jedenfalls ist aber eine vorherige Andeutung vorhanden, durch die es möglich sein wird im vorhinein, wenigstens annähernd, die Mittellinie dieser Richtung zu bestimmen. Es wird also genügen die „revolutionäre Aktionskraft" zu bewerten, die in der Vorbereitungsporiode von den verschiedenen fortgeschrittenen Parteien enfaltet wurde. Diese Partei wird leicht die Oberhand gewinnen, die ihre Bestrebungen durch solche Akte ausgedrückt haben wird, *die die Verkündung ihrer besonderen Ansichten* bedeuten werden; die die Institution besiegt haben wird, die sie zu zerstören beabsichtigt; die den Geist der Empörung erweckt und gegen das Ziel gelenkt haben wird, das erreicht werden soll. Am Tage, an dem die Menge auf die Strasse steigen wird, wird sie viel eher den Ratschlägen jener folgen, die vielleicht weniger klare theoretische Ideen und weniger weite Bestrebungen haben werden, die sie aber besser kennt, weil sie sie an der Arbeit gesehen hat. Diese Partei, die die grösste revolutionäre Agitation betrieben, die die grössere Lebendigkeit und Mut gezeigt haben wird, wird am Tage, an dem die Stunde des Handelns gekommen sein wird, um die Revolution durchzuführen, am meisten vom Volke gehört und gefolgt werden. Aber diese Partei, die nicht den Mut gehabt haben wird, sich durch „revolutionäre Akte" in der Vorbereitungsperiode zum Ausdruck zu bringen und keine genügend mächtige Anstosskraft hatte, um den einzelnen und den Gruppen „den Geist der Aufopferung, den unwiderstehlichen Wunsch ihre Ideen zu verwirklichen, einzuflössen, — und wenn dieser Wunsch bestanden hätte, hätte er sich schon lange zum Ausdruck gebracht, bevor die Volksmasse auf die Strasse steigt, — die es nicht verstanden haben wird, ihre Banner volkstümlich und ihre Bestrebungen greifbar und verständlich zu machen", wird von den „Aktionsparteien" überflügelt werden. Die revolutionäre Bourgeoisie hat zu ihrer Zeit die Notwendigkeit dieser Dinge durchaus verstanden. (*P.*, S.S. 289, 290).

Die revolutionäre Kraft muss nicht nur positiv in Anbetracht ihrer Aktion bewertet werden, sondern auch negativ, mit Rücksicht auf die Widerstände, die ihr von der Bourgeoisie entgegengestellt werden. Der Widerstand wird durch die Gewalt zum Ausdruck kommen. „Die Bourgeoisie, sagt Kropotkin, ist entschlossen bis aufs Aeusserte zu widerstehen und hunderttausend, zweihunderttausend Arbeiter, wenn es sein muss und noch fünfzigtausend Frauen und Kinder zu massakrieren, um ihre Herrschaft aufrecht zu halten . . . . Um das Kapital und das Recht auf den Müssiggang und das Laster zu retten, sind ihr alle Mittel recht." . . . . . . „Für die Bourgeoisie ist das Massakre schon ein ganzes Programm, — solange es nur Soldaten gibt, gleichgültig ob deutsche, französische oder türkische, denen man diese Aufgabe anvertrauen kann. Da sie aber nur das aufrecht zu halten sucht, was schon besteht, den *status quo*, sei es auch nur, um fünfzehn Jahre hinzuzufügen — beschänkt sich für sie die ganze Frage einfach auf den bewaffneten Kampf." (*P.*, S. 317). Für die Arbeiter ist das Problem dagegen nicht so „infam einfach". Der blutige Kampf, auf den wir vorbereitet sein müssen, wird für uns bloss eine Episode des Kampfes sein, den wir gegen das Kapital zu unternehmen haben. Die Bourgeoisie zu terrorisieren und darauf alles in denselben Zuständen zu belassen, würde zu gar nichts führen.

Man muss die Ausbeutung der Menschen aufheben. „Man muss den Ungerechtigkeiten, den Lastern, den Verbrechen ein Ende setzen, die aus dem müssigen Leben der einen und der ökonomischen, intellektuellen und moralischen Sklaverei der anderen resultieren. Das Problem ist unermesslich. Da aber die vergangenen Jahrhunderte dieses Problem unserer Generation vererbt haben, da wir uns in der historischen Notwendigkeit befinden an ihrer vollständigen Lösung zu arbeiten, müssen wir diese Aufgabe auf uns nehmen. Ausserdem haben wir nach der Lösung nicht mehr im Dunkeln zu tappen. Sie ist uns von der Geschichte gleichzeitig mit dem Problem gegeben worden; sie wurde schon ausgesprochen, sie wird schon in allen Ländern Europas laut und deutlich verkündet und sie resumiert die ökonomische und intellektuelle Entwicklung unseres Jahrhundertes. Diese Lösung gibt uns die Expropriation, die Anarchie." (*P.*, S. 318).

Die Insurrektion wäre keine Revolution, und alles müsste wieder von vorne angefangen werden, wenn der soziale Reichtum in den Händen seiner heutigen Besitzer verbleiben, wenn die Stellung des Kapitalisten unverändert bleiben sollte, und wenn die in den Banken und den Häusern der Reichen angesammelten Schätze nicht sofort in den Besitz der ganzen Gesellschaft zurückfallen sollten, „da ja alle dazu beigetragen hatten sie hervorzubringen". Das empörte Volk muss von allen in den grossen Städten aufgespeicherten Lebensmitteln Besitz ergreifen und sich organisieren, um sie allen, die sie benötigen zugänglich zu machen. Auch die Erde darf nicht das Eigentum der heutigen Besitzer bleiben, denen es gegenwärtig zwar tatsächlich, aber nicht von Rechts wegen gehört. Auch die grossen Güter müssen den Grossgrundbesitzern abgenommen werden, um denen zur Verfügung gestellt zu werden, die die Erde bebauen wollen. Auch darf keine regierende Klasse wieder hergestellt werden, die die Übrigen beherschen sollte. Der Arbeiter soll, nachdem er das Joch für einen Moment abgeworfen hat, „seinen Kopf nicht wieder unter dasselbe Joch beugen, und aufs neue die Peitsche und die Antreiberufe des Meisters, die Arroganz seiner Chefs, die Laster und die Verbrechen der Müssiggänger ertragen, — ohne gar an den weissen Schrecken, die Deportationen, die Exekutionen, den zügellosen Freudentanz der Henker über den Kadavern der Arbeiter erinnern zu wollen." (*P.*, S. 319). Die *Expropriation* wird also, bei sonstiger Gefahr ihre historische Mission nicht zu erfüllen, das Losungswort der kommenden sozialen Revolution werden. Alle, die die Möglichkeit haben Menschen auszubeuten, werden expropriieert werden müssen, und alles was in den Händen wessen es auch sei dazu dienen könnte, andere auszubeuten, muss der Gemeinschaft der Nation wiedergegeben werden. Man wird als Resultat erzielen, dass jeder durch seine freie Arbeit leben können wird, ohne gezwungen zu sein, seine eigene Arbeit anderen zu verkaufen, die durch die Arbeit ihrer Lohnsklaven Reichtümer aufstappeln.

Diese Programm, fügt Kropotkin hinzu, ist nicht neu. Vor nicht vielen Jahren war es, wenigstens in seinem ökonomischen Teil, von allen Sozialisten angenommen. Doch haben sich „seit jener Zeit so viele Industrieritter darauf verlegt, den Sozialismus zu ihrem persönlichen Interesse auszubeuten, und sie haben so fleissig daran gearbeitet, dieses Programm zu beschneiden, dass es heute nur noch die Anarchisten in seiner Vollständigkeit aufrecht erhalten" [1]. Die Anarchisten erwartet also die Aufgabe, ohne Hoffnung auf Hilfe von irgend welcher Seite, das Losungswort der Expropriation zu propagieren, das zwar noch nicht in den Geist aller Arbeiter eingedrungen ist, aber eine von jenen Überzeugungen wird, für die der charakterfeste Mensch bereit ist, das eigene Leben zu opfern. Aber mitten in der Revolution selbst wird die Idee der Expropriation die grösste Zahl der Anhänger gewinnen, weil die allerklarsten und deutlichsten Ideen den meisten Erfolg haben werden, um die Massen mitzureissen. Es

---

[1] *P.*, S. 320. — Die Charakteristik des Anarchismus und sein Standpunkt in der sozialistischen Entwicklung, ist durch folgende drei Prinzipien gegeben: *a*) Befreiung der Produzenten vom Joch des Kapitals. Gemeinschaftliche Produktion und freier Konsum aller Produkte der gemeinsamen Arbeit, *b*) Befreiung des Bürgers vom Joch der Regierung. Freie Entfaltung der Individuen in den Gruppen und der Gruppen in den Föderationen. Freie Organisation vom Einfachen zum Komplizierten, je nach den gegenseitigen Bedürfnissen und Bestrebungen. *c*) Befreiung des inneren Menschen von jeder religiösen Moral. Freie Moral ohne Zwang noch Autorität, die sich vom Leben selbst der Gesellschaft entwickelt und zur Gewohnheit wird ..... Der anarchistische Kommunismus ist unser gegenwärtiges Strebensziel zur ökonomischen Gleichheit und politischer Freiheit." —P. Kropotkin, *L'Anarchie dans l'Evolution socialiste* (conférence faite à Paris, 1886; *Bibl. des Temps Nouveaux*, *No.* 2, Bruxelles, 1895. S. 31.

kann auch versichert werden, dass wenn sich während der Revolution bloss das Bürgertum und das Volk einander gegenüberstünden, die Idee der Expropriation vom Volk ohne weiteres aufgenommen und durchgeführt würde. Mann muss aber vor allem auf den Widerstand aller „Bastardparteien" vorbereitet sein, die zwischen der Bourgeoisie und den revolutionären Sozialisten erstanden sind, somit von allen jenen, die von dieser „Furchtsamkeit des Geistes" durchdrungen sind, die die notwendige Konsequenz der Jahrhunderte alten Achtung vor der Autorität sind. Man muss auch gleichfalls den Widerstand jener Bourgeois befürchten, die im allgemeinen Zusammenbruch einen Teil ihrer Privilegien zu retten versuchen werden. Alle diese Mittelparteien werden ihre ganze Tätigkeit entfalten, um das Volk zu veranlassen für irgend eine Illusion von seinem Gewinn abzulassen. „Es werden sich Tausende von Menschen finden, die sagen werden, dass es besser sei, sich mit wenigem zu begnügen, um nicht alles zu verlieren; Leute, die versuchen werden, die Zeit vertrödeln und den revolutionären Schwung in unnützen Angriffen gegen kleinliche Dinge und unbedeutende Männer vergeuden zu lassen; die kommen werden, um die Rolle von Saint-Just und Robespierre zu spielen, anstatt das zu tun, was der Bauer des vergangen Jahrhundertes getan hat, das heisst — den sozialen Reichtum zu *nehmen*, ihn sofort zu *verwenden* und die Rechte auf diesen Reichtum dadurch zu befestigen, dass das ganze Volk an deren Genuss teilnimmt" (*P.*, S. 321). Alle diese Bemerkungen machen die Notwendigkeit um so mehr erkennbar „die Mutteridee der Expropriation" ständig zu betonen, und dies in der Weise, dass sie für jeden Arbeiter und jeden Bauer einen integrierenden Bestandteil des Wortes *Anarchie* darstelt. Wenn am Tage der Revolution dieses Wort auf aller Lippen sein wird, „wird das Blut des Volkes nicht umsonst geflossen sein."

Jedweder Revolutionsversuch wäre schon von Anfang an verurteilt, wenn er nicht den Interessen der grossen Mehrheit entsprechen und nicht die Möglichkeit finden würde, sie zu befriedigen. „Es genügt nicht ein edles Ideal zu haben. Der Mensch lebt nicht allein von erhabenen Gedanken und herrlichen Reden, er braucht auch Brod. Der Bauch hat noch mehr Anrechte als das Gehirn, denn jener ernährt den ganzen Organismus." (*P.*, S. 336). Wenn am Tage nach der Revolution den Volksmassen bloss Phrasen zu ihrer Verfügung stehen, und sie nicht durch Tatsachen von greifbarer Evidenz erkennen, dass sich die Lage zu ihrem Vorteil verwandelt hat, wenn die Umwälzung nur zu einem Wechsel von Personen und Formeln führen sollte, wird nichts erreicht worden sein. Es wird nur eine Enttäuschung mehr übrig bleiben. Daraus folgt die Notwendigkeit einer konkreten Aktion und eines konkreten Zieles, das eben durch die Expropriation zu Gunsten der Leidenden und Unterdrückten gegeben ist. „Aus der Domäne der Theorie muss man sie in die Domäne der Wirklichkeit versetzen. Damit aber die Expropriation dem Prinzip, das Privateigentum aufzuheben und alles allen gemeinsam zu machen, entspreche, muss sie in grossem Massstabe durchgeführt werden. In kleinem Massstabe würde man darin nur eine gemeine Plünderung sehen, im Grossen ist sie dagegen der Anfang der sozialen Reorganisation. Gewiss würden wir zeigen, dass wir die Gesetze der Geschichte vollständig verkennen, wenn wir uns einbilden würden, dass plötzlich ein ganzes weites Land unser Versuchsfeld werden könnte. Frankreich, Europa, die ganze Welt wird nicht durch eine plötzliche Umwandlung anarchistisch werden; aber wir wissen auch, dass einerseits der Wahnwitz der Herrschenden, ihre Ruhmsucht, ihre Kriege, ihre Bankrotte, und andrerseits die unaufhörliche Propaganda der Ideen „grosse Störungen des Gleichgewichts, d.h. Revolution zur Folge haben werden. An diesem Tage werden wir handeln können." (*P.*, S.S. 337, 338).

Die Revolution soll jedoch keinen Stillstand im ökonomischen Leben hervorrufen. Die Arbeitsmittel müssen zur Gemeinschaft zurückkehren, das soziale Eigentum, das sich gegenwärtig im Besitze von einzelnen befindet, muss seinem wirklichen Herrn zurückgegeben werden, d.i. also allen, damit jeder seinen ausgiebigen Anteil am Konsum habe. Aber alles dies muss in der Weise vorsichgehen, dass die Produktion, insofern sie notwendig und nützlich ist, fortgesetzt werden kann und dass das soziale Leben nicht nur nicht unterbrochen, sondern mit umso grösserer Energie wieder aufgenommen werde. So werden alle Interessen der Menge gewahrt und ihre Bedürfnisse und Gerechtigkeitsgefühle vollständig befriedigt werden. Man begreift also, wie, um zu solchen Resultaten zu gelangen, die theoretische Überzeugung von ihrer Möglichkeit und ihrer Notwendigkeit noch nicht genügt.[1] Es genügt aber noch nicht, dass die Betroffenen dazu gelangen zu erkennen, dass es nur zu ihrem Vorteil ist, ohne ständige Sorgen um die Zukunft und ohne erniedrigenden Gehorsam ihren Herren gegenüber zu leben. „Es ist nötig, dass sich auch die auf das Eigentum bezüglichen Ideen ändern und dass sich auch somit die darauf bezügliche Moral entsprechend verändere. Man muss ohne Zögern noch moralische Verschweigungen begreifen, dass alle Produkte, die Gesamtheit der menschlichen Ersparnisse und Produktionsmittel der solidarischen Arbeit aller entstammen und nur einen einzigen Eigentümer haben, nämlich die Menschheit. Man muss klar im Privateigentum das erkennen, was es in Wirklichkeit ist, nämlich ein bewusster oder unbewusster Raub am Besitz aller; man muss es deshalb ohne Zögern zum gemeinschaftlichen Vorteil aller in Beschlag nehmen, wann die Stunde der Abrechnung geschlagen haben wird" (*P.*, S. 341). Es werden keine Diebstähle mehr möglich sein, wenn alles allen gehören wird. „Nehmt und vergeudet es nicht, denn alles das gehört euch, und ihr werdet es brauchen." Aber zerstört ohne Zaudern alles was gestürzt werden soll, die Bastillen und die Gefängnisse, die gegen die Städte gerichteten Festungen und die schmutzigen Stadtviertel, in denen ihr so lange Zeit die giftschwangere Luft eingeatmet habt. „Die Lust der Zerstörung, die so natürlich und so gerecht ist, weil sie gleichzeitig die Lust der Neuerung in sich enthält, wird nun Gelegenheit haben, sich ausgiebig zu befriedigen." ..... „Jedem grossen historischen Ereignis entspricht auch eine gewisse Entwicklung in der menschlichen Moral. Gewiss ist die Moral der Gleichen nicht dieselbe, als die des Almosen gebenden Reichen und des dankbaren Armen. Eine neue Welt bedarf eines neuen Glaubens, und es ist zweifellos eine neue Welt, die sich uns verkündet. Wiederholen es nicht selbst unsere Gegner ineinemfort? „Die Götter fliehen! Die

---

[1] „Die Idee des Gemeinbesitzes ist nicht von Deduktion zu Deduktion von einem Stubengelehrten ausgearbeitet worden. Es ist der Gedanke, der im Hirne der Arbeitermassen keimt. Und wenn die Revolution, die uns das Ende dieses Jahrhundertes vorbehält, die Verwirrung in das Lager der Ausbeuter getragen haben wird, werdet ihr sehen, dass die grosse Volksmasse die Expropriation verlangen und sein Recht auf die Fabrik, auf die Lokomotive und an das Dampfschiff reklamieren wird." — P. Kropotkin, *L'Anarchie dans l'Evolution socialiste*, cit., S. 16.

Könige fliehen! Das Prestige der Autorität verschwindet." Und wer anderes wird die Götter, die Könige, die Priester ersetzen, wenn nicht das freie, in seine Kraft vertrauende Individuum?" (*P.*, S. 341).

Wer ein Interesse daran hat, und alle haben Interesse daran, sei bereit sich für diese Ideen zu betätigen. Alles hängt von der Energie des Angriffs seitens der Anarchisten ab. Die Faulen machen nicht die Geschichte, sie lassen sie nur über sich ergehen. (*A.*, S. 25). Obwohl die fränzösische, englische, italienische und deutsche Plutokratie gegenseitig Nebenbuhler sind, die jeden Moment bereit sind, die Völker in den Krieg auf einander zu hetzen, so ist doch kein Zweifel, dass am Tage, an dem in Frankreich die soziale Revolution ausbrechen wird, Frankreich die alten Sympathien seitens der Völker der ganzen Welt wiederfinden wird. Und wenn Deutschland, das einer Revolution näher steht, als man glaubt, die Fahne der — leider jakobinischen — Revolution aufpflanzen wird, wird es bei den Franzosen „alle Sympathien und jede Unterstützung vonseiten eines Volkes finden, das die kühnen Revolutionäre liebt und die Arroganz der Plutokratie hasst." (*A.*, S. 26). Man denke sich diese beiden Strömungen vereinigt und es wird nicht schwer werden, eine Bewegung vorauszusehen, die internationale Proportionen annehmen wird.

Andrerseits ist das Zerstören nur ein Teil der Aufgabe des Revolutionärs. Man muss auch wieder aufbauen. Und der Wiederaufbau wird entweder nach den aus den Büchern herausgelesenen Formeln der Vergangenheit erfolgen, die man dem Volke aufzuzwingen versuchen wird, oder nach dem Genie des Volkes, das spontan, in jedem kleinen Dorf und in jedem städtischen Zentrum sich ans Werk machen wird, um die anarchistische Gesellschaft zu begründen. Man wird diese letztere Methode wählen, die bessere und die einzig gerechtfertigte, wobei die Initiative der Arbeiter und Bauern sowie der Gruppen ausgenützt wird. Man möge nicht vergessen, dass die Mannigfaltigkeit, selbst der Konflikt das Leben sind, aber die Gleichförmigkeit der Tod. (*A.*, S.S. 52, 53).

Und was werden die Grundlagen dieses Neuaufbaus sein? Nach Kropotkin ist es nicht nur nicht unmöglich die Hauptlinien zu entwerfen, sondern man könne sogar in Einzelheiten eingehen. Wer könnte bestreiten, sagt er, dass eine Gesellschaft, die den

Besitz aller in ihrem Schosse aufgestappelten Reichtümer zurückerlangt hat, „allen üppigen Wohlstand als Gegenleistung für vier bis fünf Stunden effektiver und manueller produktiver Arbeit gewährleisten könnte?" (*A.*, S. 31, *Les temps nouv.* S. 21). Wenn jeder Einzelne von Kindheit auf erfahren würde, woher das Brod kommt, das er verzehrt, das Haus das er bewohnt, das Buch das er studiert, u.s. w.; und wenn jeder sich daran gewöhnen würde „die geistige Arbeit mit der physischen Arbeit in irgend einem Zweige manueller Produktion" zu vereinigen, könnte die Gesellschaft in dieser Hinsicht sorglos sein, ohne sogar auf die Vereinfachungen der Produktion zu rechnen, die uns die mehr oder weniger nahe Zukunft vorbehält. Es genügt ja bloss an die unerhörte, unfassbare Vergeudung der Menschenkräfte zu denken, die gegenwärtig alle Tage stattfindet, um zu begreifen, was alles eine zivilisierte Gesellschaft und mit welch geringer Arbeitsmenge eines jeden produzieren könnte. Leider hat sich aber diese Metaphysik, die politische Oekonomie genannt wird, noch niemals damit beschäftigt, was ihr eigentlicher Inhalt sein sollte, nämlich mit der Oekonomie der Kräfte. (*A.*, S. 32). Wir sind unendlich reicher als wir glauben. Wir sind reich durch das, was wir schon besitzen; noch reicher durch das, was wir mit den gegenwärtigen Hilfsmitteln herstellen können werden; aber noch unendlich viel reicher durch das, was wir aus unserer Erde, aus unseren Fabriken, durch unsere Wissenschaften und unser technisches Wissen herausschlagen könnten, wenn sie dazu verwandt würden, allen den Wohlstand zu verbürgen. (*C.*, S. 3). Alles ist kollektive Arbeit, die höchsten Aufschwünge des Geistes nicht ausgeschlossen. Millionen von Menschenwesen haben daran gearbeitet diese Zivilisation hervorzubringen, auf die wir so stolz sind. Andere über die ganze Welt zerstreute Millionen arbeiten daran, um sie aufrecht zu erhalten. Ohne diese blieben von heute in fünfzig Jahren nur noch Trümmerhaufen übrig. Wie kann sich also ein einzelnes Individuum den geringsten Teil dieses unermesslichen Gemeinguts aneignen und sagen: dies ist mein und nicht euer? (*C.*, S.S. 7, 9). — Da also dieselben Produktionsmittel das kollektive Werk der Menschheit sind, so müssen sie zur menschlichen Kollektivität zurückkehren. Die persönliche Aneignung ist weder gerecht noch nützlich. Alles gehört allen, denn alle brauchen die Produkte, denn alle haben daran nach ihren Kräften gearbeitet und es wäre materiell unmöglich den Teil zu bestimmen, der jedem an der gegenwärtigen Produktion der Reichtümer zukommt. Es ist nicht mehr die Zeit für zweideutige Formeln, wie „Recht auf Arbeit" oder „jedem seinen vollständigen Arbeitsertrag". Wir verkünden „das Recht auf Musse, das Recht auf Wohlstand, den Wohlstand für Alle". (*C.*, S. 14).

Nachdem nun festgestellt ist, dass kein Grund vorhanden ist, eine eventuelle Verringerung des Reichtums zu befürchten, wenn die Grundlage der ökonomischen Organisation der Produktion umgewandelt wird, muss nun noch untersucht werden, ob eine solche Gesellschaft mit ihrer Tendenz bestehen kann, ohne dass der Einzelne in allen seinen Handlungen der Kontrolle des Staates unterworfen sei. Wäre es nötig, um zu diesem Wohlstand zu gelangen, dass die Länder Europas dieses bischen persönlicher Freiheit aufgeben, das sie während des neunzehnten Jahrhundert um den Preis so vieler Opfer errungen hatten? „Ein Teil der Sozialisten versichert, dass es unmöglich sei, zu einem solchen Resultat zu gelangen, ohne seine Freiheit am Altare des Staates zu opfern. Eine andere Richtung, diese, der wir angehören, behauptet im Gegenteil, dass wir nur durch die Aufhebung des Staates, durch die Erringung der vollen Freiheit des Individuums, durch das freie Einvernehmen, durch vollständig freie Vereinigungen und Föderationen zum Kommunismus, zum Gemeinbesitz unseres sozialen Erbteils und zur gemeinschaftlichen Produktion aller Reichtümer gelangen können." (*A.*, S. 32). Eine Menge von Vorurteilen erwacht in uns, wenn wir das erste Mal daran denken, dass „die Aufhebung des kapitalistischen Systems, der persönlichen Aneignung des Bodens und des Kapitals eine historische Notwendigheit wird." Derselbe Eindruck entsteht in uns heute, wenn man das erste Mal daran denkt, dass auch die Aufhebung des Staates und seiner Gesetze, eine „historische Notwendigkeit" sind. Es kann nicht geschehen, dass die eine ohne die andere vorsichgeht. Es hat nichts zu bedeuten, wenn unsere Erziehung, die von der Kirche und dem Staate in deren beiderseitigem Interesse gemodelt wurde, sich gegen diese Auffassung auflehnt. Der Widerspruch wird überwunden, sobald man die Tatsachen gründlich erwägt.

Wenn auch der Mensch schon seit seinem Ursprung immer in Gesellschaft lebte, ist dagegen der Staat eine spätere Form des gesellschaftlichen Zusammenlebens, und für unsere europäischen Gesellschaften eine relativ sogar sehr junge Form. „Der Mensch lebte schon Tausende von Jahren, bevor noch die ersten Staaten gebildet wurden. Griechenland und Rom bestanden schon Jahrhunderte, bevor sie das mazedonische und römische Reich wurden und für uns moderne Europäer rühren die Staaten erst seit dem sechszehnten Jahrhunderte her". (*A.*, S. 34). Erst damals wurde die Vernichtung der freien Kommunen durchgeführt und es gelang diese gegenseitige Versicherung der militärischen, juridischen und kapitalistischen Autorität, die *Staat* genannt wurde. Diese Gesellschaft liess ihr Macht gelten, indem sie alle „freien Verträge" vernichtete, und in absoluter und unerbittlicher Weise jede freie Initiative unter den Menschen verbot. Erst seit einigen Jahrzehnten beginnen wir durch Kampf und Auflehnung uns einige kleine Bruchstücke dieses Assoziationsrechtes wieder zurückzuerringen, „das von den Handwerkern und Ackerbauern während des ganzen Mittelalters frei ausgeübt wurde". Von nun an ist die Tendenz, die im Leben der zivilisierten Völker vorherrscht, diejenige, sich zu vereinigen, sich in Gesellschaften zu verbinden, Tausende und Abertausende „von freien Vereinigungen zur Befriedigung all der vielfachen Bedürfnisse des zivilisierten Menschen" zu bilden. Überall entreissen schon diese Vereine dem Staate eine Funktion nach der anderen, und suchen die „freie Betätigung von Freiwilligen" an die Stelle des zentralisierten Staates zu setzen. Alles was bis nun als Funktion der Regierung betrachtet wurde, wird ihr heute strittig gemacht. Man fühlt es, dass man es „leichter und besser" ohne ihre Einmischung besorgen kann. Wenn man die auf diesem Gebiete gemachten Fortschritte untersucht, sind wir gezwungen anzuerkennen, dass die Menschheit die Tendenz aufweist, die Tätigkeit der Regierungen womöglich auf Null zu reduzieren, das heisst den Staat, diese Personifikation der Ungerechtigkeit, der Unterdrückung und des Monopols zu beseitigen. Wir können schon eine Welt vorausahnen, in der der Einzelne, nicht mehr an Gesetze gebunden, nur noch „soziale Gewohnheiten" haben wird, die aus dem von jedem von uns empfundenen Bedürfniss resultieren werden, die Unterstützung, die Mitarbeit und die Sympathie unserer Gleichen zu suchen. (*C.*, S. 40). Da der in dieser Richtung gemachte Fortschritt und die Ausdehnung der „freiwilligen Gesellschaften", die in ihrer Entwicklung nur durch die Staatsmacht aufgehalten werden, so gross ist, muss man wohl die Funktion dieser latenten Kraft der modernen Gesellschaft anerkennen. „Man muss sich die Frage stellen: Wenn von heute in fünf, zehn, oder zwanzig Jahren, gleichgültig wann, es den empörten Arbeitern endlich gelingen sollte, diese gegenseitige Versicherungsgesellschaft für den Besitzer, Bankier, Priester, Richter und Soldaten, zu vernichten; wenn das Volk für einige Monate Herr seiner Geschicke wird und seine Hand auf die Reichtümer legt, die es geschaffen hat und die ihm von Rechts wegen angehören — wird es wirklich diese Institution, den Staat aufs neue zu errichten versuchen, oder wird es eher versuchen, seinem gegenseitigen Einvernehmen und den unendlich verschiedenen und immer wechselnden Bedürfnissen entsprechend, sich derartig zu organisieren, um sich, vom Einfachem zum Kompliziertesten aufsteigend, den Besitz der Reichtümer zu verbürgen, um sich gegenseitig das Leben zu garantieren und um das zu produzieren, was für das Leben notwendig befunden wurde? (*A.*, S.S. 36, 37). Gewiss wird also das Volk dieser Richtung folgen, die sich gegenwärtig so deutlich verkündet und wird die gestürzte Autorität nicht wieder aufzurichten versuchen.

Nun treten die praktischen Probleme hervor und vor allem das Problem der Produktion und der Arbeit sowie der Ausübung der Gerechtigkeit.

Wir wissen, dass die Produzenten, die kaum den dritten Teil der Einwohner der zivilisierten Länder ausmachen, schon heute genügend produzieren, um einen gewissen Wohlstand jeder Familie bieten zu konnen. Wir wissen ausserdem, dass, wenn alle diejenigen, welche heute die Früchte fremder Arbeit vergeuden, gezwungen wären ihre Zeit mit nützlicher Arbeit auszufüllen, unser Reichtum in vielfachem Verhältnis zur Zahl der produzierenden Arme wachsen würde. Wir wissen endlich, dass im Gegensatz zur Theorie des Oberpriesters der Bourgeois-Wissenschaft, Malthus, die Produktivkraft des Menschen viel schneller wächst, als seine Fortpflanzung von statten geht. Je mehr Menschen sich auf einem Gebiet zusammendrängen, umso grösser ist das Wachstum ihrer Produktivkrafte. (*C.*, S.S. 15, 16). Wenn man also einerseits die Raschheit, mit der die zivilisierten Nationen ihre Produktivkraft steigern und anderseits die dieser Produktion direkt oder indirekt von den gegenwärtigen Bedingungen gesteckten Grenzen im Auge behält, muss man zum Resultat gelangen, dass eine ökonomische Organisation, die die produktiven Kräfte noch weiter wachsen lassen und alle sie hemmenden Ursachen beseitigen würde, es den zivilisierten Völkern ermöglichen würde im Laufe weniger Jahre eine die Bedürfnisse sogar übersteigende Menge nützlicher Produkte aufzustappeln. Der Wohlstand für alle konnte ein Traum sein, solange zur Produktion primitive und unvollkommene Werkzeuge verwendet wurden; doch nun, bei der Einführung der so vervollkommneten Maschinen kann er zur praktischen Wirklichkeit werden. Es ist wohl kaum nötig nochmals daran zu erinnern, dass die einzige Bedingung zu dessen Verwirklichung bloss ist, dass das Kapital nicht mehr als Privateigentum betrachtet werde und dass die von unseren Vätern so mühselig hergestellten und erfundenen Produktionsmittel durch die Expropriation Gemeineigentum werden, damit „der Kollektivgeist" zu Gunsten aller den grösstmöglichsten Vorteil daraus ziehe. (*C.*, S. 21).

Doch wird bei der Bestimmung dieser, gegenwärtig noch abstrakten Konstruktion von einigen Opponenten eingeworfen, dass schwere Ungerechtigkeitsakte unvermeidlich würden. Kropotkin bestreitet dies nicht. Es sei in der Tat wahrscheinlich, dass Ungerechtigkeitsakte vorkommen und nicht vermieden werden könnten. Die bestehende Gesellschaft hat dazu beigetragen Menschen hervorzubringen, die kein noch so grosses Ereignis veranlassen könnte, ihre bloss egoistischen Instinkte aufzugeben, von denen sie ganz beherrscht sind und nach denen sie handeln. Die Frage liegt aber nicht darin zu wissen, ob sich Ungerechtigkeiten ereignen werden oder nicht. Man müsse nur wissen, wieso deren Zahl zu beschränken. Nun zeigt aber die ganze Geschichte und die ganze Erfahrung der Menschheit, wie auch die soziale Psychologie, dass das allerentsprechendste Mittel darin liegt, die Lösung dieser unvermeidlichen Konflikte den Interessenten selbst zu überlassen. Nur sie selbst könnten alle diese tausend Einzelheiten in Erwägung ziehen, die sich notwendigerweise jeder bureaukratischen Voraussicht entziehen müssten. (*C.*, S. 106). Man darf aber auch noch eine andere Reihe von Erwägungen nicht übersehen. Nach der Revolution wird in den Massen zweifellos ein gewisser „Geschmack der Einfachheit" überhand nehmen. „Die Gesellschaft hat wie das Individuum ihre Stunden der Gemeinheit; aber auch ihre Momente des Heroismus". Wir wollen, setzt Kropotkin fort, die Bedeutung dieser idealen Gefühlsregungen nicht überschätzen, und auf keinen Fall wollen wir darauf die Grundlage der zukünftigen Gesellschaft errichten. Aber es ist keine Übertreibung anzunehmen, dass diese es uns möglich machen werden die ersten und selbst die schwierigsten Momente zu überwinden. Wir können auf ihre Beständigkeit im täglichen Leben nicht rechnen, wohl aber in Zeiten der Krise, und gerade damals sind sie am nötigsten. Die anarchistische Gesellschaft wird dieser „Ausbrüche der Brüderlichkeit" mehr bedürfen, wann das Terrain von den durch die Jahrhunderte aufgestappelten Vorurteilen der Unterdrückung und der Sklaverei zu befreien sein wird. Später wird die Gesellschaft leben und gedeihen können, ohne an die Aufopferung appellieren zu müssen, weil sie die Unterdrückung vernichtet und „eine neue, allen Empfindungen der Solidarität offenstehende Gesellschaft" begründet haben wird.

Eine anarchistisch-kommunistische Gesellschaft wird die volle und ganze Freiheit des Individuums anerkennen müssen, keinerlei Autorität zulassen und keinerlei Zwang ausüben, um den Menschen zur Arbeit zu zwingen. Man soll auch sein Vertrauen nicht darauf verlegen, dass sie aus Menschen bestehen wird, die von denen der heutigen Gesellschaft verschieden sein werden; man möge nicht mit besseren oder schlechteren, mehr oder weniger arbeitsamen Menschen rechnen. Nun, könnte eingeworfen werden, wenn die Existenz eines jeden gesichert sein und keine Notwendigkeit einen Lohn zu verdienen, den Menschen zur Arbeit zwingen wird, dann wird niemand arbeiten wollen. Jeder wird die Arbeit, die er selbst zu machen nicht verpflichtet sein wird, auf die anderen wälzen. Der Einwand ist uralt und ziemlich leichtfertig. Jetzt beginnen schon einige Schriftsteller der kapitalistischen Volkswirtschaftslehre jenes Axiom in Zweifel zu ziehen, nach dem die ewige Drohung des Hungers für den Menschen der beste Antrieb zur produktiven Arbeit sei. In die Produktion tritt ein kollektives Element ein, das ganz erheblich massgebender sein kann, als das Verlangen nach persönlichem Gewinn. Man erinnere sich nur an die Befürchtungen, die die Verteidigen der Sklaverei in den Vereinigten Staaten vor der Negerbefreiung und die russischen Grundherren vor der Befreiung der Leibeigenen aussprachen. „Ohne die Peitsche wird der Neger nicht arbeiten" sagten die Sklavenbesitzer. „Ohne die Aufsicht des Herrn wird der Bauer die Felder unbestellt lassen" sagten die russischen Grossgrundbesitzer. Aber die Wirklichkeit gab den einen wie den anderen Unrecht. Dieselben Nationalökonomen lehren uns, dass eine intensive und produktive Arbeit bloss dann, und viel besser nur von jenem Menschen erreicht werden kann, der seinen Wohlstand in gleichem Verhältnis zu seinen Bemühungen wachsen sieht. Wenn sie nun zugestehen, dass die einzige Garantie gegen die Möglichkeit der Frucht seiner eigenen Arbeit beraubt zu werden, die ist, selbst die Arbeitswerkzeuge zu besitzen, so beweisen sie damit, dass der Mensch in Wirklichkeit nur dann produziert, wenn er in voller Freiheit arbeitet, eine relative Auswahl in seinen Beschäftigungen und niemanden über sich hat, der ihn überwacht um ihn zu belästigen und nachzusehen, dass ihm die Arbeit genügend Vorteil bringt. Der Wohlstand, d.h. die Befriedigung der physischen, künstlerischen und moralischen Bedürfnisse, sowie die Sicherheit dieser Befriedigung waren immer die allermächtigsten Antriebe zur Arbeit. Und während der Lohnsklave kaum das allernotwendigste herzustellen imstande ist, entfaltet der freie Arbeiter, der den Wohlstand und den Luxus für sich und die anderen im gleichen Verhältnis zu seinen Bemühungen wachsen sicht, eine viel grössere Energie und Intelligenz und erhält Produkte erster Gattung in viel grösserer Menge. Der eine sieht sich zur Not verdammt, der andere kann für die Zukunft den Wohlstand und alle daraus folgenden Freuden erhoffen. Hier liegt das ganze Geheimnis. Aus diesem Grunde wird eine Gesellschaft, die sich zu ihrer Aufgabe den Wohlstand für alle setzt und die Möglichkeit für alle, das Leben in allen seinen Ausdrucksformen geniessen zu können, eine viele höhere Arbeitsleistung liefern können, als jene die heute unter dem Stachel der Knechtschaft und der Lohnsklaverei erzielt wird. (*C.*, S.S. 188, 193).

Wenn die Aufhebung des Privateigentums und der Gemeinbesitz der Arbeitswerkzeuge proklamiert wird, dann wird man die Beibehaltung des Lohnes in keiner Form mehr verlangen können. Die Kollektivisten, die bei der Funktion der „Arbeitsbons" verharren und in die bis zu einem gewissen Grade begreiflichen Fehler der alten englischen Sozialisten und Proudhons verfallen, sind durch die Anhängerschaft eines Teiles der bürgerlichen Nationalökonomie widerlegt. (*Les temps nouveaux*, zit. S.S. 27, 29). Es liegt ihnen wenig daran, ob der Arbeiter in Arbeitsbons oder in Münzen republikanischer oder kaiserlicher Prägung ausgezahlt wird. Sie haben die Absicht in der kommenden Revolution das Privateigentum an Wohnhäusern, an der Erde, den Werkstätten und den zur fabriksmässigen Produktion notwendigen Kapitalien aufrecht zu halten. Um dieses Privateigentum zu bewahren, würden ihnen die Arbeitsbons gute Dienste leisten. Die Majorität der Kollektivisten, die der von den bürgerlichen Nationalökonomen und Marx festgelegten Unterscheidung zwischen *qualifizierter* und *einfacher* Arbeit treu geblieben ist, fügt noch hinzu, dass die *qualifizierte* oder professionelle Arbeit entsprechend mehr gezahlt werden müsse, als die *einfache* Arbeit. Die professionelle Arbeit sei nach jenen ein mehrfaches der einfachen Arbeit, weil sie eine mehr oder weniger längere Lehrzeit beansprucht. Andere Kollektivisten machen diese Unterscheidung nicht und proklamieren ohne weiteres *die Gleichheit der Löhne*. Andere erklären wieder, dass die unangenehme und ungesunde Arbeit höher belohnt werden müsse, als angenehme Arbeiten. Wiederum andere sind für die kollektive Entlohnung nach Korporationen. Dies ist in kurzem die Organisation, die die Kollektivisten aus der sozialen Revolution erstehen lassen möchten. Ihr Prinzip wäre also, abgesehen von kleinen Abweichungen folgendes: Kollektiveigentum an den Produktionsmitteln und die Entlohnung eines jeden nach seiner auf die Produktion aufgewandten Zeit, wobei auf die Ergiebigkeit seiner Arbeit Rücksicht genommen würde. Was das politische Regime anbetrifft, wäre es noch der Parlamentarismus, der durch das imperative Mandat und das *Referendum*, d.h. also durch die Volksabstimmung über *ja* oder *nein*, verändert würde. Nun kann die anarchistische Auffassung keines von den Einzelheiten dieses Systems akzeptieren. Die Kollektivisten beginnen damit, ein revolutionäres

Prinzip und zwar die Aufhebung des Privateigentums zu proklamieren und darauf negieren sie es, nachdem sie es kaum verkündet haben, da sie eine Organisation der Produktion und des Konsums beibehalten, die aus dem Privateigentum hervorgegangen ist. Sie vergessen, dass die Tatsache der Aufhebung des Privateigentums an den Arbeitswerkzeugen die Gesellschaft in absolut neue Wege lenken müsse, wobei die Produktion in ihrem Zweck und in ihren Mitteln von ihrer Grundlage aus umwandelt werden müsste. Selbst die täglichen Beziehungen unter den einzelnen Menschen werden umgewandelt werden müssen. Das Privateigentum aufheben wollen, es aber in seiner täglichen Ausdrucksform beizubehalten, bedeutet sich in die Lage zu versetzen, die unmögliche Kontrolle der Arbeitszeit und ihrer Ergiebigkeit in Bezug auf die einzelnen Produkte nicht entbehren zu können. Doch die Zeit misst gar nichts, denn in einer Fabrik kann ein Arbeiter gleichzeitig sechs Webstühle überwachen und in der anderen nur zwei. Und dann, wollt ihr die Muskelkraft, die geistige Energie, die Nervenanspannung messen, die ihr verwendet habt ? Es ist offenbar, dass eine Gesellschaft sich nicht auf zwei absolut entgegengesetzten Prinzipien aufbauen kann, die sich ständig widersprechen. Die Beibehaltung der Unterscheidung zwischen *qualifizierter* und *einfacher* Arbeit wird dahin führen müssen, alle Ungleichheiten der bestehenden Gesellschaft beizubehalten. Dies ist gleichbedeutend damit, im vorhinein eine Unterscheidungslinie zwischen den Arbeitern und jenen zu ziehen, die die Absicht haben, sie zu regieren; es ist gleichbedeutend mit der Einteilung der Gesellschaft in zwei Klassen; es bedeutet, eine der charakteristischen Hauptzüge der bestehenden Gesellschaft wieder aufzunehmen und ihr die Sanktion der sozialen Revolution zu geben. Nun wissen wir aber, dass die Gehaltsunterschiede zwischen einem Arbeiter und einem Arzt, wie zwischen verschiedenen Gattungen von Arbeitern u. s.w. bloss die Folgen des Erziehungsmonopols und des Industriemonopols sind. Der Ingenieur und der Arzt nutzen ein Kapital aus, wie der Bourgeois seine Fabrik ausnützt und wie der Adelige seine Geburtstitel ausbeutet. Wenn man sich also eine Gesellschaft vorstellen will, die vom ganzen sozialen Reichtum Besitz ergriffen und darauf proklamiert hat, dass *alle* ein Anrecht auf diese Reichtümer haben, welch immer auch der Anteil sein mag, den ein jeder vorher zu seiner Hervorbringung beigetragen hat, so wird sie gezwungen sein, jede Idee des Lohnes, ob er nun in Geld oder in Arbeitsbons oder in irgend welch anderer Form geleistet wird, aufzugeben. (*C.*, S.S. 214—225).

Ein anderes Vorurteil, das die anarchistische Gesellschaft zu überwinden haben wird, ist die alte Formel: „Jedem nach seinen Werken", das heisst: jedem nach dem Teil der von ihm der Gesellschaft geleisteten Dienste. Wenn die soziale Revolution dieses Prinzip proklamieren sollte, würde die Entwicklung der Menschheit aufgehalten werden und man würde das soziale Problem, das uns die vergangenen Jahrhunderte vermacht hatten, aufgeben, ohne es jemals zu lösen. Dieses Prinzip wäre die Betätigung und Verewigung der Ungerechtigkeiten der Vergangenheit. Das Lohnsystem ist von diesem Prinzip ausgegangen und gelangte so zur schreienden Ungleichheit der gegenwärtigen Gesellschaft. Es kann also nicht die Aufgabe sein zum Ausgangspunkt zurückzukehren, um aufs neue dieselbe Entwicklung wieder zu durchlaufen. Die Revolution muss ein kommunistischer Ziel haben; die der Gesellschaft erwiesenen Dienste, ob es nun materielle oder moralische seien, *können nicht* in Geldwert abgeschätzt werden. Es kann in Bezug auf die Produktion kein genaues Mass dieses Wertes geben, den man unrichtigerweise den Tauschwert nennt. Man kann annähernd sagen, dass der, der während seines Lebens zehn Stunden täglich seine Musse opferte, der Gesellschaft wohl mehr gegeben hat, als jener, der bloss fünf Stunden täglich von seiner Zeit hergab, oder überhaupt nichts arbeitete. Man kann aber nicht in Bezug auf das, was er im Laufe zweier Stunden gemacht hat, sagen, dass dieses Produkt zweimal so viel wert ist, als das Produkt einer Stunde Arbeit eines anderen Produzenten, und ihn dementsprechend entlohnen. Es würde dies bedeuten, dass man all das Komplizierte in der Industrie, im Ackerbau, im gesamten Leben der Gesellschaft verkennt; es würde bedeuten, dass man nicht weiss, bis zu welchem Grade die Arbeit eines jeden einzelnen das Resultat der vorhergegangenen und gegenwärtigen Arbeiten der ganzen Gesellschaft ist. Es kann also keinerlei Unterscheidung zwischen dem Werk eines jeden gemacht werden. Sie nach den Resultaten zu messen, würde ins Absurde führen. Sie zu teilen und nach Arbeitsstunden zu messen, würde uns ebenfalls ins Absurde führen. Es bleibt also nur ein Mittel, und zwar die *Bedürfnisse* den *Leistungen* voranzusetzen und vor allem das Recht aufs Leben und somit das Recht auf Wohlstand für alle jene anzuerkennen, die einen gewissen Anteil an der Produktion nehmen. Die menschliche Gesellschaft würde keine zwei weiteren Generationen bestehen können, würde in fünfzig Jahren verschwinden, wenn nicht jeder unendlich mehr geben würde, als den Wert, für den er in Geld, in Arbeitsbons oder durch irgend eine andere Entschädigung entlohnt würde. Die Rasse würde aussterben, wenn die Mutter nicht ihr Leben einsetzen würde um das ihrer Kinder zu bewahren; wenn nicht jeder Mensch etwas geben würde, ohne etwas dafür zu empfangen; wenn der Mensch nicht besonders da gäbe, wo er auf keinerlei Entschädigung rechnet. Wenn das bürgerliche Eigentum im Untergehen begriffen ist, so geschieht dies gerade deshalb, weil wir uns zu sehr von dem Prinzip haben hinreissen lassen, nur zu *geben*, um zu *empfangen* und weil wir aus der Gesellschaft eine auf *Soll und Haben* begründete Handelskompanie machen wollten. Diesen alten Organismus zu demolieren, der das *Mein* und *Dein* abwiegt, ist schon allein so viel wie konstruieren. (*C.*, S.S. 226—234).

Die anarchistische Lehre muss notwendigerweise von den Bedürfnissen ausgehen und somit die Mittel ausfindig machen, durch die ihre Befriedigung erzielt werden kann. Auf diese Weise werden alle Begriffe der offiziellen politischen Oekonomie umgestürzt und an deren Stelle eine Wissenschaft gesetzt, die die *Physiologie der Gesellschaft* genannt werden könnte. Diese stellt sich zur Aufgabe „das Studium der Bedürfnisse der Menschheit und der Mittel, diese mit möglichst geringem Verlust an Menschenkräften zu befriedigen." (*C.*, S. 236). In den soziologischen Wissenschaften ist die Oekonomie der menschlichen Gesellschaften im Begriffe denselben Platz einzunehmen, den in der Serie der biologischen Wissenschaften die Physiologie der organisierten Wesen innehält. Wenn man von den individuellen Bedürfnissen ausgeht, gelangt man notwendig zum Kommunismus, als der Organisation, die alle Bedürfnisse am vollständigsten und am meisten ökonomisch zu befriedigen gestattet. Wenn man dagegen von der gegenwärtigen Produktion ausgeht und bloss den Gewinn oder den Mehrwert in Betracht zieht, ohne sich zu fragen, ob die

Produktion der Befriedigung der Bedürfnisse entspricht, gelangt man notwendigerweise zum Kapitalismus, oder höchstens zum Kollektivismus, also auf jeden Fall zu einer der zwei verschiedenen Formen des Lohnsystems. Wenn man die Bedürfnisse der Individuen und der Gesellschaft in Betracht zieht, sowie die Mittel, deren sich der Mensch während der verschiedenen Phasen seiner Entwicklung bedient, um sie zu befriedigen, gelangt man zur Überzeugung, dass es notwendig ist, die Kräfteaufwendungen zu solidarisieren, statt sie den Zufälligkeiten der gegenwärtigen Produktion zu überlassen. Man kann begreifen, dass die persönliche Aneignung aller nicht konsumierten Produkte, die dann von einer Generation auf die andere übertragen werden könnten, nicht im allgemeinen Interesse liegen kann. Man konstatiert, dass auf diese Weise die Bedürfnisse von drei Vierteln der Menschheit Gefahr laufen nicht befriedigt zu werden und dass der übermässige Verbrauch an Menschenkräften nur „unnütz und verbrecherisch" sei. Man wird schliesslich verstehen, dass die allervorteilhafteste Anwendung aller Produkte jene ist, die die momentanen Bedürfnisse befriedigt, und dass der Nützlichkeitswert nicht von einer einfachen Laune abhängt, sondern von der Befriedigung, die das Produkt wirklichen Bedürfnissen verschafft. Der Kommunismus, der nun eine synthetische Auffassung der Produktion, des Konsums und des Austauschs darstellt, wird also die logische Konsequenz einer derartigen, einzigen wahrhaftig wissenschaftlichen Auffassung der Dinge werden. (*C.*, S.S. 243—244).

Eine Gesellschaft die sich zur Aufgabe gestellt hat, die Bedürfnisse aller zu befriedigen, wird nicht wenige, die Industrie betreffende Vorurteile zu zerstören haben. Eine Tendenz, die sich schon in der moderne Industrie offenbart, betrifft die Arbeitsteilung. Die Entdeckungen der Wissenschaft gehen dahin, die technischen Metoden zu verallgemeinern, und der Moment ist nicht mehr fern, wo es unnötig sein wird, das im Ausland mit hohen Preisen zu bezahlen, was man leicht im eigenen Lande erzeugen können wird. Eine andere Strömung, die in der Industrie zum Ausdruck kommt und die von einer anarchistischen Gesellschaft ihren grössten Impuls empfangen wird, ist die Dezentralisation der Industrie selbst. Jede Nation findet es heute vorteilhaft, im eigenen Lande den Ackerbau mit einer grossen Anzahl der verschiedensten Fabriken und Manufakturen zu kombinieren. Die Spezialisation, die von den Nationalökonomen so sehr verherrlicht wurde, war dazu gut, einige Kapitalisten zu bereichen, aber sie hat keine Daseinsberechtigung mehr, weil es nun vorteilhaft wird, dass jedes Land selbst sein Getreide, sein Gemüse baut und selbst die Manufakturprodukte herstellt, die es konsumiert" . . . . „Der Ackerbau kann nur neben der Industrie prosperieren. Und sobald irgendwo eine Fabrik ersteht, so müssen in deren Umgebung noch viele andere verschiedenster Art angelegt werden, damit sie sich gegenseitig unterstützend und eine die andere durch ihre Erfindungen anstachelnd, gemeinsam einer wachsenden Entwicklung entgegen gehen". (*C.*, S. S. 263—264).

Nachdem nun diese Hauptlinien festgelegt sind, hätte Kropotkin keinen Grund bei weiteren Details zu verweilen. Jede Gesellschaft, die das Privateigentum aufgehoben haben wird, wird gezwungen sein sich im anarchistischen Kommunismus zu organisieren. Der Gemeinbesitz der Produktionsmittel wird unvermeidlich zum gemeinsamen Genuss der Früchte der gemeinsamen Arbeit führen. Es wird keine aus dem Elend der Armen entstandenen grossen Reichtümer geben, und da es umgekehrt wieder keine Armen geben wird, wird es keine Reichen geben können, die sie ausbeuten würden. Die Revolution muss und wird auch allen Wohnung, Kleidung und Nahrung verbürgen können. Und ein Volk, das sich satt essen kann, lässt sich nicht leicht beherrschen und ausbeuten. In der Praxis geht die Brodfrage über alle anderen Fragen. Wenn diese im Interesse des Volkes gelöst sein wird, wird die Revolution auf gutem Wege sein, „weil um die Frage der Ernährung zu lösen, man das Prinzip der Gleichheit anehmen müsse, das sich mit Ausschluss jeder anderen möglichen Lösung darbietet". (*C.*, S. 69). Es wird also notwendig sein, dass das Volk, um praktisch zu handeln, sofort von allen in den aufständischen Kommunen befindlichen Nahrungsmitteln Besitz ergreift, deren Inventar anlegt und dafür sorgt, dass ohne dass etwas vergeudet wird, alle ihren Anteil von den vorhandenen Nahrungsmitteln empfangen, um die Periode der Krise überwinden zu können. Und gleichzeitig wird es notwendig sein, sich mit den Fabrikarbeitern ins Einvernehmen zu setzen, um ihnen die Rohmaterialen zu beschaffen, deren sie bedürfen und ihnen ihre Existenz für einige Monate zu garantieren, damit sie das produzieren, was der Ackerbauer nötig hat. Darauf wird es notwendig sein, sich den nicht mangelnden unproduktiven Bodenflächen zuzuwenden und jene, die kaum ein Viertel oder ein Zehntel dessen produzieren, was sie unter einer intensiven Kultur hervorbringen könnten, zu ameliorieren. Das ist die praktische Lösung, die wir voraussehen können und die sich geradezu selbst durch die Notwendigkeit der Tatsachen aufzwingt. Als Folge „dieses bewunderungswürdigen spontanen Organisationsgeistes, den das Volk in so hohem Grade besitzt," wird eine, „immense frei konstituierte Organisation entstehen, die den Zweck haben wird, einem jeden die notwendigen Nahrungsmittel zu liefern". Das was spontan entstehen wird, wird immer dem vorzuziehen sein, was von irgend einer konstituierten Gewalt erfunden werden könnte. Das, „den Repressalien immer feindliche und grossmütige" Volk wird sein Brod mit allen teilen, die in ihrem Schoss verbleiben werden, ob es nun die Expropriateure oder die Expropriierten sein mögen. Und wenn die Arbeit wieder aufgenommen werden wird, werden sich die früheren kämpfenden Gegner in derselben Werkstätte und an denselben Orten gemeinsamer Arbeit wiederfinden. Man sei aber darauf gefasst, dass die Anfänge der Revolution grosse lokale Unterschiede aufweisen werden und dass die Entwicklung nicht in allen Ländern die gleiche sein wird. Wir müssen darauf vorbereitet sein, die Revolution eine längere Zeit zu ihrer Entwicklung verwenden und nicht überall in gleichem Tempo vorwärtsschreiten zu sehen. Natürlich folgt nicht daraus, dass die fortgeschritteneren Völker ihren Vormarsch nach den zurückbleibenden messen sollten. Auch wenn sie es wollten, könnten sie es nicht; die Geschichte wartet nicht auf die später Kommenden.

In einer Gesellschaft der Gleichen, in der die Arme nicht gezwungen sein werden, sich für jedes Angebot zu verkaufen, ist es kein Zweifel, dass „die Arbeit wahrhaftig zum Vergnügen werden wird". Die anwidernde und ungesunde Arbeit wird verschwinden müssen. Sklaven konnten sich solcher Arbeit unterziehen, aber der freie Mensch wird neue, angenehme und unendlich produktivere Arbeitsbedingungen hervorbringen. Die Fabriken und Werkstätten könnten so rein und schön sein, wie die Laboratorien der modernen

Universitäten. Die Ausnahmen von heute werden in Zukunft die Regel sein. (*C.*, S.S. 156, 157). Eine solche Gesellschaft wird auch die „Haussklaverei" zu beseitigen wissen, die die am tiefsten eingewurzelte, weil allerälteste ist. Auch das Weib verlangt nun ihre Rechte bei der Emanzipation der Menschheit. Sie will nicht mehr das Arbeitstier des Hauses bleiben. „Es ist schon genug, dass sie so viele Jahre ihres Lebens zur Erziehung ihrer Kinder verwenden muss" (*C.*, S. 159). Das Weib zu emanzipieren, bedeutet sie von einer stumpfsinnigen Arbeit zu befreien; bedeutet, sie in der Weise zu organisieren, dass ihr gestattet wird ihre Kinder zu nähren und zu erziehen wenn es ihr beliebt und ihr dabei genügend Musse gelassen wird, am sozialen Leben teilzunehmen. (*C.*, S. 64).

Nachdem sich die Gesellschaft der neuen ökonomischen Ordnung angepasst haben wird, muss nun noch das Problem der Gerechtigkeitspflege gelöst werden. Der „erzogene" Mensch schaudert bei dem Gedanken, dass die Gesellschaft eines Tages die Richter, Gendarmen und Gefängniswärter entbehren wird. Diese Furcht stammt von der absoluten Unkenntnis des Volkes und seines täglichen Lebens. Man glaubt, doch mit Unrecht, dass es die Richter und Gendarmen sind, die es verhindern, dass sich die antisozialen Akte vermehren. Das Gefängnis verwahrt in seinen Mauern mehr Laster, als sich auf irgend einem andere Punkte der Erde befinden; es ist die wahrhaftige und richtige „Universität des Verbrechens." Man sagt uns, dass wenn wir die Aufhebung des Staates und aller seiner Organe verlangen, wir von einer Gesellschaft träumen, die aus besseren Menschen bestünde, als sie es in Wirklichkeit sind. Das ist nicht richtig. Was wir verlangen ist, dass die Menschen durch schlechte Institutionen nicht noch schlechter gemacht werden, als sie sind. Der Zwang hat im Vergleich mit den Faktoren des freiwilligen Einvernehmens in der Gesellschaft eine ganz minimale Bedeutung. Um die antisozialen Akte zu verhindern, gibt es tausend andere, viel wirksamere Mittel, als die gesetzlichen Zwangsmassregeln. Wir Anarchisten erklären, dass der beste Mensch durch die Ausübung der Autorität böse werden muss. Wenn die Menschen diese höheren Wesen wären, von denen uns die Utopisten der Autorität sprechen, und wenn wir die Augen der Wirklichkeit verschliessen könnten und wie jene in einer Welt der Illusionen über die Überlegenheit derer leben könnten, die sich zur Macht berufen dünken, würden wir vielleicht wie jene an die Vorzüge der Herrschenden glauben. Welches Übel könnte unter tugendhaften Herren selbst die Sklaverei darstellen ? Der Herr wäre niemals der Tyrann des Arbeiters, sondern sein Vater. Die Fabrik wäre ein Ort der Wonne. Der Richter besässe nicht die Grausamkeit, die Frau und die Kinder desjenigen, den er ins Gefängnis schickt, zu verurteilen Jahre lang Hunger und Elend zu leiden und eines Tages aus Entkräftung zu sterben. Doch diese angebliche Überlegenheit der Herrschenden und der Herren ist eine Utopie, wie auch die von ihnen erdachte angebliche Regierungsweisheit eine Utopie ist. „Wir haben keine zwei Gewichte und zwei Masse für die Vorzüge der Regierten und die der Regierer ; wir wissen, dass wir selber nicht ohne Fehler sind, und dass die Besten unter uns rasch durch die Ausübung der Macht verdorben würden. Wir sehen die Menschen wie sie sind, und deshalb verwerfen wir die Herrschaft des Menschen über den Menschen und arbeiten wir mit allen unseren Kräften, — vielleicht nur noch nicht genügend — daran, diesem Zustand ein Ende zu bereiten". (*A.*, S. 43).

Die Mittel, um ein gewisses moralisches Niveau in der Gesellschaft aufrecht zu halten sind : Die Repression der antisozialen Akte, der moralische Unterricht und die Betätigung gegenseitiger Hilfe. Die Ohnmacht der Repression ist durch die Unordnung der gegenwärtigen Gesellschaft und die Notwendigkeit der Revolution, die wir herbeisehnen und die wir alle als unvermeidlich erkennen, genügend nachgewiesen. Die Herrschaft der Zwangsmassregeln hat nicht nur die Übel des gegenwärtigen sozialen, potilischen und ökonomischen Systems geschaffen, sondern hat auch noch den Beweis seiner absoluten Unfähigkeit erbracht, das moralische Niveau der Gesellschaft zu heben. Sie verstand es nicht einmal sie auf der schon erreichten Höhe zu erhalten. „Wenn eine wohltätige Fee den Augen aller die Verbrechen enthüllen könnte, die täglich, in jedem Moment in der zivilisierten Gesellschaft unter dem Deckmantel des Verborgenen, unter dem hohen Schutz der Gesetze selbst begangen werden, würde die Gesellschaft erschaudern". (*A.*, S. 45). Nachdem sich nun die Funktion der Zwangsmassregeln als unwirksam erwiesen hat, soll nun der Faktor der „moralischen Belehrung" untersucht werden. Wir wollen die Bedeutung besonders dieser moralischen Belehrung nicht verkennen, die sich in der Gesellschaft unbewusst verbreitet und aus der Gesamtheit der von jedem von uns über die Dinge und die Ereignisse des täglichen Lebens ausgedrückten Ansichten und Beurteilungen resultiert. Diese Macht kann aber auf die Gesellschaft nur unter einer Bedingung wirken, nämlich, dass ihr nicht von einem anderen Komplex von unmoralischen Lehren, die aus der Praxis der Institutionen hervorgehen, entgegengewirkt werde. In diesem Falle ist ihr Einfluss null oder unheilvoll. Es beweist dies die christliche Moral. Und könnte der moralische Unterricht, auch unterstützt durch die Zirkulare des Herrn Unterrichtsministers, diese schöpferische Kraft besitzen, die das Christentum nicht hatte? Und was kann auch die Lehre von wahrhaft sozialen Menschen gegen diese Gesamtheit der Lehren bewerkstelligen, die von antisozialen Gebräuchen herrühren? Es verbleibt als nur als einziges Element, das der gegenseitigen Hilfe, die in der Weise wirken soll, dass die sozialen Handlungen zur „Gewohnheit werden und aus Instinkt" erfolgen. Dieses Mittel hat niemals sein Ziel verfehlt und ist erst abgeschwächt worden, als der Brauch, im Bestreben sich zu immobilisieren, zu krystallisieren, selbst wieder eine unangreifbare Religion werdend, das Individuum verschlang, ihm seinen freien Betätigungsspielraum raubte und es somit zwang, sich gegen das was den Fortschritt hemmte, zu empören. Was in der Vergangenheit ein Element des Fortschrittes oder ein Mittel sittlicher und geistiger Vervollkommnung war, ist der Ausübung der gegenseitigen Hilfe zu verdanken, sowie den Gebräuchen, welche die Gleichheit der Menschen annerkannten und sie veranlassten sich zu vereinigen, sich zu verbinden, um zu produzieren und zu konsumieren, um sich zu verteidigen, zu föderieren und keinen anderen Richter zur Schlichtung ihrer Streitigkeiten anzuerkennen, als die Schiedsrichter, die sie sich aus ihrer eigenen Mitte erwählten. Jedesmal, wenn diese Institutionen in der Geschichte einen neuen Aufschwung nahmen, traten das sittliche Niveau der Gesellschaft, ihr Wohlstand, ihre Freiheit, ihre geistigen Errungenschaften und die Ausdrucksformen individueller Originalität in eine aufsteigende Phase. Und das Gegenteil trat immer ein, wenn sich die autoritären Vorurteile entwickelten und sich die Scheidung zwischen Regierer und Regierte, Ausbeuter und Ausgebeutete immer mehr vertiefte. Dies lehrt uns die Geschichte, und ihr entnehmen wir unser Vertrauen, dass die Einrichtung des freien Kommunismus das moralische Niveau der Gesellschaft heben wird, das durch die Ausübung der Autorität herabgesetzt wurde. (*A.*, S.S. 46, 47).

In der gegenwärtigen Gesellschaftsordnung hat der Staat die Aufgabe, sich um alle Fragen des öffentlichen Interesses zu kümmern ; er allein hat die Funktion darüber zu wachen, dass wir die Interessen unserer Nächsten nicht schädigen, und im Übertretungsfalle das Übel zu reparieren, indem er uns bestraft. In einer kommunistischen Gesellschaft würde sich das alles notwendigerweise ändern. Die Organisation des Kommunismus kann nicht gesetzgebenden Körpern anvertraut werden. Sie muss das Produkt aller sein, das Produkt des konstruktiven Genies der grossen Masse werden, und könnte nicht bestehen, ohne für die zahllosen gemeinschaftlichen Angelegenheiten unter allen ständige Berührungspunkte zu schaffen, ohne ein in seiner kleinsten Einheit unabhängiges lokales Leben zu begründen. Die Gesellschaft wird wie von einem Netz von Tausenden von Vereinigungen zur Befriedigung aller Bedürfnisse bedeckt sein, die dahin gehen werden, international zu werden. Die gesellschaftlichen Sitten, die der Kommunismus natürlich entwickeln muss, würden eine unvergleichlich viel gewaltigere Macht darstellen, als jeder Mechanismus von Zwangsmassregeln. Kommunismus und Anarchie sind gegenseitige Ergänzungen. Der Kommunismus ist die beste Grundlage des Individualismus ; nicht jenes, welcher den Menschen zum Kriege Aller gegen Alle treibt, sondern desjenigen, der die volle Entfaltung aller Fähigkeiten des Menschen darstellt. Von der Freiheit ist nichts zu befürchten. Schlecht verstanden und besonders schlecht angewandt, kann sie gewiss auch „zu Taten führen, die den sozialen Empfindungen der Menschheit widerstreben". Aber dies ist keine Grund, um das Prinzip der Freiheit zu verwerfen. Das Einzige was zu tun ist, wenn man in Namen der Freiheit des Individuums antisoziale Handlungen geschehen sieht, ist das Prinzip : „jeder für sich und der Staat für alle" zurückzuweisen und unverhüllt zu erklären, was man über solche Handlungen denkt. Es kann dies ohne Zweifel manchen Konflikt herbeiführen, aber der Konflikt ist das Leben selbst. Und aus dem Zusammenstoss wird eine neue Beurteilung dieser Akte hervorgehen, die viel gerechter sein wird, als alle diejenigen, die unter dem Einfluss der überlieferten Ideen entstehen hätten können. Wenn das sittliche Niveau einer Gesellschaft bis zu diesem Grade sinkt, auf dem es sich heute befindet, müssen wir darauf vorbereitet sein, dass die Empörung gegen diese Gesellschaft manchmal Formen annehmen wird, die uns schaudern lassen wird, aber deshalb dürfen wir nicht die Empörung von vonherein verdammen. Wenn sich eine so tiefe Revolution in den Gemütern vollzieht, dann kann sie sich nicht in der Domäne der Gedanken einschliessen, ohne sich in die Welt der Taten umzusetzen. So haben die neuen Ideen in allen Ländern und in allen möglichen Erscheinungsformen eine grosse Anzahl von Akten der Empörung hervorgerufen; von der individuellen Rebellion gegen Kapital und Staat bis zur kollektiven Rebellion bei Streiks und Arbeiteraufständen. Beide bereiten in den Geistern wie in der Wirklichkeit die Erhebung der Massen, d.h. die Revolution vor.

Es wäre unrichtig dem Anarchismus die Ausschliesslichkeit der Akte der Revolte zuzuschreiben. Wenn wir die Akte der Revolte der letzten zwanzig oder dreissig Jahre Revue passieren, sehen wir, dass solche von allen Parteien ausgingen. Und andrerseits nimmt die individuelle Empörung die allerverschiedensten Merkmale an und alle fortgeschrittenen Parteien, die anarchistische natürlich nicht ausgeschlossen, tragen dazu bei. Doch während derselben Zeit folgen sich unaufhörlich die organisierten Metzeleien der Regierungen. Welch schreckliches Buch würde die Bilanz der von der Arbeiterklasse und ihren Freunden in den letzten Jahren erduldeten Leiden darstellen! Welchen Wutausbruch müsste jede Seite einer solchen Martyrologie der modernen Vorläufer der grossen sozialen Revolution hervorrufen! Dieses Buch hat jeder von uns gelebt, jeder von uns hat zumindestens ganze Seiten von Blut und Elend durchgekostet.

Es ist also nicht am Platze dem empörten Arbeiter seinen Mangel an Achtung vor dem Menschenleben vorzuwerfen. Diese Verachtung des Menschenlebens wird von unserem ganzen gegenwärtigen gesellschaftlichen Leben gelehrt und herausgefordert. Solange die Gesellschaft das Recht der Vergeltung anruft, solange die Religion und das Gesetz, die Kaserne und der Gerichtshof, das Zuchthaus und das industrielle Bagno, die Presse und die Schule fortfahren die höchste Verachtung des Lebens des Einzelnen zu predigen, verlange man nicht von denen, die sich gegen diese Gesellschaft empören, es zu respektieren! Dies würde bedeuten, dass man von ihnen einen unendlich höheren Grad von Milde und Grossherzigkeit verlange, als ihn die ganze Gesellschaft erreicht hatte.

„Wenn ihr ebenso wollt wie wir, dass die volle Freiheit des Individuums, folglich sein Leben geachtet werde, dann müsst ihr naturgemäss jede Herrschaft von Menschen über Menschen, unter jeder möglichen Form zurückzuweisen, dann müsst ihr die Grundsätze der Anarchie anerkennen, die ihr so lange verhöhnt habt. Ihr müsst dann mit uns die Formen einer Gesellschaft suchen, die dieses Ideal am besten verwirklichen und all diesen Gewalttaten, die uns empören, ein Ende setzen könnte." (*A.*, S.S. 58, 59).

Die individualistische Kritik: B. R. Tucker.

In der Darlegung der anarchistischen Theorien ist der von Tucker eingenommene Standpunkt durchaus individualistisch. Zu dieser Orientierung hatten die Vorgänger, an die sich sein Werk anschliesst, die Umgebung, in der er lebte und lebt,[1]) und ohne Zweifel auch sein Temperament beigetragen. Er schliesst sich an Proudhon und an Warren an, die er als seine Vorläufer erklärt. Er begann damit, dass er die Abhandlung über das Eigentum: *Das System der ökonomischen Widersprüche*[2]) ins Englische übersetzte. Dem Andenken Josua Warrens, „seinem alten Freund und Meister" widmete er einen Band, [3]) in dem seine wichtigsten Schriften

---

[1]) BENJAMIN R. TUCKER wurde im J. 1854 in South-Dartmouth in der Nähe von New Bedford (Massachusetts) geboren. Nachdem er Technologie in Boston studiert hatte, reiste er in England, Frankreich und Italien. 1877 war er Redakteur der in Princeton erscheinenden Zeitschrift *Word.* Im folgenden Jahr begründete er in New Bedford die Vierteljahrszeitschrift *The radical Review*, von der nur vier Nummern erschienen. Er war auch zehn Jahre lang Mitarbeiter des in Boston erschienen *Globe*.

[2]) *Works of P. J. Proudhon*, Princeton, Mass., 1876, sq. Es erschienen davon bloss: *What is Property*. transl. by B. R. TUCKER. 1e Aufl. Boston, 1885; *System of econ. contrad.*, transl. by B. R. TUCKER, 1e Aufl. ibid., 1888. Es erschienen davon nachher einige Auflagen. TUCKER hat auch eine Übersetzung von *God a. the State* von BAKUNIN, ersch. Boston, 1883, besorgt, die noch anderwärts mehrere Male abgedruckt wurde.

[3]) B. R. TUCKER, *Instead of a Book, by a Man too busy to write one: a fragmentary exposition of philosophical anarchism*, 2te Aufl. New York, B. R. TUCKER publish., 1897. Der in diesem Band befindliche Stoff ist in folgender Weise eingeteilt: *State socialism and anarchism; how far they agree a. wherein they differ. — The individual, society a. the State — Money and interest — Land and rent — Socialism — Communism — Methods — Miscellaneous.* Die erste Schrift: *State socialism and anarchism* wurde auch besonders in London, Reeves, 1895, abgedruckt. Es gibt eine holländische Übersetzung, Amsterdam, I. Sterrings, 1897, und eine deutsche von G. SCHUMM, Berlin, B. Zack, 1895, *mit einem Anhang: Die Literatur d. individualistischen Anarchismus;* (in diesem Anhang werden einige Werke von PROUDHON, WARREN, SPOONER, JARROS und anderer, aber ohne wissenschaftliches Kriterium, angeführt). Von TUCKER sind noch zu vergleichen die beiden Abhandlungen: *Why I am an anarchist*, im Band: *The Why I am's; an economic Symposion*, 2e Aufl. New York, Twentieth Cent. Publ. Co, 1892; und *The Malthusians: The anarchist*, London, 1885, Dez. (Auszug, *ibid.*, Seymour, 1886).

gesammelt sind, (in denen recht häufig die Ideen Warrens [1]) selbst und auch Proudhons [2]) zum Vorschein kommen). Diese Schriften erschienen zuerst allmählich in einer von ihm redigierten, in Boston 1881 begründeten Monatsschrift, die jetzt zweimonatlich und in New York [3]) erscheint. Dieses Blatt bezeichnet sich als „das Pionierorgan des Anarchismus in Amerika", und trägt als Motto den Proudhon'schen Satz : „Die Freiheit ist nicht die Tochter sondern die Mutter der Ordnung". Im Programm wird erklärt, dass darin die Lehre vertreten werden wird, dass „die gleiche Freiheit für alle die Grundlage der sozialen Harmonie" sei. Dies sind in ihrer direktesten Einfachheit die theoretischen Präzedenzen. Man begreift nun, nach welcher Richtung sich diese Prinzipien ausdehnen können, die bloss von Gedankenbildungen abhängen, die von keinerlei Wahrnehmungen einer durch den ständigen Kontakt mit der modernen Wissenschaft vorsichtig gemachten und vertieften Lehre gehemmt sind, und an eine ökonomische Umgebung angewandt werden, in dem das gewaltige Spiel, der die Grundlage der bestehenden politischen Gesellschaftsordnung darstellenden Kräfte rascher anwächst, als dass dies die Illusion zurückhalten könnte, die Gegenwart zu revolutionieren, damit die sozialen Übel durch die Entfaltung eines Faktors (der Freiheit) beseitigt werden. Dieser Faktor, der, insofern er befolgt wird, schon so viel gibt, würde als Konsequenz einer bedingungslosen und unbegrenzten Anerkennung höchstwahrscheinlich alles, das heisst den Wohlstand für alle geben.

---

[1]) Vrgl. : *A. a. O.*, S.S. 6, 9, 192, 307 und *passim*. Die Hauptschriften von Warren (geb. 1799, gest. 14. Apr., 1874 in Boston) beziehen sich auf seine Versuche anarchistischer Kolonien. Die Abhandlung : *Practicable details of equitable commerce*, New York, 1852, beschreibt die Kolonie *Time Store* von Cincinnati (1828—'29); *The peaceful Revolutionist*, war der Titel eines in der Kolonie Utopia (Ohio) erscheinenden Blattes. Die allgemeine Darstellung seiner Ideen befindet sich im Band : *True Civilisation : a subject of vital and serious interest to all people*, etc., Boston, 1863. Vrgl.: Noyes, *History of american Socialism, Philadelphia*, 1872, S.S. 98—101.

[2]) Vrgl. : *Instead of a Book*, S.S. 6, 10, 14, 27—29, 37, 288, 390—393, 342, 420, 479—480 und *passim*.

[3]) Die erste Nummer der *Liberty* erschien am 6. Aug., 1881. Von Tucker rührt auch bei Mitarbeit von G. Schumm eine andere Zeitschrift in deutscher Sprache: *Libertas*, von der aber bloss acht Nummern, vom 17. März bis September 1888, in Boston erschienen sind.

Bevor wir noch in Einzelheiten eingehen, soll sofort gesagt werden, dass dieser individualistische und freiheitliche Standpunkt Tuckers auf starke Widersprüche im Schosse der anarchistischen Lehre selbst stossen musste. Tucker befasst sich tatsächlich, — und es beweist dies jede Seite seines Buches und jede Nummer seiner Zeitung — bedeutend mehr mit der Polemik gegen den anarchistischen Kommunismus, als gegen die Gesamtheit der aus der bestehenden sozialen Gesellschaftsordnung abgeleiteten allgemeinen Ideen. Er befasst sich weniger mit der Diskussion gegen jene, die ihm in seinem Angriff auf die Gegenwart entgegentreten, als vielmehr gegen die Anhänger der Ideenrichtung einer zukünftigen Gesellschaftsordnung auf anarchistisch-kommunistischer Grundlage. Eine der am meisten bezeichnenden Diskussionen, die die Charakteristik der beiden Tendenzen am besten beleuchtet, gab es vor einigen Jahren im Organ der französischen kommunistischen Anarchisten [1]) gelegentlich einer Versicherung Tuckers, dass der anarchistische Kommunismus ebenso sehr in Frankreich, als in England, und in Amerika am Verenden sei. „In den französischen revolutionären Kreisen, schrieb Tucker in der *Liberty*, ist der Kollektivismus an der Tagesordnung. Die Kommunisten werden zwischen dem Staatssozialismus — für den sie aber ihre Abneigung bekunden — und dem individualistischen Anarchismus zu wählen haben. .... Die wenigen Kommunisten, die wahrhaftig die Freiheit wünschen, werden sie nur erringen können, wenn sie zusammen mit den Individualisten arbeiten; sobald die Freiheit erreicht sein wird, wird sie keiner hindern sich ihren Experimenten des freiwilligen Kommunismus zu widmen." Die Sachlage verhielte sich aber nicht so, antwortete für die französischen Kommunisten André Girard. Die Entwicklung, erklärte dieser, die sich unter den verschiedenen Fraktionen der revolutionären Partei vollzieht, wird mit aller Wahrscheinlichkeit eine definitive Spaltung hervorrufen, die die Revolutionäre deutlich in zwei sich wohl von einander unterscheidende Lager teilen wird. Einerseits die Autoritären, die sich immer mehr von der revolutionären Tradition entfernen und nur noch die Eroberung der politischen Macht im Auge haben; andrerseits

---

[1]) *Les Temps Nouveaux*, J. II. No. 14, 1—7 Aug. 1896.

die freiheitlichen Revolutionäre, die Anarchisten, die im Gegenteil die Aufhebung des Staates als Notwendigkeit anerkennen und das revolutionäre Werk im Sinne des freien Vertrages, der freiwilligen und spontanen Gruppierung für die volle Befriedigung der vielfachen und verschiedenen Bedürfnisse der Individuen auffassen. Die erste Kategorie, die die weniger zahlreiche ist, umfasst die Kollektivisten und die Blanquisten; die zweite besteht aus den anarchistischen Kommunisten, den revolutionären kommunistischen Föderalisten und aus einer grossen Zahl von Arbeiterfachverbänden und Gruppen ohne besondere Bezeichnung. Unter diesen letzteren revolutionären Elementen ist die Evolution zum anarchistischen Kommunismus sehr bemerkbar. Tucker verwechsle also seine persönlichen Wünsche mit der Wirklichkeit, wenn er behauptet, dass der anarchistische Kommunismus nahe daran ist vom Kollektivismus verdrängt zu werden. Man könne vielmehr sagen, dass die Idee des Kommunismus sich gereinigt und vervollständigt habe, indem sie sich von allem Sentimentalismus befreit hat. Die nach Freiheit strebenden Kommunisten haben begriffen, dass das Objektiv ihrer Auffassung das Individuum sein müsse, das allein eine konkrete Realität darstellt, und dass es absurd sei das Interesse des Individuums dem Interesse der Gesellschaft oder der Gemeinschaft zu opfern, die abstrakte Begriffe sind und nur durch die Individuen aus denen sie bestehen ihre Wirklichkeit haben. „Das von den Kommunisten erstrebte Ziel ist also das Glück des Individuums, und sie ersehen die Verwirklichung dieses Glücks nur in der absoluten Freiheit, das heisst, in der Anarchie. Aber diese absolute Freiheit, die Garantie des Glücks des Individuums kann nur erreicht werden, wenn dem Einzelnen volle Gelegenheit gegeben wird, seine eigene Persönlichkeit in jedem Sinne zu entfalten, alle seine Fähigkeiten ohne Hemmnis zu entwickeln, alle seine Bedürfnisse vollständig zu befriedigen. Dieses Resultat könne nur unter der Bedingung erreicht werden, dass das Individuum nach seinem Belieben über alle bestehenden zu dessen Befriedigung geeigneten Mittel verfügen könne. Nun wird aber die Beibehaltung der Produktionsmittel in den Händen dieses oder jenes, mit dem Recht von jedem, der nicht deren Besitzer ist, einen Tribut zu erheben, immer ein Hindernis an der freien Bestimmung der Mittel sein, die zur Verwirklichung des eigenen Glücks notwendig sind. „Hier sind die Gründe, weshalb die kommunistischen Anarchisten in ihrer freiheitlichen Theorie durchaus konsequent sind, wenn sie dabei beharren, dass dieses Hindernis, ebenso wie das Hindernis der Autorität beseitigt werden müsse. Dem gemeinsamen Ziel aller Anarchisten, nämlich der Aufhebung des Staates fügen sie als notwendige Ergänzung die Aufhebung des individuellen Eigentums hinzu". Der Vorwurf, der den Kommunisten von den anarchistischen Individualisten und besonders von Tucker gemacht werde, dass sie Feinde der Freiheit seien, ist also nicht berechtigt, denn die Kommunisten treten dafür ein, dem Individuum die grösstmögliche Summe der Freiheit zu verbürgen.

Dieselbe Diskussion erstreckte sich noch auf einen anderen Punkt. Indem sich Tucker auf die Schriften von Morris, Most und Kropotkin berief, die die gewaltsame Expropriation vertreten, frägt er sich: „Können diese Autoren als Anhänger der Freiheit angesehen werden?" Diese Argumentation, entgegneten die Kommunisten, sei nicht ernst. Wenn nun, fahren sie fort, Tucker einem Räuber gegenüberstehen würde, der sich verschiedene ihm angehörende und ihm für seinen Unterhalt notwendige Gegenstände angeeignet hätte; zu welchen Mitteln würde er also greifen, um sie zurückzuerlangen? Die Überzeugung? Und wenn sich der Räuber nicht überzeugen lassen wollte? Es ist wahrscheinlich, dass auch Tucker selbst Gewalt anwenden müsste, um seinen Besitz zurückzuerhalten. Müsste er also glauben, dass er die Freiheit des Räuber angegriffen habe, oder ist es nicht vielmehr der Räuber, der zuerst das Prinzip der Freiheit verletzt hat? Die Produktionsmittel, also die Hifsmittel den Wohlstand aller zu vergrössern, die von Rechts wegen allen gehören, sind seit undenklichen Zeiten von einer Klasse von Privilegierten monopolisiert worden. Der Raub bleibt, obwohl er schon uralt ist, nichtsdestoweniger auch heute noch Raub. Wenn auch die Verjährung ein den Verbrechern günstiges juridisches Ausfluchtsmittel ist, ist sie vom Standpunkt der strikten Gerechtigkeit ein Unsinn. Die Klasse der Spekulanten befindet sich nun genau in derselben Lage, wie der Räuber, von dem vorhin gesprochen wurde. Die Versuche sie zu überzeugen sind erfolglos erschöpft worden. Es müssen also die Produktionsmittel mit

Gewalt zurückgenommen werden. Diese Rücknahme stellt keine Verletzung der Freiheit der Räuber dar, sondern ist nur eine einfache Rücknahme der vonanderen unberechtigt zurückgehaltenen Gegenstände. Für die Individualisten ruft der Kommunismus noch die Idee der allgemeinen und obligatorischen Promiskuität hervor. Sie betrachten dies als die Verneinung der Möglichkeit für das Individuum sich zu isolieren, und wenn es dies wünscht, eine besondere Familie zu bilden. Sie bilden sich ein, dass der Kommunismus als notwendige Konsequenz den gemeinschaftliche Konsum der produzierten Güter mit sich bringen wird. Selbst die Expropriation wird von ihnen als etwas Gewaltsames und unvermeidlich Aggresives betrachtet. Diese Auffassung muss jedoch jenen kindisch erscheinen, die wissen, wie langsam sich ökonomische Umwälzungen vollziehen. Nur die Staatssozialisten behaupten, dass es möglich sei, von einem Tag auf den anderen die Verstaatlichung des Privateigentums zu dekretieren. Die freiheitlichen Kommunisten sagen einfach folgendes: Zu allen Zeiten waren im allergünstigsten Sinne für die Oekonomie der Kräfte, die Eigentumsformen dem Grade der Vervollkommnung der Produktionsmittel angepasst. Wenn das individuelle Eigentum für eine lange Zeitperiode die verlangten Bedingung erfüllte und eine Eigentumsform war, die der Produktionsform entsprach, so ist dies gegenwärtig nicht mehr der Fall. „Die heutige Produktion verfügt über viel zu mächtige Mittel, dass es die gegenwärtige Form des Eigentums sein könnte, die die allergrösste Oekonomie der Kräfte durchzuführen gestatten könnte. Sie kann nur die Konzentration des Kapitals und seine progressive Aufsaugung zum Vorteil einer Minorität hervorrufen. Ihre Umwandlung wird also notwendig. Und die ökonomische Form, die diesem Bestreben der Oekonomie entspricht, ist der Kommunismus, der dadurch, dass er einem jeden je nach seinen Bedürfnissen die freie Verfügung über die Produktivkräfte überlässt, das Maximum der Produktion gewährleistet, das der Summe der Bedürfnisse entsprechend sein wird". Doch muss gesagt werden, dass keine ökonomische Transformation jemals vorsich gegangen sei, ohne gewisse Interessen zu schädigen und ohne einen erbitterten Widerstand vonseiten der Nutzniesser der sterbenden Gessellschaft hervorzurufen. „Heute ist es eine ganze, ausserordentlich mächtige

Organisation, der Staat, dessen ganze Daseinsberechtigung nur der Schutz des Eigentums und die Aufrechterhaltung der bestehenden ökonomischen Formen darstellt, eine Organisation, die unmittelbar oder mittelbar von den Nutzniessern des bestehenden Regimes errichtet wurde, der sich mit seiner Masse den Bestrebungen der einzelnen für die notwendige Umwälzung entgegenstellt. Es wird also notwendig sein, die Gewalt anzuwenden, um diesen Widerstand zu überwinden. Die Zeit und die Freiheit werden das Übrige tun." Die alte simplistische Auffassung des Kommunismus müsse also als überwunden betrachtet werden. Übrigens hätten die Kommunisten niemals den Anspruch erhoben, wen immer, dem es belieben würde ein Häuschen zu besitzen und mit den primitiven Werkzeugen ein eigenes Feld zu bebauen, daran zu hindern. Wenn jemand ein rudimentäres und primitives Leben fortsetzen wollen wird, wird ihn niemand daran hindern, da ja niemand Ursache haben würde ihn darum zu beneiden. Doch andrerseits werden in der kommunistischen Gesellschaft die verschiedenen Gruppen nicht aufhören Vereinigungen intelligenter Wesen zu sein, die durchaus keiner Heerde ähnlich sein werden. Der primitive Mangel an Teilung und Differenziation hat nichts mit der Freiheit zu tun, die einfach jedem gelassen wird, je nach seinen Bedürfnissen von den ihm zur Verfügung gestellten Aktionselementen Gebrauch zu machen oder nicht. „Was den Kommunismus darstellt, ist nicht die obligatorische Promiskuität des Lebens, sondern der freie Genuss der Produkte und die freie Verfügung über die Produktionsmittel, die absolute Unentgeltlichkeit, die Freiheit für jeden, ohne irgend einen Tribut an diesen oder jenen zu zahlen, die Vorteile und Freuden der Gesellschaft zu geniessen".

Die Erwähnung dieser Polemik hilft uns den Standpunkt zu begreifen, den Tucker einnehmen musste, um der kommunistischen Auffassung der anarchistischen Lehre entgegenzutreten, indem er ihr einen neuen Stützpunkt, wenn auch keine neue Grundlage gab. Er tat dies durch die Vorbedingung einer, ebenso sehr in Bezug auf den politischen und ökonomischen Organismus, als auf die Persönlichkeit der einzelnen Individuen, absolut unbeschränkten Freiheit. Die allernächsten Opponenten findet er als Anarchist, wie schon erwähnt wurde, bei den Anhängern des anarchistischen Kommunismus, und deshalb treten die fragmentarischen Linien seiner Lehre mit besonderer Beachtung dieser Opponenten hervor.

I.

Die politische Freiheit.

Dem Staate ist — nach Tuckers Auffassung — der grösste Teil der Übel zuzuschreiben, die das soziale Zusammenleben belasten. Der Staat erzeugt durch seine Gewalt und seine Attentate gegen die Freiheit die Unordnung und das Elend, und drängt zum Hass und zum Verbrechen. Die Schäden, die er hervorruft sind umso grösser, je mehr er sich unter dem Anschein einer schützenden Tätigkeit verbirgt. Er hat aber dagegen zwei fundamentale Charakterzüge. Der erste ist der, dass er eine Usurpation darstellt, die Vergewaltigung, die Beherrschung, die Unterwerfung des Menschen, der nicht widerstehen kann, unter den Willen eines anderen. Der zweite Charakterzug ist die Errichtung einer absoluten Autorität über ein Territorium und über alles was dieses Territorium enthält; eine im Allgemeinen mit der zweifachen Absicht ausgeübten Autorität, um die Untertanen so viel als möglich zu unterdrücken und die Grenzen des Territoriums selbst auszudehnen. [1]) „Dies ist die anarchistische Definition des Staates: Die Verkörperung des Prinzips des Eingriffs in einem Individuum oder in

---

[1]) „ ..... the elements common to all the institutions to which the name of ‚State' has been applied, they have found them two in number: first, aggression; second, the assumption of sole authority over a given area and all within it, exercised generally for the double purpose of more complete oppression of its subjects and extension of its boundaries." TUCKER, *A. a. O.*, S. 22. — In der bei B. ZACK, Berlin, 1899 erschienen Broschüre von TUCKER: *Der Staat, in seiner Beziehung zum Individuum*, der die Übersetzung dieses Abschnittes gibt, lautet die Stelle: „. . . . Indem sie nach den Bestandteilen suchten, die allen Einrichtungen, auf die der Name ‚Staat' angewandt wird, gemein sind, haben sie zweierlei gefunden: erstens Aggression; zweitens Anmassung alleiniger Autorität über einen gegebenen Flächenraum und alles in ihm befindliche, gewöhnlich ausgeübt zum doppelten Zweck einer vollständigen Unterdrückung seiner Untertanen und zur Ausbreitung seiner Grenzen." S. 5.

einer Gruppe von Individuen, die sich anmassen, als Vertreter oder Herren des ganzen Volkes eines gegebenen Fleicheninhaltes zu handeln." [1]) Die Funktion oder die Funktionen des Beschützers, die man allgemein dem Staate zuschreibt sind in Wirklichkeit sekondär und vielmehr seine Hintergedanken. Diese stellen vielmehr Anfänge zur Zerstörung des Staates dar. [2]) Deshalb wäre die Behauptung, dass der gegenwärtige Staat einfach nur eine Schutzmassregel darstellt, sehr oberflächlich. Wenn es auch so wäre, so ist der Schutz nichts anderes als eine Dienstleistung und als solche müsste sie dem Gesetz von Angebot und Nachfrage unterworfen sein. Wenn der Markt frei wäre, würde man den Schutz um Selbstkostenpreis, um den Fabrikpreis haben können. Aber der Staat hat ein Monopol aus der Herstellung und dem Verkauf des Schutzes gemacht. Er verhält sich also wie alle Monopolisten. Wie ein Nahrungsmittelmonopolist oft Gift statt Nahrungsmittel liefert, so profitiert auch der Staat von seinem Verteidigungsmonopol um Angriff statt Verteidigung zu liefern. (*so the State takes advantege of its monopoly of defence to furnish invasion instead of protection*) [3]). Die Kunden jenes Monopolisten zahlen, um vergiftet zu werden, die Kunden des Staates zahlen um verknechtet zu werden. Aber die Niederträchtigkeit (*villany*) des Staates übertrifft noch um vieles jene aller anderen Monopolisten, weil er der einzige ist, der das Recht hat uns zu zwingen, uns seiner Produkte auch in jenen Fällen zu bedienen, wenn wir ohne sie auskommen wollen.

Man möge auch nicht sagen, dass der Staat sich wirklich auf seine Funktion des Beschützers der Freiheit aller Mitglieder der

---

[1]) „ . . . . . this is the anarchistic definition of the State: the embodiment of the principle of invasion in an individual, or a band of individuals, assuming to act as representatives or masters of the entire people within a given area" *Inst. of a Book.*, p. 23 — (In der deutschen Broschüre. S.S. 6, 7.) —

[2]) „ . . . . Verteidigung war ein Nebengedanke, durch die Notwendigkeit eingeflüstert; nur ihre Einführung als eine staatliche Verrichtung, obwohl zweifellos mit der Absicht einer Verstärkung des Staates ins Werk gesetzt, war wirklich und im Prinzip die Initiative zur Zerstörung des Staates. Ihre Zunahme an Wichtigkeit ist nur ein Beweis für die Richtung des Fortschrittes in Bezug auf die Abschaffung des Staates." . . . . . *Der Staat i. s. Bez. z. Ind.* zit, . . . S. 5. *Instead of a book*, S.S. 22, 23. —

[3]) *Ibid.*, S. 33.

Gemeinschaft beschränken könnte, und dass er also für diese Aufgabe das Recht hätte, geachtet zu werden, was auch im Interesse aller wäre. Um zu diesem Resultat zu gelangen, müsste der Staat sich selbst verneinen, oder aufhören das zu sein, was er ist, denn jeder Staat und jede Regierung sind auf der Autorität begründet und das Prinzip der Autorität ist die Negation der Idee des Schutzes. Jedwede Regierung impliziert zumindestens die Idee der Kontrolle, hat demnach die Tendenz, die Freiheit des Einzelnen zu vergewaltigen, die er auch tatsächlich vergewaltigt. Die Gewalt stellt ein Übel dar, das dem der gemeinen Verbrecher nicht unähnlich ist, ob sie nun vom „theokratischen Despotismus der Könige", oder vom demokratischen Despotismus der das Stimmrecht ausübenden Majoritäten herrühre. Der Stimmzettel ist auf dem Papier die Repräsentation der Bajonette und der Gewehre, also der brutalen Gewalt. Die Stimme der Majorität vermeidet zwar das Blutvergiessen, aber sie bildet den Despotismus einer ebensolchen Macht, wie der Befehl des absolutesten Fürsten, der zu seiner Verfügung eine furchtbare Armee hat. Die Gewalt jeder Regierung ist durch die spezifischen Ziele charakterisiert, die sie zu erreichen beabsichtigt. Vor allem ist es die Bestimmung einer obligatorischen Steuer, die mit Gewalt eingezogen wird. Dies bedeutet einen Eingriff, eine Vergewaltigung der gleichen Freiheit aller. Und diese Verletzung macht nun jede folgende Aktion des Staates schädlich, auch wenn er sich auf blosse Verteidigung beschränken würde. Wie kann sich das Gesetz der gleichen Freiheit für alle mit der Tatsache vereinigen, dass mir ein Teil der Produkte meiner Arbeit weggenommen wird, um einen Schutz zu bezahlen, den ich weder verlangt, noch gewünscht habe? [1]) Und schlimmeres geschieht noch im Falle der Güterkonfiskation, weil jene, die ihr zum Opfer fallen, anstatt Schutz, Unterdrückung erleiden. Es ist aber unvermeidlich, dass die Tätigkeit der Regierung eine endlose Kette von nicht nur indirekten, sondern auch direkten Eingriffen in die Freiheit enthält (*acts directly invasive*), weil ein guter Teil dieser Tätigkeit nicht bloss dahingeht, sie vor den Angriffen zu schützen, sondern auch das Volk in seiner

---

[1]) *Ibid.*, S. 25. vgl.: ELTZBACHER, *A. a. O.* S. 172.

kommerziellen und industriellen Tätigkeit, in seinem sozialen, häuslichen und persönlichen Leben zu unterdrücken. [1])

Das Ziel der Anarchie muss also sein, dem Staate alle jene Funktionen zu entziehen, die der freien Initiative überlassen werden können. Vor allem muss dem Staate die legislative Tätigkeit entzogen werden. Es ist offenbar, dass juridische Formen und entsprechende Sanktionen im Falle von Übertretungen nicht entbehrt werden können. Aber das Recht und somit das ihm entsprechende Gesetz muss so biegsam sein, dass es sich auf alle Fälle anpassen könnte, ohne verändert werden zu müssen. Es müsste in direktem Verhältnis zu seiner Biegsamkeit als gerecht erachtet werden, und nicht wie heute im direkten Verhältnis zu seiner Unbeugsamkeit [2]). Man wird dieses Ziel erreichen, wenn die *Jurys* nicht bloss über die begangenen Akte, sondern auch über das Recht zu bestimmen hätten. Auf diese Weise werden alle Institutionen, die die Aenderung der Gesetze zum Zweck haben, und vor allem der Staat, überflüssig. Zur Anerkennung des individuellen Wohlstandes und der gleichen Freiheit für alle, werden vor allem gesetzliche Normen aufgestellt, die betreffen: *a*) Die Unverletzlichkeit der Person. Tucker erklärt sich als Gegner jeder Gewaltanwendung gegen die Person, weil, wie er sagt, die wichtigste Tendenz des Anarchismus gerade darin liegt, die Ursachen solcher Gewaltanwendung zu beseitigen. Jedoch, fügt er sofort hinzu, schrecken wir vor keinerlei gewaltsamen Massregeln zurück, wenn sie von der Vernunft oder den Umständen geboten sind [3]). Zu diesen Massregeln gehört die Todesstrafe, weil sie in ihrem Wesen keine Augriffs-, sondern vielmehr eine Verteidigungshandlung ist [4]). *b*) Eine zweite juridische Norm wird das auf der Arbeit begründete Eigentum garantieren [5]). Die Bedeutung dieser Norm ersieht man besser

---

[1]) *Ibid.*, S. 57.

[2]) „. . . . . . under anarchism the law will be so flexible that it will shape itself to every emergency and need no alteration. And it will then be regarded as *just* in proportion to its flexibility, instead of as now in proportion to its rigidity" *Ibid.*, S. 312. — In der Rekonstruktion dieses Teiles der Lehre Tuckers, folge ich mit einigen Erweiterungen ELTZBACHER. *Der Anarchismus*, Berlin, Guttentag 1900. (*zit.*) der mit grosser Geschicklichkeit die allerbezeichnendsten Stellen auswählte. —

[3]) TUCKER, *Ibid.*, S. 52.

[4]) TUCKER, *Ibid.*, S.S. 156—157; vrgl.: ELTZBACHER, *A. a. O.*, S. 169.

[5]) TUCKER, *Ibid.*, S. 131.

aus dem folgenden Punkt. *c*) Eine dritte allgemeine Norm betrifft die Verpflichtung einer gewissenhaft und freiwillig angenommenen Beschäftigung (*consciously and voluntary assumed*) [1]). Auf einer Seite hat man eine Pflicht, auf der anderen ein Recht [2]). Die Gewalt des Kontraktes hat jedoch immer eine Begrenzung. Es ist ein Werkzeug, das keine unbeschränkte Anwendung hat. Niemand kann davon Gebrauch machen, um die eigentlichen Rechte des Menschen wegzunehmen. Die Bildung einer Vereinigung mit allgemeiner Verzichtleistung auf das Recht sich aus ihr zurückzuziehen, wäre eine leere Formalität. Auch kann niemand an einem Vertrag teilnehmen, dessen Erfüllung einen Eingriff in die Rechte eines Dritten bedingen würde. Die Erfüllung einer Verpflichtung enthält eine solche Notwendigkeit, dass deren Verletzung nur in wirklich ganz ausnahmsweisen Fällen zugelassen werden darf. Das Nichtausführen einer angenommenen Verplichtüng ist ein zum Nachteil jener, denen gegenüber man sich verpflichtet hat, begangener Betrug, ist eine willkürliche Schädigung seiner Freiheit, ist ein Eingriff. Jeder, dem gegenüber, man eine Verpflichtung angenommen hat, welcher Art sie auch sein möge, hat das Recht ihre Ausführung zu verlangen und selbst durch Gewalt zu erzwingen; er hat das Recht „sich mit anderen ins Einvernehmen zu setzen, damit sie ihm zu diesem Zwecke ihre Hilfe leisten" [3]). Ihrerseits haben die anderen wieder das Recht zu entscheiden, ob und inwieweit sie ihm behülflich sein wollen, die Erfüllung von Versprechen zu erzuringen. Übrigens ist dies nur eine Frage der Opportunität. Doch sei es mehr als wahrscheinlich, meint Tucker, dass die Ausführung der Verträge besser gewährleistet sein wird, wenn derjenige, der sie auf sich nimmt im vorhinein wissen wird, dass er nicht gezwungen sein wird, seine selbstgewählte Beschäftigung auszuführen.

Diese ganze unorganische juridische Konstruktion, von der man nicht weiss, ob man mehr ihre rudimentäre Einfachheit oder ihren unglaublichen Mangel an technischer Präzision bewundern

---

1) Tucker, *Ibid.*, S. 24.
2) *Ibid.*, S.S. 146, 350.
3) *Ibid.*, S.S. 157, 158.

soll, kann sich nach Tucker auch ohne die Unterstützung und die Funktion des Staates aufrecht halten. Und dies ist gerade der Punkt zu dem er gelangen will. Es genügt nicht, die usurpatorischen und aggressiven Charakterzüge des Staates zu konstatieren. Man müsse auch nachweisen, und hier genügt es, wenn man sagt, nachzuweisen versuchen, dass die angeblich beschützenden Funktionen des Staates, die schon so weit davon entfernt sind einer tatsächlichen Realität im gegenwärtigen politischen Regime zu entsprechen, in einem auf der Freiheit begründeten anarchistischen Regime vollständig überflüssig sind. Dies ist so richtig, dass man unabhängig vom Staat eine vollständige Harmonie juridischen Gleichgewichts haben kann. Wenn also der Staat sich einerseits als schädlich erweist und es andrerseits offenbar wird, dass die Menge der von ihm hervorgerufenen Schäden nicht notwendig ist, ist die Absicht ihn zu zerstören, nach der Auffassung der individualistischen Anarchisten, durchaus berechtigt. Das einzige Mass unserer natürlichen Rechte ist nach Tucker die Macht. Wie die Gesellschaft das Recht hat das Individuum zu unterdrücken, wenn sie die Macht dazu hat, so hat auch das Individuum das Recht den Staat zu vernichten, wenn es die Macht dazu hat [1]). Und woher kann es sich diese Macht verschaffen? Die Aufhebung des Staates müsse das Resultat einer sozialen Revolution sein, doch gibt es nicht nur ein einziges Mittel zu ihrer Durchführung. Es gibt geradezu eine ganze Stufenleiter von Mitteln, die je nach den Verhältnissen gewählt und angewandt werden müssten. Das allgemeine Mittel, das ständig angewandt werden könnte, ist der „passive Widerstand", oder die Verweigerung des Gehorsams. [2]) Dies ist die allermächtigste Waffe, die der Mensch jemals im Kampf

---

1) *Ibid.*, S.S. 24 und 132.

2) Tucker, der bei dieser Gelegenheit sonderbarerweise niemals an Tolstoy erinnert, unterscheidet zwischen „passivem Widerstand" und „Widerstandslosigkeit" (non-resistance).: „Der Hauptunterschied zwischen passivem Widerstand und Widerstandslosigkeit ist folgender: Der passive Widerstand wird von seinen Anhängern als blosse Massregel betrachtet, während der Nicht-Widerstand von den Anhängern dieses Prinzips als allgemeine Regel betrachtet wird. Die Vertreter des passiven Widerstandes betrachten diesen als im allgemeinen erfolgreicher als den aktiven Widerstand, denken jedoch, dass es auch gewisse Fälle gibt, wo das Gegenteil richtig ist. Die Anhänger der Widerstandslosigkeit sind entweder der Ansicht, dass es unmoralisch sei, aktiv zu widerstehen, oder auch, dass es *immer* unvernünftig sei, dies zu tun." *Ibid.*, S. 79.

gegen die Tyrannei angewandt hätte. Der passive Widerstand ist der einzige Widerstand, der in unserer auf der militärischen Disziplin und der Bureaukratie begründeten Gesellschaft Aussicht auf Erfolg haben kann. Im ganzen zivilisierten Universum gibt es keinen einzigen Tyrannen, der es nicht vorziehen würde brutal eine blutige Revolution zu unterdrücken, als zu sehen, dass ein Teil seiner Untertanen entschlossen ist, ihm nicht zu gehorchen. Eine Insurrektion ist leicht überwunden, doch gibt es keine Armee, die sich entschliessen könnte ihre Kanonen gegen eine Menge friedlicher Menschen zu richten, die sich gar nicht einmal auf den Strassen ansammeln, sondern in ihren Wohnungen bleiben'! und stark in ihren Recht, sich der Wahlbeteiligung enthalten, der militärischen Einberufung nicht folgen, sich weigeren Steuern zu zahlen. Angenommen, sagt Tucker, ich fühle mich in einem Jahre grade besonders stark und unabhängig, mein Verhalten kann keine ernsten persönlichen Pflichten verletzen, ich bin vielleicht besonders aufgelegt, für einige Zeit ins Gefängnis zu wandern, und auch in der Lage mein Vermögen zu verbergen; wohlan, so gebe ich dem Veranlagungsbeamten Vermögen in irgendwelchem Betrage an, bezahle aber dem Einnehmer die Steuer nicht; oder, wenn ich kein Vermögen habe, bezahle ich die Kopfsteuer nicht. Der Staat muss dann seine Trümpfe ausspielen. Er kann nur zweierlei tun: Entweder er lässt mich in Ruhe, und dann erzähle ich alles meinen Nachbarn, und diese werden das Jahr darauf eine unangenehme Neigung verspüren, ihr Geld in den Taschen zu behalten. Oder er sperrt mich ein, in diesem Falle sichere ich mir auf dem vorgeschrieben Wege alle Rechte eines Schuldgefangenen und lebe still und behaglich, bis der Staat es müde wird, mich und die wachsende Zahl derer, die meinem Beispiel folgen, zu unterhalten. Aber vielleicht entschliesst sich der Staat in seiner Verzweiflung seine Gesetze über die Steuerhaft zu verschärfen, und dann wird sich, wenn ich ein entschlossener Mann bin, herausstellen, wieweit eine republikanische Regierung, „die ihre gerechte Macht von der Zustimmung der Regierten herleitet", gehen kann, um sich diese „Zustimmung" zu verschaffen — ob nur bis zur Einzelhaft in der Dunkelzelle oder, wie der Zar, bis zur Folterung durch Elektrizität. Je weiter sie geht, desto günstiger ist es für die Anarchie, das weiss jeder, der sich mit der Geschichte der Reformen beschäftigt hat. Was für einen Wert für die Propaganda ein paar solche Fälle haben, zumal wenn hinter ihnen, ausserhalb der Gefängnismauern, eine wohlgeordnete Streitkraft von Agitatoren steht, ist gar nicht abzusehen [1]). Es genügt dieses Beispiel des individuellen passiven Widerstandes, um den Leser noch einmal urteilen zu lassen, mit welchem Langmut man sich ausrüsten muss, um alle Abtönungen des anarchistischen Gedankens mit all seinen elementaren Unzulänglichkeiten und Lücken aufzulesen, was aber mit unübertrefflicher Wirksamkeit jeden kritischen Eifer ersetzt. Tucker hat aber mit liebenswürdiger Resignation vielleicht die Zuversicht gehabt, sich dieser Beurteilung zu entziehen, als er erklärte: „der Anarchismus ist philosophisch, aber er ist kein System der Philosophie" [2]). Es ist wahrhaftig eine bewundernswerte intellektuelle Naivität, einen Anarchisten zu sehen, der sich immer noch eine so orthodoxe Ansicht über die philosophischen Systeme bewahrt hat.

Es muss jedoch leider hinzugefügt werden, dass in der Ideenrichtung Tuckers diese Lehre von der Steuerverweigerung die Mutteridee darstellt. Er schlägt sie nicht bloss gewissermassen als Mittel ausnahmsweisen Versuchs dem Einzelnen vor, sondern er verspricht sich davon die allergrössten Resultate, wenn sie kollektiv befolgt würde. Die Macht einer aufgeklärten und energischen Minorität, die zum Beispiel den fünften Teil der Bevölkerung umfasst, und sich weigern würde, die Steuern zu bezahlen, wäre seiner Meinung nach nicht nur bedeutend, sondern direkt unwiderstehlich. Die Agitation der Irish Land League bietet uns eine wertvolle Lehre. So lange sie bei der Taktik verblieb, die im Losungswort „keinen Pachtzins bezahlen" bestand, war sie die gewaltigste revolutionäre Macht der Welt. Sie verlor ihre Kraft erst am Tage, an dem sie diese Taktik aufgab [3]). Aber sie folgte

---

[1]) *Ibid.*, S. 412.

[2]) „Anarchism is philosophical, but is not a system of philosophy. It is simply a fundamental principle in the science of political and social life." — *Ibid.*, S. 80.

[3]) *Ibid.*, S. 413. — An einer anderen Stelle meint Tucker, dass die *Irisch Land*

dieser Richtschnur genügend lange, um nachzuweisen, dass die englische Regierung nichts gegen sie ausrichten konnte. Es wäre nicht übertrieben, wenn man behaupten würde, dass es in Irland schon keine Grossgrundbesitzer mehr gäbe, wenn die Irrländer bei ihrer Taktik bis zum Aeussersten beharrt hätten. Die Steuerverweigerung kann umso grössere Resultate erreichen, je mehr das Volk intellektuel entwickelt ist, und je grösser die Zahl derjenigen ist, die die Initiative zu diesem Widerstand ergreifen wollen. Wenn nur ein Fünftel der Bevölkerung sich weigern würde die Steuern zu zahlen, so würde die Eintreibung, oder der Versuch, die von den Steuerverweigern schuldige Summe in die Kassen des Staates einzutreiben, grössere Kosten verursachen, als die Steuersumme der vier Fünftel darstellt, die regelrecht bezahlt haben. Die Methode des passiven Widerstandes ist die allermächtigste Waffe, die der Mensch gegen die Unterdrückung verwendet hat. Die Gewalt lebt vom Raub und stirbt, wenn die Opfer sich nicht mehr berauben lassen wollen. Man kann sie weder durch Überzeugung noch mit dem Stimmzettel, noch mit dem Gewehr umbringen — man kann sie nur aushungern. Wenn eine ansehnliche Zahl von Menschen, auf alle Konsequenzen bereit, nach gegenseitiger Abmachung sich weigern würde, jeden Tribut dem Staate und dem Privateigentum zu bezahlen und nun eigenes Geld zirkulieren lassen würde, so würde das den kapitalistischen Profit aufheben, und die Regierung mit all ihren Privilegien, die sie beschützen und mit allen Monopolen, die sie unterstützen, wäre vernichtet.

Doch kann man andrerseits erklären, dass der passive Widerstand in allen seinen Anwendungen nicht immer direkt zur Erreichung des Zieles, nämlich zur Aufhebung des Staates führen müsse, auch wenn diese als allmählige Beseitung aufgefasst wird. Die mit

---

League nicht vollständig ihr Ziel erreicht habe, weil die Bauern, statt ihrem eigenen Urteil zu folgen, das sich in der Erkenntnis des Notwendigen nicht irrt, sich blindlings ihren Chefs anvertrauten, die sie im kritischen Moment verrieten. Die Anarchisten, fügt Tucker hinzu, wollen die Nachteile dieser Einmischung von nicht direkt Beteiligten in den verschiedenen sozialen Forderungen vermeiden, und deshalb widmen sie alle ihre Kräfte der Propaganda ihrer vor allem ökonomischen Lehren. „Indem sie standhaft, ohne Rücksicht auf die Schreie ihren Lauf verfolgen, legen sie allein die sichere Grundlage für den Erfolg der Revolution." *Ibid.*, S. 416.

Hilfe der Presse und des Wortes gemachte anarchistische Propaganda, die alle die Vorteile anführt, die mit dem friedlichen Streik der gegenwärtig den Bürgern zufallenden Funktionen, mit der Verweigerung der Steuerzahlung und des Militärdienstes, mit der beharrlicher Verachtung jeden Gesetzes und jeder Form oder jeden Ausdrucks der Macht erreicht werden können, muss nicht immer direkt zum Ziele führen. Es können andrerseits die Press- und Redefreiheit, die diese Mittel des passiven Widerstandes zu verbreiten versuchen, unterdrückt werden. Die Vertreter der Autorität können die friedliche Agitation und die überlegte Empörung unmöglich machen. In diesem Falle ist nun die Gewalt berechtigt, doch auch nur in den extremsten Fällen. Diejenigen, die die Gewalt für die Gewalt als allgemeines Heilmittel vorschreiben und von ihr ohne Notwendigkeit Gebrauch machen sind Quacksalber (*are social quacks*). [1] Das Blutvergiessen ist immer an sich vom Übel. Aber wenn die Freiheit der Agitation mangelt, und man sie sich nur durch Blutvergiessen verbürgen kann, müsse man auch zu diesem äussersten Mittel greifen. In Russland ist der Terrorismus moralisch zu rechtfertigen und zweckmässig; es ist dies aber nicht der Fall für Deutschland und England. Und die Gewaltakte müssen etwas anderes sein, als eine bewaffnete Revolution. Die Zeit der Revolution ist vorbei, weil die Revolution heute viel zu leicht überwunden werden kann. Es würde also eine Serie von Akten einzelner Dynamiteure notwendig werden. [2]

---

[1] *Ibid.*, S. 428.

[2] „..... Wenn es notwendig würde die Redefreiheit durch Gewalt zu erringen, wird dieses Werk in einer Serie von individuellen Dynamitakten bestehen müssen. Die Tage der bewaffneten Revolution sind vorbei. Sie ist zu leicht überwunden." *Ibid.*, S. 440. — Und auf einer anderen Stelle: „Weder die Kugel noch das Bayonett wird eine grosse Rolle im kommenden Kampf spielen; passiver Widerstand und im Notfalle die Dynamitbombe in den Händen isolierter Individuen sind die Mittel, durch die die revolutionare Macht berufen ist, im letzten grossen Konflikt des Volkes Recht für immer zu erringen." *Ibid.*, S. 413. — Und in einer Fussnote erklärt Tucker, dass er mit dem Worte „Notfall", wie er es auch im Text betont hatte, etwas „wirklich Ernstes" meint, wie z.B. die „absolute Unterdruckung der Press- und Redefreiheit."

II.

Die ökonomische Freiheit

Der individuelle und soziale Wohlstand kann nach Tucker entstehen, wenn wir die absolute Freiheit der Produktion und der Zirkulation der Reichtümer anerkennen. Die gegenwärtige ökonomische Wirtschaftsform ist in der Gewalt von zahllosen, vom Staate beschützten Monopolen. Man müsse sich von diesen Monopolen emanzipieren, die als unmittelbare Wirkung den Wucher begünstigen. Es gibt drei Formen des Wuchers : Der Kapitalzins (*interest*), die Haus- und Bodenrente (*rent*), und der Gewinn im Austausch (*profit*). Der Bankier, der Haus- oder Grundbesitzer, der Industrielle sind alle Wucherer oder Menschen, die einen Mehrwert (*surplus wealth*) von Dingen erheben, die nicht von ihrer Arbeit herrühren. Der Begriff ist zwar nicht einmal elementarisch wissenschaftlich, doch kümmert sich Tucker nicht darum. Selbst der Arbeiter, sagt er, der einige Ersparnisse gemacht hat und sie auf Zinsen verleiht, oder sein Feld oder sein Haus vermietet ist ein Wucherer. Diese Erscheinung, die allen gemeinsam ist, hat noch die Eigenschaft, der grossen Majorität zu schaden. Nur die grossen Wucherer ziehen davon Vorteil und bereichern sich, nämlich die Latifundienbesitzer durch den Grundbesitz und die Bankiers auf industriellem und kommerziellem Gebiet [1]). Von den Monopolen, von denen der Wucher herrührt, und die vom Staate beschützt oder ausgeübt werden, sind besonders vier der Beachtung würdig, [2]) und zwar :

a) Das Geldmonopol (*the money monopoly*) ist wegen seiner unheilvollen Wirkung dass allerwichtigste. Es besteht in der Tatsache, dass die Regierung bloss gewissen Personen oder selchen Personen, die im Besitze einer bestimmten Art von Eigentum

---

[1]) „Die Sünde des Wuchers ist eine derartige, dass alle von ihr ergriffen sind und für die alle verantwortlich sind. Aber nicht allen bringt sie Gewinn. Die grosse Majorität leidet. Nur die Hauptwucherer werden reich ; in ackerbautreibenden und dichtbewohnten Ländern die Grundbesitzer, in industriellen und kommerziellen Ländern die Bankiers. Sie sind diejenigen, die den Mehrwert verschlingen." *Ibid.*, S. 178.

[2]) Tucker, *A. a. O.* S.S. 11—18.

sind, gestattet eigenes Geld in Umlauf zu setzen. Diese Privilegierten bestimmen willkürlich den Zinsfuss (*the rate of interest*), den Hauszins und den Waarenpreis; im ersten Fall direkt, im zweiten und dritten Fall indirekt. Wie ist nun dieser Sachlage abzuhelfen? Indem man, antwortet Tucker, die ökonomische Freiheit als Grundbedingung anerkennt, das heisst, indem man jedem das Recht zuerkennt Geldnoten in Umlauf zu setzen, die den eigenen Namen tragen und entweder eine ausgeführte Arbeit oder ein Mittel darstellen, ein produktives Unternehmen zu begründen. Mit Tucker kehren wir also zu einer der Grundideen Proudhons zurück, nämlich zur Organisation des Kredits in solcher Weise, dass sich der Kapitalzins dermassen verringert, bis er unentgeltlich und frei für alle wird. Die Organisation des Kredits müsse den Händen des Staates und seiner privilegierten Monopolisten entzogen werden, indem an die Stelle des Geldmonopols eine Wechselbank errichtet wird, die ohne Kapital, mit dem alleinigen Hifsmittel des sozialen Papiergeldes arbeitet, das den Zahlenwert ersetzt und die ausgetauschten Dienste darstellt, wobei alle Bankoperationen ohne Abzüge irgend welcher Art gemacht werden. [1]) Dadurch würde sich als Resultat der Konkurenz unter den Produzenten der Kapitalzins für jedes Darlehen auf die blossen Kosten der Arbeit reduzieren, also auf weniger als ein Prozent. Die Kapitalisten, in der allgemeinen Auffassung des Wortes, könnten nicht mehr bestehen, da alle in der Lage sind unentgeltlich das Kapital zu erhalten, dessen sie bedürfen. Diese Reform würde nach Tucker zwei weitere fundamentale Vorteile mit sich bringen. Einerseits würde der Pachtzins sinken, weil niemand, der für ein Prozent Geld finden könnte, um sich ein Haus zu bauen, noch einwilligen würde, dem Hausbesitzer hohe Miete zu bezahlen. Andrerseits würde der Gewinn im Austausch sinken, denn die Kaufläute würden, anstatt auf Kredit und zu hohen Preisen einzukaufen, von der Bank Gelddarlehen zu womöglich unter ein Prozent verlangen. Da sie baar zahlen würden, würden sie billig einkaufen und demnach auch entsprechend die Waarenpreise für ihre Kunden herabsetzen. Tucker berücksichtigt gar nicht die ökonomische Inferiorität, in der sich diese Kaufleute gegenüber jenen ihrer

---

[1]) Vrgl.: P. Ghio, *L'anarchisme aux Etats-Unis*, Paris, Colin, 1903, S.S. 117, 118.

Kollegen befinden würden, die es nicht nötig hätten, irgend ein Darlehen, bei noch so geringem Prozentsatz beanspruchen zu müssen. Er nimmt auch auf einen anderen, noch viel wichtigeren Umstand keine Rücksicht, nämlich, dass auch heute nichts und niemand irgend jemanden daran hindert, zwar nicht Papiergeld im strengen Sinne des Wortes, aber doch eine Serie von Obligationen auszugeben, die eine wirkliche und richtige Verpflichtung von Seiten des Emittenten darstellt; und dass die Schwierigkeit nicht in der materiellen Tatsache der Emission liege, sondern im Umstand, jene Personen zu finden, die sie als Aequivalente für allgemein kursierende und obligate Werte annehmen. Doch ist es nicht notwendig bei diesen und anderen Widersprüchen speziell zu beharren. Es genügt bloss zu wiederholen, dass die Freiheit Geld zu emittieren und Zirkulationsbanken zu begründen, „*free money and free banking*" für Tucker die Hauptreform darstellt, auf die sich die Bestrebungen der Anarchisten zu konzentrieren hätten. [1])

b) Zweitens kommt in Bezug auf seine Bedeutung das Bodenmonopol (*the land monopoly*). Seine schädlichen Wirkungen werden besonders in den ausschliesslich ackerbautreibenden Ländern, wie in Irrland gefühlt. Dieses Monopol besteht im staatlichen Schutz von Eigentumstiteln, die weder auf persönlicher Okkupation, noch auf der Arbeit begründet sind. Dieser Schutz macht die Erhebung des Pachtes möglich. Wenn dagegen der Schutz bloss auf den persönlichen Besitz und auf die Freiheit die Erde zu bebauen, beschränkt wäre, würde die Grundreute verschwinden und auch diese Art von Wucher würde ihren Stützpunkt verlieren. [2])

c) Das Tarifmonopol (*the tariff monopoly*) besteht in der Förderung einer unter ungünstigen Verhältnissen betriebenen Produktion zu hohen Preisen, zum Schaden jeder anderen Produktion, die unter günstigen Verhältnissen und zu billigen Preisen betrieben wird, indem diese durch eine Besteuerung in ihrer Wirkung

[1]) Vrgl.: P. Ghio, *A. a. O.*, und für weitere Details, Tucker, *A. a. O.*, S.S. 231—234, 245, 264, 249, 258, 273—275, 287.

[2]) „Es war Warren und Proudhon klar, dass sobald die Menschen keinen Schutz mehr finden, ausser in der persönlichen Okkupation und Bebauung des Bodens, die Bodenrente wegfallen und der Wucher eine weitere Stütze verlieren wird." Tucker, *A. a. O.*, S. 12. vrgl.: S.S. 324—326, 330, 342, 343. —

gehindert wird. Dieses Monopol macht die Arbeit nicht so sehr dem Niessbrauch des Kapitals tributpflichtig, als vielmehr dem Missbrauch desselben (*properly be called misusury then usury*), und das aus demselben stammende Übel unterscheidet sich demgemäss vom gewöhnlichen Wucher. Die Abschaffung dieses Monopols würde eine grosse Reduktion der Preise aller besteuerten Waaren zur Folge haben, und die sich daraus ergebende Ersparnis zu Gunsten der jene Waaren konsumierenden Arbeiter wäre ein weiterer Schritt in der Richtung, dem Arbeiter seinen natürlichen Lohn, d.h. seinen vollen Arbeitsertrag zu gewährleisten. [1])

d) Das letzte unter den wichtigsten Monopolen ist das Patentmonopol (*the patent monopoly*), das im Schutz der Erfinder und Autoren für eine bestimmte Zeitperiode gegen jede Konkurenz besteht, und ihnen somit gestattet aus dem Volk eine unvergleichlich höhere Entlohnung herauszudrücken, als der Wert ihrer Arbeit und Dienste wirklich beträgt. Dieses Monopol überweist einzelnen für eine gewisse Anzahl von Jahren das Eigentumsrecht auf Naturgesetze und Naturerscheinungen (*a right of property .... in laws and facts of nature*) und das Privilegium von den anderen einen Tribut für die Benützung dieser natürlichen Reichtümer zu verlangen, die allen zugänglich sein müssten. Aber die von Erfindern und den Autoren geleistete Arbeit verdient nicht im Prinzip ausgiebiger entlohnt zu werden, als irgend eine andere menschliche Arbeitsleistung. Somit müsste die Entschädigung für ihre Arbeit nicht auferlegt, sondern frei gegeben werden. Wenn ein Erfinder ein Patent für seine Erfindung verlangt, so tut er es vielmehr, um sich von seinen Mitmenschen eine Art

---

[1]) „Proudhon gab jedoch zu, dass die Abschaffung dieses Monopols, solange das Geldmonopol noch besteht, eine grausame und folgenschwäre Massregel wäre, erstens, weil das aus dem Geldmonopol entspringende Übel des Geldmangels sich infolge des durch den sich ergebenden Überschuss der Einfuhr über die Ausfuhr bedingten Ausflusses des Geldes aus dem Lande noch verschlimmern würde, und zweitens, weil diejenigen Arbeiter eines Landes, die jetzt in den geschützten Industrieen ein Unterkommen finden, entlassen und dem Elend preisgegeben würden, ohne den Vorteil der unstillbaren Nachfrage nach Arbeit zu geniessen, welche ein Konkurrenz-Geldsystem schaffen würde. Freiheit der Beschaffung des Zirkulationsmittels im eigenen Lande, die Geld wie Arbeit reichlich hervorbringen, war die Bedingung, die Proudhon für den Freihandel mit fremden Ländern als Veraussetzung betonte." *A. a. O.*, S. 13. — Vrgl.: „*Staatssozialismus u. Anarch.* Üb. v. G. Schumm, Berlin, B. Zack, 1895. S.S. 9, 10. —

Zehnten zahlen zu lassen, als um sich gegen die Nachahmungen anderer Erfinder zu schützen. Die Aufhebung dieses Monopols hätte den Vorteil die Preise der Erfindungen auf eine normale Höhe, in direktem Verhältnis, nicht zur masslosen Geldgier der Erfinder, sondern zum sozialen Nützlichkeitsgrad der Erfindungen selbst zurückzuführen. Dasselbe kann auch in Bezug auf die Autorrechte gesagt werden, durch die die Schriftsteller mehr auf die aus ihren Werken zu ziehenden ökonomischen Vorteile, als auf ihren sozialen Wert ihre Hoffnung setzen, was in jedem Fall den Nachteil hat, dass die der intellektuellen Erziehung nützlichsten Werke, immer bloss einer beschränkten Anzahl von Personen zur Verfügung stehen können [1]. Wenn man sich von allen diesen Schutzmonopolen des Staates befreit, und das ökonomische Leben wieder dem Spiel der Freiheit, der Kooperation und der Freiheit der Konkurrenz zurückgegeben haben wird, würden daraus Vorteile für alle in der bestehenden Gesellschaft auftretenden Tätigkeitsformen resultieren, sogar wenn es sich um Formen handeln würde, die ganz ausnahmsweise grosse Dimensionen angenommen hatten, wie dies der Fall bei den *Trusts* ist. Über die Trusts, wenn man sie als die Resultate der freien Konkurrenz betrachtet, hat der Anarchismus gar keinen Grund Wehklagen zu erheben. Die Bildung der *Trusts* zu verhindern, wäre eine das Freiheitsprinzip verletzende Tat. Die Frage ist anderer Art. Damit sich die Trusts organisieren konnten, muss vorher ein willkürlicher Beschluss gefasst worden sein, die Freiheit der Konkurrenz zu verhindern. Wer einem Trust vorsitzt, ist Eigentümer von Kapitalien, deren Aufspeicherung in einer ökonomisch freien Gesellschaft unmöglich gewesen wäre. Die gesetzlichen Massregeln gegen die Trusts sind ungerecht und lächerlich, da sie ja eine direkte Zweiglinie des Staates sind. Ihr Ursprung muss in den vorhin besprochenen Monopolen gesucht werden. Wie kann man annehmen, dass der Staat, der mit seiner Autorität und mit seiner Macht diese Privilegien garantiert, einschreiten würde, um sein eigenes Werk zu zerstören? Wenn die Schutzgesetze der Gerechtigkeit entsprechen, weshalb also verhindern, dass sie ihre natürlichsten Konsequenzen hervorbringen? Wenn sie es nicht sind,

---

[1]) Tucker, *A. a. O.*, S. 13. Vrgl.: Gnio. *A. a. O.*, S.S. 98, 99. —

warum sie also aufrecht erhalten? Die Trusts sind also, wenn man das Problem aufmerksam untersucht, nicht das Resultat der Konkurrenz, sondern vielmehr der systematischen Behinderung der freien Konkurrenz. Sie sind die Kinder der Monopole und der Privilegien. Und deshalb, sagt Tucker, erachten die Anarchisten die Gesetze gegen die Trust für überflüssig und wirkungslos, um so mehr, wo diese Gesetze den schon komplizierten Organismus der bestehenden Gesetze noch weiter komplizieren. Die Freiheit ist auch in der Frage der Trusts das alleinige Hilfsmittel. Und was die Gesetze anbetrifft, so müssen viel eher die bestehenden aufgehoben, als neue geschaffen werden. [1])

Und welche Stellung wird die ökonomische Freiheit gegenüber dem Problem des Eigentums einnehmen? Die Anarchie, sagt Tucker, ist die Verwirklichung der Idee der Freiheit. In der anarchistischen Gesellschaft wird also diese einzige Form des Eigentums bestehen, die berufen ist, die Freiheit des Individuums zu verbürgen. Nun ist die der Idee der Freiheit entsprechende Form des Eigentums jene, die dem Einzelnen das freie Verfügungsrecht über die Produkte seiner Arbeit, sowie über alle anderen ohne Betrug noch Gewalt erlangten Produkte gewärt, (*withoot the use of fraud or force*), oder durch einen, mit einem anderen Individuum frei abgeschlossenen Kontrakt in seinen Besitz gelangt sind. Die Ausschliessung des Betrugs und der Usurpation, fügt Tucker hinzu, ist eine von den Anarchisten als wesentlich erachtete Bedingung des Eigentums. Jedoch dürfen unter diesem Wort nicht nur die verbrecherischen Akte oder die Missbräuche verstanden werden, deren sich die Bevorrechteten des Reichtums schuldig machen, sondern auch die autoritären und gesetzlichen Vorschriften, die irgend eine gewaltsame Form annehmen. [2]) Das auf der Arbeit begründete Eigentum bietet allen gleiche Freiheit, mithin ein solches Gleichgewicht zwischen der Freiheit zu nehmen, und der Freiheit festzuhalten, dass beide ohne Konflikt oder Eingriff nebeneinander bestehen können. Das anarchistische Eigentum betrifft also bloss die Produkte, wobei als Produkt alles betrachtet wird, was menschliche Arbeit beansprucht, sei

[1]) Vrgl.: GHIO, *A. a. O.*, S.S. 127—131. —

[2]) TUCKER, *A. a. O.*, S. 60. —

es nun ein Stück Eisen oder ein Stück Acker. In Bezug auf die Erde und andere Gegenstände, die in begrenzter Menge bestehen, wird die Anarchie bloss die auf tatsächlichem Besitz und Gebrauch (*on actual occupancy and use*) begründeten Ansprüche beschützen [1]. Auf diese Weise wird das metaphysische Eigentumsrecht, das für sich selbst besteht und über alle individuellen Interessen geht, aufgehoben. Das Eigentum ist das Resultat sozialer Verträge und kann verschiedene Formen annehmen. Die einzige Form, die jedoch in einer anarchistischen Gesellschaft fortbestehen kann, ist die, die auf der absoluten Freiheit der Individuen begründet ist. Diese wird auf alle Produkte ohne Ausnahme und auch in Bezug auf die Erde, auf den direkt bebauten Boden angewandt werden. Das Eigentumsrecht muss als direkter Ausfluss des individuellen Interesses betrachtet werden, das in der Praxis die Form einer sozialen Übereinkunft annimmt, und zwar in dem Sinne, dass die Anarchisten, die die Notwendigkeit einer sozialen Macht zum Schutze ihrer Ausübung verwerfen, nach einer Zeit streben, in der alle Mitglieder der Gesellschaft darin übereinstimmen werden, es in seiner vollen Entfaltung anzuerkennen. Es gibt aber Leute, die denken, dass wenn die Gesellschaft die Ausübung des Eigentumsrechts nicht durch den Schutz autoritärer Mittel verbürgen würde, dieses Recht zu bestehen aufhören müsste. Die Anarchisten denken dagegen, nach der Behauptung Tuckers, dass gerade erst von diesem Augenblick an das Eigentumsrecht wirklich bestehen würde, weil die heute auf der Gewalt und auf dem Vorrecht oder auf dem Raub und der Usurpation begründete Gesellschaft sich darauf in eine freiwillige Organisation zu gegenseitigem Schutz und Verteidigung umgewandelt haben wird. Mit diesen Kennzeichen muss also die Beibehaltung des persönlichen Eigentums zugelassen werden. Auf den allerschwersten Einwand der Sozialisten und der kollektivistischen und kommunistischen Anarchisten gegen diese individualistische Auffassung, dass es nämlich unmöglich wäre, die Ausbeutung der Arbeit durch das Kapital in der grossen Industrie zu vermeiden, wenn das persönliche Eigentumsrecht nicht abgeschafft wird, antwortet Tucker, dass es sehr

---

[1]) Tucker. *A. a. O.*, S. 61, in der Fussnote.

bestreitbar ist, ob die grosse Industrie in unserem ökonomischen Leben überhaupt notwendig ist. Es ist, sagt er, die Hoffnung gestattet, dass die Produktionsmittel wieder in der Weise umgeändert werden, dass dem Individuum aufs neue seine persönliche Produktivität vergangener Zeiten wiedergegeben wird [1]). Auf jeden Fall wird, wenn in einer zukünftigen, ökonomisch freien Gesellschaft eine Konzentration der Produktion stattfinden wird, dies nur zum Nutzen der Arbeiter ausfallen und nicht wie es heute der Fall ist, zum Nutzen des Kapitals, das sich in den Händen weniger, vom Staate beschützter Privilegierten befindet. [2])

Ein Regime absoluter ökonomischer Freiheit würde vor allem die freie Entfaltung folgender Formen der Aktivität bedeuten :

a) Freies Geld (*free money*) d.h. die totale, einem jeden der es will, zugebilligte Freiheit, nicht gefälschtes Geld in Umlauf zu setzen, und zwar ebenso Waarengeld (*commodity money*) als Kreditgeld (*credit money*) [3]). Wenn es gestattet wäre, freie Banken (*free banking*) zu bilden, die, ohne Kapital zu besitzen, Papiergeld herausgeben könnten ; wenn die Bank nicht gezwungen wäre, ihr Papiergeld in Goldgeld zurückzugeben ; wenn die Kunden der Bank sich gegenseitig verpflichten, ihre Noten zum Nennwerte an Stelle von Zahlungen in Gold und Silber anzunehmen ; wenn man endlich die Rückzahlung nur zu einem festgesetzten Termin und gegen die Rückgabe der Noten sowie der Pfänder und Garantien verlangen könnte, würde das Volk ohne Zweifel von einer so kostbaren Freiheit profitieren, und niemand würde einwilligen, einem Kapitalisten Zins zu bezahlen, sobald er von einer Bank die Summen erhalten kann, die ihm zur Beschaffung der Produktionsmittel notwendig wären.

b) Die Freiheit der Erde in dem Sinne, dass ohne Rücksicht auf die gegenwärtigen Klassen, ob Besitzer, Pächter oder Arbeiter, nur derjenige seinen Grundbesitz verbürgt haben wird, der den Boden wirklich bebaut, was gleichzeitig die Aufhebung jeder Art von Pacht oder Steuer in sich enthält [4]). Dieses, auf der

---

1) TUCKER, A. o. O., S. 394.
2) GHIO, A. a. O., S.S. 101, 102. —
3) TUCKER, *A. a. O.*, S. 272 ; Vrgl. : ELTZBACHER, *A. a. O.*, S. 186.
4) TUCKER, *A. a. O.*, S.S. 299, 300.

Okkupation begründete Besitzsystem (*system of occupying ownership*) würde sich von der vorhergehenden Aufhebung des staatlichen Geldmonopols [1]) inspirieren, und in natürlicher und friedlicher Weise die Produkte der Erde unter ihre wirklichen und rechtmässigen Eigentümer verteilen.

c) Die Freiheit des Handels und die Abwesenheit des Schutzes für die Produkte des menschlichen Geistes. Wenn dies, resumiert Eltzbacher [2]) treffend, dem System des freien Geldes hinzugefügt wird, hätte man davon Vorteile in allen Beziehungen der Produktion und in der Verteilung der Reichtümer. Durch den freien Tausch würde der bis zu diesem Moment erzwungene Preis aller Waaren erheblich sinken. Und durch die Nichtbeschützung der Produkte des Menschengeistes hätten deren Autoren eine heilsame Angst vor der Konkurrenz und würden sich mit denselben Löhnen zufrieden geben, wie die anderen Arbeiter. Wenn die Bedingung der gleichen Freiheit für alle in diesen vier Gebieten erreicht ist, so folgt daraus natürlich, dass sie sich auch für das Eigentum verwirklicht, und daraus würde eine Verteilung des Eigentums resultieren, durch das einem jeden das Produkt seiner Arbeit verbürgt wäre. Mit der Aufhebung des Staates, würde das ökonomische Privilegium von selbst verschwinden. In einer Gesellschaft, in der es keine Herrschaft des Menschen über den Menschen mehr gibt, wird der Besitz der Produkte der eigenen Arbeit einem jeden garantiert sein. „Wir sagen nicht, erleutert Tucker: du sollst nicht stehlen; sondern wir sagen: wenn alle Menschen frei sein werden, wirst du nicht stehlen". Und das Regime der vollen ökonomischen Freiheit wird auch dahin drängen, die Ungleichheit der Produkte und die ihr entsprechende Ungleichheit der Entlohnungen verschwinden zu lassen. Und als Konsequenz wird auch die gegenwärtige Unterscheidung der Klassen verschwinden, wenn es auch anderen überlassen werden soll, eine unerreichbare Zukunft absoluter Gleichheit zu erträumen.

---

[1]) „A system of occupying ownership, however, accompanied by no legal power to collect rent, but coupled with the abolition of the State-quaranteed monopoly of money, thus making capital readily available, would distribute the increasment naturally and quietly among its rigthful owners." Tucker, *A. a. O.*, S. 325.

[2]) *A. a. O.*, S. 186, und vrgl. die von ihm gelegentlich zitierten Stellen aus Tucker.

III.

Die individuelle Freiheit.

Nun stehen wir vor einem von der gegenwärtigen politischen und ökonomischen Organisation isolierten Individuum. Was wird nun sein Gesetz sein? Der Egoismus. Die Anarchisten, sagt Tucker, sind nicht bloss Utilitarier, sondern auch Egoisten in vollem und weitestem Sinne [1]). Dieser Egoismus umfasst aber auch das Interesse des Individuums in seinen höheren Formen. Das Interesse der Gesellschaft ist auch dasjenige des Individuums; sobald man die eine zerstört, zerstört man auch das andere. Die Anarchisten können also nicht nach der Aufhebung der Gesellschaft streben, [2]) die ein wertvolles Mittel zur Entfaltung der individuellen Tätigkeit darstellt. Die Unabhängigkeit würde sehr wenig wert sein, wenn sie nur durch die Isolierung zu erreichen wäre. Man müsse das Maximum der Unabhängigkeit suchen und dabei doch einer besonderen Gesellschaftsform folgen, von der binnen kurzem gesprochen werden soll. Jedes einzelne Individuum muss denselben Grad von Freiheit haben, wie sie alle anderen haben. Und da dieser Grad vom persönlichen Verteil herrührt, so muss jeder den höchsten Grad der möglichen Freiheit haben, wie man es niemandem verwehren kann, seinen grösst möglichen Verteil zu erringen. Die gleiche Freiheit aller bedeutet, dass jeder das Maximum der Freiheit erreichen kann, soweit sie damit vereinbar ist, dass die in Gesellschaft lebenden Individuen gegenseitig und in gleichem Masse ihre entsprechenden Tätigkeitsgebiete achten. „Es soll sich jeder um seine eigenen Angelegenheiten

---

1) „The anarchists are not only utilitarians, but egoists in the farthest and fullest sense." TUCKER, *A. a. O.*, S. 24. —

2) *Ibid.*, S. 35. „..... Dass die Gesellschaft ein konkreter Organismus sei, bestreiten die Anarchisten nicht; im Gegenteil, sie betonen dies. Sie haben also folgerichtig weder die Absicht noch den Wunsch sie abzuschaffen. Sie wissen, dass ihr Leben untrennbar ist vom Leben der Einzelnen; dass es unmöglich sei, die eine ohne das andere zu vernichten." *Ibid.*, S. 35.

kümmern", das ist das einzige Moralgebot der Anarchie [1]). Wer in die Aktionssphäre der anderen eindringt, begeht ein Verbrechen, das einzige wirkliche, von den Anarchisten als solches anerkannte Verbrechen; und wer unter einem solchen Eingriff leidet, hat das Recht zu reagieren. Diese individuellen Akte oder autoritären Massregeln, die sich in der modernen Gesellschaft bestreben jene Handlungen zu unterdrücken, die als Laster bezeichnet werden, sind als Attentate gegen die Freiheit zu betrachten. Die Anarchisten denken, dass die Freiheit und der daraus folgende soziale Wohlstand eine Heilung für viele Laster darstellen wird und sie bestreiten es, dass es moralische Zwangsverpflichtungen gibt. Auf jeden Fall kann nur von sozialen Verpflichtungen gesprochen werden, und zwar in diesem Sinne, dass sie durch freies Einvernehmen, durch freien Vertrag von nebeneinander lebenden Individuen herrühren. Alles, was nicht von einer Verpflichtung des persönlichen Willens herrührt, kann, abgesehen von der Pflicht die Rechte der anderen zu respektieren, keine obligatorische Kraft besitzen. In dieser einzigen Pflicht, die der Anarchist als eine Pflicht gegen sich selbst betrachtet, konzentriert sich die ganze anarchistische Moral, die also weder Zwang noch Autorität anerkennt. Das Gesetz der gleichen Freiheit aller, und die dazugehörige Pflicht, die Freiheit der anderen zu achten, ist von hauptsächlicher Bedeutung, weil sie die Unterscheidung zwischen der Gewaltanmassung und dem Widerstand, der Beherrschung und der Verteidigung feststellt. Es ist gleichgültig, ob dieser Eingriff in die Rechte von einer Person in Bezug auf eine andere begangen wird, wie es im Falle eines gemeinen Verbrechers vorliegt; oder ob dies von einer Person in Bezug auf alle geschieht, wie im Falle eines Despoten; oder ob dies von allen in Bezug auf eine Person erfolgt, wie dies in den gegenwärtigen Demokratieen der Fall ist. Dies genügt, um den Widerstand zu rechtfertigen, der jedoch kein Eingriff in die fremden Rechte, sondern nur Verteidigung bedeutet. Im Falle, in dem ein Einzelner das Opfer eines Eingriffs in sein Aktionsgebiet wird, hat er das Recht sich auch mit Gewalt zu verteidigen, sei es nun gegen einen Verbrecher, oder gegen ein tyrannisches Gesetz,

---

[1]). „ . . . . . Mind your own business is the only moral law." *Ibid.*, S. 13.

oder einen Despoten, oder eine ungerecht begründete und aufrecht erhaltene Gesellschaftsordnung. Und dieses Recht kann das Individuum entweder allein, oder im Verein mit anderen Individuen ausüben, die sich in derselben Lage, als Opfer fremder Eingriffe befinden [1]). Dies ist nach Tucker die anarchistische Moral. Es muss aber noch hinzugefügt werden, dass er noch ausdrücklich erklärt, dass die anarchistische Lehre auch noch atheistisch sei. Einer seiner Opponenten machte ihm einst folgenden Einwand: Wenn die Anarchie die Beseitigung jeden Gesetzes und jeder Autorität ist, mit Ausnahme der Gebote sich selbst zu regieren und sich selbst zu beherrschen (*the laws of self-governement and self-restraint*), und wenn ihr glaubt, dass die Menschen sich bloss durch diese individuellen Gebote von allen Angriffen auf die Rechte anderer enthalten werden, welcher Unterschied wäre also zwischen einer auf diesem Prinzip begründeten Gesellschaft und einer solchen, die vom christlichen Gebot regiert wäre, das uns befiehlt Gott mit unserem ganzen Herzen, und unsere Nächsten wie uns selbst zu lieben? Tucker antwortete darauf, dass eine Gesellschaft, die jede Autorität verneint, sich von einer die Autorität Christi betonenden Gesellschaft, mehr unterscheidet, als schwarz und weiss. Die Selbstregierung ist mit einer von irgend einem Gesetz herrührenden Regierung unvereinbar. Der erste Teil des angeführten evangelischen Gebotes setzt die Existenz Gottes voraus, und Gott und der Mensch sind Feinde. Wenn Gott ist, dann kann und muss er seine Macht auf den Menschen ausüben. Die göttliche Autorität ist nicht weniger abzulehnen, als die menschliche. Der zweite Teil dieses Gebotes, unsere Nächsten so zu lieben, wie uns selbst, enthält kein Gebot, sondern einen auf dem persönlichen Vorteil begründeten Rat, und als solchen kann man ihn annehmen; doch nicht, weil er von Gott kommt, sondern weil er durchaus in unserem Interesse liegt. [2])

Die bedingungslose Achtung der individuellen Freiheit wird allen Einzelnen raten, ihre Tätigkeit, sei es ihre Person betreffend, oder in Betracht auf ihre Beziehungen mit den anderen, nach ihrem Vorteil zu richten. Die Familie wird eine Vereinigung

---

[1]) *Ibid.*, S.S. 23 und sq.
[2]) *Ibid.*, S.S. 463—465.

sein, die aus einem vom Mann und der Frau frei eingegangenen und freiwillig aufrechtgehaltenen oder aufgelösten Vertrag entstanden ist. Aehnlich wird auch in den Fällen vorgegangen werden, wenn die Vereinigung mehrerer Individuen notwendig wird, um ein Ziel zu erreichen, oder um es besser zu erreichen, als es ein einzelnes Individuum tun könnte. Die freien Assoziationen der Individuen werden an Stelle der unorganischen und künstlichen Anhäufungen treten, über denen der Staat errichtet ist. Und da, sobald der Staat beseitigt ist, die Menschen gar kein Interesse hätten, jede allgemeine Gesellschaftsform abzulehnen, müsste diese neue Form freiwillig sein und von freien Verträgen herrühren, ohne dabei ihre Mitglieder für immer zu verpflichten. Die Begründung einer Gesellschaft mit der allgemeinen Verzichtleistung auf das Recht auszutreten, wäre, wie schon erwähnt wurde, ein Kontrakt ohne Gültigkeit. Eine solche Verzichtleistung würde bedeuten, dass man sich selbst zum Sklaven machte. Doch kann sich niemand bis zu diesem Grade zum Sklaven machen, dass er das Recht verlöre, sich zu befreien[1]). Das Verhalten irgend eines Einzelnen gegenüber einer freien Vereinigung hängt einzig und allein davon ab, ob er den Bestrebungen der Vereinigung zustimmt oder nicht, ob er die Vereinigung für fähig hält oder nicht, ihre Ziele zu erreichen, ob er es für vorteilhaft oder schädlich hält, ihr anzugehören, aus ihr auszutreten oder sich fernzuhalten. Sobald die Vereinigung begründet ist, nehmen die Mitglieder bestimmte Verpflichtungen auf sich, jedoch können die Beschlüsse der Majorität niemals derartige sein, um über eine Minorität, so gering sie an Zahl auch sein mag, gegen ihren Willen zu verfügen. Eine freie Vereinigung ist nur berechtigt die Erfüllung der unter ihren Mitgliedern abgemachten Verpflichtungen zu fordern, obwohl sehr wahrscheinlich, wie wir Tucker dies an einer anderen Stelle andeuten sahen [2]), die Durchführung eines Vertrages dann viel besser verbürgt sein wird, wenn derjenige, der sich dazu verpflichtet, im vorhinein wissen wird, dass er nicht gezwungen werden wird, seinen Verpflichtungen nachzukommen. Und wenn

---

[1]) *Ibid.*, S. 48; vrgl.: die anderen von Eltzbacher zitierten stellen, *A. a. O.*, S.S. 170, 175.

[2]) Tucker, *A. a. O.*, S. 158; vrgl.: Eltzbacher, *A. a. O.*, S.S. 171 u. 176.

es Steuereinhebung geben sollte, so werden sie nur auf freiwilligen Beiträgen beruhen. Die freiwillige Steuer (*voluntary taxation*) ist eine dauernde Ermahnung an die Gesellschaft keine aggressive Institution zu werden, weil sie sonst die Verringerung der freiwillige Beiträge zu befürchten hätte. Die freiwillige Steuer ist eine ständige Aufforderung, die die Gesellschaft veranlasst, sich nach den Wünschen des Volkes zu richten [1]).

Die freien Vereinigungen würden sich, je nach den Bedürfnissen die weiteste individuelle Freiheit zu begründen und zu bewaren, vermehren. Zum Schutze dieser Freiheit würden sich, sobald der Staat afgeschafft ist, Verteidigungsverbände bilden. Gewiss, sagt Tucker, wird mit der Aufhebung des Staates, auch das Verbrechen allmählig verschwinden. Aber auf jeden Fall kann eine grössere Anzahl von Verteidungsassoziationen entstehen, und da der Schutz eine Dienstleistung ist wie jede andere, werden auch sie dem Spiel der freien Konkurrenz ausgesetzt sein. Diese Vereinigung, die nun den Vorzug über alle anderen haben wird, wird diese nicht durch eine tyrannische Macht haben, sondern durch das Prestige, das sie bei ihrer Kundschaft haben wird, an deren Beibehaltung und Vermehrung ihr liegen muss, und sie deshalb veranlassen werden, ständig ihre Organisation und ihre Funktionsmethoden zu verbessern. Der Anarchismus schliesst nicht die Verurteilung und Bestrafung des Verbrechers aus. Die beschützende und verteidigende Aktion der Gesellschaft kann bis zum Gefängnis und bis zur Todesstrafe gehen [2]). Sich aller Mittel zu bedienen, um sich gegen einen Angriff zu verteidigen, ist in Wirklichkeit keine aggressive Handlung. Und da es nun keine Strafe ohne Richter geben kann, die sie verhängen, lässt die Anarchie das Funktionieren von Geschworenengerichten zu, (*juries*) deren Mitglieder durch das Los bestimmt werden und über die verbrecherischen Handlungen, sowie im besondern über die Taten und Rechtsstreitigkeiten zu urteilen haben werden. [3])

---

1) Tucker, *A. a. O.*, S. 43, zit. aus Eltzbacher, *A. a. O.*, S. 177.
2) Tucker, *A. a. O.*, S.S. 67 u. 156, 157, zit. aus Eltzbacher *A. a. O.*, S. 179-180.
3) Tucker, *A. a. O.*, S. 312, zit. aus Eltzbacher, *A. a. O.*, S. 180.

DIE IDEEN.

Bis hierher wurden die Ideen als Ausdruck einzelner Persönlichkeiten untersucht, wobei die blosse Untersuchung der äusseren Charakteristik ihrer Aktion auch dort, wo sie innig an die anarchistische Bewegung geknüpft war, kein vollständiges Bild gegeben hätte. Nun sollen wenigstens einige jener grundlegenden Ideen der Propaganda untersucht werden, die unter der namenlosen Masse der Anhänger im Umlauf sind. Diese Ideen sind sozusagen ebenfalls das Produkt der namenlosen Masse. Diejenigen denen wir sie verdanken, werden nun vor das Urteil der Kritik gezogen, doch nicht für die Ausübung des intellektullen Rechten aller, selbst der Bescheidensten, an den Diskussionen teilzunehmen, aus denen die Errungenschaften der Wissenschaft entspringen, sondern vielmehr wegen ihres dauernden Bestrebens, durch das Verbleiben im Halbdunkel des Gedankens, oder um sich klarer auszudrücken, indem sie diese Grenzen unfreiwilliger oder absichtlicher theoretischer Inkompetenz nicht überwinden, aus der sich so anpassungsfähig die unbewussten Strömungen des kollektiven Empfindens ausbauen, — die geistige Verantwortlichkeit zu vermeiden, die die Konsequenz dieses Rechtes ist. Während also bis hierher versucht wurde, diese Ideen herauszuheben, die die Orientierungsbasis einzelner tatsächlicher Individuen bildeten und eine nicht unerwartete Konsequenz darstellten, sollen nun einige Komplexe jener Ideen hervorgehoben werden, die die verschiedenen Formen des allgemeinen anarchistischen Standpunktes durch eine Art unmittelbarer, man könnte sagen, mechanischer Kausalität bestimmen. Andrerseits soll dies auch deshalb geschehen, weil diese Ideen, selbst in ihren Widersprüchen, dieser minimalen intellektuellen Anforderung entsprechen, nach der mit statischer Bewegungslosigkeit die grosse Masse der Anhänger hinneigt, die allerdings, weit mehr als man annimmt, beweglich ist im elastischen Umfang der numerischen Ausdehnung, aber unbeweglich in ihrer urteilslosen Anhängerschaft an die elementaren Überredungsformeln, die sie in sich aufnimmt und mit unzähligen Keimen einfach widerholender Alliteration propagiert.

Aus diesen Gründen würden wir aber, auch wenn es uns gelungen sein sollte, die Lehre des einen oder des anderen Theoretikers über irgend eines der speziellen der Propaganda direkt dienenden Themata samt ihren möglichen Übereinstimmungen und unüberbrückbaren Widersprüchen darzulegen, durchaus noch nicht die Möglichkeit vollständiger Orientierung in der anarchistischen Bewegung erreicht haben, die diese Ideen ausstrahlt: Wir würden uns gar von diesem Ziel entfernen. Ein bezeichnendes Moment der anarchistischen Bewegung liegt darin, dass man keine Serie von Gruppen oder vielleicht gar nicht e i n e Gruppe anführen könnte, die sich als direkte Vertreterin der theoretischen Konstruktion eines einzigen Theoretikers oder mehrerer verwandter Agitatoren erklärt, auch dort, wo es sich um Männer handelt, von denen man nachweisen kann, dass sie einen ausserordentlich grossen Einfluss auf die Bewegung ihrer, und auch nach ihrer Zeit ausübten. Wer also die Erscheinung des Anarchismus studiert, befindet sich in einem bestimmten Moment vor der Notwendigkeit, seine Nachforschungen von den hauptsächlichen Linien der von diesem oder jenem besondern Theoretikers gefolgten Lehre wegzulenken, um der Ideenbildung der anonymen Masse der Anhänger und improvisierter und Gelegenheits-Schrifftsteller zu folgen, die dank ihrem fast absoluten Mangel jeder Kompetenz und jeder Originalität die Sicherheit bieten, ein treues Echo dieser Masse zu sein. Wer diese Tatsache nicht sieht und sich von ihrer Wichtigkeit nicht überzeugen lässt, verfällt in den Irrtum, das geistige Profil eines Anarchisten, — und sei er auch mit der bemerkenswerten Geistesfähigkeit eines Stirner oder Proudhons oder anderer ausgestattet, — mit der ethischen Bedeutung einer ganzen Bewegung zu verwechseln, die sich in einem bestimmten Moment ausdehnt, aber sich auch in einer imponierenden, anonymen Wirklichkeit konkretiert.

die ihr eigenes Leben, ihre eigenen Ideen, ihre eigene furchtbare Kraft besitzt. Hier ist also die Gelegenheit, auch diese Ansichten in Bezug auf einzelne Themata zu verfolgen, die wie bewegliche Punkte erscheinen, zwischen denen sich die ganze anarchistische Ideenwelt bewegt, aber niemals heraustreten darf, und zwar von den allerelementarsten Auffassungen und der üblichen Praxis, bis zur empirischen Erfassung der kompliziertesten Ideen des theoretischen Gebietes.

Wir beginnen bei den grundlegenden Ideen über Recht und Pflicht.

I.

Recht und Pflicht.

Welche Auffassung haben die Anarchisten von der Grundlage des Rechtes und der Pflicht ? Wenn man von den kategorischen Behauptungen absieht, gehört dieses Thema nicht zu jenen, die in den Diskussionen häufig wiederkehren ; vielleicht aus dem Grunde, weil es eine Sachkenntnis voraussetzt, die nicht Sache eines jeden ist, und die blossen Versicherung in einem oder im anderen Sinne bald erschöpft sind. [1]) Unter den wenigen Versuchen, den

[1]) Es muss bemerkt werden, dass für einen grossen Teil der theoretischen Diskussion betreffend Recht und Moral, viele Anhänger der anarchistischen Lehren sich damit begnügen, sie durch die Literatur des Sozialismus, die über dieses Thema bedeutend reichhaltiger ist, als erschöpft und somit als entschieden zu betrachten. Der Anarchismus beschränkt sich darauf, durch ein nicht immer bewusstes, aber in Bezug auf die Propaganda bequemes und abgekürztes Verfahren, vom Standpunkt des Sozialismus auszugehen, wie wenn dies eine definitive wissenschaftliche Errungenschaft wäre, der die Beurteilung der, nach der Meinung seiner Mitmenschen immer sehr relativen, verdienstvollen oder schlechten Handlungen des Einzelnen einschranken will ; (Vrgl. : A. Menger, *Der sozialistische Staat*, zit. aus d. italienischen Ausgabe, *Lo stato socialista*, Torino, Bocca, 1905, pp. 75—78) ; — um schliesslich selbst dem Individuum eine Reihe von Imperativen vorzulegen, die sich in der Vernichtung der gegenwärtigen politischen und sozialen Gesellschaftsordnung konkretieren. Dieser Standpunkt des Anarchismus in Bezug auf Recht und Moral ist, ausser dem im Text Angeführten und dem, was an entsprechender Stelle bei der Besprechung der bedeutendsten Agitatoren gesagt wurde, auch aus dem Studium folgender, zum Teil sozialistischer, zum Teil anarchistischer Schriften zu ersehen : P. Kropotkin, *La Morale anarchiste :* La Révolte, Paris. 1891 (in deutsch. Übers. erssh.*, *Anarchistische Moral : Anarch. Bibliothek*, Heft IV, hrsg. v. A. Brock, Vrlag. W. Werner, Berlin) ; W. Peyer, *Der Kampf ums Dasein*, Bonn, 1869 ; H. G. Halmann, *Das Existenz-gesetz ; Lösung d. sozialen Frage*, etc., Hamburg, 1878. (Dieselben Prinzipien sind auch in einer anderen Schrift behandelt, und zwar : *Das Morgenrot goldener Zeit*, ibid., 1880.) E. Dickon, *Droits et dévoirs dans l'anarchie rationelle*, Paris, 1882 (andere Ideen behandelt Dickon in seiner Broschüre : *A l'armée*, ibid., 1882 ; die auch in der *Freiheit* von New York, 1883 übersetzt wurde) ; W. Donisthorpe, *Liberty or Law*, London, 1884. (Dieser individualistische Schriftsteller, der jedoch die gegenwärtigen politischen Einrichtungen anerkennt, war fur die ersten 65 Nummern, d.i. bis 30. März, 1888, Redakteur der Londoner

geistlosen und konfusen Ideen die darüber zirkulieren, eine solide Grundlage zu geben, müssen wir kurz bei denen André Girard's verweilen, die dadurch einige Bedeutung gewinnen, dass sie in einem verbreiteten Propaganda-Organ veröffentlicht wur-

---

Zeitschrift *Jus*, Organ der *Liberty a. Property Defence League;* er trennte sich von ihr als ihm die Tendenzen dieser Vereinigung zu reaktionär und im Widerspruch mit seinem legalitären Individualismus erschienen). N. Kempner, *Das Recht a. Leben, nicht nur Recht auf Arbeit*, Berlin, 1884; *, *Fais ce que veux*, Genève, Impr. jurass., 1887; L. Bertrand, *Le communisme anarchiste: Rev. socialiste*, 1888, Febr., S.S. 118—129; I. Serrano y Oteiza. *La Moral del Progresoo la religion natural: Agrupacion de prop. socialista*, No. 7, Sabadell, 1888 (vrgl. die Biographie des Verfassers in *La Idee libre*, Madrid, 1895, 10. Aug.) E. Darnaud, *La vraie morale*, ohne Ortsangabe, (Foix ?) 1891. (Diese Schrift ist deshalb von Wichtigkeit, weil sie sich, wie auch andere Schriften desselben Verfassers, von denen einige in verschiedene Sprachen, auch ins Italienische übersetzt worden, an die Bewegung der *Féderation jurassienne* anschliesst. Vrgl. z. B.: *Id., La paternité anarchiste*, Foix, 1889; *Id., La societé future*, ibid., 1890 etc.) R. Mella, *La coaccion moral; El Despertar*, 1893, 15. Juli; (Mella, auf dessen Ideen ich noch zurückkommen werde, ist anarchistischer Kollektivist; vrgl.: *Sinopsis social; la Anarquia, la Federacion y el Colectivismo*, Sevilla, 1891, Auszüge aus dem Blatt: *La Solidaridad* von Sevilla, 14. Okt. — 18. Nov., 1888; und den Artikel: *La nuova Utopia* in *Segundo certamen socialista*, etc, 11. *Nov.* 1889, Barcelona, 1890, S.S. 201—227): D. Lence, *Apuntos sociologicos*, I. *Del derecho à la vida*, etc., Barcelona, Bibl. acrata, 1895; A. Chirac, *Le droit de vivre, analyse socialiste*, Paris, Savine, 1895; S. Fidelis, *Le devoir socialiste*, Paris, Chamuel, 1896; W. Donisthorpe, *Law in a free State*, London, 1896; L. Bertrand, *La droit à la vie et ses conséquences logiques; Bibl. de propag. socialiste*, No. 14, Bruxelles, Brismée, 1897 (das Problem wird hier vom Gesichtspunkt des autoritären Sozialismus, im Gegensatz zum Anarchismus behandelt); G. Pecori, *La morale socialista: Bibl. d. lavoratore italiano*, No. 1, Milano, Rusconi, 1897; H. Thurow, *Socialistische Moralisten: Die Zeit*, Wien, 1897, 30. Okt, No. 161; H. Schmidkunz, *Anarchistische Ethik; Die Gegenwart*, 1897, Bd. 51; F. S. Merlino, *La morale et le socialisme: Humanité nouvelle*, 1898. Aug.; *, *La legge*, Ravenna, Zirardini, ohne Datum (1904) (diese anonyme Schrift bildet einen Teil der *Raccolta di opuscoli per la distribuzione gratuita*. Unter anderem heisst es dort: „Jedes Gesetz steht im Widerspruch zur Natur. Um in Harmonie zu leben, muss man von Grund aus die Formen des gesellschaftlichen Lebens verändern, die uns gegenwärtig beherrschen; muss man all das beseitigen, was die Menschen zwingt gegeneinander den Kampf aufzunehmen; muss man die Interessen aller harmonisch, solidarisch gestalten; muss man bis zu ihrer Grundlage die menschliche Erziehung verbessern ..... Dann werden wir, zum freien Leben in allen seinen Ausdrucksformen berufen, durch die Praxis verstehen, wie viel menschliches in der Anarchie vorhanden ist".); P. Gori, *Le basi morali dell' anarchia* (Abdr. aus der Zeitung „*L'Agitazione*") 4. Aufl. Chieti, Sciullo, 1904; (Der Verfasser geht vom Prinzip aus, dass „jedes Individuum durch die blosse Tatsache seiner Geburt, das Recht aufs Leben und auf dessen Ausübung vor allen anderen Rechten hat; und wer immer auf eine oder die andere Weise sich der praktischen Ausübung dieses natürlichen Rechtes widersetzt, verletzt in seinem Nächsten die Bedingungen und die Grundlagen der eigenen Existenz .... Keine Erklärung der Menschenrechte kann also für den Einzelnen von Wert sein, wenn sie nicht ausdrücklich als soziale Grundlage jedem Menschen die Möglichkeit zuerkennt, über alles was zu seinem Nutzen vorhanden ist, je nach seinen Bedürfnissen,

den.[1]) Das Prinzip, sagt Girard, das der gegenwärtigen kapitalistischen Gesellschaft als Grundlage dient — ist politisch und ökonomisch — das Prinzip der *Abhängigkeit*. Politisch hält die Regierung, die über alle Gewalten des Staates verfügt, das Individum unter seiner Abhängigkeit und zwingt es der Majorität zu gehorchen, die es seinem vernünftigem oder unvernünftigem Willen unterwirft. Die Berechtigung dieser Abhängigkeit war und ist Gegenstand energischer Angriffe. Der Geist der Majorität repräsentiert den Durchschnitt und ist somit hinter dem Geiste gewisser fortgeschrittener Minoritäten weit zurück. Es ist eine Tatsache, dass die Majorität sich mit allen ihren Kräften der Verwirklichung der Wünsche der Minorität widersetzt und jeden Fortschritt aufhält. Das Individuum ist ausserdem auch noch ökonomisch abhängig. Jeder hängt von der Gnade des andern ab, der eine grössere ökonomische Macht hat.

---

mit der blossen Einschränkung der kollektiven Möglichkeit zu verfügen." S.S. 4, 5. „Die anarchistische Moral ist die vollständige Verneinung der Gewalt. Weil irgend ein Rebell, der sich als Anarchist erklärte, eine Bombe warf, oder mit dem Dolch oder dem Revolver angriff, ... kam man zur Schlussfolgerung, dass die anarchistische Lehre, nichts als eine Schule der Komplotte und Gewalttaten, eine Art permanenter Verschwörung sei." Aber, „auch zugegeben, dass die Anarchisten durch Verzweiflung und Temperament alle gewalttätig wären, was durchaus nicht richtig ist, ist damit noch nicht bewiesen, dass die Anarchie eine Moral der Gewalttätigkeit enthält ...; die Gewalt, ... die bis heute nicht anderes blieb, als eine der Ausdrucksformen des Kampfes ums Dasein, — und gewiss waren es nicht die Anarchisten, die dieses grausame Gesetz der Geschichte erfunden haben, — wurde das Werkzeug der Unterdrükkung, und durch den Instinkt der Nachahmung und die ansteckenden Wirkungen des Beispiels, die die menschlichen Handlungen beherrschen, wurde sie auch die Waffe der Empörung des Unterdrückten." S.S. 18—20. „Die Philosophie der Anarchie ... geht von diesem fundamentalen Prinzip aus, das ihre ganze moralische Grundlage bildet: die Freiheit ist unvereinbar mit der Gewalt, und da der Staat ..... eine organisierte und permanente Form unnützer Gewalt darstellt, ist die Freiheit mit dem Staat unvereinbar." S.S. 25, 26. Die Gewalt ist die Feindin der Freiheit, doch ist sie *notwendig*, wenn sie auf dem Recht legitimer Notwehr beruht. „Die moralische Basis der Anarchie ist somit die Freiheit, und die Revolution ist im weiteren und wissenschaftlichen Sinne dieses Wortes, nur das Mittel, um ihren Triumph gegen den Widerstand der Unterdrücker durchzusetzen." S. 27. Die Anarchie will, „dass das öffentliche Wohl und die Ordnung nur das spontane Resultat aller vereinigten Produktivkräfte, aller kooperierenden Freiheiten, aller im gemeinsamen Interesse vernünftig betätigten Selbstständigkeiten, aller durch den Triumph dieser herrlichen Gewissheit harmonisch vereinigter Initiativen werde; dass das Wohl jedes einzelnen nur im Wohle aller liegen kann." S. 28); E. Reclus, *Origini d. religione e d. moralità*; *Il Pensiero*, 1904, S.S. 99. sq; L. Fabbri, *Morale, diritto e giustizia*, etc. ibid., S.S. 208. sq. 232. sq. —

[1]) Vrgl.: *Temps Nouveaux*, J. II. No. 3, 4, 6, 16.—22., 23.—29. Mai, 6.—12. Juni, 1898. —

Die gegenseitige Einwirkung des Menschen auf den Menschen ist allgemein, und wer sich ihr entziehen will, verfällt dem Machtspruch des Gesetzes. Daraus folgt, dass der Mensch nicht nur im Widerspruch zu seinesgleichen stehen kann, sondern stehen muss; das heisst, er muss den anderen Menschen Feind sein und somit ihrer Entwicklung, ihrem Wohlstand, ihrem Leben schädlich sein. Die Durchführung des Abhängigkeitsprinzips führt zu folgender Schlussfolgerung: Das Wohlergehen der einen folgt aus dem Unglück der anderen, das Leben des einen wird nur möglich durch den Tod der anderen. Man hat gegen diesen Zustand — in der Theorie — Abhilfe gesucht, indem man den Individuum das zuerkannte, was man Rechte nennt, und zwar, das Recht auf Eigentum, das Recht auf Existenz, auf Arbeit, aufs Leben u. dgl. Aber die Anerkennung der Rechte konnte gegen solche Verhältnisse gar kein Abhilfe leisten. In Wirklichkeit muss der Begriff des Rechtes direkt vom Abhängigkeitsprinzip abgeleitet werden, dessen Ausdehnung es ist. Das Recht ist die Anerkennung der Einwirkung des Menschen auf den Menschen, ist die Anerkennung der Tatsache, dass das Individuum unter die Abhängigkeit seinesgleichen gestellt wird. Das Bestehen eines Rechtes impliziert das entsprechende Vorhandensein einer Pflicht, und wer Pflicht sagt, meint Zwang, Verpflichtung und somit Erhebung zur Gesetzenkraft, und Gesetzkraft verlangt Strafe. Das ist die Konsequenz, dass man die Schäden eines Prinzips — des Abhängigkeitsprinzips, mit den davon herrührenden und abgeleiteten Korrelaten bekämpfen wollte, nämlich mit den Gesetzen. In denselben Fehler verfallen auch die Sozialisten, selbst die Revolutionären, die Anhänger einer Neuorganisation der Gesellschaft sind, die als Resultat der Gegenseitigkeit von Rechten und Pflichten aufgefasst werden soll. Wenn diese Frage nach dieser Auffassung aufgestellt ist, erfolgt daraus eine je nach den Schulen mehr oder weniger autoritäre Organisation, die zur Aufgabe hat, die Befolgung dieser Pflichten zu kontrollieren und die Ausübung dieser Rechte zu garantieren. Es wird immer, wenn auch auf anderem Wege, eine Rückkehr zum gegegenwärtigen Prinzip gegenseitiger Abhängigkeit sein. Unter allen von den verschiedenen sozialistischen Schulen verlangten Rechten ist eines, das die Grundlage aller Forderungen bildet und dies ist das Recht aufs Leben. Um dem Einzelnen die Unversehrtheit dieses Rechtes zu garantieren, schlägt man für die Zukunft verschiedene Projekte sozialer Organisation vor, die sich untereinander ziemlich stark unterscheiden, obwohl sie als Konsequenzen desselben Prinzips entstanden. Ist aber das Prinzip des Rechtes aufs Leben wirklich ein undiskutables Axiom und der Ausdruck eines Naturgesetzes? Von der untersten bis zur höchsten Stufe der Lebensskala scheint das Naturgesetz im Gegenteil die Verneinung des Rechtes aufs Leben zu sein. Jedes Lebewesen ist von der Natur selbst verurteilt sich in einem gegebenen Moment aufzulösen, und entweder durch ein plötzliches Ereignis oder normalerweise diese schöpferische Kraft seiner Elemente zu verlieren, die das bilden, was wir Leben nennen. Es ist wahr, dass wenn auch das Individuum mit dem Tode verschwindet, die es bildenden Elemente unvergänglich sind, und dass der Tod, physisch betrachtet, nur eine Transformation einer für eine bestimmte Zeit vereinigten Gruppe von Elementen und keine Vernichtung ist. Aber nicht hier liegt die Frage. Unter dem Recht aufs Leben versteht man die dem Individuum zuerkannte Freiheit, während der Zeit seines Daseins, den Genuss der allseitigen und harmonischen Betätigung aller Elemente, zu beanspruchen, die seine Individualität darstellen. Nun ist das Individuum durch den Willen der Natur vergänglich und diese Sterblichkeit ist eine der normalen Bedingungen, die die ewige Erneuerung der das Universum bildenden materiellen Masse, sowie ihre Entwicklung nach einem uns unbekannten Ziele garantieren. Das Recht aufs Leben wird also von der Natur dem Individuum an sich bestritten, weil das Gesetz, das es beherrscht, es unvermeidlich zum Tode führt. Das gilt für das Individuum einzeln genommen. Sehen wir also, setzt Girard fort, wie sich dieses Recht in den Beziehungen der Lebewesen untereinander ausdrückt.

Schritt für Schritt, während wir uns in der Lebensskala erheben, sehen wir ganze Arten, deren Individuen sich ihre Existenz bloss durch den Tod von Individuen sichern können, die den für den Kampf weniger gerüsteten Arten angehören. Das Tier schöpft seine Existenz bloss aus der Zerstörung, und dieser Zustand ist eine natürliche Notwendigkeit, ein Naturgesetz. Was wird also aus dem Recht aufs Leben, wenn das Dasein der einen als notwendige Konsequenz den Tod der anderen mit sich führt? Ist man nicht in Gegenwart dieses unbestreitbaren Antagonismus und dieser

Ausschaltung des Lebens der einen durch die anderen, gezwungen es zu verneinen? Man könnte sagen, dass es genüge dieses Recht bloss auf die Beziehungen zwischen den Individuen derselben Art zu beschränken, gewissermassen als gegenseitige Garantie für das Verhalten des Individuums gegenüber seinesgleichen. Jedoch kann man darauf wieder einwenden, dass auch diese Regel nicht absolut ist. Man sieht auch tatsächlich Lebewesen derselben Art sich auch in normalen Verhältnissen gegenseitig töten, ohne dazu vom Instinkt der Selbsterhaltung getrieben zu sein. Wenn nun dieses Recht aufs Leben bestünde und der Ausdruck eines Naturgesetzes wäre, wäre es unverletzlich. Somit ist der Versuch, eine ganze Reihe soziologischer Deduktionen vom Begriff eines R e c h t e s abzuleiten, gleichbedeutend damit, eine ganze soziale Auffassung auf einer Frage des Prinzips beruhen zu lassen. Dies ist ein Hauptfehler in der Methode. Der Begriff des Rechtes ist etwas ausserordentlich relatives. Es ist ein in Wirklichkeit sehr subjektiver Begriff, der je nach den Verhältnissen des Milieus und der Zivilisation wechseln kann. Eine Wissenschaft, und sei es auch die soziale Wissenschaft, kann nicht auf einer subjektiven Angabe aufgerichtet werden. Der Sozialismus, der auf Wissenschaftlichkeit Anspruch erhebt, kann über diese Schwierigkeit nicht hinweg. Auf der Suche nach Abhilfe gegen die gegenwärtigen sozialen Übel muss man also diesen Begriff des Rechtes absolut ausschalten. Und da die Gesellschaft auf dem Prinzip der Abhängigkeit errichtet ist, und dies die Ursache allen Übels ist, muss man sich zur Aufgabe stellen, dieses Prinzip zu beseitigen, „Also, keine Rechte und keine Pflichten, weil sie eine gegenseitige Abhängigkeit der Mitglieder der Gesellschaft mit sich bringt. Wissenschaftlich habt ihr gar kein Recht über mir, und ich habe gar keine Pflichten gegen Euch, und umgekehrt." Dann, wird man einwenden, ist überhaupt keine Gesellschaft mehr möglich. Wenn man die Pflichten und die entsprechenden Rechte verneint, wird jeder straflos seinen Nächsten schädigen, töten können, ohne dass jemand das Recht hätte einzugreifen, um den Schuldigen zu bestrafen oder sich dem Verbrechen zu widersetzen. Um diese Einwürfe zu überwinden, muss man das gestürzte Gebäude wieder aufrichten, indem wir von der Beobachtung der Dinge ausgehen. Die Gesellschaft besteht aus Individuen, die ihre Elemente bilden. Wenn die Individuen leiden, so heisst das, dass sie sich schlecht dem sozialen Zustand anpassen, in dem sie leben. Dies ist beim gegenwärtigen sozialen Zustand der Fall. Man müsse also vom Individuum ausgehen, um diesen sozialen Zustand zu erkennen, der ihm am besten entsprechen würde. Das Individuum ist ein Komplex kleiner, zeitweise organisierter und von gewissen Ansprüchen der Erneuerung abhängigen Teilchen, die das Individuum, bei sonstiger Gefahr der Auflösung befriedigen muss. Diese Ansprüche drücken sich in der Form von Bedürfnissen aus und sind dreierlei Art: Jene, die das Individuum mit allen Lebewesen gemein hat, jene, die seiner Art speziell entsprechen, und jede, die ihm persönlich sind. Die ersteren sind die materiellen Bedürfnisse. Die beiden anderen Kategorien entsprechen den sozialen und intellektuellen Bedürfnissen. Alle diese Bedürfnisse verlangen nach ihrer Befriedigung, und das Glück hängt von ihrer Befriedigung ab. Das Individuum sieht sich also dahin gedrängt. nur mit Rücksicht auf die Verwirklichung seines Glücks sein eigenes Leben zu regulieren, sein Dasein zu bestimmen. Man kann doch nicht annehmen, dass Leiden die Bestimmung des Menschen sei. Wenn dem so wäre, so hätte das höchste Gesetz, das dies bestimmt hätte, auf der Erde alles für unser Unglück eingerichtet. Jedoch war das Gesetz, das den Menschen regiert immer dasselbe, nämlich das ewige Bestreben nach einer immer grösseren Summe von Glück. Der Wunsch, dieser Ausdruck des Bedürfnisses, gebärt die Vervollkommnungsmöglichkeit; seine Befriedigung sichert die Vervollkommnung des Wesens. Nun ist das Bedürfnis eine Tatsache und das zu erreichende Ziel ist für das einzelne Individuum, insofern es in der Gesellschaft lebt, dessen Befriedigung, somit also das Glück. Besteht also ein Recht aufs Glück? Nein, denn die Proklamation dieses Rechtes würde bedeuten, den anderen die Pflicht aufzuerlegen, an der Verwirklichung meines Glückes teilzunehmen, und das könnte und würde dem Glück der anderen schaden. Somit wird das Individuum in Bezug auf sich selbst zum Schluss kommen: Ich werde alle meine Kräfte zur vollständigen Befriedigung aller meiner Bedürfnisse aufwenden, weil ich ein gebieterisches, unüberwindliches Verlangen zu leben habe. Mein Glück ist in der vollen Entfaltung meiner Individualität. Jede Gewalt, die sich mir entgegenstellt, wird von mir bekämpft und womöglich vernichtet werden. Andrerseits hängt von meiner Entfaltung auch das Wohlsein der Gesellschaft ab, die ein Mehrfaches meiner selbst ist und imstande ist mir zu vergelten, was ich ihr beitrage. Die gegenwärtige Gesellschaft, die auf dem Prinzip der Abhängigkeit begründet ist, schadet mir; sie muss also durch eine andere Gesellschaft ersetzt werden, deren Prinzip die vollständige Unabhängigkeit des Individuums ist. Die Begriffe von Recht und Pflicht weise ich von mir, weil sie eine Abhängigkeit meiner Persönlichkeit in Bezug auf andere Individualitäten und umgekehrt voraussetzen, und diese Abhängigkeit ist der Ursprung allen Übels.

Man könnte einwenden, schliesst Girard, dass wenn jeder die vollständige Befriedigung aller seiner Bedürfnisse anstrebt, man im Falle des Konfliktes mit den Bedürfnissen des anderen zur brutalen Gewalt zurückkommen müsste. Darauf kann man aber antworten, dass mir zur Befriedigung des grössten Teiles meiner Bedürfnisse die Hilfe meiner Mitmenschen unumgänglich notwendig ist. Das Leben ist gegenwärtig viel zu kompliziert, um vermeiden zu können meine Betätigung zu spezialisieren. Durch die Isolierung würde ich mein Leben erheblich verringern. Ich befinde mich also in der Notwendigkeit mich an meine Nächsten zu wenden, damit sie der Unzulänglichkeit meiner Tätigkeit zu Hilfe kommen. Aber auch sie bedürfen meiner Hilfe. Das Bewusstsein dieser Gegenseitigkeit der Interessen erschafft den Geist der Solidarität, der einer der beiden unumgänglichen Faktoren der Vervollkommnungsfähigkeit ist. In einer freiheitlichen Gesellschaft wird die allgemeine Regel gerade die Solidarität sein, und wenn ein Konflikt entstehen sollte, so wird diese das Einvernehmen wieder herstellen. Die Begriffe von Rechten und Pflichten werden in diesen Konflikten keine Rolle mehr spielen. Das blosse Interesse, das durch die Entwicklung im Menschen zum Instinkt geworden sein wird, wird durch gegenseitig wohlwollend zugebilligte Konzessionen das herzliche Einvernehmen beider Teile hervorrufen.

Der trotz ihrer grossen Bedeutung für die Propaganda innerlich ephemere Wert dieser fast anonymen provisorischen Konstruktionen oder Negationen über grundlegende Punkte der anarchistischen Lehre, die das geringe kritische Bedürfnis der Anhänger bestimmter Gruppen befriedigen, erscheint bei einer Gegenüberstellung noch offenbarer. Wenn die Gegenüberstellung in entsprechender Weise gemacht wird, wird ersichtlich, dass die Ansichten nicht nur vielfältig und widerspruchsvoll, sondern häufig direkt entgegengesetzt sind. Dies rührt eben von der Tatsache her, dass wenn sich auch viele berufen glauben über so wichtige Probleme zu diskutieren, niemand verpflichtet zu sein glaubt das Bessere, oder wo dies der Fall ist, das Definitive in Betracht zu ziehen, das von anderen dargelegt wurde. Und tatsächlich kann keine wissenschaftliche Tradition angerufen werden, solange man ausserhalb des Gebietes der Wissenschaft selbst bleibt. Man sah soeben auf welch schwankendem Steg von Schlussfolgerungen ein Schriftsteller, der die Autorität eines der bedeutendsten anarchistischen Blätter für sich hatte, zur Verneinung eines jeden Rechtes und jeder Pflicht gelangte, indem er an die vorausgeschickte Verneinung des Rechtes aufs Dasein anknüpfte. Nun haben wir hier vor uns einen zweiten Schriftsteller, der gewiss nicht weniger Anarchist ist, der nicht weniger von einem ebenso bedeutenden Blatt unterstützt wird, der nun den Umriss seiner Lehre gerade auf dem Recht aufs Dasein und der *Pflicht zur Tätigkeit* aufbaut. Jedesmal, wo solche Kontraste auftreten, die natürlich nicht in erster Reihe erscheinen und sich nur durch gründliche und aufmerksame Untersuchung entdecken lassen, würde ein Versuch der Kritik bedeuten, dass die Wissenschaft dort noch ein lästiges Hinderniss zu überwinden habe, wo der innere Zusammenstoss der Improvisationen Unberufener schon selbst alles durch ein dialektisches Experiment zerstört hat, das die historische und soziale Realität vielleicht oberflächlich berührte, aber gewiss weder angeschnitten noch durchdrungen oder gar gründlich erforscht hatte.

Jede mögliche Wirklichkeit, sagt Saurin [1]), setzt gewisse Bestimmungen voraus, die Gesetze sind. Alle Gesetze zu verneinen, würde bedeuten das Absolute zu proklamieren, somit das Uner-

---

[1]) DANIEL SAURIN, *L'ordre par l'anarchie : Biblioth. anarchiste*, Paris, Imprim. de la „*Révolte*", 1893. Das Blatt auf das ich anspielte, und wo diese Abhandlung zuerst unter dem Titel : „*Lettres sur l'anarchie*" erschien, ist gerade *La Révolte*, vom 3. Juni bis 12. Nov. 1893. Ein Teil dieser Abhandlung (vier Briefe) wurde auch ins Portugiesische übersetzt in *Os Barbaros*, Coimbra, 15. Nov., 1894, sq.

kennbare zu versichern. Auch der Mensch ist somit gewissen Notwendigkeiten oder Gesetzen unterworfen, die sich unbestreitbar unserem Machtbereich entziehen. Diese beherrschen unser Leben und lenken es zu allen Zeiten. Von diesen Gesetzen muss gesagt werden, dass sie vielmehr uns selbst darstellen, als dass sie uns zwingen; sie sind wir selbst und kein Widerstand gegen unsere Individualität. Wir stimmen ihnen bei, wie wir zustimmen, die uns umgebende Luft zu athmen. Die Empörung gegen diese Gesetze ist unmöglich und wäre absurd, weil sie die Auflehnung gegen sich selbst, die heuchlerische Verneinung des eigenen Seins bedeuten würde. Können diese Gesetze, die niemand aufgestellt hat, zur sozialen Ordnung beitragen? Wenn die Menschheit ein Resultat zufälligen Zusammentreffens zerstreuter Elemente im Raume wäre, wären die Verträge und vorhergehende Abmachungen offenbar das einzige Mittel die Kollektivität zu organisieren. Aber die Menschheit ist eine Realität. Sie ist nicht von den Menschen gewollt, sondern hat schon vor ihrer Zustimmung bestanden.

Die für jedes einzelne Individuum wesentlichen Gesetze sind somit die Gesetze der Menschheit. Das Gesetz der Gesellschaft ist in seinem innersten Wesen in uns. Die definitiven Bedingungen unseres Wesens zu kennen, ist so viel, wie die definitive Form der Gesellschaft zu kennen. Der eigenen Realität zu folgen, bedeutet in seinem innersten Wesen gesellschaftlich zu sein. Jedoch sind nicht alle individuellen Gesetze, auch Gesetze der Gesellschaft. Wenn dieselbe Einheit, unendlich und vollständig genau wiederholt, die ganze Menschheit ausmachen würde, würden die Willensbestrebungen der einzelnen in absoluter Weise übereinstimmen. Das Gesetz und die Kaprize des einen, würde sofort auch das Gesetz und die Kaprize des anderen ausdrücken. Aber wir unterscheiden uns voneinander. Das Individuum isoliert sich in der Menge. Die Persönlichkeit unterscheidet die identischen fundamentalen Einheiten. Hinter dem Individuum ist der Mensch; und derselbe Mensch enthält alle Menschen. Nun ist aber der Gesetzgeber ein Mensch und auch ein Individuum. Sein Akt kann das ewige menschliche Bestreben — oder auch das veränderliche Element darstellen, das in ihm vorhanden ist. Das positive Gesetz kann somit die unvermeidlichen Gesetze oder einfach nur den Willen darstellen, der aus Verhältnissen entsprang, die morgen vielleicht verschwinden. Das positive Gesetz ist entweder eine unnütze Überwucherung des ewigen Gesetzes, oder eine schädliche Komplikation der Bedingungen, die uns gestalten. Entweder kopiert der Gesetzgeber die Natur, oder er verhindert ihre Entfaltung. Wozu die Naturgesetze wiederholen und ihr gewaltiges Imperativ durch die lächerliche menschliche Sanktion der Gesetzeskraft zu bekräftigen? Ihnen liegt wenig an unserer Zustimmung. Sie umgeben uns ohne unser Wissen und ohne unseren Willen. Euer besonderer Wille, der von Umständen bestimmt wurde, die ich nicht kenne, kann nur meinem Willen im Wege sein. Drängt mir nicht euere Individualität auf. Meine Individualität hat dasselbe Anrecht aufs Dasein; euer Gesetz würde sie erheblich schädigen. Wir sind gleichzeitig identisch und verschieden. Vorher bestehende Gesetze gestalten unsere Indentität und behüten unser *menschliches Minimum*. Das Übrige, das Element der Differenzierung kann nur jedem einzelnen von uns besonders gehören. Wenn man nun an dessen Seite ein angebliches Gesetz errichtet, das von der provisorischen Macht einer Majorität bestimmt wird, wird der Widerstand sofort berechtigt, weil er möglich wird. Entweder habt ihr den Grund dieses Gesetzes in euerer Menschheit, in dem allen gemeinsamen, die Eigenheit der Art darstellenden Element gefunden, und dann ist euere Bekräftigung durch das Gesetz überflüssig, weil dieses Gesetz noch vor seiner Formulierung durch euch auf mich wirkte; ich gehorche, aber nur mir selbst. Oder liegt der Fall dagegen so, dass euere Individualität für das Gesetz verantwortlich zu machen ist, wodurch ihr *euch mir* entgegenstellt, somit das oberflächliche und wechselnde Element festsetzt, und dann usurpiert das Gesetz seinen universellen Charakter, wird missbräuchlich auf mich angewandt, und euere gegenwärtige Gewalt ist dessen einzige Rechtfertigung. Ihr seid mein Feind und werdet binnem kurzem auch euer eigener Feind sein, sobald nur der vorübergehende Standpunkt euerer Individualität verändert sein wird. Es handle also jeder nach seinem eigenen Wesen und sei die einzige Autorität über sich selbst. Ein Gesetz, das von mir oder von uns, als Majorität, oder von uns, als die ganze Menschheit gewollt war, ein Gesetz, das wir durch eine Willensaüsserung verewigen würden, das wir auf die Zukunft übertragen würden, um die zukünftigen Handlungen zu leiten, würde immer ein Hemmnis in unserem unvermeidlichen Weg darstellen. Um die Bedürfnisse zu befriedigen, die später auftreten könnten, werden wir morgen handeln; wenn diese neuen Anforderungen dasein werden, werden wir anders handeln als heute, und dieses Gesetz, das heute, unserer gegenwärtigen Tätigkeit entsprechend, von uns gewollt war, wird dann notwendigerweise unsere Feindin sein. Also keine menschlichen Gesetze mehr, die die Individualität generalisieren, den unfassbaren Moment verewigen wollen. Verzichten wir darauf die Zukunft vorausbestimmen zu wollen. Handeln wir für uns selbst und für die Gegenwart. Das Gesetz wandert mit und in aus. Wenn wir es in die Aussenwelt umsetzen, bliebe es unvermeidlich hinter unserer flüchtigen Gegenwärtigkeit zurück und würde somit schädlich werden. Das Gesetz ausserhalb unser selbst ist ohne das es durchdringende Leben starr und unbeweglich. Alles was nicht in uns ist, ist gegen uns, Der Kodex ist ein Anker, an dem wir unvorsichtigerweise unsere Individualität eines Tages angekettet haben. Er verzögert und verhindert den Fortschritt. So oft wir also Gesetzen gegenüberstehen, die nicht jeder Einzelne in sich selbst trägt, nicht die einfache Deduktion seiner von der Umgebung selbst gestalteten vollständigen Wirklichkeit ist, ist die Empörung berechtigt, weil immer Gewalt gegen die Gewalt angewandt werden darf.

Wenn also keine positiven Gesetze vorhanden sein sollen, müssen jedoch gewisse Rechte und Pflichten bestehen. Die Frage ist nun welche? Die allerunmittelbarste unserer Gewissheiten ist der Ausdruck unserer Tätigkeit. Der Mensch ist eine Kraft, die mit bestimmten Widerständen im Konflikt steht. Die Befriedigung des Menschen beschränkt sich hauptsächlich darauf, sich auszugestalten, sich zu entfalten, die Schranken zu überwinden, die ihn beengen. Der Mensch erhebt sich aus der Natur, indem er sie nutzbar macht, sie beherrscht, die Materie vermenschlicht. Und dies sollte genügen. Der Mensch wollte aber nicht im Ganzen des Universum verschwinden. Seine Eitelkeit fand dies nicht genügend. Deshalb entdeckte er in sich selbst *Rechte*. Das Recht wurde am Anfang einer jeden Handlung ausfindig gemacht. Es gibt tatsächlich keine einzige Institution, die sich nicht auf die *Menschenrechte* beruft. Jede Regierung behauptet, diese Rechte in Wirklichkeit umsetzen zu wollen und erklärt sich als deren Beschützer. Es ist offensichtlich, setzt Saurin fort, dass diese Elastizität zu ihrer Verurteilung genügt. Die Gesellschaft bedarf einer solideren Grundlage, auf der alle Menschen übereinstimmen können. Die Grundlage ist die, dass der Mensch ein Kräfte-System von mehr oder weniger unbeständigem Gleichgewicht darstellt. Wo hätte also das Recht eindringen können und was könnte es bedeuten? Die Kräfte unterscheiden sich durch ihre Quantität. Jede andere Hierarchie ist unberechtigt und unbegreiflich. Wir konstatieren die menschliche Kraft und die sie umgebenden Kräfte. Dies ist eine feststehende Tatsache; alles Übrige ist nur Hypothese, die nur allzu leicht von unserer hochmütigen Kinderei angenommen wird. Es gibt also keinerlei Recht. Wir sind, weil wir es können. An das Sein verbindet uns bloss unsere Macht. Und ebenso wenig gibt es irgend welche Pflichten, wenigstens in dem Sinne, in dem sie die Mehrheit der Moralisten auffasst. Die Kraft ist ein strahlendes Zentrum; alle Richtungen sind gleichmässig berechtigt, vorausgesetzt, dass sich meine Kraft ausdehnt und mein Energie entfaltet. Das moralische Bewusstsein ist eine Gewohnheit der Kraft; die Richtungen, die es mir verbietet sind jene, die meiner Kraft unbekannt blieben. Eine unmoralische Handlung reduziert sich auf eine ungebräuchliche Handlung, deren Überraschung das Bewusstsein erschreckt. Die soziale Frage ist somit ein Problem der Mechanik. Die Gesetze des Seins und somit des Menschen sind Gesetze der Kraft. Diese sind die höchste und unvermeidliche Autorität. Vor diesen müssen wir uns beugen, weil sie uns inherent sind, und durch deren Beobachtung gehorchen wir nur uns selbst. Aber die Kraft führt sofort zur Aktion. Sein ist Wirken. Eine wahrhaftige Pflicht erhebt sich somit gegen uns selbst, die einzige, die aus einer aufrichtigen Analyse hervorgeht. Wir *sollen* uns bei so wenig Kraftaufwendung als möglich entwickeln. Keine offensichtliche Verpflichtung unterordnet den Menschen einer äusseren Autorität; aber der Mensch ist an sein Wesen gebunden und kann sich der *Pflicht tätig zu sein* nicht entziehen, ohne seiner eigenen Natur zu schaden. Die Notwendigkeit der Kraftaufwendung ist eine berechtigte Pflicht; vor dieser beugen sich unsere Freiheiten und bloss diese Gesellschaft wird anerkannt werden, die nicht noch durch ein anderes Anfordernis kompliziert wird. So leitet sich die Pflicht von der Wirklichkeit und nicht von einer bestreitbaren Autorität ab. Sie ist das einfache Bewusstsein unserer Notwendigkeiten, die freie Anerkennung unserer Unvermeidlichkeit.

Der erste intellektuell auferlegte Schritt, die erste Pflicht der anarchistischen Moral wird also die *negative Assoziation*, oder die Achtung vor der menschlichen Tätigkeit sein, deren Richtung der meinigen begegnen kann. In Bezug auf meinen Nächsten enthalte ich mich des Kampfes, um auch meinerseits verschont zu werden. Ich verzichte auf einen Gewinn, den ich eventuell wieder zurückgeben müsste. So finden wie am Anfang der Gesellschaft einen Vertrag, der das Recht aufs Dasein begründet. Das Recht ist relativ, weil ich es mir nur mit meinesgleichen verbürgen konnte, und die übrige Natur behält sich somit das Recht vor, mich zu vernichten. Aber der Mensch, mein Ebenbild muss mich respektieren, weil er sofort die Nutzlosigkeit gegenseitiger Gegnerschaft begreifen müsste. Im Namen dieses Gebotes des Auslebens, wozu ihn seine Freiheit verpflichtet, muss er mir Platz machen und seine Betätigung wo anders suchen, denn er *muss* wissen, dass meine Kraft imstande ist, ihn zurückzuweisen. Es ist eine logische Notwendigkeit, die eine wahrhafte moralische Verpflichtung wird.

An diesen Punkt anschliessend, macht sich Saurin daran, die Einrichtung des Eigentums zu behandeln, da er sich aber vom Schema der Proudhon'schen Ideen nicht entfernt, haben wir keine Ursache ihm weiter zu folgen. Und ausserdem würde das Thema aus dem Ramen der uns in diesem Kapital vorgesetzten Aufgabe heraustreten.

II.

Die Religion.

Die Lehren Stirners und Bakunins drücken schon klar den Standpunkt des Anarchismus in Bezug auf die Religion aus. Sie versuchen die Verneinung jeder natürlichen und positiven Religion, und diese Verneinung übertrug sich auf alle nachfolgenden anarchistischen Lehrsysteme, ohne irgendwelche erwähnenswerte Erweiterung oder Verfeinerung. Dafür drang sie in das Gebiet der täglichen Propaganda, die es aber erforderte, dass die abstrakten Argumentationen Stirners und Bakunins sich zu viel lebendigeren Angriffen gegen diese positiven Religionen gestalten, die das religiöse Bedürfnis der die heutige Gesellschaftsordnung anerkennenden grossen Mehrheiten befriedigen. Diese Art der Vulgarisation, die wohl kaum von Bakunin abzuleiten ist, der so schwerfällig in seiner von der hegelschen Phraseologie beeinflussten Form erscheint, ist schon viel leichter von Stirner und anderen Schriftstellern der hegelschen Linken abzuleiten, deren Gesamtbild negativer Argumentationen schon hie und da die formalen Schärfen und rebellischen Formen des Hervortretens annimt, die sich für die Propaganda eignen. Nachdem nun die Anfänge gegeben waren, verblieb nur noch diese bis zu den absurdesten und äussersten Konsequenzen zu entwickeln und auszugestalten. Dies finden wir gerade in der Broschüre Johann Most's, die den Titel *Die Gottespest* führt, und die in den anarchistischen Reihen, wie vielleicht keine einzige andere Propagandaschrift bekannt und verbreitet ist. Es ist aber auch gewiss wie keine andere Arbeit ähnlicher Art sprühend von schauerlichen Lästerungen und wilder Empörung. Wenn ich nicht befürchten müsste die Harmonie der vorliegenden Studie zu zerstören, würde ich, besonders wo ich jedesmal Beispiele anführte, wo sich die Gelegenheit darbot, um aufzuzeigen, wie die Charakteristik der anarchistischen Propaganda nicht so sehr in dem innerlichen Wert ihrer Ideen liegt, als vielmehr in der Art ihrer Darstellung, gerne die Most'sche Schrift als Dokument hier vollinhaltlich reproduzieren. Es wäre aber gewagt zu behaupten, dass man einer Arbeit ernste Bedeutung verleiht, wenn man ein Mittel anwendet, das vielleicht in den Augen vieler den Nachteil hat, nicht einmal den Anschein des Ernstes zu haben. Ich werde mich daher darauf beschränken Auszüge anzuführen, weil doch kein Zweifel vorliegen kann, dass wenigstens dies für unseren Zweck notwendig ist, wobei ich überall, soweit es möglich ist, die Worten Most's in ihrem ganzen empörenden Wahnwitz wiedergebe. [1])

„Wir wollen übrigens — sagt Most — mit den pensionirten oder

---

[1]) Most, geb. am 5. Febr. 1846 in Augsburg, gest am 17. Marz 1906 in Cincinnati (Ohio), war einer der tätigsten und revolutionärsten Propagandaschriftsteller. Mehrere Male wegen der ausserordentlichen Kuhnheit seiner Ideen verfolgt, (in d. J. 1870, 1875, 1881, '86, '99—'90, vrgl.: H. Scheu, *Der Hochverrats-Prozess gegen Oberwinder, A. Scheu, Most, Papst*, etc., Wien, Selbstverl. d. Hrsg., 1870) dehnte er seine Tätigkeit auf die ganze internationale anarchistische Bewegung aus, wobei er selbst mit den Anhängern der radikalsten anarchistischen Auffassungen polemisierte und diskutierte (vrgl. z.B.: B. R. Tucker, *Instead of a book*, zit Ausg. S.S. 111, 112, 372, 393—397, 401, 432—434, und P. Grottkau u. I. Most, „*Diskussion über das Thema: „Anarchismus oder Communismus?*" etc. Chicago, Central-Comité d. Chicagoer Gruppen d. I. A. A., 1884). Die am meisten hervortretende Charakteristik seiner Propaganda war sein antireligiöser Standpunkt, mit einigen allgemeinen, Feuerbach, Stirner, Edgar Bauer und Strauss entlehnten Grundideen. (Die Möglichkeit revolutionare Elemente von diesem Schriftsteller abzuleiten, wurde schon vorausgesehen, bevor noch sein allerwichtigstes materialistisches Werk: „*Der alte u. der neue Glaube*" veröffentlicht wurde, das aus dem J. 1872 herrührt; vrgl.: J. W. Hanne, *Der moderne Nihilismus u.d. Strauss'sche Glaubenslehre*, 1842.). Most liess sich aber ganz besonders durch das Werk Edgar Bauers, *Der Streit der Kritik mit Kirche u. Staat* beeinflussen, dessen erste Auflage in Berlin 1843 vollständig konfisziert wurde (vrgl. die neue Auflage in Bern, Jenni u. Sohn, im folgenden Jahr), das die Veranlassung zu einem Prozess gab, in dem Bauer für seine antireligiösen und antistaatlichen Ideen verurteilt wurde (vrgl.: *Presseprozess E. Bauer's*, Bern, Jenni u. Sohn, 1845, und: *Die Reise auf öffentliche Kosten*: *Die Epigonen*, Leipzig, 1847, Bd. V, S.S. 9—112). Die erste Auflage von Mots's Broschüre: *Die Gottespest u. Religionsseuche* wurde in New York, im J. 1883 veröffentlicht, die 12te Aufl. ibid., 1887, wieder abgedruckt im Januar 1893 in d. *Intern. Biblioth.*, No. 3. Die Übersetzungen sind ziemlich zahlreich, zwei englische, ibid., 1884 und in *Int. Bibl.*, No. 14, 1890; einige französische Übers.: Genève, *éd. de la Critique sociale*, 1888; Paris, 1892 und ibid., im *Père Duchène*, 1896 (unklomplett); Verviers, 1892 u. 1895; Bruxelles, Villeval, 1894; spanische Übers: in *La Voz del Trabajador*, Montevideo, 1889; andere Übers.: Tshechische, holländische, portugiesische u.s.w. Italienische Übers.: *Bibl. econom.*, No. 1. Marsala, 1892; *Nuovo combattiamo*, Genua,

abgesetzten Göttern überhaupt nicht rechnen, denn die richten keinen Schaden mehr an. Die noch amtierenden Wolkenschieber und Höllen-Terroristen des Himmels aber wollen wir dafür desto respektloser kritisiren, blamiren und abführen.

Die Christen haben einen dreifältigen Gott; ihre Vorfahren die

---

29. Sept. — 10. Nov. 1888; Rom, circolo G. Bruno edit. (Tip. pop.), 7e Aufl. (ich kenne nicht die vorhergehenden Auflagen, doch scheint mir mindestens eine Auflage geheim erschienen zu sein), 1904— (konfisziert). — Andere Schriften von Most, wobei ich die zahlreichen, sehr bedeutenden Übersetzungen seiner Schriften übergehe, sind: *Kapital u. Arbeit*, etc 2e Aufl. Chemnitz, Genoss.-Buchdr., 1873 (ist ein populäres Kompendium von Marx's *Kapital*, dessen fast unbedingter Anhänger damals Most war; er war auch später, bis zu seiner durch das Sozialistengesetz erfolgten Ausweisung aus Berin mit Liebknecht und Bebel Abgeordneter des Reichstags); *Die Pariser Commune vor den Berliner Gerichten*, etc., Braunschweig, Bracke, 1875; *Die Bastille am Plötzensee*, (ist eine Art im Gefängnis geschriebenes Tagebuch), ibid., 1876; *Die Kleinbürger u.d. Sozialdemokratie*, etc., Augsburg, Volksbuchh., 1876; *Die Lösung der sozialen Frage* (ist eine an die Berliner Arbeiter gehaltene Rede), Berlin, Allg. deutsche Ass.-Buchdr., 1878; *Zur Geschichte der Arbeiterbewegung in Oesterreich*: *Neue Gesellschaft*, Zürich, J. I. 1877, Okt. (diese erste Schrift Most's über die oesterreich-ungarische sozialistische Bewegung trug viel dazu bei, jene antiparlamentarische Bewegung hervorzurufen, die sich seit dem J. 1879 fast auf die ganze oesterreichische Parteipresse ausdehnte, wobei auch, besonders zwischen den J. 1882 und '84 Diskussionen anarchistischer Ideen auftreten, deren präzise Formulierung die Zensur jedoch niemals zuliess. Eine genaue Liste der in Oesterreich verbotenen und konfiszierten anarchistischen Schriften — mit Ausnahme der slavischen Zeitungen und Publikationen — befindet sich in: A. Einsle, *Catalogus librorum in Austria prohibit.*: *Publicat. d. Vereins öst.-ung. Buchhändler*, No. VIII. Wien, 1896; Most, verfolgte diese Bewegung in folgenden weiteren Schriften: *E. Beitrag z. österr. Arbeiterbew.*: *Freiheit*, London 1884, 7. Juni—9. Aug.; *Die Arbeiterbew. in Oesterr.*, *ibid.*, 1890, 6.—27. Dez.; *Zur Geschichte d. österr. Arbeiterbeweg.*: *Die Autonomie*, London; 1891, 24.—31. Jan.); *Die Arbeit ist die Quelle des Reichtums*: *Neue Gesellschaft*, Zürich, J. I. 1877; *Die sozialen Bewegungen im alten Rom u.d. Cäsarismus*, Berlin, Allg. deutsche Ass.-Buchdr., 1878; „*Taktik*" *contra* „*Freiheit*" etc., London, ohne Jahreszahl (1880); (Seit dieser Schrift, die nach seiner Ausschliessung durch den deutschen Sozialisten-Kongress zu Wyden (Schweiz) August, 1880, verfasst wurde, erklärte sich Most ausdrücklich für die *Propaganda durch die Tat*, und in diesem Sinne fanden auch die Verhandlungen eines Art Kongresses statt, der im Oktober desselben Jahres in Genf abgehalten wurde, wo alle Resolutionen des Wydenes Kongresses als null und nichtig erklart wurden); *Die freie Gesellschaft*, etc. 1. Aufl., Auszug aus der *Freiheit*, New York, 1884 (in dieser Schrift, die viele Auflagen und Übersetzungen erlebte, sind die Prinzipien und die Taktik der kommunistischen Anarchisten auseinandergesetzt; die beiden Ausgaben der *Int. Bibl.* No. 5, New York, 1887 u. 1893, sind nur eine gedrängte Zusammenstellung); *Revolutionäre Kriegswissenschaft*, New York, 1885; *An das Proletariat. Int. Bibl.* No. 1, 1887; *Die Hölle von Blackwell's Island*, ibid., No. 2. 1887; *Stammt der Mensch vom Affen ab?* ibid., No. 4. 1887; *Die Eigentumsbestie*, ibid., No. 6 (die erste Ausg. ist v. J. 1883, New York; Unter den versch. Übers, ist die jüdische zu erwähnen, in der: *Sozialistische Bibl. in jüdisch-deutscher Sprache*, London, 1888); *Zwischen Galgen und Zuchthaus*, ibid., No. 9;

Juden, begnügten sich mit einen einfältigen. Sonst sind beide Gattungen eine recht heitere Gesellschaft. „Altes und neues Testament" bilden für sie die Quellen aller Weisheit; daher muss man diese „heiligen Schriften" wohl oder übel lesen, wenn man sie durchschauen und verlachen lernen will.

Die Anarchie, ibid., No. 10; *Der Narrenturm*, ibid., No. 11; *Vive la Commune*, ibid., No. 12; *Der Stimmkasten*, ibid., No. 13; *Der Communist. Anarchismus*, ibid., No. 14; *Unsere Stellung in der Arbeiterbeweg.*, ibid., No. 15; *The social Monster*, ibid., No. 16; *A. Reinsdorf u. die Propaganda der Tat*, New York, Selbstverl., 1885 (Aug. Reinsdorf schrieb in der „*Freiheit*" Most's, deren erste Nummer in London am 3. Jan. 1879 erschien, die ersten anarchistischen Artikel, z.B.: *Zur Organisation*, 10. Juli, 1880; vrgl. die N. v. 18. u. 25. Sept. u. v. 9. Okt. 1880; dieser Propaganda wurde durch seine Verhaftung ein Ende gemacht, worüber Most in der angeführten Schrift berichtet; *Acht Jahre hinter Schloss u. Riegel*, ibid., 1886 (sind Skizzen aus dem Leben I. Most's, verfasst und veröffentlicht von ihm selbst, unter dem Pseudonym Anonymus Veritas; *zur Geschichte d. „Freiheit"*: *Freiheit*, New York, 20. Juni—3. Okt. 1896 (ist eine Geschichte dieser Zeitung in London und New York). Ich übergehe eine Anzahl anderer Schriften von geringerer Bedeutung, sowie jener, die ich nicht auffinden konnte. (Inzwischen erschienen noch die Bändchen 1, 2, 3 u. 4 seiner *Memoiren*. — d. Üb.). Unter den Sozialisten befürworten nur diejenigen, die sich der anarchistischen Auffassung nähern, die gewaltsame Unterdrückung jeder positiven Religion (vrgl. z.B.: W. Weitling, *Garantieen d. Harmonie u. Freiheit*, 3te Aufl., 1849, S. 122, zit. von Menger a.a. O. S. 266); die anderen glauben entweder, dass mit der Einführung der neuen Gesellschaftsordnung die Religion von selbst verschwinden wird, und zwar ohne alle Gewaltmassregeln (z.B. F. Engels, *Streitschrift gegen Dühring*, 1877, S. 266; A. Bebel, *Die Frau u.d. Soz.*, 25 Aufl. S.S. 398 sq.; vrgl.: O. T. Auerswald, *Die Religion der Sozialdemokratie*, Leipzig, Dürr, 1892; H. Mügel, *Religion u. Sozialdem.*, Strassburg, Heitz, 1894), oder erklären, dass ebenso wie in der bestehenden, auch in einer zukünftigen sozialistischen Gesellschaft die Religion Privatsache sein müsse. In diesem Sinne drückt sich auch das Programm der Kongresse von Gotha (1875) und von Erfurt (14.—20. Okt. 1891) der deutschen sozialistischen Partei aus. (Vrgl.: A. Raffalovitch, *Les socialistes allemands à Erfurt*: *Journal d. écon.*, 1891. Nov., u. G. Kessler, *Die Religion soll Privatsache werden*, etc., Berlin, Baake, 1894). Marx, der in Feuerbachscher Redeweise erklärte, die Religion sei „ein verkehrtes Weltbewusstsein" trat im ersten Kongress dafür ein, diese Klausel wegzulassen. Dagegen haben die Anarchisten, wie man sah, schon aus der Tradition ihrer bedeutendsten Agitatoren, wie auch in ihrer täglichen Propaganda eine ganze antireligiöse Literatur, in der die Most'sche Schrift gewiss den bedeutendsten Platz einnimmt. — Ich will noch einige von den anderen bekannteren Schriften anführen: O. Wichers v. Gogh, *Das Evangelium des Gottesleugners*, etc.: *Magazin f. Volkslit.*, 1893; C. Fröhlich, *Die Gottlosigkeit, e. Kritik d. Gottesidee*, ohne Ort, ohne Jahr (1894); die Monatsrevue: *Le Christ anarchiste*, deren erste Nummer in Toulon, im Juni 1895 erschien, worauf sie den Titel in *Christ* umwandelte und von der anarchistischen Propaganda abgelehnt wurde; D. Nieuwenhuis, *Der Gottesbegriff, seine Geschichte u. Bedeutung in d. Gegenwart*. Bielefeld, Slemke, 1895 (ist eine Übersetzung a.d. Holländischen); J. Montseny, *La religion y la cuestion social*: *Bibl. d. „Questione sociale"*, No. 3. Buenos Ayres, ohne Jahr (1896), (das religiöse Problem wird auch von demselben Verfasser im I. Kap. seiner *Sociologia anarquista*, La Coruna, Tip. el

Greifen wir nur die Geschichte dieser Gottheiten heraus, so genügt das eigentlich schon zur Charakteristik des Ganzen vollkommen. In kurzem Abriss ist die Sache nämlich die: „Im Anfang schuf Gott Himmel und Erde." Er befand sich mithin zunächst im allgemeinen Nichts, wo es allerdings nüchtern genug ausgesehen haben mag, um sich als Gott darin zu langweilen. Und da es für einen Gott eine Kleinigkeit ist, aus Nichts Welten hervorzuzaubern, wie ungefähr ein Taschenspieler Hühnereier oder Silbertaler aus den Aermeln schüttelt, so „schuf" er Himmel und Erde. Später drechselte er Sonne, Mond und Sterne zurecht. Gewisse Ketzer, die man Astronomen nennt, haben zwar längst festgestellt, dass die Erde weder Mittelpunkt des Universums ist, noch je gewesen ist, noch überhaupt zu existiren vermochte, bevor die Sonne, um welche sie sich dreht, da war. Diese Leute haben nachgewiesen, dass es ein reiner Blödsinn ist, von „Sonne, Mond und Sternen" und *daneben* von der Erde zu reden, als ob dieselbe, verglichen mit ersteren, etwas ganz Spezielles und Übergewichtiges wäre. Sie haben es längst jedem Schulbuben eingepaukt, dass die Sonne auch nur ein Stern, die Erde aber ein Trabant der Sonne, der Mond sozusagen ein Untertrabant der Erde ist; nicht minder, dass die Erde, verglichen mit dem Weltganzen, weit entfernt,

---

Progreso, 1896, 203 S.S. behandelt); G. FERRARI, *Del deismo*, *Ed. d. „Risveglio soc. anar."* Genf, 1903, (enthält Auszüge aus dem Werke von FERRARI, *Fil. d. rivoluz.*, London, 1851); A. CECCARELLI, *L'anarchia volgarizzata*, Rom, Tip. pop. 1904 (diese Schrift ist von der soz. anarch. Gruppe „XVIII marzo" veröffentlicht, vrgl. die Kapitel: *I socialisti anar. e la religione ; I miracoli, Dio*, S.S. 59—76); A. HAMON, *Capitalismo, cristianismo e socialismo*, übers. v. A. MARI, 2e Aufl. Mantua, Baraldi, 1904 (der Verfasser versucht hier nachzuweisen, dass die Kirche recht gerne der Anrufung ihrer geistigen Macht vonseiten und im Interesse der Kapitalisten Gehör schenkt, weil sie ihrerseits Belohnung dafür erwartet und „mit dieser Hilfe wieder einen Teil ihrer politischen Macht zurückzuerobern hofft, die sie verloren hat"); F. D. NIEUWENHUIS, *La Chiesa e lo Stato*, ibid., ohne J. (1904) (der Verf. befürwortet die Trennung von Kirche u. Staat, als ersten notwendigen Schritt zur Aufhebung beider); S. FAURE, *Les Crimes de Dieu*, Paris, 1899. (Diese Brosch. hatte zahlreiche Übers. in fast allen Sprachen). P. GORI, *Scienza e religione*, Roma-Firenze, Serantoni, 1905 (ist ein im J. '96 in Paterson N. J. gehaltener Vortrag, in dem er bestreitet, dass die Anarchisten ein „Dogma des Atheismus" aufdrängen wollen. Sie suchen bloss zu verhindern, dass andere „durch die Suggestion bei den Kindern, und durch Gewalt und Androhung moralischer, materieller und ökonomischer Schadigung bei den Erwachsenen, den eigenen politischen und religiösen Glauben aufzwingen"); C. MALATO, *Religione et patriotisme, con introd.* di. E. RECLUS, Roma, Il Pensiero, 1906, etc. etc.

eine hervorragende Rolle zu spielen, umgekehrt kaum wie ein Sonnenstäubchen sich ausnimmt.

Was hat sich ein Gott um Astronomie zu kümmern ? Er macht was er will und pfeift auf Wissenschaft und Logik. Aus diesem Grunde hat er auch nach seiner Erdenfabrikation zuerst das Licht und hernach die Sonne gemacht. Selbst ein Hottentotte kann heutzutage einsehen dass ohne Sonne auf der Erde kein Licht sein kann ; aber Gott — hm ! der ist ja kein Hottentott.

Aber hören wir weiter ! Die Schöpfung war so weit ganz gelungen, aber es war immer noch kein rechtes Leben in der Bude. Der Schöpfer wollte sich auch amüsiren. Daher machte er endlich Menschen. Er wich dabei merkwürdiger Weise ganz von seiner zuvor angewandten Praxis ab. Statt diese Schöpfung durch ein einfaches „Es werde !" zu bewerkstelligen, machte er ungemein viel Umstände beim „Schaffen". Er nahm einen ganz prosaischen Lehmkloss zur Hand, modellierte daraus „nach seinem Ebenbilde" eine Mannsfigur und „blies derselben ein Seele ein." Da aber Gott allweise, gütig, gerecht, kurzum die Liebenswürdigkeit selber ist, so leuchtete ihm ein, dass dieser Adam, wie er sein Fabrikat nannte, sich allein ungemein langweilen würde. Und so erzeugte er denn eine ganz nette reizende Eva. Hier hatte ihn indessen offenbar die Erfahrung gelehrt, dass die Bearbeitung von Lehmklössen eben doch für einen Gott ein gar zu unreinliches Geschäft sei, weshalb er eine neue Fabrikationsmethode in Anwendung brachte. Er riss dem Adam eine Rippe aus und verwandelte dieselbe, — Geschwindigkeit ist keine Hexerei, am allerwenigsten für einen Gott — in ein niedliches Frauenzimmer. Ob die herausgenommene Rippe Adams später wieder ersetzt wurde, oder ob nach der stattgehabten Operation Adam als einseitiger Mensch herumlaufen musste, davon schweigt des Sängers Höflichkeit."

Die modernen Wissenschaften haben festgestellt, dass der Ursprung der Pflanzen, Tiere und Menschen durchaus verschieden ist von dieser Auffassung, und dass der Mensch nur das Produkt der Entwicklung ist. „Aber was nützt das alles ! Gott lässt mit sich nicht spassen. Ob seine Erzählungen wissenschaftlich klingen, oder sich wie alberner Quatsch anhören, er befiehlt, dass man daran glaube, widrigenfalls er es geschehen lässt, dass einen der Teufel (sein Konkurrent) holt, was sehr unangenehm sein soll.

In der Hölle herrscht ja nicht nur beständiges Heulen und Zähneklappern, sondern es brennt auch ein ewiges Feuer, es nagt ein unermüdlicher Wurm und es stinkt ganz heillos nach Pech und Schwefel. Alledem soll ein Mensch *ohne Leib* ausgesetzt werden. Es schmort sein Fleisch, das er *nicht* bei sich hat, er klappert mit den *längst ausgefallenen* Zähnen; er heult ohne Hals und Lunge; seine in *Staub zerfallenen* Knochen benagt der Wurm; er riecht ohne Nase—und das Alles *ewiglich*. Eine verteufelte Geschichte!

Gott ist überhaupt, wie er in seiner selbstverfassten Chronik, der Bibel, ganz offenherzig mitteilt, ungemein launig und rachgierig — geradezu ein Musterdespot.

Kaum waren Adam und Eva gemacht, so verstand es sich für ihn von selbst, dass dieses Pack regiert werden müsse; deshalb erliess er ein Strafgesetzbuch. Dasselbe lautete kategorisch: „Ihr sollt nicht essen vom Baume der Erkenntnis!" Seitdem hat auch noch nie irgendwo ein gekrönter oder ungekrönter Tyrann existirt, welcher nicht den Völkern dieses Diktat zugeschleudert hätte.

Adam und Eva respektierten dieses Verbot nicht. Dafür wurden sie ausgewiesen und zu lebenslänglicher und auch auf ihre Nachkommen für alle Zeiten zu übertragender, harter Arbeit verdonnert. Der Eva wurden ausserdem noch die „bürgerlichen Ehrenrechte" aberkannt, indem sie als Magd Adams deklariert wurde, dem sie zu gehorchen habe. Unter göttlicher Polizeiaufsicht standen sie ohnehin schon.

Die Strenge Gottes gegen die Menschen nützte indessen gar nichts, vielmehr ärgerten ihn dieselben, je stärker sie sich vermehrten, desto schmählicher. Und wie rasch diese Vermehrung vonstatten ging, das konnte man schon bei der Geschichte von Kain und Abel merken. Als der letztere von seinem Bruder todtgeschlagen worden, ging Kain „in ein fremdes Land" und nahm sich ein Weib. Woher das „fremde Land" mit den dort zu findenden Weibern plötzlich kam, hat der liebe Gott freilich nicht notiert, was bei seiner damaligen Arbeitsüberbürdung nicht zu verwundern ist.

Endlich war das Mass voll. Gott beschloss die ganze Menschheit durch Wasser zu vertilgen. Nur ein paar Leute nahm er aus, um es nochmals zu probieren; unglücklicher Weise hatte er sich, aller Weisheit ungeachtet, aber schon wieder einmal vergriffen, denn Noa, der Chef der Gerettetten, entpuppte sich bald als ein grosser Söffel, mit dem seine Söhne Allotria trieben. Was konnte aus solch' einer verlotterten Familie Gutes entstehen?

Wieder breitete sich die Menschheit aus, wieder entwickelte sich dieselbe zu jenen „Rabenäsern" und „Sündengimpeln". Gott hätte bersten mögen vor himmlischem Zorn, zumal alle seine exemplarischen Lokalzüchtungen, wie Austilgung ganzer Städte durch Pech und Schwefel, rein „für die Katz" waren. So entschloss er sich, das ganze Gesindel mit Stumpf und Stiel auszurotten, als ein höchst sonderbares Ereignis ihn wieder milder stimmte. Andernfalls wäre es längst um die Menschheit geschehen.

Eines Tages tauchte nämlich ein gewisser „heiliger Geist" auf. Es ging demselben, wie dem „Mädchen aus der Fremde" — niemand wusste, woher er kam. Der Bibelschreiber (nämlich Gott) sagt nur, er selber sei der heilige Geist. Man hat es also vorläufig mit einer zweieinigen Gottheit zu tun. Jener „heilige Geist" kam auf den Einfall in der Gestalt eines Täuberichs mit einem obskuren Frauenzimmer namens Maria eine Bekanntschaft anzuknüpfen. Er „überschattete" in einer süssen Stunde die Auserwählte seines Herzens, und siehe da, sie gebar ein Knäblein, was indessen wie Gott in der Bibel ausdrücklich betont, ihrer Jungfräulichkeit durchaus keinen Abbruch tat. Der früher bemerkte Gott nannte sich nun Gott-Vater, versicherte jedoch gleichzeitig, dass er nicht nur mit dem „heiligen Geist", sondern auch mit Gottes Sohn vollständig identisch sei. Man denke! Der Vater war sein eigener Sohn, der Sohn sein eigener Vater, beide zusammen ausserdem noch „heiliger Geist". So gestaltete sich die „heilige Dreifaltigkeit".

Und nun armes Menschenhirn, halte stand, denn was jetzt folgt, könnte ein Pferd umbringen! Wir wissen, dass Gott-Vater beschlossen hat das Menschenpack zu frikassieren. Das tat dem Gott-Sohn ungemein leid. Er (bekanntlich gleichzeitig Gott-Vater) nahm die ganze Schuld der Menschen auf sich und liess sich, um seinen Vater (bekanntlich gleichzeitig Gott-Sohn) in seiner Raserei zu beschwichtigen, von jenem zu erlösenden Gesindel zu Tode schinden — natürlich nicht ohne nachträglich wieder frisch und froh in den Himmel zu fahren. Diese Aufopferung des Sohnes (der eins ist mit dem Vater) machte dem Vater (der eins ist mit dem Sohn) einen solchen Höllenspass, dass er sofort eine allgemeine Amnestie erliess, welche zum teil noch heute in Kraft ist.

Längst ist wissenschaftlich erwiesen worden, dass es ein vom Körper unabhängiges Seelenleben nicht gibt, dass das was die Religionsschwindler Seele nennen, nichts weiter ist, wie das Denkorgan (Hirn), welches durch die lebendigen Sinnesorgane Eindrücke empfängt und auf Grund derselben sich betätigt, und dass mithin im Augenblicke des körperlichen Absterbens auch diese Regung aufhören muss. Was kümmern sich aber die Todfeinde des menschlichen Verstandes um die Ergebnisse wissenschaftlicher Forschung? Gerade so viel, als nötig ist, dieselben nicht ins Volk dringen zu lassen.

So predigen sie denn das „ewige Leben" der menschlichen „Seele". Wehe derselben im „Jenseits", wenn der Leib, worin sie „diesseits" gesteckt, die Strafgesetze Gottes nicht pünktlich respektierte! Wie uns diese Leute nämlich versichern, ist ihr „allgütiger, allgerechter, allbarmherziger, gnädiger etc. etc. Gott" eine Ultra-Schnüffelnase, welche sich um jeden Pfifferling eines jeden einzelnen bekümmert und jeden „Fehltritt", den ein Mensch macht, in seine Allerweltsakten einträgt. Dabei ist er ein ganz absonderlicher Kauz. Während er wünscht, dass neugeborene Kinder unter Gefahr des Schnupfens ihm zu Ehren mit kaltem Wasser begossen (getauft) werden; während er einen Heidenspass hat, wenn unzählige Glaubensschafe in ihren kirchlichen Ställen ihn litaneienmässig anblöken, oder wenn ihm die Eifrigsten seines Anhangs ohne Unterlass fromme Katzenmusiken darbringen und ihn um alle möglichen und unmöglichen Dinge anbetteln (beten); während er sich in blutige Kriege mischt und als „Schlachtengott" sich von den Siegern anposaunen und beweihräuchern lässt, wird er fuchsteufelswild, wenn jemand an seinem Dasein zweifelt, falls er Katholik ist, an Freitagen Fleisch isst oder nicht fleissig per Ohrenbeichte seine „Sünden" losscheuert; falls er Protestant ist, nicht die den Katholiken empfohlenen Heiligenknochen, Muttergotteslappen und Bilder verachtet, oder wenn er überhaupt nicht mit blöden Mienen, verdrehten Augen, gekrümmtem Rücken und gefalteten Händen in der Welt umher duselt.

Stirbt so ein Mensch in „verstocktem" Zustande, so wird ihm vom lieben Gott eine Strafe zudiktiert, gegen welche alle Hiebe mit Knuten und neunschwänzigen Katzen, alle Zuchthaus-Qualen, Verbannungs-Leiden, alle Empfindungen der Verdammten auf dem Schaffotte, alle Foltern und Martern, die je ein irdischer Tyrann ersonnen haben mag, nur angenehme Kitzeleien sind. Dieser Gott überbietet an bestialischer Grausamkeit alles, was auf der Erde Kanailleuses passieren könnte. Sein Zuchthaus heisst Hölle, die wir bereits kennen, sein Henker ist der „Teufel", seine Strafen dauern ewig. Er gewährt höchstens für leichte Fälle nach längerer Zeit Begnadigung, vorausgesetzt, dass der betreffende Delinquent als Katholik gestorben ist. Für einen solchen hat er nämlich unter Umständen das "Fegefeuer" vorgesehen, welches sich von der „Hölle" ungefähr so unterscheidet, wie in Preussen das Gefängniss vom Zuchthaus; es ist nur für verhältnissmässig kurzzeitige Insassen eingerichtet und hat etwas leichtere Disziplin. Immerhin brennt es auch im Fegefeuer ganz „gottsträflich". Sogenannte „Todsünden" werden indessen nie mit Fegefeuer, sondern stets nur mit Hölle geahndet. Hierher gehört z.B. „Gotterlästerung" begangen durch Wort, Schrift und Gedanken. Gott duldet also in dieser Beziehung nicht nur weder Press- noch Redefreiheit, sondern er trifft auch schon die unausgesprochenen Gedanken. Überbietet er somit schon an Rüppelhaftigkeit selbst die schuftigsten Despoten aller Länder und Zeiten, so tut er dies weit mehr noch hinsichtlich der Art und Dauer seiner Strafmittel. *Dieser Gott ist also das denkbar entsetzlichste Scheusal.* Sein Verhalten ist umso infamer, als er von sich behaupten lässt, dass die ganze Welt und namentlich die Menschheit in all ihrem Tun und Lassen durch seine „göttliche Vorsehung" reguliert wird. Er malträtirt also die Menschen für Handlungen, deren Urheber er selber ist! Wie liebenswürdig sind gegenüber diesem Ungeheuer die Tyrannen der Erde aus vergangener und gegenwärtiger Zeit! ....

Und doch sind es gerade die Reichen und Mächtigen, welche den Gottesblödsinn und die Religionsduselei hegen und pflegen. Es gehört das entschieden zum Geschäft. Ja es ist für die herrschenden und ausbeutenden Klassen geradezu *Lebensfrage*, ob das Volk religiös versimpelt wird, oder nicht. Mit dem Religionswahnsinn steht und fällt ihre Macht. Je mehr der Mensch an der Religion hängt, desto mehr glaubt er. Je mehr er glaubt, desto weniger weiss er. Je weniger er weiss, desto dümmer ist er. Je dümmer er ist, desto leichter kann er regiert werden!".....

Wer könnte übrigens auf folgende Fragen antworten:

„Wenn Gott will, dass man ihn kenne, liebe und fürchte, *warum zeigt er sich nicht?* Ist er so gut, wie die Pfaffen sagen, welchen Grund hat man, ihn zu fürchten? Ist er allwissend, weshalb belästigt man ihn mit seinen Privatangelegenheiten und Gebeten? Ist er allgegenwärtig, wozu ihm Kirchen bauen? Ist er gerecht, weshalb denkt man denn, er werde die Menschen bestrafen, welche er voller Schwächen erschuf? Tun die Menschen nur aus Gottesgnade Gutes, welchen Grund hätte er dann, sie dafür zu belohnen? Ist er allmächtig, wie könnte er es zulassen, dass wir ihn lästern? Ist er aber unbegreiflich, weshalb beschäftigen wir uns mit ihm? Ist die Kenntnis von Gott notwendig, weshalb schwebt er im Dunkel? u. s. w.....

Der Gott der Christen speziell ist, wie wir gesehen haben, ein Gott, der Verheissungen macht, um sie zu brechen; der Pest und Krankheiten über die Menschen kommen lässt, um sie zu bessern. Ein Gott, der die Menschen nach seinem Ebenbilde schuf und doch nicht der Urheber des Bösen sein soll; der sah, dass alle seine Werke sehr gut waren, und doch bald wahrnahm, dass sie schlecht sind; der es wusste, dass die Menschen von der verbotenen Frucht essen würden, und dennoch dafür das ganze Menschengeschlecht verdammte. Ein Gott, der so schwach ist, um sich vom Teufel überlisten zu lassen, so grausam, dass ihm kein Tyrann der Erde verglichen werden kann, das ist der Gott der jüdisch-christlichen Götterlehre.

Derselbe ist ein *allweiser* Pfuscher, der die Menschen vollkommen erschuf und sie doch nicht vollkommen erhalten konnte, der den Teufel erschuf und ihn doch nicht zu beherrschen vermag, ein *Allmächtiger*, der Millionen Unschuldige verdammte wegen des Fehlers einiger; der durch die Sündflut alle Menschen vertilgte bis auf einige, und ein neues Geschlecht erzeugen liess, nicht besser als das frühere; der einen Himmel machte für Toren, die an die Evangelien glauben, und eine Hölle für die Weisen, die sie verwerfen. — Er ist ein *göttlicher* Quacksalber, der sich durch den heiligen Geist selbst erzeugte; der sich selbst als Vermittler sandte zwischen sich selbst und andere; der, verachtet und verhöhnt von seinen Feinden, an ein Kreuz genagelt wurde wie eine Fledermaus an ein Scheunentor; der sich begraben liess, von den Toten auferstand, die Hölle besuchte, lebendig in den Himmel fuhr und nun seit neunzehnhundert Jahren zur rechten Hand *seiner selbst* sitzt, um zu richten die Lebendigen und die Toten, dann wenn es keine Lebendigen mehr geben wird. Er ist ein *schrecklicher* Tyrann, dessen Geschichte mit Blut geschrieben werden sollte, weil sie eine Religion des Schreckens ist. Hinweg mit der christlichen Götterlehre; hinweg mit einem Gott, erfunden durch Priester des blutigen Glaubens, die ohne ihr *wichtiges Nichts*, womit sie *Alles* erklären, nicht länger im Überfluss schwelgen, nicht länger Demut predigen und selbst im Glanze leben, nicht länger Sanftmut predigen und Hochmut üben, sondern durch die Aufklärung in den Abgrund der Vergessenheit geschleudert werden. Hinweg denn mit der grausamen Dreieinigheit — dem mörderischen Vater, dem unnatürlichen Sohn, dem wohllüstigen Geist! Hinweg mit all den entehrenden Phantasmen, in deren Namen die Menschen zu elenden Sklaven entwürdigt und durch die Allmacht der Lüge von den Mühen der Erde auf die Freuden des Himmels verwiesen werden. Hinweg mit ihnen, die mit ihrem geheiligten Wahne, der Fluch der Freiheit und des Glückes sind!

Die Menschen lassen sich hoffentlich nicht mehr lange äffen, foppen und narren, sondern stecken eines schönen Tages die Kruzifixe und Heiligen in den Ofen, verwandeln die Monstranzen und Kelche in nützliche Geschirre, benützen die Kirchen als Konzert-, Theater- oder Versammlungslokale, oder, falls sie dazu nicht taugen sollten, als Kornspeicher und Pferdeställe, hängen die Pfaffen und Nonnen ins Glockenhaus und können bloss das eine nicht begreifen: wieso es kam, dass nicht schon längst derartig verfahren wurde. —

Dieser kurze bündige und einzig praktikable Prozess wird sich natürlich erst im Sturme der kommenden sozialen Revolution vollziehen, d.h. in dem Augenblick, wo man auch mit den Komplizen der Pfaffheit, den Fürsten, Junkern, Bureaukraten und Kapitalisten tabula rasa macht, Staat und Gesellschaft aber, gleich der Kirche mit einernem Besen gründlich ausmisten wird."

III.

Die Familie.

Die Anarchisten, schrieb Elisée Reclus, wollen die Aufhebung des „Ehehandels" ; sie wollen die freie Vereinigung, die auf gegenseitiger Neigung, auf der Achtung seiner selbst und des anderen Teiles beruht, und insofern sie jene Person lieben und achten, deren Leben sie mit dem ihrigen verknüpft haben, sind sie Feinde der Familie [1]. In diesen Worten liegt die ganze anarchistische Theorie über die Institution der Familie, weil auch hier die anarchistische Literatur zum Unterschied von der sozialistischen, ziemlich spärlich und ohne grosse Bedeutung ist. Die sozialistische Literatur hat dieses Thema von verschiedenen Gesichtspunkten untersucht, sodass Menger [2] sie gelegentlich in drei Hauptströmungen einteilen konnte, nämlich, erstens die *polygamische* oder *polyandrische* Richtung, die hauptsächlich von Fourier mit den allgemein bekannten bizarren Einzelheiten vertreten wird [3]; die Auffassung der *Staatsehe*, die mit einiger Hinneigung zur *kollektiven Ehe* von Enfantin vertreten wird [4]; und schliesslich die der *freien Liebe*, die von Bebel vertreten wird [5]. Die Anarchisten haben sich

---

[1]) E. Reclus, *L'évolution, la révolution et l'ideal anarchique*, 5e èdit. ; Biblioth. sociolog., No. 19. Paris, P.-V. Stock, 1902, S. 145.

[2]) A. Menger, *A. a. O.*, S.S. 163—176.

[3]) Menger, *A. a. O.*, S. 169, Fussnote 1 : Ch. Fourier, *OEuvres complétes*. Bd. I, 3e Aufl. S.S. 110, sq. ; Bd. IV., 2te Aufl., S.S. 51, sq. : Bd. V. S.S. 210, sq. ; Bd. VI, 3te Aufl., S.S. 225, sq.

[4]) Vrgl. : die fleissigen Nachforschungen in Menger. *A. a. O.*, S. 167 und Fussnote 5.

[5]) A. Bebel. *Die Frau und der Sozialismus*, zit. Aufl., S.S. 227—435. Diesbezüglich bemerkt Menger, dass auch Godwin und Owen sich, obwohl sie die Ehe beibehalten wollen, durch ihr Eintreten fur die grosse Erweiterung der ehelichen Bande stark der freien Liebe nähern. Vrgl. : W. Godwin, *An Enquiry concerning political justice*, etc. (1793), 3e Aufl., London, 1798, Bd. II, S.S. 507—511 ; R. Owen, *The marriage system* etc. (1838), S.S. 66, sq. Ein Verbreiter der sozialistischen Ideen schrieb

dagegen nur auf die plumpe Propaganda der *freien Verbindung* beschränkt, ohne irgend einen Versuch zu machen, die moralischen und juridischen Konsequenzen zu vertiefen. In diesem Sinne schrieben eigene persönliche Ideen über dieses Thema Morris, Tucker, Grave, Charles Albert [1]) und andere.

Aber die unter den Anarchisten über dieses Thema gangbaren Ideen finden wir fast ohne eine Beimengung suggestiver Kritik

---

vor einigen Jahren über dieses Thema: „Ebenso wie keinerlei Autorisation nötig sein wird, um sich zu verehelichen, ebenso wird auch der ausgepsrochene Wille eines der Gatten genügen, um das freiwillige Band zu lösen, das sie unter einander geschaffen haben. Und dies besagt nicht, dass Liebe und Familienleben dadurch verdammt wären, nur von kurzer Dauer zu bleiben...... Durchaus nicht, diese Freiheit ist im Gegenteil geeignet, dem Eheleben mehr Würde, mehr Aufrichtigkeit beizufügen..... G. Renard, *Le régime socialiste, son organis. polit. et écon.*, Paris, Alcan, 1898, S.S. 59, 60, zit. von V. Paretto, *Les systèmes socialistes*, Paris, Giard et Brière, 1902—03, Bd. II. S. 175.

[1]) W. Morris, *News from Nowhere; or an Epoch of Rest*, etc.: *The Commonweal*, London, 11. Jan. — 4. Okt. 1890; als Band ibid., 1891; 6te Aufl., ibid., 1899, Kap. IX, S.S. 90, sq. In dieser utopischen Erzählung zeigt sich Morris, auch dort wo er von der Familie spricht als freiheitlicher „libertärer" Kommunist, aber noch nicht als ausgesprochener Anarchist. Einige seiner Ideen sind Charles Fourier sowie dem philanthropischen Sozialismus und den ästhetischen Theorien Ruskin's entlehnt. Nach Morris sollte, wenn eine Auseinandersetzung zwischen Mann und Frau stattfindet, die vielleicht dachten sich niemals mehr zu trennen, die Trennung ohne Weiteres möglich sein; es dürfe kein Vorwand der Vereinigung mehr bestehen, wenn sie nicht mehr der Wirklichkeit entspricht. Die Frauen müssten alles tun dürfen, was ihnen beliebt, ohne dass die Männer ihnen dafür Vorwürfe machen, oder eifersüchtig werden, oder sich beleidigt fühlen. — B. R. Tucker, *Instead of a book*, zit. Ausg., S. 15, schreibt er unter anderem: „gesetzliche Ehe und gesetzliche Scheidung sind gleiche Absurditaten". Vrgl.: S.S. 85, 142 u. 147. — J. Grave, *La societé future*: *Bibl. sociol.*, Paris, P.-V.- Stock 1895, Kap. XXII, (diesbezügl. vrgl. auch den Artikel: *L'enfant d. la société nouvelle*, schon im *Le Révolté* im J. 1885 erschienen); Id., *La société mourante et l'anarchie*, ibid., 1893, S.S. 65—75. Grave vertritt den Standpunkt, dass weder der Staat noch die Gesellschaft sich in die sexuellen Vereinigungen einzumischen habe, die durchaus keinen unlösbaren Charakter haben sollen. „Was deren (des Mannes und des Weibes) freier Wille geschaffen hat, kann deren freier Wille lösen". Die Anarchisten wollen die Abhängigkeitszustande beseitigen, denen in der gegenwärtige Familie die Frau unterworfen ist, um das freie Bündnis auf der gegenseitigen Neigung zu begründen und sie dauerhafter zu machen. Sie wollen die gesetzlich-juridische Familie aufheben, sie wollen, dass der Mann und das Weib frei seien sich gegenseitig zu geben und ihre Freiheit wieder zu nehmen, wann es ihnen beliebt. Sie wollen nicht, mehr von einem stupiden und gleichförmigen Gesetz wissen, dass die Beziehungen solch komplizierter und mannigfaltiger Empfindungen regeln soll, wie es jene sind, die von der Liebe herrühren." Die Vorteile wären, dass „durch das Bewusstsein, dass der geliebte Genosse oder die Genossin am Tage aus dem gemeinsamen Nest verschwinden kann, an dem er oder sie nicht mehr die Befriedigung findet die er erträumt hat, jeder

bei Malato [2]). Wer, schreibt Malato, den Anarchisten vorwirft, dass sie die Familie vernichten wollen, beweist, dass er die beklagenswerten Zustände der heutigen Familie nicht erkennen will. Was ist eine Familie, in der der Mann, die Frau und die Kinder zehn bis zwölf Stunden täglich in einer Fabrik arbeiten, um nicht vor

alles ins Werk setzen wird, um den anderen Teil vollständig an sich zu fesseln". — Ch. Albert, hat diesem Thema ein ganzes Buch gewidmet, das viel reicher an Worten als an tatsächlichen Angaben und Argumentationen ist: *L'amour libre*, Paris. P.-V.- Stock, 3te Aufl., 1899; vrgl. besonders S.S. 191, sq. — Ich erinnere an eine andere Schrift über dieses Thema: H. Seymour, *The anarchy of love*, London, 1888. (Seymour schwankte zwischen anarchistischem Kommunismus und Individualismus; vrgl. seine Zeitschrift: *The anarchist*, die in London vom März 1885 bis zum August, 1888 erschien, im ganzen 40 Nummern, war ausgesprochen anarchistisch-kommunistisch nur seit April '86 bis März '87; einige allgemeine Ideen hat Seymour in seiner *Philosophy of anarchism*, London, 1887, entwickelt); *Love marriage a. divorce: a discussion between* H. J. H. Greeley a. S. P. Andrew, Boston, Tucker, 1889, (diese, in dieser Ausgabe von Tucker zum Zwecke der Propaganda neugedruckte Schrift erschien zum ersten Mal in der *New York Tribune* im J. 1852 und war durch das Programm der *Free Love League* veranlasst, die sich damals gebildet hatte); E. Darnaud, *La paternité anarchiste*, Foix, 1889; G. Soledad (Pseudonym von Teresa Mané y Montseny; vrgl.: *La anarquia*, Madrid, 19. Nov. 1891), *El amor libre*, im *Segundo certamen socialista* etc., Barcelona, 1890, S.S. 173—178; Id., *A las proletarias, propaganda emancipadora entre las mujeres: Bibl. de la „Questione sociale"*, No. 4, Buenes Ayres, ohne Datum (1896). *, *Socialisme et sexualisme; programme du parti socialiste feminin: Bibl. de l'harmonie soc.*, Paris, Beaudelot, 1893; *, *Chi siamo e che cosa vogliamo: Bibl. d. „Pensiero"*, 4. ed., Mantova, Baraldi, ohne Datum (1903); (in dieser Schrift, die ein Programm des anarchistischen Sozialismus sein soll, heisst es in Bezug auf die Familie auf S.S. 10, 11: „Das gegenwärtige System der Familie, begründet auf den juridischen Funktionen die ihr innerstes Wesen bilden, gelangt mit ihren autokratischen Privilegien der väterlichen Gewalt dazu, dem Mann das Recht der Herrschaft über die Frau zu sichern und die Prinzipien der Autorität und des persönlichen Eigentums zu garantieren und zu bewahren; durch die Unlöslichkeit des Ehebündnisses und die oft künstlichen Annahmen der Vaterschaft wird bewirkt, dass die Ehe zur Geschäftskombination und somit eine geheiligten Form der Prostitution wird; dies bewirkt ein unsinnige und ungerechte Kette, der man durch Betrug und Heuchelei auf Kosten des Charakters und der Moral der Gatten und der Nachkommenschaft ausweicht, während man die nicht legalisierte Liebe und die von den Gesetzen nicht anerkannte Mutterschaft zur Schande und zur Ehrlosigkeit verdammt. Sobald dagegen die rechtliche und tatsächliche Selbstständigkeit und Gleichheit beider Geschlechter anerkannt ist, wird unsere Aufgabe sein, an Stelle dieses Familiensystems, die auf freier Liebe und freiem Vertrag begründete gleichheitliche Ehe einzuführen"); *, *Alcune verità alle donne*, Torino, La solidaria, 1904 (eine Sammlung von in Ravenna gedruckten Broschüren zur Gratisverteilung. Tip. Zirardini. Es wird an die Frauen appeliert, sie mögen „anarchistische Erzieherinnen" werden); A. Ceccarelli, *L'anarchia volgarizzata*, zit. (vrgl. die Kapitel: *La famiglia e Libero amore*, S.S. 24—33. Hier wird auseinandergesetzt, dass die Familie nicht zerstört, sondern transformiert werden solle. „Die anarchis-

Hunger zu sterben, und sich dabei gegenseitig Konkurrenz machen? Doch gibt es noch Schlimmeres. Das ist die Familie, in der die Mutter nicht über der Ehre ihrer Tochter wachen kann,die ein Bourgeois verführt und dann verlässt; wo der Sohn den Vater niemals kennen wird; wo die Mutter sich geheim ihrer Frucht entledigt. Und die Aufzählung kann bis zum Elend und der Verseuchung der bourgeoisen und aristokratischen Familie fortgesetzt werden. Die Eheinstitution ist also in voller Auflösung. Die Anarchisten haben also nicht die Absicht, moralisch von einander geschiedene Individuen noch besonders zu trennen, sondern im Gegenteil, auf alle das Band der Solidarität und der Liebe auszudehnen. Diesen Familienkreis, der nicht mehr besteht, und den die auf dem Interesse des Einzelnen gegen alle begründete Gesellschaft aufgelöst hat, wollen die Anarchisten reformieren und erweitern. Wenn die Kette beseitigt ist, hat man die freie Vereinigung. Damit soll nicht gesagt sein, dass die Neigung gleichförmig, gleich für alle werden kann. In einer noch so harmonischen Gesellschaft gibt es immer einzelne, die ihren Kameraden mehr Sympathie einflössen, als andere. Es ist klar, dass die Unterschiede des Charakters, der Geschmacks-

---

tischen Sozialisten glauben, dass die Familie, wie sie heute beschaffen ist, nicht die Selbstbestimmung der Vereinigung beider Geschlechter darstellt, sondern den ungestraft vollzogenen Zwang und gesetzlich ausgeübte Übermacht, die vom Staate und der Kirche heilig gesprochen werden. Sie wollen, dass die Familie von allen Vorurteilen und allem Zwang befreit werde, etc ..... In der zukünftigen Gesellschaft werden die Kinder, die niemand gehoren, die Kinder aller sein, sie werden nicht dank der Philanthropie irgend einer Wohltatigkeitsanstalt, sondern durch die freiwillige Teilnahme aller Menschen erzogen und unterrichtet werden, die an Stelle der Wohltat die Solidaritat eingesetzt haben werden .... Welches ist also die beste Art die Frage der Familie zu losen? Es ist die von den Sozialisten-Anarchisten vorgeschlagene Art, nämlich die vollständige Emanzipation von Mann und Weib, die schrankenlose Freiheit fur beide, und die Vereinigung beider Geschlechter durch das Band der freien Liebe"); D. Zavattero, *Il pudore*, Ravenna, L'iniziativa edit., 1905; R. Chaughi, *L'immoralité du marriage*, Paris. 1899.

[2]) Ch. Malato, *Philosophie de l'anarchie* (1888—1897), Paris, P.-V.- Stock, 1897, S.S. 50—63. Die erste Ausgabe dieses Buches erschien im Februar 1889. Es wurde, sagt der Verfasser „in einer Periode revolutionarer Gahrung geschrieben, als man den Kampf nahe bevorstehend glaubte"; der Wert des Buches entspricht aber nicht dem, was diese Worte und der Titel des Werkes erwarten liessen. Dasselbe kann auch von zwei weiteren Buchern Malato's, *De la Commune à l'anarchie*, und *Révolution chrétienne et révolution sociale* (Paris, Stock) gesagt werden. Dagegen fand seine Propagandaschrift: *Les travailleurs des villes aux travailleurs des campagnes*, Paris 1888 recht viel Verbreitung und mehrere Übersetzungen, darunter auch eine italienische.

richtung und des Verhaltens nicht mehr künstliche und konventionelle, sondern moralische Bande und somit bedeutend stärkere, als alle Verwandschaftsbande schaffen wird. Und wennschon der Mann dahin gelangen kann, Kinder, die er nicht erzeugt hat, so zu lieben, wie die seinigen, wird das Weib immer eine grössere Neigung für ihre eigenen Kinder und diese für ihre Mutter haben. Die neue soziale Ordnung wird die in unserer egoistischen Gesellschaft unterdrückten kollektiven Gefühle entwickeln. Von den konventionellen Vorurteilen und Banden befreit, werden sich die Einzelwesen frei nach dem Impuls ihres Organismus entwickeln. Die Vereinigung der Geschlechter wird nicht mehr der gegenwärtige ehrlose Handel sein. Wenn die Verteidiger der gegenwärtigen Ehe von den Irrtümern der Jugend sprechen, und deshalb meinen, dass die Jugend von der Erfahrung der Eltern geleitet werden müsse, so kann leicht darauf geantwortet werden, dass, da die anarchistische Vereinigung nicht unlösbar ist, die Gatten ihre Freiheit wiedernehmen können, so bald ihnen das gemeinsame Leben unerträglich wird. Es wird ebenso die freie Liebe, wie die freie Ehe bestehen. Diese absolute Freiheit wird es mit sich bringen, dass sich die Verbinungen weniger häufig, oder mit weniger Skandal auflösen werden, als dies heutzutage geschieht. Die juridischen Formeln der Ehe wurden eingeführt, um Interessenverträge zu garantieren. In einer kommunistischen Gesellschaft, in der es keine Privilegierten geben wird, wird es selbstverständlich sein, dass man auf die Einmengung einer dritten Person in einen Akt verzichten wird, den der Mann und das Weib schon von selbst eher geneigt sein müssten mit einem süssen Schleier zu verhüllen. Die freie Ehe setzt die Gleichheit von Mann und Frau voraus; die gesetzliche Ehe befreit dagegen die Frau, auch wenn sie majorenn wird, nur von der Vormundschaft ihrer Familie, um sie dem Despotismus ihres Gatten zu unterwerfen. Alle Nachteile, die aus einer unglücklichen Wahl erfolgen, sind leicht zu erkennen. Die Vernunft und die Menschenwürde sind für die freie Ehe. Bedeutend besser als die gesetzliche Ehe, erhält die freie Vereinigung die Zuneigung und die Liebe. Ausserdem entspricht die freie Liebe dem sozialen Fortschritt. Die Statistiken beweisen, dass in den grossen Städten und besonders in Paris die freien Verbindungenund unehelichen Geburten in grösserer Proportion wachsen, als die Zunahme der Bevölkerung. Die Anhänger der gesetzlichen Ehe beschuldigen die Anarchisten, dass sie nur die Befriedigung ihrer Sinne erstreben, und so aus der ganzen Gesellschaft ein riesiges Lupanar machen wollen. Das kann jedoch nicht das Resultat der freien, aufrichtigen, selbstlosen Liebe sein. Die freie Wahl, die von selbst die Verbindungen hervorruft, wird das von der Dummheit unterdrückte, vom Elend und Laster geschwächte, vom entfesselten Industrialismus unterjochte Menschengeschlecht moralisch und physisch regenerieren.

Diese verworrenen und unklaren Ideen Malatos stellen, wie gesagt, das ganze armselige Besitztum an Ansichten über die freie Liebe dar, mit dem sich die anarchistische Bewegung zufrieden gibt. Aber weit schlimmeres liest man bei jenen anarchistischen Schriftstellern, die literarische oder wissenschaftliche Pretensionen haben. Im ersten Fall sind die Übertreibungen in der Untersuchung der Zustände der bestehenden Familie so weit getrieben, als es eben nur phantastische, rhetorische Halluzinationen möglich machen; im zweiten Fall sind die Irrtümer kaum durch ein System empirischer Beobachtungen verhüllt, die als Wissenschaft gelten wollen, aber bloss oberflächliche p rsönliche Ansichten sind.

Im nachfolgenden führe ich kurz die entsprechenden Beispiele an.

Dem anarchistischen Schriftsteller Sebastian Faure, der sich in die ersten Reihen der theoretischen anarchistischen Bewegung stellte, indem er eine grosse Anzahl von Artikeln in der Zeitschrift „*Le libertaire*" veröffentlichte, die in Paris bis vor einigen Jahren, mehrere Jahre unter seiner Leitung erschien, verdankt die Bewegung ein Buch der Kritik der bestehenden Gesellschaft [1]), dem aber offenkundig eine durchaus ungenügende wissenschaftliche Vorbildung zu Grunde liegt. Die Familie, schreibt Faure, ist kein freiwilliges und immer vorübergehendes Bündnis, die die Sympathie vereinigt hat. Sie ist eine obligatorische und dauernde

---

[1]) Seb. Faure, *La douleur universelle, philosophie libertaire*, 3e édit., Paris, P.-V.-Stock, 1904, S.S. 337—348; die erste Aufl. ist vom J. 1895; unter verschiedenen Schriften täglicher Propaganda desselben Verfassers erwähne ich die Broschüre: *Ravachol anarchiste? Parfaitement!*: *Bibl. anarch.*, Paris, 1892. Man sehe auch verschiedene an Faure von Aug. Vaillant (der die Bombe in die Pariser Deputierten-Kammer am 9. Dez. 1893 warf) geschriebenen Briefe, die im *Journal d. Débats*, 6. Febr., 1894 veröffentlicht wurden.

Vereinigung, die vom blinden Zufall der Geburt und der Geschäftskombinationen entstanden ist. Alle wissen es, dass die Ehe in der Mehrzahl der Fälle eine Assoziation von Interessen ist, wobei die Liebe kaum durch eine kleine Türe ihren Eingang findet. So ist auf zehn Falle, neunmal die Ehe bloss eine besondere und anerkannte Form der Prostitution; weil anstatt sich bedingungslos und ohne Berechnung dem natürlichen Impuls instinktiver Wahlverwandschaft folgend, hinzugeben, jeder der beiden Kontrahenten vergleicht, was er kauft und was er verkauft, und nur gegen die Bedingung gibt um zu empfangen. Wenn aber auch die Ehe nur die einfache Legalisierung einer einzig und allein aus der Liebe entstandenen und fortgesetzten Idylle wäre, hätte sie ebenfalls nicht weniger unheilvolle Konsequenzen. Auch die Liebesehen sind in absolutem Widerspruch mit unserer beweglichen, launenhaften, unbeständigen Natur. Man kann ebenso wenig für sein Herz, wie für seine eigene Gesundheit garantieren. Unsere Individualität verändert sich ohne Unterlass; wir sind uns niemals gleich. Jedes Jahr und jede Minute veranlasst in unserer Persönlichkeit unmerkbare, aber doch wirkliche Veränderungen; deshalb ist es unsinnig die Beständigkeit unserer Gefühle feierlich festzulegen, die gerade die speziellen Ausdrucksformen dieser unserer wandelbaren Individualität sind. Nichts tötet übrigens die Liebe sicherer, als die Ehe. Die Gewissheit des Besitzes und die Verpflichtung gemeinschaftlichen Lebens bringen es bald mit sich, dass die Liebe zugrunde geht. Das Verlangen nährt sich durch die Mannigfaltigkeit und die Leidenschaft lebt vom Verlangen. Die Ehe ist für das Verlangen so viel wie ein Todesurteil. Das Leben in Gemeinschaft wird somit eine andauernd fortgesetzte Lüge, eine Heuchelei ohne Ende. Man muss in Listen wetteifern, um sich gegenseitig zu betrügen, um ausserhalb der Ehe das zu erhalten, was die Ehe nicht geben kann. Durch solche Verhältnisse leiden auch die Kinder. Von ihren ersten Lebensjahren einer strengen Disziplin unterworfen, gewöhnen sie sich daran, ohne Überlegung, ohne eigenes Urteil der ihnen vorgestreckten Lebensbahn zu folgen, ohne Widerrede alles zu tun, was ihnen befohlen wird, ihr Verhalten der ihnen angegebenen Richtung anzupassen. Auf diese Weise verlieren sie jede Initiative und jeden Willen. Die Familie denkt und will an deren Stelle. Und so werden auch die Kinder zur

Heuchelei gedrängt, denn gezwungen, das zu tun, was ihnen missfällt und auf das zu verzichten was ihnen gefällt, bemühen sie sich ihre Absichten und ihre Handlungen der Aufmerksamkeit der Eltern zu entziehen, und gewöhnen sich das widerliche Laster der Lüge an. Und wenn sie sich vom Joch der Eltern befreien, unterwerfen sich sich dem Ehejoch und beginnen so die neue Odyssee ihrer ewigen Sklaverei. Die seltenen Ausnahmen verhindern die Feststellung nicht, dass die immense Majorität unter der Einrichtung der Familie leidet. Sie unterdrückt das Individuum in allen Phasen seines Daseins, indem sie seine Initiativkraft tötet, seine Selbstbestimmung beugt und von ihm gewissermassen eine ewige Entsagung verlangt. Wenn man hinter den poetischen Schleier sieht, mit dem die Moralisten und die Sentimentalen die Eheinstitution verhüllen, wird man schwache, egoistische, habsüchtige, heuchlerische, versklavte und unglückliche Wesen entdecken. Die freiheitliche Auffassung der Gesellschaft muss dem allem eine Ende bereiten.

Ein Anspruch auf einige wissenschaftliche Erwägungen, der wie man sah, bei Faure vollständig mangelt, befindet sich dagegen in der Schrift eines Italieners, Giovanni Rossi, der grossen Anteil an der Begründung einer anarchistischen Gemeinschaft in Parana in Brasilien hatte. Indem er erzählt, wie sich in dieser Kolonie eine Liebesepisode gestaltete [1]), nimmt der Verfasser die Gelegenheit war, einige allgemeine Erwägungen zu machen, deren unerhörte und absurde Kühnheit zweifellos von den besonderen Bedingungen veranlasst wurde, unter denen der Verfasser sie zur Reife brachte. Er geht vom Prinzip aus, dass „mehrere Personen gleichzeitig zu lieben eine Notwendigkeit der menschlichen Natur ist". Wenn man anerkennt, dass physiologisch jedes

---

[1]) Dr. G. Rossi (Cardias), *Cecilia, communita anarchica sperimentale. Un episodio d'amore nella Colonia „Cecilia"*, Livorno, Bibl. del *„Sempre avanti"* No. 7, 1893, S.S. 59—80. Der zweite Teil dieser Schrift (über den ersten Teil wird gelegentlich noch gesprochen werden) war ziemlich stark für die Propaganda verbreitet; span. Übers.: *Bibl. della „Questione sociale"*, Buenos Aires, 1896; deutsche Übers.: *Sozialist*, Berlin, 23. Juni—25. Sept. 1894, auch in Wien und New York abgedruckt. — Diese Schrift, zusammen mit anderen, dasselbe Gebiet betreffenden Abhandlungen erschien als Buch, übers. u. herausg. von A. Senftleben, Zürich, 1897.

männliche Wesen, soweit es seine Kräfte erlauben jedes Weibchen, begehrt, das sich zur Begattung geneigt fühlt, und dass jedes Weibchen jedes Männchen begehrt, das ihm begegnet, so ist kein Grund vorhanden, dass diese Tendenz in Bezug auf das menschliche Paar eine Einschränkung in der Moral und im Rechte findet. In der Urgeschichte der Menschheit, glaubt Rossi ohne weiteres versichern zu können, finden wir das Mutterrecht; viel später kommt erst unter der Wirkung ökonomischer und politischer Ursachen das polygamische Patriarchat und noch später die monogamische Ehe. Aber philosophische Schulen, religiöse Sekten und persönliche Auflehnungen verkündeten zu allen Zeiten bis auf uns die freie Liebe als Protest der Natur und der Vernunft. „Was viel mehr zählt, ist die Tatsache, dass das Weib immer jemanden ausser seinem Gatten geliebt hat; und der Mann hat immer noch jemand ausser seiner Frau geliebt. Es ist die freie Liebe, doch ohne Freiheit und mit der Lüge, es ist der Ehebruch". Man liebt diese Person, die unter anderen Eigenschaften jene besitzt, die uns die liebsten sind. Wenn man anderen begegnet, die dieselben Eigenschaften in grösserem Masse besitzen, kann man nicht umhin, sie ebenfalls zu lieben. Das Recht auf volle Freiheit der Liebe ist unbestreitbar. Die Freiheit der Liebe gehört zur Kategorie der körperlichen Freiheiten, die die allerwichtigsten, allernotwendigsten, am schwierigsten zu unterdrücken sind. Nur wenn das juridische Prinzip der Sklaverei wieder hergestellt würde, würde es möglich sein, das Recht und die Möglichkeit zu bestreiten, frei über die eigene Person, ebenso über seinen Körper, wie über seine Gefühle zu verfügen. Man wende nicht ein, dass eine Freiheit, ein Recht dort aufhört, wo sie eine andere Freiheit, ein änderes Recht schädigt. Wenn durch die Ausübung meines Rechtes jemand leidet, kann ich, von Mitgefühl ergriffen, vielleicht auf mein Recht verzichten; aber wenn ihr es mir bestreiten wollt, so bedeutet das die Freiheit zu verneinen. Das Recht frei zu lieben, kann also vom Versprechen ehelicher Treue nicht erschüttert werden. Man kann auf Grund der Bekanntschaft und des entsprechenden Gelöbnisses eines Tages, nicht das ganze Leben mit Beschlag belegen, das von ganz un vorhergesehenen Ereignissen erfüllt sein wird. Ein unüberlegter Schritt kann nicht ein natürliches, unveräusserliches, schrankenloses Recht aufheben. Übrigens wissen dies alle und denken genau so. Nur ist es der Fall, dass dieses Recht geheim, wie ein Verbrechen ausgeübt wird, und das, was freier Verkehr sein sollte, nimmt den wohllüstigen und provozierenden, aber wenig würdigen Charakter der Kontrebande an. „Wir müssen unsere Frau aus tiefstem Herzen für uns, für unser Glück, aber vor allem für sie und für ihr Glück lieben. Man muss ihr aufrichtig andere Neigungen wünschen, die sie ihrem Glücke näher bringen, und man müsse sie dieses unseren Wunsches wohl sicher machen. Wir müssen unserer Genossin helfen, diese kleinen Keime der Sympathie kennen zu lernen, die, vernachlässigt oder bekämpft, niemals zu ihrer vollen Entfaltung kämen; von diesen Keimen der Sympathie müsse man zusammen mit ihr die allerlieblichsten hervorziehen und entwickeln, bis die Sympathie zur Liebe geworden ist, und somit neue Elemente der Freude, der Güte, persönlicher Erziehung und sozialen Fortschrittes hervorbringen." Ich übergehe die Beispiele, die Rossi für diese Behauptungen anführt, die nur allzuleicht entsprechend zu beurteilen sind.

Auch für Rossi ist es klar, was das Schicksal der Familie sein soll. Für die Familie, die in der schmerzlichen Wirklichkeit der Gegenwart besteht, brauchen wir nach seiner Meinung, gar keine Achtung zu haben. Wenn die Familie unter der strengen Kontrolle der Gesellschaft leben könnte, könnte sie vielleicht ein wenig „ihre Grausamkeit, ihre Hässlichkeit, ihre Verkommenheit" mildern. Aber das in der Familie vereinigte Menschenpaar hat das Bestreben, sich wo und wann es nur kann, abzusondern. In dieser Absonderung werden die allerniedrigsten menschlichen Gemeinheiten begangen, weil sie verborgen und ungestraft bleiben. In der Familie ist die Straflosigkeit jeder verbrecherischen Handlung beinahe gesichert; deshalb kann durchaus behauptet werden, dass alle Familien mehr oder weniger korrumpiert, und dass jene, die ehrenhaft und glücklich scheinen, diesen äusseren Eindruck nur der Heuchelei und der Verstellung verdanken. Aber die Familie gehört nicht zu jenen Einrichtungen, die von aussen, und am wenigsten durch die Gewalt zerstört werden können. Der Widerstand, die Reaktion würde sofort allgemein und unüberwindlich werden. Es ist eine von jenen Institutionen, die zuerst im Volksbewusstsein zerstört werden, und dann materiell durch die innere Selbstvernichtung fallen müssen. „Wenn die intellektuelle und moralische

Aristokratie der Menschen und die Majoritat der Frauen durch die offenkundige Praxis der freien Liebe die Lüge der Vaterschaft vom Antlitz der Erde gefegt haben wird, wird die Familie zur Hälfte zerstört sein, und es werden nun spontan diese sozialen Beziehungen entstehen, die berufen sind die Familie zu ersetzen." Auch die Institution der Mutterschaft ist vergänlich und bestimmt zu verschwinden. Wenn eines Tages die Gesellschaft den Müttern etwas bieten könnte, was tatsächlich mehr wert ist, als ihr Säugen und das Werk ihrer ersten Erziehung, wenn also dass individuelle Bedürfnis die Kinder zu säugen, verschwunden sein wird, wird auch der mütterliche Instinkt allmählig verschwinden. Die Familie ist gegenwärtig der hauptsächlichste Grund und die wichtigste Stütze des kapitalistischen Regimes; aber wenn sie auch in einer kommunistischen und anarchistischen Gesellschaft fortbestehen sollte, so würde das Resultat sein, dass jeder sich bestreben würde, seiner Familie, eventuell auch auf Kosten der anderen, die grösste Menge Wohlstand zu garantieren. Die Solidarität bleibt eine Theorie, so lange der Mensch auf einer Seite die Familie und auf der anderen die Menschheit sieht. Wenn wir uns nicht von der Familie befreien, wird die Familie den Kommunismus zerstören. Die Familie stellt eine kleine, auf ihre Vorrechte eifersüchtig wachende, autoritäre Gesellschaft dar, die ökonomisch immer eine Nebenbuhlerin der grossen Gesellschaft sein wird. Die Harmonie der ökonomischen Beziehungen zwischen dem Individuum und der Gesellschaft kann nur dann natürlich und freiwillig sein, wenn alle Frauen als die möglichen Geliebten, und alle Kleinen als die möglichen eigenen Kinder betrachtet werden. Dann wird die Liebe der schönsten und liebenswürdigsten Frauen das erste Streben jedes Mannes sein, und die freie Liebe wird uns für höhere Formen des sozialen Lebens geeignet machen. Wenn die soziale Revolution bloss der Triumph des männlichen Proletariats sein soll, würden die Frauen den fünften Stand der kommenden Gesellschaft bilden und müssten sich darauf vorbereiten, den letzten Kampf auszufechten, um aus der ganzen Menschheit eine einzige und freie Vereinigung zu machen.

Mit diesen wahrhaft armseligen Ideen Malatos, Faures und Rossis kann man das spärliche Besitztum an Wünschen und Vorausahnungen der Anarchie in Bezug auf die Familie als erschöpft betrachten. Es muss aber hinzugefügt werden, dass je grössere Bedeutung die einzelnen Agitatoren haben, umso grösser deren Vorsicht ist, mit dem sie dieses Thema zu berühren pflegen. Errico Malatesta z.B. spricht kaum darüber in seiner ausserordentlich verbreiteten Propagandabroschüre *Fra Contadini* [1]) („Unter Landleuten"), weil „diese Schrift an das Volk gerichtet ist, und inmitten des Volkes gibt es keine Diskussionen über die Familie ; es ist unnötig diese Frage unter dem Volk zu behandeln, weil alle die Familie lieben" [2]). Dagegen behandelte er später dieses Thema in seiner Zeitung *L'agitazione* (Ancona '98), die sich an ein weniger begrenztes Publikum wandte. Nach Malatesta [3]) müssen in der Familie die ökonomischen und die sexuellen Beziehungen, sowie die Beziehungen zwischen den Eltern und den Kindern erwogen werden. „Was die Familie als ökonomische Institution anbetrifft, so ist es klar, dass sobald das Privateigentum und als dessen Konsequenz auch das Erbrecht aufgehoben ist, sie keine Existenzberechtigung mehr hat und von selbst verschwindet. In diesem Sinne ist übrigens die Familie schon für die grosse Majorität der aus Proletariern bestehenden Bevölkerung aufgehoben." Für die geschlechtlichen Beziehungen kann die wahre Liebe nicht anders bestehen, kann gar nicht anders aufgefasst werden, als vollständig frei . . . . . Garantiert allen die Mittel, um menschenwürdig und unabhängig zu leben, gebt dem

---

[1]) Die erste Ausgabe dieser Schrift, die wohl die am meisten verbreitete anarchistische Propagandabroschüre in italienischer Sprache ist, erschien in Florenz im September '84, 64 S.S. in 16°, als Publikation des Blattes *La Questione sociale*, das unter der Leitung von Malatesta vom 22. Dez. '83 — 3. Aug. '84 erschien, und später wieder vom 20. Mai '88, sq. fortgesetzt wurde. Diese Schrift zählt nicht weniger als fünfzehn Übersetzungen, unter anderen eine jüdische (in hebräischen Lettern) London, Worker's Friend Office, '88 ; eine holländische, Haag, Heller, '88 ; eine tschechische, New York, '90 ; eine bulgarische, Sevlievo, '90 ; eine armenische, Paris, Impr. intern., '93, etc. Unter den zahllosen italienischen Ausgaben erschien meines Wissens die letzte in Messina, Tip. Mazzini, 1903, 2e Aufl. : *Bibl. di propag. dell' „Avvenire sociale"*, 43 S.S., in 16°.

[2]) Vrgl. : *Gli anarchici in tribunale ; autodifesa di* E. Malatesta ; Bibl. pop. educ., 3a ed. Roma- Firenze, Serantoni, 1905, S. 9.

[3]) Ich zitiere aus einer späteren Sammlung, von in diesem Blatt erschienen Artikeln, die den Titel führen : E. Malatesta, *Al caffè, conversazioni dal vero* : Bibl. sociale, No. 1, 4a ed., Roma, Tip industria e lav., 1905. S.S. 58—61.

Weib die volle Freiheit über ihre Person zu verfügen, zerstört die religiösen und alle anderen Vorurteile, die die Männer und Frauen an eine Anzahl von *Konventionalformen* binden, die von der Sklaverei herrühren und sie verewigen, und die geschlechtlichen Vereinigungen werden alle nur aus Liebe entstehen, werden so lange dauern, als die Liebe dauert und werden nur das Glück der einzelnen und das Wohl der Art hervorrufen". Was die Kinder anbetrifft, so ist ihre Erhaltung „die Aufgabe der Gemeinschaft und deren Erziehung wird das Werk und das Interesse aller sein. Wahrscheinlich werden alle Männer und alle Frauen alle Kinder lieben; und wenn, wie ich es sicher glaube, fährt Malatesta fort, die Eltern besondere Liebe für ihre Nachkommenschaft haben werden, werden sie sich dessen nur zu freuen haben, dass sie die Zukunft ihrer Kinder gesichert wissen und für ihre Erhaltung und ihre Erziehung die Hilfe der ganzen Gesellschaft haben werden. Das Recht über die Kinder besteht aus Pflichten. Der hat mehr Anrechte auf sie, d.h. hat ein grösseres Recht sie zu lenken und sich um sie kümmern, der sie mehr liebt und sich mehr mit ihnen beschäftigt; und da die Eltern gewöhnlich mehr wie alle andere ihre Kinder lieben, sind sie es, die das erste Anrecht haben werden, für deren Bedürfnisse zu sorgen. Es ist auch diesbezüglich kein Widerspruch zu befürchten, denn wenn ein unnatürlicher Vater seine Kinder wenig liebt und sich um sie nicht kümmert, wird er zufrieden sein, dass sich andere um sie kümmern". In einer neueren Abhandlung schwächt Malatesta, der auf dieses Thema wieder zurückkommt [1]) seine Ideen noch mehr ab: „Wir wollen die Freiheit, schreibt er; wir wollen, dass Männer und Frauen sich lieben und sich frei vereinigen können, ohne andere Motive als die Liebe, ohne gesetzlichen, ökonomischen oder physischen Zwang. Aber die Freiheit, obwohl sie auch die einzige Lösung ist, die wir angeben können und müssen, löst noch nicht von Grund aus dieses Problem, da die Liebe zu ihrer Befriedigung zweier übereinstimmen der Freiheiten bedarf, die aber in der Wirklichheit häufig durchaus nicht übereinstimmen, da die, Freiheit zu tun was man will', eine jeden Sinnes baare Phrase ist, wenn man

[1]) E. MALATESTA, *Il problema del amore*: *Il Pensiero*, Roma, J. III. No. 7; 1. Apr., 1905, S.S. 103—105.

nicht weiss, was man will." Die freie Vereinigung und die freie Scheidung von Mann und Frau setzt voraus, dass „sie sich zur selben Zeit lieben und zu lieben aufhören", was aber nicht immer der Fall ist. Einige schlagen die radikale Aufhebung der Familie vor, aber die Familie, sagt Malatesta „war und bleibt immer noch der grösste Faktor menschlicher Entwicklung", in der sich der Mensch für den Menschen opfert und das Gute des Guten wegen tut, ohne anderen Lohn zu wünschen, als die Liebe des Gatten und der Kinder. Man sagt, fügt er hinzu, dass wenn die Frage des Interesses beseitigt ist, alle Menschen Brüder würden und sich gegenseitig lieben würden. Es ist gewiss, dass man nicht mehr hassen wird ; aber „alle zu lieben, ähnelt stark dem Gefühle niemand zu lieben". Keine andere Liebe zu kennen, als diese „gewissermassen theoretische" Liebe, die wir für alle empfinden können, wäre, uns der höchsten Glücksempfindungen zu berauben ; wir würden nur noch viel unglücklicher werden. Die zukünftigen Umwandlungen der ökonomischen und politischen Grundlage der Gesellschaft werden also keine tiefe Wirkung auf die geschlechtliche Liebe ausüben. Dies soll nicht heissen, schliesst Malatesta, dass man sich der anarchistischen Lehre nicht anzuschliessen habe, die die Unterdrückung des Menschen durch den Menschen beseitigen will und die brutale Anmassung des Mannes bekämpft, der sich als der Herr und Gebieter des Weibes betrachtet. Wenn Wohlstand und Freiheit für alle verwirklicht sein werden, werden genügend Ursachen vorhanden sein, uns ihrer zu erfreuen, auch wenn noch Übel verbleiben sollten, die von den geschlechtlichen Beziehungen immer untrennbar sein werden.

IV.

Unterricht und Erziehung.

Eine Gruppe bekannter Propagandisten der anarchistischen Lehren vereinigte sich im Jahre 1898 zu einem Initiativkomitee, um einanarchistisches Unterrichtsprogramm zu entwerfen und auszuführen [1]). Die Absicht war, wie Grave in einem Parteiorgan [2]) auseinandersetzte, aus dem Unterricht das Dogma der Autorität zu beseitigen, ohne aber an dessen Stelle das Dogma der Anarchie zu setzen. Der Unterricht, wie wir ihn verstehen, versichert Grave, muss zum Ziel haben, die Persönlichkeit des Individuums zu entfalten, wobei aber gleichzeitig die Originalität des Zöglings respektiert, alle vorgefassten Ideen vermieden werden, und ihm diese Tatsachen geliefert werden, die ihm dazu beitragen können, sich eine „eigene, selbstständige Auffassung der Dinge" zu bilden. „Die Individuen daran zu gewöhnen, mit dem eigenen Kopf zu denken, nur auf sich selbst zu rechnen, um zu handeln, wird eine indirekte, aber ausserordentlich wirkungsvolle anarchistische Propaganda sein, denn die am festesten begründeten Überzeugungen sind jene, die man am meisten erwogen hat, die der Einzelne sich selbst gebildet hat." Darauf kommt Grave zu praktischen Erwägungen, um das Projekt seiner Kameraden ausführbar zu machen, das gleich von Anfang an auch von anderen, der anarchistischen Bewegung nicht angeschlossenen Schriftstellern günstig aufgenommen wurde.

Auf dem Gebiete der Erziehung und des Unterrichts, bemerkt

---

[1]) Dieses Komitee wies die Namen auf von: Elisée Reclus, Louise Michel, J. Grave, I. Ardouin, Ch. Malato, E. Janvion, L. Matha, J. Degalvès, L. Tolstoy, A. Girard, P. Kropotkin, I. Ferrière, L. Malquin.

[2]) *Les Temps Nouveaux*, J. III. No. 51, 16.—22. Apr. 1898.

das Programm [1]), hat die Autorität zum Resultat, den Menschen im Kinde zu versklaven, wann noch sein Urteil ohne Kraft, sein Gedächtnis leer, seine Einbildungskraft naiv und ohne Misstrauen ist. Um die Vernunft zum Nachteil der Freiheit zu unterdrücken, bemächtigt sich die Autorität der Intelligenz und des Willens, um sie unmerklich und durch eine lange Gewohnheit durch Vorurteile, Skrupeln und Hindernisse ohne Zahl zu versklaven. Nach der Kirche hat sich der Staat das Recht angemasst, seine despotische Hand auf die Hirne und Herzen zu legen, um ihnen sein untilgbares Merkmal aufzuprägen. So lehrt der Staat seine eigene Moral und seine eigene Geschichte und verherrlicht die bestehenden Zustände, d.h. die zum Recht erhobene Gewalt. Der gegenwärtige Lehrer ist somit ein Berufsmensch, ein Diener, der einen Befehl ausführt, der nicht freimütig das aussprechen darf, was er als die Wahrheit erachtet. Die Schule ist in der gegenwärtigen Gesellschaft das Vorzimmer der Kaserne, wo der Jüngling vollständig zur Sklaverei diszipliniert wird. Ausser der physischen Unterdrückung, wird der moralische Sinn des Kindes verkehrt, indem vor ihm die von Erfolg gekrönten Verbrechen verherrlicht, die brutale Gewalt, der Diebstahl, der Raub, und der Mord glorifiziert werden, und ihm die Bewunderung der grossen Eroberer und die Verachtung der für die eigene Befreiung im Kampf gefallenen Rebellen eingeimpft wird ; man drängt es zur Schmeichelei der Reichen und zur Verwünschung aller früheren und gegenwärtigen Opfer der Tyrannei, der Intolleranz, der Treulosigkeit und der Niederträchtigkeit der Regierungen.

Ein Unterricht, der dem weitesten Kriterium der Freiheit entsprechen soll, muss vom erzieherischen Standpunkt diese drei Formeln beseitigen : *a*) *die Disziplin*, die die Heuchelei und die Lüge gebärt ; *b*) *die Programme* (die Lehrpläne), die die Originalität, die Initiative und das Verantwortlichkeitsgefühl vernichten ; *c*) *die Klassifikation*, die die Rivalitäten, Eifersüchteleien und den Hass gebären. Nach Aufhebung dieser Dinge kann und muss der Unterricht *integral* (allseitig), *rationell*, *für beide Geschlechter gemeinsam und freiheitlich* sein :

---

[1]) *La liberté par l'enseignement* (*L'école libertaire*) ; *Publicat. du groupe d'initiative p. l'école libertaire*, No. 1 ; Paris, Aux Temps Nouveaux, 1898.

a) *integral* (allseitig), indem er die harmonische Entwicklung des ganzen Wesens anstrebt, und ein komplettes, synthetisches, verknüpftes, auf allen Gebieten der intellektuellen, physischen, manuellen und professionellen Kentnisse parallell progressives Ganzes bieten wird;

b) *rationell*, indem er auf der Vernuft und auf den Prinzipien der gegenwärtigen Wissenschaft und nicht des Glaubens begründet sein wird; auf der Entwicklung der persönlichen Würde und Unabhängigkeit, und nicht auf der Frömmigkeit und dem Gehorsam; auf der Beseitigung der Fiktion Gott, dieser ewigen und absoluten Ursache der Versklavung aufgebaut wird.

c) *für beide Geschlechter gemeinsam*, indem er die gemeinsame Erziehung der Gechlechter in ständigem, brüderlichem, familiärem Verkehr der Knaben und Mädchen begünstigt. Anstatt eine Gefahr darzustellen, entfernt diese gemeinsame Erziehung von den Gedanken des Kindes krankhafte Neugierden und wird bei den vernünftigen Bedingungen, unter denen sie befolgt werden soll, zur Garantie der Behütung und hoher Sittlichkeit.

d) *freiheitlich* („*libertaire*"), indem er die progressive Vernichtung der Autorität zu Gunsten der Freiheit rechtfertigen wird, denn das Endziel der Erziehung ist freie Menschen zu bilden, die Achtung und Liebe für die Freiheit der anderen empfinden.

Der Unterricht, fügt das Programm hinzu, ist ein mächtiges Mittel, um grossherzige Ideen zu propagieren und in die Gemüter einzupflanzen. Es ist ein mehr als alles andere wertvolle Hilfsmittel, das moralische Niveau der Jugend zu heben. Der Unterricht kann durch den direkten Einfluss, den er auf die Entfaltung der Ideen und deren spätere Richtung einnimmt, die alleraktivste Triebkraft des Fortschrittes werden. Er kann der Hebel werden, der die Welt emporheben und für immer den Irrtum, die Lüge und die Ungerechtigkeit beseitigen wird. Den allergrössten Dienst, den man tatsächlich der Menschheit erweisen kann, ist der, den Schleier zu zerreissen, mit dem man beharrlich ihre Augen verhüllt; ihr zu zeigen, welch erbärmliche Götzen man sie zu verehren lehrt und wie armselig die Argumente sind, kraft derer man ihre Achtung erzwingen will. Die Verwirklichung einer solchen, in diesem Sinne begriffenen Erziehung, soll nicht nur das Werk einiger, sondern aller sein, aller jener, deren Geist für bedeutungsvolle Neuerungen empfänglich ist und die höchste Gerechtigkeit und die soziale Sittlichkeit erstrebt.

Zwei Jahre nach der Zusammenstellung dieses Programms, am 12. Februar 1900, wurden mit einer Eröffnungsrede von Jean Grave einige libertaire Unterrichtskurse inauguriert. Doch kann von der Rede Graves nur gesagt werden, dass die Armut des Inhaltes, der auch durch die Anhäufung von Gemeinplätzen, in die er die Grundideen des Programms seiner Kameraden kleidete, gewiss nicht bereichert wurde, fast der Spärlichkeit der finanziellen Mittel entsprach, die aufgebracht wurden, um die Initiative einer den anarchistischen Prinzipien entsprechenden Erziehung ins Werk zu setzen. Wie dem auch sei, auch die Erinnerung an diese Versuche ist nicht ohne Bedeutung, weil diese einen Punkt darstellen, in dem die anarchistische Propaganda versucht hat, die Rolle empirischer Verkündung der Lehre aufzugeben um ein leitendes Kriterium, man möchte beinahe sagen eine Methode der Vorbereitung und didaktischer und pädagogischer Überzeugung zu werden.

Die durch den Staat monopolisierte Erziehung, sagt Grave, die man also nicht ohne seine Kontrolle erteilen kann, geht durch die Schaffung einer Kaste von Menschen, deren Aufgabe der Unterricht ist, von der ursprünglichen Wahrheit aus, dass der Mensch ein träges Wesen ist, das nur unter dem Druck des Bedürfnisses denkt und handelt. Aber die Vertreter des Staates haben ein Mittel gefunden, diese Wahrheit in einen Irrtum zu verwandeln, indem sie der Befriedigung der Bedürfnisse Hindernisse entgegenstellen, und ihren Willen und ihre Methoden an Stelle des Ausdrucks der Bedürfnisse selbst stellen. Auf diese Weise beseitigt man den kritischen Geist, an dessen Stelle man den Geist des Gehorsams und der Unterwerfung aufdrängt, die den Willen zu Gunsten einer höheren, immer abstrakten Autorität vernichtet, die aber trotzdem von sehr konkreten Wesen repräsentiert wird, die keine grösseren Rechte haben könnten, als es alle andere haben. Man sage auch nicht, dass wir in einem Regime der Freiheit leben, denn es ist durchaus nicht am Platze von der Freiheit zu reden, so lange das Gefängnis und der gewaltsame Tod alle jene erwartet, die müde, die Freiheit als eine Abstraktion zu betrachten, sie in die Wirklichkeit umsetzen wollen. Aber was ist überhaupt die gegenwärtige Freiheit ? frägt Grave. Ihr seid frei, aber ihr könnt nur leben, wenn ihr euere Produktivkraft verpachtet, und da jene, die sie benützen, nicht wollen, dass der herrliche Zustand, der sie in die Möglichkeit versetzt euch auszubeuten, gestört wird, so seid ihr, die ihr davon geträumt habt, einen so schönen sozialen Zustand zu stören, frei Hungers zu sterben ; für euch gibt es keine Arbeit. Man möge sich nicht wundern, dass der bürgerliche Unterricht sich bemüht, diese kollektive Versklavung noch zu befestigen. Übrigens ist es viel leichter einen Lehrplan festzulegen, und zu bestimmen, dass alle sich ihm unterzuordnen haben, als die Bestrebungen eines jeden zu suchen und die ihm am besten entsprechenden Methoden zu finden. Es wird immer so schwache Geister geben, die sich erhaltenen Befehlen unterordnen werden. Wenn auf diesem Wege unabhängige Charaktere zerbrechen, ist dies für die soziale Ordnung nur umso günstiger, die keine Diskussion zulässt. Was von den erhaltenen Resultaten gut sein wird, wird der angewandten Methode zugeschrieben werden, und die bösen Resultate werden aus dem lasterhaften Charakter und den niedrigen Instinkten des Menschen erklärt werden. Nun wohl, eine anarchistische Schule muss sich von allen diesen Fehlern und Vorurteilen befreien, auf denen sich die üblichen Ideen bilden, mit denen sich die Bourgeoisie in ihrem Interesse abgefunden hat. Die anarchistische Schule müsse sich dem vorhin angeführten Programm anpassen, mit dem Vorsatz dessen Grundprinzipien zu erweitern und zu vertiefen. So kann die gemeinsame Erziehung beider Geschlechter viel bedeutendere Resultate ergeben, als dies bloss auf den ersten Blick erscheint. Wenn dem Mann und dem Weib in den Jugendjahren die Gewohnheit beigebracht wird, sich als Kameraden zu behandeln, so wird dies mehr zur Emanzipation der Frau beitragen, als alle zur ihren Gunsten verlangten Gesetze. Mit dem Irrtum muss gebrochen werden, der es verlangt, dass wenn kaum die Kinder beider Geschlechter das Alter der Vernunft erreicht haben, sie von einander getrennt und besonders erzogen werden, wie wenn es ungleiche Arten und dazu bestimmt wären, ein verschiedenes Leben zu führen. Nachdem ihnen die Freuden der Liebe verrherlicht wurden, macht man alles mögliche, um für sie daraus ein Geheimnis zu machen. Das ganze Wesen des Menschen drängt zu diesem Unbekannten. Und wenn die Stunde der Emanzipation kommt, ist es ein unwiderstehlicher Drang. Die Liebe, die die harmonische Vereinigung zweier Wesen werden sollte, wird gewöhnlich das Zusammentreffen zweier überreizter physischer Bedürfnisse, wonach nichts übrig bleibt, wenn sie zufriedengestellt sind. „Da die Liebe eine normale Funktion ist, und Mann und Frau dazu bestimmt sind, das ganze Leben bei einander zu bleiben, wozu dann diese organische Funktion mit einem mystischem Schleier zu umgeben, während sie sich doch, trotz aller Vorsicht unserer Erzieher alle Tage vor unseren Augen abspielt. Weshalb sollen die Geschlechter sich nicht daran gewöhnen sich zu kennen, wo ihnen diese Kenntnis doch unumgänglich sein wird, um ihr Leben orientieren zu können ?". Nur indem wir uns daran gewöhnen, die Dinge zu sehen wie sie sind, werden wir uns einen genauen Begriff des Daseins machen, wenn wir uns gegen die Täuschungen schützen, die aus der falschen Auffassung der Wirklichkeit herrühren. Lernen wir unsere Persönlichheit respektieren, lernen wir die Persönlichheit jeden menschlichen Wesens achten, und wir werden einen grossen Schritt in der Richtung der gemeinsamen Emanzipation gemacht haben. In der von uns so aufgefassten Schule, schliesst Grave, werden die Kinder lernen, das Leben als das zu erkennen was es ist, und die Menschen ohne Furcht zu betrachten; sie werden lernen bloss dies anzuerkennen, was ihnen ihre Vernunft als am logischsten erklären wird, und nicht weil es ihnen als solches gelehrt wurde. Gegenwärtig, wo Liguen begründet werden, um die Menschen zu lehren die Gesetze zu achten, und jene zu verachten, die mit deren Ausführung beauftragt sind, und andere Liguen, um die Gesetze zu verachten und um jenen Treue zu schwören, die sie zur Ausführung bringen ; in dieser Zeit, in der andere wieder die Naivität besitzen zu glauben, dass sie den Respekt des Individuums mit Hilfe der Gesetze und der Gesetzgeber erzwingen können, wollen wir die Einzelnen einfach lehren, sich selbst zu respektieren und respektieren lassen zu können, und dies ohne Gesetze, gegenüber und gegen alle Gesetze und ihre Parasiten. Indem wir dies tun, haben wir das Bewusstsein, dass wir ein ausgezeichnetes revolutionäres Werk verrichten, weil, wenn die Zahl dieser Individuen gestiegen sein wird, die ihres inneren Wesens, ihrer Rolle im Leben, ihrer Kraft und ihres Willens bewusst sind, die Herrscher und die Ausbeuter verschwinden müssen. Solche vollbewusste Individuen, die ihre Befreiung nicht mehr von äusseren, fremden Ursachen erwarten, werden ihr Leben so zu entfalten wissen, wie sie es begriffen haben, und alle jene beiseite stossen, die ihnen Hindernisse in den Weg zu legen versuchen werden.

Das Programm der libertairen Schule fand einen weiteren eifrigen Vertreter in Domela Nieuwenhuis [1]), der es verstand sich einigemal auf seine Art über die vorhin angeführten empirischen Argumentationen Graves zu erheben. Wenn man berücksichtigt, sagt Nieuwenhuis, dass der Mensch ein Teil der Natur ist, und der Mensch nicht gegen sie, sondern in der Natur selbst lebt, deren integrierenden Bestandteil er bildet, begreift man, wie falsch die gegenwärtige Erziehungsmethode ist, die darin besteht, nicht die Natur zu lenken, sondern zu degenerieren. Schon Rousseau hat dies bemerkt. Anstatt in ihnen die Unabhängigkeit und Selbstständigkeit zu erwecken, bestreben wir uns, aus unseren Kindern eine zweite Auflage unserer selbst zu machen. Wir erinnern uns nicht, dass das, was das Kind zu seiner Erziehung braucht, dem nicht unähnlich ist, was die Pflanze zu ihrer Entwicklung bedarf. Die Erziehung besteht nicht in der Aneignung äusseren Wissens, sondern darin, aus dem Inneren das hervorzuziehen, was dort im Keime schlummert. Der Mensch soll leben lernen. Und leben bedeutet alle seine Fähigkeiten entfalten, alle seine Anlagen nicht nur für sich, sondern auch für die anderen zum Ausdruck zu bringen. Um ein Mensch zu werden, bedürfen wir des freien Studiums und der freien Betätigung aller unserer Organe. Dieses Ziel kann nur dann in seiner ganzen Ausdehnung erreicht werden, wenn wir den Mut haben werden, uns gegen den durch die Gewalt der kollektiven Trägheit angenommenen Ideenstrom aufzulehnen. Zusammen wagen wir es eine grosse Anzahl von Verbrechen zu begehen, vor denen jeder von uns, einzeln genommen, selbst schaudern würde. Man kam auch so dazu, dies als Weisheit anzuerkennen, was nur verbrecherische Zustimmung zu den Überlieferungen

---

[1]) D. Nieuwenhuis, *L'éducation libertaire, conférence*: *Publicat. d. „Temps Nouveaux.“* No. 12. Paris, Aux „Temps Nouveaux“. 1900.

unserer Väter war. In Bezug auf die Erziehung ist eine der schädlichsten Überleferungen jene, ohne Diskussion die Autorität der Eltern anzuerkennen. Aber es gibt keine grössere Tyrannei, als jene der Eltern gegenüber ihren Kindern. Es ist das Recht des Stärkeren, ausgeübt mit der grössten Willkür und ohne Kontrolle. Man verlangt vom Kinde den allerpassivsten Gehorsam, und es gewöhnt sich daran. Man unterdrückt seinen Willen, man tötet seine Individualität; seine Gedanken, seine Worte, seine Akte müssen sich vollständig nach denen seiner Eltern gestalten. Auf diese Weise wagt das Kind alles eher zu sein, als es selbst. Wie muss eine Erziehung sein, die von dem Grundprinzip abgeleitet ist, *dass das Kind, das Kind sei?* Die Aufgabe vernünftiger Eltern muss sein, sich überflüssig zu machen, so dass die Kinder sich in einem bestimmten Alter unabhängig und frei fühlen. Die Autorität der Eltern beruht auf nichts. Die Kinder haben uns nicht gebeten, geboren zu werden und wir haben für die Tatsache ihrer Geburt keinen Grund uns das Recht anzumassen, ihre Herren zu sein. Übrigens sind die Eltern die schlechtesten Erzieher ihrer Kinder. Der Fall ist nicht selten, dass ausgezeichnete Erzieher fremder Kinder, die eigenen positiv verderben.

Der väterlichen Autorität folgt später auch noch die Autorität des Lehrers und das Prinzip ist wieder dasselbe: Gehorchen und ruhig bleiben. Man denkt nicht daran, dass jeder Zögling seine besondere Individualität und seinen besonderen Geschmack hat, die immer verdienen in Betracht gezogen werden. Man denkt nicht daran, dass die Schule zumindestens das individuelle und physische Leben des Kindes nicht unterdrücken dürfe, und dass der Unterrichtende die allergrösste Sorgfalt darauf lege, dass das Kind im Frohsinn lebe. Aber auch als Unterrichtsmittel müsste die Autorität verbannt werden. Nicht die Autorität dieses oder jenes Gelehrten, der Tradition von jeher, oder der Weisheit aller Welt, sondern das gute Recht des Zweifels müsse als die notwendige Bedingung des Fortschritts und der intellektuellen Betätigung des Zöglings anerkannt werden. Wo immer dieser Weg versperrt ist, wird die Schule ein Hinderniss für das freie Urteil und für die Wahrheit. Mann müsse dem Kinde das Recht zugestehen, frei zu denken und zu sprechen, seine eigene Ansicht zu haben, ja auch das Recht sich zu empören. Die Erziehung muss im Sinne der Freiheit individualisiert werden. Der Kultus der Freiheit eines jeden und aller; der wirklichen Gerechtigkeit, nicht der juridischen, sondern der menschlichen, der einfachen Vernunft, nicht der theologischen, noch der metaphysischen, sondern der Wissenschaft und der manuellen und intellektuellen Arbeit, — das ist die erste Grundlage aller Menschenwürde und des Rechtes aller. Wenn wir die Kinder frei lassen, werden sie lernen aus sich selbst zu denken, zu vergleichen, zu urteilen und zu handeln. Die Aufgabe der Erzieher müsse sich darauf beschränken, das Interesse ihrer Zöglinge zu erwecken; ihre Intervention soll nur den Zweck haben, die Umstände vorzubereiten, die die Beobachtungen des Kindes erleichtern können, oder es in irgend einer komplizierten Frage aufmerksam zu machen, wenn es vom richtigen Wege ablenkt. Aber die Herrschenden haben eine Interesse daran, dass diese Methode nicht verfolgt wird. Sie begreifen es, dass ein im Volke verbreiteter wirklicher und freier Unterricht den Tod aller Regierungen bedeuten würde. Die bürgerlichen Schulen sind deshalb nur Unternehmungen, in denen gute Bürger gemacht werden, die den Regierungen gehorchen werden. Deshalb macht man aus dem Unterrichtenden einen Beamten, der für die Aufrechterhaltung des Staates zu sorgen hat. Wenn der Lehrer nur nicht verhindert zu denken, hat er schon viel getan. Er wird aber den Geist der Zöglinge mit den üblichen Lügen nähren, und zwar mit der *heiligen Liebe des Vaterlandes*, in der man sich der Freiheit des Hungers und der Arbeitslosigkeit erfreut; *dem besten aller Vaterländer*, obwohl es seinen eigenen Söhnen nicht einmal das Leben verbürgt; *der Herrlichkeit der Armee*, die eine der Geisseln der Gegenwart ist, weil sie den Ruin der Völker bedeutet; *dem Gehorsam gegen die Gesetze*, die von den Reichen gemacht wurden, um die Armen zu unterdrücken; *der Achtung vor dem Eigentum*, die den Proletarien gepredigt wird, die nichts besitzen; *dem Recht und der Justiz* — für diejenigen, die nichts zu verteidigen haben; *der Freiheit* — jener Sklaven, die morgen sterben können, wenn sie nicht das Glück haben, Arbeit zu finden; *der Zufriedenheit*, wenn man höchstens das Notwendigste zum Leben hat; *der Resignation*, wenn man nur Entbehrungen leidet. Das Kind muss das Verzeichnis dieser „sozialen Tugenden" erlernen, um sie, wenn es erwachsen ist, als Bürger zu betätigen. Das will die bürgerliche Schule, die nur eine Schule der Lüge und der Heuchelei ist. Die libertäre Schule geht dagegen anders vor. Sie sucht für jeden das Milieu zu finden, das ihm entspricht, denn der Mensch muss sich im Vollinhalt seines Unabhängigkeit entfalten, um eine eigene Individualität zu bilden. Die Erziehung muss von innen nach aussen wirken und der Unterricht muss von Tatsachen ausgehen. Der Wunsch der freiheitlichen Sozialisten ist der, junge Menschen aufwachsen zu sehen, die jede äussere Autorität hassen, in sich selbst ihre eigene Autorität zu begründen wissen und danach streben werden, ihr ganzes Leben den Prinzipien der Vernunft anzupassen. Das Gefühl der Menschenwürde müsse gepflegt werden, und dies ist nur möglich durch die Kenntnis seiner selbst und der Umgebung, in der man lebt. Wir trennen nicht den Menschen von der Natur, weil er selbst ein integrierender Teil dieser Natur ist, der er angehört [1]).

---

[1]) Anmerkung des Übersetzers. — Einen Versuch, ja noch mehr, man kann ohne weiteres sagen, einen Anfang der Verwirklichung und praktischer Durchführung dieser Prinzipien betreffend Erziehung und Unterricht gab uns die von Francisco Ferrer begründete und geleitete „*Escuela moderna*" (die „moderne Schule") von Barcelona, die gelegentlich des Prozesses, der für den Bombenwurf Mateo Morrals, (eines Lehrers an dieser Schule) auf den Hochzeitszug des Königs von Spanien (1. Juni, 1906) gegen Ferrer und Genossen stattfand, in ganz Europa allgemein bekannt wurde. — Die „*Escuela moderna*" von Barcelona wurde am 8. Sept. 1901 mit 30 Schülern, 12 Madchen und 18 Knaben eröffnet. Diese Zahl wuchs progressiv bis zum Jahre 1906, wo sie 126 Schüler, nämlich 49 Mädchen und 77 Knaben, zählte — worauf die Schule von der Regierung geschlossen wurde. Die Kinder wurden vom 5ten Lebensjahr aufgenommen, und bliebenin der Schule, ohne eine Altersgrenze nach oben zu setzen, weil diese Schüler und Schülerinnen, die in sich die Neigung und den Beruf dazu fühlten, hier auch zum Lehrerberuf vorbereitet wurden. Da die Schule Kinder aus allen Klassen der Gesellschaft haben wollte, setzte man kein fixes Schulgeld ein, sondern liess sie je nach den Mitteln ihrer Eltern zahlen. Da die Schule auch als religionslos bekannt war, waren die Kinder hauptsachlich aus republikanischen, anarchistischen, aberauch aus monarchistisch-liberalen Familien. Die Brüderlichkeit unter den Schülern, Madchen und Knaben, Reichen und Armen war die denkbar herzlichste. Die Lehrbücher der Schule waren speziell von der Schule herausgegeben, und waren freivon allen religiösen, patriotischen und sozialen Vorurteilen; darunter können als Lesebücher erwähnt werden: *Les Aventures de Nono*, von Jean Grave, *Leon Martin*, von Charles Malato, ausgewählte Stellen aus den bedeutendsten Schriftstellern über den *Patriotismus und Kolonisation*, über *Krieg und Militarismus*, etc. etc. So waren die Kinder bald erfüllt vom Ideal der Freiheit und des Wohlstandes für alle. Die Erziehung wirkte nicht bloss auf die Kinder, denn die Kinder, erfüllt von den in der Schule verkündeten humanitaren Ideen, verbreiteten sie auf ihre Weise auch in ihrem Kreise. Eine grosse Anzahl von republikanischen Zirkeln, Arbeitervereinen und Erziehungsinstituten aller Art wandte

Das Programm der libertairen Schule und die soeben angeführten Ausführungen von Grave und Nieuwenhuis sind das beste und charakteristischste, und es ist wahrhaftig wenig, was die neuere anarchistische Literatur des Anarchismus über das Thema des Unterrichts und der Erziehung hervorgebracht hat, obwohl den Theoretikern der Anarchie, bei weiterem Zurückgreifen in die sozialistische Literatur, beachtenswerte Vorgänger nicht gemangelt hätten ; es genügt nur an Fourier zu erinnern. Aber über dieses Thema, so wichtig es ist, sind die wenigen anarchistischen

---

sich an die Direktion der Schule um Rat, um Schulen nach demselben System zu eröffnen. Zur Zeit, als die Regierung die „Escuela moderna" schloss, gab es schon 48 Schulen, davon 14 in Barcelona, die nur die von der „Escuela moderna" herausgegebenen Lehr- und Schulbücher benutzten und deren Lehrmethode anwandten. Seit damals lassen die Autoritäten auf Verlangen der spanischen Jesuiten alle modernen Schulen schliessen. Doch werden ebenso viele neue eröffnet, als geschlossen werden, so dass zur Stunde (1908) trotz zweier JahreVerfolgungen ebensoviel „moderne Schulen" in Spanien bestehen als 1906. — Die Promoteure dieses Schul- und Lehrsystems beklagen sich jedoch über den Mangel an entsprechend gebildeten, vorurteilslosen Lehrern. —

Ferrer hat nun in Brüssel eine grosse Revue zur Verkündung dieser Erziehungsprinzipien begründet : *L' Ecole Rénovée, Revue d' Elaboration d'un Plan d' Education moderne*, (*Extension Internationale, de l' école moderne de Barcelone*), die alle libertairen Prinzipien des Unterrichts und der Erziehung eingehend und gründlich behandelt. Diese Revue befasst sich auch mit der Begründung einer „*Ligue internationale pour l' éducation rationelle de l' enfance*, die hauptsächlich den Zweck hat, Lehrkräfte, nach diesen Prinzipien, heranzubilden und auf folgenden Grundlagen beruhen soll : 1. Die Erziehung der Kindheit muss aufwissenschaftlicher und rationeller Basis begründet sein ; aus diesem Grunde muss von allen mystischen und übernatürlichen Begriffen abgesehen werden. — 2. Der Unterricht ist nur ein Teil dieser Erziehung. Die Erziehung muss auch ausser der Bildung der Intelligenz auch die Entwicklung des Charakters, die Herausbildung des Willens, die Vorbereitung eines moralisch und physisch in vollem Gleichgewicht befindlichen Wesens enthalten, dessen Fähigkeiten harmonisch vereinigt und zum Maximum ihrer Kraft entwickelt werden. — 3. Die moralische Erziehung, die viel mehr praktisch als theoretisch ist, muss durch das Beispiel gegeben werden und auf dem Naturgesetz der Solidarität gestutzt sein. — 4. Es ist besonders beim Unterricht der frühesten Jugend erforderlich, dass die Lehrpläne und Methoden sich so genau wie möglich der Psychologie des Kindes anpassen, was fast nirgends, weder im öffentlichen, noch im privaten Unterricht der Fall ist. — Jedes Mitglied der „Ligue" nimmt die Verpflichtung auf sich, in seiner Umgebung nach Kräften für die Einführung dieser Prinzipien einzutreten .... „*L' Ecole Renovée*" wird das offizielle Organ dieser Liga. —

Einen beachtenswerten Vorschlag machte auch in einem Rapport an den Intern. anarch. Kongress von Amsterdam 1907, Leon Clement, der die Idee anregte, dass die revolutionären Gewerkschaften und die *Bourses de Travail*, solche Schulen mit diesen Prinzipien mit Hilfe ihrer finanziellen Mittel, in ihrer Mitte, für die Kinder der organisierten Arbeiter errichten und leiten.

Schriftsteller, die darauf hinweisen, ausser der kurzen Aufmerksamkeit, die sie dem Experiment der libertairen Schule lieben, viel mehr damit beschäftigt, die Konsequenzen zu synthetisieren, die aus den mehr allgemeinen Prinzipien der Lehre herrühren, als sie durch eine auf langer und direkter Beobachtung der Tatsachen begründeten Analyse zu vertiefen. Auch jene Schriftsteller, die uns einige Nachforschungen dieser Art liefern zu wollen scheinen, enttäuschen uns ebenfalls binnem kurzem. Ich will das Beispiel Malatos anführen, der diesem Thema ein Kapitel seiner *Philosophie de l'anarchie* [1]) widmet, das ein hinfälliges Gewebe von durch eine Kette abgenutzter Paradoxe verknüpften Herumredereien ist. Auch hier stehen wir vor einem Fall, wo es durchaus nicht berechtigt wäre, etwas anderes zu erwarten. Glücklicherweise verhalten sich die Dinge eben so, dass es bedeutend schwerer, weil es objektiv unmöglich ist, über den Irrtum zu theoretisieren, als über die Wahrheit. Und die Schwierigkeit erscheint umso grösser, wenn man vom Kernpunkt einiger zentraler Ideen, die Strahlen der einzelnen besonderen Ideen verfolgt. Die allgemeine Theorie des Anarchismus hat sozusagen eine abgeschlossene Literatur, die an Zahl und an Wert der Behandlung einzelner spezieller Punkte noch absolut unzureichend ist. Aber gerade deshalb sind solche spezielle Punkte der aufmerksamsten und ausdauerndsten Untersuchung würdig [2]).

Malato lässt für den Unterricht einen gewissen Grad der Autorität zu, weil, wie er sagt, es nicht möglich ist, den unwissenden Kindern dieselbe unbeschränkte Freiheit zuzubilligen, als vollständig entwickelten Menschen. Man müsse aber auch zwischen

---

[1]) CH. MALATO, *Philosophie de l'anarchie*, zit, S.S. 110—121.

[2]) Für weitere Informationen über das spezielle Thema des Unterrichts und der Erziehung vom Standpunkt der anarchistischen Weltanschauung und der extremen Richtungen des Sozialismus siehe : A. DE POTTER, *De l'instruction obligatoire comme remède aux maux sociaux*, Paris, 1865 ; M. ARNOLD, *Culture a. anarchy, an essay in political a. social criticism*, 3. Aufl. London, Smith a. Elder, 1882 ; *, *Sozialismus u. Erziehung* : *Grenzboten*, 1890, 2 ; TH. DEVIDÉ, *Das Recht auf Erziehung, Beitrag z. Lösung d. sozialen Fragen*, München, Stägmeyer, 1890 ; R. RISSMANN, *Individualismus und Sozialismus in d. pädagogischen Entwicklung uns. Jahrhundertes*, Gotha, Behrend, 1892 (Auszug aus d. *Pädagog. Zeitfragen*, Heft 25); O. VALDECK, *Aus d. Welt des Elends*; H. I : *Das Gebiet der Erziehung u. d. Unterrichts*, Dresden, Pierson, 1895 ; R. SIEGEMUND, *Die individuelle u. soziale Aufgabe der Erziehung u. der Pädagogik d. Sozialdemokratie*, Netzschkau, Stein, 1896, etc.

Unterricht und Erziehung zu unterscheiden wissen; diese, die eine Anpassung sozialer Gebräuche ist, müsse vom Prinzip der weitest gehenden Freiheit getragen sein; der Unterricht setzt dagegen einen Plan und eine Methode voraus, und wenn diese noch so anziehend gestaltet werden, so werden sie immer in gewissem Masse autoritär sein. Der Zögling kann nicht sich selbst überlassen werden. Sobald die Initiativen hervorgerufen sind, erwartet den Lehrer die Aufgabe sie zu kontrollieren und nach einem Ziel zu lenken, das er kennt, das die Schüler aber nicht kennen. Die gegenwärtigen professionellen Schulen können als Umrisse des Unterrichts der Zunkuft betrachtet werden, in denen „die Geschichte im Leben der Völker, und nicht im Leben der Könige" gelehrt werden wird, und die anderen Unterrichtsgegenstände werden durch praktische Wahrnehmungen angenehm gestaltet werden. Auch die Philosophie würde nicht vergessen werden, und die Philosophie würde dann die „Krönung" der anderen Studien sein. Die Erziehung hat ein noch viel weiteres Feld. Die Erziehung wird das ganze Leben lang fortgesetzt, weil durch die fortwährende Veränderung des sozialen Milieus die angenommenen Gewohnheiten und empfangenen Ideen ebenfalls gezwungen sind sich zu verändern. Die wahre Erziehung, die durchaus nicht jene ist, die wir heute empfangen, müsse die normale Entwicklung der Anlagen und deren Anpassung an das soziale Milieu darstellen, die Richtigstellung, oder richtiger, die Ablenkung der durch Vererbung überkommenen bösen Neigungen in eine Richtung, wo sie nützlich verwertet werden können; denn auch die Fehler können, wenn sie entsprechend orientiert werden, zum Vorteil des Einzelnen und der ganzen Gesellschaft ausgebaut werden. Man musse vor allem im Auge behalten, aus dem Kinde einen freien Menschen zu machen, der das Bewusstsein seiner Freiheit hat, und seine Unabhängigkeit und seinen Wohlstand als innig verbunden mit der Unabhängigkeit und dem Wohlstand seiner Mitmenschen betrachtet. Man möge auch nicht, wie einige überspannte Sektierer träumen, die unsinnige Absicht haben, die Leidenschaften zu proskribieren. Das würde so viel bedeuten, wie das Leben selbst proskribieren zu wollen. „Gewiss ist es nötig, sich zur Zeit wo der Sturm herannaht, der die bürgerliche Welt wegfegen wird, von allem Sentimentalismus zu enthalten; aber am

Tage nach der Krise wird der Sentimentalismus wieder aufleben Das Naturgesetz bringt es mit sich, dass sich die entgegengesetztesten Exzesse auf einander folgen, bevor das Gleichgewicht hergestellt wird". Solange die Revolution ihr Werk nicht vollendet haben wird, müssen die Vorkämpfer der neuen Gesellschaft ein eisernes Herz haben. Zu häufig haben Mitleidsgefühle und unzeitgemässe Nachgiebigkeiten die Schlacht verlieren lassen und den Anfang zu Metzeleien der Proletarier gegeben, die von Philanthropen vom Typus eines Jules Simon mit Beifall begrüsst wurden. „Aber nachher, wenn der Wohlstand allgemein sein wird, und es weder Päpste, noch Könige, noch Kaiser, noch Herrscher irgend welcher Art geben wird, und die Kämpfe der Vergangenheit nur noch in der Erinnerung leben werden, wird man erkennen, wie gut es ist, in Liebe zu leben." Der neue soziale Zustand wird ein bis heute nur erst geahntes aber nie verwirklichtes und übrigens in unserer heutigen verrotteten Gesellschaft unmögliches Gefühl herbeiführen, nämlich das Gefühl der Brüderlichkeit, das die Erziehung und die Bildung beitragen werden, aufrecht zu halten und zu verbreiten.

V.

Die Kunst.

Vielleicht hat kein einziges Thema, als gerade das der Kunst, den anarchistischen, oder den dieser Auffassung sich nähernden Schriftstellern gestattet, ihre Theorien diesem Teil des Publikums bekannt zu machen und diskutieren zu lassen, dass sich um die anderen, übrigens bedeutend wichtigeren Gebiete des Anarchismus absolut nicht kümmert. Proudhon, und später Guyau, William Morris, Ruskin und Tolstoy haben sich zu theoretischen Irrtümern über die allgemeine Rolle der Kunst hinreissen lassen, die kaum einen guten Platz in einer müssigen literarischen Diskussion haben könnten, wenn man dieses Problem in seinen strengen Grenzen beschränken wollte [1]). Aber die Theoretiker der Anarchie, ermangeln nicht sich auf jene Ideen zu berufen, so

---

[1]) Über die sogenannten soziologischen Theorien GUYAU's über die Kunst (die Anarchisten rechnen zu deren ideologischem Besitztum, [vrgl. : M. NETTLAU, *Bibl. d. l'an.*, zit., S. 226,] nicht nur die beiden Werke GUYAU's: *Esquisse d'une morale sans obligation ni sanction*, und *L'irreligion de l'avenir*, die in Form lyrischer Ergusse einer allzu rasch erloschenen Jugend, aber auch in einem improvisierten rhetorischen Wortschwall verfasst sind, wie es auch *L'art au point de vue sociologique* ist ; es ist schlechte Soziologie bei Anwendung noch schlechterer Literatur) und über die barbarischen ästhetischen Paradoxe TOLSTOY's, gibt es eine ganze Literatur von approximativen Improvisationen, die fast vollständig ausserhalb des wissenschaftlichen Gebietes stehen ; auch Italien hat dazu begreiflicherweise mit grossem Fleiss beigetragen. — In Bezug auf Proudhon siehe Bd. XXXIII seiner *OEuvres compl.*, zit. Ausgabe ; *Du principe de l'art social et de sa destination sociale* ; vrgl. : P. G. HAMERTON, *Proudhon as a writer on art : Fortnightly Rev.*, 1866, IV, 142 ; L. ROSENTHAL, *Les destinés de l'art social d'après Proudh. : Revue intern. d. sociologie*, 1894, 2, etc. — W. MORRIS, *News from nowhere*, zit. ; ID., *Signs of change, seven lectures*, London, Reeves a. Turner, 1884; ID., *True and false society*, ibid., Reeves, 1885 ; ID., *The revival of handicraft : Fortnightly Review*, 1888, 54, S.S. 603—610 ; ID., *Art and socialism, the aims a. ideals of the English socialists of to day*. London, o. J. ; H. M. HYNDMAN a. W. MORRIS, *A summary of the principles of socialism*, etc., London, Modern Press, 1884 ; vrgl. : A.

oft sich die Gelegenheit bietet, obwohl von deren direkter und ununterbrochener Einwirkung auf die tägliche Propaganda nicht gesprochen werden kann. Für die Notwendigkeit der Propaganda und für ein Thema, das in Bezug auf die Grundprinzipien der Anarchie nur eine supplementäre Bedeutung hat, treten bei dieser Gelegenheit noch gröbere und approximativere Anschauungen hervor. Es bleibt schon zu viel in den anderen Gebieten des so vielseitigen Problems der Anarchie zu verfeinern und zu differenzieren, als dass ihre Anhänger auch noch Zeit und Musse gehabt hätten oder haben könnten, sich diese Kompetenz zu verschaffen, um das Problem der Kunst zu diskutieren. Die Ideen, der erwähnten Schriftsteller sind ohne den Schatten einer kritischen Unterscheidung in die allgemeine Diskussion in fragmentarischem Zustand oder als Bruchstücke übergegangen. Es folgt hier eine kurze Übersicht [1].

VALLANCE, W. *Morris, his art a. his writings a. his public life*, London, 1897. Die Kunstideen von MORRIS in Bezug auf das anarchistische Prinzip wurden auch von WALTER CRANE, KROPOTKIN, dem englischen Tolstoyaner I. C. KENWORTHY, vom Propagandisten L. WITHINGTON, u. a. mehr gewürdigt. — I. RUSKIN, *Fors clavigera, letters to the workmen a. labourers* etc. (1871—'84), 4 Bde., London, Allen, 1896, etc; vrgl.: W. G. CELLINGWOOD, *The life a. work of J. Ruskin*, 2 Bde, London, 1893; *, *Les idées sociales de Ruskin: Revue politique et parlam.*, 1897, 4; E. ZOCCOLI, *John Ruskin, nota*, Milano, Agnelli, 1900.

[1]) Man muss sehr nachsichtig sein, um überhaupt über ein wahrhaftiges und eigentliches Kunstproblem in Bezug auf die Auffassungen des extremen Sozialismus und Anarchismus sprechen zu können. Dementsprechend sind auch die diesbezüglichen Studien von sehr diskutablem Wert. Eine Ausnahme macht wegen einiger allgemeiner Beobachtungen das Werk von M. BURCKHARD, *Aesthetik u. Sozialwissenschaft* (vrgl.: bes. den 1. Teil: *Die Kunst u. die soziale Frage*), Stuttgart, Cotta, 1895. Oratorische Weitschweifigkeiten sind die über die Kunst gesammelten drei Schriften in den *Essais socialistes* von E. VANDERVELDE, Paris, Alcan, 1906, S.S. 185—263: „es ist nötig — schreibt er z.B. — dass eine neue soziale Organisation entstehe, dass die ökonomische Emanzipation der Arbeiter das Recht, die Moral, die Philosophie revolutioniert, damit aus einem neuen Ideal eine Kunst entstehe, die wahrhaftig die Kunst des Volkes, die Sache aller, das tägliche Brod des geistigen Lebens werde, anstatt, was es heute ist, die Kunst einer Minorität, der Luxus einer kleinen Zahl, das ausschliessliche Eigentum einer privilegierten sozialen Kaste zu sein." — Man vrgl. noch ausserdem: PHILIMUND: *Kunst u. Sozialismus*, Berlin, 1873; K. GUNDING, *Der Sozialismus u.d. Kunst. Neue Gesellschaft*, Zürich, 1877, J. I.; E. H. LEHNSMANN, *D. Kunst u. d. Sozialismus*: *Soziale Zeitfragen*, 1886, 2te Serie, Heft 4; M. SULZBERGER, *La démocratie et l'art: La societé nouvelle*, Bruxelles, 1888, 1; E. REICH, *Die bürgerliche Kunst und die besitzlosen Volksklassen*, Leipzig, Friedrich, 1892 (vrgl.: *Neue Zeit*, Stuttgart, 1892—'93, 11. J.); F. HANSEN, *Die Arbeiterbewegung und ihr Verhältnis zur Kunst*, Berlin, Selbstverlag, 1893; *, *Kunst u. Sozialdemokratie*: *Deutsche Worte*, Wien, 1893, 13. J; E. STEIGER, *Das arbeitende*

In Paris gibt es eine anarchistische Gruppe, die sich *L'art social* nennt. Mit grösster Kürze sollen im nachfolgenden die von einem ihrer hervorragendsten Mitglieder ausgedrückten Ideen dargelegt werden [1]. Der Leser wird hier das Echo einer ästhetischen Bewegung entdecken, die glücklicherweise ausserhalb des Bereichs der Anarchisten liegt, wobei also zu verharren unnötig ist. Die erste Frage, die der Anarchismus in Bezug auf die Kunst aufstellt, ist folgende: Woher rührt der künstlerische Niedergang alles dessen, was uns umgibt und das doch das Werk ästhetischer Sorgfalt des Menschen ist?. Für die Hässlichkeit und den schlechten Geschmack unserer Dekorationen macht man manchmal die Maschine verantwortlich, — aber mit Unrecht. Die Maschinen sind vom Menschen konstruiert und geleitet, und sind für den Wert ihrer Produkte nicht verantwortlich. Auch die wunderbaren von Walter Crane entworfenen Dekorativblätter sind mit der Maschine gedruckt. Und wenn die Maschinen nicht dazu verwendet werden, um in unendlicher Menge billig eine vom Menschen erdachte und das erste Mal von seiner Hand ausgeführte Form oder Zeichnung zu reproduzieren, werden sie dazu verwandt das Rohmaterial zu verarbeiten, das der Mensch dann definitiv gestalten wird. Diese Ersparnis der gröberen und ermüdenden Arbeit lässt nun der Hand umso mehr Zeit, ihr Werk zu vollenden. „Die Maschinen,

---

Volk u. die Kunst, etc. Leipzig, Volkszeitung, o. J. (1896); F. PELLOUTIER, *L'art et la révolte*: Bibl. de „*L'Art social*", Paris, 1896; J. DESTRÉE, *Art et socialisme*, Bruxelles, libr. du Peuple, 1896; ID., *Préoccupations intellect. esthétiques et morales du parti socialiste belge*: *Revue socialiste*, Paris, 1897, Sept.; E. RECLUS, *Il populo e l'arte*: *Il Pensiero*, 25. Dez. 1903, S.S. 167—169.

[1]) CH. ALBERT, L'art et la societé, Paris, Bibl. de „*L'Art social*", o. J. (1896). Ich hebe diese Schrift unter vielen anderen besonders auch deshalb heraus, weil die darin vertretenen Ideen, die einige Monate vorher dem Inhalte nach in einer anarchistischen Zeitung entwickelt wurden, eine Polemik veranlassten (vrgl.: *Les Temps Nouveaux*, 1. J. N. 30 u. 32, 23.—29. Nov. u. 7.—13. Dez. 1895), die CH. ALBERT, in seiner nachfolgenden Broschüre in Betracht gezogen hat. Sie vertritt die von den Anarchisten vertretenen „durchschnittlichen Ideen in Bezug auf die Kunst", die eben gerade hier dargestellt werdensollen. Wer noch einige anarchistische Kriterien über die Kunst von noch geringerer Bedeutung kennen lernen will, als jene, die im Text angeführt sind, und dies besagt schon genug, sehe auch den Vortrag: *L'écrivain et l'art social* von B. LAZARE, (der auch ein Mitglied der Gruppe „*L Art social*" war; B. L. starb am 3. Sept. 1903) Paris, Biblioth. de „*L' Art social*", 1895, und die Artikel von A. MORNAS, *L'anarchie et les artistes*: *Temps nouveaux*, 1. J. No. 46, 14.—20. März, 1896, und von A. GIRARD, *L'art du peuple*, ib., IV. J. No. 10, 2.—8. Juli, 1898.

bemerkte ein sozialistischer Schriftsteller, produzieren gleichmässig Hässliches und Schönes. Ihre eisernen Gebärmütter werden schöne Produkte in die Welt setzen, wenn die Schönheit sich dazu verstanden hat, sie zu befruchten. Doch hat sich ein Scheusal in deren Nachbarschaft eingenistet, und zwar das gefrässige Interesse des Industriellen, und die Produkte die aus dieser Vereinigung geboren werden, tragen deshalb den Stempel der Abscheulichkeit."

Diese Erwägung ist richtig, fügt Albert hinzu. Jedwedes Werk, welchem Kunstgrad es auch entsprechen möge, kann nur dann gut vollendet werden, wenn jene, die es unternommen haben, während der Arbeit einzig das Resultat der Arbeit selbst im Auge behalten. Statt dessen arbeitet man aber nur um Geld zu verdienen. Der Kampf, den das Geld alltäglich in der Form von Gewinn und Arbeitslohn gegen die Schönheit des Lebens führt, dauert unaufhörlich. Der Lohn übt seine Wirkung als korrumpierender Faktor schon im Augenblick aus, in dem man einen Beruf wählt, weil man jenen wählt, durch den man den grössten Gewinn erhofft, und nicht die persönlichen Anlagen berücksichtigt. Der Lohnarbeiter beurteilt seine Arbeitsfähigkeit nicht nach seinem Werk, sondern nach dem erhaltenen Lohn, und ist überzeugt, dass es nichts mehr zu vervollkommnen gibt, sobald er den höchsten Lohn erreicht, der in seinem Berufe gezahlt wird. Alles, was er über den Wert des empfangenen Lohnes machen würde, würde er ohne Entlohnung, ganz umsonst herstellen. Deshalb beeilen sich auch die älteren Arbeiter einer Werkstätte den neu Eintretenden dieses Minimum des Bewusstseins beizubringen, dass ein gewisse Grad in der Arbeit nicht überschritten werden darf, um die Verhältnisse des Berufs nicht zu verderben. Wenn nämlich einige eine Arbeitsqualität leisten würden, die der bisher für den üblichen Lohn gelieferten überlegen wäre, würde diese neue Arbeitsqualität von allen für den gewöhnlichen Lohn beansprucht werden, und die Arbeiter, die sie zu leisten unfähig wären, würden unerbittlich zurückgewiesen werden. Es ist traurig genug, dass der Mensch heute weder sein Werk loyal ausführen, noch auch seinem Instinkt der Vervollkommnung freien Lauf lassen darf, ohne dadurch seine Brüder zu verraten und sie zum Elend zu verurteilen. Einen Beruf zu gut auszuüben, wird gleichbedeutend damit, dessen Verhältnisse zu verderben. Dieser Widerspruch, der jeden Tag seine Anwendung findet, wird unsere Kinder erröten machen, wenn sie sich einmal endlich einer vernünftigeren Produktionsform erfreuen werden.

Aber das ist noch nicht das Aergste. Um die Konkurrenz zu besiegen, um die Gegner zu überwinden, muss man billig fabrizieren; und um billig zu fabrizieren, fabriziert man schlecht. Die Konkurrenz und die Hast nehmen uns die Gewohnheit unsere Arbeit zu vervollkommnen, was die beste Übung ist, um die Ruhe und Würde des Lebens zu finden. Aber die Menschen kennen heute die Aufgabe nicht mehr, das Leben so schön als möglich zu gestalten, weil sie einzig und allein vom Streben nach Gewinn besessen sind. Wenn man dagegen eine auf kommunistischer Grundlage der Gleichheit reorganisierte Gesellschaft annimmt, treten uns die Vorteile sofort vor die Augen. Sobald der Kapitalist verschwunden ist, der die den wirklichen Interessen der Industrie gleichgültige oder gar feindliche kommerzielle Seite repräsentiert, verbleibt der wirkliche Produzent, der einzige der in Betracht kommt, nun frei und Herr einer Arbeit gegenüber, die er allein zu leiten berufen ist, weil er allein sie auszuüben imstande ist. Das Funktionieren der kommunistischen Gesellschaft wird bald ihre Wirkung auf die Gewohnheiten des Produzenten ausüben müssen, und dessen geistige Verfassung verändern. Sie wird erstens ein richtiges Verhältnis zwischen seinen Bedürfnissen und seinem sozialen Recht, und zweitens zwischen seinen Fähigkeiten und seiner Pflicht hervorrufen. In Anbetracht seines Werkes wird er nichts anderes im Auge haben, als dies, es dem Zweck entsprechend auszuführen, dem es dienen soll. Alle, die das Verschwinden der Schönheit aus unseren Sitten aufrichtig beklagen, versichern einmütig, dass dieses Übel erst beseitigt werden kann, wenn unter den Menschen ein auf der Gleichheit und der Solidarität begründeter sozialer Zustand bestehen wird, in dem es für Handel und Lohnarbeit keinen Platz mehr geben wird. Schon im Jahre 1850 schrieb Richard Wagner in seinem Werkchen *Die Kunst und die Revolution*, dass, wann für die freien Menschen der Zukunft der Verdienst zur Erhaltung des Lebens nicht mehr das Ziel des Daseins sein wird, wann die Industrie, anstatt unsere Herrin zu sein, umgekehrt unsere Dienerin geworden sein wird, wir dann als den Zweck unseres Lebens unser Lebensglück, die Freude am Leben erkennen werden, und jeder Mensch auf seinem Gebiete ein wahrhaftiger Künstler werden wird. Und William Morris drückte die Hoffnung aus, dass wir ebenso vom kommerziellen, wie vom militärischen Krieg, und ganz besonders auch von dieser Sucht nach Geld und den dadurch hervorgebrachten unheilvollen Unterscheidungen befreit werden. Wie wir, wenigstens teilweise, die Freiheit erreicht haben, so werden wir auch die Gleichheit erringen, die nichts anderes ist als die Brüderlichkeit. Wenn die Einfachheit des Lebens wieder hergestellt sein wird, werden wir genügende Musse haben über unsere Arbeit nachzudenken; die Menschen werden in der Arbeit glücklich sein, und diese Zufriedenheit wird eine edle, volkstümliche dekorative Kunst hervorrufen, die den Strassen der Städte die Schönheit der Wälder geben, die in uns so hohe Gedanken wachrufen wird, wie der Anblick der Gebirge, und jedem Menschen ein schönes und bequemes Heim geben wird. Derselbe Morris schrieb auch, die volkstümliche Kunst sei der Ausdruck der Freude in der Herstellung eines Gegenstandes. Und diese Bemerkung ist richtig. Aber der moderne Industrialismus hat uns an die äusserste Grenze einer zerfahrenen und namenlosen Produktion gebracht, von der wir uns um jeden Preis befreien müssen. Wann die endlich befreite Gesellschaft sich dem Anblick ihrer Mitglieder als die Summe der Betätigungen darstellen wird, deren jede unumgänglich ist, und von denen keine sich absondern, isolieren kann, ohne ihre Existenzberechtigung und ihre Vergütung zu verlieren; wann jeder Arbeiter bei seiner Arbeit daran denken wird, dass zur selben Zeit Tausende ihm gleicher und freier Menschen für ihn arbeiten, und wann er gewiss sein wird, dass der Gewinn der Arbeit ihm allein zufliessen wird, ohne durch eine ganze Hierarchie von Ausbeutern verkürzt zu werden, wird er eine Freude an der Arbeit finden, und diese Freude wird in der Form von Schönheit sein Werk durchdringen. Nur der Fortschritt im Sinne des Kommunismus und Anarchismus kann eine Zeit herbeiführen, in der sich die Kunst, wie ehemals, in unseren einfachsten und bescheidensten Arbeiten offenbaren wird.

Doch ist auch jene Kunst an die soziale Erneuerung gebunden, die der individuellen Tendenz des Künstlers im eigentlichen Sinne des Wortes entspringt, und die nicht darin besteht, Nutzobjekte zu verschönern, sondern Werke der Zerstreung, des

Vergnügens und des menschlichen Enthusiasmus hervorzubringen. Auf dem Grunde eines Kunstwerkes ist immer der Mensch zu finden, der durch das Künstlergenie zu einer höheren Macht emporgehoben wurde, aus der die Menge der anderen Menschen sozusagen das Bewusstsein ihrer höheren ausdrucksvolleren Menschheit schöpft, als jene, die sie im Grunde ihres Inneren finden können. Der Mensch wird durch das Werk des Künstlers in seinen Sitten, den sozialen Gebräuchen, seiner Eigenart, seinem besonderen Glauben, kurz als Typus der während einer bestimmten historischen Periode mehr oder weniger unveränderlichen Menschheit dargestellt. Diese verschiedenen Arten der menschlichen Tätigkeits- und Glaubensformen, die die Menschen desselben Zeitalters genau so nach derselben Richtung hinneigen, wie der Wind die Halme eines Feldes, sind Dinge, die dem Schöpfer eines Werkes wie seinen Mitmenschen gleicherweise gemeinsam sind. Nun wohl, in unserer elenden gegenwärtigen Gesellschaft sucht man umsonst nach einer solchen Kundgebung der menschlichen Tätigkeit, nach einem Glauben, einem Gefühl, das für die Menge und für den Künstler dieses Band sein könnte, dieses Mittel, um in gemeinsamer Berührung im höheren Leben der Kunst zusammenzutreffen. Die über uns herrschenden Institutionen und Gesetze sind Überbleibsel der Vergangenheit, die bloss unseren Hass und unsere Verachtung hervorrufen können. Wenn also zugegeben wird, dass das Kunstwerk der höchste Ausdruck des Lebens ist, und dass eine Idee, um zu voller Entfaltung zu gelangen, vorerst unklar im Geiste Tausender und Abertausender von Menschen vibrieren musste, so ist es auch begreiflich, dass wohl niemals ein Zeitalter weniger für künstlerische Inspiration geeignet war, als das unsrige. Wir glauben nicht mehr an die Lebensform. in der wir leben, und haben jene noch nicht verwirklicht, nach der wir streben. Die gegenwärtige soziale Gesellschaftsform ist nicht mehr genügend aufrichtig um daraus einen schöpferischen Enthusiasmus entstehen zu lassen ; und jene, nach der unsere Wünsche gehen, die einzige, die für uns annehmbar ist, besteht noch nicht. Es bleibt also nur der Eckel vor dieser Zerfahrenheit und die Hoffnung einer zukünftigen Gerechtigkeit und Harmonie unter den Menschen. Unklar und schlummernd bei der grossen Majorität, klar und aktiv, bei einigen, leben diese Bestrebungen im Geiste, in den

Gedanken aller. Noch niemals hat in der menschlichen Geschichte die revolutionäre Idee diesen Grad erbitterter Spannung angenommen. Niemals bestand einsolcher Gegensatzzwischen dem, was sein sollte und könnte, — und dem, was ist. Einige Künstler unternahmen es, diese Tatsachen zum Gegenstand ihrer Kunst zu machen. Doch fehlt ihrer Kunst die stolze Ruhe, die ruhige Grösse, die Objektivität. Diese Kunst ist ein Drang nach dem, was sein sollte; die wahrhaft grosse Kunst scheint aber immer eher die Heiligung und der Enthusiasmus für das, was ist, gewesen zu sein, und auch bleiben zu sollen. Solche Werke befriedigen mehr unsere Sehnsucht nach Gerechtigkeit, als nach Schönheit. Die Schönheit verliert an ihnen, was die Gerechtigkeit in ihnen gewinnt. Es sind dies Ausdrücke des Kampfes, sie sind wie dieser vorübergehend und haben von diesem Kampf ihre Charakteristik der äussersten Erbitterung und des Sturmes, während die Kunst in ihrem höchsten Ausdruck gewöhnlich beschaulich bleibt. Es ist übrigens eine Charakteristik aller Epochen die den Revolutionen vorangehen, dass die besten Intelligenzen zum Nachteil der reinen und ruhigen Kunst, vom Kampf in Anspruch genommen werden. Deshalb streben jene, die der Ansicht sind, dass die Schönheit unabhängig von jeder Nützlichkeit und jeder Moral eine Aufgabe in der Welt zu erfüllen hat, nach einer Gesellschaft, in der der Künstler und seine Kameraden, befreit von der revolutionären Pflicht, dieser transitorischen Form des Kampfes um's Dasein, gemeinsam zum edlen Genuss der Kunst emporsteigen können. Die vollständige und brüderliche Besitzergreifung des Erbteils der ganzen Menschheit ist das einzige Ereignis, das der Welt eine mächtige Welle des Enthusiasmus bringen könnte, aus der grosse Kunstwerke entstehen würden. Wir müssen durch die Praxis eines neuen sozialen Lebens gereinigt werden. Wer also an die Notwendigkeit der Kunst zur Verschönerung des Lebens glaubt, wird aus dieser Überzeugung einen neuen Beweggrund für seine revolutionäre Begeisterung schöpfen.

Es soll aber damit nicht gesagt sein, dass in der Zeit, die uns vom kommenden sozialen Zustand trennt, jeder ernste künstlerische Versuch unbeachtet bleiben soll. Wie William Morris sagte, würde man eines Tages diese verlorene Zeit wieder einholen müssen, weil in der Kunst gewisse Traditionen aufbewahrt werden müssen, wenn man sich nicht eines Tages in der Notwendigkeit befinden will, ein ganzes Gebäude von unten wieder aufzurichten. Und dann ist das Kunstwerk nicht allein das Resultat der sozialen Verhältnisse. Es entsteht aus der Vereinigung des sozialen Milieus mit dem Temperament des Künstlers. Diesen mit schöpferischen Fähigkeiten ausgestatteten Menschen fallen im gegenwärtigen Kampf, ausser der für alle gleichen revolutionären Pflicht, noch höhere Aufgaben zu. Sie haben ihre revolutionäre Aufgabe anders als die anderen zu erfüllen. In einer Gesellschaft, die wie die heutige der Kunst feindlich ist, ist jeder Versuch aufrichtiger Kunst schon ein Anstoss und ein Akt der Empörung. Die leuchtende Schönheit macht die Finsternis noch schwärzer, gegen die wir ringen. In diesem Sinne haben auch die Versuche, die dekorative Kunst zu erneuern, einen revolutionären Charakter. Die Schönheit ist kein Oelzweig; sie ist ein Schwert. Wir haben die Schönheit gewählt, um vereint mit ihr zu kämpfen, denn ihr Anblick beschimpft und verletzt die Gesellschaft durch einen dauernden Hohn. Somit erfüllt jeder Künstler, der die Schönheit achtet, ein soziales Werk in dem Sinne, dass er den Geist erweitert und die Seele nach harmonischeren und gerechteren Sitten erhebt. Und da die Künstler dadurch, dass sie ihrer Liebe zur Schönheit Ausdruck geben, wahrhaftig eine bessere Gesellschaft verdienen, als es die heutige ist, werden sie, wenn sie bis zum Schluss logisch bleiben wollen, sich jenen anschliessen, die eine neue soziale Ordnung verwirklichen wollen.

VI.

Die Revolution.

Wo immer man auch die anarchistische Literatur durchblättert, sei es bei jenen Schriftstellern, die schon ein Embryo systematischer Konstruktion andeuten, sei es in den Aufrufen der täglichen Propaganda, stösst man auf Schritt und Tritt auf die Idee der „bevorstehenden Revolution". Wie darüber die bedeutendsten Schriftsteller denken, sah man schon an den entsprechendenStellen. Es verbleibt also nur noch einen Hinweis auf die Propagandaaufrufe zu machen, ein Hinweis der glücklicherweise kurz sein kann, da es sich doch nur um die ständige Wiederholung des immer gleichen Motivs handelt [1]).

---

[1]) Ausser in den im Text angeführten Schriften sind auch Appelle an die Revolution noch in nachfolgenden enthalten: *, *Das Recht auf Revolution*, Propaganda-Flugblatt, o. J. o. O.; E. Coeurderoy. *De la révolution dans l'homme et dans la société*, Bruxelles, Tarride, 1852, (Coeurderoy war Fourierist mit stark ausgesprochener antiautoritärer Tendenz); * *Was heisst revolutionär?: Grenzboten*, 1861, 1; L. Spooner, *Revolution, the only remedy for the oppressed classes of Ireland*, etc., No. 1, *A Reply to „Dunraven"*, 1880; G. Faliès, *La révolution et la jeunesse: Petite Bibl. de la jeunesse social.*, No. 2, Paris, Febr. 1883; Id., *Nécessité de la Révolution*, ibid., No. 3, 1884; W. Wenck. *Die revolutionäre Propaganda auf deutschem Boden: Grenzboten*, 1889, 3; A. Lorenzo, *La revolucion es la paz*, etc., im *Segundo certamen socialista*, zit., Barcelona, 1890; W. Liebknecht, *Hochverrat und Revolution*, Berlin, Verlag d. „Vorwärts", 1892 (1. Aufl. 1887, es erübrigt sich wohl zu bemerken, dass die Frage hier vom Standpunkt des orthodoxen marxistischen Sozialismus behandelt wird); *, *Die Revolutionen und die Herrschenden: Grenzboten*, 1894, 4; *, *L' A. B. C de la révolution; Brochures du „Père Peinard"*, No. 4, London Nov. 1894; Ch. Albert, *Résolution et Révolution, manifest des groupes socialistes ralliés à l'anarchie*, etc., o. O., 1894; S. H. Gordon, *Revolution, its necessity and its justification*, o. O. (Phiadelphia ?), 1894; B. Lazare, *Lettres prolétariennes*, No. 1, *Antisémitisme et révolution*, Paris, März, 1895; *, *Les révolutionnaires au congrès de Londres, conférences anarchistes: Publ.* d. „Temps nouveaux," No. 4, Paris, 1896; G. Lefrançais, *La Commune et la révol.*, Paris, Dupont, 1896 (die Frage wird vom Standpunkt des autoritären Sozialismus behandelt); A. Chirac, *La prochaine révolution, code socialiste*, Paris, Arnould, 1889; *, *Chi siamo e che cosa vogliamo*

Der spanische kollektivistische Anarchist Ricardo Mella schreibt, dass die Revolution [1]) ebenso in der natürlichen als in der menschlichen Ordnung ein unerlässliches Element ist, damit die Evolution zu ihrer vollen Entfaltung komme. „Die Revolution ist ein notwendiges und unvermeidliches Absolutum der Naturgesetze, ohne die der menschliche Fortschritt ein inhaltsloser Begriff wäre." Die Revolutionen sind eine Notwendigkeit der Naturgesetze der Evolution, sind Phasen oder Zwischenfälle der Evolution selbst, die, indem sie bewusst wird, die Hindernisse bricht, die Widerstände überwindet, die ihr entgegengestellt werden und die freie Entwicklung der Gesellschaft durchsetzt. „Mit einer etwas mehr wissenschaftlichen Formel — fügt recht wenig wissenschaftlich R. Mella hinzu — können wir sagen, dass die Revolutionen die Kulminationspunkte sind, die die Kurve der Evolution bestimmen, die verschiedenen Höhen, die den Verlauf dieser Kurve bezeichnen und dadurch die Eintönigkeit der Zeichnung unterbrechen. Jeder plötzlichen Erschütterung geht eine Periode der Entkräftung voraus, die das Ende der evolutiven Kurve ist, wie der Schlusspunkt einer in vielfachen Windungen durchlaufenen Laufbahn. Die Revolution wird den Höhepunkt der Vollkommenheit, des Fortschrittes, der Entwicklung darstellen. Sie bricht die letzten

---

o. J. (1903). zit. S.S. 13, 14. Allgemeine Erwagungen verschiedenen Wertes und Charakters, die naturlich nicht immer objektiv bleiben, — uber revolutionare Projekte und Erhebungen in der am weitest gehenden sozialistischen und der anarchistischen Bewegung sind enthalten in: M. Engelmann, *Die Revolution der Zukunft*, Berlin, o. J.; E. Lavasseur; *La liberté civile et la revolution: Journal d'écon*, 1860, Okt.; G. Molinari, *L'évolution politique et la révolution*, Paris, Guillaumin, 1884; W. H. Mallock, *The science and the révolution: Fortnightly Rev.*, 1889, Nov.; M. J. Schaack, *Anarchy and anarchists: a history of red terror and the social revol. in America a. Europe*, Chicago, Schulte, 1889 (Der Verfasser gehört der Chicagoer Polizei an); V. Rossi, *Il fattore econ. dei moti rivoluzionari: Archivo di psichiatria*, v. IX. fasc. 1, 1890; J. Grabinsky, *Le mouvement révolutionnaire en Italie*, Paris, 1894 (Auszug aus d. *Correspondant*); K. H. Heydenreich, *Versuch ü. d. Heiligkeit des Staates u.d. Moralität d. Revolutionen*, Leipzig, 1894; H. Greulich, *Vor hundert Jahren u. heute: die Revol. d. Bürgertums*, etc., Zürich, Buchh. d. schweiz. Grütlivereins. 1895; C. H. v. Arnswaldt, *Die Revolution und d. demokrat. Sozialismus*, Schwerin, Stiller, 1896; A. Duval, *De l'esprit de la révolution*, Paris, Pierrot, o. J. (1897).

[1]) R. Mella, *Evolución y Revolución. Discurso pronunciado en el Circulo federal de Vigo*, Sabadell, 1892; vrgl.: Id. *Organisación, agitación, revolución: Segundo certamen socialista*, etc. zit., Barcelona, 1890, S.S. 349—368; Id., *La anarquia*, ibid., S.S. 53—72, und in Sevilla, 1890; ital. Übers. in: *Bibl. della „Plebe"*, No. 4, Prato, tip. „La popolare", 1892.

der Entwicklung widerstrebenden Gewebe, sie vernichtet alle dem Fortschritt entgegenstehenden Kräfte und macht schliesslich den Fortschritt selbst möglich". Und was nun die Männer der Wissenschaft nicht verwirklichen, dass machen die Männer der Partei, „jene, die für das Ideal begeistert sind, die ihre Intelligenz und ihre Kraft in den Dienst der modernen Bestrebungen stellen". In der Gegenwart gelangt die Revolution, die bei der Emanzipation des Geistes beginnt, endlich dahin, die Freiheit und Gleichheit vor dem Gesetze zu verkünden. Doch bald beginnt sich die ökonomische Seite der Evolution zu zeichnen und gelangt dazu, uns verstehen zu lassen, dass die Freiheit ohne die soziale und ökonomische Gleichheit wertlos ist. Die vollständige Freiheit, also die wissenschaftliche, politische, ökonomische und soziale Freiheit bildet das innerste Wesen der gegenwärtigen Evolution, aus der das anarchistische Prinzip entsteht. Wenn man dahin gelangt zu begreifen, dass man unter der Form des Konstitutionalismus ebenso sehr Sklave ist, als in irgend einem anderen auf der Autorität und der ökonomischen Ungleichheit begründeten System, drängt sich die anarchistische Negation als revolutionäres Prinzip und Garantie der eigenen Rechte auf. Die Anarchie ist die harmonische Funktion aller Unabhängigkeiten, die sich in der vollständigen Gleichheit der menschlichen Bedingungen auflöst. Es ist also unmöglich, dass die Entwicklung in der Richtung zur Anarchie erfolgt, wenn sie sich in einer feindlichen Umgebung vollziehen muss. Deshalb, schliesst Mella, muss man die Umgebung umgestalten, indem man die Revolution hervorruft, um die Möglichkeit zu erringen, alle Rechte auszuüben und durch die Praxis und die Erfahrung das Reich der Freiheit zu verbürgen.

Ein anderer Anarchist sagt uns, dass „wissenschaftlich" — diese wissenschaftliche Präokkupation ist der Beachtung würdig — die Revolution die Krise ist, die die Änderung des Zustandes bedeutet, die brutale Verbindung des Überganges. Sie ist die Frucht einer mehr oder weniger komplizierten Reihe von Ursachen, die die Einheit in der Geschichte aufrechterhalten. Der Tod, der Aufstand, die Revolution sind an der Grundlage aller sozialen Ordnung. Eine friedliche Revolution zu erträumen und zu predigen ist ein Betrug. Und nun ist gerade der Augenblick gekommen „unsere ganze Vergangenheit des Atavismus und der Erziehung, die verlogenen

Gesetze, die gestorbenen Religionen, die heuchlerischen, falschen und eitlen moralischen Begriffe, wie auch die Menschen zu vernichten, die sie herstellen und verteidigen" [1]. Die Anarchisten, bemerkt Grave hiezu, wissen, dass die besitzenden Klassen niemals freiwillig auf ihre Vorrechte verzichten werden. Die Erfahrung lehrt uns, dass sooft sie auch gezwungen waren, eine Konzession zu machen, die Ausübung ihrer Autorität, so lange sie die Macht in Händen hatten, das Resultat gehabt hat, diese Konzessionen selbst wieder zu vernichten, und mittels dieser neuen Institutionen das Gegenteil von dem hervorzubringen, das jene, die sie erkämpft hatten, von ihnen erwartet haben. Gegenüber diesem ständigen Zustand könnten wir, wenn wir noch einige Jahrhunderte zu leben hätten, noch einige Jahre den Experimenten friedlicher Reformen widmen. Aber da die Jahre unseres Lebens gezählt sind, und die Erfahrung der Vergangenheit uns zeigt, dass die Menschheit in ähnlichen Experimenten Tausende von Jahren verliert, wollen wir statt reformieren, niederreissen, um nach neuen Plänen wieder aufzubauen. Wird die Revolution Blutvergiessen mit sich bringen? Wir, sagt Grave, bedauern diese Opfer, wie alle anderen; aber dies hält uns nicht ab, daran zu denken, dass die gegenwärtige soziale Ordnung durch ihre schlechte Organisation jeden Tag Hunderte und Tausende von Opfern verschlingt, die gewiss nicht von geringerem Wert sind, als jene, die schon beweint werden, bevor sie noch von der zukünftigen Revolution verschlungen worden sind. Opfer für Opfer; es ist besser im Kampf getötet zu werden, als passiv durch Hunger und Elend zu verenden [2]. Man soll auch nicht vergessen, sagt an einer anderer Stelle derselbe Verfasser, dass so entschlossen auch unser Wille sein möge, einer verrotteten Gesellschaft ihr Ende zu bereiten,

---

[1] Y. Le Febvre, *Propos révolutionnaires : Temps Nouveaux. III.* J. No. 47. u. 49. 19.—25. März, u. 2.—8. April, 1898.

[2] J. Grave, *Réformes et révolution : Temps nouveaux*, J. II, No. 22, 26. Sept.—2. Okt., 1896. Vrgl. : Id, *L'unione rivoluzionaria : Bibl. di propaganda d. circolo di studi sociali corticellese* (Abdr. aus der Revue *Il Pensiero*), Bologna, Tip. d. commercio, 1904 ; Id., *La société future : Biblioth. sociol.*, zit. Ausg, Kap. : *Le lendemain de la Révolution.* Diese Schrift, die zu den am meisten verbreiteten zu rechnen ist, hat zahlreiche Übersetzungen in dänisch, jüdisch, rumänisch, etc. Sie wurde zum ersten Mal anonym in der Zeitschrift *Le droit social*, in Lyon, 9. Apr. — 22. Sept. 1882 veröffentlicht und erschien später als Broschüre mit dem Pseudonym Jean Le Vagre.

man doch mit der Wirklichkeit rechnen müsse. Die Wirklichkeit ist nun die, dass welche immer auch die wohltätigen Eigenschaften sein können, mit denen unsere Einbildungskraft die Revolution ausgestattet haben mag, und was auch ihre Macht sein mag, die wir ihr in unseren Wünschen zuschreiben, sie das werden wird, was jene Menschen sein werden, die sie durchgeführt haben werden. Wenn wir wollen, dass die ersehnte Revolution alle jene Resultate bringt, die wir von ihr erwarten, dann muss dieser Revolution als vorbereitende Arbeit die Umwandlung jener Menschen vorausgehen, die ihr Eintreffen erwarten. Die Revolution ist weder ein sozialer Begriff noch eine soziale Idee. Sie ist eine Tatsache, eine Notwendigkeit, ein Mittel. Wenn man sagt, dass sich einzelne vereinigen sollen, um die Revolution zu machen, so besagt dies gar nichts, denn man ist nicht Revolutionär bloss wegen des Vergnügens sich zu schlagen und eine Regierung zu stürzen. Individuen vereinigen sich wegen einer Idee, und wenn diese Idee für ihre Verwirklichung revolutionäre Mittel erheischt, bereiten sich diese Individuen für die Revolution vor. [1])

Elisée Reclus schrieb ein ganzes Buch, um nachzuweisen, dass die Wissenschaft gar keinen Widerspruch zwischen Evolution und Revolution findet [2]). Es ist nur ein Beweis der Ignoranz, zwischen Evolution und Revolution einen Gegensatz zu finden, wie zwischen Krieg und Frieden, Gewalt und Sanftmut. Es gibt Revolutionen, die friedlich durchgeführt werden können, wie auch mühevolle Evolutionen, die von Kriegen und Verfolgungen erfüllt sind. Man kann sagen, dass die Evolution und die Revolution zwei aufeinanderfolgende Akte desselben Phänomens sind. Die Evolution geht

---

[1]) J. Grave, *La panacée-revolution : Temps Nouveaux*, J. II. No. 33, 12.—18. Dez. 1896.

[2]) E. Reclus, *L'évolution, la révolution et l'ideal anarchique*, 5e édit., zit. Dieses Buch, das zu den grundlegenden der anarchistischen Literatur gehort, wurde wahrend eines in Genf am 5. Febr. 1880 gehaltenen Vertrages entworfen, und auch dort veröffentlicht. Es folgten darauf zahlreiche Übersetzungen und neue, immer vergrösserte Ausgaben. Ich gebe hier auch einige Ideen aus einer anderen Schrift von Reclus wieder, *Teoria della rivoluzione : Bibl. pop. educ.*, 4a ed., Roma–Firenze, Serantoni, 1905, (diese Schrift erschien schon in der *Riv. ital. d. socialismo*, J. II, No. 7, 1897 und wurde dann nacheinander in Macerata, 1898 und in Turin, 1904, neu gedruckt.). Vrgl. : Id., *Evol. et Révol. : Le Révolté*, 21. Febr. 1880, No. 27 ; Id., *Anarchy by an Anarchist: Contemporary Review*, Mai, 1884. Bd. 45, S.S. 627—641.

der Revolution voran, und diese wieder einer neuen Evolution, der Mutter künftiger Revolutionen. Die Revolution muss notwendigerweise der Evolution folgen, wie die Handlung dem Willen zum Handeln. Wenn die Revolution immer hinter der Evolution zurückbleibt, so liegt die Ursache im Widerstand des Milieus. Jede Verwirklichung von Ideen wird in der Periode der Umwälzung selbst, durch den Trägheitswiderstand des Milieus gehemmt; und das neue Phänomen kann nur mit Hilfe einer umso gewaltsameren Kraftanwendung, oder einer umso mächtigeren Gewalt zum Ausdruck kommen, als der Widerstand grösser war. Der Fortschritt verwirklicht sich nur durch einen beständigen Wechsel der Ausgangspunkte in Bezug auf jedes besondere Individuum. Der Stammbaum der Lebewesen ist, wie ein natürlicher Baum, eine Summe von Zweigen, von denen jeder seine Lebenskraft nicht im vorhergehenden Zweig, sondern in dem ursprünglichen Nährstoff findet. In den grossen historischen Evolutionen geht es auch nicht anders vor. Sabald die alten Begrenzungen und die zu beschränkten Formen des Organismus ungenügend werden, verschiebt sich das Leben, um eine neue Gestaltung hervorzubringen. Und so kommt die Revolution zustande. Jedoch sind die Revolutionen nicht immer ein Fortschritt. Jedwede Revolution hat ihr Gutes, wenn sie sich gegen einen Herrn oder ein Unterdrükkungsregime richtet; wenn sie aber einen neuen Despotismus hervorrufen sollte, so müsste man sich vor allem fragen, ob es nicht entsprechend gewesen wäre, ihr eine andere Richtung zu geben. Die Zeit ist gekommen, nur zielbewusste Kräfte in Anwendung zu bringen. Die Evolutionisten sind endlich zum vollständigen Bewusstsein dessen gekommen, was sie in der nahenden Revolution durchführen wollen. Man kann sagen, dass bis heute noch keine Revolution absolut vernünftig überlegt wurde und deshalb hat auch keine vollständig triumphiert. Doch nun ist die Zeit des blossen Instinkts schon überwunden, und die Revolutionen werden nicht mehr durch Zufall gemacht werden, weil die Evolutionen immer bewusster und überlegter werden und weil man weiss, dass keine Revolution ohne eine vorhergehende Evolution erfolgen kann. Die Umwandlungen müssen vorerst in den Köpfen und in den Herzen vollzogen werden, bevor sie die Muskel spannen und sich in historische Erscheinungen umsetzen. Das hindert aber nicht, dass die „Neuerer" auch dann verfolgt werden, wann sie in der bestehenden Gesellschaft einen Rückhalt finden. „Sie weihen uns allen Wutausbrüchen der sozialen Rache, nicht weil wir Unrecht haben, sondern weil wir zu früh Recht haben". Aber wie der Künstler, der immer an sein Werk denkt, dieses vollständig in seinem Hirne trägt, bevor er es niederschreibt oder malt, so sieht der Historiker die soziale Revolution voraus. Für ihn ist die Revolution schon vollzogen. Man möge sich aber keinen Illusionen hingeben. Der endgültige Sieg wird uns noch recht viel Blut und viele Mühen und Aengste kosten. Der Internationale der Unterdrückten steht eine Internationale der Unterdrücker gegenüber. Es bilden sich Verbände auf der ganzen Welt, um jede Sache, Produkte und Profite zu monopolisieren, und alle Menschen zu einer unermesslichen Armee von Lohnsklaven zu machen. Diese Verbände wissen, dass sie mit der Macht des Geldes die Regierungen und ihre Unterdrückungsmittel, die Armee, Gerichtsbarkeit und Polizei in ihren Händen haben. Ihre Hoffnung liegt im gegenseitigen Hass der Rassen und der Völker, und in der patriotischen Ignoranz, die die Knechtschaft aufrechthält. All dies verspricht uns noch viele Mühen. „Aber wir haben Vorteile, die uns nicht entrissen werden können. Unsere Feinde wissen, dass sie ein unheilvolles Werk verrichten, und wir wissen, dass unser Werk ein gutes ist; jene hassen sich untereinander und wir lieben uns gegenseitig ; jene suchen den Lauf der Geschichte zurückzudrehen und wir gehen in gleichem Schritt mit ihr". So kündigen sich die grossen Tage an. Die Evolution ist vollzogen, die Revolution kann nicht mehr lange auf sich warten lassen. Vollzieht sie sich übrigens nicht vor unseren Augen in Gestalt fortwährender Erschütterungen ? „Je mehr die Geister, die die wahrhaftige Kraft sind, lernen werden, sich zu vereinigen ohne zu entsagen, umso mehr werden die Arbeiter, die die Masse sind, das Bewusstsein ihrer Bedeutung haben, und umso leichter und unblutiger werden die Revolutionen sein". Endlich muss jeder Widerstand weichen, und dies sogar ohne Kampf. Es wird eine Zeit kommen, in der die Evolution und die Revolution in einer und derselben Erscheinung zusammenfallen werden.

Wenn es eine sicher konstatierte Tatsache in der Geschichte gibt, setzt Reclus fort, so ist es wohl die, dass die äussere Form der Gesellschaft sich im Verhältnis zu den inneren Bewegungen umgestalten muss. „Es ist der Saft, der den Baum macht und ihm Blätter und Blüten gibt; es ist das Blut, das den Menschen macht; die Ideen sind es, die die Gesellschaft machen; und alle Gewalten der Vergangenheit können nichts gegen diese". Alles beweist heute, dass die Ideen sich umgewandelt haben. Folgt also nicht daraus, dass auch die äussere Form geändert und dass die Revolution durchgeführt werden müsse? Die Freiheit des menschlichen Willens betätigt sich jetzt nach allen Richtungen; „sie bereitet nicht mehr kleine, partielle Revolutionen, sondern eine wahrhaftige allgemeine Revolution vor". In der Gesammtheit der Gesellschaft, in allen ihren Ausdrucksformen, bereitet sich eine Umwandlung vor. Die Konservativen irrten sich nicht, als sie die Revolutionäre als Feinde der Religion, der Familie, des Eigentums bezeichneten. Die Anarchisten, sagt Reclus, verwerfen tatsächlich die Autorität der Dogmen und den Eingriff des Übernatürlichen in der Natur; sie wollen die freie Vereinigung der Geschlechter, die nur auf gegenseitiger Zuneigung, auf der Achtung seiner Menschenwürde und der des anderen Teiles begründet ist, und in diesem Sinne sind sie Feinde der juridischen Familie; sie wollen das Monopol an Erde und Kapital aufheben und sie allen wiederzugeben. Der Strom des Volkswillens wird uns also in eine Zukunft versetzen, die vom gegenwärtigen Zustand weit verschieden sein wird, und umsonst versucht man Hindernisse aufzutürmen, um ihn von seinem Ziel abzuhalten. Der allermächtigste Widerstand, die Religion, hat schon recht viel von ihrer Macht verloren. Die Religion, die jetzt von der europäischen Gesellschaft herabfällt, wie ein alter Mantel, war sehr bequem, um das Elend, die Ungerechtigkeit und die sozialen Ungleichheiten zu erklären. Ein höchster Wille hat alles anbefohlen, alles im Vorhinein geregelt. Die Ungerechtigkeit war nur ein scheinbares, äusseres Übel, bereitete aber dafür eine bessere Zukunft vor. Nun haben diese Argumente gar keinen Einfluss mehr auf das Volk. Man hat also versucht, an deren Stelle die Lügen der Nationalökonomen zu setzen, die versichern, dass Eigentum und Prosperität immer der Lohn der Arbeit sind. Aber diese wissen nicht weniger als die Sozialisten, dass der Reichtum nicht das Produkt persönlicher Arbeit ist, sondern der Arbeit anderer. Sie wissen es genau, dass die Spekulationen, die die grossen Vermögen hervorbringen „keine grössere

Verwandschaft mit der Arbeit haben, als es die Gebärde des Räubers im Walde hat; sie wagen es doch nicht zu behaupten, dass ein Einzelner, der hunderttausend Franken täglich ausgeben kann, d.h. gerade so viel, als nötig wäre, um hundert tausend Menschen, wie er, zu ernähren, sich von den anderen Menschen um eine hunderttausendmal grössere Intelligenz, als es die durchschnittliche ist, unterscheidet". Wenn man nun die gegenwärtige Ordnung mit den Worten rechtfertigen will, dass die Gewalt regiert, nun wohl, dann werden die Revolutionäre dieses Prinzip zu dem ihrigen machen. Wenn die Gewalt über das Recht entscheidet, kann man den Tag vorbereiten, an dem die Gewalt sich in den Dienst des Rechtes stellen wird. Wenn es wahr ist, dass die Evolution sich im Sinne der Gerechtigkeit vollzieht, werden die Arbeiter, die zu gleicher Zeit für sich das Recht und die Gewalt haben, sich ihrer bedienen, um die Revolution zum Vorteil aller durchzuführen. In keiner der modernen Revolutionen sah man, dass die Privilegierten selbst ihre eigenen Schlachten direkt ausgekämpft hätten. Sie stützen sich immer auf Armeen von Armen und Elenden, denen sie das beibringen, was man die „Religion der Fahne" nennt, und die sie zur „Aufrechterhaltung der Ordnung" abrichten. Aber diese Armeen, die im Dienste einer Sache stehen, die nicht die ihrige ist, können desorganisiert werden, können sich der Bande ihres Ursprungs und ihrer Zukunft erinnern, durch die sie mit der Volksmasse verknüpft sind, und die Hand, die sie leitet kann ihren festen Stützpunkt verlieren. „Wenn die Unglücklichen und Enterbten sich für ihre Interessen vereinigt haben werden, von Beruf zu Beruf, von Nation zu Nation, von Rasse zu Rasse; wenn sie die Ziele der anderen und ihre eigenen genau kennen gelernt haben werden, dann, des könnt ihr sicher sein, wird sich gewiss die Gelegenheit darbieten, ihre Gewalt in den Dienst des Rechtes zu stellen, und so mächtig auch der Herr dieser Zeit sein wird, so schwach wird er angesichts aller gegen ihn verbündeten Hungerleider sein". Der grossen Evolution, die sich gegenwärtig vollzieht, wird die seit so langer Zeit erwartete plötzliche Umwandlung folgen. Wir werden die „modernen Barbaren" genannt, weil wir die Gerechtigkeit für alle fordern. Wir sind die „Ruchlosen" auf unsere Art, weil wir für alle, die geboren werden, Brod, Freiheit und Fortschritt verlangen.

Mit dem revolutionären Idealismus Reclus' kontrastiert der ökonomische Realismus Tcherkesoff's, der aber durchaus nicht zu anderen Konsequenzen kommt, als der erstere [1]).

Tcherkesoff anerkennt nicht, dass man noch von wirklichen und eigentlichen sozialen Klassen sprechen könne. Es gibt bloss zwei grosse Einteilungen; einerseits die bürgerlichen Monopolinhaber, die nun mit dem Adel, der Geistlichkeit und der Bureaukratie vereinigt sind, und andrerseits das produzierende Volk. Nachdem sie alle Früchte des menschlichen Fortschrittes an sich gerissen haben, zeigen die Besitzenden das Bestreben sich zu vereinigen, um ihre Herrschaft zu verewigen. Sie fürchten nur noch, beraubt zu werden. Die Geschichte der Revolutionen hat sie gelehrt, dass welche immer auch die Regierungform sei, die Regierungen die Interessen und Reichtümer der Bourgeoisie beschützen *müssen*. Sie wissen also dass nur eine Revolution für sie unheilvoll sein wird, nämlich „die ökonomische Revolution, die mit einem die ganze Nation umfassenden Streik beginnen, und mit der Bezitzergreifung aller vorhandenen Reichtümer durch das Volk selbst, durch seine eigene Initiative, sofort nach seiner spontanen Befreiung abschliessen wird". Deshalb wissen sie auch, dass alle gesetzlichen und parlamentarischen Reformen, insofern sie nicht ihre Reichtümer berühren, so radikal sie auch sein mögen, immer eher zu ihrem Vorteil ausfallen, weil sie ihre Herrschaft befestigen und in ihren Händen die Macht des Staates aufrecht halten. Man begreift somit, dass das einzige Mittel, die soziale Emanzipation jener durchzuführen, die unter den gegenwärtigen Umständen die Opfer sind, nur „die sofortige Überführung aller Arbeitsmittel in den kollektiven oder kommunistischen Besitz der Produzenten selbst" sein kann. Doch der Staat und die Bourgeoisie werden sich mit allen ihren Kräften dieser Expropriation entgegenstellen und werden nur einer siegreichen sozialen Revolution weichen. „Damit diese wahrhaftig siegreich bleibe, — sagt wörtlich Tcherkessoff, — ist es erforderlich, dass sie sich in zwei Formen ausdrückt. Während die heroische Jugend den Kampf gegen die Verteidiger des Staates aufnimmt, müssen, nachdem kaum die ersten Barrikaden entstanden

[1]) W. Tcherkessoff, *L'azione economica e rivoluzionaria: Bibl. d. „Rivol. sociale,"* London, Sez. edit. sociolog. intern., 1902.

und die ersten Schüsse gewechselt sind, die friedlicheren Leute, die Frauen und die Greise, von den Fabriken, den Arbeitsmittel, den Häusern und allen sozialen Reichtümern Besitz ergreifen, und sofort die Produktion und den Konsum auf kollektivistischer Basis organisieren. Wenn man es unterlassen würde, gleichzeitig während des Kampfes gegen den politischen Staat, auch die Hand auf die sozialen Reichtümer zu legen, würde man den Feinden des Volkes die wahrhaftige Quelle ihrer Macht belassen, und somit die besten Mittel, um weiter Sklaven und Lohnarbeiter zu halten. Nur wenn die politische Insurrektion von der durch das Werk und die Initiative des Volkes durchgeführten Expropriation begleitet sein wird, wird man endlich die seit schon so langer Zeit vom modernen Proletariat herbeigesehnte, wahrhaftige soziale Revolution siegreich durchführen können." Wegen des Bandes, das zwischen dem Staat und dem Kapitalismus besteht, ist es also notwendig, dass die Expropriation zu gleicher Zeit als die Erhebung gegen den Staat und die Autorität stattfindet. Und um die ständige Anmassung der einen und des anderen zurückweisen zu können, ist es nötig, dass sich den Verbänden der Ausbeuter die Vereinigungen der Ausgebeuteten entgegenstellen, die jederzeit zum revolutionären Kampf bereit sind. Nur zu sehr fällt den kommunistischen Anarchisten, die doch vom Standpunkt ausgehen, dass das Leben, die Freiheit und der Wohlstand aller Menschen heilig sind, die undankbare Aufgabe zu, den Kampf und die Revolution zu predigen. Doch wenn man an die Vorteile denkt, die ihr entspriessen werden, schliesst Tcherkessoff — dann kann man wohl kaum genug revolutionär sein, um so bald wie möglich, um jeden Preis diese soziale Revolution durchzuführen und zu deren Durchführung aufzureizen, aus der Wohlstand und Freiheit für alle entstehen werden.

DIE TATEN.

Die Organisation.

I.

Die Presse.

Dem Anarchisten Jacques Mesnil sind einige beachtenswerte Bemerkungen über das Wesen der Organisation der Anarchisten zu verdanken [1]). Mit Ausnahme der revolutionären Epochen, sagt er, ist die individuelle Aktion für die Anarchisten die allerwichtigste. Darin unterscheiden sie sich wesentlich von allen jenen, die sich irgend einer anderen Partei anschliessen und ganz besonders von den gesetzlichen Sozialisten. Bei den Sozialisten absorbiert die gemeinsame Aktion vollständig die individuelle Aktion, und wenn auch ein Individuum allein handelt, handelt er immer im Auftrag der Partei, und nicht aus persönlicher Initiative. Das politische Leben des Mannes ist streng gesondert von seinem Privatleben, und daraus folgt oft, dass die Handlungen des Privatmannes mit den Worten des Politikers im Widerspruch stehen können. Der Anarchist glaubt nicht, dass die soziale Frage sich bloss auf die ökonomische Frage beschränkt und dass es möglich wäre, sie durch die Durchführung einer Anzahl von Reformen mit Hilfe der Autorität zu lösen. Seine Idee umfasst sein ganzes Leben und verkörpert sich in ihm selbst. „Was immer auch seine Beschäftigung sein möge, Arbeiter, Künstler oder Gelehrter, wird die Idee aus seinen Worten, seinen Schriften, seinen Werken hervor-

---

[1]) J. Mesnil, *Le mouvement anarchiste*, Bruxelles, Impr. de la Bibl. d. „*Temps Nouveaux*," 1897, S.S. 58—65. Mesnil ist auch noch eine, man könnte sagen authentische Widerlegung, der wahrhaftig ausserordentlich tendenziösen Kompilation des E. Sernicoli, *L'anarchia e gli anarchici*, Milano, Treves, 1894, 2 Bde, und *Gli attentati*, ibid., 1894, Nov. Die Widerlegung Mesnil's erschien in der *Societé nouvelle*, Marz—April, 1895.

strahlen; er ist Anarchist ebenso zu Hause wie in der Öffentlichkeit, er weiss, dass man handelt, auch ohne zu den Volksmassen zu sprechen und zu wählen; er reisst vielleicht soviel Menschen durch das Beispiel seines Lebens mit, als er durch die Macht seiner Argumente überzeugt" [1]). So bildet sich der anarchistische Charakter, wie er aus dem Wunsch entstehen kann, seine Anschauungen zu vereinheitlichen, seinem Verhalten eine Richtschnur zu geben, aus dem Bestreben, die innerste Harmonie zwischen Denken und Handeln herzustellen. „Der mit sich selbst einige und der Beziehungen zwischen den eigenen Ideen wohlbewusste Mensch wird in seinen Handlungen fest und entschlossen sein. Die Ereignisse werden ihn nicht überwältigen; er wird immer fühlen was er zu tun hat. Nur unter Gleichen ist ein wahrhaftiges Zusammenwirken möglich. Sie werden sich also freiwillig, in voller Kenntnis des zu erreichenden Zieles vereinigen: keinerlei Unterwerfung des einen unter den anderen, und somit keinerlei Vergeudung von Kräften" [2]).

Die anarchistische Propaganda kann demnach eine solche Elastizität des Verhaltens und der Intensität annehmen, dass diese ihr erlauben, scheinbar fast vollständig von der Oberfläche zu verschwinden, um in den Momenten wieder hervorzubrechen, in denen die Geister mehr erregt sind, oder eine ökonomische Krise schärfer wird. So rühren sich die Anarchisten während der Wahlperioden, um die Wahlenthaltung zu begünstigen, während des Streiks, um den Widerstand zu organisieren und um die legalen Sozialisten zu verhindern, die spontane Bewegung der Arbeiter in falsche Bahnen zu lenken. „Andrerseits bilden die anarchistischen Zeitungen und Revuen natürliche Vereinigungsmittelpunkte, die zur allgemeinen Vereinigung dienen werden, wenn am Tage des Ausbruchs der Revolution eine wahrhaftige Massenaktion notwendig werden wird" [3]). Die anarchistische Propaganda, setzt Mesnil fort, ist eine viele Gestalten annehmende, vielfach kombinierte Kraft, die sich jeder Schematisierung entzieht. Die Anarchie widerstrebt einer — nebenbei auch nur fiktiven — Einheit der anderen

---

1) J. Mesnil, *A. a. O.*, S. 58.
2) J. Mesnil, *A. a. O.*, S. 59.
3) J. Mesnil, *A. a. O.*, S. 60. —

Parteien. Die Disziplin macht von künstlichen Vereinigungsbanden Gebrauch, sie erzwingt; und der Zwang kann nur eine falsche Einheit hervorrufen. Die wahrhaftige Einigkeit ist dagegen spontan, natürlich, organisch, man stellt sie nicht her, sie stellt sich selbst her. Was von Wichtigkeit ist, ist die wirkliche Solidarität, und diese ist schon heute bedeutend grösser unter den Anarchisten, als unter den autoritären Sozialisten. Die Anarchisten erkennen sich gegenseitig recht leicht bei jeder Gelegenheit und an jedem Ort.

Aber auch die anarchistische Propaganda hat ihre Hauptpunkte, von denen sie sich selten entfernt. Die grundlegendsten sind die Propaganda gegen die Armee und die Propaganda gegen die gesetzliche Beteiligung am gegenwärtigen politischen Leben. Die Propaganda gegen die Armee, sagt Mesnil, ist jene, die am raschesten und am sichtbarsten Erfolge zeitigen kann. Gegenwärtig glaubt man nicht mehr, setzt Mesnil fort, dass die Armee dazu bestimmt wäre, das Volk gegen die Angriffe des äusseren Feindes, des „Ausländers" zu verteidigen. Der grösste Teil der Arbeiter ist sich dessen klar, dass alle ihre Interessen ganz bedeutend mehr den Interessen der Arbeiter der anderen Länder verwandt sind, als denen der Kapitalisten des eigenen „Vaterlandes". Deshalb ist es auch ihr Bestreben, sich über alle Grenzen hinweg zu vereinigen. Von den Anarchisten, (und die antimilitaristischen Schriften Tolstoys sind davon ein nur allzu verbreiteter Beweis) wird die Armee ausschliesslich als Werkzeug der Verteidigung der bürgerlichen Institutionen betrachtet, als ein Mittel, um das Volk mit Hilfe des Volkes zu bändigen. „Unsere Gesetze erhalten ihre Weihe nicht durch die Überzeugung der Individuen, sondern durch die Gewalt der Waffen. Ohne den Polizeiagenten, ohne den Gendarmen, ohne den Soldaten, bliebe jeder Kodex ein toter Buchstabe" [1]). Die Armee ist immer bereit sich vor den Symbolen des bourgeoisen Staates, vor den Königen, den Ministern, den Diplomaten, den Erzbischöfen zu verneigen. Die Soldaten sind in der Weise diszipliniert, dass in ihnen jeder Geist der Initiative, jeder Wille vernichtet wird. Anstatt aus ihnen, wie angegeben wird, Menschen zu machen, die fähig sind, ihre Unabhängigkeit zu wahren, macht

---

[1]) J. Mesnil, *A. a. O.*, S. 61. —

man aus ihnen Werkzeuge, „Todschlagmaschinen". Besonders in jenen Ländern, in denen die Regierungswillkür unbeschränkt ist, wo die Fälle von Missbrauch der Gewalt unzählbar sind, werden der militärische Zwang, die Provokationen und die gewaltsame Unterdrückung in allerunerbittlichster Weise ausgeübt. Die Kolonialpolitik wird von den Anarchisten als ein Mittel betrachtet, das angewandt wird, um die öffentliche Aufmerksamkeit von den elenden inneren Verhältnissen abzulenken; um durch verlogene Versprechungen von Schätzen, die erobert werden sollen, das Hervorbrechen aller ökonomischen Krisen zu verzögern, und um den Soldaten zur Verachtung des Menschenlebens und an alle Brutalitäten des Gemetzels zu gewöhnen. In der Entwicklung dieser Ideen zögern die Anarchisten nicht ihre Hoffnungen auszusprechen. Am Tage, an dem eine grosse Anzahl von Menschen einen genauen Begriff von der wirklichen Rolle der Armee haben wird und die Inhaltlosigkeit dessen erkannt haben wird, was heute Patriotismus genannt wird, werden sich die Soldaten nicht nur weigern, ihre Gewehre gegen ihre Brüder abzufeuern, sondern die jungen Leute werden sich weigern, zum Militär einzurücken und die Waffen zu nehmen. „An diesem Tage wird jede autoritäre Organisation unmöglich werden, und die Gesellschaft vom göttlichen Recht, die transzendentale Gesellschaftsordnung, die auf Prinzipien oder Dogmen welcher Art sie auch sein mögen, selbst dem der Volksouveränität begründet ist, — wird verschwunden sein" [1]). Um dieses Ziel zu erreichen, schliesst Mesnil, ist ausser der wohlbewussten Propaganda, auch diese unterirdische Strömung, diese tiefere Kraft vorhanden, die sich jeder Kontrolle entzieht, aber die uns alle unwiderstehlich durchdringt, und der wir alle unterworfen sind, ohne uns davon sofort Rechenschaft ablegen zu können. Wir erkennen, dass eine uns selbst unklare Geistesarbeit in uns vorging, und dass unsere geschicktesten Berechnungen bloss auf oberflächliche Bewegungen Anwendung finden, und uns nur ein approximatives Urteil gestatten. Aber die anarchistische Presse achtet auf den Fortschritt dieser Macht und lässt keine Gelegenheit vorbeigehen, von der sie Vortei ziehen könnte.

Die anarchistische antimiliaristische Propaganda ist vielleicht

---

1) J. Mesnil, *A. a. O.*, S. 64.

jene, die uns das ersichtlichste Beispiel dieses Vorteils liefert, den man aus den soeben betonten Tendenzen zu ziehen verstand. Die antimilitaristischen Publikationen gehören nicht nur zu den allerzahlreichsten, besonders wenn man auch noch die unvermeidlichen und ständigen Hinweise in den Zeitungen und periodischen Publikationen berücksichtigt, sondern strahlen wie aus einigen Mittelpunkten der grundlegenden Ideen nach allen Richtungen hin. Die angeführten Ideen haben, im Gegensatz zu so viel anderen Gebieten der ungeregelten Propaganda, als Grundlage einen rudimentären Systementwurf, und sind mehr noch als wo anders innerhalb des geringen Bereiches der anarchistischen Ideenwelt, auf nunmehr längst abgenutzten Gemeinplätzen aufgebaut. Die Ursachen, die diese Erscheinung vollständig erklären, sind verschiedener Art, doch sind hauptsächlich zwei von Wichtigkeit, und zwar, dass die Schriftsteller der anarchistischen Propaganda in Bezug auf die Argumente des Antimilitarismus einen ganzen Komplex von Ideen verwerten konnten, die ausserhalb des Kreises ihrer Lehren entstanden sind; und ausserdem fanden sie in Tolstoy eine Art einigendes Band ihrer zerstörenden Kritiken. Und dabei verschmähte Tolstoy durchaus nicht, mit dem Prestige seines Namens die sehäufige Widerholung eines unfruchtbaren Kernes von Ideen zu verknüpfen (wobei er für ihre Verbreitung die Aufsehen erregendsten Gelegenheiten der öffentlichen Aufmerksamkeit wählte), die doch immer jeder Propaganda zu Gunsten einer elementaren Bewegung des Geistes und des Gefühles so vorteilhaft sind.

Von den Schriften Tolstoys verbreiten die Anarchisten mit Vorliebe ein von der anarchistischen Zeitschrift *Les Temps nouveaux* herausgegebenes Flugblatt, in dem die wichtigsten Seiten der Broschüre „*Les Temps sont proches*" reproduziert sind, die im J. '93 geschrieben und dem Band *Das Reich Gottes ist in Euch*[1]) entnommen

[1]) Es erübrigt sich wohl alle Schriften Tolstoys anzuführen, in denen es möglich wäre, die Elemente seiner anarchistischen und libertären Auffassung aufzufinden. Ich will aber doch jene Werke erwähnen, die von der täglichen Propaganda am meisten verwertet werden, wobei ich in Klammern die literarischen Besprechungen anführe. die dem Erscheinen der einzelnen Bände folgend, zum Teil auch durch ihre nicht allzustarke Diskussion, dazu beigetragen haben, diese Ideen Tolstoys zu verbreiten, von denen die anarchistische Propaganda den grössten Gebrauch macht: *Mein Glaube*,

ist. Der Inhalt der hauptsächlichsten Ideen Tolstoys, deren Verbreitung durch die blinde schmeichlerische Mitschuld seiner seine Kunst viel weniger begreifenden Bewunderer begünstigt wurde, erleidet zwar eine definitiv abfällige Bewertung vonseiten der ganzen disziplinierten Bewegung des modernen Gedankens und der wirkenden Strömungen der ethischen und sozialen Energie, doch bildet andrerseits gerade dies ihr Verdienst um die anarchistische Propaganda, als Element der Organisation und der Kohäsion aller jener zu dienen, die die Wirklichkeit ihren verschiedenen Geistesverfassungen anpassen, die zwischen zurückgebliebenen, den Rhythmus des sozialen und moralischen Lebens aufhebenden

---

Jena, Diederichs '82/'84 (vrgl.: *Forum*, N.-York, Bd. V. 6, 337; *Nation*, ibid., v. 41, 298; *Contemp. Review*, v. 65, 326; *Liter. World*, Boston, v. 17, 78); *Meine Beichte*, Berlin, Janke, '90; *Aus meinem Leben*, Dresden, Reissner, '90; (vrgl.: *Nuova Ant.*, 14, 3, 1888); *Was sollen wir denn tun*, Jena, Diederichs, '84/'85; *L'argent et le travail*, Paris, Marpon et Flammarion, 1892 (vrgl.: *Nouvelle revue*, 75, 1892); *Das Reich Gottes ist in Euch*, Jena, Diederichs, '93; (vrgl.: Nuova Ant., 48, 3, 1893); von diesem Werk (ital. Übersetz. Roma, Bertero, 1894, (mit der Aufzählung von dessen zahlreichen Übersetzungen ich mich nicht aufhalten will, wurden ausser dem im Text angeführten Auszug noch zum Zwecke der Propaganda folgende Auszüge veröffentlicht: *Die Konskription: Sozialist*, Berlin, 12. Mai—9. Juni 1894; *I doveri del soldato*, Milano, „Critica sociale", 1894; *Le conseil de révision: Groupe de propag. communiste anarchiste*, No. 1, Paris, 1894; *La guerre et le service militaire obligatoire: Bibl. d. Temps nouveaux*, No. 7. Bruxelles, 1896 (ital. Übers.: *Bibl. soc.*, No. 3, Frascati; Stab, tip, it., 1905); *Patriotism a. Christianity: The Bijou Libr.*, No. 5, London, 1896, zuerst in der *Daily Chronicle*, London 1895, Juli, veröffentlicht, und in *Open Court*, Chicago Ill., v. 10, 1896, Aug., etc.; *L'esprit chrétien et le patriotisme*, Paris, Perrin, 1894 (vrgl.: *Nuova antol.*, 3, 54, 1894; *La réforme soc.*, 3, 8, 1894; *Open court*, Chicago, Ill, 10, 1896, Juli—Aug.; *Nation*, New York, 59, 171, 1894, Sept.); *Les évangiles*, ib., id., 1894 (vrgl.: *La réforme soc.*, 1, 1886). — Die anarchistische Propaganda berühren auch nicht wenige der zahllosen in Revuen veröffentlichten Schriften Tolstoys, z.B.: *Right of revolution: New Review*, London, v. 5. 57, 1891, Juli: *Doctrine of H. George: Rev. of Reviews*, New York, v. 17, 73, 1898, Jan.; *Abolition of war, delenda est Carthago: Arena*, Boston, Mass., v. 22, 202, 1899, Aug.; L. Tolstoy a. A. Ballou, *Christian Doctrine of non-resistance. Arena*, ibid., v. 3, 1, 1890, Dez. (vrgl.: W. Henckel, *L. Tolstoy u. d. Lehre vom Nichtwiderstreben: Beilage z. Allgem. Zeitung*, V. 1894); etc. — Die Schriften (auch die italienischen) über die allgemeine Lehre Tolstoys sind bekanntlich ohne Zahl; aber der grösste Teil hat einen bloss literarischen Charakter, un des hat keinen Zweck darauf hier näher einzugehen. Es genügt auf die beachtenswerte Studie von De Vogüe in der *Revue d. d. mondes*, 1884, IV., hinzuweisen, die in einem sehr bekannten Band wieder abgedruckt werde; eine Wertung der Tolstoyschen Ethik von M. Adams, *Ethics of T.: Int. Journal of Ethics*, Philadelphia, v. 11, 82, 1900, Okt.; und das glänzende und tiefe Werk von I. Petrone, *F. Nietzsche e. L. Tolstoy: idee morali del tempo*, Napoli, Pierro, 1902, S.S. 79—163. — Eine systemathische Darstellung der tolstoyschen Lehren, insofern sie direkten Bezug auf den Anarchismus haben, befindet sich in P. Eltzbacher, *Der Anarchismus*, zit.

Ausichten und absurden, weil nicht verwirklichbaren Vermutungen einer historischen Zukunft schwanken, die von der Gegenwart durchaus nicht bedingt ist. Und tatsächlich, obwohl diese Ideen Tolstoys kaum von der äusseren Form der sie stark umstrickenden evangelischen Exegesen befreit sind, konnten sie in die Zirkulation der anarchistischen Propaganda eintreten — was auch geschah. —

Das erwähnte Flugblatt empfiehlt die Verweigerung des Militärdienstes und die Anarchisten haben, ihrem Programm entsprechend, allen Grund diese Tolstoyschen Vorschläge zu den ihrigen zu machen und zu verbreiten. Tolstoy schöpft den Stoff dazu aus einem Briefe eines Holländers und gläubigen Christen, den dieser an die militärische Autorität sandte, als sie ihn zum Corps der Bürgergarde einberief. Er schrieb da unter anderem: „Vor allem will ich nicht auf Grund eines Befehles töten, das heisst ohne jedes persönliche Motiv, ohne irgend einen Grund, gegen mein eigenes Gewissen Menschenmord begehen. Könnt ihr mir etwas einen Menschen mehr erniedrigendes nennen, als unter solchen Bedingungen an Szenen des Totschlags und des Gemetzels teilzunehmen?" — Allerdings handelt es sich hier um ein Individuum, das aus einem auf die Tiere sich erstreckenden Mitleidsgefühl Anhänger des Vegetarismus ist. Abei die Ursachen seines Aktes des „passiven Widerstandes" sind noch viel komplizierter. Er erklärte, dass er durchaus keine Lust habe, als Soldat „zur Aufrechterhaltung der öffentlichen Ordnung" beizutragen. Weshalb? Weil eben in Wirklichkeit keine Ordnung in der bestehenden Gesellschaft herrsche, noch auch der soziale Organismus wirklich gesund sei, wo ein Mensch sich allen Launen des Luxus hingeben kann, und ein anderer der Gefahr ausgesetzt ist, vor Hunger zu sterben. Und dann kann ein selbstbewusster Mensch keinen Militärdienst leisten, zu dessen Aufgaben es ja gehört, unter dem Vorwand zur Aufrechterhaltung des gegenwärtigen Staates beizutragen, den Reichen gegen die Arbeiter Hilfe zu leisten, die gerade in der Gegenwart anfangen ihre Rechte zu erkennen.

Tolstoy hat nun von diesen Prämissen, die ihm von einem seinen Lehren so ergebenen Schüler geboten wurden Gebrauch gemacht, um deren Konsequenzen zu erweitern. Angenommen, dass die christliche Lehre die Demut und das „Nichtwiderstreben gegen das

Übel" vorschreibt, schliesst er daraus plötzlich, dass der Christ kein Soldat sein kann, „das heisst, einer Menschenklasse angehören, deren einziger Daseinsgrund ist, seinesgleichen zu töten". Und nachdem er mit einer Unbefangenheit, von der man sich schwerlich einen Begriff machen kann, das vegetarische Glaubensbekenntnis seines Schülers beurteilt, zu dem er sich gedrängt fühlte, „um nicht Mitschuldiger des Gemetzels der Tiere zu werden", rühmt er es, dass die Absicht den Militärdienst zu verweigern, von der berechtigten Erwägung herrührt, dass „der Menschentotschlag auf Befehl, d.h. die Pflichtjene zu töten, die zu töten man den Befehl erhält, (und darin sagt Tolstoy, bestehe im Grunde der Militärdienst) sei eine mit der Menschenwürde unvereinbare Handlung. Um zu beurteilen, ob man zum Militärdienst verpflichtet ist oder nicht, genügt vollständig der Gedanke, dass der Soldat „durch Zwang und durch Drohungen der Beschützer des unterdrückenden Reichen gegen den unterdrückten Armen" wird. Die angegebenen Gründe, fügt Tolstoy hinzu, sind so einfach, klar und allen gemeinsam, dass es unmöglich ist, sie nicht zu den seinigen zu machen. Ohne Zweifel gibt es noch Menschen, „die den Totschlag des Tötens wegen, den Totschlag als solchen lieben". Diese Menschen können noch Soldaten sein. Aber sie dürfen nicht verkennen, dass es auch andere gibt, „und zwar die Besten dieser Welt", denen, auch ohne jede Betätigung religiösen Glaubens, der Krieg und die Soldaten nur Abscheu und Verachtung einflössen. Die Zahl dieser Menschen wächst von Tag zu Tag. Die allerfeinsten Vernunftschlüsse sind wertlos gegen diese ureinfache Wahrheit, dass ein Mensch, der sich selbst achtet, kein Recht hat sich zum Sklaven eines unbekannten, oder sei es auch bekannten Herrn zu machen, dessen einziges Ziel ist, zu töten. Der Militärdienst und die militärische Disziplin haben keinen anderen Sinn [1]). Nun liegt die Lösung

---

[1]) Der obligatorische Militärdienst fügt Tolstoy in einer anderen, von den Anarchisten für ihre Propaganda verwandten Schrift hinzu, ist die letzte Stufe der zur Aufrechterhaltung der sozialen Organisation notwendigen Gewalt, und die äusserste Grenze, die die Ergebung der Untertanen erreichen kann ; es ist der Schlussstein, dessen Sturz den Zusammensturz des ganzen Gebäudes nach sich ziehen würde. Durch die immer wachsende Willkür der Regierungen und durch ihren Antagonismus, kamen sie so weit, von den Untertanen nicht nur materielle, sondern auch noch moralische Opfer zu verlangen. Und dies zur Unterstützung der angeblichen Verteidigungs-

dieser Frage in der „Verweigerung des Gehorsams", die wie man sieht, eine Art Evangelisierung des „Geistes der Revolte" darstellt, der von den anderen Anarchisten propagiert wird. Die neuen Wahrheiten, sagt Tolstoy, erscheinen als Unsinn. Das verhindert aber nicht, dass die Idee ihren Weg macht, wächst und die Lüge begräbt. Die Verweigerung des Gehorsams wird von Motiven veranlasst, die der ganzen Menschheit nützlich sind, und wenn diese Überzeugung verbreitet sein wird, wird vom Kriege und der Armee unter der Form, unter der sie sich gegenwärtig darstellen, kaum noch eine Erinnerung verbleiben. Diese Zeit ist nahe bevorstehend. Tolstoy schrieb, was ich wiederholen muss, diese Zeilen im Jahre 1896 und die nachfolgenden Ereignisse haben natürlich den Vorsatz der anarchistischen Propaganda durchaus nicht geschwächt, ihn zu verwerten und seine Schriften mit einem Eifer zu verbreiten, wie dies nur dem Werke recht weniger anderer Agitatoren zuteil wird [1]).

---

aktion des Staates gegen Feinde, die vom Augenblick nicht mehr bestehen, wo sich alle zu Aposteln der Idee der Menschheit machen, und gegen Verbrecher, die einzig durch das Milieu und den moralischen Einfluss geschaffen werden. Wer sich also weigert, den Militärdienst zu leisten, wird den Vorteil haben, seine Menschenwürde bewahrt, und das Bewusstsein haben, ein seinen Nächsten nützliches Werk zu vollbringen. *La guerra e il servizio obligat.*, ital. Übers. zit., 1905, S.S. 56—63, *passim*.

[1]) Wie sich der anarchistische Antimilitarismus bei besonderen Konflikten verhält, die durch die Propagandaschriften hervorgerufen werden, ist beispielsweise ersichtlich aus der Broschüre: P. Gori, *Umanità e militarismo, difesa innanzi al tribun. penale di Sarzana nel processo per diffamazione del gen. Messina contro „Il Libertario"* (1-2. Dez. 1904): *Bibl. d. giorn. „Il Libertario"*, Spezia, tip. cam. d. lavoro, 1904. — In den allerletzten Jahren hat man versucht, der tolstoyanischen antimilitaristischen Propaganda, die sich auf das Imperativ der *Gehorsamsverweigerung* beschränkt, das entgegengesetzte Imperativ der direkten Aktion entgegenzustellen, doch hat diese letztere Bewegung noch nicht die Bedeutung und die Ausdehnung der ersteren angenommen. In diesem Sinne waren auch die Beratungen des *antimilitaristischen Kongresses* von Amsterdam (26. Juni — 1. Juli) 1904, an dem Vertreter von acht Nationen teilnahmen, (unter denen sich aber Italien nicht befand) und wo die *Antimilitaristische Internationale Arb. Assoziation* („*A. I. A.*") mit der Devise „keinen Mann und keinen Pfennig für den Militarismus" begründet und folgende Resolution angenommen wurde: „Der Amsterdamer Kongress, der die zweite *Internationale* begründete, erklärt sich als Anhänger revolutionärer Prinzipien und verwirft kathegorisch die vom christlichen Geist hervorgehende Lehre der Resignation. Er glaubt an die Notwendigkeit der *direkten Aktion, dieser Tochter der Vernunft und der Rebellion*. Aktive und nicht passive Rebellion, die die Verneinung der Ziele wäre, wegen derer sich der Kongress vereinigt hat. Der Kongress erklärt gewisse amorphe Theorien christlicher Tendenz zu verwerfen, die in der Assoziation unheilvolle Zweideutigkeiten hervorrufen könnten". (Vrgl.: M. Almereyda, *Il Congr.*

Auch die Propaganda zu Gunsten der Enthaltung vom politischen Leben, und ganz besonders der Wahlenthaltung lässt sich von gewiss nicht solideren Argumenten leiten, als die der antimilitaristischen Propaganda. Dieser Agitator, der am meisten bei diesem Punkte beharrte. ist Errico Malatesta, dem die tägliche

---

antimilitar. di Amsterdam : Il Pensiero, 1. Aug., 1904, S. 206. Diese Ideen wurden in allen Ländern verbreitet; auch in Rom wurde z.B. ein erster Kern, eine Sektion der *antimilitaristischen Internationale* (vrgl. : L. FABBRI, *L' Internaz. antimilit.* : ibid., 1. Apr. 1905 S.S. 97 u. sq.) und ein Zentralkomitee in Turin begründet. Es ist aber begreiflich, dass sie ihre grösste Ausdehnung bis jetzt in Holland gefunden hat. „Die libertären Ideen, schreibt ein holländischer Anarchist, sind tief und vorzüglich in unsere Armee und Marine eingedrungen. Wir hatten schon fünf Fälle von Verweigerung des Militärdienstes, und in diesem Augenblick sind zwei junge Holländer für dieselbe Sache im Gefängnis. Es ist uns auch gelungen eine Widerstandsliga der Matrosen der Kriegsschiffe zu begründen, und schon sind zwanzig Mann von Militärdienst wegen *absoluter Unfähigkeit* ausgestossen worden. Nun wohl, wir werden alles Mögliche machen, dass immer mehr Menschen zu diesem ehrlosen Handwerk „*unfähig*" werden. Wir in Holland bleiben immer in Beziehungen mit den jungen Leuten, die unter den Waffen sind, und mit dem Geld einer speziellen Kasse, die wir den *Soldaten-Groschen* nennen, nähren wir die Propaganda und unterstützen wir die Gehorsamsverweiger mit Geld, und machen schliesslich alles, um den Soldaten begreiflich zu machen, dass sie auch unter der Uniform weiter Arbeiter bleiben und dass sie die grösste Dummheit und das grösste Verbrechen begehen würden, wenn sie im Falle eines Streiks oder einer Volkserhebung, auf ihre Mütter und Väter, auf ihre Brüder und Schwestern, auf ihre Kameraden schiessen würden. Am Tage, an dem der Arbeiter-Soldat Hand in Hand mit dem Arbeiter in der Bluse gehen wird, wird die letzte Stunde des Kapitalismus geschlagen haben." F. D. NIEUWENHUIS, *Il movimento sociale in Olanda* : ibid., 1. Dez. 1904, S. 242. In den Aufrufen der Propaganda wird nicht anders gesprochen: „Die jungen Leute — heisst es in einer dieser Schriften — gehen in die Kaserne, um dort mit Vorsicht und Ruhe Propaganda zu machen ; wann in eine Armee die antimilitaristischen Ideen eindringen, was wird dann aus ihr im Falle sie benötigt wird ? Ein Militärstreik könnte dann durchgeführt werden und für diese Idee des Generalstreiks müsste in allen Ländern Propaganda gemacht werden. Wenn die Zahl dieser Soldaten auch nur gering wäre, die sich weigern würden, im Falle eines Krieges auszurücken, so würde dies, wenn dies nur in beiden kriegführenden Nationen eintreten würde, genügen, eine solche Unordnung in den beiden Armeen hervorzurufen, dass kein Krieg mehr möglich wäre. Auf jeden Fall ist ein Bürgerkrieg besser, der sich gegen unseren wahren Feind, den Kapitalismus wenden würde, als ein Krieg unter Völkern, der zum Vorteil der Reichen mit Hilfe der Armen durchgeführt würde". ID., *La donna e il militarismo*, (Auszug aus d. Movim. sociale, J. I. No. 7, 8), Roma, „Il Pensiero", 1906, S. 12. — In Deutschland wird zum Zwecke der Propaganda eine kleine Sammlung antimilitaristischer Abhandlungen mit dem Titel : *, *Soldaten-Brevier*, „Berlin, Verlag des kgl. Kriegsministeriums" (!), 1907, verbreitet. Vrgl. : A. ROLLER. *Die direkte Aktion*, New York. Freiheit Publ. Assn. o. J. (1907), Kap. *Die direkte Aktion gegen den Militarismus*, S.S. 51.—58. — Unter anderem heisst es da : „Diese direkte Aktion gegen den Militarismus ist im Frieden *kollektive Dienstverweigerung* der Rekruten, die sich bloss nicht zu stellen brauchten ; und Militärstreik und Desertion in neutrale Länder, im Falle eines Krieges. . . . . . Auf die Kriegs-

Propaganda bei entsprechenden Gelegenheiten Ideen und überzeugend wirkende Aufforderungen entlehnt [1]).

Malatesta hat vor allem nachzuweisen gesucht, dass das allgemeine Wahlrecht, sogar vervollständigt durch das *Referendum* und die „Volksinitiative" nirgends und niemals dazu beige-

---

erklärung antworten die Antimilitaristen mit Dienstverweigerung, Militärstreik, Generalstreik in den Arsenalen und Militärwerkstätten, mit Meuterei und Insurrektion..... Der Krieg kann nicht durch den sanften Pazifismus sondern nur durch den rebellischen Antimilitarismus — diese direkte Aktion des Pazifismus — beseitigt werden. Zu den wichtigsten Massregeln, um einen Krieg unmöglich zu machen, gehört die Vernichtung und Beschädigung der Kommunikations- und Verkehrsmittel, der Telegraphen, Telephone, Posten, des Eisenbahnverkehrs, der Tunelle etc., um den Truppentransport zu erschweren. Massenstreiks in den Arsenalen, die sonst während des Krieges fieberhaft Munition für die Armee erzeugen, Streiks in den Bergwerken und auf den Eisenbahnen machen auch schon zum grossen Teil die Fortsetzung eines Krieges unmöglich. Durch entsprechende Beschädigungen ist es sehr leicht möglich, den Betrieb der Eisenbahnen, Telegraphen etc. durch kleine Minoritäten zu unterbrechen. Durch solche direkte Aktion der Proletarier in jedem Lande, könnten sie ihre Regierungen verhindern Kriege zu führen, und so den Krieg überhaupt unmöglich machen." S.S. 55, 56.

[1]) E. Malatesta, *La politica parlamentare nel movimento socialista*: Bibl. pop. educ., No. 5, Torino, Amministraz. d. giorn. „L' Allarme", tip. edit. „La Solidaria" 1903 (diese Schrift hat folgende Abschnitte: *Il suffragio universale; Socialismo e parlamentarismo; Socialisti legalitari e socialisti anarchici.* Die erste Aufl. erschien in der *Bibl. dell' Assoziaz.*, No. 1, London, 1890, die später in der *Favilla*, Mantova, 1893 abgedruckt wurde; hat mehrere Übersetzungen); Id., *In tempo di elezioni; dialogo*: *Bibl. dell' Associaz.* No. 2, London, 1890, Id., *Il suffragio universale*: *Bibl. d. „Pensiero"*, Mantova, Baraldi, O. J. (1904); Id., *Non votate! appello dei socialisti anarchici ai lavoratori ital., in occasione d. elez.*, ibid., 1904. — Von den Schriften über dieses Thema, die für die Propaganda grundlegend sind, erwähne ich nur noch drei andere: *, *Astensionismo elettorale; principi: Raccolta di opusc. p. la distribuzione gratuita*, Torino, La Solidaria tip. editr. C. Zirardini, Ravenna), 1904; *, *Combattiamo il parlamentarismo*, Milano, Galimberti, 1904; Lib. Merlino, *Azione parlamentare* (Vertrag gehalten am 22. Okt. 1904 in der *Unione social. romana*), Mantova, Baraldi, 1904. „Wir nehmen uns vor, — (heisst es in der schon erwähnten Propagandabroschüre: *Chi siamo e che cosa vogliamo*, S.S. 8. 9) — an Stelle der gegenwärtigen Organisation des autoritären Staates die administrativen Beziehungen der Arbeiter durchzuführen, die durch freien Vertrag in freien Vereinigungen, auf der Grundlage der Produktion, des Tausches, und des Konsums, und somit der freien Föderation der Vereinigungen in den Kommunen, dieser in den Regionen, und dieser in den Nationen untereinander föderiert sind. Es muss die Lüge des allgemeinen Vertretungsprinzips, der Betrug der durch des Wahlrechtes ernannten Gewalt bekämpft werden, deren Resultat den Verzicht eines jeden auf seinen Willen und den Kultus der patriotischen und nationalen Tradition enthält, die die öffentliche Meinung in den Dienst der Bourgeoisie stellt, die daran interessiert ist, den Fortschritt des Gefühls des Internationalismus hintanzuhalten. — (Ausserdem fand ausserordentliche Verbreitung und zahllose Übersetzungen in alle Sprachen, der berühmte Artikel von Octave Mirbeau, *La Grève des électeurs* (Der Streik der Wähler),

tragen hat, das Schicksal der Arbeiter günstiger zu gestalten [1]). Theoretisch, ist das allgemeine Wahlrecht das Recht der Mehrheit, ihren Willen der Minorität aufzudrängen. Aber „dieses angebliche Recht ist eine Ungerechtigkeit, denn die Persönlichkeit, die Freiheit und der Wohlstand eines einzigen Menschen sind ebenso heilig wie die der ganzen Menschheit. Und ausserdem ist gar kein Grund vorhanden, um zu glauben, dass die grössere Zahl immer auf Seiten der Wahrheit, der Gerechtigkeit und der allgemeinen Nützlichkeit stehen wird; die Tatsachen beweisen es genügend, dass gewöhnlich eher das Gegenteil eintrifft". Die Abstimmung und die Zahl bedeuten gar nichts; sie schaffen und sie zerstören keine Rechte. Eine auf der Gleichheit begründete Gesellschaft muss vom freien und einstimmigen Einverständnis aller ihrer Glieder ausgehen. In besonderen Fällen, wenn es sich z. B. darum handeln sollte, die zukünftige Gesellschaft zu organisieren, könnte man zu dem mehr oder weniger willkürlichen Aushilfmittel der Abstimmung schreiten, so dass die Minorität sich mit dem Willen der Majorität einverstanden erklärt; aber die Abstimmung wäre dann kein Recht oder eine Pflicht, sondern ein Vertrag, eine Konvention unter allen Mitgliedern. In den gegenwärtigen Verhältnissen begünstigt aber die Herrschaft des allgemeinen Wahlrechts nicht einmal die Regierung der Majorität, ja nicht einmal der Majorität der Wähler. Es ist einfach ein Gauklerstückchen, durch das eine Klasse sich den Anschein einer Volksregierung gibt. „In Wirklichkeit ernennt jeder Wähler nur einen oder wenige Deputierte für ein gewöhnlich aus einigen Hundert Abgeordneten bestehendes Parlament.

---

den er in einem Pariser bürgerl. Blatt im J. 1888 veröffentlichte. U. a. Ausgaben erschien er als achtseitiges Flugblatt zur Gratisverteilung in einer Aufl. von 40.000 Exempl, Paris, „Temps Nouveaux", 1902; siehe auch J. Grave, *Si j'avais à parler aux électeurs*, ibid., 1902. Anm. d. Übers.) —

[1]) „..... von den napoleonischen Staatsstreichen, bis zu den bourgeoisen Gemetzeln; von der feigen und räuberischen Invasion militärisch schwacher Völker bis zur systematischen Aushungerung der Arbeiter und der Ermordung der widerspenstigen Halbverhungerten; den Raubzügen der Eroberer in grossem Masstabe bis zu den kleinlichen Anmassungen und den possenhaften Nervositäten der sich als Cesaren aufspielenden Minister, gibt es kein Attentat gegen die Zivilisation, gegen den Fortschritt, gegen die Menschheit, gibt es keine grosse oder kleine Infamie, die das geschickt angewandte allgemeine Wahlrecht nicht entschuldigt, gutgeheissen, verherrlicht hätte. Es gibt keine Frauentränen, kein Elendsschluchzen, die die gedanklose Abstimmung der Elenden nicht noch verlacht und noch schmerzlicher gemacht hätte." E. Malatesta *La pol. parlam.*, zit., S. 3.

Daraus folgt, dass wenn auch sein Kandidat siegreich ist, sein Wille, der schon bei den Wahlen nur als verschwindend kleiner Bruchteil zählte, nur durch einen Abgeordneten vertreten sein wird, der selbst wieder nur als ganz geringer Bruchteil im Parlament zählt. Das Parlament als Ganzes genommen, stellt in Wirklichkeit durchaus nicht die Majorität der Wähler dar. Jeder Abgeordnete wird von einer gewissen Anzahl von Wählern gewählt, aber der Wahlkörper als ein Ganzes ist nicht vertreten". So kommt es, dass jedes Problem von Leuten erledigt wird, die davon nichts verstehen, und jedes Interesse von allen bevormundet wird, mit Ausnahme derjenigen, die es am meisten betrifft. Ausserdem, da das Parlament nur einen Teil der Wähler repräsentiert und die Gesetze von den Abgeordneten niemals einstimmig angenommen werden, wird schliesslich die Majorität, die definitif das Gesetz macht und über das Schicksal eines Landes zu entscheiden hat, nur die Vertretung eines kleinen Teiles der Bevölkerung. Man füge endlich noch die Parteierwägungen und die Berücksichtigung der Kundschaft, und man wird begreifen, dass das angenommene Gesetz schliesslich weder die Interessen, noch den Willen, noch die Ideen von überhaupt jemand darstellen wird [1]).

Diese Erwägung bekommt nach Malatesta eine noch grössere Bedeutung, wenn man die wirklichen Verhältnisse berücksichtigt, unter denen das allgemeine Wahlrecht immer ausgeübt wird, in einer Gesellschaft, „in der die Majorität der Bevölkerung vom Elend gequält und durch die Unwissenheit und den Aberglauben betört, in seinen Existenzmitteln von einer kleinen Minorität abhängt, die den Reichtum und die Macht innehalten". Der arme Wähler ist nichts, und kann auch im allgemeinen nicht fähig sein, im Vollbewusstsein der Sache zu stimmen, noch ist er frei zu

[1]) „Die Erwählten, die das Gesetz machen, können von der Mehrheit der Wähler ernannt worden sein; aber das Gesetz ist bloss von einer Majorität der Erwählten gemacht, und daraus folgt, dass in den meisten Fällen jene, die ein Gesetz durchführen, bloss eine Anzahl von Wählern darstellen, die gegenüber dem ganzen Wahlkörper nur eine Minorität darstellen. Somit ist es auch beim System des allgemeinen Wahlrechtes, ebenso wie bei irgend einem anderen repräsentativen Regierungssystem, sehr häufig der Fall, dass, sogar angenommen, dass die Erwählten wirklich den Willen der Wähler ausführen, die Minorität über die Majorität regiert. Und wenn die Herrschaft der Majorität ungerecht und tyrannisch ist, ist die Herrschaft der Minorität noch viel ungerechter und gefährlicher". E. Malatesta, *Il suffr. univ.*, zit. S. 7. —

wählen, wie er will. „Sein Leben und das seiner Kinder hängen vom Wohlwollen eines Herrn ab, der sie alle durch Fortjagen von der Arbeit in die Lage versetzen kann, vor Hunger zu sterben". Die Proletariermassen können sich empören und alles in der Hoffnung eines unverzüglichen Sieges riskieren; aber riskieren sie nicht ihre Arbeit, also ihr Brod und ihren Frieden, wo es sich nur um einen Kampf handelt, der ihnen bloss Versprechungen, hundertmal als trügerisch erwiesene Versprechungen einer langsamen und weit entfernten Verbesserung bietet, und die den Kämpfenden, ob er nun Sieger oder Besiegter ist, immer der Willkür des Herrn überlässt? „Das erklärt die Plebiszite, die die Regierung gutheissen am Tage vor einer Insurrektion, durch die sie fortgejagt wird". Wenn man das Volk nicht mehr durch brutale Gewalt in Unterwerfung halten kann, und die Lügen der Religion nicht mehr wirken, um es das Elend als ein von Gott bestimmtes Gebot ertragen zu lassen, dann bleibt als einziges Mittel, es in der Knechtschaft zu erhalten, es glauben zu machen, dass die sozialen Einrichtungen sein Werk sind, und dass sie ganz nach seinem Willen verändert werden können. Das allgemeine Wahlrecht wäre auch in Verhältnissen allgemeiner Aufklärung und Unabhängigkeit nichts als das Recht sich selbst seine eigenen Herren zu wählen, wie es in den gegenwärtigen Zuständen der Unwissenheit und ökonomischer Knechtschaft nur ein Handel ist, den manche mit ihrer Gesinnung und den Tränen anderer betreiben.

Das allgemeine Wahlrecht wird höchstens, wie schon früher erwähnt wurde, zur Organisation der zukünftigen Gesellschaft dienen können. In diesem Fall muss ihr aber „die revolutionär und durch die Volksmasse durchgeführte Expropriation der Produktionsmittel und aller bestehenden Reichtümer zu Gunsten aller" vorangehen. Es kann aber kein Mittel sein, um aus den gegenwärtigen Verhältnissen herauszukommen, noch ein Mittel der Emanzipation. Die gegenwärtigen Regierungen und Parlamente können doch nicht entgegengesetzte Interessen vertreten und befriedigen. Ein Wahlkörper, der nur eine einzige Lösung auf jede Frage geben kann, kann nicht alle Einzelnen zufrieden stellen, die ihn zusammensetzen und die in verschiedener Art in einzelnen Fragen interessiert sind. Es gibt zweifellos auch allgemeine Interessen, die zahlreichen Kollektivitäten gemeinsam sind.

Sobald einmal die vom Privateigentum herrührenden Antagonismen verschwunden sind, werden sich diese allgemeinen und gemeinsamen Interessen immer mehr ausdehnen. Aber wer könnte entscheiden, welche Interessen ausschliesslich die eines Individuums oder einer Gruppe sind, und welche mehr oder weniger allgemein sind ? Der einzige Weg die kollektiven Interessen zu bestimmen, ist der, sie in ihrer Harmonie zu kombinieren, durch die Vereinigung der Freiheit eines jeden mit der Freiheit aller, und den freien Vertrag unter jenen, die die Nützlichkeit und die Notwendigkeit des Vertrages selbst anerkennen. Nur wenn man „vom Individuum zur Gruppe, und von dieser zur immer mehr umfassenden Kollektivität fortschreitet, kann man zu einer sozialen Organisation gelangen, in der man bei gleichzeitiger Achtung des Willens und der Autonomie eines jeden, den Vorteil der grösstmöglichen sozialen Kooperation geniesst, und die Türe immer allen zukünftigen Vervollkommnungen und Fortschritten offen steht". Bei den gegenwärtigen Zuständen gibt es immer, dank dem Staate, der die allerverschiedensten und entgegengesetztesten Elemente und Gesetze, denen alle gehorchen müssen, beisammen zu bleiben zwingt, mehr zurückgebliebene Gebiete, die den verschiedenen Regierungen die Macht geben, die fortgeschritteneren Regionen in Gehorsam zu halten. Und das allgemeine Wahlrecht bekräftigt auch nur noch diese Tatsache. Sollen wir uns also der Herrschaft sogenannter aufgeklärter Minoritäten in die Arme werfen ? Dies ist nicht zulässig, weil niemand das Recht hat, sich anderen aufzuwerfen, sei es sogar des Guten wegen, noch kann man an das durch die Gewalt geschaffene Gute glauben ; auch deshalb, weil, wenn es sich darum handelt, sich durch die Gewalt aufzudrängen und zu herrschen, es nicht die besten sind, die die geeigneten Eigenschaften haben, um erfolgreich zu sein. Das einzige Mittel zur Emanzipation und um vorwärts zu kommen ist, dass alle die Freiheit und die Mittel haben, die eigenen Ideen zu propagieren und zu betätigen — und das ist die Anarchie. Dann werden die mehr fortgeschrittenen Minoritäten die mehr zurückgebliebenen durch die Macht der Vernunft und des Beispiels überzeugen und mit sich ziehen. Die Menschheit ist immer nur dank diesem bischen Freiheit fortgeschritten, die die Regierungen unfähig waren zu ersticken.

Der Sozialismus versichert Malatesta, hat seit seiner Geburt „mit dem allgemeinen Wahlrecht und all den parlamentarischen Lügen abgerechnet". Es ist selbstverständlich, dass es kein legales Mittel der Emanzipation geben kann, wo doch das Gesetz ausschliesslich dazu bestimmt ist den Zustand zu verteidigen, der zerstört werden soll; also keine politische legale Aktion der Masse, weil die Abstimmung schon bei der numerischen Majorität des Volkes dieses Bewusstsein und diese Unabhängigkeit voraussetzt, die ja gerade erst möglich gemacht und errungen werden soll: keine legalen ökonomischen Auskunftsmittel, weil die wachsende Macht des Kapitals sie machtlos und illusorisch macht. Es verbleiben also nur zwei Mittel: Entweder der freiwillige Verzicht der herrschenden Klassen auf den ausschliesslichen Besitz des Reichtums und auf alle Privilegien, deren sie sich erfreuen. — oder die Revolution, die direkte Aktion der Massen, die von zielbewussten Minoritäten aufgerührt und in Bewegung gesetzt wurden. Aber noch niemals hat eine Regierung oder eine privilegierte Klasse auf ihre Herrschaft verzichtet oder irgend ein wahrhaftiges Zugeständnis bewilligt, ohne durch die Gewalt dazu gezwungen worden zu sein. Und das tägliche Verhalten der kapitalistischen Bourgeoisie beweist es, dass „sie sich nicht anders dazu entschliessen wird, aus der Geschichte zu verschwinden, als im Blute ertränkt". Es blieb also nur die Revolution; und alle Sozialisten, die ein praktisches Programm hatten, die es so bald als möglich verwirklicht sehen wollten, wurden Revolutionäre. Die autoritären Sozialisten wollten sich zur Emanzipation des Volkes desselben Mechanismus bedienen, der es gegenwärtig in der Knechtschaft hält und setzten sich die Eroberung der politischen Macht zum Ziel. Die Anarchisten setzten sich dagegen, in der Erwägung, dass der Staat verschwindet, wann er durch die Verallgemeinerung der Macht und der Initiative mit der Gesamtheit aller Bürger zusammenfällt, die Zerstörung der politischen Macht zum Ziel. Die einen und die anderen wollten jedoch die Revolution, den Appell an die Gewalt, indem sie die Schaaren vorbereiteten, die, jede günstige Gelegenheit benutzend, die Initiative zum Sturm gegen die Institutionen geben sollten. Doch dauerte es nicht lange, bis einige Sozialisten „es für gut erachteten sich auf die krummen, aussichtlosen Wege des Parlamentarismus zu begeben".

Der gemeinsame Boden, auf dem sich die Bourgeois, die korrumpieren wollten, und gewisse Sozialisten, die nichts sehnlicher wünschten als gekauft zu werden, begegnen kounten, war die Wahlurne. So gelang es den Verrätern und den Ehrsüchtigen viele ehrenhafte Menschen an die Urne heranzuziehen, die durch dieses Mittel den Ausbruch der Revolution zu beschleunigen hofften. Und tatsächlich blieb man im Prinzip, wenigstens dem Anschein nach, weiter beim Programm der Expropriation mit Hilfe der Revolution, doch sagte man, dass man die Stimmen einfach nur deshalb abgebe, um sich zu zählen — als ob es nötig wäre zur Urne zu gehen, und sich vom Feind zählen zu lassen, damit er genau den Fortschritt der Partei beurteilen könne. Von hier war der Schritt dahin, sich mit Reformen zufrieden zu geben, nur noch klein. Und dieser Schritt wurde gemacht, wobei alle Versprechungen des revolutionären Programms abgeleugnet wurden. Es behaupten manche, dass die Beteiligung an den Wahlen der Propaganda helfe. Dagegen ist aber gerade das Gegenteil wahr. Jene, die den Nutzen rühmen, Sozialisten in den Parlamenten zu haben, räsonieren, wie wenn es genügen würde, es zu wollen, um gewählt zu werden. Wie und auf welche Weise die parlamentarischen Sozialisten der Sache der Revolutionen dienen, beweist auf jeden Fall „die ehrlose und niederträchtige Stellung, die alle oder fast alle sozialistischen Abgeordneten überall eingenommen haben". Bei der günstigsten Hypothese muss während der Wahlaktion die Propaganda für Prinzipien, der Propaganda für Personen Platz machen, und öffnet jenen Tür und Tor, die zur Korruption und Hintergehung des Programms und der Partei bereit sind. Ausserdem ist es unmöglich, etwas dauerndes zur Linderung der Leiden des Volkes zu erreichen, weil „die Privilegierten nur der Gewalt und der Furcht weichen". Anders verhielten und verhalten sich die Anarchisten, die die Übertragung der Gewalt durch Vertretung verwerfen und an die freie und direkte Aktion aller appellieren. Die Anarchisten als Partei „bleiben von der parlamentarischen Seuche unversehrt". Sie verlangen nicht die Einsetzung einer Partei oder einer Klasse an Stelle einer anderen, sie verlangen nicht Eroberung der Macht und des Reichtums durch eine neuen sozialen Stand, den vierten Stand, sondern die Aufhebung der Klassen, die solidarische Vereinigung aller Menschen in gemeinsamer Arbeit und gemeinsamem Genuss.

Deshalb verlangen sie auch niemandes Stimme und stimmen auch für niemand [1]).

Es muss hinzugefügt werden, dass der befruchtende Boden der Ideen, aus dem die Propagandaschriften — und deren Zahl ist unermesslich — ihre Argumente schöpfen, nicht immer nur in besonderen Fragen liegt, wie z.B. im Antimilitarismus oder in der Wahlenthaltung. Recht häufig wird in wenigen Seiten das Gesamtbild der anarchistischen Lehren darzustellen versucht, damit der Leser daraus ein allgemeines Bild der grundlegenden Probleme des moralischen und ökonomischen Lebens erhalte [2]). Und auch

---

[1]) „Arbeiter wählt nicht! Wenn ihr für Bourgeois stimmt, unterstützt ihr jene, die euch aushungern und ihr erweist euch der Peitsche würdig, die euch prügelt. Wenn ihr für Arbeiter stimmt, bereitet ihr euch neue Herren aus eurem eigenem Schosse und beweist, dass ihr nicht fähig seid, euch von der Unterdrückung zu befreien, ohne in neue Ketten zu fallen. Die Wahlen können ausser zu dem Zwecke den zukünftigen Herrschern den Weg zu ebnen, nur dazu dienen, die heutigen Zustände und die Tatenlosigkeit zu verewigen. Wenn ihr die Freiheit haben wollt, müsst ihr sie nehmen. Die wenigen Freiheiten, die wir haben, die wenigen Fortschritte, die verwirklicht worden sind, wurden vom Volk durch den Schrecken errungen, den es seinen Herrschern einzuflössen verstanden hat; und diese Freiheiten gehen wieder verloren, wenn das Volk aufhört, ihr eifriger Behüter zu sein und sich zu deren Schutze dem Werke seiner sogenannten Vertreter anvertraut. . . . . . Keinen Sozialisten ins Parlament. Wer für das Volk kämpfen will, bleibe inmitten des Volkes." E. Malatesta, *Non votate*, zit. S.S. 7, 8. — „Durch das Wählen bekräftigt man das autoritäre Vorurteil; verzögert man die Entwicklung im anarchistischen Sinne, verewigt man in der Masse die Lüge der Notwendigkeit der Gesetze; erneuert man in den Hirnen der Menschen den Glauben an die *Chefs;* werden neue Werkzeuge der Unterdrückung geschmiedet; werden neue Herren vorbereitet. — Durch das Wählen schafft man Schafer, also bleiben wir die Heerde" etc., *, *Astensionismo elett.*, zit. S. 7. —

[2]) Solche sind die schon vorhin erwähnten Schriften von E. Malatesta, *Unter Landleuten*, und *Im Café*. Aber ihr Erfolg in Bezug auf die Propaganda ist durchaus eher nur der besonderen populären Darstellungsweise zu verdanken, als den üblichen, heftigen Gemeinplätzen des Inhaltes. Dies macht es deshalb unmöglich, aber auch unnötig, sie zu resumieren. In der ersteren Schrift lesen wir z.B.: „Wer befiehlt, macht es immer in seinem Interesse und verrät immer das Volk, entweder aus Unwissenheit oder aus Schlechtigkeit. Die Macht lässt den Grössenwahn selbst im Hirne der Allerbesten entstehen (S. 29). . . . Schüren wir die Propaganda, nun wo der Augenblick günstig ist; wir, die die Frage begriffen haben, müssen uns unter uns vereinigen; fachen wir das Feuer an, das inmitten der Volksmassen schlummert; profitieren wir von allen Unzufriedenheiten, von allen Bewegungen, von allen Empörungen; führen wir den entschiedenen Streich, fürchten wir nichts, und bald, recht bald wird die Baracke der Bourgeoisie in die Luft fliegen und das Reich der Freiheit und des Wohlstandes nimmt seinen Anfang . . . . . Die Poliziei und die Armee sind vorhanden, um das Volk im Zaune zu halten und die Ruhe der Herren zu sichern; aber wenn auch jene Gewehre und

in Bezug auf diese, fehlen unter den anonymen oder fast anonymen Improvisationen, die gar keinen Sinn, oder bei günstigster Hypothese gar keine wissenschaftliche Bedeutung haben, auch nicht solche Schriften, die eifrigen Forschern von gewisser Bedeutung zu verdanken sind. Es sind dies fragmentarische Werke von Agitatoren, die der anarchistischen Sache ihre ganze Tätigkeit gewidmet haben, oder von Schriftstellern, die auf verschiedenen Gebieten des Geistes zu Ruhm gelangt, auch hier und da den Bedürfnissen der Propaganda dieser Theorien entsprechen, denen sie sich anschliessen zu müssen glaubten.

Unter diesen beiden letzteren Kategorien befindet sich als typischer Fall, mit einem typischen Werkchen freimütigster anarchistischer Propaganda, Elisée Reclus. Es kann gesagt werden, dass seine Broschüre: *A mon frère le paysan*, eine exemplarische Bedeutung und Charakter hat, und zwar nicht bloss wegen der Aufsehen erregenden offenen und geheimen Verbreitung, die sie gefunden hat und noch findet, nicht nur wegen seines Inhaltes, der, was auch nicht allzu häufig der Fall ist, mit diesem Teil des Besitztums der anarchistischen Ideen in Harmonie ist, der Erweiterungen und neuer Erklärungen fähig ist; sondern auch, weil die Art der Darstellung und die Autorität des Verfasser es mit sich brachten, dass man es als ein Muster für die Ansprüche der Propaganda auch anderer, der Theorie nahestehender Gebiete betrachten kann [1]).

Kanonen haben, ist damit durchaus noch nicht gesagt, dass wir den Krieg mit leeren Händen machen sollen. Aus Gewehren verstehen auch wir zu feuern, und durch Schlauheit oder durch Mut können wir sie uns besorgen; dann gibt es aber noch das Pulver, das Dynamit, all die verschiedenen Explosivstoffe, die Brandstoffe und tausend andere Waffen, die in Händen der Regierung dazu dienen, die Menschen in Sklaverei zu erhalten, in den Händen des Volkes aber zur Erringung der Freiheit dienen können. Die Barrikaden, die unterirdischen Minen, die Bomben, Brandlegungen, etc. sind Mittel, mit denen man den Armeen widerstehen kann, und wir werden uns nicht erst bitten lassen, uns ihrer zu bedienen. Man weiss es wohl, dass Revolutionen nicht mit Weihwasser und mit Lithaneien durchgeführt werden". (S.S. 31, 32) u. s. w. . . . . In Bezug auf die andere Broschüre genügt der Hinweis auf die schon erwähnten Stellen, die bei Besprechung der Familie angeführt wurden. (Siehe S. 332.).

[1]) Reclus (geb. in Sainte-Foix la Grande, Gironde, am 15. März 1830, gestorb. 4. Juni 1905 in Brüssel) war nach dem Kommune-Aufstand an dem er teilgenommen hat, sieben Monate im Gefängnis. Am 15. Nov. 1871 verurteilte ihn das siebte Kriegsgericht zur Deportation in ein befestigtes Gebiet. Als von vielen Männern der Wissenschaft Europas, darunter auch Darwins, um seine Begnadigung gebeten wurde, wurde seine Strafe

Reclus wendet sich an den Bauern, um ihn aufzuklären und ihn in Bezug auf ein Problem der anarchistischen Lehre zu beruhigen. Er setzt voraus, dass der Bauer, der eine Ahnung von den Expropriationsabsichten hat, die der Hauptpunkt des anarchistischen Programms sind, sich nur so weit damit beschäftigt, dass er sich frägt, ob ihm wirklich die Arbeiter der Städte die Erde wegnehmen werden, die ihm und seinen Kindern Korn und Brod gibt. Reclus beeilt sich darauf zu antworten, dass es doch der Landmann ist, der das Brod hervorbringt und dass niemand das Recht hat, es

---

am 4. Januar in die der Verbannung umgewandelt. Reclus ging zuerst nach Italien, nachher siedelte er sich in der französischen Schweiz an, wo er im J. 1873 mit Bakunin bekannt wurde, mit dem er einige Wochen wohnte. Der erste Entwurf der im Text besprochenen Schrift wurde im J. 1873 verfasst und in Saint-Imier unter dem Titel: *Quelques mots sur la propriété* in einer Sammlung propagandistischer Schriften herausgegeben. Später wurde sie wieder in der „*La Tribune des Peuples*", Paris, 1886, Apr. abgedruckt, bis sie endlich in der gegenwärtigen Form und Titel in Genf, impr. d. Eaux-vives, O. J. (1893) erschien. Ich zitiere aus dieser Ausgabe, doch gibt es noch zwei andere französische Ausgaben, Bruxelles, „La Brochure", 1894, und in der *Liberté*, Buenos Ayres, 25. März—8. Apr., 1894. Es gibt verschiedene italienische Übersetzungen; die allerneueste ist die in der *Bibl. sociale*, No. 5. Frascati, stab. tip. it., 1905, 4e ed., mit einer Biographie aus der Feder von J. G(rave); drei spanische Übersetzungen, eine holländische, eine armenische, *Publ. anarchistes*, No. 6, 1893 etc. Von anderen Propagandaschriften von Reclus sind ausser seinem früher erwähnten anarch. Hauptwerk über die *Evolution und Revolution*, noch zu erwähnen: *La coopération ou les nouvelles associations ouvrières dans la Grande Bretagne*, Paris, 1863; *Du progrès de l'idée sociale en Allemagne*, Paris, 1864; *De la mutualité, P. J. Proudhon. Travail et capital. Formule de conciliation: L'association*, No. 8, 1865; *L'évolution légale et l'anarchie: Le travailleur*, Genève, J. II, No. 1, 1878, Jan., S.S. 7.—14.; *La peine de mort*, Genève, impr. jurass., 1879 (Vortrag gehalten in der *Association ouvrière* von Lausanne); *Ouvrier prends la machine, Prends la terre paysan!* Genève, impr. jurass., 1880; *L'avenir de nos enfants*, Paris 1885; *Les produits de la terre*, Genève, impr. jurass., 1885 (ital. Übers. Genua, 1886; Reggio Cal.: *Operaio*, '88; Milano: *Bibl. d. lavor.*, No. 2, '93; Roma, Mongini, 1905); *L'idéal et la jeunesse*, Bruxelles, 1894; *L'anarchie: Les Temps nouveaux*, 18. Mai—1. Juni 1895; *Il popolo et l'arte: Il Pensiero*, 25. Dez., 1903, S.S. 167 sq., etc. — Bakunin schrieb an der angeführten Stelle über Reclus (Brief v. 11 Jan. 1873. aus Locarno): „.... ich darf auch diesen prächtigen Elisée Reclus nicht vergessen, der vor drei oder vier Wochen zu mir zu Besuch kam und mit dem das Einvernehmen jeden Tag vorzüglicher wird. Das ist ein Mustermensch, so rein, so edel, so einfach und bescheiden, und so selbstlos. Er hat vielleicht nicht genug den Teufel aber im Leibe, das ist Temperamentssache. ..... Er ist ein wertvoller, sicherer, ernster und aufrichtiger Freund und vollständig unser." M. Nettlau, *A. a. O.* S. 759. — Vrgl.: M. Peyrot, *E. Reclus: Nouv. revue*, 1888, v. 50; J. de la Vallée Poussin, *E. Reclus: Revue génér.*, 1894, v. 59; P. Gori, *E. Reclus: Il Pensiero*, 16. Juli, 1905, S.S. 209, 210; L. Fabbri, *Note biogr. su E. R.*: ibid., S.S. 210 sq.: I. Mesnil, *E. R.*: ibid., 1. Okt. 1905, S.S. 292 sq. (Original erschien im *Ontwaking*, Antwerpen, V. J. N. 8—9, Aug. Sept. 1905., L. Galleani, *Un ricordo su E. R.*: ibid., 1. Jan. 1906, S.S. 11 sq. etc. —

eher zu geniessen als er. „Nichts ist heiliger, als deine Arbeit und hundertfach verflucht sei jener, der dir die Erde wegnehmen wollte, die durch deine Arbeit fruchtbar geworden ist." Aber andere gibt es, fügt Reclus hinzu, die sich als Ackerbauer ausgeben, es aber durchaus nicht sind. Vor allem jene, die reich geboren werden. „Werden wir, wenn wir die Macht haben werden, alle jene Schätze der menschlichen Arbeit in den Geldschränken der reichen Erben lassen? Werden wir Achtung vor diesem Raub haben? Nein, meine Freunde, alles das werden wir wegnehmen. Wir werden alle die Eigentumsurkunden und Dokumente zerreissen, wir werden die Tore der Schlösser zertrümmern und alles wegnehmen, was dort aufgestappelt ist. »Arbeite, wenn du essen willst!« — werden wir dem angeblichen Ackerbauer sagen — doch keiner dieser Schätze ist mehr dein Eigentum." — Und ebensowenig wird das Eigentum jenes respektiert werden, der arm geboren sich bereichert hat, und nicht mehr seine Erde selbst bearbeitet, sondern sie durch Sklavenhände bearbeiten lässt. „Auch hier werden wir, sobald wir nur die Gewalt haben, die Hand auf diese Besitzungen legen und jenen, die sich als deren Herren dünken, zurufen: »Zurück, Parvenu! Da du ja arbeiten kannst, arbeite nur wieder. Du wirst das Brod geniessen, das dir deine Arbeit geben wird, aber die Erde, die andere bebauen, ist nicht mehr dein. Du bist nicht mehr der Brodherr der anderen!«". So werden wir also wohl, setzt Reclus fort, die Erde wegnehmen, aber nur jenen, die sie besitzen ohne sie zu bearbeiten, um sie jenen wiederzugeben, die sie bearbeiten. Natürlich wird dies nicht dazu geschehen, um diesen die Möglichkeit zu geben, wieder andere Unglückliche auszubeuten. Der Anteil der Erde, an den der Einzelne, die Familiengruppe, oder die Gemeinschaft der Freunde ein natürliches Recht haben, ist der Teil, auf den sich ihre individuelle oder kollektive Arbeit erstreckt. Sobald ein Stück Erde ein grösseres Gebiet umfasst, als es von dem Einzelnen oder der Gruppe bearbeitet werden kann, haben sie kein Recht mehr es zu beanspruchen; es ist nur gerecht, dass das Recht der Benützung anderen Arbeitern zufällt.

Reclus macht auch die Bauern darauf aufmerksam, dass sie sich vor den gegenwärtigen oder nahenden Gefahren schützen sollen, die das kleine Grundeigentum bedrohen. Euer zukünftiges Los, sagt er, ist furchtbar, denn wir leben in einem Zeitalter der Wissenschaft und der Methoden, und unsere Herrscher, die eine ganzen Armee von Chemikern und Professionisten zu ihrer Verfügung haben, bereiten eine soziale Organisation vor, in der alles wie in einer Fabrik geregelt sein wird, wo die Maschine alles, sogar die Menschen dirigiert, die sie zu einfachem Räderwerk im Getriebe herabdrückt, die man beiseite legt, sobald sie sich nur anmassen zu denken und zu wollen. Gewiss, wenn das Glück der Menschheit darin bestehen würde, einige Milliardäre zu schaffen, die zu Gunsten ihrer Passionen und ihrer Launen die von allen verknechteten Arbeitern hervorgebrachten Produkte aufspeichern, wäre diese wissenschaftliche Ausbeutung der Erde durch eine Kolonne von Galeerensträflingen das erträumte Ideal. Die finanziellen Resultate dieser Unternehmungen sind ausserordentlich. Die durch die Arbeit von fünfhundert Menschen hervorgebrachte Menge von Getreide könnte fünfzigtausend Menschen ernähren ; den durch den kargen Lohn verursachten Ausgaben folgt ein ungehäuerer Ertrag an Produkten, die zu zehnmal grösserem Preis als dem der Produktionskosten verkauft werden. Es ist wahr, dass wenn der grossen Menge der Konsumenten Arbeit und Lohn mangelt, sie so elend wird, dass sie nun diese Produkte nicht mehr erwerben kann, und verdammt Hungers zu sterben, sie die Spekulanten nicht mehr bereichern kann. Aber diese kümmern sich nicht um die ferne Zukunft. Ihre Absicht ist vor allem rasch Geld zu verdienen. Das ist das Schicksal, das die kleinen Grundbesitzer erwartet. Man wird ihnen ihr Feld und ihre Ernte wegnehmen, sie selbst wird man mit Beschlag belegen, und an irgend eine Maschine im Dienste der neuen Ackerbaumethoden anschmieden. Die Bauern werden in den selben Zustand elender Sklaverei herabgedrückt werden, in dem sich schon die Arbeiter der Städte befinden. Um also die bevorstehende Sklaverei zu beschwören, die sie erwartet, müssen sich die Bauern und die kleinen Grundbesitzer zu einer gemeinsamen Aktion vereinigen, in der der Schwächere auf die Kraft aller rechnen kann. Man muss noch mehr tun. Man muss an jene appellieren, die nichts besitzen, an die Enterbten der Städte, die ihren Brüdern auf dem Lande helfen werden ihre Erde zu bewahren und jene zurückzuerobern, die ihnen weggenommen wurde. Mit diesen werden die gegenwärtigen Umfassungsmauern angegriffen und niedergerissen werden, worauf die grosse Gemeinschaft der Menschen begründet wird, in der man einträglich zusammen arbeiten wird, um die Erde zu beleben und zu verschönern und um glücklich zu leben auf dieser guten Erde, die uns allen das Brod gibt [1]).

Parallel zu diesen Publikationen, betreffend theoretische Gebiete (speziellen Inhalts, wie z.B. bei Tolstoy in Bezug auf die antimilitaristische Propaganda, und Malatesta in Bezug auf die Enthaltung von den politisch-parlamentarischen Kämpfen, oder allgemeines Inhalts, wie z.B. bei Reclus), die ein mehr oder weniger nahes Ziel im Auge haben, wird noch eine zahllose apologetische Literatur hervorgebracht und aufgestappelt, die besonderen anarchistischen Individualitäten gewidmet ist, die nach der Ansicht der Anhänger würdig sind, zur Rolle des Apostolats erhoben zu werden ; oder Schriften, die individuellen oder kollektiven Ereignissen gewidmet sind, die Konflikte mit dem gegenwärtigen Regime darstellten, sowie die entsprechenden Deklarationen oder Verteidigungen im Falle von gerichtlichen Verfolgungen. Diese Art der Propaganda ist vor allem deshalb beachtenswert, weil sie uns gestattet die gegenwärtige Bewegung und die relativen Ansprüche einer angenommenen Notwendigkeit der Aktion an eine verhältnissmässig weit entfernte Vergangenheit anzuknüpfen,

---

[1]) In seiner Schrift : *Les produits de la terre*, sucht Reclus zu beweisen, dass wenn „Millionen von Wesen Hunger leiden und im Elend schmachten", dies nicht deshalb der Fall ist, weil die Erde nicht genügend Produkte hervorbringt, sondern weil diese Produkte in der niederträchtigsten und sinnlosesten Weise verschleudert werden. „Selbst in der barbarischen Periode des extensiven Ackerbaus, in der sich noch der grösste Teil der Länder befindet, liefert uns die wohltätige Erde Produkte in doppelter Anzahl dessen, was wir bedürfen, so dass wir in Überfluss leben könnten." Die Lösung der sozialen Frage ist also nicht unmöglich. Es handelt sich bloss darum, die verschiedenen Produkte der Erde gerecht zu verteilen. „Bis heute haben sich die herrschenden Klassen beharrlich der Lösung dieser Frage widersetzt, die sie zwingen wurde, ihre unerhörten Privilegien aufzugeben." Aber die unvermeidliche Revolution wird kommen, weil die Völker, die Hunger haben und wissen, wieso und woher ihr Elend herrührt, nicht länger in Ruhe erhalten werden können. . . . . . „Es wird nicht mehr lange dauern, dass die Notwendigkeit einer Losung allgemein gefühlt werden wird, und dies wird eine unwiderstehliche Bewegung hervorrufen. Die ungeheuere Armee der Ausgehungerten wird von ihren Ausbeutern Rechnung verlangen über die Milliarden van Produkten die sie vergeuden oder monopolisieren". Die Bourgeoisie müsste also „gutwillig darauf verzichten, was sie unberechtigterweise zurückhält". Aber sie wird dennoch den Kampf versuchen wollen und wird „den allerfurchtbarsten Sturm entfesseln, der überhaupt jemals stattgefunden hat, in'dem sie aber für immer untergehen wird."

deren Erinnerung, wenn sie nicht vom Eifer der Propaganda gepflegt würde, ebenso sehr für die Forscher, wie auch selbst für die Anhänger der anarchistische Idee verschwinden oder zumindestens stark verblassen würde. Und man begreift, dass ebenso in den Fällen von biographischen Apologien, wie in jenen, von wohlbedachten und tendenziösen Neubelebungen von Prozessen, die gelegentlich von Einzel- oder Kollektivakten stattfanden, die grosse Entfernung der Zeit, jenseits derer man nicht mehr vom historischen Anfang der anarchistischen Lehre und Bewegung sprechen kann, den Agitatoren gestattet, und sie geradezu zwingt, im Enthusiasmus der Phantasie jenen Hintegrund zu suchen, den die nackte Wahrheit der Tatsachen nicht bieten würde. Da aber das, was für die Propaganda am wichtigsten ist, darin liegt, erkennen zu lassen, dass die Zahl der Anhänger schon in der Vergangenheit ebenso wie heute imponierend gross war, (weil jene, die keine Schärfe der kritischen Unterscheidung besitzen, sich eher diesen kollektiven Gefühlsbewegungen anschliessen, die der individuellen Unentschlossenheit eine grössere numerische Garantie bieten) dehnt man diesen Hinweis auch auf ältere, als Vorläufer der anarchistischen Ideenwelt und Aktion angesehene Persönlichkeiten aus, wobei man jede elementare und strenge Vorsicht beiseite lässt, die in Bezug auf den zu erreichenden Zweck hinderlich wäre.

Indem wir die allzu offenbaren Übertreibungen übergehen, die durch die Macht der Tatsachen selbst, auch innerhalb der anarchistischen Bewegung, einer gründlichen Auslese untergehen, werde ich bloss einige besonders hervortretende Fälle andeuten. Von Francesco Saverio Merlino rühren unter vielen anderen [1]) zwei

---

1). Ich führe nur wenige von den Schriften F. S. Merlinos an, und übergehe die bekannteren, die ganz besonders die bemerkenswerte Entwicklung seiner Ideen dokumentieren. *La fine del parlamentarismo: Humanitas*, 23. Jan.—27. Marz, 1887 (die Zeitschrift *Humanitas*, die mit dem Blatt *Lo sperimentale* von Brescia, 1886—'87, verschmolz, das von R. Converti redigiert wurde, wurde in Neapel publiziert und erschien zum ersten Mal am 23. Jan. 1887; es erschienen 24 Nummern, von denen eine geheim im J.'89: diese Schrift von Merlino wurde auch im Auszug in der „*Bibl. Humanitas*" No. 1 ibid. veröffentlicht); *Dell' anarchia, o donde veniamo e donde andiamo*, suppl. al No. 12. d. „*Fiaccola rossa*", Firenze, 1887; *L'integration économique; exposé des doctrines anarchistes: Journ. d. écono*m., 1889, Dez. S.S. 377—390 (ital. Übers. Grosseto, tip. dell' „*Etruria*", 1902, herausgegeb. von den soz. anarch. Gruppen *Eguaglianza e liberta* von Grosseto, *L'avanguardia* von Massa Marittima, *Nè Dio nè padrone* von Monterotondo Maritt.); *Le caractère pratique de l'anarchisme: Journ. d' éconon*., 1890, Jan. S.S. 232—

sozialistische Propagandaschriften her, (wir werden bald sehen, dass in diesem Fall die Nuancen zwischen sozialistischer und anartischer Propaganda ineinander übergehen) über Vincenzo Russo und Carlo Pisacane [1]). Diese Schriften sind, trotzdem sie im Jahre 1879 veröffentlicht wurden, immer noch in der revolutionären Presse in Umlauf. Es ist ein typischer Fall dieser Neubelebung von verhältnismässig weit zurückliegenden Erinnerungen, den ich hier anführe. „Auch wir haben unsere Toten" schreibt Merlino. Nachdem er erinnert, dass Russo ein Zeitgenosse der französischen Revolution war und im Exil das einzige Buch schrieb, das uns von ihm überlassen wurde, die *Pensieri politici* (Politische Gedanken), führt er einige von diesen an und erläutert sie. „Seitdem der Mensch besteht, schreibt Russo, bestehen seine Gesetze; sobald nur zwei Menschen miteinander in Berührung kamen, wurden ihre individuellen Gesetze durch neue Umstände umgestaltet. Der soziale Vertrag ist somit mit dem Menschen *geboren*, er ist der *Zwillingsbruder* des Prinzips seines grössten Glücks." Und Merlino kommentiert: „In diesen Worten fühlen wir schon die *positive* Methode voraus, die im Begriffe ist, die Wissenschaft zu durchdringen, und wir können nicht umhin, darin eine Anspielung auf eine neue soziale Gesellschaftsordnung wahrzunehmen, eine harmonische, oder wie wir sagen, *anarchistische* Ordnung zu erkennen, die von der individuellen Freiheit ausgeht und in der Freiheit fortdauert und besteht." —

Es ist ein wenig schwierig zu begreifen, was damit gesagt werden soll, doch tut das nichts zur Sache, wennschon die Propaganda

---

137; *L'Italie telle qu' elle est; L'Italie grande puissance*, etc. Paris, Savine, 1890 (ist ein Band von 392 S.S. in dem die Hauptideen des Verfassers niedergelegt sind); *Il nostro programma: Bibl. d. Gruppe 1º maggio*, No. 3, Napoli, 1890; *Perchè siamo anarchici: Bibl. comm.-anarchica d. „Grido d. oppressi"* No. 1, New York, 1892 (diese Schrift, die ursprünglich anonym erschien, wurde später mehrmals mit dem Namen Merlino in Turin, Buenos Ayres etc. wieder neu aufgelegt); *Nécessité et bases d'une entente: Prop. social.-anarchiste-révolut.*, No. 1, Bruxelles, 1892 (ist zum Teil auch wegen der grossen Zahl von Übersetzungen eine der am meisten verbreiteten Schriften Merlinos); *Obiezioni in voga contra il socialismo anarchico: Bibl. di propag. del Circulo di studi sociali*, Ancona, 1892 (ist ein Auszug aus dem Buch *Socialismo o Monopolismo?* etc. Napoli-Londra, 1887, S.S. 213 sq.).

[1]) F. S. Merlino, *Vincenzo Russo: Propaganda socialista*, No. 5, Milano, Amministraz. d. „*Plebe*", 1879; Id., *Carlo Pisacane*: Prop. soc. No. 11, ibid., 1879.

dadurch vielleicht weniger wirksam wird. Merlino scheint es dagegen nicht für notwendig zu finden, die folgenden Worte Russo's zu erläutern: „Der Mensch bedarf der Produkte der Erde als *physisches* und *einfaches* Wesen und nicht als berechnendes Wesen. Deshalb muss man in seinen *Bedürfnissen* und nicht schon in seinem *Verständnis* die Ursache und die *Grenzen* seines Eigentums an den zu seinem Leben und seiner Vervollkommnung notwendigen Dingen suchen. Das *wahrhaftige* Eigentum, das einzige das den Namen Eigentum verdient, beschränkt sich darauf, was wir zur Befriedigung unserer *gegenwärtigen Bedürfnisse* benötigen. Das *zukünftige* und *permanente* Eigentum ist eine der Ordnung und der Natur der menschlichen Fähigkeiten fremde Einrichtung. *Jeder Besitz an überflüssigen Dingen ist somit ein Verbrechen, solange es noch einen Armen gibt, und ein Raub, solange es einen Eigentumslosen gibt.*" Ich habe die kursiven Lettern beibehalten, wie sie im Text sind, aus dem ich sie zitiere. Merlino fügt hinzu, dass Russo auch noch in Bezug auf die Strafen „ausserordentlich eloquent" ist. Er schreibt: „Aber willst du wahrhaftig das Verbrechen wieder gut machen? Dann halte dich nicht auf bei dem einzelnen und kleinen Verbrechen: *dieses ist sogar manchmal*, darf ich es sagen? *ein Akt der Gerechtigkeit.* Gehe ihm nach bis zu den allgemeinen Verbrechen, der Quelle der Verbrechen. Beseitige das Elend und die schädlichen Einrichtungen, die unnatürliche Lüste schüren ....". Dieses Prinzip wurde auch von vielen anderen anarchistischen Schriftstellern z. B. auch von Kropotkin behandelt. Andere Sätze von Russo geben Merlino die Gelegenheit, einige durchaus anarchistische Verneinungen besonders in Bezug auf den Staat und die Regierung zu formulieren. Die Regierung darf weder kleinen Minoritäten, noch Majoritäten übertragen werden. Die Regierung, schreibt er, ist gleichbedeutend mit Macht und Autorität. Dehnt die Macht so weit, allgemein aus, um endlich alle daran teilnehmen zu lassen, und ihr werdet die Macht der Wenigen vernichtet haben; indem ihr den Einzelnen allseitig wieder hergestellt haben werdet, werdet ihr den Staat auflösen, zersetzen, in Stücke schlagen. Somit entspricht der Ausdruck *direkte Regierung* (Russo anerkannte das Repräsentativsystem als ein Übergangsstadium zur *direkten Regierung*) der Aufhebung der Regierung und hat keinen Sinn. Dieselbe Verneinung muss auch auf den Begriff der *Regierung-Verwaltung* ausgedehnt werden, weil wennschon einmal die Idee ausgeschlossen ist, den Verwaltern die Machtbefugnisse der Regierenden zuzubilligen, oder die Möglichkeit über die verwalteten Dinge zu verfügen, oder auch Gesetze zu machen und sie in Ausführung zu bringen, die *Verwaltung* das Gegenteil von Regierung wird. „Die Verwaltung, sagt von sich aus Merlino, bezieht sich auf die *wahren und realen* und genau bestimmbaren *Interessen*, sowie auf einen sozialen Zustand, in dem die Interessen der Individuen in der Weise koordiniert sind, dass, indem alle Individuen volle und ganze Freiheit und Verantwortlichkeit geniessen, ohne auf die eine oder die andere zu verzichten, sie sich untereinander entweder direkt, oder auch durch freie Vereinigung in Verbänden für ihre gemeinsamen Interessen verständigen, und bloss momenten jemanden beauftragen können, den gemeinsamen Willen in einer bestimmten Angelegenheit auszuführen". Diese Theorie einer neuen sozialen Ordnung, die sich nach Merlino „auf den Überresten der alten demokratischen Lehren" als Gegensatz zur gegenwärtigen autoritären Ordnung aufbaut, ist eben der revolutionäre Sozialismus, *die Anarchie*, die ja die Freiheit, die Spontaneität, den vereinigten Willen der Einzelnen darstellt, und dies ohne irgend welcher Mittelspersonen zu bedürfen; als Resultat dieser frei vereinigten Willensbestrebungen bedeutet sie Ordnung und Harmonie. Das Grundprinzip dieser neuen sozialen Ordnung ist die Freiheit. Und da man nicht annehmen kann, dass man von den gegenwärtigen sozialen Zuständen zu den zukünftigen, von der anarchistischen Lehre vorgeschlagenen, ohne ein entsprechendes Mittel hinübergelangen kann, schlägt uns Russo folgendes vor: „Die grosse Ungleichheit des Eigentums ist der gordische Knoten. Die Revolution hat die Bestimmung ihn zu zerhauen. Rasch kann die Revolution der Ansichten nicht gemacht werden; doch wird man niemals zu viel Eile in der Gründung von Einrichtungen anwenden können, die besser geeignet sind die Keime der Ansichten selbst zu entfalten. Damit die Revolution dauerhaft, sicher und beifällig aufgenommen werde, bedarf sie einiger sehr einfacher Prinzipien; doch ist es notwendig, dass sie tief in den Geist und in die Seele eines jeden Kämpfers der Revolution eingeprägt sind".

Auch aus Carlo Pisacane macht die Propagandapresse ohne

Weiteres einen „sozialistischen Anarchisten" [1]). „Carlo Pisacane, schreibt Merlino, war gross, weil er verstand, es verkündete und demonstrierte, dass die allerwirksamste Propaganda, die *Propaganda durch die Tat* ist". Und ausser der heroischen Expedition von Sapri, werden noch verschiedene Ideen Pisacanes angeführt, die ohne Zweifel eine Vorausahnung der anarchistischen Lehren sind, die erst mehrere Jahrzehnte später in den Umlauf der Propagandapresse eintraten. Pisacane bemerkte tatsächlich, dass alle Reformen, auch jene, die scheinbar volkstümlich sind, nur die reichen und gebildeten Klassen begünstigen, weil (es gehört etwas guter Wille dazu, um dies als eine Erklärung zu betrachten) „alle sozialen Einrichtungen durch ihre Natur selbst zu ihrem Vorteil geschaffen sind". Selbst das allgemeine Wahlrecht ist ein Betrug, denn wie kann die Abstimmung des Proletariers frei sein, wo seine Existenz vom Lohn des Herrn und der Bewilligung der Besitzenden abhängt ? Ebenso wenig kann es auch eine richtige Abstimmung werden, weil das Elend die Proletarier zur Unwissenheit verdammt und ihnen so jede Möglichkeit benimmt richtig zu urteilen. Das Elend ist die unerschöpfliche Quelle aller Übel der Gesellschaft ; „das Elend drückt dem Mörder den Dolch in die Hand, drängt das Weib zur Prostitution, findet Satelliten für den Despotismus". In den vergangenen Umwälzungen haben die Menschen und die Formen der Regierung gewechselt, aber das Prinzip, auf dem sie sich stützen, die Autorität, blieb immer, wenn auch der Name wechselte. „Wie konnten also die Übel verschwinden ? Wollt ihr die Frucht so vieler Mühen endlich pflücken ? Dann reisst das alte Gebäude bis zu seinen Grundlagen nieder, „reinigt den Boden von den Ruinen und baut aufs neue auf neuen Grundlagen". Der erste Entschluss der gefasst werden muss ist der, alle Gesetze aufzuheben,

---

[1]) Das Werk von C. Pisacane (geb. 22. Aug. 1818, gest. 2. Juli 1857). *Saggi storici, politici, militari sull' Italia*, wurde nach seinem Tode in Genua und Mailand in vier Bänden in den J. 1859—'60 veröffentlicht. Seine dritte Studie *La Rivoluzione* ist enthalten im Bd. III. Das *Testamento politico*, das am Vorabend seiner Expedition nach Sapri geschrieben wurde, befindet sich im Bd. IV, S.S. 150—162. Diese beiden Schriften, besonders die letztere, wurden mehrmals zum Zwecke der Propaganda neu aufgelegt, z. B. : *L'avvenire*, Modena, 8. Juni 1878; Ancona, ed. d. *Lucifero*, 1880; *In marcia*, Fano-Pesaro, 31. Jan. 1886; *Bibl. del „Proletario"* No. 7, Marsala, 1892 ; etc. Eine Volksausgabe des *Saggio sulla rivoluzione* wurde in Bologna, libr. Treves, 1894, mit Vorwort von N. Colajani veröffentlicht ; auch in Mailand, Sonzogno : *Bibl. univ.*, No. 339 ; etc.

weil sie die Schöpfung der Despoten und einer privilegierten Ordnung sind und immer waren. Die Besitzenden haben sie geschaffen, entwickelt und dafür gesorgt, dass ihre Anwendung immer zum Schaden des Volkes ausfalle. Wenn nur eines von den Gesetzen übrig bliebe, könnte das genügen, um der Revolution eine falsche Richtung zu geben, oder mindestens, um den natürlichen Fortschritt zu verzögern .... Im *Testamento politico*, das am Vorabend seiner Expedition nach Sapri geschrieben wurde, erklärt Pisacane, dass seine Prinzipien im Sozialismus, und zwar in der Formel: Freiheit und Vereinigung, ausgedrückt sind. Er erklärt, dass die einfache Propaganda der Ideen eine Chimäre, dass die Erziehung des Volkes ein Unsinn ist. Die Ideen resultieren aus den Taten, nicht diese aus jenen; und das Volk wird nicht frei sein, wann es erzogen, gebildet sein wird, sondern es wird gebildet sein, wann es frei wird. Das einzige was ein Bürger tun kann, um das Land vorwärts zu drängen, ist, an der materiellen Revolution mitzuwirken. „Das Blitzen der Bajonettklinge Agesilao Milano's war eine viel wirksamere Propaganda, als tausend von den Doktrinären verfasste Bände, die eine wahrhaftige Pest unseres, wie jedes anderen Landes sind". Hier sind einige Ideen Pisacane's, die sich die anarchistische Propaganda zu eigen macht, ohne sich im mindestens um die historischen Umstände zu kümmern, die sie rechtfertigen und erläutern [1]).

---

[1]) Die wahrhaftig fundamentalen Prinzipien, zu denen Pisacane in seinem „*Saggio sulla Rivoluzione*" gelangte, und die Merlino, obwohl er einen propagandistischen Zweck im Auge hat, nicht systematisch auseinandersetzt, sind die nachstehenden: Vor allem stellt er die beiden Axiome fest, dass „der Mensch unabhängig und frei geschaffen wurde, und dass nur die Bedürfnisse die Beschränkungen dieser Eigenschaften bilden"; dass um diese Beschränkungen immer weiter hinauszuschieben, und das Gebiet der menschlichen Tatigkeit immer weiter zu machen, der Mensch sich mit anderen vereinigt, denn die Gesellschaft kann, ohne ihr eigenes Ziel zu schadigen, nicht im geringsten die Attribute des Menschen verletzen." Daraus zieht nun Pisacane zehn grundlegende Schlussfolgerungen, von denen die drei ersten die Grundlage der ökonomischen Revolution und die ubrigen die der politischen Revolution sind: 1) Jedes Individuum hat das Recht alle materiellen Mittel zu geniessen, über die die Gesellschaft verfugt, um seinen physischen und moralischen Fähigkeiten volle Entfaltung geben zu können; 2) Der Hauptzweck des sozialen Vertrages muss vor allem sein, einem jeden die absolute Freiheit zu garantieren; 3) Die absolute Unabhängigkeit des Lebens, d.h. das absolute Eigentum an seiner Person muss geachtet werden; 4) Die *Hierarchie*, die Autorität, diese offenkundigen Verletzungen der natürlichen Gesetze werden aufgehoben; die Pyramide: Gott, König, die Aristokratie, das Volk wird

Wenn also mit solchem Eifer, zum Zwecke der Propaganda. Persönlichkeiten vorgeführt werden, deren grösster Verdienst gewiss nicht jener ist, einige Ideen der anarchistischen Lehren vorausgeahnt zu haben, wird man begreifen, wie der Eifer wächst und um wie viel reicher die apologetische Literatur zu Ehren authentischer anarchistischer Propagandisten wird, auch wenn man von den sozusagen klassischen Agitatoren absieht, in Bezug auf die wir die ständig üppig blühende Literatur schon gesehen haben.

Von einer durchaus ähnlichen Taktik inspiriert sich die anarchistische Presse, wenn sie die Geschichte und die Chronik von Gerichtsverhandlungen ausarbeitet, die einen Kameraden betrafen, oder auch auf ihre Art Zusammenstösse und Konflikte mit den konstituierten Gewalten des „bürgerlichen Staates" erklären. Die Propaganda dieser Art leitet sich schon von den Ursprüngen der anarchistischen Bewegung her; aber erst seit der letzten Zeit hat sie das ungeheure Material zur Verfügung, aus dem sie durch entsprechende Differenziation in der Weise ihren Vorteil ziehen kann.

---

dem Boden gleich gemacht; 5) Jede Kommune muss frei und unabhängig sein; wie die Hierarchie unter Individuen absurd ist, ebenso ist sie es unter den Kommunen: jede Kommune kann nur eine freie Vereinigung von Individuen und die Nation eine freie Vereinigung der Kommunen sein; 6) Die Gesetze können nicht aufgezwungen, sondern der Nation nur vorgeschlagen werden; 7) Die Mandatäre können von ihren Auftraggebern immer abberufen werden; 8) Jeder Beamte kann nur vom Volk ernannt werden und kann immer vom Volk abgesetzt werden; 9) Jede Gruppe von Bürgern, die von der Gesellschaft zur Erfüllung einer bestimmten Aufgabe ernannt wurde, hat das Recht unter sich die verschiedenen Funktionen zu verteilen und ihre eigenen Chefs zu ernennen; 10) Das Urteil des Volkes geht über jedes Gesetz; wer immer glaubt, dass ein ungerechtes Urteil über ihn gefällt wurde, kann an das Volk appellieren. — Der Name und die Lehren PISACANES beginnen um das Jahr 1875 von der anarchistischen Bewegung in Anspruch genommen zu werden. (Die beachtenswerte Darstellung und das entsprechende historische Urteil von F. VENOSTA, *C. Pisac. e G. Nicotera o la spediz. di Sapri*, ist vom darauffolgenden Jahr 1876, Milano). Den Anfang machte damit vor allem der Propagandaschriftsteller EMILIO COVELLI (vrgl.: *Humanitas*, Napoli, 9. Aug., 1887), der verschiedene Parteiblätter begründet und redigiert hatte (z. B.: *L'anarchia*, Neapel, 25. Aug.—6. Okt. 1877, 7 Nummern; No. 8, Florenz, 21. Okt: *I malfattori*, Genua, 21. Mai—23. Juni, 1881, 4 N. etc.). Es können noch folgende andere Publikationen angeführt werden: *, *Pis. e i Mazziniani: La quest. sociale* (eine von MALATESTA begründete Zeitschrift, 22. Dez. 1883—3. Aug. 1884), Florenz, 29. Dez., 1883; E. ZUCCARINI, *Pis. e il socialismo moderno: Bibl. „Humanitas"*, No. 6, Napoli. 1887; N. CONVERTI, *Brevi cenni di C. Pis.: La quest. sociale*, Paterson, 1895—'96; L. FABBRI, *C Pisac., la vita, le op. e l'az. rivoluzionaria: I precursori d. rivoluz.*, Roma-Firenze, Serantoni, 1904; etc.

dass sie, sozusagen, von der Ehre der Apologie jene individuellen und kollektiven Manifestationen ausschliesst, die keinen authentischen anarchistischen Charakter haben. Zumindestens wird eine Art Rangordnung der verschiedenen Fälle geschaffen, und die Presse zollt nicht denselben Grad der Bewunderung Pini und Vaillant, Ravachol oder Caserio, den Pariser Unruhen von der Esplanade des Invalides, die von Louise Michel angeführt wurden, und den „Märtyrern" von Chicago, die am 11. November 1887 hingerichtet wurden. Eine von den ersten dieser Apologien, und vielleicht gar überhaupt die erste, ging von der *Juraföderation* aus und betrifft den Prozess Alexander Solovieffs wegen des nihilistischen Attentats gegen Alexander II. Die Broschüre ist anonym, wurde jedoch von Kropotkin verfasst und hat weitgehende, geheime Verbreitung auch in Italien gefunden, wo eine Übersetzung veröffentlicht wurde [1]. Ich habe vor mir den gegenwärtig vollständig vergriffenen Originaltext und will rasch einige Stellen andeuten, um einen Begriff vom ersten Beispiel dieser Form der Propaganda zu geben. Solovieff wird als „neuer Märtyrer des russischen Absolutismus" dargestellt, in dem sich typisch die wesentlichen Charakterzüge des Lebens eines russischen Sozialisten ausdrücken. Er studiert, verzichtet später auf alle Vorteile der Geburt und der Erziehung, um als gewöhnlicher Arbeiter mitten im Volke zu arbeiten und um ihm „die gute Botschaft der nahenden sozialen Revolution" zu verkünden; er begeht einen „Akt der Propaganda" und besteigt stolz und ruhig das Schaffot. „Die Menschheit soll jene Männer kennen, die ihr Leben für die Befreiung geopfert haben". Das Attentat Solovieffs, der sich als Funktionär des Finanzministeriums verkleidet, in den Hof des Winterpalastes einführte und drei oder viermal seinen Revolver gegen den Kaiser abfeuerte, ohne ihn zu verletzen, wird in seinen kleinsten Details berichtet. Aber mit noch grösserer Ausführlichkeit wird der Prozess berichtet, der dem Attentat folgte. Solovieff erzählt den Geschworenen ausführlich sein ganzes Leben, und die Wiedergabe dieser Erzählung nimmt ein gutes Drittel der Schrift

---

[1] *Le procès de Solovieff (La vie d'un socialiste russe)*, Genève, imprimerie jurassienne, 1879, 24 S.S. in 16°. — Die italien. Übers. *Solovieff o i nihilisti russi: Prop. social.*, No. 13, Milano, Amministraz. de „*Plebe*", 1879, 15 S.S., in 16°. —

ein. Es folgen nun die Aussagen der Zeugen und die Rede des Staatsanwalts. Der Angeklagte wurde zu Tode verurteilt. Als Solovieff an den Galgen herantrat, sagte er „mit weithin vernehmlicher Stimme; Heute sterbe ich, aber unsere Sache wird nicht sterben. . . . ." Die Trommeln wirbelten und Solovieff hing am Schaffot. Es folgt nun eine Seite, in der von der Zukunft des Zarismus gesprochen wird, und es wird mit der Versicherung geschlossen, dass „die Insurrektion, die der Revolution vorangeht, schon ihr Dröhnen vernehmen lässt. Das 1793 des russischen Bauern ahnt man in der Luft". Tatsache ist, dass zwei Jahre und ein Monat nach der Verurteilung Solovieffs, Alexander II. von einer Bombe zerrissen wurde, wie allgemein bekannt ist.

Die wichtigsten Argumente, deren sich die anarchistischen Propagandaschriften bedienen, sind also: die Verweigerung des Militärdienstes und die Enthaltung vom politischen Kampf und ganz besonders von den Wahlen, in der Gegenwart; die Aufforderung zur Expropriation, in der allernächsten Zukunft; die Verherrlichung der auch weniger bedeutenden Agitatoren und ihrer Ideen; die Apologie der Ideen und der Erklärungen, die vor den Gerichtsbehörden während der Strafprozesse von jenen auseinandergesetzt wurden, die sich der Aktion gewidmet hatten. Es ist begreiflich, dass solche Schriften nicht genügen würden, um die vielgestaltige Entwicklung der anarchistischen Bewegung in ihrer täglichen Lebendigkeit, in ihrer Notwendigkeit einer durchdringenden und sich weit ausbreitenden Aktion zu verfolgen. Dafür sorgt nun die periodische Presse mit einer Summe von Schlauheit und Verständnis, um die sie jede andere legale Propaganda beneiden könnte. Ich will nun versuchen die charakteristischen Hauptpunkte anzuführen.

Es gibt kein Argument, vom allerunbedeutendsten bis zum allerschwierigsten, dessen sich die anarchistischen Blätter nicht bedienen würden. Und der gewaltsame Ton der Sprache und der Lehren ist je nachdem stärker oder schwächer, ob dasselbe Blatt geheim oder legal erscheint und sich an ein mehr oder weniger bewärtes Leserpublikum wendet. Die grösste Heftigkeit findet sich in den polygraphierten oder lithographierten Blättern, die direkt von den Händen eines Anarchisten in die Hände des andern übergehen, ohne der Vermittlung eines Setzers und Buchdruckers zu bedürfen, wobei sogar fast von der Zustimmung irgend einer Gruppe abgesehen werden kann. Ein solches Organ war *La nouvelle Humanité*, die vier Jahre lang, von '94 bis '98 in Paris erschien, und die gewaltsamsten Angriffe eines hyperbolischen und konfusen Anarchismus enthielt, der von der antiautoritären Propaganda bis zum Antisemitismus, von der Apotheose des politischen Verrats bis zur Propaganda vegetarischer Hygiene ging. In einer Nummer [1]) sind z. B. folgende Worte gelegentlich der Affaire Dreyfus zu lesen: Wenn auch Dreyfus Pläne an andere Mächte verkauft hat, worin kann das uns interessieren? Sind wir die Verteidiger des Vaterlandes? Was liegt uns daran, ob es morgen diese oder jene Macht ist, die uns beherrscht, ob es diese oder jene Regierung ist, die uns ins Gefängnis sperrt? Was mich anbetrifft, gestehe ich, und will es auch laut erklären, dass die Pläne, die Notizen und alles Übrige, was zum Mord des Menschengeschlechtes dient, mich absolut nicht interessieren und dass ich das alles, wenn es mir nur möglich wäre, dem ersten besten, der es verlangen würde, umsonst hergeben würde" [2]). In derselben Nummer schleudert ein gewisser F. Prost die furchtbarsten Beschimpfungen gegen einen Juden, der als Kandidat bei den Parlamentswahlen auftrat; Henri Zisly wendet sich gegen jene Kameraden, die ihre Tätigkeit auf partielle Experimente anarchistischen Regimes beschränken, während es sich doch darum handelt die ganze Gesellschaft umzuwälzen. Es fehlen auch nicht revolutionäre Poesien, Bibliographieen, Propaganda-Ankündigungen etc. — In einer anderen Nummer [3]) ist der Wiederhall bezeichnend, den die Mailander Ereignisse vom Jahre 1898 finden. Selbst die Chronik wird zum Mittel aufrührerischer Propaganda. „Wir applaudieren, schreibt ein gewisser Henri Beylie, mit allen unseren Kräften dem gigantischen Kampf, den die Italiener gegen die Autorität, das Kapital und die despotische Regierung führen . . . . . Auf einen Zustand herabgedrückt, vor

[1]) Jahrg. IV. No. 16, Apr. 1898. —

[2]) Um einen Begriff von der Stellung der Anarchisten dieser speziellen Frage gegenüber zu haben, lese man: S. Faure, *Les anarchistes et l'affaire Dreyfus*, Paris, Lafont, 1898, S.S. 11—16 und *passim*.

[3]) Jahrg. IV. No. 17, Mai 1898.

Hunger zu sterben, sich von Gras und Wurzeln zu nähren, im Freien zu nachten, während die Magazine und die Häuser ihrer Mörder von Lebensmitteln und Schätzen strotzen, die den Proletarien geraubt wurden, empören sie sich endlich und lassen ihre Herren gewahr werden, dass der ausgehungerte Magen noch Muskeln besitzt, und dass die Waffen und die Kanonen und alle die Kriegsmaschinen der Reichen, die Armen nicht verhindern wird, ihr Recht aufs Leben, auf die Existenz und auf die Freiheit zu beanspruchen. Die letzten Nachrichten berichten uns, dass die bedeutendsten Städte Italiens in *Feuer und Blut stehen* .... die Paläste werden geplündert, das Feuer greift die öffentlichen Gebäude an, die Posten, die Eisenbahnen sind vollständig zerstört. ....." Es folgen nun Wünsche für den Sieg der italienischen Revolutionäre und dass die Revolte sich „auf die gesamte Oberfläche der Erde" ausdehne. Doch gibt es noch anderes und viel schlimmeres über die allersonderbarsten Gebiete. In derselben Nummer versichert ein anderer Mitarbeiter, dass „das Wort *Pornographie* nur ein für die Bedürfnisse der bourgeosien Moral fabriziertes Qualifikativ ist", und kommt durch konsequenten Kettenschluss zum Resultat, dass „die Inzucht in allen Graden als natürlich zulässig betrachtet werden muss ..... Ich erkläre die Inzucht, — und dieses Wort wird verschwinden, sobald es nur verstanden wird, — als absolut logisch, rationell und folglich auch natürlich."

Von dem in Paris publizierten französischen Blatt gehen wir nun, um unsere Anführung von charakteristischen Beispielen fortzusetzen, zu einer italienischen, in Cairo publizierten Zeitung über, und zwar: *Il Domani, periodico libertario.* Wir, individualistischen Anarchisten, heisst es gleich in der ersten Nummer dieses Blattes [1]), haben nichts mit den sogenannten reformistischen oder revolutionären Parteien gemein. Wir können die Formen der ökonomischen und moralischen Sklaverei nicht annehmen, die uns der Sozialismus in einer neuen Gestalt bietet. Wir erklären auch, dass die anarchistische Bewegung keine Organisationen in Gruppen mit Chefs und Statuten zulassen kann, „weil unsere Idee schwer mit Einregimentierten und Befehlshabern vereinbart werden kann; und wer nicht seiner selbst

---

1) 4. April, 1903, Cairo.

sicher ist und Hilfe sucht, und es mit legalen Mitteln versucht, den einzigen, die uns die Bourgeoisie zubilligt, die genau weiss, welch harmlose Waffe sie sind, lässt seine eigene Machtlosigkeit erkennen. Die Anarchie ist vor allem keine Partei, sondern eine Idee und ein Ziel". Das „sentimentale Phänomen", das sich inmitten der Bourgeoisie entwickelt und den Namen Sozialismus annahm, hat nichts gemein mit der anarchistischen Idee, „die vollständig aus dem menschlichen Willen und Erkenntnis geboren" sind; wir werden deshalb abseits jeder Bewegung und jeder Bestrebung bleiben, die nicht von uns selbst ausgeht, die keine effektive, radikale, anarchistische Umwälzung als Ziel in sich trägt. Wir müssen auch den Bereich des Kommunismus verlassen, der viel zu beschränkt ist, um von allen angenommen zu werden; wir müssen uns auch dem eisernen Zwang des Dogmas entziehen und „versuchen, das Leben dem Atom wiederzugeben, der eine ganze Welt ist, das ist, dem Individuum". Und in einem anderen Artikel heisst es: „Die Anarchie setzt keinerlei Organisation irgend welcher Art voraus, sondern überlässt dem Individuum komplete absolute Freiheit, es ist dann Sache des Individuums oder der *spontanen* kollektiven Vereinigung der Individuen die Kraft zu finden, um zu handeln". In einem anderen Artikel wird die Geschichte der anarchistischen Bewegung in Egypten skizziert, die als das Werk eines Egypters europäischen Ursprungs durch die Bildung einer Sektion der Internationale und die Publikation der Blätter *Il lavoratore* und *Il proletario* [1]) entstanden ist. „Der älteste der aus Italien gekommenen Anarchisten ist immer noch in Alexandrien und er kann es erzählen, wie am 14. Juli 1881 mehr als zweihundert Anarchisten, und fast alle aus Egypten, mit dem Revolver in der Hand, zum Zeichen des Protestes und lebenskräftiger Verkündung, zusammen die rote und schwarze Fahne auf der Piazza dei Consoli entfalteten".

Der mittlere Wert der anarchistischen Propaganda-Blätter schwankt zwischen diesen beiden, soeben untersuchten Formen: die entfesselte und chaotische Empörung gegen jede juridische

---

[1]) Die No. 1 des Blattes *Il lavoratore* erschien in Alexandrien (Egypten) am 11. Febr. 1877. Ich kenne davon nur drei Nummern, weiss aber nichts naheres vom andern Blatt.

und ethische Grundlage, oder der beissenden und heftigen Kritik dieser sozialen und politischen Strömungen, die der Anarchie am nächsten stehen. Aber diesen beiden Propagandaprogrammen kann weder eine allzu direkte noch allzutiefe Wirkung entsprechen. Es fehlen aber auch nicht Organe, deren technische Zusammenstellung von jeder legalen Partei beneidet werden kann; in denen der Unmittelbarkeit und Ausdehnung der Informationen über die Bewegung eine beachtenswerte Anzahl von internationalen Mitarbeitern entspricht, die in Bezug auf die allerwichtigsten ökonomischen und politischen Probleme durchaus kompetent sind, und wo die Artikel der bedeutendsten Agitatoren veröffentlicht werden. Ich wähle noch ein Beispiel und nenne ein Blatt, das in italienischer Sprache in Barre, Vermont, in den Vereinigten Staaten publiziert wird, dessen Titel schon allein erschöpfend und deutlich bezeichnend ist. Es ist die *Cronaca sovversiva* ; *ebdomadario anarchico di propaganda rivoluzionaria* („*Die subversive Chronik*" ; *anarchistisches Wochenblatt zur revolutionären Propaganda*). So ist z.B. in der Nummer von 13. Juni 1903 der erste Artikel von Elisée Reclus und führt den Titel: *Die parlamentarischen Sozialisten und die Streiks*, in dem die Idee entwickelt wird, dass „die Geschwindigkeit der Entwicklung, mit der der herrschende Sozialismus aufgehört hat die bürgerliche Gesellschaft zu bekämpfen, um ihre wichtigste Stütze zu werden, eines der interessantesten Phänomene der gegenwärtigen Geschichte ist." Der Sozialismus, der noch gestern kühn und fast revolutionär war, ist heute konservativ, von Vorurteilen erfüllt, reaktionär geworden. Und dieses Resultat wurde erreicht, nicht weil man den Sozialisten die Macht überlassen hat, sondern bloss deshalb, weil ihnen gestattet wurde nach ihr zu streben. „Sie nehmen am Fest nicht teil, man hat ihnen nur genehmigt hinter dem Galawagen nachzulaufen." Und für diese niedrigen Lakajenfreuden haben sie die Arbeiter, ihre Brüder verraten, und haben ihnen Vorsicht, Mässigung, Ordnung, die Achtung vor dem Gesetze, die Religion dieses ganzen alten Lügenkrams gepredigt. „Wer die Uniform des Soldaten anzieht wird zum Mörder, wer sich in die Mönchskutte steckt, wird zum Vergifter der Gewissen.... Nur über eine Sache können wir uns wundern, dass es nämlich erst nötig war die Turatis, die Iglesias', die Millerands, die Vollmars, die Troelstras, die Anseeles, die Powderlys und ihre ganze traurige Gefolgschaft an der Arbeit zu sehen, um sich zu überzeugen, dass sie unvermeidlich die Sache jener verraten mussten, die ihnen einen solch kindischen Enthusiasmus und ihre Stimmen entgegenbrachten. Alle müssten diese Scheidelinie überwinden, die die Revolutionäre von den Legalitätsgläubigen trennt, um dann ohne Zögern zur Erkenntnis der bürgerlichen Gesellschaft in allen ihren Konsequenzen, des Kapitalismus und des Militarismus zu gelangen".

In einem anderen Artikel werden historische Erinnerungen benutzt, indem die „blutige Woche" der Kommune gefeiert wird. Thiers, der öfters darüber befragt wurde, welche Absichten die Regierung in Bezug auf die Rebellen vom 18. März habe, antwortete, dass „der Lauf des Gesetzes nicht unterbrochen werden wird, und dass nur die Gerechtigkeit über das Schicksal der Besiegten entscheiden würde. .... Aber niemand glaubte der alten Hyene, die ihr Mitgefühl schon in den Junischlächtereien erzogen hat." Und das Gemetzel kündigten schon „die Morde und die Notzüchtungen an, die die Soldaten Frankreichs an den Krankenpflegerinen des roten Kreuzes begingen, die den verwundeten Insurgenten beistanden ; es verkündeten dies vor allem die ersten Proben des Marquis Gallifet am Morgen des 21. Mai, mit dem die blutige Woche begann." Die Zahl der Opfer betrug 35000. „Verflucht sei, wer dies vergisst ! verflucht, wer noch jemals in den späteren Jahrhunderten den Schlächtern verzeihen sollte !" Und nun wird betont, dass man von dieser Erinnerung auch die Lehre und die Warnung davontrage, dass „die Bourgeoisie in der kurzen Stunde ihrer Vergeltung nicht verzeiht, und mit demselben Rachedurst ohne kränkliches Mitleid die Stämme alter abgenützter Arbeiter, wie die von Jungfräulichkeit strotzenden Lilien, bis zu den kaum erschlossenen Knospen am schwellenden Busen der Mütter niederschlägt." Diese rhetorische Darstellung wird am Ende noch mit einer Strophe Victor Hugos abgeschlossen. In einem anderen Artikel wird unter dem Titel : *Den leeren Bäuchen Blei und die Galeere*, eine Reihe von Erwägungen über die italienischen Ereignisse von Berra, Putignano, Candela, Giarratana und Galatina angestellt. So sehr die Erläuterungen oft von einer wahrhaft wütenden Heftigkeit sind, so sind anderwärts die Tatsachen mit aller

Ausführlichkeit und in allen Details geschildert, und mit solchem Fleiss untersucht, dass sie, um gerecht zu sein, selbst in jenen schwere Bedenken hervorrufen müssten, die allen Grund haben, an dieser Heftigkeit Anstoss zu nehmen. Dasselbe kann auch von anderen Artikeln gesagt werden, wo zur technischen Analyse herabgestiegen wird, die zwar gewiss nicht überzeugend ist, aber bewunderungswürdig scharfsinnig, und man kann sagen, gelehrt ist in Bezug auf die wichtigsten ökonomischen Organe des gegenwärtigen sozialen Lebens. Diese Lehre und dieser Scharfsinn sind umso eindrucksvoller, als sie sich unter furchtbaren Ausbrüchen heftiger und gewaltsamer Empörung ausdrücken, die von ganz bestimmten Ausgangspunkten ausgehen ; so wann z. B. die Gruppen *Risorti* und *Verità* von Paterson N. Y. angeregt werden ; wann man in klarer und präziser Art der bürgerlichen, Presse, und in bestimmten Einzelheiten dem *New York Herald* entgegentritt ; wann Beitrittserklärungen verlangt werden; bei der Erinnerung eines tragischen Datums, z.B. „um den Jahrestag des *Sühnopfers* Gaetano Brescis *würdig* zu feiern".

Die Blätter mehr theoretischer Richtung, wie die *Cronaca sovversiva* sind numerisch nicht zahlreich ; da sie aber von Menschen geleitet werden, die genau das Ziel kennen, das sie erreichen wollen und die Mittel, über die sie verfügen können, sind sie viel weiter verbreitet und widerstehen längere Zeit. Das klassische Blatt dieser Art war *Le Révolté*, das, wie früher schon erwähnt, von Kropotkin im Februar 1879 begründet wurde, später von *La Révolte* gefolgt war, alle möglichen Schicksale durchmachte, sich der ständigen Mitarbeit von E. Reclus, Jean Grave und vieler anderer erfreute und noch heute unter dem Titel *Les Temps Nouveaux* besteht. Über den Charakter dieses Blattes, das recht viel imitiert wurde und noch wird, genügt es zu bemerken, was auch schon erwähnt wurde, dass in seinen Spalten das ganze Material der beiden Hauptwerke Kropotkins Platz gefunden hat, nämlich : *Paroles d'un Révolté* („*Worte eines Rebellen*") und *La conquête du pain* („*Wohlstand für Alle*)" Er selbst hat ausführlich den Ursprung und die Schicksale dieses Blattes erzählt, wie um zu zeigen, dass, was diese Geschichte anbetrifft, *Le Révolté* und die beiden anderen Zeitschriften, die von ihm herrühren, für die anarchistische Bewegung gewissermassen den Wert authentischer Interpretation haben. Und diese Schilderung ist vor allem deshalb von Bedeutung, weil sie begreifen lässt, wie die Agitatoren ein solches Maximum des Resultates mit einer so ausserordentlichen Geringfügigkeit der Mittel erreichen.

Das Jahr 1878 war reich an vielen anarchistischen und revolutionären Ereignissen. Vera Zasoulitsch feuerte einige Revolverschüsse gegen den General Trepoff, den Chef der Petersburger Polizei ab, weil er während eines Besuches im Gefängnis den politischen Gefangenen Bagaluboff schlug und schlagen lies, der sich weigerte ihn zu grüssen. Der Arbeiter Hödel beging am 11. Mai und nach ihm Dr. Nobiling am 2. Juni ein Attentat auf das Leben des deutschen Kaisers Wilhelm I. Eine Zeit darauf, (25. Oktober) fand das Attentat des spanischen Arbeiters Oliva Moncasi gegen den König von Spanien statt, und Passanante stürzte sich (am 17. November) auf den König von Italien, Umberto. Die europäischen Regierungen vermuteten eine internationale Verschwörung und kamen zum Schluss, dass die anarchistische Juraföderation ihr Mittelpunkt sei. Seitdem sind viele Jahre vergangen, schreibt darüber Kropotkin, „und ich kann ganz positiv erklären, dass nicht der geringste Grund für eine solche Annahme vorhanden war" [1]). Wie dem auch sei, die Schweiz ergriff rasche und energische Massregeln gegen die Mitglieder der *Föderation.* Paul Brousse, Redakteur der anarchistischen Zeitung *L'Avant-Garde* wurde verhaftet, verurteilt und ausgewiesen und sein Blatt unterdrückt [2]). Alle Druckereien der Schweiz wurden von der Regierung aufgefordert

---

[1]) P. Kropotkin, *Memoiren eines Revolutionärer*, zit, Bd. II., S. 263.

[2]) Das Blatt von Brousse hatte in seiner Vollständigkeit folgenden Titel : *L'Avant-Garde, organe de la Fédération française de l'Association internat. d. Travailleurs.* Es erschienen in Chaux-de-Fonds vierzig Nummern, vom 2. Juni 1877—2. Dez. 1878. Vom 8. April 1878, d.i. seit dem Eingehen des *Bulletin*, war sie das Organ der *Fédération jurassienne.* Der Verlauf des Prozesses, den dieses Blatt veranlasste, wird in der Schrift : *Procès de l'Avant-Garde*, Chaux de Fonds, 1880, 74 S.S. und auch anderwärts geschildert, z.B. in *Le Révolté*, 7.—12. Mai 1879. Brousse arbeitete auch an der *La Solidarité révolutionnaire, organe socialiste-révolutionnaire (Anarchie, collectiv., material.)* mit, von der zehn Nummern in Barcelona erschienen waren (10. Juni—1. Sept. 1873); er begründete und leitete die *Arbeiterzeitung* von Bern, 1876-'77, und ist auch der Verfasser mehrerer anarchistischer Broschüren. Später wurde er jedoch, obwohl noch häufig seine Schriften zitiert wurden, von den aktiven Anarchisten als Überläufer betrachtet. Vrgl. : G. Rae, *Il social contemp.* cit., S.S. 67, sg.

weder dieses „noch irgend ein ähnliches Blatt zu drucken". Auf diese Weise wurde die *Juraföderation* zum Schweigen gebracht. James Guillaume, der sechs Jahre hindurch das *Bulletin* der *Föderation* [1]) erscheinen liess, und viele andere Anarchisten wurden vor die Alternative gestellt „entweder dem politischen Leben zu entsagen, oder zu verhungern" [2]). Fast alle wanderten aus.

Darauf gab nun Kropotkin, unterstützt von Dumartheray, der einer armen savoyischen Familie entstammte [3]) und Herzig, einem jungen Handelsangestellten aus Genf, in dieser Stadt ein neues vierzehntägiges Blatt : *Le Révolté* heraus, wobei zur Begründung ein Kapital von dreiundzwanzig Francs vorhanden war. Die erste Ausgabe in der Höhe von zweitausend Exemplaren war in wenigen Tagen erschöpft und die Zukunft des Blattes war gesichert [4]). Aber nach fünf Nummern weigerte sich der Drucker auf Befehl der Regierung die Publikation fortzusetzen. Darauf fanden nun Kropotkin und seine Freunde die Mittel auf eigene Rechnung die Drucklegung weiter zu besorgen, und so entstand die *Imprimerie Jurassienne*, wo nicht nur das Blatt fortgesetzt wurde, sondern wo auch zahllose anarchistische Propagandaschrif-

---

[1]) Vom *Bulletin de la Féderation Jurassienne de l'Association Internat.d. Travailleurs* erschienen 12 Nummern, vom 15. Febr. 1872 bis zum 25. März 1878, in Sonvillier, Locle, Chaux-de-Fonds und darauf wieder in Sonvillier. Von GUILLAUMES Schriften waren seinerzeit stark seine *Esquisses historiques* verbreitet, die auch ins Italienische und Spanische übersetzt wurden; auch andere Broschüren, deren bedeutendste die : *Idées sur l'organisation sociale*, Chaux-de-Fonds, 1876, 56 S.S., ist. Guillaume ist jetzt auch das nützliche und höchst fleissige Werk zu verdanken, auf das ich mich mehrmals im nachfolgenden Kapitel berufe ; es ist : *L'Internationale, documents et souvenirs* (1864—1878), v. I. Paris, Soc. nouv. de libr. et d. edit., 1905 ; v. II. ibid., 1908.

[2]) P. KROPOTKIN, *A. a. O.*, Bd. II. S. 264.

[3]) Von FRANÇOIS DUMARTHERAY rührt eine kleine Schrift : *Aux travailleurs manuels partisans de l'action politique*, die von einem Aufruf : *Aux électeurs de la Haute-Savoie* gefolgt wird. Die Broschüre (16 S.S. in 32°, ohne Jahreszahl, aber wahrscheinlich von Anfang 1876) ist deshalb von Bedeutung, weil sie im charakteristischsten Moment der Ausarbeitung des anarchistischen Kommunismus erschien.

[4]) *Le Révolté*, vom 22. Febr. 1879—2. März 1884 hatte den Untertitel ; *organe socialiste*, später wurde es als „*organe anarchiste*" erklärt, und darauf „*communiste-anarchiste*", Das Blatt erschien in Genf bis zum 14. März 1885, J. VII., No. 24; darauf in Paris vom 12. Apr. 1885 bis zum 10. Sept. 1887, J. IX., No. 23 (es wurde wöchentlich vom Mai 1884). Es wurde gefolgt von *La Révolte, organe communiste-anarchiste*, Paris. 17. Sept. 1887—10. März 1894, J. VII, No. 26 (wozu noch drei Bände literarischer Supplemente gehören, von resp. 404, 408 und 206 Seiten jeder), darauf folgte nun das Wochenblatt *Les Temps Nouveaux*, vom 4. Mai 1895 bis heute.

ten gedruckt wurden. „So kam es, sagt Kropotkin [1]), dass unsere Nickel-Flugblätter in Zwanzigtausenden von Exemplaren verkauft wurden und in Übersetzungen auch in allen anderen Ländern Verbreitung fanden." Kropotkin erklärt nun das Geheimnis, das den Bestand dieser Art von Propaganda-Unternehmungen durch die Presse, und ihre grosse Verbreitung ermöglicht. „Immer und immer wieder habe ich in meinem Leben von den radikalen Parteien über Geldmangel klagen hören, aber je länger ich lebe, umso mehr überzeuge ich mich, dass es nicht sowohl am Gelde fehlt, als an Männern, die fest und stetig auf ein gegebenes Ziel in der rechten Richtung vorwärts gehen und andere mit dem gleichen Geiste erfüllen. Länger als zwanzig Jahre hat unser Blatt nun beständig von der Hand in den Mund gelebt, und fast in jeder Nummer findet sich auf der ersten Seite ein Aufruf zu Beiträgen. Aber solange sich Männer finden, die unentwegt und mit voller Energie dafür eintreten, wie es Herzig und Dumartheray in Genf taten, und wie es Grave während der letzten sechzehn Jahre in Paris getan hat, kommt das Geld auch ein und machen sich die Druckkosten mehr oder minder bezahlt, und das in der Hauptsache durch die Pfennige der Arbeiter. Wie für alles andere sind auch für ein Blatt Männer unendlich wertvoller als Geld" [2]). In diesen Worten ist fast vollständig die Erklärung der so erfolgreichen Verbreitung der anarchistischen Presse vorhanden.

Die Auswahl der typischen und bezeichnenden Beispiele erübrigt es mir, noch weitere für dieses Thema anzuführen und darzustellen, wie das anarchistische Flugblatt für die kleine Propaganda, sich oft, auch ohne sich durch die gründliche Tiefe der Argumente zu bereichern, bis zu den Proportionen von Zeitschriften erweitert, wo auch jene Schriftsteller Gastfreundschaft finden, grösstenteils Literaten von bescheidenem Wert, die im allgemeinen den anarchistischen Ideen anhängen, ohne jedoch an den sogenannten aktiven Reihen teilzunehmen [3]). Auch halte

---

[1]) *A. a. O.*, Bd. II. S. 272.

[2]) *A. a. O.*, Bd. II. S.S. 269, 270. —

[3]) Die Teilnahme jener, die von der Masse der anderen Anhänger ironisch die *Intellektuellen* oder *Zerebralen* genannt werden, was ganz besonders in Frankreich beobachtet werden kann, wurde von J. Ajalbert, obwohl er selbst zu diesen zu zählen

ich es nicht für nötig die anderen zahlreichen Mittel als Beispiele ausführlich zu behandeln, die den Schriften und den Zeitungen zur Propaganda der Ideen zu Hilfe kommen, wie Kalender, Manifeste, Bilder (aller bedeutenderen Agitatoren, wie Reclus und Bakunin, und aller jener, die irgend ein Attentat ausgeführt haben, von Ravachol bis Caserio, von Bresci, von denen Dutzende von symbolischen Propagandabildern von oft wirklich künstlerischer Ausführung vorhanden sind [1]), Poesien, Karten etc.

---

ist, mit der Bezeichnung *le flirt rouge* treffend charakterisiert ; vrgl. : *Gil Blas*, 6. Juni, 1893 und M. Nettlau, *Bibl. de l'anar.*, zit., S.S. 102, 103. Über diese Bewegung, die sich um einige *jeunes revues* konzentriert, gibt A. Hamon, *Les hommes et les theories de l'anarchie*, 2e éd. Paris, *La Révolte*, 1893, 24 S.S., einige allgemeine Erwägungen und Notizen. Hierher gehören auch : P. Adam, (der später eine ganz persönliche Stellung einnahm, vrgl. : *Critique de l'anarchis, et de l'anarchie* : *Rev. blanche*, 1893, 25. Mai); V. Barrucand (Verfasser des Werkes : *Le pain gratuit*, Paris, 1896, enthaltend Artikel von Reclus, Kropotkin, etc.) ; G. Darien und L. Descaves (Verfasser verschiedener von der anarch. Propaganda verwerteter Bücher und Schriften) ; H. G. Ibels (Zeichner und Dichter ; vrgl. : *Les chansons colorées*, Paris, Bibl. de la „*Plume*", 1894) ; O. Mirbeau (von dem ich nur an seine Vorrede zu J. Graves Buch: *La societé mourante et l'Anarchie*, Paris, 1893, erinnere, sowie an seinen Artikel der so viel Aufsehen erregt hat : *La grève des électeurs* : *Figaro*, 28. Nov. 1888, der in zahlreichen anarchistischen Blättern wie z.B. in: *La Révolte*, 9. Dez. '88, etc., und auch besonders als Broschüre reproduziert wurde) ; A. Retté, (von dem besonders, sogar in mehreren Übersetzungen, die kurze Schrift : *Reflexions sur l'anarchie : Lectures libertaires*, verbreitet ist, die in Lacken in Belgien gedruckt und in Paris, 1894 durch die Gruppe : *L'idee nouvelle*, publiziert wurde) ; A. Veidaux, (Verfasser der *Dialogues primitifs : Le Libertaire*, Paris, 1895, No. 2—8, und Kompilateur des der Anarchie gewidmeten Heftes der Zeitschrift : *La plume*, 1. Mai 1893, No. 97); L. Tailhade, Autor der *Discours Civiques*, (Paris, Stock), dessen Name die Aufmerksamkeit des Publikums auf sich zog, als er gelegentlich des Attentats Vaillants gegen die französische Kammer (9. Dez. 1893) den Satz schrieb., „Was liegt an den Opfern, wenn nur die Geste schön war." Tailhade befindet sich gegenwärtig im nationalistisch-royalistischen Lager ; Vrgl. : L. Fabbri, *La letteratura violenta dell' anarchismo : Il Pensiero*, J. IV, No. 14, 16 Juli, 1906, S.S. 213 sq.

1) Von den Autoren von zur anarchistischen Propaganda dienenden Zeichnungen sind zu nennen : W. Crane, M. Luce, Pissaro, Signac, Steinlen (Illustrateur des Buches : *Prison fin-de-siècle*, Paris, 1891, von E. Gegout und Ch. Malato, und zusammen mit Coutourier, Anquetin und anderen, des merkwürdigen Buches von Zo d'Axa, *Les feuilles*, Paris, Soc. libr. d. édit. des gens de lettres, 1900), etc. — W. Crane begnügt sich aber nicht damit, ein grosser Künstler zu sein, er hat auch den Ehrgeiz über den Kommunismus theoretisieren zu wollen. „Wir glauben, schreibt er, dass die Verwirklichung des Kommunismus eine neue moralische und künstlerische Wiedergeburt bezeichnen wird. Die Notwendigkeit und die Gewohnheit der nützlichen Arbeit werden den Geschmack für die einfachen Formen hervorbringen, die die allervollkommensten sind. Für die öffentlichen Monumente und Denkmäler der Kunst wird eine grosse wiedergeborene und erneuerte Kunst ihre herrlichen dekorativen Mittel zur Anwendung bringen, und alle vereinigten Künste werden in neuen allmächtigen Meisterwerken

Sehr oft findet der Forscher in Gelegenheitssammlungen reichhaltiges Material zur Analyse, das sich sonst seinen Nachforschungen entziehen würde. Dies gilt ebenso für Schriften, die vollständig von Anarchisten herrühren, wie auch für diese, die ausgewählt werden, wo sie geeignet erscheinen zu Gunsten der anarchistischen Lehre angewandt zu werden, wenn sie auch nicht von Schriftstellern herrühren, die ihre ausdrückliche Anhänger sind [1]).

Zu den Manifesten greift man gewöhnlich, wenn Konfiskationen der periodischen Presse umsichgreifen, oder wann man es aus anderen Motiven geeignet hält die Propaganda intensiver zu gestalten. Hier ist ein Beispiel eines Manifestes, das bei Gelegenheit von Wahlkämpfen in Paris verbreitet wurde [2]).

„An die tätigen Genossen ! Kameraden, die Wahlperioden „müssen für uns nur eine günstige Gelegenheit bedeuten, dem „Volke die Ausbeutung und die soziale Ungerechtigkeit aufzuzei-„gen, deren Opfer es ist, und um die Empörung zu propagieren . . . „Jedes menschliche Wesen hat ein Recht aufs Leben, und auf „Wohlstand ; und wir betrachten als Diebe nur die Reichen und „jene, die den Armen ausbeuten oder berauben . . . . *Groupe „d'Action révolutionnaire*".

Und nun noch ein anderes, ebenfalls französisches Beispiel eines Manifestes, das einer Unterdrückungsmassregel folgte [3]).

---

das Glück der nun für immer befreiten Menschheit feiern. W. Crane, *Gli artisti e la questione sociale : Il Pensiero*, 25. Okt., 1903, S.S. 106, 107.

[1]) Diese Aufgabe hatte sich ein Blatt : *Le Glaneur anarchiste* zur Aufgabe gestellt, von dem aber nur 2 Nummer erschienen sind, Paris, Impr. Paris. 1, Jan. u. Mai 1885. Wir werden, hiess es im Programm, aus den Werken der bekanntesten und von der bürgerlichen Welt am meisten geachteten Schriftstellern alles das auswählen, was sie Wahres und Richtiges gesagt haben können. Und so kam man auch dahin, den Artikel von A. Ranc, *Anarchie*, abzudrucken, der in der *Encyclopédie générale* von Asseline erschienen ist, wie auch Seiten aus Diderot, Blanqui, etc. — Das erwähnte literarische Supplement der *Révolte* war in der Weise zusammengestellt, um ein eventuelle Konfiskation des Blattes zu ersetzen: „Ihr könnt, hiess es da, unsere Zeitungen, unsere Broschüren konfiszieren, aber ihr werdet die Kameraden nicht verhindern können, das zu lesen, was von den bürgerlichen Schriftstellern uber die Fäulnis und die Niedertracht der Gegenwart geschrieben wird. Und dies allein ist furchtbarer als alles das, was wir an Drohungen und Forderungen audrücken konnten."

[2]) Vrgl. : F. Dubois, *Le péril anarchiste*, Paris, Flammarion, 1894, S. 68. Ich bemerke, dass ich diesem Buche nach sorgfältiger Kontrolle einige Dokumente entnehme, aber durchaus nicht dessen Urteile, die gar keinen Wert haben.

[3]) F. Dubois, *A. a. O.*, S. 63.

„*Man wird niemals genug von ihnen niedermachen können*, sagte „ein Versailler General, der die Metzeleien der im Jahre '71 be„siegten Pariser befehligte.

„Dupuy hatte, wie jeder richtige Bourgeois denselben Gedan„ken, als er die Metzeleien der vorigen Woche dirigierte.

„Diese Ehrenhaften und Gemässigten sind grausam wild, so„bald sie ihre Privilegien bedroht dünken. *Man wird niemals ge„nug von ihnen niedermachen können*, sagt ihr? Nun wohl, es sei! „Umso besser!

„Die Situation soll nun klar werden; der Arbeiter soll endlich „begreifen, mit wem er es zu tun hat, die Grausamkeit der „herrschenden Klasse hat in uns das Erbarmen und die Empfind„samkeit getötet.

„Wir gedenken, wie viel Blut die Herrschaft des Kapitals ge„kostet hat, und nun lasst auch uns rufen:

„*Wir werden niemals genug von ihnen niedermachen können.*

„Hören wir nicht auf jene erwählten Schwindler, die uns *Ruhe* „predigen kommen, wann man uns massakriert, das heisst, dass „wir die Hände in die Taschen stecken, damit die Polizei umso „leichter auf uns einschlagen kann.

„*Auf die Gewalt antworten wir mit der Gewalt.*

„Diese Schurken wagen uns noch vom Nationalfest zu reden!

„Glauben sie denn, dass wir das Herz dazu haben auf den Lei„chen der Unsrigen zu tanzen?

„Sie möchten wohl das Volk sich betäuben sehen, damit es sein „Elend und seine Sklaverei vergesse.... Wir begehen unsere *Feier* „erst am Tage der *sozialen Revolution*, worauf man erst glücklich „und frei auf den rauchenden Ruinen der herrschenden Kapita„listischen Gesellschaft tanzen wird.

„Dann erst, in der *Anarchie*, wird das *Fest des Glücks* gefeiert „werden!!!"

Die Propagandapoesien sind zahllos und aus diesen strömt eine noch stärkere Leidenschaft der Rebellion, als aus den theoretischen Schriften und den Zeitungen. Ihre Sprache ist im allgemeinen noch viel freier und heftiger, und ihre Verbreitung noch grösser [1]),

---

[1]) Deren Verbreitung findet fast gar keine Hindernisse, und wären auch solche vielleicht praktisch auch gar nicht möglich. Die Verleger, die solche Produkte vertreiben, veröffentlichen von jeder einzelnen Poesie die weniger heftigen

weil der rapsodische Charakter dieser sentimentalen revolutionären Literatur es den einzelnen anarchistischen Gruppen ermöglicht, dauernd die Erinnerung von Schöpfungen zu bewahren, die sich auch auf weit zurückliegende Ereignisse beziehen [1]). Ohne mich noch mit dieser Literatur zu befassan, wird es wohl genügen anzuführen, dass man hier oft bis zu den allerniedrigsten Schändlichkeiten gelangt [2]).

Teile und lassen an der Stelle jener Strophen, die Verfolgungen nach sich ziehen könnten, unbedruckten Platz. Für den anarchistischen Leser, der eventuell keinen Kameraden finden könnte, der ihm mündlich den fehlenden Teil angeben könnte, gilt eine kleine Notiz des Verlegers, die sich fast immer gleichlautend wiederholt (ich entnehme sie hier einer Broschüre, die die *Carmagnole sociale* enthält), an wen er sich zu wenden habe, um auch den Text der „von den liebenswürdigen Ausnahmegesetzen (*lois scelerates*) verbotenen" Strophen zu haben.

[1]) Ein Beispiel: *La Carmagnole sociale* schliesst mit folgenden Refrain: „*Viv' la Commune de Paris* (bis) / *Ses mitrailleus's et ses fusils* (bis) / *La Commune battue*, / *Ne s'avoue pas vaincue* ; / *Elle aura sa revanche*" etc.

[2]) Nur noch ein Beispiel zum Beweise meiner Worte. Der „*Chant du Père Duchesne*, enthält folgenden Refrain, den Ravachol sang, als er aufs Schaffot stieg: „*Si tu veux être heureux*, / *Nom de dieu!* / *Pends ton propriétaire*, / *Coup' les curés en deux, Nom de dieux!* / *Fouts les églis's par terre*, / *Sang-dieu* / *Et l'bon dieu dans la m....*, *Et l'bon dieu dans la m.....!*"

II.

Die Kongresse.

Bevor sich aus den heftigen Reibungen, unter denen die Internationale entstand und sich in ihrer aufsteigenden Periode konsolidierte, die verschiedenen anarchistischen Strömungen differenzierten, wie sie sich heute darbieten, mussten circa zehn Jahre verlaufen. Auch die *Internationale Arbeiter-Assoziation* selbst, deren Begründung in London am 28. September 1864 gelegentlich eines Meetings von Arbeitern aller Länder beraten wurde [1]), hatte eine recht lange Zeit der Austragung, wenn man bedenkt, dass schon im Jahre 1847 Marx und Engels in London einen Kongress des *Bundes der Kommunisten* abhielten, dem aber im folgenden Jahr, wegen der bekannten politischen Ereignisse, der beabsichtigte internationale Arbeiterkongress in Brüssel nicht folgen konnte, und dass schon im Jahre 1850 Delbrouck, Jean Derouin und Pauline Roland in Paris eine *Arbeiterföderation* organisiert hatten. Erst im Jahre 1862 wurden gelegentlich der Teilnahme einer Delegation von Pariser Arbeitern an der Londoner Weltausstellung, die Fäden der Organisation aufs neue angeknüpft. Es ist kaum nötig darauf hinzuweisen, wie die provisorischen Statuten und das Manifest der *Internationale*, die kurz nach ihre Begründung formuliert und feierlich angenommen wurden, obwohl sie hinter sich den Markstein des *Manifestes der kommunistischen Partei* hatten (Februar '48), das von Marx und Engels redigiert [2]) wurde, in ihren humanitären

---

1) Dieses historische Meeting in der Saint Martins Hall hatte zum Vorsitzenden Edward Spencer Beesly, einen der bedeutendsten Anhänger der Lehren Comtes. Marx nahm an dieser Versammlung nicht teil. Vrgl.: J; Guillaume, *L'Internationale*, zit, S. 1.

2) Der Leser erinnert sich gewiss, — und das muss zur Vergleichung dienen, um die Verhandlungen der anarchistischen Kongresse beurteilen zu können, über die bald gesprochen werden soll, — dass das *Kommunistische Manifest* als erste Aufgabe der

Nuancierungen noch unbestimmt waren, [1]) eine Unbestimmtheit, die auch der erste Kongress der Internationale der vom 3.—8. September '66 in Genf abgehalten wurde, nicht überwinden konnte. Die allerwichtigsten Verhandlungen, und wenige waren wirklich von Bedeutung, betrafen die Annahme der definitiven *General-*

---

proletarischen Revolution erklärt, dass sich das Proletariat zur herrschenden Klasse erhebe und so siegreich die Demokratie durchführe. „Das Proletariat, heisst es im *Manifest*, (Ausgabe Berlin, Vorwärts, 1898, S. 14) wird seine politische Herrschaft dazu benutzen, der Bourgeoisie nach und nach alles Kapital zu entreissen, alle Produktions-Instrumente in den Händen des Staates, d.h. des als herrschende Klasse organisierten Proletariats zu zentralisiren, und die Masse der Produktionskräfte möglichst rasch zu vermehren. Es kann dies natürlich zunächst nur geschehen vermittelst despotischer Eingriffe in das Eigentumsrecht und in die bürgerlichen Produktions-Verhältnisse, durch Massregeln also, die ökonomisch unzureichend und unhaltbar erscheinen, die aber im Lauf der Bewegung über sich selbst hinaus treiben, und als Mittel zur Umwälzung der ganzen Produktionsweise unvermeidlich sind. Diese Massregeln werden natürlich je nach den verschiedenen Ländern verschieden sein. Für die fortgeschrittensten Länder werden jedoch die folgenden ziemlich allgemein in Anwendung kommen können: 1) Expropriation des Grundeigentums und Verwendung der Grundrente zu Staatsausgaben. 2) Starke Progressiv-Steuer. 3) Abschaffung des Erbrechts. 4) Konfiskation des Eigentums aller Emigranten und Rebellen. 5) Zentralisation des Kredits in den Händen des Staats durch eine Nationalbank mit Staatskapital und ausschliesslichem Monopol. 6) Zentralisation des Transportwesens in den Händen des Staats. 7) Vermehrung der Nationalfabriken, Produktions-Instrumente, Urbarmachung und Verbesserung der Ländereien nach einem gemeinschaftlichen Plan. 8) Gleicher Arbeitszwang für Alle. Errichtung industrieller Armeen, besonders für den Ackerbau. 9) Vereinigung des Betriebs von Ackerbau und Industrie, Hinwirken auf die allmählige Beseitigung des Unterschiedes von Stadt und Land. 10) Oeffentliche und unentgeltliche Erziehung aller Kinder. Beseitigung der Fabrikarbeit der Kinder in der heutigen Form. Vereinigung der Erziehung mit der materiellen Produktion u. s. w. u. s. w. Über die äussere Geschichte des *Manifestes* siehe F. MEHRING, *Geschichte der deutschen Sozialdemokratie*, Stuttgart, Dietz, 1897—'98, Bd. I. S.S. 268—283, und Bd. II. S. 558.

[1]) Die Versammlung in der Saint-Martins Hall wählte ein Komitee, das später den Namen *Generalrat* annahm, mit dem Auftrage die neue Assoziation zu organisieren. Ein Subkomitee wurde beauftragt die *provisorischen Statuten*, und Marx ein Manifest, (die „*Inauguraladresse*") zu redigieren, dass Ende '64 in London mit den Statuten veröffentlicht wurde. Die provisorischen Statuten lauteten: „In Erwägung, dass die Emanzipation der Arbeiterklasse nur das Werk der Arbeiterklasse selbst sein kann; dass der Kampf für sie kein Kampf für Klassenprivilegien und Monopole ist, sondern ein Kampf für gleiche Rechte und Pflichten und Abschaffung aller Klassenherrschaft; dass die ökonomische Unterwerfung des Arbeiters unter den Aneigner aller Arbeitsmittel, das heisst der Lebensquellen, der Knechtschaft in allen ihren Formen, allem sozialen Elend, aller geistigen Verkümmerung und politischer Abhängigkeit zugrundeliegt; dass demnach die ökonomische Emanzipation der Arbeiterklasse das grosse Ziel ist, dem jede politische Bewegung [als Mittel] *) untergeordnet sein muss; dass alle nach diesem Ziele strebenden Versuche bisher aus Mangel an Einigkeit unter den verschiedenen Arbeitszweigen jedes Landes und unter den Arbeiterklassen der verschiedenen Länder

Statuten [1]) und einiger besonderer Punkte, z. B.: dass die Verringerung der Stundenzahl der erste Schritt zur Emanzipation des

---

gescheitert sind; dass die Emanzipation der Arbeiterklasse weder ein lokales noch ein nationales, sondern ein soziales Problem ist, das alle Länder umfasst, in denen die moderne Gesellschaft besteht, und nur durch das theoretische und praktische Zusammenwirken der fortgeschrittensten Länder gelöst werden kann; ..... aus diesen Erwägungen haben die Unterzeichneten ..,.. die nötigen Schritte zur Gründung der *Internationalen Arbeiter-Assoziation* genommen. Sie erklären, dass die *Int. Arb. Ass.*, wie auch alle ihr beitretenden Verbände und Personen als Grundsatz ihres Verhaltens gegeneinander und gegen alle Menschen ohne Unterschied der Farbe, des Glaubens und der Nationalität, Wahrheit, Gerechtigkeit und Moral erklären. Sie erklären es als die Pflicht für alle die Rechte des Menschen und Bürgers zu verlangen, nicht nur für sich selbst, sondern für jederman, der seine Pflicht erfüllt. Keine Pflichten ohne Rechte, keine Rechte ohne Pflichten ....." Diesen Erklärungen folgten die zehn Artikel der *Statuten*. Wie ersichtlich, war der den abstrakten humanitären Tendenzen gewidmete Teil ziemlich lang, umso mehr, wenn man die formale Präzision der „Erwägungs"-Präliminarien vergleicht. Gegenüber der Meinung Guillaumes, *A. a. O.*, S. 14, dass die letzten Bemerkungen der „*Erwägungen*" auch keine grössere *realistische* Bedeutung erlangen, wenn man sie mit diesem Teil der an die *Statuten* angeschlossenen *Inauguraladresse* von Marx vergleicht, in dem, an die letzten Ereignisse in Amerika erinnernd, die Arbeiter aufgefordert werden, sich „mit den Mysterien der internationalen Politik" vertraut zu machen, um die diplomatischen Machenschaften ihrer respektiven Regierungen zu überwachen, um sie im Falle der Notwendigkeit „mit allen in ihrer Macht stehenden Mitteln" zu bekämpfen. Und tatsächlich fügt auch die *Adresse* hinzu, dass wenn die Arbeiter nicht die Macht haben eine bestimmte politische Massregel zu vermeiden, sie sich für eine „gemeinsame Protestation" zu vereinigen haben, um zu verlangen, „dass, wie die Gebote der Moral und der Gerechtigkeit die Beziehungen zwischen den Personen zu lenken haben, sie auch die höchste Regel der Beziehungen unter den Nationen sein sollen." Wir sind eben auch hier noch im abstrakten Gebiet der „Erwägungen".

*) Diese Worte „als Mittel" bildeten eine grosse Streitfrage in der Geschichte der *Internationale* selbst, wie auch heute noch in der sozialdemokr. und nicht sozialdemokr. Geschichtsschreibung über die Internationale. Der ganze antiautoritäre Flügel der Internationale erklärte immer, dass diese Worte „als Mittel" vom Generalrat willkürlich, eigenmächtig den definitiven Statuten hinzugefügt wurden, um für alle *Internationalisten* die politische Aktion als obligatorisch zu erklären. In den meisten die Geschichte dieser Periode behandelnden Werken in den romanischen Sprachen befinden sich diese Worte n i c h t, Vrgl. z.B. Alfredo Angiolini, *Cinquant' anni di Socialismo in Italia*, Firenze, Nerbini, 1900, etc. etc., dagegen sind diese Worte in allen Werken germanischer Länder. Das Richtige scheint jedenfalls zu sein, dass diese Worte sich in den grösstenteils von Marx verfassten *provisorischen Statuten* vom J. '64 befanden, dass diese am Kongress der Internationale von Genf '66, mit einigen kleinen Veränderungen und einer Hinzufügung als definitiv angenommenen Statuten diese Worte n i c h t enthielten (von diesem dort in franz. Sprache herausgegebenen Protokoll rühren alle italienischen und spanischen Übersetzungen her), dass aber dann der Generalrat später ganz eigenmächtig wieder diese Worte hinein praktizierte, was er auch von der Londoner Konferenz im J. 1871 ratifiziern liess. Anm. d. Ueb. —

[1]) Die vom Kongress ernannte Kommission von dreizehn Mitgliedern nahm die *provisorischen Statuten* von '64 zur Grundlage. Die lebhafteste Debatte war über die

Arbeiters sein soll; dass die Frauen- und Kinderarbeit in den Fabriken abgeschafft werde; dass sich die Arbeiter zur Verteidigung ihrer Löhne gegenseitige Hilfe leisten sollen, dabei aber ein noch höheres Ziel im Auge behalten, nämlich die Abschaffung des Lohnsystems überhaupt und das „Studium solcher ökonomischer Formen, die auf der Gerechtigkeit und der Gegenseitigkeit beruhen"; dass die kooperative Bewegung ausgedehnt werden müsste, man sich aber von ihrer Leitung enthalte; dass man sich bemühen soll, die gegenseitige Unterstützung allgemein zu machen, u. s. w. [1]). Auf dem folgenden Kongress (Lausanne, 2.—7. September '67) kamen einige von einander durchaus abweichende aber präzise Tendenzen zum Ausdruck, darunter der revolutionäre Kollektivismus des Belgiers De Paepe [2]), der Mutualismus der Franzosen, der autoritäre Kommunismus der Engländer, die politische

---

Frage, ob in die Assoziation auch die „geistigen Arbeiter" aufgenommen werden sollten. Gegen die französischen Delegierten, die ihren Ausschluss verlangten, siegte die jenen günstige Ansicht, weil eine Ausschliessung „eine Art Verurteilung der Wissenschaft wäre, wie wenn der Arbeiter ihrer nicht würdig wäre und sie nicht zu würdigen verstünde". Inbezug auf den von der Kommission selbst in deutsch, französisch und englisch redigierten Text gab es einige Veränderungen und eine Hinzufügung, so dass aus den zehn Artikeln elf wurden. Es wurde hinzugefügt, dass „wer die Prinzipien der Assoziation anerkannt und verteidigt hat, unter der Verantwortlichkeit der Sektion, die ihn aufnahm, als Mitglied angenommen werden kann; dass jede Sektion in der Ernennung ihrer eigenen Korrespondenten an den *Generalrat* autonom ist, etc. etc.

[1]) Die Diskussionen waren fast vollständig von den französischen Mutualisten, mehr oder weniger getreuen Anhängern PROUDHONS, und zwar TOLAIN, MURAT, FRIBOURG und anderen geleitet. Deshalb ärgerte sich MARX, dass er nicht persönlich am Kongress teilgenommen hat. (Vrgl. Brief von 9. Okt. 1866, an DR. KUGELMANN publiziert in der *Neuen Zeit*, v. 12. Apr. 1902).

[2]) CESARE DE PAEPE, der in diesem und in den nachfolgenden Kongressen der *Internationale* eine grosse Aktivität entfaltete, trat im J. 1863 im „Cercle scientifique et fraternel" von Patignies mit einer anarchistisch-mutualistischen Erklärung hervor, in der der Einfluss Proudhons klar ersichtlich war. Vrgl.: *Compte-rendu du meeting démocratique de Patignies* (26. Dez. 1861), Bruxelles, 1864, S.S. 25—93. In diesem Sinne bewegt sich auch der Inhalt der Artikel: *Les grands problèmes de notre époque* (die in den Nummern vom 23. Juli 1865 bis 13. Mai 1866 in der Zeitschrift: *La rive gauche*, anfangs in Paris, später in Bruxelles, erschienen); ebenso seine Schrift: *Examen de quelques questions sociales*, under dem Pseudonym ISEGRIM, Bruxelles, 1866. Am Kongress von Lausanne trat er schon als Anhänger der kollektivistischen Theorien hervor, (für die er am Baseler Kongress der Internationale schon eine lebhafte Polemik gegen die Mutualisten unterhielt. Vrgl.: *Revue socialiste*, Paris, 1899, August) was auch aus seiner Schrift hervorgeht, die als Auszug des Kongressberichtes erschienen ist: *Rapports sur la question de la coopération*, etc. Chaux-de-Fonds, 1867.

Metaphysik der Deutschen [1]. Hier schien nun der Zeitpunkt gekommen zu sein, wo eine gründliche Diskussion über die politische und ökonomische Organisation notwendig wurde, was nun auf dem dritten Kongress der *Internationale* in Brüssel (6.—13. September 1868) erfolgte, wo die gefassten Beschlüsse durchaus *kollektivistisch* waren, wobei die Abstimmungen gegen den autoritären Kommunismus Marx's ausfielen [2]. Einige Tage darauf, vom 21. bis 25. September, fand in Bern unter dem Versitz von

[1]) Vrgl.: J. Garin, *L'anarchisme et les anarchistes*, Paris, Guillaumin, 1855, S.S. 9, sq.; T. Martello, *Storia dell' Internaz.*, zit., S.S. 42—45; E. de Laveleye, *Le social. contemp* zit., S.S. 249—252; J. Guillaume, *L'Internat.* zit., S.S. 29—41; O. Testut, *L'Internationale*, 3e éd., Paris, Lachaud, 1871, S.S. 128—134. Die bedeutendste am Kongress diskutierte theoretische Frage war folgende: Ob die Bestrebungen der Assoziation zur Emanzipation des vierten Standes, das heisst der Arbeiterklasse, nicht als Resultat die Schaffung eines fünften Standes mit sich bringen könnte, dessen Lage noch elender wäre. Die mit dem Studium dieser Frage beauftragte Kommission, an der Ludwig Büchner teilnahm, kam nach dem Rapport von De Paepe zum Schluss, dass die Arbeitervereine durch ihre Verallgemeinerung in der gegenwärtigen Form tatsächlich dahin führen einen vierten Stand zu bilden, unter dem sich ein in noch schlechteren ökonomischen Bedingungen befindlicher fünfter Stand bilden wird. Aber diese Gefahr würde in dem Masse verschwinden, in dem die Entwicklung der modernen Industrie den Kleinbetrieb unmöglich macht. Die moderne Produktion in grossem Massstabe verschmilzt die Einzelbestrebungen und macht aus der kooperativen Arbeit eine Notwendigkeit für alle. Es ist notwendig, dass das Proletariat sich überzeuge, dass die radikale und definitive soziale Umwälzung nur mit Mitteln erfolgen kann, die auf die Gesammtheit der Gesellschaft wirken können und den Prinzipien der Gegenseitigkeit und der Gerechtichkeit entsprechen. Die Bestrebungen der Arbeiterverbände müssen also ermutigt und von den Ideen der Mutualität und der Föderation durchdrungen werden.

[2]) Der Kongress verhandelte lange über den Krieg. Der Hauptgrund des Krieges heisst es hier, ist immer ein Mangel am ökonomischen Gleichgewicht und kann daher nur durch die soziale Umgestaltung beseitigt werden, doch hat er auch als weitere Ursache die aus der Zentralisation und dem Despotismus resultierende Willkür. Der Kongress fordert daher alle Sektionen der Internationale auf, mit dem grössten Eifer in dem Sinne zu wirken, um die Konflikte von Volk zu Volk zu verhindern, die als Bürgerkriege zu betrachten sind, und empfiehlt allen Arbeitern im Falle des Krieges die Arbeit zu verweigern. In Bezug auf die Streiks verhandelte der Kongress, in Anerkennung ihrer Berechtigung und ihrer Notwendigkeit, über die Schaffung eines Schiedsgerichtes, das ausschliesslich aus Repräsentanten der Widerstandsvereine (Gewerkschaften) gebildet sein soll und das über die Opportunität und die Berechtigung eventueller Streiks zu entscheiden hätte. Er erklärte, dass die Maschinen und alle anderen Arbeitswerkzeuge den Arbeitern gehören und zu ihrem Vorteil funktionieren sollen; und dass nur mit Hilfe von Kooperativgesellschaften und einer Organisation zu gegenseitigem Kredit, der Produzent in den Besitz der Maschinen gelangen kann. Der Kongress erklärt weiter, dass die Gruben, die Bergwerke und die Eisenbahnen *der sozialen Kollektivität*, die vom Staate repräsentiert wird, angehören sollen, um den Arbeiterkompagnien in Konzessionen

Victor Hugo der zweite Kongress der *Ligue de la paix et de la liberté* statt (der erste wurde im vorhergehenden Jahre in Genf [1]) abgehalten), die durch die Initiative von Emile Acollas mit einem durchaus humanitären Ziel in Paris begründet wurde. Bakunin, der schon im vorigen Kongress die *Ligue* auf die Prinzipien des Föderalismus und Sozialismus aufmerksam machte [2]), machte dies-

---

überlassen zu werden; dass die ökonomische Entwicklung das *kollektive Eigentum* des ackerbaren Bodens zur sozialen Notwendigkeit machen wird, und dass dieser Boden den Ackerbaukompagnien konzediert werden soll; dass die Kommunikationswege und die Eisenbahnen das Kollektiveigentum der Gesellschaft sein sollen. — Diese Verhandlungen über den Grundbesitz stellen das Hauptwerk des Kongresses dar, und wurden mit dreissig Stimmen von den fünfzig Delegierten angenommen. Es wurde aber nicht nur die Frage des Kollektivbesitzes an Grund und Boden verhandelt, wie oft in Bezug auf diesen Kongress wiederholt wurde, sondern auch über den Kollektivbesitz der Produktionsmittel, wobei, wie angeführt, Beschlüsse gefasst wurden, die in Bezug auf das zu erreichende Ziel kollektivistisch, in Bezug auf die zu verwendenden Mittel mutualistisch waren.

[1]) Dieser erste Kongress hielt seine Sitzungen vom 2. bis 7. Sept. ab, und es griffen unter anderen auch Edgar Quinet und Garibaldi ein, welch letzterer dem Verhandlungsprogramm noch folgende Artikel zuzufügen vorschlug: 1. Alle Nationen sind Schwestern; 2. Der Krieg unter ihnen ist unmöglich; 3. Alle Streitfragen, die unter den Nationen hervortreten könnten, werden vom Kongress geschlichtet; 4. Die Mitglieder des Kongresses werden von den demokratischen Vereinigungen eines jeden Volkes ernannt; 5. Jede Nation hat, wie gross auch die Zahl ihrer Glieder sein soll, das Stimmrecht auf dem Kongress; 6. Das Papsttum wird als die schädlichste aller Sekten für aufgehoben erklärt; 7. Die Religion Gottes wird vom Kongress anerkannt und jedes Mitglied verpflichtet sich, sie in der Welt zu verkünden. (Garibaldi erklärte, dass er darunter nur die Religion der Wahrheit und der Vernunft verstand); 8. Der Kongress verkündet die Priesterschaft der Männer der Elite der Wissenschaft und der Intelligenz, und verwirft alle Priesterschaft der Ignoranz; 9. Propaganda der Religion Gottes durch die Bildung, die Erziehung und die Tugend; 10. Die Republik ist die einzige, eines freien Volkes würdige Regierungsform; 11. Die Demokratie allein kann die Verdammung des Krieges verlangen; 12. Nur der Sklaven hat das Recht Krieg gegen die Tyrannen zu führen. J. Guillaume, *A. a. O.*, S.S. 47, 48.

[2]) Bakunin (vrgl. früher, S. 120) vertrat hier den Standpunkt, dass der allgemeine Frieden so lange unmöglich sein wird, so lange die gegenwärtigen zentralisierten Staaten fortbestehen. Er fügte hinzu, dass ihre Abschaffung erstrebt werden müsse, damit sich auf den Ruinen dieser Zwangseinheiten, die vermittelst des Despotismus und der Eroberung von oben nach unten organisiert sind, freie Einheiten entwickeln können, die sich von unten nach oben, durch die freie Föderation der Kommunen in Provinzen, der Provinzen in Nationen, der Nationen in die Vereinigten Staaten Europas organisieren. Für die *Internationale*, die von der *Ligue* zu diesem ersten Kongress eingeladen wurde, sich vertreten zu lassen, sprach Eugène Dupont aus London, der die Ansicht vertrat, dass der Friede viel eher als ein Prinzip, ein Resultat darstellt, zu dem man gelangen muss, indem man die soziale Revolution mit allen ihren Konsequenzen anerkennt und bereit ist, mit allen Kasernen und allen Kirchen *tabula rasa* zu machen.

mal, als Mitglied des Zentralkomitees den Vorschlag, dass sich die *Ligue*, ohne sich in ihr aufzulösen, mit der *Internationale* vereinige, deren Mitglied Bakunin, wie bekannt, erst seit kaum einigen Monaten war, und legte in diesem Sinne einige ausgesprochen revolutionäre Vorschläge vor [1]). Unter den hundertzehn anwesenden Mitgliedern schlossen sich nur achtzehn (darunter Elie und Elisée Reclus, Nikolas Joukowsky und die Italiener Guiseppe Fanelli, Saverio Friscia und Alberto Tucci) dem Programm

---

[1]) Auf den Vorschlag von Bakunin, hatte die *Liga* auch diesmal die *Internationale* aufgefordert sich vertreten zu lassen. Im Einladungsbrief, der von Gustav Vogt geschrieben war, hiess es: „...... alle zusammen brechen wir ebenso die Barrieren, die die Vorurteile und ungerechten Institutionen zwischen den verschiedenen Teilen des sozialen Körpers aufgerichtet haben, als auch die Barrieren des Hasses, in deren Namen man bisher die Völker aufeinandergehetzt hat, die dazu geschaffen sind, sich gegenseitig zu achten und zu lieben." Bakunin schrieb an denselben Vogt: „Nein, ich hatte niemals die Absicht unsere *Liga* in der *Internationalen Liga* (sic) *der Arbeiter* zu ertränken.' Anerkennen und verkünden, dass wir als Ausgangspunkt und Basis unserer poltischen Prinzipien die grossen ökonomischen und sozialen Prinzipien annehmen, die von der *Internat. Liga der Arbeiter* angenommen worden sind, bedeutet nicht sich zu deren Anhängsel und Sklaven zu machen. Die sozialen Prinzipien bilden keines Menschen Eigentum." Die von Bakunin gewünschte Vereinigung sollte den Zweck haben, dass sich die *Internationale* mehr mit den ökonomischen, und die Liga mehr mit den politischen, religiösen und philosophischen Fragen beschäftige. Auf diese Weise hätten diese beiden Assoziationen „die ganze kommende Revolution" in ihren Händen. Die Verhandlungen des Brüsseler Kongresses sollten nicht als der Ausdruck der Empfindung der Arbeitermassen betrachtet werden, sondern als Resultat des Misstrauens und des Hasses der Marx'schen Klique. Vom Augenblick, schloss Bakunin, von dem die *Internationale* „heute die wahrhaftige revolutionäre Macht darstellt, die das Antlitz der Welt umwandeln soll", muss die Liga ihre Prinzipien anerkennen, und diese sind: „die ökonomische Ausgleichung aller Klassen und aller Menschen, die Aneignung der Erde und aller Arbeitsmittel durch die allgemeine Föderation der Arbeiter-Assoziationen Vrgl.: M. Nettlau, *A. a. O.*, S.S. 253 sq.; J. Guillaume, *A. a. O.*, S.S. 72 sq. Wie ersichtlich, hat sich Bakunin, abgesehen von der unlogischen Ausdrucksweise „*Ausgleichung der Klassen*" („*égalisation des classes*"), die sich auch in seinen Vorschlägen auf dem Kongress wiederholen, und die ihm später von Marx korrigiert wurden (siehe weiter auf S. 429, Fussnote 1), nur einen approximativen Begriff von den Zielen der *Internationale* gemacht, soweit man annimmt, weshalb es durchaus wahrscheinlich ist, dass er in gutem Glauben handelte. Die von Bakunin dem Kongress vorgelegte grundlegende Konklusion betreffend die Beziehungen zwischen der ökonomischen und sozialen Frage einerseits, und der des Friedens und der Freiheit andrerseits, war gerade, dass sie ausserhalb der „Ausgleichung der Klassen, d.h. ausserhalb der Gerechtigkeit, der Freiheit und des Friedens nicht verwirklicht werden können." Betreffend die Trennung von Staat und Kirche vertrat Bakunin seine bekannten Ideen in folgenden Worten: „Wer Gott will, will die Sklaverei der Menschen. Gott ist die Unwürdigkeit des Menschen, oder die Freiheit des Menschen ist die Vernichtung des Phantoms Gott. Hier ist das Dilemma, es gibt keinen Mittelweg; wählen wir."

Bakunins an. Diese Minorität trat nun aus der Ligue aus und begründete sofort die *Alliance internationale de la Démocratie socialiste*, die von Bakunin angeregt wurde, und deren Zentralkomitee mit einer Art Diktatur in der Person Bakunins selbst ausgestattet wurde [1]. Kaum war die *Alliance* begründet, beauftragte sie eines ihrer Mitglieder, Johann Philipp Becker, von dem in London

[1]) M. DRAGOMANOW, *A. a. O.*, S. 78. Die Hauptpunkte des Programms der *Alliance* waren folgende : 1 Die *Alliance* erklärt sich atheistisch ; sie erstrebt die Abschaffung der Kulte, die Ersetzung des Glaubens durch die Wissenschaft und der göttlichen Gerechtigkeit durch die menschliche Gerechtigkeit. 2. Sie will vor allem die politische ökonomische und soziale Ausgleichung der Klassen und der Individuen beider Geschlechter, was durch die Aufhebung des Erbrechtes begonnen werden soll. 3. Sie will für alle Kinder beider Geschlechter von deren Erwachen zum Leben die Gleichheit der Mittel zu ihrer Entwicklung ..... 4. Indem sie als Feindin jedes Despotismus' keine andere politische Form anerkennt, als die republikanische, und jede reaktionäre Allianz absolut verwirft, lehnt sie auch jede politische Aktion ab, die nicht als ihr sofortiges und direktes Ziel den Triumph der Sache des Proletariats gegen das Kapital erachtet. 5. Sie erklärt, dass alle gegenwärtig bestehenden politischen und autoritären Staaten in der allgemeinen Union der freien agrikolen und industriellen Assoziationen verschwinden müssen. 6 ... Die *Alliance* verwirft jede auf dem sogenannten Patriotismus und der Rivalität der Nationen begründete Politik. 7. Sie will die universelle Assoziation aller lokalen Assoziationen vermittelst der Freiheit..... In ihrem Reglement konstituierte sich die *Alliance* als Branche der *Internationale*, deren Generalstatuten sie anzunehmen erklärte. Die Begründer ernannten provisorisch ein *Zentral-Bureau* in Genf, das aus sieben Mitgliedern bestand, die alle der *Internationale* angehörten. Diese *Alliance* knüpfte sich, wenigstens in ihrer formalen Grundlage an die geheime Organisation an, die BAKUNIN 1865 in Neapel und im vorhergehenden Jahre wahrscheinlich auch in Florenz (vrgl. vorher S.S. 116—119) begründet hatte, die dazu dienen sollte, die mazzinianische Organisation der *Falange sacra*, die '64, und darauf die *Alleanza repubblicana universale*, die '66 begründet wurde, zu bekämpfen. Dieser geheimen Organisation gab Bakunin den Namen *Alliance de la démocratie sociale* (auf russisch : *Soiuz socialnoi Demokratii*) die später in den Namen *Alliance des révolutionnaires socialistes* umgewandelt wurde. Als Ausdruck des Sozialismus gegen den „religiös-politischen Dogmatismus Mazzinis" begründet, setzte die *Alliance*, wie BAKUNIN selbst mitteilt, in sein Programm (das mit dem der späteren *Alliance* verglichen werden sollte) den Atheismus ; „die vollständige Negation jeder Autorität und jedweder Macht, die Abschaffung des juridischen Rechtes ; die Verneinung der Auffassung des Individuums als Bürger ....; das Kollektiveigentum ; sie erklärt, dass die Arbeit die Grundlage der sozialen Organisation sein soll, dass dieses Programm in der Form einer freien Föderation von unten nach oben durchgeführt werden soll." In diese, anfangs rein italienische Assoziation (unter anderen gehörten ihr auch die italienischen Deputirten FANELLI und FRISCIA an) traten auch bald Franzosen und Polen und andere aus anderen Ländern ein. Später, im J. '69, hatte gelegentlich einer in Genf abgehaltenen Versammlung, diese geheime Organisation, die auch noch nach der Gründung der zweiten *Alliance* mit den ausgetretenen Mitgliedern der *Ligue de la Paix* fortbestand, eine Krise, die die Demission BAKUNINS (Brief vom 26. Jan., vrgl. : M. NETTLAU, *A.a. O.*, S. 278 ; J. GUILLAUME, *A. a. O.*, S.S. 120, 131) als Mitglied „des Zentraldirektoriums der *Fraternité internationale* und

weilenden Generalrat der *Internationale* die korporative Aufnahme der *Allianz* in die *Internationale* zu verlangen. Andrerseits betrieb Bakunin, der sich nach dem Kongress von Bern in Genf niederliess, wo auch die Residenz des *Zentralbureaus* der *Alliance* bestimmt wurde, eine fieberhafte Propaganda und gründete in dieser Stadt (am 28. Oktober '68) eine lokale Gruppe der *Alliance* selbst, der sich fünfundachtzig Personen anschlossen, und die ihre

---

des *Zentral-Bureau's* und von allen öffentlichen Angelegenheiten der *Alliance*" hervorrief. Kurz darauf wurde auch die *Fraternité* durch ein Zirkular ohne Datum, das zweifellos von Bakunin herrührt, ohne weiteres als aufgelöst erklärt. Die Krise entstand dadurch, dass zwei Mitglieder, Elie Reclus und Aristide Rey, die Ende '68 gleichzeitig mit Guiseppe Fanelli (geb. 1826, gest. 1877) nach Spanien gingen, um Propaganda zu machen, die ausschliesslich revolutionäre Propaganda dieses letzteren (der die erste Sektion der Internationale mit dem Programm der Alliance gegründet hatte) verwirrten, indem sie dem „Radikalismus" und dem „bourgeoisen Sozialismus" Konzessionen machten. Ein weiterer Grund war auch, dass die Geheimnisse der *Fraternité*, wie Guillaume vermutet, von Malon enthüllt wurden, der sie Richard (vrgl.: vorher S. 125 sq.) mitteilte, der zwar Mitglied der *Alliance* in ihrer zweiten Form war, aber der *Fraternité* fernstand. Diese Indiskretion wurde von Bakunin als ein „Verrat" bezeichnet (Brief v. 3. Mai 1870, zit. von Nettlau, *A. a. O.*, S. 276). Das hinderte aber nicht, dass die ältesten internationalen Brüder, die „frères fidèles", die die Auflösung der *Fraternité* hervorriefen, um aus ihr die Dissidenten auszuschliessen, ebenfalls ihre kollektive Aktion nachwievor fortsetzten. Der erste Teil dieser Details, wie es zum ersten Mal Guillaume *A. a. O.*, S. 76 angab, war bis heute den Forschern unbekannt und geht aus einem heute beinahe unauffindbaren Buche hervor, das Bakunin im J. '73 in russischer Sprache unter dem Titel: *Istoritscheskoie rasvitie Internationala (die historische Entwicklung der Internationale)* veröffentlichte, und zwar aus dem Kapitel: *Die internationale Allianz der revolutionären Sozialisten*, S.S. 301 sq. Dieses Buch war das zweite von einer Serie von drei Bänden unter dem allgemeinen Titel: *Publikationen der sozialistisch-revolutionären Partei*, deren ersten zwei Bände in Zürich, der dritte in London gedruckt wurde. Der erste hatte als Titel: *Das Prinzip der Autorität und die Anarchie*, und war auch von Bakunin verfasst; der dritte Band; *Die Anarchie nach Proudhon* war von Guillaume. — Dass dann das von Fanelli in seiner Propaganda in Spanien verfolgte Programm, wo Fanelli schon das Terrain durch Infiltrationen revolutionärer fourieristischer und proudhonistischer Elemente vorbereitet fand, den Ideen Bakunins entsprach, der mit besonderer Vorliebe seine Organisation unter den romanischen Nationen auszudehnen strebte, unterliegt keinem Zweifel. Fanelli, schrieb einer von den Überlebenden dieser Organisation, der mit grossem Fleiss ihre Geschichte geschildert hat, — „gab uns Exemplare der Statuten der Internationale, Programm und Statuten der Alliance der sozialistischen Demokratie, Reglemente einiger Arbeitervereine der Schweiz und einige Arbeiterblätter, Organe der Internationale, darunter einige Nummern des *Kolokol* mit Artikeln und Reden von Bakunin (tatsächlich enthielt der *Kolokol* von Genf vom 1. Dez. '68 den Wortlaut der von Bakunin am Berner Kongress der *Liga* gehaltenen Reden)". A. Lorenzo, *El proletariado militante, memorias de un internacional*, etc. Barcelona, A. Lopez, ohne Jahresangabe (1902) S. 38; vrgl. Cap. II, *passim* und S.S. 311—323.

Aufnahme in die lokale Sektion der *Internationale* verlangte. Der Londoner Generalrat lehnte aber den ersten allgemeinen Beitrittsantrag der *Alliance* ab, und diese Abweisung galt auch für die Föderation der Internationale in Genf. Diese Weigerung war begründet. Während die *Internationale* sich tatsächlich hauptsächlich um die Besserung der Lebensverhältnisse der Arbeiter kümmerte, konspirierte die Allianz mit der direktesten Absicht die Revolution vorzubereiten. Es waren dies viel zu abweichende Ziele, als dass sie mit einander verschmelzen konnten. Und andrerseits betrachtete Marx schon Bakunin, der eine gegnerische Stellung einnahm und in sich selbst die *Alliance* personifizierte, als ein undisziplinierbares Element, das fernzuhalten sei [1]).

Die *Alliance* hielt sich aber damit durchaus noch nicht besiegt. Sie schrieb aufs neue an den Generalrat der *Internationale*, dass sie sich als internationale Organisation aufgelöst habe und dass ihr *Zentralbureau* als das Organ dieser Internationalität zu bestehen aufhören würde, wenn die von den Mitgliedern der *Alliance* in der Schweiz, in Spanien, in Italien und in Frankreich mit dem Programm der *Alliance* begründeten Sektionen als regelrechte Sektionen der *Internationale* anerkannt würden, ihr Programm als einziges gemeinsames Band beibehalten, dabei aber auf jede andere internationale Solidarität und Organisation verzichten, die nicht auch jene der Internationalen Arbeiter-Assoziation wäre. Der Generalrat von London entschied diesmal in zustimmendem Sinne (20. März 1869) und erklärte, dass der Umwandlung der Sektionen der *Alliance* in Sektionen der Internationale gar nichts im Wege

---

[1]) Das Ansuchen des *Bureau central* der *Alliance* wurde am 15. Dez. 1868 abgesandt. Der Beschluss des Generalrates der Internationale wurde am 22. desselb. Monates gefasst. Die Ablehnung wurde durch die Erwägungen begründet, dass die Anwesenheit eines innerhalb und ausserhalb der Internationale funktionierenden zweiten internationalen Körpers das unfehlbarste Mittel wäre, um sie zu desorganisieren; dass die Initiative der *Alliance* von jeder anderen Assoziation gefolgt werden könnte, wodurch die *Internationale*, „zum Spielball der Intriganten aller Nationen und aller Parteien würde." Am selben Tag, an dem der Generalrat diesen Beschluss fasste, sandte Bakunin an Marx das Programm der *Alliance* und wählte gerade diesen Moment, um ihm zu schreiben: „.... Mein Vaterland ist nun die Internationale, deren Du einer der hauptsächlichsten Begründer bist. Du siehst also, lieber Freund, dass ich Dein Schüler bin und dass ich stolz darauf bin, es zu sein." Es genügte also viel weniger Schlauheit, als die von Marx, um sich zu fragen, welcher Grund denn vorliege, eine neue Assoziation zu gründen. Vrgl.: *Neue Zeit*, Berlin, 6 Okt., 1900, zit. von Guillaume, *A. a. O.*, S. 103.

liege. Die Genfer Gruppe machte sich nun an die Revision ihrer Statuten (17. und 24. April) im Sinne, wie ihn der Generalrat vorschlug [1]), und das *Bureau* der *Alliance* lud die anderen Gruppen ein, sich als regelrechte Sektionen der *Internationale* zu organisieren, dabei aber doch ihr Programm zu bewahren, worauf sich im Juni das *Bureau* selbst für aufgelöst erklärte. So sah sich nun die *Internationale* um neue Elemente vermehrt, die der kollektivistischen Lehre anhingen, aber auch um die zahlreichen revolutionären Elemente der romanischen Länder. Der Ausbruch von lebhaften Konflikten konnte da natürlich nicht lange auf sich warten lassen. Drei Monate darauf, am (5.—12. September 1869) auf dem allgemeinen Kongress der Internationale in Basel, trat schon Bakunin, als Delegierter der Arbeiter von Lyon und der Mechaniker von Neapel, Marx entgegen, der, obwohl er sich an der Spitze des Generalrates befand [2]), am Kongress nicht erschienen war. Die radikalsten Ideen gewannen neuen Boden und der Kongress

---

[1]) Der Brief des *Generalrates* vom 20. März, der von MARX geschrieben war, (der Wortlaut wurde 1904 in Leipzig veröffentlicht) bemerkte bezüglich des Art. 2 des Programms der *Alliance:* „. . . . Es ist nicht die *Ausgleichung der Klassen* (*l'égalisation des classes*) — ein unmöglich durchzuführender logischer Widerspruch — sondern im Gegenteil die *Abschaffung der Klassen*, dieses wahrhaftige Geheimnis der proletarischen Bewegung, das das grosse Ziel der Int-Arb.-Assoz. darstellt. Doch scheint sich der Ausdruck „*Ausgleichung der Klassen*", in Anbetracht des übrigen Inhaltes, unter dem er sich befindet, bloss als einfacher Schreibfehler eingeschlichen zu haben. Der Generalrat zweifelt nicht, dass Ihr aus Euerem Programm einen Ausdruck entfernen werdet, der zu gefährlichen Missverständnissen Anlass geben könnte." Der Artikel des Programms wurde auch tatsächlich in folgenden Worte korrigiert. „Sie (die *Alliance*) will vor allem die definitive Abschaffung der Klassen und die politische, ökonomische und soziale Gleichstellung der Individuen." Nachdem die neuen Statuten mit diesen und noch einigen Veränderungen von geringerer Bedeutung angenommen wurden, wurde die von BAKUNIN präsidierte Genfer Sektion *der Alliance*, am 28. Juli 1869 einstimmig offiziell vom *Generalrat* als regelrechte Sektion der *Internationale* anerkannt. J. GUILLAUME, *A. a. O.*, S.S. 141 und 181.

[2]) Italien war ausser von BAKUNIN noch von FANELLI vertreten, der sich jedoch nicht persönlich präsentierte, dann von HENG, einem Schweizer Graveur, Vertreter der Sektionen von Genua und von CAPORUSO, und einem Schneider, der Delegierter der Zentralsektion von Neapel war. Dieser machte den nachstehenden Rapport, aus dem zu ersehen ist, wie sich auch schon in Italien durch den Einfluss BAKUNINS eine Tendenz zu einem unbestimmten humanitären Anarchismus zeichnete: „Unter dem Einfluss der ökonomischen Situation Süditaliens und des Fortschritts der sozialistischen Ideen konnte im Januar d. J. eine Sektion der *Internationale* in Neapel begründet werden. In diesem uralten Zufluchtsort aller monarchischen und mönchischen Idiotismen, in diesem Lande, das sich durch die Versprechungen der italienischen Einheitsschwärmer blenden liess, verstand

erklärte mit sehr starker Majorität, dass „die Gesellschaft das Recht hat das Privateigentum an Grund und Boden abzuschaffen und es in den Gemeinbesitz überzuführen" [1]). So präzisierten sich die Verhandlungen der Internationale immer mehr in Bezug auf die soziale Frage, wenn man auch Kropotkin nicht beistim-

---

es die Bourgeoisie, die in allem derjenigen Frankreichs und Englands ähnlich ist, an Stelle der Lazzaroni, Arbeiter zu setzen, die mehr als fünfzehn Stunden täglich arbeiten, um zwei oder drei Lire zu verdienen; und ersetzte die Camorra durch Spekulationen auf die Arbeit und den Hunger des Armen. Die Sektion von Neapel betreibt eine sehr lebhafte Propaganda, der die unglücklichen Bevölkerungen der Halbinsel ihre Blicke zuwenden, weil sie von ihr die wahre Freiheit erhoffen. Die Neapolitanischen Arbeiter verbünden alle ihre Kräfte auf dem Boden des revolutionären Sozialismus, und sandten ihren Vertreter zu diesem Kongress, um mit den Vertretern aller anderen Sektionen Europas die universelle Allianz zu besiegeln, die mit der Beseitigung aller sozialen Ungerechtigkeiten die Souveränität des Volkes vorbereiten und proklamieren soll."

[1]) J. Gabin, *A. a. O.*, S. 21. — Die mit dem Studium der Frage des Bodenbesitzes beauftragte Kommission schlug als ersten Punkt dem Gesammtkongress vor, den Grundbesitz als aufgehoben zu erklären; dass der Boden der Kollektivität angehöre und unveräusserlich sei. Gegen diesen Vorschlag sprach Tolain, ein Ziseleur, der bemerkte, dass die Kollektivität keine Rechte haben könne, die im Gegensatz zu den natürlichen Rechten der Individuen stehen, die doch die Kollektivität bilden. Seine Ansicht sei, dass man, um zur Emanzipation der Arbeit zu gelangen, bloss die Mietverträge in Kaufverträge zu verwandeln habe. So würde das nun in fortwährender Zirkulation befindliche Eigentum aufhören schädlich zu sein. In diesem Sinne würden die Arbeiter ebenso im Ackerbau wie in der Industrie sich unter der Garantie des frei geschlossenen Vertrages vereinigen, wie und wann sie es für günstig halten und die Freiheit der Individuen und Gruppen gewährleisten. Langlois, ein alter Schüler Proudhons bemerkte, dass der Staat als kollektiver Eigentümer des Bodens die Zwangsarbeit einführen würde, indem er die Arbeiter nach Squadronen rekrutieren müsste und eine Hierarchie der Arbeit instituieren würde. Langlois fragte nun, ob dieses Resultat so erstrebenswert sei, um ihm die Freiheit zu opfern. Doch Bakunin erklärte sich nicht allein für den Kollektivbesitz am Boden, sondern auch an allen sozialen Reichtümern, und zwar im Sinne einer universellen sozialen Liquidation, d.h. durch eine juridische Expropriation aller gegenwärtigen Eigentümer durch die Abschaffung des politischen und juridischen Staates und die tatsächliche Expropriation durch die Ereignisse und die Macht der Dinge. Er verlangte die Vernichtung aller nationalen und territorialen Staaten und die Begründung auf ihren Ruinen der internationalen Gesellschaft der Millionen Arbeiter. — Eine andere Kommission, die in ihrer Majorität Anhänger der Ideen Bakunins war, der dieser Kommission auch angehörte, schlug dem Kongress vor, die vollständige und radikale Abschaffung des Erbrechtes zu proklamieren, weil diese Abschaffung eine der unumgänglichen Bedingungen der Emanzipation der Arbeit sei, und weil, wie Bakunin erläuterte, auf dem Wege von dem heute herrschenden Privateigentum zu dem erstrebten Kollektiveigentum, das Erbrecht ein Hindernis darstellt. Das Erbrecht, das die Konsequenz der gewaltsamen Aneignung der natürlichen und sozialen Reichtümer war, wurde später die Grundlage des politischen Staates und der juridischen Familie, die das Privateigentum garantieren und sanktionieren. Deshalb müsse die Abschaffung des Erbrechtes proklamiert werden. Bei der

men kann, dass die in Umlauf gesetzten Ideen wissenschaftlich zulässig waren und dass sie ohne weiteres das Resultat des kollektiven Gedankens der Arbeiter darstellten, obwohl ja die höher Gebildeten und Gelehrten, die sich der Bewegung angeschlossen hatten, viel mehr taten, als bloss eine theoretische Form den Kritiken und Bestrebungen zu geben, die in den Sektionen und später in den Kongressen von den Arbeitern selbst ausgedrückt wurden. Andrerseits ist es aber wahr, dass alle Projekte sozialer Rekonstruktion, die gegenwärtig unter dem Namen *„wissenschaftlicher Sozialismus"* und *Anarchismus* in Umlauf sind, ihren Ursprung in den Diskussionen oder in den Rapporten der verschiedenen Kongresse der *Internationale* selbst haben.

In der Zwischenzeit, und zwar vom Jahre 1865 ab, hatten sich auch in der französischen Schweiz die ersten Sektionen der *Internationale* [1]) gebildet und ein erster regionaler Kongress wurde

---

Abstimmung erhielt dieser Vorschlag 32 Stimmen für, 23 gegen und 13 Enthaltungen. Der *Generalrat* hat über dieselbe Frage einen von MARX redigierten Rapport vorbereitet, der dem Kongress von ECCARIUS präsentiert wurde, ohne zuerst durch Kommissionen zu laufen. In diesem Rapport wurde erklart, dass die Gesetzgebung über das Erbwesen nicht die Ursache, sondern die Wirkung, die juridische Konsequenz der gegenwärtigen ökonomischen Organisation ist. Man müsse also die Ursachen und nicht die Wirkung untersuchen. Das Verschwinden des Erbrechtes wird das natürliche Resultat der sozialen Umwälzung sein, die das Privateigentum an den Produktionsmitteln aufheben wird. Aber die Aufhebung des Erbrechtes kann nicht der Ausgangspunkt einer solchen sozialen Umwandlung sein. Die das Erbrecht betreffenden Massregeln können also nur auf einen Zustand sozialen Überganges Anwendung finden und können nur sein: Die Vergrösserung der Erbtaxe und die Beschränkung des Nachlassrechtes. Diese Vorschläge des *Generalrates* erhielten bei der Abstimmung 19 günstige Stimmen, 37 gegen und 6 Abstentionen. Keine von den beiden Vorschlägen, weder die von BAKUNIN, noch von die MARX erhielt die absolute Majorität, keine wurde also angenommen. Was aber die negativen Stimmen anbetrifft, war (wie GUILLAUME, *A. a. O.*, S. 204 bemerkt) der Vorschlag des *Generalrates* als formell abgelehnt zu betrachten. Es war schliesslich ein umso deutlicher Sieg BAKUNINS über MARX, als auch die Entscheidung des Ehrengerichtes (vrgl. vorher S. 121. Fussnote 2) in der von BAKUNIN durch seinen Freund BECKER auf dem Kongress von Eisenach (7.—9. Aug. '69) gegen die Beschuldigung LIEBKNECHTS vorgebrachten Angelegenheit, BAKUNIN günstig war. — Die letzte auf dem Kongress verhandelte Frage betraf die Widerstandsvereine (Gewerkschaften) und wurde einstimmig in dem Sinne angenommen, dass sich alle Arbeiter der Begründung von Widerstandskassen in den verschiedenen Berufsfächern widmen sollen, und dass der *Generalrat* als Mittelpunkt zur Vereinigung der Widerstandsvereine aller Länder dienen soll.

[1]) Die erste von DR. PIERRE COULLERY begründete Sektion, die sich zu diesem Zwecke mit dem Londoner *Generalrat* in Verbindung setzte, war die von Chaux-de-Fonds. Unter seiner Tatigkeit folgten bald andere Sektionen in Boncourt (Febr. '66),

in Genf (2.—4. Januar 1869) abgehalten, vonwo die Konstitution der *Fédération romande* [1]) ausging. Aber am zweiten regionalen Kongress von Chaux-de-Fonds (4. April 1870) brachen heftige Zwistigkeiten hervor, und dies nicht nur aus theoretischen, sondern auch aus persönlichen Motiven [2]), wodurch sich der Kongress

---

Bienne, Sonvillier (März), Saint-Imier, Porrentruy (Apr.), Neuchâtel (Aug.). Die Sektion von Locle wurde im Aug. '66 von CONSTANT MEURON, einem alten Proskribierten der republikanischen Revolution von Neuchâtel vom J. '31, und JAMES GUILLAUME begründet. Vom J. '65 an gab es auch Sektionen in Genf (begründet durch den deutschen Sozialisten J. PH. BECKER, einem der Chefs der badischen Insurrektion vom J. '49 und Mitglied des von LASSALLE im J. '63 begründeten *Allgemeinen deutschen Arbeitervereines*, aus dem er jedoch im J. '65 austrat), in Lausanne, in Vevey und in Montreux. Vrgl.: *Mémoire présenté p. la Fédération jurass. de l'Assoz. intern. d. trav. à toutes les Fédérations de l'Internationale*, Sonvillier comité féd. jurass. 1873. Diese Denkschrift wurde von GUILLAYME in Ausführung des Beschlusses des Kongresses von Sonvillier, vom 12. Nov. 1871, verfasst. J. GUILLAUME, *A. a. O.*, S.S. 2, 3.

[1]) Infolge eines akuten Konfliktes, der aus der Propaganda und den verschiedenen Tendenzen zwischen COULLERY und dem Zentralkomité von Genf entsprang, nahm dieser die Initiative zur Einberufung einer Delegierten-Konferenz, um den Vorschlag zu diskutieren, die Sektionen der französischen Schweiz in eine Föderation zu vereinigen. Die Konferenz fand in Neuchâtel am 25, Okt. 1869 statt, worauf die Genfer Sektionen beauftragt wurden, eine Kommission zu wählen, die einen Statutenentwurf für die Föderation ausarbeiten, die den Namen *Fédération romande* führen sollte, und sie dann dem in Genf am 2. Januar des folgenden Jahres tagenden Delegiertenkongress vorlegen sollte. Diese Kommission diskutierte und adoptierte einen Entwurf, der im Dezember von Bakunin, der damals unter den Internationalisten Genfs ausserordentlich populär war, gedruckt und verteilt wurde. Eine andere Kommission bereitete das Projekt zur Gründung eines Blattes mit dem Titel *L'Egalité* vor, dass das Organ der Föderation werden sollte. Auf dem Kongress, auf dem COULLERY nicht teilnahm, nachdem er die Delegation von Chaux-de-Fonds ablehnte, waren dreissig Sektionen vertreten. Die Gründung und der Titel des neuen Blattes wurde angenommen, dem noch die Devise der *Internationale*: „*Pas de droits sans devoirs, pas de devoirs sans droits*" angeschlossen wurde, wobei man zum Einverständnis kam, dass keine abstrakten religiösen Fragen diskutiert werden, worüber die nachstehende Erklärung angenommen wurde: „Der Kongress erklärt, dass die Religion nicht zu den menschlichen Kenntnissen zu zählen ist." Die von BAKUNIN vorgeschlagenen und von der Kommission angenommenen Föderationsstatuten wurden in dem Sinne vereinfacht, dass der Föderation und dem sie vertretenden Ausschuss jedes autoritäre Gepräge genommen wurde. Im ersten Artikel wurde die *Fédération romande* als konstituiert erklärt, obwohl es jeder Sektion freisteht sich ihr anzuschliessen oder nicht. Jede Sektion bewahrt ihre eigene Autonomie und leitet sich mit ihren eigenen Statuten, soweit sie nur vom *Föderalkomitee* als den Generalstatuten der *Internationale* und den besonderen Statuten der *Fédération romande* als nicht widersprechend erachtet werden. Die Leitung der Föderation war diesem Föderalkomitee anvertraut, das aus sieben Mitgliedern bestand, die in den gewöhnlichen Jahreskongressen ernannt wurden. J. GUILLAUME *A. a. O.*, S.S. 92, 100, 105-107.

[2]) Vgl.: J. GUILLAUME, *A. a. O.*, S.S. 289, 291, 299—302.

in zwei besondere Körper spaltete, die besonders berieten, wobei jede der Gruppen behauptete vollständig legal vorgegangen zu sein [1]). Diese Ereignisse fanden ein starkes Echo in der *Internationale*, als im folgenden Jahre (1870 wurde wegen des preussisch-französischen Krieges kein Kongress abgehalten) die Londoner Konferenz (17.—23. September 1871) zusammentrat, die von Marx präsidiert wurde, auf dessen Vorschlag der russische Emigrant Nikolaus Utin [2]) beauftragt wurde eine Untersuchung über die *Alliance*

[1]) Man vergleiche die Verhandlungen einer dieser Gruppen in O. Testut, *L'Internationale*, zit., S.S. 156, 157.

[2]) Utin, (der schon früher genannt wurde, siehe S. 187 Fussnote 2) hatte eine Zeit lang einen grossen Anteil an der *Internationale* und besonders an der Genfer Sektion genommen, wo er zum ersten Mal am 27.Okt.1869 auftrat. Sehr bald trat ihm Bakunin mit Misstrauen entgegen, und dies so sehr, dass er in einer früheren Versammlung vom 17.September des Sektionskomitees der *Alliance*, als Präsident dringend empfahl „auf keinen Fall die Bürger Utin, Trussof (der Sekretär von Utin's Blatt: *Die Sache des Volkes*, Organ der *russischen Sektion der Internationale*, die in Genf in Opposition zur Sektion der Alliance Bakunins begründet und vom Londoner *Generalrat* anerkannt wurde) und Konsorten aufzunehmen, da sie alle Intriganten sind, die zu erfahren suchen, was bei uns vorgeht." Und später betonte er (Brief an Guillaume, 2. Apr. 1870): Er (Utin) ist perfide, ein Schmeichler und zudringlich; die ganze Phalanx der Eurigen möge ihn von sich weisen; das wird die richtige und entsprechende Handlungsweise sein. So wenig er durch seine Intelligenz ist, so gefährlich ist er durch seinen Geist der Intrigue." Doch als Bakunin Genf verlies, achtete man nicht genügend auf seinenRat, wenn auch Utin niemals einer Sektion der *Alliance* beitrat. Utin, der Sohn eines reichen jüdischen Kaufmanns bezeichnete sich als Schüler Nicolas Tschernyschewsky's; „doch bin ich sicher, schrieb Bakunin, dass er lügt. Tschernyschewsky war ein viel zu intelligenter, viel zu ernster, viel zu aufrichtiger Mensch, um ein solches falsch exaltiertes Bürschchen, einen solchen unverschämten Phrasendrescher, der so von sich selbst eingenommen ist, vertragen haben zu können." Utin emigrierte im J. 1863, als die russischen Verfolgungen gegen die politische Agitation begannen. Er lebte in England und später in der Schweiz, wo er sich im J. '68 für einige Zeit Bakunin näherte. Doch bald entfernte er sich von ihm, weil, wie Bakunin erzählt, „absolute Unvereinbarkeit, nicht der Ideen, denn in Wirklichkeit hatte ja Utin keine, aber der Stimmung, des Temperaments, des Zieles, vorhanden war." Tatsächlich war auch, als Bakunin nach dem Kongress von Bern mit seinen Freunden die *Ligue de la Paix* verliess, Utin aus der Besprechung ausgeschlossen, aus der die *Alliance* hervorging. Dies genügte, nach Bakunin, dass dieser „Machabäer der Internationale" sich vornahm, ihm mit allen Mitteln zu schaden. Dieser Vorsatz wurde ihm erleichtert, als durch Reibungen in der Redaktion der *Egalité*, dem erwähnten Organ der *Fédération romande*, das Blatt anfangs Mai 1870 fast ganz in die Hände Utins geriet. Er hatte noch eine andere Gelegenheit, als, wie Bakunin mitteilt, im Frühjahr 1870, Marx „ihm einen vertraulichen Brief schrieb, in dem er ihm empfahl, gegen mich alles, dass heisst alle Gerüchte, alle noch so niederträchtigen Beschuldigungen mit einem Anschein von Beweisen zu sammeln, und fügte hinzu, dass wenn diese plausibel erscheinen könnten, man sich ihrer gegen mich auf dem nächsten Kongress bedienen wird." Diese Worte sind ein Teil eines Briefes, den Bakunin am 5. Okt. 1872

einzuleiten und Bericht zu erstatten, sowie über die Beziehungen Bakunins zum russischen Revolutionär Netschaieff, der im Juli desselben Jahres für eine Serie von Betrügereien und für ein gemeines Verbrechen von der Schweiz an Russland ausgeliefert und dort verurteilt wurde. Der Bericht Utins war Bakunin durch-

---

an ein Blatt in Brüssel schrieb, das ihn aber nicht publizierte. Doch wusste er zu dieser Zeit nicht, und die Details wusste er auch später niemals, dass MARX noch mehr getan hat, als UTIN mit dieser Aufgabe zu betrauen. Marx selbst, der sich nun schon sicher fühlte (wie GUILLAUME *A. a. O.*, S. 291 meint), den, den er nach dem Kongress von Basel als einen Gegner betrachtete, der um jeden Preis vernichtet werden müsste, unterzukriegen, schrieb in seiner offiziellen Eigenschaft als Korrespondent des *Generalrates* für Deutschland, schon am 20. März 1870, „eine verleumderische und geheime Denunziation", d.h. eine *konfidentielle Mitteilung* an einen ergebenen Freund, den DR. KUGELMANN, dass er sie den bedeutendsten Häuptern der deutschen sozialdemokratischen Partei, und vor allem dem Zentralkomitee der in Braunschweig residierenden Partei übermittle. Die Existenz dieser *konfidentiellen Mitteilung* wurde erst, wie GUILLAUME anführt, gelegentlich des Leipziger Prozesses im J. 72 bekannt. Doch kannte man damals nicht den Inhalt, der natürlich auch BAKUNIN unbekannt blieb. Sie wurde erst viel später, in der Nummer vom 12. Juli 1902 in der *Neuen Zeit* veröffentlicht. Es ist ein Dokument von ganz eigenartigem Interesse, das den nachfolgenden Rapport UTINS und die Beratungen des Haager Kongresses erklärt und vervollständigt. Gelegentlich des Austritts BAKUNINS aus der *Ligue de la Paix* nach dem Berner Kongress, schrieb MARX, dass B. sich die Pose des „Brandstifters" (firebrand) gab, und die „westeuropäische Bourgeoisie in einem Tone angriff, in dem die moskovitischen Optimisten die Gewohnheit haben die westliche Zivilisation anzugreifen, um die eigene Barberei zu verbergen." Bakunin schlug dort eine Serie von Resolutionen vor, die an sich lächerlich, doch berechnet waren, „um den bourgeoisen Kretins Schrecken einzuflössen" und um ihm zu gestatten, mit Eclat aus der *Ligue* auszutreten um der *Internationale* beizutreten. Das von Bakunin auf dem Kongress von Bern vorgeschlagene Programm, setzt MARX fort, war ein Haufen sinnlosen Geschwätzes, ein Rosenkranz von leeren Phrasen, die schrecklich sein wollten, aber nur eine geschmacklose Improvisation waren, dazu berechnet, einen momentanen Erfolg hervorzurufen." Doch verkündeten die Freunde BAKUNINS in Paris und London seinen Austritt aus der Ligue als ein „Ereignis", und präsentierten sein „groteskes Programm, diesen verfaulten Topf voll von Gemeinplätzen, als etwas ausserordentlich Schreckliches und Originelles." Nach seinem Beitritt zur Genfer Sektion „beschloss Bakunin die *Internationale* zu zerstören, um sie zu seinem Werkzeug zu machen." Hinter dem Rücken des *Generalrates* begründete er die *Alliance*, die sich schon von ihrem Anfang an als eine Gesellschaft ankündigte, „bestimmt zur speziellen Propaganda der *bakunin'schen Geheimweisheit*, und Bakunin selbst, einer der grössten Ignoranten auf dem Gebiete der sozialen Theorien, erschien nun auf einmal als Begründer einer Sekte. Doch ist das theoretische Programm dieser *Alliance* nichts als eine blosse Farce. Die ernste Seite ist nur ihre praktische Organisation." Nach dem Beschluss des *Generalrates* „erklärte die *Alliance* ihre nominelle Auflösung, doch bestand sie in *Wirklichkeit* unter der Direktion BAKUNINS weiter." Dieser suchte die *Internationale* zu seinem persönlichen Werkzeug noch durch ein anderes Mittel zu machen, nämlich durch die Aufstellung der Frage der Abschaffung des Erbrechtes auf dem Kongress von Basel, obwohl er den Einwand des *Generalrates* gegen die Auf-

aus feindlich, und am darauffolgenden Kongress von Haag (1872) wurde über diesen Rapport beraten, was auch die vorzeitige Auflösung und die Verlegung des neuen Generalrates der Internationale [1]) nach New York zur Folge hatte, worauf Bakunin aus der Assoziation ausgeschlossen wurde [2]). Doch hatte

---

stellung dieser „*vieillerie saint-simoniste*" kannte. (MARX vergass oder wollte sich nicht erinnern, dass im *Manifest* vom J. '48 unter den „unumgänglichen Mitteln zur Durchführung der vollständigen Umwälzung der Produktionsform" gerade diese „Abschaffnng des Erbrechtes berührt wurde, vrgl. vorher S. 419 Fussnote 2). Die Absicht BAKUNINS war, dass der Baseler Kongress den *Generalrat*, wenn dieser besiegt worden wäre, nach Genf übertrage, wodurch die Internationale unter seine Diktatur gefallen wäre. „BAKUNIN fabrizierte eine wahrhaftige Konspiration, um sich die Majorität auf dem Kongress von Basel zu versichern. Doch wurden seine Vorschläge nicht angenommen und der *Generalrat* verblieb in London." Marx verweilt dann noch bei anderen Details, betreffend die Propagandablätter der französischen Schweiz und über die Teilnahme BAKUNINS an diesen Blättern, bis zur Zeit wo er Genf verliess. Kurz darauf starb ALEXANDER HERZEN (in Paris, am 21. Jan. 1870) „Bakunin, versichert nun MARX, der zur Zeit, als er der Chef der europäischen Arbeiterbewegung werden wollte, seinen Freund und Meister Herzen verleugnete, stiess sofort nach seinem Tode in das Trauerhorn. Warum? Herzen liess sich, obwohl persönlich reich, fünfundzwanzigtausend Francs jährlich für seine Propaganda von der panslavistischen und pseudosozialistischen Partei in Russland bezahlen, mit der er freundschaftliche Beziehungen unterhielt. Durch seinen Panegyrikus liess Bakunin dieses Geld auf sich selbst herabregnen und hat so die Erbschaft Herzens, trotz seines Hasses gegen das Erbrecht, pekuniär und moralisch, *sine beneficio inventarii* angetreten." GUILLAUME bemerkt, dass diese Behauptungen MARX's „eine niederträchtige Verleumdung" darstellen. Dann erwähnt MARX eine Gruppe junger russischer Flüchtlinge, „deren Absichten wirklich ehrlich sind" — (es handelt sich hier um Utin und Trussof, die später von der russischen Regierung ihre Gnade erflehten und erhielten, und ihre Tage in Russland als getreue Untertanen des Zaren abschlossen) — die in Genf eine russische Sektion der Internationale begründet haben. Diese haben (in einem Brief an MARX) angekündigt, „dass sie binnem kurzem Bakunin öffentlich die Maske herunterreissen werden, der zwei durchaus verschiedene Ansichten vertritt, eine für Russland, die andere für das übrige Europa. So wird das Spiel dieses gefährlichen Intriganten, wenigstens auf dem Boden der Internationale, recht bald ein Ende haben." — Diese *konfidentielle Mitteilung* wurde von KUGELMANN unter den Häuptern der deutschen Sozialdemokratie LIEBKNECHT, BEBEL etc. verbreitet, die darin schon den Beweis der bakunin'schen Schwindeleien sahen. Die von UTIN gelieferten Materialien für den Rapport des Haager Kongresses, der zwei Jahre darauf stattfand, tat das Übrige. Vrgl.: J. GUILLAUME, *A. a. O.*, S.S. 226, 227, 286—288, 291—299.

[1]) Siehe die diesbezügl. Diskussionen in F. MEHRING, *Geschichte der deutschen Sozialdemokratie*, zit., Bd. II. S.S. 328—335.

[2]) Unter den besonderen Erklärungen der Londoner Konferenz hiess es unter § XIII, No. 4, dass die *Internationale* der sogenannten Konspiration NETSCHAJEFFS absolut fremd gegenüberstehe, wobei erklärt wurde, dass er unrechtmässig den Namen der Assoziation usurpiert und ausgenützt habe. Mit dem folgenden Absatz wurde

er dieses Resultat vorausgesehen und deshalb organisierte er schon im vorhinein eine energische Verteidigungsbewegung. Noch vor dem Kongress von Haag berief die *Fédération romande* nach Sonvillier im Jura einen regionalen Kongress ein, der gegen die Konklusionen der Londoner Konferenz protestierte, und um den zwei Strö-

NIKOLAS UTIN beauftragt im Genfer Blatt *L'Egalité*, einen Bericht über den Prozess NETSCHAJEFFS zu geben, der angeklagt und verurteilt wurde, zusammen mit zwei anderen Mitgliedern einer von ihm in Russland als Zweig der *Internationale* begründeten Vereinigung, (aus der, wie RAZ, *A. a. O.*, S. 282 versichern zu können glaubt, das Attentat Karakasows gegen den Zaren hervorgegangen ist, vrgl.: vorher S. 192) den Studenten Ivanoff wegen Verrats getötet zu haben, der erklärte, sich wegen der Verfolgungen, der die Assoziation ausgesetzt war, aus ihr zurückzuziehen. Doch schon vorher war, wie ich anführte, UTIN beauftragt, eine vertrauliche Untersuchung über die Beziehungen zwischen BAKUNIN und NETSCHAJEFF, anzustellen um die Konklusionen aus dieser Untersuchung dem nächsten Kongress, der der von Haag sein sollte, vorzulegen. Man sah in welcher Weise BAKUNIN diesen Auftrag beurteilte, der UTIN von MARX anvertraut wurde. Später schrieb er über diesen, an einen Freund in folgenden Worten (Brief an den Spanier ANSELMO LORENZO, vom 10. Mai 1872, vrgl.: M. NETTLAU, *A. a. O.*, S. 377; V. DAVE, zit. Schrift, S. 20): „Ich sagte Ihnen, dass keine Lüge, keine Verleumdung, keine Infamie, die von Herrn Utin kommt, mich noch erstaunen würde; gedrängt von einem Ehrgeiz und einer Eitelkeit, die nur seiner Nichtigkeit gleichkommen; das Maul immer voll von bombastischen Worten, die er auswendig gelernt hat und wie ein Papagei nachplappert, eine tönende Stimme pathetischer Geister, aber im Herzen nichts, als er selbst und der Kopf unfähig eine Idee zu erfassen und zu entwickeln, ein frecher Lügner, elend feige, wenn er nicht Hilfe in der Nähe sieht, aber sofort wieder von fabelhafter Arroganz, wenn er irgend welche Muskelkraft zu seinem Schutze in der Nähe sieht, wankelmütig und falsch wie eine Spielmünze, sich beugend vor allem, was ihm einflussreich und glänzend erscheint, dem Proletariat durch Offenbarungen von geheuchelter Demut und Achtung schmeichelnd, ein Mensch, der seine Prinzipien wie die Kleider je nach den Erfordernissen der Umgebung und des Augenblicks wechselt, hat dieser kleine Elende keine andere Kraft, als seine eherne Stirn, seine schamlose Gewissenlosigkeit, sein unzweifelhaftes Talent zur Intrigue und zehntausend Franken jährlicher Rente, die ihn in der heute vorherrschenden reaktionären Partei der Internationale Genfs sehr vorteilhaft auftreten lassen." Tatsache ist, dass UTIN seinen Rapport präsentierte, der von der vom Haager Kongress ernannten Untersuchungskommission studiert wurde, die sich daraufhin mit den vorher angeführten (Siehe S. 137 Fussnote 1) „*Erwägungen*" für die Ausschliessung BAKUNINS aus der *Internationale* entschied. Im August 1873 wurde, ein Jahr nach diesem Kongress, dieser Rapport, wie auch schon erwähnt wurde, in den Druck gegeben. (In der deutschen Ausgabe führt dieser Rapport den Titel: „*Ein Komplott gegen die Internationale*" u. s. w. übers. von K. Kokosky, London, Hamburg, 1873). Nach DAVE wurden jene Dokumente, die einen Teil des Rapportes von UTIN darstellten, ohne weiteres von MARX entsprechend gefälscht und ausserdem verstand niemand in der Kommission des Kongresses auch nur ein Wort russisch. Auch nach NETTLAU, der die russischen und französischen Texte sorgfältig verglichen hat, beruht der wichtigste Teil des Rapportes, jener der sich auf die Beziehungen zwischen NETSCHAJEFF und BAKUNIN bezog, auf verstümmelten und

mungen in der Föderation selbst eine Ende zu machen, wurde sie aufgelöst, und an ihre Stelle die *Fédération jurassienne* (12. November 1871) begründet, die sich noch bevor sich die *Internationale* auflöste, als ihre Nachfolgerin und Erbin proklamierte, indem sie erklärte, dass sie die Generalstatuten übernehme und aner-

---

gefälschten Dokumenten. Marx, schliesst Nettlau, *A. a. O.*, S.S. 443—494, hat sich erlaubt die Texte zu ändern, indem er Teile von ganzen Sätzen hinzufügte oder wegliess, die Zeitformen der Verben anderte etc., um Bakunin andere Dinge sagen zu lassen als er wirklich sagte, und oft sogar das gerade Gegenteil seines Gedankens. — Wenn man alles richtig erwägt, ist es auch noch heute ziemlich schwierig festzustellen, auf welcher Seite die absolute Wahrheit liegt, doch ist es gewiss ein schwerer Fehler seitens jener Schriftsteller, die wie Laveleye, *A. a. O.*, S.S. 312—322, und aller die seinen Fusstapfen folgen (und ihrer sind viele), die sich ohne weiteres auf den Rapport des Haager Kongresses stützen, ohne auch nur zu ahnen, dass viele Punkte sofort berichtigt wurden und einige andere noch auf die Berichtigung warten. Betreffend z. B. die in Genf 1869 erschienenen russischen Publikationen, unter denen die „*Revolutionsprinzipien*" die wichtigste ist (sie empfehlen die Anwendung von Gift und Dolch und eine Serie von kühnen Attentaten, um die Mächtigen zu erschrecken und das Volk aufzurütteln, bis die Revolution triumphiert, die alles heiligt) — und die der Haager Rapport ohne weiteres Bakunin zuschreibt, stimme ich mit Nettlau (*Bibl. de l'anarchie*, S. 45) uberein, der der Ansicht ist, dass es richtiger wäre, diese bis zum Beweis des Gegenteils Netschajeff zuzuschreiben. Unbeschadet dessen gehe ich aber darüber hinaus, was Dragomanow, *A. a. O.*, S. 79 versichert, „dass die Periode der Intimität zwischen Bakunin und Netschajeff, die am wenigsten sympathische seines Lebens war", indem ich glaube, dass es seine dunkelste und verdächtigste war. Dass Bakunin, der es doch so verstand, alle denen er begegnete, für sich einzunehmen, sich selbst so von Netschajeff faszinieren liess, beweist nach Dragomanow, dass er auch geneigt war, sich tiefer stehenden Naturen anzuschliessen, wenn er nur ihre Aktivität und ihre Energie erkannte.— Netschajeff kam (wie Guillaume, *A. a. O.*, S. 147, Note 2 anführt) von Russland im März 1869 in Belgien an; kurz vor Ende des Monates war er in Genf, wo er sich sofort mit Bakunin in Verbindung setzt, der ihn in einem Brief an Guillaume vom 13. Apr. 1869 den „jungen Barbaren" nennt. Im Brief heisst es: „. . . . . Gegenwärtig bin ich ausserordentlich mit den Ereignissen in Russland beschäftigt. Unsere Jugend, die ebenso in Theorie als in Praxis die vielleicht allerrevolutionärste ist, die es auf der Welt gibt, rührt sich so sehr, dass die Regierung gezwungen war die Universitäten, die Akademien und noch einige Schulen in St. Petersburg. Moskau und Kasan zu schliessen. Ich habe jetzt hier so ein Spezimen dieser jungen Fanatiker, die nichts bezweifeln und nichts befürchten, und als Prinzip aufgestellt haben, dass unter den Händen der Regierung viele, viele noch fallen müssen, dass man aber noch keinen Moment ruhen wird, bis das Volk sich erhoben hat. Sie sind bewundernswert, diese jungen Fanatiker, — Gläubige ohne Gott und Helden ohne Phrase!" Gelegentlich eines Besuchs in Genf anfangs Mai desselben Jahres, erzählt Guillaume, *A. a. O.*, S. 154, „traf ich bei Bakunin den Lehrer Netschajeff, für den ich vom ersten Moment eine instinktive Abneigung empfand; da aber Bakunin zur Zeit in ihm den herrlichsten Repräsentanten der russischen revolutionären Jugend sah, glaubte ich ihm aufs Wort". Derselbe Guillaume erzählt noch, S. 261, dass, als im Januar 1870 Netschajeff aus Russland nach

kenne. Gewiss ist, dass die *jurassische Föderation* unter dem Einfluss Bakunins ausschliesslich den Kollektivismus vertrat und die Festung der Gegner Marx's wurde. Als nun die Beratungen des Kongresses von Haag dazwischen traten, war endlich die Gelegenheit zur Auflehnung gegeben. Tatsächlich zogen sich die Kollek-

---

Genf zurückkehrte und sich als Repräsentant des *Russischen revolutionären Komitees* erklärte, er von BAKUNIN durch einen Brief vom 12. Jan. eingeladen wurde nach Locarno zu kommen. Er ging hin und fand BAKUNIN dort an der Übersetzung des ersten Bandes des *Kapital* von MARX beschäftigt, die er für einen russischen Verleger zu besorgen hatte. BAKUNIN schrieb tatsächlich an HERZEN (Brief v. 4. Jan. 1870 aus Locarno; M. DRAGOMANOW, *A. a. O.*, S. 300): „. . . . . Ich arbeite an der Übersetzung der ökonomischen Metaphysik von Marx, für die ich schon einen Vorschuss von 300 Rubel erhalten habe und für die ich noch 600 Rubel bekommen soll". NETSCHAJEFF drangte darauf, dass BAKUNIN trotz des empfangenen Vorschusses die Arbeit aufgebe, um sich vollständig der revolutionären Propaganda in Russland zu widmen, wobei er hinzufügte, dass er jemanden gefunden hat, der für den abgemachten Restbetrag an seiner Stelle die Übersetzung fertig machen würde. Ein Freund BAKUNINS, der Russe NICOLAI JUKOWSKY schlug vor, diese Übersetzung gemeinsam mit anderen Freunden fertig zu machen und dass BAKUNIN diese Arbeit zu revidieren hätte, doch wurde dieser Vorschlag nicht angenommen. „Bakunin, sagt GUILLAUME, der sich in der Sache auf das Versprechen Netschajeffs verliess, die Angelegenheit zu erledigen, kümmerte sich nur noch um die russische Propaganda und wollte nichts mehr von der Übersetzung reden hören. Doch Netschajeff missbruchte unwürdig das Vertrauen Bakunins. Ohne sein Wissen schrieb er an den Verleger Poliakof einen Brief, in dem er ihm im Namen des *Russischen revolutionären Komitees* mitteilte, dass Bakunin von diesem Komitee aufgenommen wurde, er deshalb die angefangene Übersetzung nicht abgeschlossen habe, worauf er, wie es scheint, eine Drohung für den Fall hinzufügte, wenn Poliakof irgend welche Reklamationen machen sollte." — KROPOTKIN, der später diesen Brief *gesehen hat*, sagt, dass es kein eigentlicher Drohbrief war, sondern vielmehr ein Appell an den gesunden Verstand des Verlegers, wobei er ihn verstehen liess, dass Bakunin seine Zeit viel besser verwenden könnte, als Überretzungen zu machen. Doch ist es nicht unmöglich, fügt KROPOTKIN hinzu, dass so weit er sich erinnert, der Brief mit einigen Sätzen schloss, die den Verleger verstehen liessen, dass wenn er sich nicht versönlich zeigt „er es dann bedauern könnte". DAVE sagt in der zit. Schrift, S.S. 23, 24, dass dieser Brief des „unwürdigen Mystifikateurs" NETSCHAJEFF eine direkte „Todesdrohung" gegen den Verleger enthielt. BAKUNIN erfuhr, wie GUILLAUME berichtet, von diesem Brief NETSCHAJEFFS erst nach fünf oder sechs Monaten und schrieb ihm deshalb zwei Mal, um dagegen zu protestieren. Darauf spielt eben die vierte „Erwägung" des Haages Kongress an, die lautet: „. . . . . Das ausserdem er (BAKUNIN) oder seine Agenten (NETSCHAJEFF) sich der Bedrohung bedienten, um seinen Verpflichtungen nicht nachkommen zu müssen." Tatsache ist, dass BAKUNIN und seine Freunde mehr als ein Jahr lang NETSCHAJEFF sein Propagandawerk und seine persönliche Imunität gegen die Nachforschungen der schweizerischen Autoritäten erleichterten. In einer, von der Sektion der *Alliance* in Lausanne am 17. Febr. 1870 organisierten Versammlung ergriff PERRON, ein Affiliierter die Gelegenheit, „die warmen Sympathien des Auditoriums zugunsten eines russischen Sozialisten Netschajeff wachzurufen", dessen Auf-

tivisten zurück und hielten sofort einen antiautoritären Kongress in Saint Imier (15. September 1872) ab. Einige Monate darauf, am 5. Januar 1873, schloss der Generalrat von New York die *jurassische Föderation* aus dem Sohosse der *Internationale* aus. Doch war dies nun von sehr geringer Bedeutung, denn die *jurassische*

---

lieferung in den letzten Tagen die russische Regierung vom Bundesrat verlangte; „man konnte, sagte der Redner, in verschiedenen Blättern den detaillierten Bericht über diese Infamie lesen, der die schweizerischen Autoritäten ihre Hand leihen wollen". Nach seiner Rückkehr vom Besuch bei BAKUNIN in Locarno, ging NETSCHAJEFF zu GUILLAUME (vgl.: *A. a. O.*, S. 180) in Neuchâtel und erzählte ihm, dass die russische Polizei ihn eines gemeinen Verbrechens, der Tötung des Stundenten IWANOFF anklage, ihn als Mörder und Fälscher suche, und alles daransetze, um von der schweizerischer Regierung seine Auslieferung zu erzielen. „Er übergab mir, setzt GUILLAUME fort, eine Nummer des in Petersburg von der geheimen Vereinigung *Narodnaia Rasprawa* (*Die Rache des Volkes*) gedruckten konspirativen Blattes, in dem erzählt wurde, dass Netschajeff auf Befehl des Grafen Mesentsoff, des Chefs der „dritten Abteilung", in einem auf dem Wege nach Sibirien befindlichen kleinen Dorf von den Gendarmen erwürgt wurde; er bat mich eine Übersetzung dieser Erzählung zu veröffentlichen, um die helvetische Polizei irrezuführen. GUILLAUME tat, um was ihn NETSCHAJEFF bat, und ein diesbezüglicher Artikel erschien im *Le Progrès*. Zwei Wochen darauf enthielt dasselbe Blatt (No. vom 19. Febr.) einen nicht unterzeichneten Artikel von BAKUNIN, in dem gegen die Lügen des „Bären von St. Petersburg protestiert wird, der die politischen Flüchtlinge als gemeine Verbrecher darstellt". Für einige Zeit verschafften die Freunde dem NETSCHAJEFF einen sicheren Zufluchtsort in Locle. Doch endlich kam der Tag, an dem BAKUNIN und sein Kreis ihre Ansicht änderten. Er schrieb nun (Brief an TALLANDIER, 24. Juli, '70 aus Neuchâtel). — „. . . . wir haben uns von der Existenz so schwerwiegender Dinge überzeugen müssen, dass wir uns gezwungen sahen, alle unsere Beziehungen mit N[etschajeff] abzubrechen". Von nun an verfolgte BAKUNIN seinen früheren Freund, der wenige Monate zuvor so sehr seinen Enthusiasmus hervorgerufen hat, und warnte vor ihm alle, mit denen er in Berührung kam. BAKUNIN schrieb an VALERIAN M[ROCZKOWSKI] (einen bedeutenden, nach der Schweiz geflüchteten Polen, der mit der russischen Fürstin OBOLENSKY lebte, von der BAKUNIN in diesen Jahren öfters Geldbeträge erhielt) am 14. Juli 1878 aus Neuchâtel: „Du würdest recht viel Mut zeigen und unserer gemeinsamen heiligen Sache einen unschätzbaren Dienst erweisen, wenn es Dir gelingen könnte, von Netschajeff alle Papiere herauszukriegen, die er uns gestohlen hat, und gleichzeitig auch die seinigen. Doch fürchte ich sehr, dass Du vielleicht schon vollständig abgestumpft bist und Deine Beweglichkeit von ehemals verloren hast, deshalb bitte ich Euch, in Euerem eigenen Interesse alle Beziehungen mit Netschajeff abzubrechen". Zehn Tage darauf schrieb Bakunin wieder: „. . . . . Netschajeff ist einer der aktivsten und energischsten Männer, denen ich jemals begegnet bin. Sobald es sich darum handelt dem zu dienen, was er die Sache nennt, zögert er nicht und schreckt vor nichts zurück und zeigt sich für sich selbst so unerbittlich, als für alle anderen. Das ist sein Hauptvorzug, der mich angezogen hat und der mich lange sein Bündnis suchen liess". BAKUNIN erklärt nun die Art des Funktionierens dieses geheimen Komitees, dessen Mitglied NETSCHAJEFF war. Die Wahrheit und die Solidarität bestand nur zwischen ungefähr zehn Mitgliedern. „Alle übrigen müssen als blindes Werkzeug oder

Föderation konnte nun unabhängig ihr eigenes Leben führen und sich ausbreiten. Aus diesen Ereignissen und Umständen ging, wie Kropotkin sagte, der erste Funke der Anarchie hervor [1]), die nun aus den leeren Diskussionen abstrakter Theorien hinaustrat, um mit dem praktischen Leben in Berührung zu kommen.

Die Resolutionen des internationalen antiautoritären Kongresses von Saint-Imier, die von Adhémar Schwitzguébel [2]), dem

---

auszunützende Materie in den Händen dieser zehn Menschen dienen, die wirklich untereinander solidarisch sind. Es ist erlaubt und sogar empfohlen, sie zu betrügen, sie zu kompromitieren, sie zu bestehlen, und wenn es sein muss, sie zu vernichten; es ist Konspirationsfutter". Bakunin setzt diese recht dunkle Schilderung der Person Netschajeffs fort. „.... Wenn Ihr ihn einem Freund vorstellt, wird seine erste Sorge sein, gegen Euch Zwietracht, Tratschereien, Intrigen zu säen, kurz Euch zu entzweien. Hat Euer Freund eine Frau, eine Tochter, wird er versuchen sie zu verführen, ihr ein Kind zu machen, um sie der offiziellen Moral zu entreissen, um sie in eine erzwungene revolutionäre Protestation gegen die Gesellschaft zu stossen". Doch trennte ich mich, fügt Bakunin hinzu, mit Bedauern von ihm, weil unsere Sache viel Energie beansprucht, und nur selten ein Mensch gefunden wird, der sie in solchem Masse besitzt. Der letzte Plan Netschajeffs war, in der Schweiz eine Diebs- und Räuberbande zu organisieren, um ein revolutionäres Kapital anzulegen. Als endlich Netschajeff von der Schweiz ausgeliefert wurde und vor seinem Prozess in Russland stand, schrieb Bakunin (Brief v. 2. Nov. 1872 aus Locarno an Ogareff): „Er wird sterben wie ein Held, und diesmal wird er weder die Personen, noch die Sache selbst verraten. .... Niemand hat mir in meinem Leben so viel Übles getan als er, doch bedauere ich ihn trotzdem .... Seine Prätension ein Chef werden zu wollen, die auf so peinliche Art an seinem Wahnwitz, und dank seiner Unwissenheit an der sogenannten macchiavellischen oder jesuitischen Methode zerschellte, stürzte ihn in einen Abgrund von Kot". Das erste, berichtet Dragomanow, *A. a. O.*, S. 369, was die in Zürich wohnenden russischen Flüchtlinge nach der Verhaftung Netschajeffs taten, war, sich aller seiner Schriften zu bemächtigen, und alle der Regierung und dem Publikum gegenüber kompromittierenden Papiere und Dokumente zu vernichten. Es hiess, dass unter diesen Papieren auch eine schriftliche Verpflichtung Bakunins gewesen sein soll, die er Netschajeff gab, sich allen seinen Befehlen, als dem Vertreter des russischen revolutionären Komitees zu unterwerfen, und dies sogar für den Fall, wenn Netschajeff ihn beauftragen sollte, falsche Banknoten herzustellen. Zum Zeichen absoluten Verzichtes auf die eigene Persönlichkeit, soll Bakunin dieses Schriftstück mit einem Frauennamen unterzeichnet haben. Gewiss, meint darauf Dragomanow, hätte Bakunin niemals eingewilligt falsche Banknoten zu machen, doch sollte eine solche Erklärung den weniger ergebenen Adepten als Ermutigung dienen, die auf ihre ganze Persönlichkeit zu Händen der Chefs verzichten mussten.

[1]) *Memoiren eines Revolut.*, Bd. II. S.S. 84, 85.

[2]) Von diesem Propagandisten, einem Graveur, geb. 1844, der einer der Begründer der Sektion von Sonvillier war, rühren ausser verschiedenen, in Sammlungen herausgegebenen Schriften, zu denen die bedeutendsten Agitatoren beitrugen, und einigen, verschiedenen Kongressen unterbreiteten Denkschriften noch: *La guerre et la*

Sekretär des jurassischen Föderalkomités formuliert und von den Kongressteilnehmern gutgeheissen wurden, hatten nicht nur einen dem Kongress von Haag durchaus entgegengesetzten Inhalt, sondern trugen auch einen Charakter positiv autonomer Neuorganisation in Bezug auf die Taktik der Propaganda und die gemeinsam zu erreichenden Ziele. Vor allem verneinte [1]) der Kongress im Prinzip das „legislative Recht" aller allgemeinen oder regionalen Kongresse, denen keine andere Aufgabe zuerkannt wurde, als die, die Bestrebungen, die Bedürfnisse und die Ideen des Proletariats der verschiedenen Orte und Länder bekannt zu geben, damit ihre Harmonie und Einigung so leicht wie möglich verwirklicht werde; in keinem Falle dürfe aber die Majorität irgend eines Kongresses seine Resolutionen irgend einer Minorität aufzwingen. Der Kongress erklärte nun alle Resolutionen des Kongresses von Haag für ungültig, anerkannte auf keine Art die Befugnisse des neuen Generalrates, der, wie erwähnt nach New York verlegt wurde, und um die von den am Kongress teilnehmenden Delegierten vertretenen Föderationen vor den herrschsüchtigen Anmassungen des Generalrates selbst zu beschützen, entwarf er die Grundlagen eines „Paktes der Solidarität" unter diesen Föderationen, die es zurückweisen sich der „autoritären Partei des deutschen Kommunismus" zu unterordnen, „die ihre Herrschaft und die Anmassungen ihrer Chefs an Stelle der freien Entfaltung und der spontanen und freien Organisation des Proletariats" zu stellen versucht. Und der Pakt bestand darin, dass alle Föderationen und Sektionen untereinander, unabhängig von irgend einer höheren oder zentralen Kontrolle, regelmässige und direkte Beziehungen anknüpften; dass

---

paix, Saint Imier, 1871; *Le radicalisme et le socialisme*, ibid., 1876; *Chacun pour soi et Dieu pour tous*, Genève 1880 (dieses letztere erschien anonym) etc.

[1]) Ich entnehme diese Informationen dem in meinen Besitz befindlichen Originalbericht des Kongresses, (4 S.S. in folio, ohne Ortsangabe). Es heisst: „*Résolutions du congrès anti-autoritaire international tenu à St. Imier, le 15. Sept.*, 1872, *par les délegués de Fédérations et sections italiennes, françaises, espagnoles, americaines et jurassiennes.*" Das Dokument enthält nicht die Namen der Delegierten. — Einen Reflex der Kämpfe, aus denen die anti-autoritären Kongresse von Saint-Imier und des darauffolgende von Genf, hervorgingen, findet man im ersten Teil des zwar sehr parteischen, aber noch heute mit Vorteil zu konsultierenden Buches von O. GNOCCHI-VIANI, *Le tre Internazionali*, Lodi, „La plebe", 1875; siehe besonders S.S. 3—24.

wenn eine Föderation oder Sektion sich in ihrer Freiheit oder durch die Majorität eines allgemeinen Kongresses oder eines von einer solchen Majorität geschaffenen Generalrates angegriffen sehen würde, alle andere Föderationen oder Sektionen sich mit dieser solidarisch zu erklären haben.

Eine andere Reihe von Beschlüssen betraf die Art der politischen Aktion des Proletariats. Dem Proletariat eine Richtschnur oder ein einheitliches politisches Programm, als den einzigen Weg, der zu seiner sozialen Emanzipation führen könnte, aufzwingen zu wollen, ist eine ebenso absurde, wie reaktionäre Anmassung. Niemand habe das Recht den autonomen Sektionen und Föderationen die unbestreitbare Freiheit abzusprechen, diese politische Richtschnur zu verfolgen und für sich selbst zu bestimmen, die sie für die beste halten; jeder Versuch des Zwanges würde unvermeidlich zum allerbedrückendsten Dogmatismus führen. Die Bestrebungen des Proletariats können kein anderes Ziel haben, als die Begründung einer absolut freien ökonomischen Föderation und Organisation, die auf der Arbeit und der Gleichheit aller begründet ist, und von jeder politischen Regierung absolut unabhängig ist. Und diese Organisation und diese Föderation kann nichts anderes sein, als das Resultat der spontanen Aktion des Proletariats selbst, der Berufsorganisationen und der autonomen Kommunen. Jede politische Organisation ist notwendigerweise die Herrschaftsorganisation zu Gunsten einzelner Klassen und zum Nachteil der Massen, und wenn das Proletariat die politische Macht an sich reissen wollte, müsste es auch zu einer herrschenden und ausbeutenden Klasse werden. Deshalb erklärt der Kongress:

1. Dass die Vernichtung jeder politischen Macht die erste Pflicht des Proletariats ist.

2. Dass jede Organisation einer politischen Macht, möge sie sich auch als provisorisch und revolutionär, und nur zum Zwecke der Durchführung der Zerstörung ausgeben, nur ein neuer Betrug wäre und für das Proletaritat ebenso schädlich wäre, wie die gegenwärtig bestehenden Regierungen.

3. Dass zur Durchführung der sozialen Revolution die Proletarier aller Länder, bei Verwerfung aller Kompromisse, ausserhalb jeder bürgerlichen Politik die Solidarität der revolutionären Aktion zu organisieren haben.

Wie man sieht, sind hier schon alle Hauptpunkte der anarchistischen kollektiven Aktion enthalten und es ist offensichtlich, dass überhaupt niemals dem individuellen Werke eines Theoretikers des Anarchismus noch schärfere und noch komplexere Ausgestaltungen entsprangen, wie jene die als Resultat der kollektiven Arbeit aus den nachfolgenden Kongressen hervorgingen. Der Kongress von Saint-Imier ging aber noch viel weiter, indem er zum ersten Mal in ausgesprochen anarchistischem Sinne die Widerstandsorganisation der Arbeit entwarf. Die Arbeit, wird da gesagt, wird, wenn sie nicht frei organisiert ist, für den Arbeiter drückend und unproduktiv. Die Organisation der Arbeit ist also die unumgängliche Bedingung der wahren und vollständigen Emanzipation des Arbeiters. Aber die Arbeit kann ohne den Besitz der Rohstoffe und des ganzen sozialen Kapitals nicht frei ausgeübt werden und kann nicht organisiert werden, wenn der Arbeiter nach der Befreiung von der politischen und ökonomischen Tyrannei nicht auch die Möglichkeit erringt, alle seine Fähigkeiten vollständig zu entfalten. Da der Staat, wie jede Regierung und jede Verwaltung der Volksmassen von oben nach unten, naturnotwendig auf der Bureaukratie, auf der Armee, auf der Spionage, auf dem Klerus begründet ist, wird er niemals imstande sein eine Gesellschaft zu begründen, die auf der Arbeit und auf der Gerechtigkeit beruht, weil er durch die Natur selbst seines Organismus unabwendbar dazu gedrängt ist jene zu unterdrücken und diese zu verneinen. Der Arbeiter kann sich von der Jahrhunderte alten Unterdrückung nur befreien, wenn er an Stelle des aussaugenden und zerstörenden Staates eine freie Föderation aller Produzentengruppen stellt, die auf der Solidarität und der Gleichheit begründet ist. Man hat ohne Zweifel schon öfters versucht die Arbeit zu organisieren, um die Lebenslage des Proletariats zu verbessern, aber auch die bescheidenste Besserung wurde bald darauf von den privilegierten Klassen aufgehoben, die unaufhörlich, ohne Zügel und Schranken die Arbeiterklasse auszubeuten suchen. Dennoch ist aber der Vorteil einer solchen Organisation derartig, dass es auch bei den gegenwärtigen Verhältnissen falsch wäre darauf zu verzichten. Sie lässt das Proletariat sich immer mehr in der Gemeinsamkeit seiner Interessen verbrüdern, sie gewöhnt es an das kollektive Leben, sie bereitet es zu seinem höchsten Kampfe vor. Noch mehr. Da die freie und spontane Organisation der Arbeit dazu berufen ist, sich an Stelle des privilegierten und autoritären Organismus des politischen Staates zu setzen, wird sie, sobald sie verwirklicht ist, die dauernde Garantie der Widerstandsfähigkeit des ökonomischen Organismus gegenüber dem politischen Organismus werden. Und nun muss, indem der Praxis der sozialen Revolution die Details der positiven Organisation überlassen bleiben, der Widerstand in grossem Massstabe organisiert und solidarisch gemacht werden. Der Streik ist ein wertvolles Kampfmittel, doch darf man sich keinen Illusionen über seine ökonomischen Resultate hingeben. Der Streik muss als ein Produkt des Antagonismus zwischen der Arbeit und dem Kapital betrachtet werden, der es als notwendige Konsequenz mit sich bringt, dass die Arbeiter immer mehr den Gegensatz erkennen, der zwischen Bourgeoisie und Proletariat besteht, dass die Organisation der Arbeiter gekräftigt wird, und dass das Proletariat durch die einfachen ökonomischen Kämpfe zum grossen und definitiven revolutionären Kampf vorbereitet wird, der durch die Zerstörung aller Privilegien und aller Klassenunterschiede dem Arbeiter das Recht geben wird, den vollständigen Ertrag seiner Arbeit zu geniessen, wie auch die Mittel, in der Gemeinschaft alle seine intellektuellen, materiellen und moralischen Kräfte zu entfalten.

Die marxistischen Momente, die noch hier und da hervortreten, werden allmählig in den nachfolgenden Kongressen herausgedrängt. Die Juraföderation nahm ohne Zögern diese Arbeit auf sich, und um sie und um Bakunin herum entstand so „ein Herd der Propaganda, von dem der Anarchismus später nach anderen Teilen Europas ausstrahlte" [1]). Im Monat September desselben Jahres (1873), in dem, wie man sah, der Generalrat von New York die *jurassische Föderation* verdammte und aus dem Schosse der *Internationale* ausschloss, berief jene einen Kongress nach Genf ein, und nannte ihn zum Zeichen der Missachtung den sechsten Kongress der *Internationale*, auf dem derselbe Generalrat, der die *Föderation* ausschloss, für aufgehoben erklärt wurde. Die Statuten der Internationale wurden einer radikalen Revision unterzogen. Sogar das Wort *Anarchie* und die ihr entsprechenden Lehren wurden

---

[1]) P. Kropotkin, *Memoiren*, B. II, S. 92.

offen in Betracht gezogen und diskutiert. Im folgenden Jahr fand diese Tendenz auf dem in Brüssel abgehaltenen siebten allgemeinen Kongress einen noch stärkeren Ausdruck. Endlich wurde am achten Kongress in Bern, 1876, am Todesjahre Bakunins die anarchistische Theorie deutlich formuliert [1]), worauf diese so weit über den Umkreis der *Juraföderation* hinausstrahlte, dass man es kaum glauben könnte, wenn dem aufmerksamen Forscher dieser im Halbdunkel liegenden Geschichte, die eher unbekannt als vergessen ist, nicht unbestreitbar bedeutungsvolle Dokumente zur Seite stehen würden. Ich führe hier zwei ausgewählte Beispiele an, die sich auf Italien beziehen. Im Mai 1876 wurde vor dem Geschworenengericht in Bologna der bekannte Prozess der Internationalisten abgeschlossen, und am 16. Juli desselben Jahres und in derselben Stadt wurde der Kongress der Sektionen und Föderationen der *Internationale* der Romagna (die schon am 26. Juli 1873 begründet worden sind) und der Emilia abgehalten. Der Präsident des Kongresses war Andrea Costa, der konstatierte, „dass die Prozesse, die den Zweck hatten, die Internationale zu vernichten, nur dazu dienten, um für die *Internationale* selbst Propaganda zu machen, so dass der Schaden und der Spott nur unseren Feinden bleiben wird." Er feierte das Andenken Bakunins, der erst vor zehn Tagen gestorben war, weil, wie Costa versicherte, die ersten, von den neuen revolutionären Ideen inspirierten Vereine „in Italien hauptsächlich durch sein Werk entstanden sind." Costa schlug eine Resolution vor, die einstimmig angenommen wurde, in der es unter anderem hiess: „Stark durch unsere Überzeugung, stark durch unsere Kraft, sind wir entschlossen für die Verwirklichung der Ideen zu kämpfen, die Michael Bakunin mit uns teilte". Die von diesem

---

[1]) Die Beratungen dieses Kongresses sind noch heute zum Zwecke der Propaganda verbreitet, und zwar in folgenden Ausdrücken: „*a*) Kein Eigentum mehr: Krieg dem Kapital, den Privilegien aller Art und der Ausbeutung des Menschen durch den Menschen; *b*) Kein Vaterland mehr: Keine Grenzen, noch Kämpfe von Volk gegen Volk; *c*) Keinen Staat mehr: Krieg allen dynastischen und zeitlichen Autoritäten und dem Parlamentarismus; *d*) Die soziale Revolution muss zum Ziel haben, ein Milieu zu schaffen, in dem der Einzelne nur sich selbst Rechenschaft abzulegen hat, weil sein Wille ohne Schranken herrschen wird, ohne vom Willen des Nachbars beeinträchtigt zu werden". Vrgl.: J. MARESTAN, *Enquête sur les tendences actuelles de l'anarchisme: Le Libertaire*, Paris, 25.—31. Okt., 1903.

Kongress gutgeheissenen und angenommenen Einzelstatuten enthalten die Prinzipien eines „speziellen revolutionären Programms", obwohl darin nicht die Absicht liegen soll, „das Verhalten jener zu beschränken, die zur Erringung ihrer Emanzipation einen anderen Weg einzuschlagen für notwendig und entsprechend halten." Die Anhänger erklären weiter, alles übernatürliche aus den menschlichen Beziehungen auszuschliessen, ohne jedoch „eine atheistische Inquisition einführen zu wollen". Sie wollen die Aufhebung aller Privilegien und Klassenunterschiede, und bestreiten jedem das Recht sich einen Glauben zu Nutze zu ziehen, „um daraus einen Gewinnsartikel oder eine spezielle Profession zu machen und ohne Arbeit leben zu können". Sie erklären die Existenz des Staates und des Privateigentums für unvereinbar mit der Emanzipation der Arbeiter, weil dieses den Ursprung der ökonomischen und politischen Abhängigkeit des Arbeiters darstellt und jener keinen anderen Zweck hat, als die bestehenden ökonomischen Privilegien aufrecht zu halten. Für die Emanzipation der Arbeiter wurde die Zerstörung des Staates in allen seinen ökonomischen. politischen und religiösen Ausdrucksformen, sowie die Umwandlung des Privateigentums in kollektives Eigentum für notwendig erklärt. „Die *Anarchie* (die Verneinung jeder Autorität, d.h. jeder Macht, die sich mit Hilfe von Gesetzen oder der Gewalt von oben nach unten aufzwingt) und der *Kollektivismus* (der Besitz der Produzenten an den Rohstoffen und Produktionsmitteln) sind, dieser der positive, jener der negative Ausdruck unseres revolutionären Programms". Die Anhänger der Föderation „sind Gegner jeden politischen Kampfes für sich selbst, weil das Ziel das sie erstreben, nicht die Errichtung eines *Arbeiterstaates* oder eines *autoritären Kommunismus* ist, sondern die direkte Emanzipation des Volkes durch das Volk selbst, das als Organ die freie Föderation der autonomen Komunen haben wird, die aus den in der Kommune selbst vorhandenen verschiedenen Vereinigungen der Produzenten bestehen werden." Das Programm. das fast so einfach als revolutionär war, war auch von einigen Erwägungen in Bezug auf die *freie Liebe* bereichert, in denen der Ansicht Ausdruck gegeben wird, dass Mann und Frau. die beide von einander ökonomisch unabhängig sein sollten, das Recht haben sich frei zu vereinigen, ohne dass sich andere in diese rein persönlichen Beziehungen einzumengen hätten [1]).

Einen Monat darauf brachte die *Federazione provinciale delle Marche e dell' Umbria* auf ihrem zweiten Kongress von Jesi (20. August 1876) ähnliche Ideen zum Ausdruck. Der Arbeiter, wird in dem vom Kongress [2]) angenommenen Programm erklärt, ist „in seinem innersten Wesen antiautoritär und anarchistisch"; der Kampf um die Emanzipation des Arbeiters ist kein Kampf um Klassenprivilegien oder Monopole, sondern um die Gleichheit der Rechte und der Pflichten und für die Aufhebung jeder Herrschaft und aller Klassenunterschiede. Die Beseitigung der bestehenden bürgerlichen Ordnung ist das grosse Ziel der sozialen Revolution, die „die Gesellschaft auf der Grundlage der Anarchie und des Kollektivismus mit der Absicht umzuwandeln sucht, eine menschliche Gesellschaft zu errichten, die frei von allen Privilegien, allen Vorurteilen, allen Gewaltanmassungen, auf der Arbeit, der Gleichheit und der Solidarität aller begründet sein wird." Es ist nicht erforderlich, dass dieselbe Methode angewandt wird, um dieselbe Emanzipation zu erringen. Jedes Land wird seine vollständige Autonomie und das Recht bewahren, sich selbst den zu beschreitenden Weg zu bestimmen. Es genügt schon, dass die Anhänger jeder einzelnen Gruppe als Grundlage des Verhaltens untereinander und allen Menschen gegenüber ohne Unterschied, die Wahrheit, die Gerechtigkeit und die revolutionäre Moral betätigen, die in der Formel der *Internationale*: „Keine Rechte ohne Pflichten, keine Pflichten ohne Rechte" ausgesprochen wird.

Diese beiden regionalen Kongresse geben einen Begriff von den Vorbedingungen und den Tendenzen, mit denen der allgemeine Kongress der *Italienischen Föderation* der Internationale in Florenz im selben Jahre (21.—22. Oktober 1876) zusammentreten musste. In Wirklichkeit wurde hier nichts neues diskutiert, was nicht schon in den beiden vorherigen, soeben erwähnten Kongresssen entwickelt und diskutiert worden wäre. Die Delegierten

---

1) Vrgl.: *Associazione internazionale dei lavoratori: Regione italiana. Atti del congresso delle sezioni e federazioni delle Romagna e dell' Emilia, tenuto a Bologna il* 16 *di luglio del* 1876, Bologna, Azzoguidi, 1876, 20 S.S.

2) Die Kongressverhandlungen wurden in einem heute fast unauffindbaren Flugblatt als Supplement der No. 4 der Zeitschrift *Il martello, Cronaca socialista*, Fabriano, 23. Aug. 1876, gedruckt, das ich besitze.

Cafiero und Malatesta konnten an das *Bulletin* der *Juraföderation* [1]) berichten : „Die *italienische Föderation* erachtet das kollektive Eigentum an den Arbeitsprodukten als die notwendige Komplettierung des kollektivistischen Programms, da die Mitwirkung aller zur Befriedigung der Bedürfnisse eines jeden das einzige Produktions- und Konsumsystem ist, das dem Prinzip der Solidarität entspricht" [2]). Aus diesen Tendenzen und den Tendenzen jener, die Marx treu geblieben sind, entsprang fast spontan die Notwendigkeit, einen allgemeinen Kongress für das folgende Jahr einzuberufen, an dem alle Fraktionen ohne Unterschied teilnehmen könnten. Die radikalste Fraktion hielt für sich selbst eine vorbereitende Zusammenkunft in Verviers ab, um ihre eigene Taktik zu beraten. Als sie aber auf dem allgemeinen Kongress von Gand (9. September 1877) hervortraten, gab es eine heftige Diskussion zwischen Anarchisten und autoritären Sozialisten, in deren Namen Liebknecht ausführlich sprach, doch unterlagen sie, und die beiden Richtungen trennten sich. Seit dieser Periode beginnt eine öffentlich weniger erkennbare, aber umso hartnäckigere und geschlossenere Bewegung. Es werden nun nicht nur die ausdrücklich ausgesprochenen anarchistischen Kongresse ausgenützt, wie die von Freiburg '78 [3]) und von Chaux-de-Fonds

---

[1]) No. vom 3. Dezember 1876.

[2]) Vrgl.: M. NETTLAU, *Bibl. de l'anarchie*, zit. S. 57. Der Kongress wurde in Wirklichkeit von der Polizei auseinandergetrieben, und verschiedene Teilnehmer, unter anderen ANDREA COSTA wurden verhaftet. Doch gelang es circa 40 Deligierten in der Umgebung von Florenz zusammenzukommen. Die Arbeiten wurden unter vier Kommissionen geteilt. Ausser der Verhandlung über „den Kollektivbesitz an den Arbeitsprodukten" kamen die Delegierten auch zur Übereinstimmung in der Anerkennung, dass „die revolutionäre Agitation das einzige wirksame und nicht korrumpierende Mittel ist, dass die anarchistischen Sozialisten anwenden, um die Massen zu interessieren und die lebendigen Kräfte der Menschheit in ihren Kämpfen gegen das Privilegium wachzurufen". Ich entnehme diese Notizen einer Nummer der Zeitschrift : *Il martello*, Jesi, a. I. No. 12., 13. Nov. '76, die NETTLAU nicht finden konnte, die ich aber besitze.

[3]) Über diesen Kongress ist wichtig anzuführen, dass ELISÉE RECLUS in einer seiner Denkschriften vorschlug eine Antwort auf folgende drei Fragen festzulegen: „Weshalb sind wir : 1. Revolutionäre, 2. Anarchisten, 3. Kollektivisten ?" „Der Kongress nahm die Antworten von Reclus selbst an, die folgendermassen zusammengefasst werden können : „Wir sind Revolutionäre, weil wir die Gerechtigkeit wollen . . . . Niemals hat sich ein Programm einfach durch friedliche Evolution erfüllt, es wurde immer durch eine plötzliche Revolution verwirklicht. Wenn die Vorbereitungsarbeit auch langsam in den Geistern vor sich geht, erfolgt die Verwirklichung der Ideen plötzlich . . . . . Wir

von 1879—'80, wo der anarchistische Kommunismus von Kropotkin und Cafiero auseinandergesetzt wurde, sondern auch alle anderen Kongresse, auf denen die Arbeiterfrage gründlich diskutiert wurde, wie auf jenen von Marseille und von Lyon 1879—'80, auf denen die anarchistische Lehre Gelegenheit fand, sich unverhüllt auszudrücken. In gleicher Weise ging auch die Parteipresse vor, die von der Bewegung dazu bestimmt wurde. *Le Révolté* vom 7. August 1880, der vergass, dass er dasselbe mit noch viel mehr Recht vom vorhergehenden Kongress von Marseille hätte sagen können, schrieb gelegentlich des Kongresses von Lyon: „Zum ersten Mal wurden die anarchistischen Ideen auf einem französischen Kongress auseinandergesetzt, und wenn sie vielleicht einigen der Kongressisten zu radikal erschienen, haben wieder andere dagegen begriffen, dass sie sich der Wahrheit viel mehr nähern, als die konfusen Tendenzen der autoritären Kollektivisten" [1]).

Nacheinander folgende Differenzierungen, die in mehreren sich folgenden Kongressen zum Ausdruck kamen, gaben dem Anarchismus einen immer präziseren und unabhängigeren Charakter, wodurch sich die Anarchisten vor der Alternative befanden, entweder eine grössere Kohäsion zu erreichen, dafür aber die allseitige theoretische Entwicklung der Lehre aufzugeben, oder an dieser Entwicklung mit dem Bewusstsein weiter zu arbeiten, dass darunter ihre Kohäsion leiden wird. Nur mit Hilfe der ersten einfachen Formeln, deren rudimentäre Ausarbeitung wir bis nun beobachtet haben, hätte es möglich bleiben können, geschlossen in der Propaganda und in der Rekrutierung der Anhänger vorzugehen. Aber der Fortschritt dieses ganzes komplizierten Zusammenhanges jener gesetzlichen Parteien, die den Anarchismus in ihrem Schosse enthalten und die geistige und sentimentale Teilnahme von

---

sind Anarchisten, weil wir niemand als Herrn anerkennen und auch keines Menschen Herr sind... Es gibt keine Moral ausserhalb der Freiheit... Doch sind wir auch internationale Kollektivisten, weil wir wissen, dass das Leben ohne soziale Gruppierung unmöglich ist...". Der Kongress erklärte sich ausserdem: 1. Für die kollektive Aneignung des sozialen Reichtums; 2. Für die Abschaffung des Staates in allen seinen Formen. Er empfahl folgende Mittel anzunehmen: 1. Die theoretische Propaganda; 2. die insurektionelle und revolutionäre Aktion; 3. Die Stimmenthaltung. Vrgl.: J. MARESTAN, *Enquête*, etc. zit.

[1]) Zit. von GARIN, *a. a. O.*, S. 35.

Männern, die sich durch Einzwängung in eine theoretisch und praktisch zu elementare Formel beschränkt gefühlt hätten, haben zuweilen notwendigerweise die Anarchie zu einer Form sehr komplizierter kritischer Auseinandersetzung ihrer Prinzipien hingedrängt; auch wenn solche Prinzipien nicht friedlich in die losen Reihen der Massen der Anhänger eingeführt werden konnten. Andrerseits ereignet es sich wieder in den Momenten der grössten Zerfahrenheit, wann die am meisten verbreiteten Organe am lautesten betonen, dass gerade die freie Initiative die wesentliche Voraussetzung des Anarchismus sei, dass die mysteriöse Macht der Tatsachen die Anhänger dazu drängt, irgend einen Kongress einzuberufen, dessen Verhandlungen die Versöhnung und Beseitigung der Divergenzen nach sich ziehen könnten. Als solcher erscheint typisch der Hintergrund der bekannten Konferenz von London, die am 14. Juli 1881 abgehalten wurde. Die anscheinende Ursache war die Wiederbelebung der *Internationalen Arbeiter-Assoziation*. Aber aus der inneren Macht der Dinge wurde es ein anarchistischer Kongress, was auch einen Monat vorher ein Organ der Bewegung *Le Révolté* [1]), vorausgesagt hatte.

Die Beschlüsse waren folgende: „Die am 14. Juli 1881 in London zusammengetretenen Vertreter der revolutionären Sozialisten haben, als Anhänger der gewaltsamen und vollständigen Beseitigung der bestehenden politischen und ökonomischen Institutionen, die Prinzipienerklärung angenommen, die am 3. September 1866 vom Kongress der *Internationalen Arbeiter Assoziation* in Genf beschlossen wurde. Sie schlagen den angeschlossenen Gruppen folgende Resolutionen vor: Die *Internationale Arbeiter Assoziation* erklärt sich als Gegnerin des parlamentarisch-politischen Kampfes. Wer die Prinzipien der *Assoziation* anerkennt und verteidigt, kann als Mitglied aufgenommen werden. Jede angeschlossene Gruppe hat das Recht direkt mit allen anderen Gruppen und Föderationen in Verbindung zu treten .... Um die Beziehungen zu erleichtern, wird ein internationales Informationsbureau errichtet werden .... Der Kongress drückt den Wunsch aus, dass die angeschlossenen Organisationen nachstehenden Vorschlag in Erwägung ziehen: Es ist von dringender Notwendigkeit alle

---

[1]) No. vom 25. Juni 1881.

möglichen Bemühungen zu machen, um mit Hilfe von Taten die revolutionäre Idee und den Geist der Empörung in jenem grossen Teil der Volksmassen zu propagieren, die an der Bewegung noch nicht teilnehmen und sich noch über die Sittlichkeit und Wirksamkeit der legalen Mittel Illusionen machen. Der legale Boden, auf dem man gewöhnlich bis heute verblieben ist, muss verlassen werden, um unsere Aktion auf den Boden der Ungesetzlichkeit zu tragen, wo der einzige Weg liegt, der zur Revolution führt; es ist also nötig zu Mitteln zu greifen, die mit diesem Ziel übereinstimmen ..... Es ist absolut notwendig, unsere Bestrebungen dieser Seite zuzuwenden, wobei wir uns erinnern sollen, dass die einfachste, gegen die bestehenden Institutionen gerichtete Tat viel besser zu den Massen spricht, als Tausende von Druckschriften und Ströme von Worten, und dass die *Propaganda durch die Tat* am Land eine noch grössere Bedeutung hat als in den Städten. Der Kongress empfiehlt den der Internationalen Arbeiter Assoziation angeschlossenen Organisationen und den Einzelpersonen, die grösste Aufmerksamkeit dem Studium der technischen und chemischen Wissenschaften als Mittel der Verteidigung und des Angriffs zuzuwenden". Der Kongress erklärte weiter, dass er sich bloss das Recht zusprach die allgemeinen Züge jener revolutionären Organisation anzudeuten, die ihm als die beste erscheint, er sich aber auf die Initiative der Gruppen in Bezug auf die geheimen Organisationen und all das Übrige verlässt, was für den Triumph der sozialen Revolution nützlich erscheinen könnte.

Es könnte scheinen, dass auf diesem Punkte die anarchistische Organisation dieses Maximum der Kohäsion erreicht haben muss, die mit der auch nur innerlichen Ablehnung jeder persönlichen oder kollektiven Autorität vereinbar ist. Doch konnten noch bedeutungsvollere, weil noch präzisere Erklärungen am nachfolgenden Kongress von Genf (12. August 1882) gemacht werden, der schon vom zwei Monate vorher in Lausanne abgehaltenen regionalen Kongress der *Juraföderation* angekündigt wurde. Die Tagesordnung des Genfer Kongresses lautete: „Über die absolute Absonderung der anarchistischen Partei von allen anderen politischen Parteien, welche immer auch die Bezeichnung sein mag, mit der sie sich schmücken". In Anbetracht dieser Frage wurde nachstehendes Manifest redigiert und von allen Gruppen gutgeheissen : „Die in Genf zusammengetretenen Anarchisten stimmen in folgenden Prinzipien überein, die sie den Kameraden mitzuteilen als ihre Pflicht erachten : Unser Feind ist unser Herr. Als Anarchisten, das heisst als Männer ohne Herren über uns, bekämpfen wir alle, die irgend eine Macht an sich gerissen haben oder sich auch nur aneignen wollen. Unser Feind ist der Eigentümer, der den Boden besitzt und den Landmann zu seinem Vorteil arbeiten lässt ; unser Feind ist derUnternehmer der die Fabrik besitzt und sie mit Lohnsklaven füllt ; unser Feind ist der Staat, ob er monarchisch, oligarchisch, demokratisch oder proletarisch sei, mit seinen Funktionären und seinem Generalstab von Beamten, Magistraten und Spionen. Unser Feind ist jede Abstraktion der Autorität, ob sie nun der Teufel oder der liebe Gott heisst, in dessen Namen die Pfaffen so lange Zeit die gläubigen Seelen beherrschten. Unser Feind ist das Gesetz, das immer zur Unterdrückung der Schwachen durch den Starken und für die Rechtfertigung und Heiligsprechung des Verbrechens gemacht wurde. Aber wenn der Landeigentümer. der Fabrikbesitzer, die Häupter des Staates, die Pfaffen und das Gesetz unsere Feinde sind, sind auch wir ihre Feinde und wir empören uns gegen sie. Wir wollen die Erde und die Fabriken zurückerobern, die gegenwärtig dem Eigentümer und dem Unternehmer angehören ; wir wollen den Staat beseitigen, unter welchem Namen er sich auch verbergen mag, und wollen unsere moralische Freiheit den Pfaffen und dem Gesetz gegenüber wiedernehmen. So weit unsere Kräfte reichen, werden wir an der Zerstörung der offiziellen Institutionen arbeiten, und wir erklären uns mit allen Menschen, Gruppen und Vereinen solidarisch, die das Gesetz durch revolutionäre Akte negieren. Wir schliessen alle legalen Mittel aus, weil sie die Negation unseres Rechtes sind ; wir weisen das sogenannte allgemeine Wahlrecht zurück, weil wir uns nicht unserer indviduellen Souveränität entblössen und uns nicht zu Komplizen der von den angeblichen Repräsentanten begangenen Verbrechen machen wollen. Zwischen uns Anarchisten und jeder politischen Partei, ob konservativ oder gemässigt, ob sie jede Freiheit bekämpft oder sie in kleinen Dosen gewährt, ist die Scheidung absolut. Wir wollen unsere eigenen Herren bleiben, und wer immer unter uns versuchen wollte, ein Chef zu werden, ist ein Verräter an unserer Sache. Doch wissen wir, dass die individuelle Freiheit nicht ohne Assoziation mit anderen freien Kameraden bestehen kann. Wir leben alle gegenseitig für einander; das soziale Leben ist es, was uns hervorgebracht hat; es ist die Arbeit aller, die jedem das Gefühl des eigenen Rechtes und die Kraft es zu verteidigen gibt. Jedes soziale Produkt ist ein kollektives Werk, an das alle ein gleiches Anrecht haben. Sind wir also Kommunisten, annerkennen wir, dass ohne die Vernichtung der ererbten kommunalen, provinzialen, nationalen Schranken das Werk immer wieder von vorne angefangen werden müsste. Unsere Aufgabe ist den Gemeinbesitz zu erringen und zu verteidigen, welche immer auch unsere Sprache, und was auch die Regierungsform sei, die wir zu stürzen haben.

Nach dem Kongress von Genf folgte anscheinend eine Ruhepause von beinahe zehn Jahren, nach denen aber der bedeutungsvolle italienische Kongress von Capolago (Januar 1891) stattfand, an dem unter anderen Malatesta, Saverio Merlino und Amilcare Cipriani teilnahmen. Von diesem Kongress aus wurde die *Federazione italiana del Partito socialista anarchico rivoluzionario* organisiert, die noch heute, wenn auch nicht als tatsächliche Partei, so doch als allgemeine Ideenbewegung fortbesteht. Der Kongressbericht ist von einer Reihe allgemeiner Bemerkungen eingeleitet [1]. „Die bürgerliche Gesellschaft, heisst es da, die durch die unvermeidliche Entwicklung ihrer Institutionen ihrem Tode entgegengeht, bebt und wankt trotz ihrer Lügenkatheder und ihrer menschenmordenden Bajonette. Befreiende Ideen erwecken und erleuchten das Bewusstsein der Unterdrückten und ein Brausen der Empörung bewegt das Proletariat der ganzen zivilisierten Welt. Eine grosse Revolution steht bevor". Vor diesen Tatsachen stehen nun einerseits die Anarchisten und andrerseits die legalitären Sozialisten. Und da sich diese theoretische Unterscheidung nicht immer so klar in der Praxis ausdrückt, sandten die anarchistischen Veranstalter des Kongresses von Capolago Einladungen an alle italienischen Sozialisten, damit durch eine ausführliche Diskussion jedem Missverständnis ein Ende gesetzt werde,

[1] *Il congresso di Capolago: ai socialisti ed al popolo d'Italia*, Castrocaro, Barboni e Paganelli, 1891, 16 S.S. (konfisziert).

und nachher jeder seinen Platz wieder einnehme. Doch sind die Häupter der gesetzlichen sozialistischen Partei nicht gekommen, worauf der Kongress ohne weiteres an die Konstituierung der *Partito socialista anarchico rivoluzionario* überging, die sich folgende Prinzipien zu Grunde legte: 1. Expropriation des Privateigentums; 2. Abschaffung aller politischen Organisation, weil sie die Ursache und die Quelle des Privilegiums, der Ungleichheit und der ökonomischen Ausbeutung sind; und ganz besonders die Abschaffung der politisch administrativen Zentralisation, der Bureaukratie, der parlamentarischen Vertretung, der militärischen- und der Finanz-Macht, mit einem Wort, die Aufhebung der Regierung und des Staates; 3. Organisation der gemeinschaftlichen Produktion und des Konsums in Gemeinschaft, durch die Assoziation der durch freien Vertrag miteinander vereinigten Arbeiter und durch die Föderierung dieser Assoziationen je nach den Erfordernissen der gemeinsamen Bedürfnisse. — Betreffend die anzuwendenden Mittel wurde angenommen: 1. Die Propaganda in jeder Form; 2. Die Teilnahme an allen Agitationen und allen Bewegungen der Arbeiter, um die eigenen Prinzipien zu propagieren und die Massen zu ihrer Verwirklichung zu drängen, „indem wir uns in der Propaganda und in der Aktion immer von den Prinzipien des Sozialismus inspirieren, nämlich der Hebung des Bewusstseins des Volkes und die Überführung aller Besitztümer in die Gemeinschaft, für den Wohlstand und die Freiheit für alle"; 3. Die eigentliche revolutionäre Initiative. — Das Programm fordert weiter auf, „die Arbeitslosen zu organisieren, auf jede Art und bei jeder Gelegenheit unter den Massen die Ideen der Empörung zu verbreiten, um das Volk womöglich zur sozialen Revolution zu drängen". Der Kongress stimmte auch „in der Erkenntnis, dass ausser den Aufgaben, für die die individuelle Initiative genügt, es auch solche gibt, die die Mithilfe einer grösseren Anzahl von Personen und gemeinsamer Mittel bedürfen; in Erwägung, dass die allgemeine Revolution der Mithilfe aller anarchistisch revolutionären organisierten und vereinigten Kräfte bedarf" einem Organisationsentwurf der Partei bei, die aus allen Gruppen und Personen bestehen soll, die das angeführte Programm anerkennen. Der Kongress nahm schliesslich einen Beschluss über die Enthaltung von den Wahlkämpfen an; über einen am 1. Mai des folgenden Jahres zu inszenierenden Generalstreik, sowie über andere Punkte von geringerer Bedeutung die interne Taktik betreffend.

Die extremen Erklärungen des Kongresse von Genf und des Kongresses von Capolago für Italien, hatten in der darauffolgenden Entwicklung der Partei zwei Resultate hervorgerufen, nämlich für mehre Jahre, und man könnte sagen fast bis auf heute die theoretische Aktivität der Partei zu erschöpfen und dem autoritären Sozialismus ein Motiv zu liefern, um die Anarchisten von ihren eigenen Versammlungen und ihren eigenen Kongressen konstant auszuschliessen. Zur Bekräftigung der ersten Behauptung genügt ja bloss an die theoretische Desorganisation zu erinnern, die den anarchistischen Kongress von Chicago 1893 charakterisierte, wo man aus Befürchtung eine Autorität über die Einzelnen auszuüben, vermied irgend welche Richtschnur einzunehmen und zu bestimmen, wobei jedem die Freiheit gelassen wurde, je nach den Verhältnissen, nach seinen Mitteln und seinem Temperament zu handeln [1]; auch ist es kaum nötig den Pariser Kongress von 1900 anzuführen, der von der Polizei verboten, die den Versammlungssaal von Polizisten umringte, als Resultat nur die Verhaftung von ein oder zwei Teilnehmern hatte, die der Aufforderung „auseinander zu gehen" nicht entsprachen [2]. Für die zweite Behauptung wird allen der wahrhaft typische sozialistische Kongress von London vom Juli 1896 in Erinnerung kommen, wo

---

[1]) Trotzdem Errico Malatesta und Saverio Merlino einen Rapport über die „anarchistische Organisation" einsandten. Vrgl.: E. Malatesta, *Cose a posto: L'Agitazione*, 14. u. 21. März, 1903.

[2]) J. Marestan, *Enquête*, etc. zit. Dieser Kongress, der sofort nach dem Londoner Kongress von '96 beschlossen wurde, den ich gleich im Text behandeln werde, sollte vom 19. bis 22. Sept. abgehalten werden. Der erste Aufruf wurde Anfang '98 von Nieuwenhuis, Fernand Pelloutier und von Emile Pouget erlassen. Am Tage der Eröffnung wurde er verboten, doch wurden trotzdem einige geheime Zusammenkünfte abgehalten. Die Arbeiten des Kongresses sollten betreffen: Den Stand der Bewegung in den verschiedenen Ländern; Rapporte über Kommunismus und Anarchismus; über Kommunismus und Individualismus, Antisemitismus und Zionismus; die Organisation unter den verschiedenen Gruppen etc. Da der Kongress misslang, wurden alle Materialien dieser Arbeiten im literarischen Supplement der *Temps Nouveaux*, No. 23—32, S.S. 129—344 abgedruckt, und als besonderer Band unter dem Titel: *Rapports du congrès antiparlamentaire international de* 1900, herausgegeben.

die Anarchisten ausgeschlossen worden, obwohl noch vor dem Kongress viele, deren Wortführer Domela Nieuwenhuis wurde, auf den Skandal hinwiesen, der darin liegen würde, die Kämpfe zwischen Marx und Bakunin vom Jahre '72 zu wiederholen, und auf die Unzuträglichkeit „Männer wie Kropotkin, Reclus, Malatesta, Tscherkessoff, Cipriani, Gori, Lazare und andere auszuschliessen" [1]), trotzdem die Anarchisten, wie Grave schrieb, das Recht haben den Titel Sozialisten zu beanspruchen und ihr Recht zu betonen, überall dorthin zu gehen und an der Debatte teilzunehmen, wo der Anspruch erhoben wird, dass die Vertreter der sozialistischen Idee und der Emanzipation des Proletariats zusammengetreten sind [2]). Tatsache ist, dass die vorhin erwähnten Anarchisten, unter denen auch Louise Michel war, sich damit begnügen mussten, ausserhalb des Kongresses eine Serie von zehn Vorträgen zu halten [3]), deren Programm nicht einmal erschöpft wurde, und sehr synthetisch einige Prinzipien über die „Agrarfrage" zu verkünden, wie auch die Verwerfung „des fatalistischen und jesuitischen Gesetzes von Marx, nach dem die Konzentration des Kapitals und das Verschwinden der Kleinbauern die notwendige Vorbedingung zur Verwirklichung des Sozialismus sei", sowie die Ablehnung „jeder staatlichen Einmischung, weil jede Intervention des Staates den Staat selbst und seine Ausbeutungsmethode verewigt" [4]). Zwei schliesslich alte Melodien, die ausserhalb des Kongresses betont, mehr von der Ersohöpfung der kollektiven theoretischen Aktivität der anarchistischen Bewegung zeugten, als vom Vorteil, den sie der allgemeinen Diskussion innerhalb des Kongresses der autoritären Sozialisten gebracht hätten.

Dies hielt aber die Anarchisten nicht ab, zu erklären, dass der Londoner Kongress einen absoluten Misserfolg der Sozialisten und

---

[1]) Vgl.: *Les Temps nouveaux*, J. II. No. 13, S. 1.

[2]) Vgl.: *Ibid.*, J. II. No. 20. S. 2.

[3]) Vgl.: *Ibid.*: J. II. No. 17. S. 2 — Die zehn Vorträge betrafen folgende Themata; 1. *Die anarchistische und antiparlamentarische Bewegung in den verschiedenen Ländern.*. 2. *Der sozialistische Anarchismus und der Staatssozialismus*. 3. *Die parlamentarische Tätigkeit und ihr Misserofolg*. 4. *Der Generalstreik*. 5. *Der Krieg und der Generalstreik*. 6. *Die Gewerkschaftsbewegung und die Kooperation und die Arbeiter-Gesetzgebung*. 7. *Allmählige Reformen und Revolution*. 8. *Die Propaganda auf dem Lande*. 9. *Verbrechen und Verbrecher*. 10. *Anarchie und Gewalt*.

[4]) Vgl.: *Ibid.*, J. II. No. 44. S. 2.

ihrer Methoden darstellt. Sie benutzten diese Gelegenheit, um die Organisation und die Taktik des autoritären Sozialismus zu kritisieren, um die eigene Organisation zu rechtfertigen und um das in der nächsten Zukunft innerhalb zukünftiger Kongresse zu erreichende Ziel zu bestimmen. Der Londoner Kongress von '96 stellte nach Kropotkin [1]), der die, man könnte sagen, authentische Interpretation der internationalen anarchistischen Situation dieses Jahre gab, den Misserfolg der *sozialistischen Regierung* dar, die sich der proletarischen Bewegung beider Welten aufdrängen wollte ; der Kongress bedeutete die Trennung der *ökonomischen Arbeiterbewegung* von der *halb-bürgerlichen* politischen Bewegung, die unter dem Namen der Sozialdemokratie oder des parlamentarischen Sozialismus die sozialistische Bewegung des neunzehnten Jahrhundertes zu verschlingen drohte. Es war ein Schlag, der gegen die parlamentarische Methode „in der kommenden sozialen Revolution" geführt wurde. Die Unmöglichkeit, die grosse Bewegung des Proletariats und den freien Menschen im allgemeinen durch irgend eine parlamentarische Form, ob national oder international, permanent oder zeitweise, zu regieren oder auch nur zu lenken, wurde vollständig nachgewiesen. Und schliesslich war es für die Anarchisten eine neuerliche Betonung des anarchistischen Prinzips, das erklärt, dass die Harmonie nicht durch Druck aus einem *Zentrum*, sondern aus der freien Entfaltung aller Kräfte hervorgehen kann. Dieses Prinzip zeigte sich noch einmal als „unendlich praktischer", als das alte Prinzip des Regierungsjakobinismus. Die innere Geschichte der Arbeiterbewegung bestätigt uns dies. Die ungeheuere Bedeutung der ersten vier Kongresse (von 1866 bis 1869) der *Internationale*, in deren Verhandlungsberichten viel mehr als in den „dunklen Schriften von Marx und Engels der ganze moderne Sozialismus" zu finden ist, rührte von der Tatsache her, dass sie nicht den Anspruch erhoben die sozialistische Bewegung zu dirigieren, sondern sich nur darauf beschränkten, zu versuchen „ihren Ausdruck zu finden". Die Begründer selbst des modernen Sozialismus, sagt Kropotkin, suchten nicht die Herren der Bewegung zu werden. Sie suchten zu lernen ; zu

---

[1]) *Les congrès internationaux et le congrès de Londres : Temps Nouveaux*, J. II. 1896, No. 16, 18, 20, 21, 24. —

lernen von den einen, um es die anderen zu lehren. Man muss also die Arbeiter selbst, die alleraktivsten und allerintelligentesten unter ihnen, jene die in der Arbeitermasse bleiben und das Leben des Arbeiters leben, seine Freuden und Leiden teilen, auffordern ihre Bestrebungen, ihre Sehnsucht auszudrücken. Es ist notwendig, dass sie es tun, nicht indem sie sich auf den Boden der politischen Kämpfe stellen, wo sie sicher sein können von den Bourgeois übertrumpft zu werden, sondern indem sie auf dem Terrain der ökonomischen Kämpfe, der täglichen Kämpfe gegen die kapitalistische Herrschaft bleiben. Die Emanzipation der Arbeiter, sagte man zu dieser Zeit, müsse das Werk der Arbeiter selbst sein ; und man hielt sich buchstäblich an diese Formel. Man begriff, dass es zur Durchführung der sozialen Revolution notwendig war, dass der Volksgeist „neue Formen der gesellschaftlichen Organisation finde", neue Formen, die „aus dem Kampf der Arbeiter gegen das Kapital", aus ihren nationalen und internationalen Vereinigungen hervorgehen, aus den gemeinsamen Interessen, die unter den Arbeitern der ganzen Welt, ausserhalb der gegenwärtigen politischen Formen bestehen und den Ideen, die in ihrer Mitte entstehen. Das war es, was die Internationale suchte, als ihr Werk durch den Krieg von 1870 unterbrochen wurde.

Frankreich erhob die Fahne der Kommune und litt mehr durch die Unterdrückung vonseiten der „französischen Schlächter", als durch die Macht Bismarks. Die Deutschen, die von ihren militärischen Erfolgen begeistert waren, die sie dem „leitenden Organisationsgeist" Moltkes und Bismarks, der „Disziplin", dem politischen Staate zu schulden glaubten, folgten nun mit Leib und Seele der Tendenz der Regierung und der Politik. Aus den Sozialisten kurzweg, die sie früher waren, wurden sie „Sozialdemokraten", das heisst ultrastaatliche Jakobiner. Seit damals traten alle Kongresse nur noch zusammen, um den Grundstein einer sozialistischen Regierung zu legen. Auf der Konferenz von 1871, verkündeten die Londoner Marxisten, unterstützt von dem „berüchtigten Utin" die Formel von der „Eroberung der politischen Macht", indem sie die Grundlage einer internationalen Regierung errichteten. In Haag zogen es im Jahre 1872 die Marxisten, unterstützt von den französischen Blanquisten eher vor, die *Juraföderation* und Bakunin aus der Internationale auszuschliessen, die Internationale in zwei zu spalten und den Generalrat nach New-York schlafen zu schicken, „um die Internationale zu töten", als eine Internationale zu sehen, die in Frankreich, Belgien, Spanien, Italien und in der Schweiz die Autorität des marxistischen Generalrates nicht anerkennen wollte. In Gent wurde im Jahre '78 derselbe Versuch gemacht, eine internationale sozialistische Regierung zu ernennen, und der Versuch misslang nur dank dem gegnerischen Dazwischentreten von neun anarchistischen Delegierten. Doch endlich wurde in Paris und Zürich der Kampf gegen die Anarchisten noch heftiger, es war der Kampf, um aus der internationalen Arbeiterbewegung jene herauszudrängen, die keine internationale sozialistische Regierung haben wollen. Und was ist das Resultat? Während die Anarchisten ohne Rast danach streben ihre Auffassung der herrschaftslosen Gesellschaft auszuarbeiten, bleibt die andere Partei vollständig stationär. Seit dem Kongress von Basel bis heute, sagt Kropotkin, waren die internationalen sozialistischen Arbeiterkongresse nichts als „Kämpfe aus persönlichen und ehrsüchtigen Motiven". Der deutsche Sozialismus hat eine staatszentralistische Richtung angenommen. Seine Anhänger, auch die der anderen Nationen betrachten „die soziale Revolution als eine Ausdehnung der Staatsgewalten, der zentralisierten Organisation des Staates auf das ökonomische Gebiet". Sie lassen sich von der jakobinischen Tradition, der Tradition Louis Blancs lenken. Es war also historisch logisch, dass eine Strömung libertärer oder anarchistischer Opposition entstehe, die in Bezug auf die Kongresse der Ansicht ist, dass man als einziges Ziel haben soll, die Männer der Theorie und die Männer der Praxis in Berührung zu bringen, wobei bedacht werden muss, dass es die ersteren sind, die immer von den letzteren ihre besten Ideen herleiten können. Gerade nach dem entgegengesetzten Prinzip denken und handeln die autoritären Sozialisten.

Übrigens ist nach Kropotkin der Sozialismus in seiner Gesammterscheinung gegenwärtig eine solche Bewegung, dass keine Partei ihn in seiner Totalität umfassen und vereinigen könnte. Dies zu tun versuchen, dieses Ziel erreichen zu wollen, wie es die Sozialdemokraten tun, ist verlorene Mühe; es bedeutet die Sache zu verraten, die man zu verteidigen vorgibt. Alle grossen Bewegungen, und der Sozialismus ist eine solche, haben diesen Charakter der Allgemeinheit und Mannigfaltigkeit gehabt, die das Leben selbst darstellt. Die Anarchisten sind zufrieden, dass der Sozialismus endlich diese Phase erreicht hat, die embryonale Periode der Partei überwunden und sich in dem Masse verallgemeinert hat, dass er die ganze Gesellschaft durchdringt. Dies ist die beste Garantie dafür, dass er nicht unterdrückt werden kann. In den zukünftigen Kongressen muss man zur Überzeugung gelangen, dass jeder Versuch, dieser Bewegung eine Regierung, eine allgemeine Bevormundung aufzudrängen „ebenso verbrecherisch ist, wie der Versuch des Papsttums die Welt zu regieren". Zu glauben, dass man einer Bewegung, die im Begriffe ist so allgemein zu werden, wie die zivilisierte Gesellschaft selbst, eine Regierung aufdrängen könnte, „ist einfach ein verbrecherischer Wahnsinn, der wohl der katholischen Kirche würdig, aber eines Sozialisten unwürdig ist". Bis nun treten einige Gruppen besonders hervor. Die sozialdemokratische Bewegung repräsentiert die römisch katholische, später die jakobinische Auffassung des zentralisierten, disziplinierten Staates, der in seinen Händen das politische, ökonomische und soziale Leben der Völker konzentriert. Die anarchistische Bewegung stellt dagegen die volkstümliche Tradition der Gesellschaft dar. Sie erklärt sich offen kommunistisch und strebt nach der Zerstörung des Staates, um an dessen Stelle den freien direkten Vertrag der Konsumenten- und Produzentengruppen zu stellen, die gebildet werden, um alle Bedürfnisse der menschlichen Natur zu befriedigen. Zu derselben Bewegung ist auch diese Gruppe zu zählen, die eifersüchtig auf die Rechte des Individuums wachend, zum Individualismus hinneigt, denn auch diese Bewegung „hat ihre Existenzberechtigung, um die autoritären Tendenzen des Kommunismus aufzuwiegen". Ausserdem gibt es eine ungeheuere gewerkschaftliche Arbeiterbewegung, die unter der bescheidenen Erscheinung von Lohnstreitigkeiten und Verkürzungen der Arbeitszeit vielleicht mehr als alle anderen Bewegungen dazu beigetragen hat, die Menschenwürde im Arbeiter erwachen zu lassen, und die Absicht den Fabrikherrn aus der Fabrik und aus seinem letzten Zufluchtsort zu vertreiben. Auch die grosse kooperative Bewegung, die in England ausserordentlich verbreitet ist, geht dahin, ihren Strom in den Schoss des Sozialismus zu ergiessen, den er schliesslich ganz aufnehmen wird. Dasselbe kann auch von der agrarischen

Bewegung gesagt werden, sobald sie grössere Dimensionen und einen solideren Zusammenhang gefunden haben wird. Es müssen alle diese Bewegungen hinzugefügt werden, die unter der Form bewusster Revolte wie in Frankreich, oder religiöser Auflehnung, wie in Russland, die Volksmassen tiefinnerlich bewegen, um die Empörung gegen den Staat in seinen beiden wichtigsten Ausdrucksformen hervorzurufen, gegen den Militärdienst und die Steuerpflicht. Auch muss gleichzeitig die kommunalistische Bewegung in Rechnung gezogen werden, dessen Resultate schon im Aufstand der Pariser Kommune und in Spanien gesehen wurden. An alle diese deutlich ausgedrückten Bewegungen reiht sich noch die ganze Arbeit der besten Elemente der Bourgeoisie selbst zu Gunsten der manuellen Arbeit, des Ackerbaus, des Volkes. Die Bourgeoisie verliert schon heute in der Person der Besten aus ihrer Mitte, den Glauben an ihr Recht zur Ausbeutung. Zum Schluss muss noch die ansehnliche Zahl der Rebellen angeführt werden, die sich entweder individuell, auf eigene Faust, oder in Gruppen gegen alle sozialen und politischen Ungerechtigkeiten erheben, und sich aufopfern, um die Gesellschaft aus dem Schlaf zu erwecken, indem sie ihre Schläge gegen alles führen, gegen die Ausbeutung, gegen die Knechtschaft in jeder Form, gegen die heuchlerische Moral. Kein besonderes Verständnis für die vielseitige Wirklichkeit zeigen demnach alle diejenigen, die möchten, dass alle diese Bewegungen aufhören, um bloss einer einzigen Tätigkeitsform Platz zu machen, nämlich der Ernennung von Kandidaten für Parlamente und Gemeinderäte. Man möchte, dass diejenigen, die die Revolution in den *Tatsachen und in den konkreten Ideen* vorbereiten, ihre Tätigkeit aufgeben, um diese Aufgabe den Gesetzfabrikanten zu überlassen. Wie wenn es genügen würde Gesetzgeber zu werden, um alles das zu begreifen, was Millionen von Individuen in ihrem täglichen Kampf gegen die Herren der Fabrik, gegen die Autorität, gegen die Pfaffen, gegen die Gensdarmen u.s.w. lernen und erfahren. Dagegen gestatten uns die Kongresse einen tieferen Einblick. Da es gewiss ist, dass der persönliche Kontakt der Intelligenzen den Widerspruch hervorruft, aus dem ein nur noch viel innigeres Einvernehmen entspringt, und dieses Zusammentreffen in den Kongressen viel besser erreicht wird, als durch die Presse, „ist nicht nur e i n Kongress notwendig, sondern hundert, ja tausend Kongresse" [1]). Die Diskussion des Sozialismus, auch in seinem Gesamtbild, wurde im Jahre 1870 unterbrochen und ist seit dieser Zeit nicht mehr wieder aufgenommen worden. Und das muss eben gemacht werden. Die Zeitung, die Broschüre, das Buch ebnen das Terrain. Doch ist es nötig, dass dies auch mit mehr Geräusch in den Kongressen geschieht, die durch Diskussionen in den Gruppen vorbereitet werden, in Kongressen, zu denen alle jene eingeladen werden, denen daranliegt ihre eigenen Ideen zu klären und neue vorzuschlagen. Seit dem Kongress von London (1896) bis heute, schliesst Kropotkin, arbeiteten und arbeiten die Anhänger des Anarchismus in diesem

---

[1]) Und tatsächlich folgten sich die Kongresse in diesen Jahren ohne Zahl, doch hat keiner die historische Bedeutung der im Text erwähnten Kongresse erreicht. Nichtsdestoweniger sind auch jene für die tägliche Propaganda von Bedeutung, besonders wenn es sich um regionale Kongresse handelt, die genau bestimmte und definitive Themata behandeln. Solche waren, um bloss italienische Beispiele anzuführen, die beiden Kongresse der *Federazione socialista-anarchica romagnola*, von denen der erste am 26. Dez. 1897 in Faenza zusammentrat, (vrgl.: deren Verhandlungen in der *Agitazione* von Ancona, die damals von Malatesta redigiert wurde, No. 42, 30. Dez. '97); und der zweite, der anfangs '99 in Imola geheim abgehalten wurde, dem eine weitere Konferenz in Lugo folgte (vrgl.: die Verhandlungsberichte in einer Korrespondenz von V. Lacchini an die *Temps nouveaux*, J. V. No. 3, 13.— 19. Mai '99).— Unter den jüngsten Kongressen brauche ich kaum den Kongress der *Federazione socialista-anarchica del Lazio*, zu erwähnen, der in Rom vom 11. bis 13. Nov. 1905 abgehalten wurde. Die wichtigste Diskussion fand zwischen den Anhängern und den prinzipiellen Gegnern der Organisation („*organizzatori*" und „*anti-organizzatori*") innerhalb des Anarchismus statt. Diese letzteren erklärten unter anderen Argumenten, dass die Anarchisten, die sich organisierten, um Beziehungen zu finden und um sich frei und öffentlich zu vereinigen, die Akte individueller Empörung missbilligen müssten. Die Anhänger der Organisation antworteten darauf, „dass die Partei ein kollektives Organ ist, das eine kollektive Aktion verfolgt; sie beschäftigt sich nicht, und deshalb verdammt sie, noch billigt sie die individuelle Aktion, die eben die Sache der Individuen ist, und nicht einer Partei". Ein anderer Redner fügte noch hinzu, dass „die Ereignisse und die Tatsachen es bezeugen, dass sich die Organisation unter den Anarchisten immer als sehr nützlich erwiesen hat"; er schloss mit der Erklärung „dass es notwendig ist, den Kampf gegen die Übermacht des Kapitalismus, des Klerikalismus und des Militarismus zu organisieren". In einer nachfolgenden Zusammenkunft, in der bloss die Anhänger der Organisation das Wort ergriffen, trat man an die Beratung dieses Kapitels des Programms der *Federazione*, das schon bei früheren Beratungen angenommen wurde, und die Gewaltakte betraf. Alle Redner betonten ihre Befürchtung, dass dieses Kapitel als Verdammung der individuellen Empörungsakte gedeutet werden könnte. Es wurde darauf beschlossen aus dem Programm diesen Absatz zu streichen, der in Bezug auf diese Erklärung zu Missverständnissen Veranlassung geben könnte. Vrgl.: *L'Agitazione*, Roma, J. IX, No. 30, 31, — 25. Dez. 1905.

Sinne, um zu erreichen, dass die gründliche Nachprüfung des Sozialismus vor der Öffentlichkeit der grossen Kongresse stattfinde, die von der führenden Bevormundung der Männer der Wissenschaft oder der aktiven Politik emanzipiert sind.

* * *

Alle diese bisher angeführten Kongresse waren aber keine wirklich internationalen und selbstständige, ausdrücklich anarchistischen Kongresse. Es waren vielmehr nur Konferenzen, die im Anschluss an sozialistische Kongresse abgehalten wurden, oder Konferenzen weniger Anarchisten, die auch durchaus nicht international beschickt wurden. Der erste Versuch eines international beschickten selbstständigen anarchistischen Kongresses war der von Paris 1900, der aber wegen des Polizeiverbotes nicht abgehalten wurde [1]).

Ein solcher Versuch wurde mehre Jahre lang nicht mehr wieder aufgenommen, bis endlich im Sommer 1906 gleichzeitig die „*Föderation der libertären Kommunisten*" Hollands und „*le Groupement communiste libertaire*" Belgiens die Idee anregten, einen internationalen Kongress einzuberufen und zu organisieren. Jede dieser nationalen Föderationen hielt besonders ihre Vorkongresse ab, auf denen man sich zur Abhaltung des Kongress in Amsterdam vom 25.—31. August 1907, und auf die dort zu behandelnde Tagesordnung einigte. Die Einberufungen resp. Einladungen zu diesem Kongress, die in fast allen Zeitungen der Bewegung abgedruckt wurden, gingen nicht von einzelnen Persönlichkeiten, sondern von den schon vorhandenen anarchistischen Landesföderationen aus, und war auch der diesbezügliche Aufruf unterzeichnet von den anarchistischen Föderationen Hollands, Belgiens, Böhmens, Deutschlands und der Föderation der jüdisch sprechenden Anarchisten Englands. Die Tagesordnung war furchtbar überladen, sie enthielt nicht weniger als 16 Punkte über die heterogensten Gebiete. Das Hauptinteresse galt jedoch nur den ersten vier Punkten, und zwar : 1. *Anarchismus und Syndikalismus*, 2. *Generalstreik und politischer Massenstreik*, 3. *Anarchismus und Organisation*, 4. *Antimilitarismus als Taktik des Anarchismus*, — die auch der Kongress

---

[1]) Vrgl. vorher S. 455 und Fussnote 2.

allein die Zeit fand zu behandeln, obwohl er durch die ganze Woche drei Sitzungen täglich (vormittags, nachmittags und abends) abhielt.

Das Hauptinteresse des Kongresses konzentrierte sich jedoch auf die Frage des Syndikalismus, der in den letzten Jahren die Arbeiterbewegung und den Anarchismus, besonders der romanischen Länder, aufs lebhafteste bewegte. Man erwartete vom Kongress grundlegende Auseinandersetzungen und Diskussionen zwischen Anhängern und Gegnern der Organisation, ganz besonders aber zwischen jenen Anarchisten (den *„syndikalistischen Anarchisten"*), die in einer unabhängigen, revolutionären Gewerkschaftsbewegung ihre grösste Hoffnung zur Durchführung der sozialen Revolution und zur Verwirklichung der anarchistischen Ideale sehen, wenn die Gewerkschaftsbewegung sich zum eigenen Ziel die Expropriation des Kapitalismus und die Übernahme der Produktion durch die Gewerkschaften setzt, — und den Gegnern dieser Auffassung innerhalb des Anarchismus, (darunter den *„Antisyndikalisten"*). Für den Standpunkt einer so aufgefassten unabhängigen revolutionären Gewerkschaftsbewegung hat sich in den meisten Ländern den Name „revolutionärer Syndikalismus", oder kurzweg „Syndikalismus" eingebürgert. Speziell über dieses Prinzip bestand vor, während und auch nach dem Kongress der grösste Zwiespalt unter den Anarchisten.

Da die holländische Regierung dem Kongress keinerlei Schwierigkeiten entgegenbrachte, konnte dieser in Wirklichkeit e r s t e internationale unabhängig und ausdrücklich anarchistische Kongress mit einer Beteiligung von zirka 60 bis 70 Delegierten aus 14 Ländern (Argentina, Belgien, Böhmen, Bulgarien, Deutschland, England, Frankreich, Holland, Italien, Polen, Russland, Schweiz, Serbien, Vereinigte Staaten, und Delegierten der jüdisch sprechenden Anarchisten) programmässig eröffnet werden [1]).

Nachdem die Berichte über den Stand der Bewegung in allen Ländern vorgetragen wurden, (was die Sitzungen des ersten Tages einnahm) schritt man zuerst zur Diskussion des dritten Punktes

---

Vrgl.: *Congrès Anarchiste tenu à Amsterdam, Aout 1907. Compte rendu analytique des séances et Résumé des rapports sur l'état du mouvement dans le monde entier.* Paris, 1908, P. Delesalle, Publ. sociale. —

über *„Anarchismus und Organisation"*. Amédée Dunois leitete die Diskussion durch einen Vortrag ein, in dem er die früher einige Zeit massgebende individualistische Strömung scharf kritisierte, die jede Organisation als unvereinbar mit dem Anarchismus erklärte, worauf er sich auch gegen jene Syndikalisten wandte, die in der gewerkschaftlichen Organisation alles sehen und deshalb die Notwendigkeit einer besonderen anarchistischen Organisation nicht anerkennen wollen. Zum Schlusse seines Vortrages kam er zum Resultat, dass zur Durchführung der sozialen Revolution neben der Organisation der Massen in den Gewerkschaften, auch noch die Organisationen der Anarchisten notwendig sind, damit diese kleinen aber mutigeren Minoritäten „gewisse technische Massregeln" ausführen, zu denen die grossen Massen ungeeignet sind; kurz, um während revolutionärer Perioden die Kampfesgruppen zu bilden, und um während friedlicher Perioden systematisch, organisiert, — nicht mehr wie früher nur individuell — anarchistische Propaganda zu betreiben. In der Diskussion, während der auch Malatesta eine beachtenswerte Rede für das Prinzip der Organisation hielt, waren fast alle Redner bis auf einen, der die abgedroschenen Gemeinplätze von dem Individuum und dem „Ausleben der Individualität" gegen die Organisation ins Feld führen zu können glaubte, — für die Organisation, worauf bei der Abstimmung mit 46 gegen eine Stimme die von Dunois vorgeschlagene Resolution angenommen wurde. Diese Resolution lautet :

„Die am 27. August 1907 in Amsterdam vereinigten Anarchisten erklären :

In Anbetracht, dass die Ideen der Anarchie und der Organisation, weit entfernt, unvereinbar zu sein, wie manchmal vorgegeben wird, sich gegenseitig ergänzen und erläutern, da doch das Prinzip der Anarchie in der freien Vereinigung der Produzenten besteht ;

dass die individuelle Aktion, so wichtig sie auch ist, die gemeinschaftliche Aktion zu gemeinsam vereinbartem Ziel und Zweck nicht ersetzen kann ; ebensowenig, als die gemeinschaftliche Aktion die individuelle ersetzen kann ;

dass die Organisation der für unsere Sache tätigen Kräfte, der Propaganda einen neuen Anstoss geben und das Eindringen der Ideen des Föderalismus und der Revolution in die Arbeiterklasse beschleunigen würde ;

dass die Arbeiterorganisation, die auf der Gleichheit der Interessen begründet ist, die auf der Gleichheit der Bestrebungen und Ideen begründete Organisation nicht ausschliesst ;

fordern sie die Kameraden aller Länder auf, anarchistische Gruppen zu bilden, und die schon bestehenden Gruppen in Föderationen zu vereinigen.

Von Vohryzek wurde noch nachfolgender Passus vorgeschlagen, der einstimmig angenommen und der vorhergehenden Resolution angeschlossen wurde.

> Die anarchistische Föderation ist eine Organisation von Individuen oder Gruppen, der jedoch absolut keine Exekutivgewalt zusteht.
>
> Gegenüber der heutigen Gesellschaftsordnung hat sie den konkreten Zweck, alle psychischen und ökonomischen Bedingungen umzuwerten und in dieser Richtung den notwendigen Kampf durch jedes zweckmässige Mittel zu führen.

Der nächste Beratungspunkt galt, in geschlossener Sitzung, aus der das Publikum und die Presse ausgeschlossen war, der Begründung der anarchistischen Internationale. Der diesbezügliche mit 43 gegen 6 Stimmen angenommene Beschluss lautet:

> Die auf dem internationalen Kongress in Amsterdam versammelten anarchistischen Föderationen, Gruppen und Einzelpersonen, erklären die anarchistische Internationale für konstituiert.
>
> Sie setzt sich zusammen aus den bereits vorhandenen Gruppen und Organisationen, sowie aus den einzelnen Genossen, die sich ihr anschliessen.
>
> Die der Internationale angeschlossenen einzelnen Kameraden sowie die Foderationen und Gruppen bleiben autonom.
>
> Es wird ein internationales Bureau errichtet. Dieses Bureau besteht aus 5 Delegierten.
>
> Für den Fall, dass ein Mitglied des internationalen Bureaus ganz und gar nicht im Stande ist, sein Mandat zu erfüllen, kann es auf einstimmigen Beschluss der ubrigen Mitglieder durch einen anderen Genossen ersetzt werden.
>
> Das Bureau hat die Aufgabe ein internationales anarchistisches Archiv zu gründen, das allen Kameraden zugänglich ist.
>
> Das Bureau hat sich mit den Genossen aller Länder in Verbindung zu setzen, sei es direkt, oder durch Vermittlung von 3 Kameraden, die von den Foderationen, Gruppen und Einzelgenossen jedes Landes gewählt werden.
>
> Die einzelnen Genossen, welche sich der Internationale anschliessen wollen, müssen entweder durch das Bureau, durch eine Organisation, oder durch dem Bureau bekannte Genossen identifiziert werden.
>
> Die Kosten dieses Korrespondenzbureaus, sowie eines mit diesem zu verbindenen internationalen Archivs, werden durch Beiträge der an die Internationale angeschlossenen Föderationen, Gruppen und einzelnen Genossen aufgebracht.

Das Bureau fügte in der von ihm herausgegebenen Broschüre [1]) noch folgenden Passus hinzu:

> Von jeder Publikation (Zeitungen und Broschüren) sollen mindestens drei Exemplare dem internationalen Bureau ubermittelt werden, das dieselben, wenn nötig, den Föderationen, Gruppen oder Personen als Dokumente zur Verfügung stellen kann.

---

1) „*Resolutionen des Anarchistischen Kongresses in Amsterdam*". Publikation des Internationalen Bureaus. — London. (1907.)

Dieser Gegenstand der Tagesordnung, der aber die Kongressisten begreiflicherweise am meisten passionierte war: *Anarchismus und Syndikalismus.* Den einleitenden Vortrag hielt Pierre Monatte, Mitglied des Ausschusses der französischen „Confédération Générale du Travail", der den syndikalistischen Standpunkt vertrat. Er begann mit der Erklärung, dass er nicht so sehr die Theorien, als vielmehr die Praxis des revolutionären Syndikalismus in Frankreich auseinandersetzen will und schilderte nach einer kurzen Darstellung der Struktur der Confédération générale du Travail, in grossen Zügen die Geschichte und Entwicklung der französischen Gewerkschaftsbewegung und des Syndikalismus, und wie der revolutionäre Geist zum grossen Teil durch den Eintritt der Anarchisten in die Gewerkschaften hineingetragen wurde. Er verweilte darauf bei der Taktik des Syndikalismus, der direkten Aktion, um besonders auch die günstigen Erfolge der „Sabotage" zu betonen, wofür er ein Beispiel aus dem Maurergewerbe gab, und erinnerte daran, wie seit den Tagen der anarchistischen Dynamitattentate die Bourgeoisie zum ersten Mal wieder vor der Sabotage zitterte. Er anerkannte die noch vorhandenen Mängel am französischen Syndikalismus, wie z.B. das sich einnistende Beamtentum, kritisierte aber ebenso den blossen Rede- und Wahlrevolutionarismus der Sozialdemokraten, wie den rein philosophischen Sektenrevolutionarismus der Anarchisten. Der Syndikalismus allein gebe den Arbeitern die praktische Gelegenheit durch die direkte Aktion in ihren täglichen Kämpfen revolutionär zu handeln und sich so zur revolutionären Aktion im grösseren Massstabe vorzubereiten. Zum Schluss wandte er sich gegen eine auf der Gleichheit der Ideen begründete Gewerkschaftsbewegung, d.h. ebenso sehr gegen rein anarchistische, als gegen rein sozialdemokratische Gewerkschaften, weil dies nur neue Spaltungen in der Arbeiterklasse hervorrufen könnte, deren materielle Interessen aber identisch sind. Er vertrat einen unabhängigen, selbstständigen Syndikalismus und verteidigte die berühmt gewordene Erklärung des französischen Gewerkschaftskongresses von Amiens 1906, dass „der Syndikalismus sich selbst genüge", eine Erklärung, die von Sozialisten und Anarchisten aufs heftigste angegriffen wurde. Nun, diese Erklärung bedeute aber nichts anderes, als dass die Arbeiterklasse, endlich selbstständig geworden, sich selbst genüge und sich für ihre Emanzipation nicht mehr auf andere verlassen will.

Die darauffolgende Diskussion, an der recht viele Delegierte für und gegen teilnahmen, erreichte ihren Höhepunkt durch die Gegenrede Malatestas, die zweifellos einen starken Umschwung in einem Teil der Delegierten hervorrief. Malatesta, auf dessen Antrag schon vorher beschlossen wurde, die beiden Punkte „Generalstreik" und „Syndikalismus und Anarchismus" gleichzeitig zu behandeln, bekämpfte besonders die Auffassung, dass der Syndikalismus sich selbst genügen könnte. denn die Arbeiterbewegung sei nicht das Ziel, sondern nur ein Mittel zur Verwirklichung des Anarchismus. Der Syndikalismus wird in der Auffassung manches Anarchisten eine neue Doktrin und bedroht den Anarchismus. Der Syndikalismus kann nicht revolutionär sein, er muss eine gesetzliche und konservative Bewegung werden, wie es verschiedene Gewerkschaftsbewegungen zeigten, die anfangs revolutionär waren und später konservativ wurden. Er erinnerte an die stets wachsende Zahl der Arbeitslosen, die für den Syndikalismus eher ein Hindernis sind; dass also das Prinzip des Klassenkampfes falsch sei, weil es innerhalb der Arbeiterschaft ebensolche Kämpfe und Konkurrenz gibt, wie innerhalb der Bourgeoisie. Es könne keine ökonomische Solidarität unter dem Proletariat geben, wohl aber eine moralische Solidarität für dasselbe Ideal, für die soziale Revolution, und ein solches Ideal kann durch die kleinlichen Kämpfe um sofortige Verbesserungen nur geschädigt werden. Er kritisierte darauf die Taktik des Generalstreiks als durchaus ungenügend zur Durchführung der sozialen Revolution, denn im Augenblick, wo die Arbeiter daran gehen würden die Produkte zu expropriieren, finden sie sich der Polizei, der Gensdarmerie und den Soldaten gegenüber, worauf also die Frage doch nur durch den bewaffneten Kampf erledigt werden kann. Man müsse also nicht das Schlagwort Generalstreik propagieren, sondern sich zur Insurrektion, zum bewaffneten Aufstand vorbereiten, und den Waffen der Herrschenden noch mächtigere Waffen des Proletariats entgegenstellen, das heisst, gegen die Feuerwaffen der Soldaten die Bomben der Anarchistenins Feld führen. Die Anarchie hat ein viel weiteres Ziel, als nur die Interessen einer Klasse, ihr Ziel ist die vollständige ökonomische, politische und moralische Befreiung der ganzen Menschheit.

Nach ihm hielt Dr. Friedeberg eine längere Rede, in der er einen mehr vermittelnden Standpunkt einnahm, und ist der Inhalt seiner Rede in seiner weiter unten angeführten Resolution zusammengefasst. Die ausserordentlich heftig und leidenschaftlich geführte Diskussion wurde durch die kurze Schlussrede Monattes geschlossen, der verschiedene Einwände Malatestas beantwortete, und betonte, dass die (anarchistischen) Syndikalisten sich durchaus nicht die Bezeichnung als Anarchisten absprechen lassen wollen, dass ihr Anarchismus wohl so viel wert sei als der der anderen, und dass ihr Endziel, wie das aller Anwesenden die Anarchie sei, dass aber bei geänderten Verhältnissen auch andere Methoden in Anwendung zu bringen sind.

In der nächsten Sitzung schritt man zur Abstimmung über die von den verschiedenen Richtungen vorgelegten Resolutionen.

Es scheint aber durchaus zu keiner vollständigen Klärung der Ideen gekommen zu sein, denn viele der Kongressisten stimmten für alle sich stellenweise untereinander widersprechenden Resolutionen. Die meisten Stimmen erhielt die nachfolgende Resolution, die gewissermassen einen Kompromiss darstellte, denn ihr vierter und sechster Absatz stammte von Malatesta, die ersten drei Absätze von dem anarchistischen Syndikalisten Cornelissen (Holland) und der fünfte Absatz von dem syndikalistischen Anarchisten Vohryzek (Böhmen). Sie lautete:

> Der internationale anarchistische Kongress anerkennt die Gewerkschaften sowohl als Kampfmittel im Klassenkampf zur Erringung besserer Arbeitsbedingungen, als auch als Arbeitervereinigungen, die zur Umgestaltung der kapitalistischen Gesellschaft in eine anarchistisch kommunistische Gesellschaft dienen können.
>
> Indem der Kongress die eventuelle Notwendigkeit der Begründung besonderer revolutionärer syndikalistischer Organisationen anerkennt, empfiehlt er den Kameraden die allgemeinen Gewerkschaftsorganisationen zu unterstützen, zu denen alle Arbeiter desselben Faches Zutritt haben.
>
> Aber der Kongress betrachtet es als die Aufgabe der Anarchisten in den Organisationen das revolutionäre Element zu bilden und nur jene Arten von „direkter Aktion" zu propagieren und zu unterstützen (Streik, Boykott, Sabotage etc.), die in sich selbst einen revolutionären Charakter im Sinne der sozialen Umgestaltung tragen.
>
> Die Anarchisten betrachten die syndikalistische Bewegung und den Generalstreik als mächtige Kampfmittel, aber nicht als Ersatz der sozialen Revolution.
>
> Sie empfehlen den Kameraden im Falle der Erklärung des politischen Massen-

streiks, in den Streik einzutreten, aber dahin zu wirken, dass ökonomische Forderungen gestellt werden.

Die Anarchisten sind überzeugt, dass die Zertrümmerung der kapitalistischen Gesellschaft nur durch den bewaffneten Aufstand und die gewaltsame Expropriation herbeigeführt werden kann, und dass die Anwendung mehr oder weniger ausgedehnter Generalstreiks und die syndikalistische Bewegung die direkteren Kampfmittel gegen die militarische Macht der Regierungen nicht vergessen lassen darf.

Diese Resolution, die den Standpunkt keiner Richtung scharf präzisierte, da sie alle zu vereinigen suchte und sogar Absätze enthält, die Gedanken ausdrücken, gegen die Malatesta und seine Anhänger polemisierten, erhielt 33 Stimmer für und 10 gegen. Die nächste Resolution über denselben Gegenstand war die von Dr. Friedeberg vorgelegte und hatte folgenden Wortlaut:

Klassenkampf und ökonomische Befreiung des Proletariats sind nicht identisch mit den Ideen und Zielen des Anarchismus, der über die Klassenziele hinaus die völlige ökonomische und psychische Befreiung der menschlichen Persönlichkeit zum Ziele hat, der einen herrschaftslosen Zustand erstrebt, aber nicht eine neue Herrschaft, die der Majorität über die Minorität. Der Anarchismus sieht freilich in der Beseitigung der Klassenherrschaft, in der Aufhebung der ökonomischen Unfreiheit des grössten Teiles der Menschheit eine absolut notwendige, grundlegende Etappe auf dem Wege zu seinem Endziel.

Der Anarchismus muss es aber ablehnen, diese Befreiung des Proletariats anzustreben mit Mitteln, die in ihrer wirksamen Durchführung der Idee des Anarchismus widersprechen und die wahren Ziele des Anarchismus völlig aufheben müssen. Er lehnt es daher ab diesen Kampf zu führen mit dem Mittel des marxistischen Sozialismus, dem Parlamentarismus, einem Vertretungssystem und mittelst einer zünftlerischen lediglich auf Verbesserung der proletarischen Lebenshaltung gerichteten Gewerkschaftsbewegung, die beide nur die Herrschaft einer neuen Bureaukratie, die Herrschaft der diplomirten wie undiplomirten Intelligenz und die Unterdrückung der Minorität durch die Majorität zur Folge haben würde. — Die Mittel des Anarchismus zur Beseitigung der Klassenherrschaft können ausschliesslich die aus der „direkten Aktion" sowie der „Verweigerung der Persönlichkeit" sein, das heisst des aktiven und passiven Individualismus, sei es der Einzelpersönlichkeit oder einer von einem Gesammtwillen getragenen Masse, deren Wirksamkeit bei den starken gesellschaftlichen Zusammenhängen der individuellen Tat zwecks Umformung der gesellschaftlichen Zustände immer mehr übergeben wird.

Der libertäre kommunistische Kongress verwirft demzufolge den „politischen Masenstreik", der ja lediglich eine Sicherung des fur den Anarchismus indiskutablen Parlamentarismus bezweckt, anerkennt aber den ökonomischen revolutionären Generalstreik, die Verweigerung der Arbeitskraft des gesammten Proletariats als Klasse, als geeignetes Mittel, die ökonomische Struktur der heutigen Gesellschaft zu zerbrechen und das Proletariat aus der Lohnknechtschaft zu befreien. — Notwendig zur Herbeiführung eines solchen Generalstreiks ist die Durchdringung der syndikalistischen Organisationen mit den Ideen des Anarchismus. Ein vom Anarchismus völlig durchtränkter Syndikalismus ist geeignet durch einen revolutionären Generalstreik sowohl die Klassenherrschaft zu zertrümmern, wie auch den Endzielen des Anarchismus zur Herbeiführung eines herrschaftlosen Gesellschaftszustandes die Bahn frei zu machen.

Diese Resolution erhielt 36 Stimmen für und 6 gegen.

Es folgte nun die Abstimmung über die beiden von den Syndikalisten des Kongresses eingebrachten Resolutionen, die ohne Kompromisse nur den Standpunkt der syndikalistischen Gruppe ausdrücken sollten. Die erste war von Dunois verfasst und von den anderen Syndikalisten sechs verschiedener Nationen mitunterzeichnet und betraf nur das Verhältnis des Syndikalismus zum Anarchismus. Sie lautet :

Der anarchistische Kongress erklärt :

In Anbetracht, dass die bestehende ökonomische und juridische Gesellschaftsform durch die Ausbeutung und Unterdrückung der produzierenden Masse charakterisiert ist und dadurch einen absolut unversöhnlichen Interessengegensatz zwischen den Arbeitern und den Nutzniessern der bestehenden Gesellschaft verursacht, der den Klassenkampf hervorruft ;

dass die gewerkschaftliche Organisation, durch die Vereinigung des Widerstandes und der Revolte auf ökonomischem Gebiete, ohne sich um Doktrinen zu kümmern, das spezifische und grundlegende Organ dieses proletarischen Kampfes gegen die Bourgeoisie und alle bourgeoisen Einrichtungen ist ;

dass es von Bedeutung ist, dass ein immer kühnerer revolutionärer Geist die Bestrebungen der Gewerkschaften durchdringe, die zur Expropriation des Kapitalismus und zur Vernichtung jeder Gewalt führen sollen ;

dass, da die Expropriation und die gemeinsame Besitzergreifung der Produktionsmittel und Produkte nur das Werk der Arbeiter selbst sein kann, die Gewerkschaft, die schon heute den lebendigen Keim der zukünftigen Gesellschaft bildet, deshalb dazu berufen ist, in der Zukunft die produzirende Gruppe zu werden ;

fordert der Kongress die Kameraden aller Länder auf — ohne aus dem Auge zu verlieren, dass die anarchistische Betätigung nicht ausschliesslich auf die Gewerkschaft beschränkt sein soll, — aktiv an der autonomen Bewegung der Arbeiterklasse teilzunehmen und in den Gewerkschaften die Ideen der Empörung, der individuellen Initiative und der Solidarität zu entwickeln, die den Kern des Anarchismus bilden.

Diese Resolution erhielt 28 Stimmen für und 7 gegen. Da diese Resolution aber nichts über den Generalstreik sagte, brachten dieselben Syndikalisten die von Nacht und Monatte verfasste Resolution über den Generalstreik, der folgenden Wortlaut hatte :

Der anarchistische Kongress erklärt: dass er die Idee des Generalstreiks in der Gegenwart als einen der wichtigsten Hebel der revolutionären Propaganda zur Befreiung des Proletariats erachtet.

Gegenüber den Versuchen der Politikanten den Grundgedanken des Generalstreiks durch die die ihm entgegengesetzte Idee des politischen Massenstreiks zu korrumpieren, betonen wir, dass wir den Generalstreik zu ökonomischen Zwecken empfehlen, d.h.: 1) den, auf bestimmte Berufe und Gebiete ausgedehnten Generalstreik (zur Erringung besserer Lebensbedingungen) in der bestehenden Gesellschaft, den wir als revolutionäres Erziehungsmittel der Arbeiterschaft erachten, das sie 2) progressiv zum revolutionären, sozialen Generalstreik vorbereiten und hindrängen wird, dessen Zweck die Vernichtung der bestehenden Gesellschaft und die direkte Expropriation der Produktionsmittel sein wird.

Diese Resolution erhielt 25 Stimmen für und keine gegen.

Nachdem mit dieser Diskussion das Hauptinteresse des Kongresses erschöpft war, wurde noch ohne jede Diskussion und Widerspruch eine von Emma Goldmann und M. Baginsky vorgeschlagene Resolution zur Rechtfertigung der rebellischen Akte durch Akklamation angenommen, worauf auch, ebenfalls ohne jede Diskussion, die nachfolgende Resolution über den Antimilitarismus einstimmig angenommen wurde:

Die Anarchisten, welche die gänzliche Befreiung der Menschheit, die vollständige Freiheit des Individuums anstreben, sind deshalb natürlicherweise die erklärten Feinde jeder bewaffneten Macht in Händen des Staates, (Armee, Gendarmerie, Polizei, Gerichtswesen u.s.w.) Sie ersuchen die Kameraden und alle nach Freiheit strebenden Menschen im allgemeinen, mit allen Mitteln, je nach Temperament und Umständen, (individuelle Empörung, einzelne oder gemeinsame Dienstverweigerung, passiver oder aktiver Ungehorsam), für die gründliche Zerstörung aller Institutionen der Beherrschung zu kämpfen.

Sie geben der Hoffnung Ausdruck, dass auf jede Kriegserklärung die beteiligten Nationen mit dem Aufstand antworten.

Sie erklären, dass die Anarchisten mit dem Beispiel vorangehen werden, umsomehr, da sie diese Ideen in den Gewerkschaften propagieren.

Da für die weiteren Punkte der Tagesordnung gar kein Interesse vorhanden war, die Zeit auch zu sehr vorgerückt war, konnte dieser Kongress damit wohl schon als abgeschlossen betrachtet werden, der zweifellos von grosser Bedeutung für die internationale anarchistische Bewegung war. Die Diskussionen dieses Kongresses, besonders über die Frage „Syndikalismus und Anarchismus" dauerten auch nachher in der internationalen anarchistischen Presse mit ungebrochener Lebhaftigkeit fort.

III.

Die Gruppen.

Nicht ohne lebhaftes Bedauern muss der Erforscher des anarchistischen Phänomens zugeben, dass ihm die Möglichkeit einer kompleten Analyse der intimen und vollständigen Bedeutung der Organisation der anarchistischen Gruppen versagt ist und vielleicht auch immer versagt bleiben wird, wenn nicht einmal einer der tätigen Anarchisten zum Historiker dieser Bewegung wird, der er sich angeschlossen hat. Dem aufmerksamen Forscher fehlen gewiss nicht diese Elemente, die zur allgemeinen Bestimmung der Physiognomie der Gruppen mit Berücksichtigung der einzelnen Länder und der wichtigsten Tendenzen notwendig sind. Doch der Mangel der Disziplin unter den Adepten des Anarchismus, auch wenn sie sich entschliessen einer elementaren Organisation beizutreten, bringt es mit sich, dass das vollständige Gewebe vereinigter revolutionärer Energieen sich jeder wahrhaft rigorosen Kontrolle historischer Analyse und theoretischer Bewertung entzieht. Das ist übrigens das notwendige Schicksal einer Bewegung, die, wenn auch imponierend in ihrem ganzen Zusammenhang, durch das Eindringen, Anschliessen und Zusammenschmelzen fragmentarischer Elemente ohne Zahl und ohne dauernde Existenz entsteht. Diese fragmentarischen Elemente sind die Gruppen, die ebenso leicht durch einen einzelnen Agitator entstehen können, der es nicht verschmäht die eigene anarchistische Betätigung durch den Anschluss der Mitkämpfer und Anhänger zu verstärken; wie sie sich auch aus den sonderbarsten und am meisten unerwarteten Motiven auflösen, wobei es sich ereignet, dass zu der Unbeständigkeit der inneren Organisation der Gruppen selbst, diese Unbeständigkeit hinzugerechnet werden muss, die dem unregelmässigen, disharmonischen und fast immer unberechenbaren Eingriff (der eben nur dann vernünftig wäre, wenn er die entgegengesetzten Merkmale hätte) der öffentlichen Gewalten und der Verteidigungsorgane des Staates zuzuschreiben ist.

Die Gruppenorganisation ist also, so schwankend und vergänglich auch ihr Dasein ist, derartig, dass sie sich einer bestimmten Kontrolle und somit auch der Möglichkeit entzieht, ihre Regeln oder auch nur die allgemeinen Tendenzen, von denen sie geleitet wird präzise zu erkennen. Es muss noch hinzugefügt werden, dass die Zentralisation der Propaganda immer auf den Widerstand von seiten eines grossen Teiles der lebendigsten Kräfte innerhalb des Anarchismus stiess, und dass die wenigen Versuche in diesem Sinne entweder direkt misslungen sind, oder — wenigstens bis auf heute — Resultate ergaben, die dem zu ereichenden Ziel durchaus nicht entsprechend waren. Nur wenige Male schien es, dass aus Versuchen dieser Art irgend ein beachtenswertes Resultat hervorgehen könnte. Im Jahre 1896 wurde z.B. in London die Organisation *The Associated Anarchists* [1]) begründet, deren Zweck es war, Gruppen zu bilden, die bestimmte Regeln anerkannten, die zur Ausbreitung der anarchistischen Idee als notwendig erachtet wurden. Eine der ersten Gruppen „Anarchie ist Ordnung" begann ihre Tätigkeit mit der Veröffentlichung eines Manifestes, in dem die Gründe für diese gemeinsame Tätigkeit auseinandergesetzt wurden. Da wir, hiess es da, seit langer Zeit an der englischen anarchistischen Bewegung teilnehmen, sahen wir eine sehr grosse Propaganda und eine intensive Arbeit zur Verbreitung unserer Ideen, doch sind wir gezwungen einzugestehen, dass die Aufnahme unserer Ideen ihrer Verbreitung und der gemachten Propaganda absolut nicht entspricht. Die anarchistische Bewegung ist gegenwärtig stagnierend und apathisch. Dies rührt von der unentsprechenden Taktik her, die von den Anarchisten im allgemeinen angewandt wird und die darin besteht, sich zu trennen sobald eine Meinungsverschiedenheit entsteht, so dass die Minorität ihren Weg geht und die Majorität einen anderen. Es ist also notwendig solche schädliche Trennungen zu vermeiden, und zwar mittels nicht obligatorischer Verträge, wonach die Majorität und die Minorität harmonisch weiter zusam-

[1]). Vrgl. A. HAMON, *Les anarchistes associés : Les Temps nouveaux*. J. II. No. 2 ; 2—8. Mai 1896.

men arbeiten können. In vielen Zusammenkünften anarchistischer Kameraden war es in allen jenen Fällen, in denen keine absolute Einstimmigkeit erreicht werden konnte, unmöglich irgend einen Beschluss zu fassen. Alle Versammlungen, die die Durchführung einer Organisation betrafen, waren also entweder absurde Komödien oder lächerlicher Schwindel. Es ist also ein Wechsel der Taktik notwendig, indem der Standpunkt betreffend das Abstimmen geändert wird. Bis nun war man der Ansicht, dass es ein Verzicht auf die eigene Freiheit sei die Beschlüsse der Majorität anzunehmen, und nur manchmal zog es die Minorität vor, eher der Majorität nachzugeben als sich von ihr zu trennen. Nun wohl, das ist das Prinzip der kollektiven Harmonie, weil es von Wichtigkeit ist, dass die Taktik der Minorität, die es freiwillig vorzieht der Majorität zu folgen, eine Regel werde, die von allen diesen Anarchisten befolgt werden kann, die sich organisieren und dem Feinde geschlossene Reihen entgegenstellen wollen. Die Organisation *The Associated Anarchists* schlägt also einige „nicht obligatorische Verträge" vor, die auf folgenden Kriterien begründet sind: „Da die Assoziation auf der vollständigen Autonomie des Individuums begründet ist, ist das Recht aus ihr auszutreten, wenn ein Mitglied dies für entsprechend erachtet, unbestreitbar. In jeder Angelegenheit stimmt jedes Mitglied nur in jenen Fällen, wo es in Gemeinschaft mit anderen handeln will. Die Tätigkeit aller derjenigen, die gestimmt haben, richtet sich nach der Majorität." Auf den Einwurf, dass diese Regeln einen Verzicht auf das anarchistische Prinzip selbst darstellen, wurde geantwortet, dass die Anarchie als Doktrin zwar lehrt, dass jeder physisch so handeln soll, wie es ihm am besten gefällt und dass keinerlei gesetzlicher oder ungesetzlicher Zwang gegen irgend ein Mitglied einer Gruppe oder einer Gemeinschaft angewandt werde, aber dies liegt doch dem nicht im Wege, dass eine Minorität zustimmt der Majorität doch nachzugeben, wenn die Minorität darin für sich einen Vorteil sieht. Es ist dies keine Regierungsmajorität, die die Minorität z w i n g t mit ihr zu wirken, weil jene allein es für sich vorteilhaft findet. Es ist dies keine von der Majorität aufgezwungene Regel, sondern eine freie Übereinstimmung der Minorität. Und wenn diese Norm einige Analogie mit den sozialistischen Organisationen hat, unterscheiden sie sich doch darin von diesen, dass die *Associated*

Anarchists" nicht nach der Eroberung der politischen Macht streben, noch auch anerkennen, dass die Majorität über alle Dinge zu beschliessen habe. Sie anerkennen bloss, dass die Majorität über die kollektive Aktion für alle diejenigen entscheide, die an einer kollektiven Aktion in einer gegebenen Angelegenheit teilnehmen wollen. Ein Einzelner, der keine kollektive Aktion wünscht, wird bei der Abstimmung beiseite bleiben.

Es ist unbestreitbar, dass ein ähnlicher Versuch die Möglichkeit der anarchistischen Organisation bewies, die von vielen Anarchisten selbst nicht zugegeben wurde. „In der anarchistischen Gesellschaft, schlossen sie, wird die Industrie nicht ohne eine Organisation bestehen können, und das ist ohne gegenseitige Verträge von Mann zu Mann unmöglich. Zeigen wir also schon von nun an, dass wir bereit sind untereinander übereinzustimmen." Diese Idee entsprang englischen, schottischen und irländischen Anarchisten und ihre ersten Befürworter waren C. T. Quinn und T. Reece. Diese Idee wurde den Mitgliedern aller Londoner Gruppen mitgeteilt und von diesen angenommen. Man hielt diesbezüglich am Kings Cross am 16. Dezenber 1895 eine Versammlung ab, wo auch das Einvernehmen nicht mangelte. Im Februar 1896 hatte sich die Organisation schon präzisiert und funktionierte mit einem besonderen Sekretär. Doch verging nicht viel Zeit, bis die anarchistische Disziplinlosigkeit auch diese mit so viel Eifer und elastischer Weitherzigkeit aufgerichteten Dämme durchbrach. worauf die Organisation *The Associated Anarchists* sich auflöste. und von ihr nur noch eine Erinnerung übrig blieb, gewissermassen um zu beweisen, dass sich die anarchistische Organisation niemals so stark und in innigster Kohäsion fühlt, als wenn sie die Tätigkeit der Kollektivität und der Einzelnen weder kontrolliert, noch auch besonders leitet und nicht einmal die eigenen Anhänger zählt.

Damit soll aber sicht gesagt sein, dass es einflussreichen Agitatoren nicht gelingt, die Bildung von Gruppen hervorzurufen und wenigstens für einige Zeit, die verschiedenen Gruppen untereinander zu föderieren. Besonders in drei Fällen geschieht dies: Dort wo der Boden noch jungfräulich ist und es sich darum handelt neue Anhänger zu gewinnen; dort wo ein ausdrücklich anarchistisches Blatt publiziert wird (und es erscheinen deren hunderte).

oder wo ein besonders bedeutender Agitator seinen direkten und indirekten Einfluss ausüben kann ; und schliesslich dort, wo die allgemeine Bewegung der Organisation des Proletariats so weit fortgeschritten ist, dass eine gewisse Disziplin sogar in die Reihen der Anarchisten eindringt.

Die Schüler von Josua Warren, unter denen ich nur Lysander Spooner und Benjamin R. Tucker erwähne, hatten nach dem Tode ihres Lehrers, der im Jahre 1879 in Boston erfolgte, nicht viel Mühe in den bedeutendsten Städten der vereinigten Staaten, zahlreiche anarchistisch-individualistische *Klubs* zu begründen. Hier handelte man auf noch jungfräulichem Boden, wo die Propaganda noch auf gar keine Hindernisse stiess, die von kritischer Voreingenommenheit herrühren konnten. Doch später musste diese Propaganda der Disziplinlosigkeit Platz machen, die immer unter den Anhängern Platz greift, sobald sie nur kaum die Periode des Kennenlernens der Ideen überwunden haben. Ich reproduziere im weiteren einige Paragraphen der Statuten des ältesten anarchistischen *Klubs* von Boston, und der Leser wird nun von selbst erkennen, dass solche Normen zur Regelung anarchistischer Vereinigungen dieser letzten Jahre weder in Amerika noch anderswo anerkannt werden könnten, wo die Bewegung nur irgend eine, wenn auch nicht tiefe Verbreitung gefunden hat. Die hauptsächlichsten Paragraphen lauteten : *a*) „wir Unterzeichneten erklären eine Vereinigung unter dem Namen : „anarchistischer *Klub*" zu bilden ; *b*) das Ziel des *Klubs* ist die Beseitigung jeder Herrschaft des Menschen über den Menschen. Die Mittel zur Erreichung dieses Zieles sind : öffentliche Versammlungen, Vorträge, Diskussionen, Verbreitung anarchistischer Publikationen ; *c*) die Mitglieder des *Klubs* sind nicht verpflichtet irgend einen Beitrag zu zahlen, werden aber ersucht je nach ihren Mitteln zu den Kosten der Erhaltung dieser Institution durch monatliche Beiträge beizusteuern ; *d*) der *Klub* versammelt sich jeden ersten Samstag jeden Monates und die Leitung der Versammlung ist einem Präsidenten anvertraut, der jedesmal von der Versammlung mit Stimmenmehrheit erwählt wird ; *e*) alle dem *Klub* vorgelegten Fragen werden mit Ausnahme der im nachfolgenden Paragraphen genannten Angelegenheit durch die Stimmenmehrheit der stimmenden Mitglieder entschieden ; *f*) Änderungen an den Statuten des Klubs können nur durch Einstimmigkeit der Mitglieder des Klubs selbst beschlossen werden" [1]). Hier war also die Frage der Majorität und der Minorität auf elementare und friedliche Weise gelöst, doch sahen wir vorher, dass kaum zwanzig Jahre darauf die Frage von den englischen Anarchisten mit Spitzfindigkeiten und Begründungen aufs neue hervorgezogen wurde, womit gewissermassen ein Vorspiel zum heutigen absoluten Mangel an Disziplin gegeben wurde.

Ich habe es nicht nötig das Entstehen und die Festigung der Gruppen rund um jede Zeitschrift noch näher zu dokumentieren. Es erfolgt dies schon aus allem was darüber gesagt wurde, als wir die Tätigkeit der anarchistischen Presse, untersuchten, die gleichzeitig Ursache und Resultat der Organisation nach Gruppen ist. Ich will vielmehr einen exemplarischen Fall rascher Wiederorganisation beim Erscheinen eines bekannten Agitators in einer Umgebung fortgeschrittener proletarischer Entwicklung anführen. Anfang März 1897 erschien unerwartet Errico Malatesta in Italien, aus London kommend wohin er geflüchtet war, und blieb neun Monate verborgen in Ancona fieberhaft an der Reorganisation der anarchistischen Bewegung arbeitend. Es ist keine alltägliche Erscheinung, schrieb der Anarchist Ciancabilla, als er die Tatsache den französischen Kameraden berichtete, dass eine ganze Partei wieder erwacht, sich aufs neue organisiert, eine gleichförmige Richtschnur der Taktik und der Methoden unter dem Einfluss „eines der feurigsten und ältesten Mitkämpfers verfolgt, der immer noch gezwungen ist im Schatten zu bleiben, und trotz seines besten Willens am politischen Leben seines Landes nicht anders teilnehmen kann, als im Geheimen". Die italienische anarchistische Partei, „in ihrer Jugend durch den furchtbaren Sturm der Ausnahmsgsetze überrascht", hatte seit zwei Jahren aufgehört ihre kollektive Stimme in der internationalen Bewegung vernehmen zu lassen. Und nun genügte bloss das Erscheinen Malatestas, dass sofort vom Beginn eines neuen „starken und widerstandskräftigen" Lebens gesprochen werden kannte. Jede Provinz, fuhr dieser Berichterstatter fort, hat zahlreiche Gruppen von Kameraden, die in einigen Provinzen in Föderationen vereinigt sind. Alle Gruppen sind ausserdem untereinander durch Korrespon-

[1]) Vrgl.: P. Ghio. A. a. O., S.S. 68, 69.

denzbureaus in der Weise geeinigt, dass die Tätigkeit der Partei immer übereinstimmend und gleichzeitig sei. Und die Partei orientierte sich in der Richtung, dass sie an den ökonomischen Kämpfen teilnahm, die bis zum höchsten Grad des Widerstandes gesteigert, unvermeidlich zur Revolution führen müssen[1]). Inzwischen begründete und befestigte Malatesta, (der am 15. November entdeckt aber sofort wieder freigelassen wurde, bis er einige Monate darauf wieder verhaftet und verurteilt wurde)[2]) die Zeitung *L'Agitazione*, die noch weiter in Rom erscheint und eines der

---

[1]) J. Ciancabilla, *Italie; La situation du parti anarchiste. Les Temps nouveaux*, J. III. No. 30, 20.—26 Nov., 1897. Giuseppe Ciancabilla war eine typische Figur eines Propagandisten des extremen anarchistischen Individualismus. Nachdem er in Damokos (Griechenland) mitkämpfte und von der sozialistischen Partei austrat, widmete er sich der internationalen anarchistischen Propaganda. Er ging nach Belgien, Frankreich, nach der Schweiz, von wo er zur Zeit des Attentats Luccheni ausgewiesen wurde, nach London, Paterson, wo ihm die Redaktion das Blattes: *La Questione sociale* anvertraut wurde, die er wieder Mitte 1899 aufgab, da die Tradition dieses Propagandaorganes zu sehr der extremen individualistischen Propaganda wiedersprach. *La Questione sociale* wurde darauf von Malatesta bis zum Februar 1900 redigiert. In diesem Monat gab es in Paterson leidenschaftliche Polemiken und Versammlungen zum Zwecke der Debatte und Auseinandersetzung zwischen den Anarchisten, Anhängern der Organisation, deren Wortführer Malatesta war, und den individualistischen Anarchisten, deren Wortführer Ciancabilla war. In einer dieser Versammlungen feuerte ein Individualist einen Revolverschuss gegen Malatesta ab und verletzte ihn dabei schwer. — Ciancabilla begründete später *L' Aurora* und die *Protesta Umana*, und veröffentlichte eine Übersetzung von *Conquête du pain* („*Wohlstand für Alle*") von Kropotkin, die in Italien in Form einer Grammatik eingeschmuggelt wurde. Nachdem er nach San Francisko übersiedelte, starb er im deutschen Spital, wo er in Behandlung war, am 16. September 1904.

[2]) Zum zweiten Mal wurde er am 18. Jan. 1898, als in Ancona Unruhen wegen der Brotteuerung ausbrachen, unter der Anklage der Teilnahme an einer Vereinigung zur Begehung von Verbrechen („assoziazione a delinquere") verhaftet. Der Prozess dauerte vom 21. bis zum 28. April und Malatesta wurde, nicht wegen des Verbrechens der „assoziazione a delinquere" (Art. 248 des Strafgesetzbuches), sondern wegen Vereinigung zu aufrührerischen Zwecken (Art. 247 und 251 Strgsb.) zu sieben Monaten Gefängnis und seine Kameraden zu je sechs Monaten verurteilt. Vom Appellations- und Kassationsgerichtshof wurde das Urteil bestätigt. Am 18. August hatte Malatesta sein Urteil abgebüsst, aber in der Zwischenzeit wurden infolge der Ereignisse von Mailand und anderwärts die Ausnahmsgesetze und das „domicilio coatto" (Zwangsdomizil) für die Anarchisten eingeführt. Daraufhin wurde Malatesta zu fünf Jahren Zwangsdomizil verurteilt. Er wurde auf die Insel Ustica transportiert, von da auf die Insel Lampedusa, von wo es ihm aber Ende April 1899 gelang nach Malta zu fliehen. Von da aus ging er nach London und kurze Zeit darauf nach Paterson, wo er bis Februar 1900 verblieb. Daraufhin ging er für kurze Zeit nach Cuba; im März war er wieder in Rom und von dort kehrte er nach London zurück, wo er sich noch gegenwärtig aufhält.

wichtigsten Organe der anarchistischen Lehre und Tätigkeit in Italien ist. Gewiss ist es nicht nötig, diesem Beispiel eine grössere Bedeutung beizumessen, als sie wirklich hat, aber wenn man an die kollektiven und individuellen Ereignisse ausdrücklich anarchistischen Charakters denkt, die sich in Italien in diesem und in dem folgenden Jahre 1898 ereigneten, wird es offenbar, dass die Propaganda Malatestas mindestens recht viele Nachahmer fand, von denen nicht wenige unbekannt blieben und bleiben. Tatsache ist, dass anfangs dieses Jahres sich den schon bestehenden Gruppen noch andere in Rom (Gruppe *Germinal*), in Padua (Gruppe *Il Risveglio*), in Bergamo (Gruppe *Diritto all' esistenza*), in Genua (Gruppe *Angiolillo*), in Regio Calabria (Gruppe *Comune di Parigi*), und noch andere in Vicenza, in Spezia, in Fabriano, in Pisa, in Camerino, in ganz Romagna und noch anderwärts [1]) beigesellten. Ich spreche schon gar nicht von dem Aufschwung der Propagandapresse, die niemals so üppig war als zu dieser Zeit, und den ein italienischer Korrespondent für ein ausländisches Blatt der Bewegung, dem Attentat Angiolillos zuschrieb. Wir können noch hinzufügen, dass wenn die Ursache richtig angegeben ist, haben auch die anderen Attentate desselben Jahres dazu beigetragen [2]).

Dies zum Beweise der direkten Wirkung, die einer der bekanntesten Agitatoren auf die Begründung der Gruppen ausüben kann. Zum Beweise der indirekten Wirkung kann ebenfalls die Tätigkeit Errico Malatestas angeführt werden, der seine Tätigkeit nicht nur auf das Verfassen der schon mehrmals erwähnten Propagandaschriften beschränkt, sondern einer Aufforderung entsprechend, auch zustimmte für die Gruppe *L'Avvenire* von New London im

---

[1]) Manche von diesen Gruppen sind heute verschwunden, die aber von anderen in bedeutend grösserer Zahl ersetzt wurden. In Rom gibt es ausser der Gruppe *Germinal*, die noch besteht, die Gruppen: *Constantino Quaglieri, 11 Novembre, 18 Marzo, 1 Maggio, 29 Luglio*, etc. (in der Deputiertenkammer wurde, gewiss in gutem Glauben, die Bildung dieser Gruppe abgestritten; doch war die Abstreitung unrichtig: vrgl.: *L'Agitazione*, Rom. J. X. No. 10, 23. Marz, 1906, S. 3: *Convegno socialista-anarchico*). Andere Gruppen sind: in Ancona: *Carlo Cafiero, Studi sociali, L'emancipazione, Eppur si muove, Risveglio, Era nuova, Resistenza operaia*, etc.; in Ravenna: *C. Cafiero, Gioventu libertaria*; in Rimini: *I forti combattenti*, etc. In Mailand, Turin, Genua, Florenz gibt es föderierte Gruppen.

[2]) R. d'Angio, *Le Mouvement anarchiste: Les Temps nouveaux*, J. III. No. 42, 12—18. Febr. 1898.

Connecticut, die mit anderen Gruppen von Ivoryton, Croton, Norwich Conn. und von Westerly R. I. föderirt war, ein Programm zu verfassen [1]. Das von Malatesta verfasste und von diesen Gruppen angenommene Programm erklärt, dass „der grösste Teil der Übel, die auf den Menschen lasten, von der schlechten sozialen Organisation herrühren, und dass die Menschen, wenn sie nur wollen und wissen, diese Organisation zerstören können", wenn sie die nachstehenden Mittel anwenden um zu folgenden Resultaten zu gelangen:

1. Aufhebung des Privateigentums an der Erde, an den Rohstoffen und Produktionsmitteln, damit niemand die Möglichkeit habe von der Ausbeutung fremder Arbeit zu leben und indem allen die Mittel zur Verfügung stehen, um zu produzieren und zu leben, alle wirklich unabhängig sein und sich mit einander für ihre gemeinsamen Interessen und je nach ihren besonderen Neigungen vereinigen können.

2. Beseitigung der Regierung und jeder Macht, die Gesetze erlässt und sie anderen aufzwingt; somit Aufhebung aller Monarchien, Republiken, Parlamente, Heere, der Polizei, aller Behörden, sowie aller wie immer gearteter Zwangsinstitutionen.

3. Organisation des gesellschaftlichen Lebens mit Hilfe freier Vereinigungen und Verbände der Produzenten und Konsumenten, die sich je nach dem Willen der Beteiligten bilden und verändern, gestützt auf die Wissenschaft und die Erfahrung, und frei von jedem Zwang, der nicht auf Naturnotwendigkeit beruht, der sich doch ein jeder, erfüllt vom gleichen Gefühle der unvermeidlichen Notwendigkeit, freiwillig unterwirft.

4. Garantie des Lebensunterhalts, der Erziehung und des Wohlergehens für die Kinder und alle diejenigen, die nicht imstande sind, für sich selbst zu sorgen.

5. Krieg den Religionen und allen Lügen, mögen sie sich auch unter dem Mantel der Wissenschaft verbergen. Für alle Menschen wissenschaftliche Bildung auf allen Gebieten.

6. Krieg dem Patriotismus. Aufhebung aller Grenzen. Verbrüderung aller Völker.

---

[1] *Gruppo S. A.* „*L'avvenire*" von New London Conn., *E. Malatesta. Il nostro programma*, Paterson, N. J. Tipogr. d. *Despertar*, 1903. —

7. Die Wiederherstellung der Familie in dem Sinne, wie sie sich aus der Liebe ergeben wird, die frei sein wird von allen gesetzlichen Fesseln, jedem ökonomischen oder physischen Zwang — von jedem religiösen Verurteil.

Malatesta bemerkt ausserdem, dass die Summe dieser Ziele nicht durch die Gewalt aufgezwungen werden kann, sondern „dem aufgeklärten Bewusstsein eines jeden entspringen, und durch die freie Übereinstimmung aller betätigt werden soll". Das erste Ziel wird also sein Mittel der Überzeugung anzuwenden, wodurch die Menschen auf ihre Leiden aufmerksam gemacht und ihnen die Möglichkeit gegeben wird, sie zu beseitigen. So wird in ihnen der „Geist der Empörung" entstehen. Es wäre unsinnig und im Widerspruch mit dem Ziel des Anarchismus, die Freiheit, die Liebe unter den Menschen, die allseitige Entwicklung aller menschlichen Fähigkeiten durch die Gewalt erzwingen zu wollen. „Doch wäre es gleichfalls absurd", setzt Malatesta fort, „und unserem Ziel widersprechend, wenn wir zuliessen, dass diejenigen, die anders denken als wir, uns verhindern unseren Willen durchzuführen, insofern er nicht ihr Recht auf eine der unsrigen gleiche Freiheit verletzt." Gerade dies geschieht aber von seiten der Nutzniesser der bestehenden Privilegien, die das gegenwärtige soziale Leben beherrschen und regeln. Dadurch, dass sie alle Produktionsmittel in Händen haben, heben sie direkt das Recht aufs Leben für Alle auf, indem sie jeden, der nicht zu den Besitzenden gehört, zwingen sich ausbeuten und unterdrücken zu lassen, wenn er nicht Hungers sterben will. Sie haben Zwangsmittel um ihre Privilegien zu verteidigen „und sie verfolgen, verhaften, massakrieren alle, welche diese Privilegien beseitigen wollen und die Mittel zum Leben und die Freiheit für Alle verlangen". Die Bourgeoisie und die Regierungen sind entschlossen sich der materiellen Gewalt zu bedienen, um sich nicht nur gegen die totale Expropriation, sondern auch gegen die unansehnlichsten Forderungen des Volkes zu verteidigen, „und sind immer zu den grausamsten Verfolgungen und blutigsten Metzeleien bereit." Das heisst also, dass dem Volk, das sich emanzipieren will, kein anderer Weg übrig bleibt, als „die Gewalt der Gewalt entgegenzustellen." Diese siegreiche Gewalt kann aus der Vereinigung aller Unterdrückten entstehen. „Und wann wir die genügende Gewalt haben werden, müssen wir uns die eintretenden günstigen Umständen zunutze ziehen, oder sie selbst hervorrufen, um die soziale Revolution durchzuführen, indem wir die Regierung mit Gewalt niederschlagen, die Besitzenden mit Hilfe der Gewalt expropriieren und alle Lebens- und Produktionsmittel in Gemeinbesitz überführen, und schliesslich verhindern, dass neue Regierungen ihren Willen aufzwingen und die soziale Neuorganisation stören, die von den Produzenten selbst geschaffen werden wird". Vorläufig kann aber noch nicht an diese Expropriation herangetreten werden. Der Beweis, dass das Volk zur Expropriation der Besitzenden noch unfähig ist, liegt in der Tatsache selbst, dass es sie nicht expropriert. Während des Abwartens des geeigneten Moments zur Expropriation, müssen sich die Anarchisten nicht nur für einen dauernden ökonomischen Kampf organisieren, sondern müssen von diesem auch zum politischen Kampf gelangen, zum Kampf gegen jede Regierung; „anstatt den Millionen der Kapitalisten die spärlichen mit Mühe gesammelten Pfennige der Arbeiter entgegenzustellen, muss man den Gewehren und Kanonen, die das Eigentum verteidigen, diese wirksameren Mittel entgegenstellen, die das Volk finden kann, um die Gewalt durch die Gewalt zu besiegen." Obwohl die Anarchisten die vollständige Freiheit verlangen, unterstützen sie alle Kämpfe für teilweise Freiheiten, da sie überzeugt sind, dass man nur im Kampfe kämpfen lernt und dass wenn man anfängt ein wenig Freiheit zu geniessen, man schliesslich die volle Freiheit wünscht. Da wir der Regierung ihre Macht noch nicht entreissen können, muss man suchen sie zu verringern, indem man sie zwingt den Gebrauch dieser Macht so wenig schädlich als möglich zu machen. Der Kampf gegen die Regierung wird schliesslich physischer, materieller Kampf. Die Grenze der Unterdrückung durch die Regierung ist die Gewalt, die das Volk der Regierung entgegenzustellen sich bereit zeigt. Die Regierung schreckt nur dann vor der Unzufriedenheit und dem Widerstand zurück, wann sie die Gefahr eines Aufstandes fühlt. Und die siegreiche Insurrektion ist das wirksamste Mittel für die Emanzipation des Volkes. Der Aufstand zieht wieder die Revolution nach sich, und diese ist die rasche Durchsetzung der während der vorhergehenden Evolution aufgespeicherten latenten Kräfte.

Wo es den verschiedenen Strömungen der individuellen und kollektiven Propaganda gelungen ist eine tiefe und ausgedehnte Organisationsbewegung hervorzurufen, ereignet es sich, dass der Versuch diese Bewegungen zu lenken, durch die spontane, selbstständige Gewalt der Dinge der Initiative einzelner Agitatoren, wie in den drei soeben angeführten Fällen gezeigt wurde, entzogen wird. Statt dessen wird sie von der Gesamtmasse der Anhänger selbst in die Hand genommen, die sich dadurch reif zeigt entweder direkt die zur Erreichung des Zieles geeigneten Mittel zu diskutieren, oder mit embryonaler kritischer Revision die praktischen und für den Augenblick geeigneten Verschläge eines anderen Anarchisten zu erwägen, ohne auf das Prestige und den persönlichen Ruf Rücksicht zu nehmen, den er als Agitator haben kann. Die individuelle Initiative sinkt schliesslich immer mehr, um beinahe ganz zu verschwinden, wo es eine Angelegenheit ist, für die die ganze Masse der Anhänger Interesse hat. Dies war auch der Fall bei dem *Programm* der *Föderation der sozialistisch-anarchistischen Partei* der Provinz Latium, das früher erwähnt wurde. Dieses erscheint als kollektive Arbeit, die von der Majorität dieser italienischen Anarchisten angenommen wurde, die die Organisation anerkennen; dasselbe gilt auch für eine Art internes *Reglement*, das dessen unvermeidlicher Ergänzungsteil werden sollte und mit dessen äusserlicher Zusammenstellung einer der Anhänger beauftragt wurde, dem es genügte die allgemeine Garantie zu bieten, dass er nur dem Willen seiner Kameraden getreuen Ausdruck verleihen wird, ohne die Absicht seinen persönlichen Standpunkt geltend machen zu wollen. Das was also in dem einen oder dem anderen dieser Dokumente auseinandergesetzt wird, hat also schon, wenn auch nur unter der Form des Vorschlages oder des Wunsches, von seiten der organisierten Anarchisten volle Beachtung gefunden, oder wird sie, je nachdem es nur möglich wird finden. Man kann dies also als ein Zeichen der Organisation der grossen Majorität der italienischen Anarchisten betrachten.

Es ist notwendig von diesen beiden Dokumenten besonders zu sprechen. Das *Programm* [1]) wendet sich „an die Arbeiter und die

---

[1]) *Partito socialista-anarchico; federazione del Lazio. Programmma e tattica*, 2. ediz. Roma, Bibl. d. Agitazione, o. J. (1905). Die erste Auflage wurde in der Zeitschrift

Ehrenmänner", um das Recht der Sozialisten-Anarchisten zu verkünden und zu verteidigen, als „öffentliche und organisierte Partei" zu bestehen. Nachdem die Solidarität der Arbeiter gefordert wird, wird erklärt, dass der anarchistische Sozialismus weit davon entfernt ist „ein unbewusster Ausdruck des Hasses und der Ordnungslosigkeit" zu sein. Das ökonomische Privileg, das ist das Privateigentum, ist die Quelle allen menschlichen Elends, das nur durch die Vergesellschaftlichung des Eigentums beseitigt werden wird. Dasselbe gilt auch für das politische Privileg, diese Quelle der Autorität, an deren Stelle die freie dezentralisierte Vereinigung aller Menschen gestellt werden muss, die nun Arbeiter und gemeinschaftliche Besitzer aller sozialen Güter geworden sind. Die Sozialisten-Anarchisten sind in diesem Sinne revolutionär, dass eine Revolution die praktische Verwirklichung ihrer Ideale herbeiführe. Es ist also nicht ihre Absicht mit einem Schlag einen anarchistischen Gesellschaftszustand durch die Gewalt aufzuzwingen. Ihre Absicht ist nicht der Anarchie auf dem Wege der Autorität und der Gewalt entgegen zu gehen, sondern auf dem Wege der Freiheit. Die Sozialisten-Anarchisten sind also nicht gewälttätig. Sie verkünden das Recht aller auf die Achtung ihrer eigenen Existenz und ihrer Freiheit, und wenn sie die heutige Gesellschaft bekämpfen, so ist es gerade deshalb, weil sie eine fortwährende Vergewaltigung dieses Rechtes darstellt. Die Gewalttätigen, fährt das *Programm* fort, sind viel eher jene, die „durch die grausamsten Verfolgungen fortwährend das Verbrechen der Aufreizung zum Verbrechen begehen, dessen sie uns so oft anklagen". Die zur Partei konstituierten Anarchisten widmen sich nicht nur der Propaganda ihrer Ideen, sondern erachten es auch als ihre Pflicht im Leben und im Kampf so anarchistisch zu handeln als es in der gegenwärtigen Umgebung, gegen die wir fortwährend ankämpfen, nur moglich ist. Ihr Bestreben ist das revolutionäre Bewusstsein in den Massen im antikapitalistischen und antiautoritären Sinne zu erwecken. Sie organisieren also den Kampf gegen das „Gewaltsystem der Regierung" mit Hilfe der Parteivereinigung und gegen die „kapitalistische Ausbeutung"

L'Avvenire sociale von Messina, No. vom 27. Juni 1901 publiziert und später als Broschüre abgedruckt. Dieses Programm ist konfisziert. —

mit Hilfe der Fach- und Gewerkschaftsvereinigungen der Arbeiter „um das Recht aufs Leben zu verteidigen, das die Arbeiter genau so und noch mehr haben als alle anderen". Dass die Arbeiterorganisation von grösster Bedeutung für die Lösung der sozialen Frage ist, beweist die Tatsache, dass die Umwandlung, die an der Gesellschaft durchgeführt werden muss, vor allem ökonomisch sein wird. Das Resultat des ökonomischen Kampfes wird die Ausgleichung der Klassen sein, die somit ihre Daseinsberechtigung verlieren [1]). Die Arbeiterorganisation soll ihre besonderen Waffen immer mehr vervollkommnen und sie fortwährend in Anwendung bringen. Diese Waffer sind: die Auflebnung, der Streik, Boykott, Sabotage [2]), bis zum Generalstreik, dem Vorspiel des letzten

---

1) Diese Worte: „Ausgleichung der Klassen" erinnern an einen Irrtum in der Auffassung und in der Bezeichnung, auf den MARX schon BAKUNIN aufmerksam machte, welcher dessen Korrektur auch anerkannte. Vrl. vorher S. 429, Fussnote 1.

2) Auf dem Gewerkschaftskongress von Toulouse im J. 1897, der einen vorwiegend revolutionären Charakter hatte, legte der Anarchist PAUL DELESALLE einen darauf einstimmig angenommenen Rapport über dieses System des Widerstandes der Arbeiterschaft vor, das *Sabotage* genannt wird und sich durch die Worte ausdrückt: für schlechten Lohn, schlechte Arbeit. Wenn die Arbeiter, führt Delesalle aus, das System annehmen, so wenig Arbeit als möglich zu machen, werden die Unternehmer ihre Zuflucht zur Akkordarbeit nehmen. Nun wohl, der Widerstandskampf kann auch bei der Stückarbeit durchgeführt werden. Nur die Art der Betätigung dieses Kampfes ist verschieden; die Produktion zu verringen würde für den Arbeiter dasselbe bedeuten, als seinen Lohn zu verringern; man muss also die Qualität statt der Quantität verringern. „Und nun wird der Arbeiter nicht nur dem Käufer seiner Arbeitskraft nicht mehr geben als dieser ihn bezahlt, sondern schädigt ihn auch in seiner Kundschaft. Durch dieses Mittel wird der Ausbeuter gezwungen, entweder den Arbeitern nachzugeben, was sie wollen, oder auf die Ausbeutung zu verzichten und die Arbeitswerkzeuge der freien Benutzung der Arbeiter zu überlassen. Zwei Fälle treten am häufigsten auf: der Fall, in dem die Stückarbeit im Hause des Arbeiters mit den dem Arbeiter gehörenden Werkzeugen hergestellt wird, und der Fall, in dem die Arbeit in den Fabriken des Kapitalisten konzentriert ist. In diesem letzteren Fall können ausser dem Verpfuschen der Ware auch noch die Arbeitsgeräte beschädigt werden. Und diesbezüglich haben wir nur an die Aufregung zu erinnern, die sich der ganzen bourgeoisen Welt vor zirka drei Jahren bemächtigte, als man erfuhr, dass die Eisenbahnangestellten für zwei Sechser von einem gewissen Stoff (Schmirgelpulver) eine Lokomotive ausser Funktion setzen können. Diese Aufregung belehrt uns deutlich, was aufgeklärte und organisierte Arbeiter zu tun imstande sind". P. DELESALLE, *La resistenza operaia*, mit Vorrede von E. MALATESTA: *Bibl. sociale*, No. 2, 3e ed. Roma, Tip. ed. mod. 1905. — Über diese und andere Mittel direkter Aktion gegen den Kapitalismus spricht ganz besonders ausführlich A. ROLLER, *Die direkte Aktion*, zit., S.S. 37—48. Die Sabotage, heisst es dort „bezeichnet im allgemeinen die Beschädigung des Eigentums, des Materials und der Produktionsmittel der Unternehmer, aber nicht nur während des Streiks,

revolutionären Entscheidungskampfes [1]). Diese Ziele erklären die Berechtigung einer ausgedehnten anarchistischen Organisation. „Gewiss, fügt das *Programm* hinzu, ist die Föderation unserer Gruppen und Einzelkameraden, die zur Grundlage einen gemeinsamen

---

sondern gerade in diesen Fällen, wo ein Streik nicht angebracht ist, wenn z.B. die Arbeiter mit ihren Forderungen hervortreten, aber sich nicht kräftig genug fühlen, diese Forderung durch einenn Streik zu erzwingen" (S. 37). „Wie gesagt, bedeutet Sabot verschiedene Arten direkter Schädigung des Unternehmers. Er kann folgende Formen annehmen: *a.* Materialvergeudung, Materialverschleuderung. — *b.* Absichtliche Lieferung schlechter, schadhafter, mangelhafter Arbeit. — *c.* Allmählige und fortdauernde kleinere Beschädigungen und Zerstörungen der Werkzeuge und des Materials des Unternehmers, so dass überhaupt nur schlechte Arbeit geliefert werden kann. — *d.* In Frankreich bezeichnet man als Sabotage überhaupt jede gewaltsame Zerstörung und Vernichtung von Maschinen und Produktionsmitteln während des Streiks", doch da dies in der vorliegenden Broschüre unter dem Abschnitt „ökonomischer Terror" behandelt wurde, werden darin als Sabotage nur die ersten drei Formen bezeichnet und nur empfohlen, „wann ein Streik nicht stattfindet, wenn in der Fabrik gearbeitet wird, aber das Verhältnis zwischen Arbeitern und Unternehmern ein gespanntes ist und es noch nicht zum offenen Konflikt gekommen ist. In diesem Falle erleidet der Unternehmer fortwährend Schaden, der unsichtbar und unfassbar an seinem Gewinn, an seinem Einkommen saugt, wie ein Heer von tausend Blutegeln, deren er sich nicht erwehren und die er nicht abschütteln kann" (S. 40). — „Allmählige, fortdauernde, kleinere Beschädigungen der Werkzeuge, der Maschinen und des Materials des Unternehmers hatten ebenfalls günstige Erfolge. Dieses System hat aber noch den grossen Vorteil, dass während bei den ersten beiden Arten des Sabot so ziemlich alle, oder wenigstens die Majorität der Arbeiter beteiligt sein und mitwirken muss, kann bei dieser Art schon eine kleine Minorität, ja nur einige Leute durch fortdauernde Schädigungen der Maschinen — wobei der Täter niemals entdeckt werden kann — den Unternehmer zum Nachgeben, zum Bewilligen der Forderungen zwingen. Die Minorität erkämpft hier alle Forderungen für sich und die ruhige Majorität. Hie und da bricht ein Zahn am Rädergetriebe, der Riemen platzt, reisst oder fällt allzuoft von den Riemenscheiben herunter, wodurch der Gang der Maschinen öfters unterbrochen wird. Schmirgel oder feiner Sand wird in die Oel- und Fettbüchsen der Maschinen geschüttet, so dass die Wellen heiss laufen und dadurch der Betrieb häufig aufgehalten wird und die Produktion für viele Stunden unterbrochen wird." (S. 44) . . . „Unserer Ansicht nach werden alle diese Mittel des kleinen Sabot, im relativen Frieden, also wenn gearbeitet wird, dann angewendet, wenn entweder ein Streik unmöglich, aussichtslos ist — oder wenn gar ein Streik schon besiegt wurde. Die Arbeiter stellen ihre Forderungen, der Unternehmer weist sie zurück. Die Arbeiter kehren nun zur Arbeit zurück und arbeiten — mit Sabot. Nach einigen Wochen merkt der Unternehmer die Sache recht schmerzlich und weiss sich nicht zu helfen. Nun erklären ihm „seine" Arbeiter, eventuell brieflich und anonym, wenn Gefahr zu befürchten wäre, dass, wenn der Unternehmer die vorher gestellten Forderungen bewilligen will, der Sabot, alle die kleinen Störungen, Unglücksfälle, Materialverluste aufhören werden, — bewilligt er nicht, dauert der unterirdische Krieg weiter. Selten wird der Kapitalist in diesem Falle widerstehen. Selbstverständlich können alle diese verschiedenen Formen des Sabot miteinander kombinirt und gleichzeitig ausgeführt werden" . . . .

frei anerkannten Vertrag haben, noch nicht die ganze Partei, noch beanspruchen wir für unsere Assoziation das Monopol auf den Namen Anarchist". Diese Organisation hat nicht die Absicht „die Freiheit der Initiative jedes einzelnen ihrer Mitglieder zu beschränken". Sie beruht auf der Autonomie der Individuen in den Gruppen und der Gruppen in der Föderation, ohne Vor-

„d. Der grosse Sabot, den wir als ökonomischen Terror bezeichneten, ist eigentlich nur eine Steigerung des vorigen, des „kleinen Sabot", doch wird er nur während des akuten Konfliktes, während des Streiks, angewandt. Es ist dies der erste Akt der Selbstverteidigung der Streikenden. Wenn es sich darum handelt, die Produktion aufzuhalten, so genügt es nicht, nur die Arme zu verschränken, denn der andere, ebenso wichtige Betriebsfaktor, die Maschine, der Hochofen etc. bleibt weiter betreibsfähig und kann jederzeit von Streikbrechern bedient werden. Damit der Streik nun ein vollkommener sei, müssen die Produktionsmittel auch zur Ruhe, ebenfalls zum Streik gebracht werden. Auch hier ist ein ungeheueres Feld für die Genossen, ihre revolutionären Bestrebungen durch ihre technischen Fachkenntnisse zu unterstützen. Was der Arbeiter zu produzieren versteht, wird er wohl auch zu zerstören wissen und je komplizierter eine Maschine ist, desto leichter ist es ja sie in Unordnung zu bringen. „Was Hände bauten, können Hände stürzen." (S. 46) . . . . „Im Allgemeinen liegt die Sache hier viel einfacher, denn plötzliches „brutales" Zerstören, Vernichten oder Verbrennen erheischt ja weniger technische Kenntnisse und Erfindunsgeist, sondern nur ein wenig Mut und Entschlossenheit — und schliesslich auch Vorsicht — von einigen Wenigen. Dabei ist es möglich, bei der Ausdehnung grosser Streiks, die durch die wirkliche Solidarität der Genossen unterstützt werden, solche Akte unbemerkt, gefahrlos auszuführen, weil ja doch nicht alles gleichzeitig beschützt werden kann". (S. 48).

[1]) In der Propagandaschrift von Arnold Roller, *Der soziale Generalstreik*, Berlin, 1905, Deutsche Arbeiterbibliothek" Heft 1. Verl. Gustav Gladasch, (eine Broschüre, die bis nun zirka ein Dutzend Übersetzungen und zahlreiche Ausgaben, darunter eine chinesische, zwei japanische, eine ungarische, eine jüdische, drei russische etc. erlebte) heisst es auf S. 22 : . . . . . „Die charakteristischen Hauptmomente der Idee des Generalstreiks lassen sich in wenige Punkte zusammenfassen : 1. Der Generalstreik ist die unter den gegenwärtigen Umständen einzig mögliche, von den ökonomisch-technischen Verhältnissen des Kapitalismus selbst geschaffene und bedingte Form der Revolution. 2. Der Generalstreik kann die Gesellschaft am empfindlichsten erschüttern, weil er sie bei der Vorbedingung des Lebens, ihrer Hauptstütze angreift : der Produktion und dem Konsum. 3. Der Generalstreik ist der klarste, direkteste und unverschleierte Ausdruck der Empörung des Proletariats und nur das Resultat der Entwicklung seines täglichen Kampfmittels, des Streiks. 4. Dank der Arbeitsteilung genügt es, dass nur einige Räder an dem komplizierten Mechanismus der modernen Produktion stillstehen, um ganze Serien und Reihen von abhängigen Maschinen, Fabriken, ja ganze Industrien ausser Möglichkeit zu bringen, den Betrieb fortzusetzen. 5. Der Generalstreik braucht keine Geldunterstützungen und kann während ungünstiger Konjunktur noch besser gelingen als bei günstiger. 6. Der Generalstreik kann auf die grössten Massen und den grössten Erfolg rechnen, weil er ganz gesetzlich anfangt, keinen Heroismus erfordert, niemanden der Gefahr aussetzt und selbst durch die Ängstlichkeit derjenigen, die zu Hause bleiben, gefördert wird. 7. Durch die Unterbrechung aller Transport- und Kommunikationsmittel ist es nicht mehr möglich, Produkte und

herrschaft der Majorität oder der Minorität, und ohne dass jemand verpflichtet wäre etwas zu tun, was er nicht für gut hält, auch wenn er nur der einzige ist, der dagegen ist. Wer aber zustimmt zur Föderation zu gehören, hat ein Minimum von Verpflichtungen, die darin bestehen der revolutionären Arbeiterbewegung zu

---

Nahrungsmittel von den „ruhig" gebleibenen Gegenden herbeizuschaffen. Die politischen und militärischen Behörden verlieren die Möglichkeit rascher Verständigung und Truppenentsendung. 8. Durch die absolute Notwendigkeit, die grossen Städte und Industriezentren zu bewachen, das Privateigentum der Ausbeuter zu beschützen, die zahllosen Schienenlinien zu hüten, nicht nur die „Ordnung aufrecht zu erhalten", sondern auch für die Verpflegung der eigenen Armee zu sorgen, und durch den Versuch, die allernotwendigste Produktion von Soldaten fortsetzen zu lassen, wird bald die Zerstreuung und Desorganisation der bewaffneten Macht über das ganze Land bewirkt, und die Folge davon ist deren vollständige Machtlosigkeit und der Sieg des Proletariats."

Max Nettlau schlug in einem am 5. Dez. 1899 in der *Freedom Discussion Group* in London vorgelesenen Rapport zur Stärkung der Lage des Arbeiters einige neue Formen des proletarischen Kampfes vor, die er mit einigen vorhin angeführten kombiniert. Nach den Teilstreiks suchen die Kapitalisten, bemerkt Nettlau, die der Arbeit gewährten Zugeständnisse fast vollständig auf die Schultern des Konsumenten zu wälzen, was ihnen auch fast immer gelingt. Und die Arbeit nimmt gar kein Interesse an dieser letzten Konsequenz des Kampfes. So steigen die Preise oder die Qualität der Produkte wird geringer und das Publikum zahlt die Rechnung der Zugeständnisse, die dem Kapital von der Arbeit entrissen wurden, wie es eben notwendigerweise der schwächere Teil tun muss. Doch besteht unter den Konsumenten die grosse Majorität gerade aus denen, die durch eine auch nur geringe Erhöhung der Preise leiden, und somit fühlen alle anderen, die nicht aus Gemeinsamkeit der Überzeugung mit den Streikenden solidarisch sind, durchaus nicht ihre Sympathie für die organisierte Arbeit steigen und bleiben gleichgültig, wenn nicht gar voreingenommen und feindlich. Es wäre also notwendig ein Mittel zu finden, durch das das Publikum, das heisst also die grosse Masse der Arbeiter an den Streik genau so wie die Streikenden selbst, auch materiell und nicht nur moralisch interessiert sei. Sobald dieses Interesse erreicht ist, kann die mächtige Waffe des *Boykotts* angewandt werden. Diese Frage steht in Beziehung mit der anderen, die die Verantwortlichkeit der Arbeiter inbezug auf die von ihnen ausgeführte Arbeit betrifft.. Gewöhnlich betrachtet man einen Menschen als einen ehrlichen Arbeiter, wenn er für einen Lohn arbeitet, ohne sich jemals um die Art seiner Arbeit zu kümmern und ob diese Arbeit einem verächtlichen Beruf gehört, oder für die Herstellung ökonomischer Produkte geringer Qualität durch gefälschte Materialien bestimmt ist. Nun wohl, man muss versuchen in den Arbeitern dieses Gefühl der Verantwortlichkeit inbezug auf ihre Arbeit wachzurufen. Und dieses Ziel kann erreicht werden, indem es in den Streiks mit dem ökonomischen Interesse des Publikums kombiniert wird. Einerseits weigern sich die Arbeiter eine dem Publikum schädliche Arbeit auszuführen und stärken ihre Lage indem sie das Publikum wissen lassen, wie es betrogen und bestohlen wird. Andrerseits unterstützt dann aus diesen Motiven das Publikum die Streiks mit aktiver Sympathie und durch den Boykott. Auf diese Weise könnten die Streiks tatsächlich mit dem Sieg der Arbeiter und des Publikums, und diesmal wirklich auf Kosten der Kapitalisten erfolgen, indem die Höhe seines Profits verringert wird. „Diese

helfen und ihr nicht entgegenzuarbeiten, sowie darin „ehrenhaft im wahren Sinne des Wortes und Anarchist auch in den Handlungen und nicht nur in den Ideen zu bleiben". Jedes Mitglied wird also dem durchweg antiparlamentarischen Prinzip des anarchistischen Programms entsprechend, die direkte Aktion des Volkes begünstigen, ohne an irgend einer Form legalitärer und autoritärer Aktion teilzunehmen, die die alle anderen politischen Parteien kennzeichnet.

Das *Reglement* [1]) geht bis in ziemlich geringe Details der „praktischen Organisation" ein. Es behandelt vor allem die Bildung und das Funktionieren von Gruppen. Die Gruppe, heisst es hier, „ist die freiwillige und stabile Vereinigung vieler Sozialisten-Anarchisten, um zusammen Propaganda zu machen ..... Da die Gelegenheiten zusammen zu arbeiten zahllos sind, entsteht daraus die Notwendigkeit der Vereinigung, die, ohne die individuelle Initiative auszuschliessen, dazu führt sich zu einem gemeinsamen Zweck zu vereinigen und die Kräfte zu vervielfachen. Und so sehen wir die spontane Entstehung einer Gruppe". Die Gruppen

---

Streiks können zwar nicht die Grundlagen des bestehenden Gesellschaftssystems zerstören, denn kein Streik könnte das, höchstens, wenn er von der entschlossenen Weigerung ausgehen würde, überhaupt für andere zu arbeiten, und in diesem Falle wäre das der Generalstreik, die soziale Revolution ; aber sie könnten ein innigeres und allgemeineres Band unter den arbeitenden Klassen herstellen ; die Streiks würden ihren individuellen Charakter verlieren und würden Ereignisse *kollektiven* Interesses, was sie heute nur durch das persönliche Gefühl und die Überzeugung Weniger und nicht wegen ihrer ökonomischen Grundlage sind". Wenn ein Prinzip, schliesst NETTLAU, von einer gewissen Anzahl von Menschen begriffen und angenommen ist, dann melden sich noch viele ohne Reklame, ohne Vorbereitung, ohne Organisation, um dementsprechend zu handeln. Und diese Art ökonomischer Aktion scheint die zu sein, die am besten diesen Arbeitern entspricht, die sich frei fühlen und die Grundlage ihrer Freiheit in der Freiheit und im Wohlstand der anderen finden. Wenn sie auch durch ihre Weigerung für den Kapitalisten zu arbeiten, das bestehende System nicht umwälzen können, werden sie sich mindestens bemühen, nicht zum Schaden ihrer Mitmenschen zu arbeiten, indem sie von der Selbstachtung ausgehen, ohne sich darum zu kümmern, ob die Solidarität ihrer Mitmenschen der ihrigen antworten wird, oder nicht. Das ist die anarchistische Methode : Selbst durchführen, was man gerne durchgeführt sehen möchte. — M. NETTLAU, *La responsabilité et la solidarité dans la lutte ouvrière*, etc : Publ. d. *Temps Nouveaux*, No. 28, Paris, 1903.

[1]) BUFFALMACCO (Pseudonym eines anarchistischen Advokaten von Ancona), *L' organizzazione socialista-anarchica, appunti pratici*, Messina, pubblicaz. d. period. *Avvenire sociale*, 1904, 44 S.S. Dieses *Reglement* wurde ebenso wie das Programm konfisziert. —

werden darauf föderiert, um diese Ziele zu erreichen, für die die Tätigkeit einer einzelnen Gruppe unzureichend ist. Für die Verbindung der verschiedenen Gruppen sorgt eine *Korrespondenzkommission*, die weder eine Initative, noch eine Kontrolle über die Gruppen selbst hat, sondern einfach nur ein Organ der Vermittlung der verschiedenen Beschlüsse und Verhandlungen in den einzelnen Gruppen ist, um eine Einigkeit in der Richtlinie der Taktik zu erzielen, ohne in die Formen autoritärer Organisation zu verfallen, sondern indem im Gegenteil die Autonomie begünstigt wird. Verschieden sind die Ziele wegen derer Gruppen gebildet werden können. Ihre durchaus freiwillige Vereinigung hängt von der Verwandschaft der Charaktere der Mitglieder ab, die eben vom Alter, dem Beruf, der Nähe des Wohnortes, der Gewohnheiten und dgl. herrührt. In den kleinen Ortschaften ist die Bildung einer Gruppe genügend. In den grossen Städten kann die Organisation nach Stadtvierteln, oder nach Berufen (die Berufsgruppen haben besondere Bedeutung in Bezug auf den ökonomischen Kampf, der ein wesentliches Moment der anarchistischen Taktik ist), oder nach dem Alter erfolgen, (Jugendgruppen, wobei „die erfahreneren und älteren Kameraden die Pflicht haben, auf die Erziehung der Mitglieder dieser Jugendgruppen zu achten") [1]). Nachdem die Gruppe konstituiert ist, müssen die neu Aufzunehmenden „von allen gekannt und geachtet sein". Wo dies nicht der Fall ist, übernehmen es zwei oder drei der erfahrensten und reifsten Mitglieder der Gruppe, Erkundigungen über den um den Beitritt Ansuchenden einzuziehen. Die Aufnahme erfolgt ohne alle Formalitäten [2]). Jede Gruppe sorgt dafür, die freiwilligen Beiträge und häufiger noch die bestimmten Beiträge von den Kameraden einzusammeln, und wer durch seine Notlage keinen auch noch so kleinen Beitrag zahlen kann, wird trotzdem zugelassen. Gewöhnlich werden für jede Gruppe zwei Kassen gebildet, die eine für die Propaganda, die andere zur Unterstützung der im Gefängnis befindlichen oder kranken Kameraden.

---

[1]) Eine nicht sehr abweichende Bevormundung der Jünglinge ist auch vom *Statuto del Partito socialisto italiano*, Roma, Mongini, 1905, S. 7. Art. 8., vorgesehen. —

[2]) Einige Versuche in Italien, und besonders in Rom, ein symbolisches Aufnahmezeremoniell einzuführen, fanden keinen Anklang.

Folgendes sind die Pflichten der organisierten Anarchisten. Ununterbrochene Propaganda ihrer Ideen je nach den Kräften und Fähigkeiten eines jeden; sich im öffentlichen und privaten Leben so anarchistisch als möglich zu verhalten; an allen Versammlungen der Gruppen teilzunehmen und seine Meinung auszudrücken; seine persönliche Hilfe allen von der Gruppe beschlossenen Unternehmungen zu leihen. Die Tätigkeit der Gruppen drückt sich in ökonomischer und politischer Aktion aus, wodurch das revolutionäre Bewusstsein der Mitglieder gebildet wird, damit sie „wann das Volk den günstigen Augenblick für seine Befreiung gekommen glauben wird, bereit sind ihre Pflicht zu erfüllen". Jede Gruppe muss ausserdem zur Unterstützung der anarchistischen Presse beitragen, für die Verbreitung von Zeitungen und Broschüren, für die Veröffentlichung von Propagandaschriften, für die mündliche Propaganda, für die Unterstützung verhafteter und kranker Kameraden sorgen. Unter den verschiedenen Gruppen muss ein ständiges Einverständnis bestehen, das durch Zusammenkünfte erzielt wird, an denen die Beauftragten der einzelnen Gruppen mit beschränktem und imperativem Mandat teilnehmen. Ausserdem erzielen die Gruppen ein noch allgemeineres und innigeres Einvernehmen in der Taktik durch die Föderation und die erwähnte Korrespondenzkommission. Die Gruppenföderationen sind im allgemeinen auf regionaler Basis begründet; und die Korrespondenzkommissionen werden in den regionalen Kongressen mit der Absicht gewählt auf nationalen Kongressen neue zu ernennen, denen es möglich würde besser und regelmässiger mit den Anarchisten des Auslands zu korrespondieren. Das ist die praktische Organisation der Anarchisten, wie sie in einigen Gebieten Italiens funktioniert und die Tendenz aufweist auch in anderen so zu funktionieren.

Das unbeständige Leben der Gruppe wuchs manchmal bis zur so vielseitigen Form der Kolonie oder kommunistisch-anarchistischer Gemeinschaft an. In diesem Falle, und bald werden wir sehen, dass man recht wenige in ernstliche Erwägung zu ziehen braucht, krystallisiert sich die Tätigkeit der Gruppe, die sich sonst nur in theoretischen Diskussionen erschöpfte, in einem direkten und unvermittelten Ziel auf durchaus ökonomischer Grundlage. Selbst das theoretische Problem der anarchistischen

Organisation konkretiert sich im Bestreben, durch gemeinsame Arbeit eine günstige Bilanz der Gemeinschaft zu erzielen. Die Anarchisten der letzten Jahre konnten reiche Erfahrungen aus zahllosen vorhergehenden und gleichzeitigen Versuchen ziehen, die theoretischen Voraussetzungen entsprangen, die von den anarchistischen Lehren im engeren Sinne ziemlich weit entfernt waren [1]). Indem ich ältere, schon von anderen untersuchte Beispiele übergehe, soll nur der bekannte mystische Charakter des kooperativen Kongresses von Saint-Louis vom Juli 1896 erwähnt werden, wo die definitive Grundlage zur Bildung der *Brotherhood of the cooperative commonwealth* entworfen wurde, die sich wegen der Verwandschaft ihrer Ziele sofort mit der Ruskinschen kooperativen Kolonie in Tennessee in Verbindung setzte. Der konfessionelle Charakter dieser *Brotherhood* ist genügend durch folgende Artikel in ihren Statuten ausgedrückt: „Die *Brotherhood* ist die Vereinigung der Sozialisten der ganzen Welt und ihr Ziel ist die Begründung des Himmelreiches *hic et nunc*". Andrerseits liess die Kolonie von Ruskin ihre Mitglieder folgende Erklärung unterzeichnen: „Ich schwöre auf meine natürliche Freiheit, in deren Tendenz es liegt die Rechte der Autorität zu vergessen, zugunsten der sozialen Freiheit zu verzichten, die, auf dem Prinzip des Rechtes und der Gerechtigkeit begründet, meine Rechte und diejenigen meiner Mitmenschen behüten wird". Kurze Zeit darauf wurde aber die Ruskinsche Kolonie an einen Privatunternehmer verkauft und die wenigen Begründer und Anhänger, die diesem Versuch treu blieben, begründeten eine andere Kolonie, die auch keinen

---

[1]) Ohne auf die weit entfernten Experimente zurückzukommen und mit Ausschluss der weit zurückliegenden, die in speziellen Werken behandelt werden, können folgende Spezialwerke zur Information konsultiert werden: C. NORDHOFF, *Communistic societies of the United States*, London, Murray, 1875; *, *Die kommunistischen Gemeinden Nord-Amerikas: Unsere Zeit*, Leipzig, J. XV, 1879, Bde I, II; I-ÉBON, *Les communautées américaines: La revue socialiste*, 1880, No. 3, 7; E. GOTHEIN, *Der christlich-sociale Staat der Jesuiten in Paraguay: Staats- und sozialwissenschaftliche Forschungen*, IV Bd., 4. H., 1883; M. A. MIKKELSEN, *The Bishop Hill Colony, A religious communist Settlement in Henry County*, Baltimore, 1892; K. KNORTZ, *Die Christlich-kommunistische Kolonie der Rappisten in Pensylvanien*, etc. Leipzig, Wiest, 1892; ADDERLY, *Community life and the social problem: The Humanitarian*, 1894, Dez.; H. WACHENHUSEN. *Eine Anarchisten-Kolonie? Die Gegenwart*, 1894, Bd. 46; G. N. TRICOCHE, *Le communisme en action. Etude des communistic-societés aux Etats-Unis: Journal d. économ.*, 1896 März etc.

besseren Erfolg hatte und sich auflöste. Doch vermehrten sich in diesen letzten Jahren die kooperativen Kolonien der Vereinigten Staaten, und nahmen unter der Einwirkung der *Brotherhood* einen neuen Anstoss [1]) und riefen wieder Nachahmungen in den Kreisen der Anarchisten hervor.

Ein vorhergehender anarchistischer Versuch, an den die Anarchisten selbst gerne erinnern, war der von Giovanni Rossi, der schon für das Experiment vorbereitet war, indem er einige Jahre vorher (11. November 1887) eine *Associazone agricola cooperativa* in Cittadella (einer Gemeinde von Stagno Lombardo, Cremona) begründete. Dieser Versuch war die Kolonie des Namens „*Cecilia, comunita anarchica sperimentale*", die im Jahre 1890 auf dem Gebiete der Gemeinde Palmeira im Staate Parana, Brasilien, begründet wurde. Die Begründer waren anfangs in geringer Anzahl. Das von ihnen belegte Gebiet, eine grosse von Wäldern umgebene, auf Senkungen von Hügeln gelegene Prairie, war absolut unbebaut und wüst. Sie siedelten sich da anfangs April dieses Jahres an, wobei sie in einer alten verlassenen Holzhütte wohnten. Und sie machten sich an die Arbeit der Urbarmachung ohne „irgend eine soziale Organisation, noch Reglement, noch Chefs . . . Das soziale Kapital war — als blosse Formalität — der einzigen Frau der Gruppe anvertraut". Rossi erzählt ausführlich die Schicksale der Kolonie, die nach zwei Jahren aller möglichen Schicksalswendungen vierundsechzig Einwohner und ein Baarkapital von zirka zehntausend Lire besass. Aber schon von diesem Zeitpunkt an sah Rossi voraus, dass die Kolonie, die „aus der Übereinstimmung zum Zwecke der Propaganda entstand, um auf dem Wege des Experiments zu suchen, wieso die Menschen durch die blosse Regel der freien Verträge zusammenleben könnten" — sich auflösen würde. Und dies traf auch tatsächlich in weniger als fünf Jahren nach ihrer Begründung ein, und zwar hauptsächlich durch die aus dem „Familienegoismus" entstehenden Kontraste veranlasst; eine Ursache der Auflösung, meint Rossi mit beneidenswertem Vertrauen, die nichts „gegen die Durchführbarkeit unserer Prinzipien beweist, weil in einer sich weithin erstreckenden sozialen Organi-

1) Vergl.: *P. Ghio, A. a. O.*, S.S. 62 sq.

sation, die einen grossen Teil der Menschheit umfasst, der Familienegoismus, solange es eben noch Familien geben wird, — keinen so grossen Einfluss ausüben können wird, wie er ihn in einer beschränkten Gemeinschaft ausüben konnte" [1]. Eine feine Analogie zur Kolonie *Cecilia*, bildeten die *Anarchistische Kommune* von Montreuil und *The free communist and cooperative Colony* von Clousden Hill Farm in der Nähe von Newcastle, deren Programm, speziell in Bezug auf die landwirtschaftliche Organisation mit den Ideen Kropotkins übereinstimmte [2].

Über den Wert und die Bedeutung dieser und eventueller zukünftiger Experimente kann derjenige nichts von Bedeutung sagen, der schon die allerentferntesten theoretischen Voraussetzungen bestreitet, von denen sie abhängen. Und auch ich gehöre zu diesen. Doch ist es die Pflicht eines jeden, deren Bedeutung in der strikten Grenze zu beurteilen, die ihnen von diesen Agitatoren zugeschrieben wurde, deren Ansichten von den Adepten der anarchistischen Lehren besonders beachtet werden. Und unter diesen wähle ich der Kürze wegen, die so unähnlichen Urteile, die Kropotkin und Elisée Reclus darüber abgaben. Kropotkin drückte darüber seine Ansicht gelegentlich eines Ansuchens aus, das an ihn im Jahre 1895 von seiten einiger kommunistischer Anarchisten aus dem Norden Englands gestellt wurde, der Kassierer für ihre Kolonie werden zu wollen, die sie in diesem Gebiete zu begründen beschlossen hatten. Kropotkin antwortete, dass man in den gegenwärtigen Verhältnissen wenig Vertrauen in den Erfolg dieser Unternehmungen haben könne und dass es zu bedauern ist, dass anarchistische Kräfte sich der Propagandaarbeit für die definitive Emanzipation entziehen, um sich oft unfruchtbaren Versuchen zu widmen, die fast unvermeidlich zur Enttäuschung führen. Jedoch, fügte er hinzu, hat man immer das Recht ein Experiment zu machen, wann diejenigen, die es versuchen, zu jedem Opfer bereit sind, um es zu einem guten Resultat zu bringen. In diesem Falle müssten einige grundlegende Normen

---

[1] Vergl.: für weitere Details, G. Rossi (*Cardias*), *Cecilia, comunità anarchica sperimentale*, zit, S.S. 37 :q

[2] M. Nettlau, *Bibl. de l'An.*, zit. S. 217. Für weitere Angaben siehe: A. Menger, *A. a. O.*, S. 165, Fussnote 3.

befolgt werden. Es sei viel besser sich in der Nachbarschaft der grossen Städte anzusiedeln, um sich aller Vorteile der Zivilisation erfreuen zu können, als in weit entlegenen Ländern, weil man nicht alle Beziehungen mit dem intellektuellen, wissenschaftlichen und künstlerischen Leben seiner Mitmenschen mit Gewalt abbrechen kann, und weil es andrerseits demjenigen, der zeitweise oder für immer auf die Gesellschaft verzichten will, viel leichter wäre, sich allein um die Einrichtung seines persönlichen Lebens zu kümmern. Es ist also nicht mehr nötig, sagt Kropotkin, das Beispiel unserer Ahnen nachzuahmen, und jungfräuliche Erdgebiete mit primitiven Werkzeugen urbar zu machen. Eine moderne Gemeinschaft muss der Produktion neue Wege eröffnen und dem Konsum neue Quellen verschaffen, indem die intensive Kultur mit allen dazu gehörigen Ausrüstungen in Anwendung gebracht und selbst die Arbeit der Allerschwächsten verwertet wird. Ausserdem ist es unumgänglich notwendig auf die alte mönchische und ehelose Auffassung zu verzichten. Die Theorie, nach der das Familienleben unter dem Vorwand einiger Ersparnisse an Lebensmitteln absolut desorganisiert werden müsse, ist falsch, und die Ackerbauer von Anama, das junge Ikarien und andere Vereinigungen hatten recht diese Frage auszuschliessen, indem sie sich so viel wie möglich in zahlreichen Familien- und Freundesgruppen vereinigten. Die Menschen sind weder Engel noch Sklaven, als welche sie die autoritären Utopisten betrachten; daher sind die anarchistischen Prinzipien die einzigen, auf deren Grundlage eine Gemeinschaft mit einiger Hoffnung auf günstigen Erfolg begründet werden kann. Man möge also im Auge behalten, dass, wie es die Geschichte so vieler kommunistischer Vereinigungen aufweist, die Wahl irgend einer Autorität immer das Signal des Zusammenbruches war, und dass das System der Wahlen nach Mehrheit immer desorganisierend gewirkt und niemals den Erfolg verbürgt hat. Der Kampf um die Erringung der Autorität ist fast immer der wirkliche Grund des Zusammenbruchs der Gemeinschaften. Auf noch etwas, was nicht vergessen werden darf, muss aufmerksam gemacht werden, und das ist, dass die zur Leitung des Hauses bestimmte Arbeit auf das *Minimum* beschränkt wird, um die übrig bleibende Zeit und Mühe für andere nutzbringende Beschäftigungen zu verwenden. Bei alledem verhehlt sich Kropotkin durchaus nicht die Schwierigkeiten. Vor allem sind es die unvermeidlich immer sehr beschränkten Proportionen solcher Unternehmungen. In einem kleinen Kreise verschärfen sich die kleinen Unausstehlichkeiten der Charaktere noch mehr und arten oft zu Gehässigkeiten aus. Ein solcher Versuch müsste in grossem Massstabe ausgeführt werden und man kann sich durchaus kein Urteil bilden, bis sich nicht eine grosse Stadt von mehreren Tausend Einwohnern nach einer den Bedürfnissen des Lebens entsprechenden, Verteilungsmethode durch freie Gruppierungen organisiert hat, die die Erfordernisse der Gesamtheit und die der Einzelnen befriedigen könnten. Erst dann werden wir wissen, ob unsere Zeitgenossen für das gemeinsame Leben geeignet sind oder nicht. Auch wäre ein solches Experiment nicht so schwer durchzuführen, als man glauben machen möchte. Eine weitere Schwierigkeit ist jedoch auch folgende: In den meisten Fällen sehen wir nämlich, dass die entstehende Gemeinschaft, statt sich das durch die Arbeit der vorhergehenden Generationen aufgespeicherte gesellschaftliche Kapital zu Nutze zu ziehen, oft mit weniger als nichts anfängt, womöglich gar noch mit der Schuld für den Ankauf des Bodens beladen ist und von den Nachbarn, Grundbesitzern und Industriellen mit Misstrauen verfolgt wird. Es ist also nicht zu verwundern, dass das Elend sie erwartet und schliesslich zerstreut. Und obwohl diese Bemerkungen genügen, fügt Kropotkin noch weitere hinzu [1]), um zu zeigen, wie gering sein Vertrauen zu solchen Versuchen ist. Er zögert nicht dies auszusprechen, obwohl dies doch einen Schatten auf die von ihm anderwärts dargelegte Gewissheit einer allgemeinen, kommunistischen Gesellschaft werfen könnte, die am Tage nach der „nahenden Revolution" entstehen soll.

Durchaus abweichend und komplizierter ist in dieser Frage die Ansicht Reclus' [2]). Die Geschichte dieser Gemeinschaften, bemerkt er, spricht von mehr Misserfolgen, als von Erfolgen. Doch könnte es nicht anders sein, wo es sich um eine so tief gehende Revolution handelt, als es die Ersetzung der individuellen und kollektiven Arbeit zu Gunsten eines Einzelnen, durch die Arbeit

---

1) Vrgl.: *Les Temps nouveaux*, J. II. No. 2, 9.—15. Mai 1896.
2) E. Reclus, *L'évolution, la révolution*, etc. zit. S.S. 273—284.

aller zu Gunsten aller ist. „Diese Menschen, die sich vereinigen um in eine dieser auf dem neuen Ideal begründeter Gesellschaften einzutreten, sind selbst auch nicht von allen Vorurteilen, von allen Gewohnheiten, vom eingefleischtem Atavismus befreit; sie haben auch noch nicht den alten Menschen abgelegt". Im anarchistischen Mikrokosmus, den sie hervorgebracht haben, werden sie immer gegen die Tendenzen der Auflösung und der Spaltung zu kämpfen haben, die durch die alten Sitten und die alten Beziehungen dargestellt sind. Die Selbstachtung und das Gefühl der Menschenwürde können die Neulinge für eine Zeit lang aufrecht erhalten, doch beim ersten Zusammenstoss lassen sie sich von der geheimen Hoffnung erfassen, dass das Unternehmen nicht gelingen wird, worauf man wieder in den Strom des aussenstehenden Lebens zurückkehren kann. Dasselbe wird auch von der Unfähigkeit sich den äusseren Verhältnissen anzupassen gesagt, weshalb so viele kommunistische Vereinigungen zu Grunde gegangen sind. Sie waren nicht wie die Kasernen und Klöster geregelt, doch besassen sie nichtsdestoweniger ein Band vollständiger Solidarität, das durch die absolute Achtung der Persönlichkeit, durch die intellektuelle und künstlerische Entwicklung, durch die Aussicht auf ein weites Ideal gegeben ist. Ausserdem wurden die Ursachen der Misshelligkeiten durch die Tatsache vermehrt, dass den Kolonisten, die fast immer nach einem weit entferntem, von dem ihrigen durchaus verschiedenen Land gingen, alle Dinge befremdend erscheinen mussten, und die Anpassung an den Boden, an das Klima, an die Sitten des Landes den allergrössten Ungewissheiten unterworfen waren. „Die Phalansterianer, die kurz nach der Begründung des zweiten Kaiserreiches, Victor Considerant in die Ebenen Süd-Texas' folgten, gingen einem unvermeidlichen Misserfolg entgegen, weil sie sich inmitten einer Bevölkerung ansiedelten, deren rauhe und brutale Gewohnheiten notwendigerweise die zarten Empfindungen der Pariser verletzen mussten, und weil sie mit der verabscheuungswürdigen Institution der Negersklaverei in Berührung kamen, wobei ihnen sogar vom Gesetze verboten war ihre Meinung darüber auszusprechen. Ebenso musste der Versuch eines österreichischen Doktors, [1]) in einem

[1]) Reclus spielt hier an den Versuch Theodor Hertzkas an, den die anarchistischen

nur durch ungenaue Erzählungen bekannten und mühevoll durch einen Vernichtungskrieg eroberten Gebiete ein „*Freiland*" zu begründen, in den Augen des Historikers nur lächerlich erscheinen ; es war im Vorhinein offenkundig, dass alle diese hetärogenen Elemente sich nicht zu einem harmonischen Ganzen vereinigen konnten". Trotzdem wünscht noch empfiehlt Reclus, dass diese Versuche vollständig aufgegeben werden. Die aufeinanderfolgenden Versuche zeigen eine unwiderstehliche Anspannung des „sozialen Willens". Sogar der grösste Teil der Kooperativen hatte einen durchaus unentsprechenden Ausgang ; dies ganz besonders jene, die am günstigsten standen und zwar aus dem Grunde, weil die erzielten Profite und der Wunsch ihre Höhe noch mehr zu steigern in den Mitgliedern der Kooperativen den Sinn für Gewinn hervorgebracht haben und in ihnen zum mindesten die revolutionäre Begeisterung des Anfangs verlöschte. Die menschliche Natur ist immer bereit einen Vorwand zu finden, um das Risiko des Kampfes zu vermeiden. Es ist sehr leicht die Sorgen und die Nachteile anzuführen, die aus der Hingebung für die revolutionäre Sache in ihrer vollen Grösse entstehen. Die „tieferblickenden und aufrichtigen Anarchisten" können nichtsdestoweniger eine grosse Lehre aus den zahllosen Kooperativen ziehen, die überall entstanden sind,

---

Schriftsteller, obwohl sie oft darüber diskutierten und zugaben, dass darin libertäre Tendenzen vorhanden waren, fast einstimmig als utopistisch erklärten. Th. Hertzka legte seine Ideen in dem Buche : *Freiland, ein soziales Zukunftsbild*, 1. Aufl. Dresden, 1889, 10e Auflage ibid. 1896, dar, und vertrat sie in der Zeitschrift: *Freiland, Organ der Freiland-Vereine*. Wien, 1. Jahrgang, 15. Juli bis IV. J. 1894, etc. Rund um die Idee und die Aktion, die von dieser Zeitschrift hervorgerufen wurde, bluhte eine ganze Literatur, und dies nicht nur in deutscher Sprache, sondern auch englisch, holländisch, dänisch, etc, die hie und da anarchistische Beeinflussungen aufwies. Vrgl. z.B. : M. Flürscheim, *Freiland und die Freilandbewegung ; Hrsg. v. Freiländischen Aktions-Comité*, Dresden und Leipzig, Pierson, 1891 ; R. Tambour, *Dr. Hertzka's Ostafrikan., ein freiländischer Strahl-Reflex aus dem Spiegel eines Guten*, Leipzig Schaumburg-Fleischer, 1891 ; M. Flürscheim, *Modell-Gemeinwesen. Orientierendes über die Freiland-Kolonie in Mexico*, Basel, Müller, 1894 (Abdruck aus d. *Schweizer Blätter f. Wirtschafts- u. Sozialpolitik*, II. Bd., 1894) ; A. Pollak, *Das Programm der Freiländer*, etc., Wien, Schaumburg, 1894 ; E. Udny, *The Freeland Colony : Cooperation in East-Africa* (enthält eine Vorrede von Dr. Th. Hertzka, in der er seine Ideen zusammenfasst), London, Wass, 1894 ; F. Oppenheimer. *Freiland in Deutschland*, Berlin, Fontane, 1895 ; Idem. *Die Siedlungsgenossenschaft. Versuch einer positiven Ueberwindung d. Kommunismus durch Lösung des Genossenschaftsproblems u. d. Agrarfrage*, Leipzig, Duncker u. Humblot, 1896 etc.

wobei sich die einen an die andern anschliessen und so immer grössere Organismen bilden, um sich schliesslich auf die allerverschiedensten Betätigungsgebiete zu erstrecken. Die wissenschaftliche Praxis der gegenseitigen Unterstützung dehnt sich immer mehr aus und wird immer mehr durchführbar; „es bleibt also nur noch übrig ihr ihren wahren Sinn und ihre wahre Moral zu geben, indem der Austausch aller Arbeitsleistungen vereinfacht, und anstatt all der grossen Bücher für *Soll und Haben*, die überflüssig geworden sein werden, bloss eine einfache Statistik der Produkte und des Konsums beibehalten wird." Diese tiefe Revolution steht nicht nur vor ihrer baldigen Verwirklichung, sondern sie vollzieht sich schon jetzt ein wenig überall. Es erübrigt sich die Versuche anzuführen, die sich diesem Ideale am meisten nähern. Sie werden sich vermehren, wenn das Stillschweigen ihre bescheidenen Anfänge beschützen wird. Wir erinnern uns aber der Geschichte eines kleinen Freundesbundes, der sich unter dem Namen die „Kommune von Montreuil" gebildet hat. Ihre Mitglieder arbeiteten einfach gemeinsam gegenseitig für einander, ohne eine andere Regel, als das berechtigte Bedürfniss eines jeden. „Es war zu schön". Ein solcher Skandal musste aufhören. Glücklicherweise kam ein „anarchistisches Attentat", das den Schrecken unter die Bourgeoisie schleuderte, und das Ministerium, dessen trauriger Name an die „ruchlosen Gesetze" erinnert, kam auf die Idee den Konservativen zu Liebe einen Befehl zu massenhaften Verhaftungen und Haussuchungen zu erlassen. Auch die wackeren Kommunisten von Montreuil wurden davon betroffen und die allerschuldigsten, das heisst also die besten, mussten diese verhüllte Folter ertragen, die geheime Gerichtsuntersuchung genannt wird. So wurde die kleine gefürchtete Kommune unterdrückt: doch wird sie zweifellos wieder aufs neue erstehen". Dies sind die Ideen von Reclus. Es ist bewundernswert, wie sein Glaube an eine neue kommende soziale Gesellschaftsordnung, der doch gewiss recht stark war, sein Auge auch so bescheidenen naheliegenden Resultaten nicht verschloss.

Praktische Aktion.

I.

„Die Propaganda durch die Tat." *)

Die theoretischen Argumente, durch die viele anarchistische Schriftsteller die „Propaganda durch die Tat" zu rechtfertigen suchen, — wo sie nicht direkt zu ihren offen ausgesprochenen Verherrlichern werden, — resultieren begreiflicherweise aus den allgemeinen Prinzipien der Lehre und im besondern aus ihren moralischen Negationen. Es handelt sich nicht darum, sagt einer dieser Schriftsteller [1]), die einzelnen Propagandataten gutzuheissen oder zu verdammen. Es handelt sich vielmehr darum sie zu begreifen, ohne

*) Anmerkung des Übersetzers —. In der italienischen Ausgabe heisst es: „Propaganda del fatto", was allerdings vielmehr der in deutscher Sprache üblicheren Wendung „Propaganda der Tat" entspricht. Trotzdem glaubte der Übersetzer statt dessen überall die Wendung „Propaganda durch die Tat" setzen zu müssen, weil diese Übersetzung allein, ohne Möglichkeit eines Missverständnisses, genau den Sinn und die Bedeutung der ursprünglich französischen Wendung „propagande par le fait" wiedergibt. Tatsächlich wird auch bei recht vielen die Ansicht hervorgerufen „P. d. T." bedeute die Propagierung von Attentaten und Aufreizung zu Gewaltakten, was auch die Wendung „Propaganda der Tat" eigentlich besagt. „La propagande par le fait", die in französischer Sprache (aus der der Ausdruck durch Übersetzung entnommen wurde) ausschliesslich vorhandene Wendung, bedeutet dagegen die Propaganda (der Ideen oder der Revolution) durch die Tat, durch das Beispiel, und nicht durch Worte. Somit wäre die „Propaganda durch die Tat" gewissermassen das Gegenteil der „Propaganda der Tat," — wenn dieser letzte Ausdruck nicht einfach nur eine schlechte Übersetzung wäre — die allerdings zu Missverständnissen und Verwechslungen führt. „Propaganda durch die Tat" kann also — es müsste überflüssig sein, dies zu betonen — nur durch das Beispiel, durch Taten, aber nicht durch Reden und Schriften betrieben werden. Noch so revolutionäre Aufforderungen sind keine „Propaganda durch die Tat", sondern immer nur eine Propaganda durch — Worte. Die „Bande von Benevento", Reinsdorf, die Attentäter von Ravachol bis Caserio machten „Propaganda durch die Tat".

[1]) J. Mesnil, *Le Mouvement anarchiste;* Bibl. d. „*Temps Nouveaux*" Bruxelles, 1897, S.S. 17, sq.

dass es notwendig wäre über sie zu urteilen. Es gibt Revolutionäre, fährt er fort, die sich nicht entblöden von jedem neuen Kameraden zu verlangen, dass er die Propaganda durch die Tat *abschwöre*. Diese Frage ist für die Anarchisten befremdend, weil sie zeigt, dass die Parteidisziplin in denen, die diese Frage stellen, so sehr ihre eigene Persönlichkeit ausgemerzt hat, dass sie nur die gemeinschaftliche Aktion anerkennen und begreifen, und jeden Sinn für die persönliche Verantwortlichkeit verloren haben. Diese Ansicht der grossen Majorität ist leicht zu erklären. Sie bemerkt die Entwicklung der Geister nicht eher, bis ihr eine materielle, brutale Tat ihr Vorhandensein bekannt gibt. Eine Idee bildet sich, entwickelt sich, wird diskutiert, sie inspiriert Worte und Bücher und gewinnt überall an Boden. Eines Tages dringt diese Idee in Geister, in denen die Rückwirkung rasch ist, worauf sie gewaltsam und heftig nach aussen hervorbricht. Jeder glaubt dann sein eigenes Leben bedroht, und die Regierungen greifen zu Ausnahmsmassregeln „um die öffentliche Ordnung aufrecht zu erhalten". Die Theoretiker der Anarchie wissen, dass es eine müssige Sache ist über die Propaganda durch die Tat zu reden. Man tötet nicht durch Theorien ; aber mit Hilfe einer Theorie sucht man intellektuell den wirklichen Mord zu motivieren. Das Verbrechen hat nichts mit der Vernunft zu tun ; es ist eine passionelle Handlung, die ihre Quelle in den Empfindungen des Einzelnen hat. Im Falle der anarchistischen Attentate ist es das Gefühl der Rebellion gegen die Gesellschaft, der Empörung beim Anblick der Ungerechtigkeit, für die niemand im besondern verantwortlich ist, an der aber alle teilnehmen Da sie wissen, dass es ihnen unmöglich ist ihrem Zustand des Elends zu entrinnen, ohne sich verächtlich zu machen und zu erniedrigen, sagen sich diejenigen, die ein Attentat ausführen wollen, dass ein einfacher Selbstmord steril wäre und wer sterben will, nicht allein sterben soll. Und nun töten sie, ohne zu berechnen, wen der Streich treffen wird. „Ich werde keinen Unschuldigen treffen, wenn ich den erstbesten Bourgeois niedermache", schrieb Léauthier [1]). Diejenigen, die angesichts

---

[1]) Louis Léauthier beging in Paris am 13. November 1893 ein Attentat gegen Georgewitch, einen serbischen Minister. Der zitirte Satz befindet sich in einem Brief, den der Attentäter vor dem Attentat an den Propagandisten S. Faure sandte, (dessen Ideen ich vorher behandelt habe). Der Hohepunkt der Deklarationen, die Léauthier

der furchtbaren Tatsachen, die sich täglich unseren Augen darbieten, eine so lebhafte Entrüstung zeigen, dass sie bei ihnen eine materielle Rückwirkung hervorruft, offenbaren eben einen impulsiven Charakter. Caserio zum Beispiel, wusste genau, dass er durch die Tötung Sadi Carnots die Gesellschaftsordnung nicht umändern würde, noch empfand er irgend ein persönliches Gefühl des Hasses gegen ihn. Doch wollte er den Präsidenten der Republik treffen, der das Symbol einer Regierungsform ist. Wenn man den grössten Teil der unter der Bezeichnung „Propaganda durch die Tat" zusammengefassten Akte untersucht und studiert, wird man erkennen müssen, dass sie mit demselben Rechte als „edel" bezeichnet zu werden verdienen, als gewisse von den bürgerlichen Historikern gefeierte Verbrechen [1]).

Erwägungen mehr allgemeiner Natur machte Errico Malatesta kurz nach der Hinrichtung Ravachols, die am 10. Juli 1892

---

vor den Geschworenen machte, war die Wiederholung der Proudhon'schen Worte: „Eigentum ist Diebstahl". Verurteilt zu lebenslänglicher Zwangsarbeit und nach den Iles du Salut transportiert, wurde er bei einer Sträflingsrevolte erschossen, die am 21. Oktober 1894 stattfand.

[1]) Aehnlich sind die diesbezüglichen Ideen Jean Grave's in seinem konfiszierten Buche: *La Société mourante et l'anarchie*, zit., auf S.S. 199—227. Die Anarchisten, schreibt er, müssen auf den Krieg in militärischer Form gegen das Militär verzichten. Der Kampf hat sich hauptsächlich darauf zu konzentrieren die Institutionen zu vernichten, die Eigentumsurkunden, die Katasterpläne, die Notariatsdokumente, etc. etc. zu verbrennen. Die Expropriationen der Kapitalisten, die Besitzergreifungen im Namen aller, die Übergabe der Produkte zum freien Konsum der Masse, was nur von einzelnen Gruppen durchgeführt werden muss, — müssen überall so sehr zerstreut sein, dass der Unterdrückungs- und Gewaltsmechanismus der Regierungen aufgelöst, abgelenkt und erschöpft wird. „Man braucht keine Chefs für solche Handstreiche. Sobald nur einer erkennt was zu tun ist, wird er mit dem Beispiel vorangehen und handeln, um die anderen mitzureissen, die ihm folgen, wenn sie Anhänger eines solchen Unternehmens sind; aber dadurch, dass sie dem folgen, der ihnen am geeignetsten scheint dieses Unternehmen zu leiten, durchaus nicht auf ihre eigene Initiative verzichten. Dies gilt umso mehr, weil wenn während des Kampfes ein anderer die Möglichkeit einer anderen Handlung erkennt, er nicht zum ersteren um Erlaubnis bitten gehen wird, diese Handlung durchzuführen, sondern seine Idee seinen Mitkämpfern vorschlagen wird. Diese werden es, je nachdem ihnen das Projekt durchführbar erscheint oder nicht annehmen oder ablehnen .... Das sicherste Mittel um der Anarchie zum Siege zu verhelfen, ist als Anarchist zu handeln". Als gelegentlich einige Anarchisten ihre Gegnerschaft gegen das Eigentum so weit trieben, den Diebstahl zu rechtfertigen, schrieb Grave: „So sehr wir die Handlungen eines Einzelnen gutheissen und wiederholt sehen möchten, der durch die schlechte soziale Ordnung zum äussersten getrieben, sich am hellen Tage durch Gewalt und ohne sich zu verbergen, dessen bemächtigt, was

stattfand. Diese Erwägungen [1]) hatten das traurige Privileg diskutiert und widersprochen zu werden, weil sie Emile Henry nicht revolutionär genug erschienen, der allerdings kurz darauf von der theoretischen Diskussion zur allerfurchtbarsten terroristischen Aktion überging, für die er zwei Jahre darauf (21. Mai 1894) hingerichtet wurde. Da die Geschichte den Weg der Rebellion beschreitet, sagt Malatesta, ist es zwecklos über die Wege zu klagen, die sie wählt, denn diese Richtung wurde ihr schon von der ganzen vorherigen Entwicklung vorgeschrieben. Aber da die Geschichte von den Menschen gemacht wird, und wir nicht gleichgültige und passive Zuschauer der historischen Tragödie bleiben, sondern im Gegenteil mit allen unseren Kräften dazu beitragen wollen diese Ereignisse

---

er benötigt, und dabei stolz sein Recht aufs Dasein zum Ausdruck bringt, so sehr lassen uns diese Taten, die in das Gebiet der gewöhnlichen Diebstäle gehören, kalt und gleichgültig, weil sie in sich nicht den Charakter der Forderung tragen, die wir in Verbindung mit jedem Propagandaakt sehen möchten". Bezüglich der „Propaganda durch die Tat" bemerkt Grave, dass die Wiederholung der rebellischen Akte einen klaren Beweis für den Fortschritt der Ideen darstellt. Für die Anarchisten ist es unmöglich, auch wenn sie es wollten, friedlich zu bleiben; sie werden durch die Macht der Tatsachen selbst zur Aktion gedrängt. Es ist auch nicht richtig, dass die Akte der Rebellion suggeriert werden. Zu Taten wird man veranlasst durch Beispiele, aber nicht durch Schriften und Ratschläge. „Und da es einmal anerkannt ist, dass der Fortschritt nicht ohne Erschütterungen und Opfer durchgeführt werden kann, neigen wir unser Haupt vor diesen Opfern, die in dem furchtbaren Kampf mit der Hoffnung untergehen, dass ihr Beispiel noch zahlreichere und noch besser gewaffnete Kämpfer hervorgehen lassen wird, deren Schläge eine noch grössere Wirkung haben werden". Die „Propaganda durch die Tat" ist der in die Tat umgesetzte Gedanke. Aber gerade deshalb ist es nötig, dass die Tat ein bestimmtes Ziel habe und wisse, was sie will. Nehmen wir z.B. den Fall eines Streiks, in dem die Unternehmer, die ihn hervorgerufen haben, die anderen Unternehmer auffordern den Streikenden Widerstand zu leisten. „Nehmen wir nun an, dass einer dieser Unternehmer an einer Strassenecke niedergemacht wird, und auf ihm ein Zettel gefunden wird, in dem erklärt wird, dass er als Ausbeuter getötet, oder, dass aus demselben Grunde seine Fabrik angezündet wurde. Da ist es nicht möglich sich über die Ursachen zu täuschen, die den Täter zu diesem Akt getrieben haben, und wir können sicher sein, dass ihm von der ganzen Arbeiterwelt zugejubelt würde. Das wäre eine vernünftige Tat, die beweisen würde, dass alle solche Taten von einem bestimmten leitenden Prinzip ausgehen müssen".

[1]) In der Zeitschrift „*L'En-Dehors*" (erschien in Paris vom 5. Mai 1891 bis zum 10. Februar 1893, 91 Nummern) in der Nummer vom 21. August 1892. Die Schrift unter dem Titel: *Un peu de theorie*, wurde in der *Bibl. d. „Temps nouveaux"*, No. 15, Bruxelles, 1899, wieder abgedruckt. Die Polemik Henrys begann im *En-Dehors* oder in einer in italienischer Sprache unter dem Titel *Germinal* in London geheim erschienenen Einzelnummer. Im Text reproduziere ich die Worte Henry's, die ich diesem Dokument entnehme. Aehnliche Dinge, die Malatesta zu seiner Schrift veranlassten, veranlassten

hervorzurufen, die uns für unsere Sache am günstigsten scheinen, müssen wir eine Richtschnur haben, um uns in der Beurteilung der sich ereignenden Tatsachen zu lenken und vor allem, um den Platz zu wählen, den wir in unserem Kampf einzunehmen haben. Jedes Ziel muss seine Mittel haben. Die Moral ist im Ziel zu suchen; das Mittel ist unvermeidlich. Indem das Ziel gegeben ist, das uns freiwillig und aus Notwendigkeit gesteckt ist, ist es die Aufgabe des Lebens die Mittel zu finden, die, je nach den Umständen mit grösster Sicherheit und dem geringsten Kräfteverlust zum erwünschten Ziele führen. Von der Art, in der dieses Problem gelöst wird, hängt es ab, insofern dies vom menschlichen Willen abhängen kann, ob ein Mensch oder eine Partei ihr Ziel erreicht oder nicht, ihrer Sache nützlich ist, oder ohne zu wollen der feindlichen Sache dient. Das richtige Mittel gefunden zu haben ist das Geheimnis dieser Männer und Parteien, die ihre Spuren der Geschichte aufgeprägt haben. Die Anarchisten, setzt Malatesta fort, kämpfen nicht, um den Platz der heutigen Ausbeuter und Unterdrücker einzunehmen, ja sie kämpfen nicht einmal für den Triumph einer Abstraktion. Sie wollen das Glück der Menschen, aller Menschen ohne Ausnahme. Und sie glauben, dass die Freiheit und das Glück der Menschen nicht von einem Menschen oder einer Partei gegeben werden kann, sondern dass alle Menschen aus eigenem Antriebe ihre Bedingungen erkennen und

später Pietro Gori, nach der Tat Bresci's eine Serie von Artikeln zur Polemik mit Bovio zu schreiben. Ich will mich nicht dabei aufhalten diese Polemik wiederzugeben, weil sie anstatt Argumentationen, Gemeinplatze eines rhetorischen und hyperbolischen Anarchismus enthalten. So schreibt Gori z.B.: „Die Anarchie verneint dem Menschen das Recht, sich zum Schlächter seinesgleichen unter irgend welchem Vorwand zu machen, und doch nennt man sie die Schule des Mordes, weil zuweilen aus dem grossen Wirbelsturm der sozialen Schmerzen ein Dolch gegen die Brust eines Mächtigen gezückt oder eine Revolverkugel abgefeuert wird, die beide in der Schule des Hasses geschmiedet wurden, in der die Herrscher mit vollendeter Kunst Meister waren .... Das Recht auf Revolution gegen die schmarotzerische und tyrannische Herrschaft beruht auf dem juridischen Prinzip der Selbstverteidigung. Der Mensch hat das Recht die Gewalt mit Gewalt zurückzuweisen. Das Volk hat das Recht sich gegen diejenigen zu empören, die ihnen die zum allseitigen Leben als Mensch und Burger unumgänglichen Elemente vorenthalten ... Die soziale Revolution kann nur die Resultante aller Elendsbewegungen und aller Hoffnungen werden, das Zusammenströmen aller jugendlichen Kräfte des Geistes und der Muskeln .... etc." P. Gori, *La nostra Utopia, polemica con G. Bovio*; *L'avvenire, period. com.-anarch.*, Buenos-Aires, J. III. No. 111—117, 6. Oktober — 17. November 1905.

erringen müssen. Die Anarchisten glauben ausserdem, dass nur die vollständige Anwendung des Prinzips der Solidarität den Kampf, die Unterdrückung und die Ausbeutung vernichten kann, und dass die Solidarität nur das Resultat des freien Einvernehmens, sowie der spontanen und gewollten Harmonisierung der Interessen werden kann. Alles was also den Hass gegen die Unterdrückung und die Liebe unter den Menschen hervorruft, nähert die Anarchisten ihrem Ziele und ist somit gut. Sollen deshalb die Anarchisten auf die Anwendung gewaltsamer Mittel verzichten ? Durchaus nicht, sagt Malatesta. „Unsere Mittel sind diejenigen, die uns die Umstände gestatten und aufzwingen. Gewiss möchten wir niemandem ein Haar krümmen ; wir möchten gerne alle Tränen trocknen, ohne eine vergiessen zu lassen. Doch andrerseits müssen wir in dieser Welt, wie sie ist, kämpfen, wenn wir nicht unfruchtbare Träumer bleiben wollen. Wir glauben fest daran, dass ein Tag kommen wird, an dem es möglich sein wird, das Wohl der Menschen durchzuführen, ohne sich noch anderen wehe zu tun. Doch heute ist das nicht möglich". Die Menschheit schleppt sich mühevoll unter der Last der politischen und ökonomischen Unterdrückung, sie wird durch das Elend, die Sklaverei, die Unwissenheit vertiert, degeneriert, gemordet — und dies nicht immer nur langsam. „Zur Verteidigung dieses Zustandes bestehen mächtige militärische und Polizeiorganisationen, die mit dem Gefängnis, dem Schafott, der Metzelei auf jeden ernsten Versuch einer Aenderung der Verhältnisse antworten. Es gibt keine friedlichen legalen Mittel, um aus dieser Lage herauszukommen. Das ist auch ganz natürlich, denn das Gesetz ist eben von den Privilegierten zur Verteidigung ihrer Privilegien gemacht. Gegen die physische Gewalt, die uns den Weg versperrt, gibt es keinen anderen Ausweg als den Appell an die physische Gewalt, gibt es nichts anderes, als die gewaltsame Revolution". Jeder Tag, um den ihr Ausbruch verzögert wird, bedeutet eine unermessliche Menge von Leiden, die der Menschheit auferlegt werden. Arbeiten wir also dahin, schliesst Malatesta, dass die Revolution recht bald eintrifft. Seien wir Revolutionäre aus Liebe zu den Menschen ; es ist nicht unsere Schuld, wenn die Geschichte uns zu dieser schmerzlichen Notwendigkeit gezwungen hat. Für uns ist also jeder Akt der Propaganda oder der Verwirklichung durch das Wort oder durch die Tat, ob kollektiv oder individuell, gut, wenn er dazu dient, uns der Revolution zu nähern und sie zu erleichtern, wenn er dazu beiträgt der Revolution die bewusste Mithilfe der Massen zu sichern und ihr diesen Charakter universeller Befreiung zu geben, die doch in unseren Wünschen und unseren Absichten liegt. Und vor allem muss in Bezug auf die Revolution in der Anwendung der Mittel so sparsam als möglich vorgegangen werden, da sich ja der Verlust in Menschenleben ausdrückt. „Wir kennen zur Genüge die furchtbaren materiellen und moralischen Verhältnisse, in denen sich das Proletariat befindet, um uns nicht die Taten des Hasses, der Rache, und sogar der Grausamkeit zu erklären, die sich ereignen können. Wir begreifen, dass es Unterdrückte gibt, die, von der Bourgeoisie immer mit der schändlichsten Härte behandelt, die immer sahen, dass dem Stärkeren alles erlaubt ist, sich eines Tages — wenn sie für einen Augenblick die Stärkeren geworden sind — sagen: Machen wir's auch wie die Bourgeois. Wir begreifen, wie es geschehen kann, dass im Fieber des Kampfes ursprünglich grossherzige Naturen, die aber nicht durch eine lange moralische Gymnastik vorbereitet wurden, die übrigens in den gegenwärtigen Umständen recht schwierig ist, — das zu erreichende Ziel aus dem Auge verlieren und die Gewalt als ein Ziel für sich selbst betrachten und sich zu grausamen Exzessen hinreissen lassen. Aber etwas anderes ist es diese Dinge zu begreifen und zu verzeihen, und etwas anderes, sie als berechtigt anzuerkennen. Dies sind nicht die Akte, die wir verherrlichen, ermutigen, nachahmen sollten." Wir müssen entschlossen und energisch sein, aber wir müssen uns auch bemühen, die uns von der Notwendigkeit gesetzten Schranken nicht zu überschreiten. Wir müssen es tun, wie der Chirurg, der ins Fleisch schneidet, wann es nötig ist, es aber vermeidet überflüssige Leiden zu verursachen; kurz, wir müssen vom Gefühl der Liebe zu den Menschen, zu allen Menschen beseelt sein. Wir glauben, dass dieses Gefühl der Liebe die moralische Grundlage, die Seele unseres Programms ist; wir glauben, dass nur dann, wenn man die Revolution als das grosse Jubelfest der Menschheit auffasst, als die Befreiung und Verbrüderung aller Menschen, welcher Klasse oder Partei sie auch angehört haben mögen, unser Ideal verwirklicht werden kann. Die brutale Empörung wird gewiss hervorbrechen und wird dazu dienen können, den letzten Streich zu versetzen, der die bestehende Ordnung niederreissen wird; aber wenn sie kein Gegengewicht von seiten der Revolutionäre finden würde, die für ein Ideal kämpfen, würde sie sich selbst verzehren. Der Hass erzeugt nicht die Liebe; durch Hass verjüngt man nicht die Welt. Und die Revolution des Hasses würde entweder vollständig misslingen, oder einer neuen Unterdrückung Platz machen, die sich ja vielleicht anarchistisch nennen könnte, wie sich die heutigen Regierungen liberal nennen, die aber nichtsdestoweniger eine Unterdrückung wäre und in nicht langer Zeit diese Folgen hervorrufen würde, die jede Unterdrückung mit sich bringt.

So weit Malatesta, der also dahin gelangt, recht unbestimmte humanitäre Bestrebungen in einem bequemen Idealismus zu vereinigen, der sie unbeweglich macht und aufhebt, aber für die Wirklichkeit die Triebfedern revolutionärer Aktion beibehält, die keine noch so gewaltsame Ausdrucksform ausschliesst. Und das verstösst natürlich, noch bevor es das Gebiet der Ethik verletzt, gegen das Gebiet des Rechts; das heisst, wo diese Ideen in Taten umgesetzt werden, sind sie verbrecherisch; denn bevor man vom Standpunkt des Rechtes ausgeht, um ihm eine entsprechende berechtigte Initiative anzupassen, ist es nötig, dass die Individuen und die Vereinigungen von Individuen imstande sind das Recht selbst zu erobern. Und das ist kein gutes Recht, und somit überhaupt kein Recht, das sich der Illusion hingibt, sich vollständig neu von einem Ausgangspunkt erschaffen zu können, der von einem durch andere Rechte bedingten Gleichgewicht unabhängig ist; wie es auch ein solches Recht ist, das erst mit Hilfe der Gewalt gefordert oder errungen werden muss. Das Recht ist eine Macht durch die blosse Tatsache, dass es Recht ist, und jede andere Entgegenstellung von Macht, oder was noch schlimmer ist, von Gewalt von seiten Einzelner schwächt es, um es schliesslich ganz aufzuheben. Die tatsächliche soziale Realität, der unabhängig von der juridischen Form eines bestimmten Staates, die Anarchisten in Übereinstimmung mit den Sozialisten die Bezeichnung „Klassenjustiz" zu geben pflegen, ist eine Garantie dafür, dass dieses Minimum von Gerechtigkeit, als integrierender Teil dieses Minimums von Ethik, ohne das eine zivilisierte Gesellschaft nicht möglich wäre, beibehalten wird. Wenn dem anders wäre, würde die Geschichte keine Kontinuität und noch weniger eine Entwicklung aufweisen, die sie mit dem Fortschritt der Zeit immer erhabener gestaltet. Aber die Anarchisten erkennen selbst in den besten Fällen selten die Probleme in ihrer Allseitigkeit. Dies ist so sehr richtig, dass sogar die Betrachtungen Malatestas einem Anarchisten, der in der Achtung vieler Anhänger recht hoch steht, nämlich Emile Henry, schon zu kompliziert und nicht revolutionär genug erschienen. Indem er gegen Malatesta polemisierte, bemerkte Henry diesem gegenüber, dass die Anarchisten die Autonomie des Individuums und die Entwicklung seiner freien Initiative wollen, um allen das Glück verbürgen zu können. Wenn der Anarchist Kommunist wird, wird er es durch einfache Deduktion, weil er begreift, dass er nur im Glücke aller frei und unabhängig gewordenen Menschen sein eigenes Glück finden kann. Malatesta, fährt Henry fort, will diese Initiative verwerfen, diese Autonomie verletzen, wenn er erklärt, dass die Taten eines Menschen, so überzeugt und aufrichtig er auch sein möge, nicht gebilligt werden sollen, wenn sie die „von der Notwendigkeit gestellten Grenzen überschreiten". Aber wer hat darüber zu urteilen, ob diese Grenzen überschritten wurden, wer kann unfehlbar erklären, dass diese Tat der Revolution nützlich und jene wieder ihr schädlich ist? „Es wird wohl nötig werden, dass die zukünftigen Ravachols, bevor sie im Kampf ihren Kopf aufs Spiel setzen, ihre Absichten den zu einem Tribunal konstituierten Malatestas vorlegen, die über die Zulässigkeit der Akte zu urteilen hätten." Henry argumentierte mit folgenden Worten: Wenn ein Mensch in der gegenwärtigen Gesellschaft ein Rebell wird, der seiner Tat bewusst ist, so heisst dies, dass sich in seinem Geiste ein deduktiver Gedankenprozess vollzogen hat, der sein ganzes Leben umfasst und die Ursachen seiner Leiden erforscht hat. Er allein ist also Richter darüber, ob er ein Recht hat oder nicht, den Hass zu nähren und wild, ja sogar grausam zu werden. „Was uns anbetrifft, fährt Henry fort, denken wir, dass Akte brutaler Empörung, wie diejenigen, die stattfanden und die diese Polemik zwischen „Anarchisten und Terroristen" — um mit Merlino zu sprechen — hervorriefen, ganz richtig treffen, weil sie die Masse wachrufen, sie mit gewaltsamen Peitschenhieben aufrütteln und ihr die schwachen Seiten der Bourgeoisie zeigen, die noch im Augenblick zittert, wann der

Rebell an das Schafott herantritt". Ohne Zweifel hat jeder Anhänger der anarchistischen Lehre eine besondere Physiognomie und ein besonderes Verhalten, wodurch er sich von seinen Kampfgenossen unterscheidet. Und deshalb soll man sich nicht wundern, wenn nicht alle Revolutionäre ihre Bestrebungen auf einen und denselben Punkt konzentrieren. Aber wir geben ihnen nicht das Recht, fügt Henry hinzu, zu sagen: Unsere Propaganda allein ist die gute, ausserhalb der unsrigen gibt es kein Heil. „Das ist ein altes Überbleibsel des Autoritätsprinzips, das wir nicht unterstützen wollen, und wir werden uns bestreben unsere Sache recht bald von der der Päpste und der Papstanwärter abzusondern". Ausserdem irrt Malatesta, wenn er sagt, der Hass gebäre nicht die Liebe. Es muss im Gegenteil gesagt werden, dass es die Liebe ist, die den Hass gebärt. Je mehr man die Freiheit und die Gleichheit liebt, umso mehr muss man alles das hassen, was sich dem widersetzt, dass alle Menschen frei und gleich sind. „Es ist wahr, dass die Menschen die Produkte der Verhältnisse sind, aber diese Institutionen, diese Verhältnisse sind abstrakte Dinge, die nur solange bestehen, solange es Menschen in Fleisch und Blut gibt, die sie repräsentieren. Es gibt also nur einen Weg um diese Institutionen zu vernichten, nämlich: die Menschen beseitigen, die sie vertreten; und wir begrüssen mit Freude alle energischen Akte der Empörung gegen die bürgerliche Gesellschaft, weil wir nicht vergessen, dass die Revolution nur die Resultante aller dieser besonderen Empörungen sein wird". Dies sind die Schlussfolgerungen Henrys. Es ist nun offenbar, dass sich die Anarchisten nach dem Durchlesen dieser Worte vor folgender Alternative befinden: entweder ihnen beizustimmen und die Zahl der Verbrecher vermehren; oder sich von einer Lehre zurückzuziehen, deren innere Logik zu solchen Schlussfolgerungen führen muss. Doch muss eine noch wichtigere Bemerkung gemacht werden. Gegenüber solchen Verirrungen sind alle, die diese abstrakten Überzeugungen und das daraus folgende praktische Verhalten vor die moralischen Schranken der eigenen Überzeugung und die legalen Anforderungen der sozialen Umgebung ziehen, von der Pflicht der Diskussion ihrer Gesamtbedeutung enthoben. Sie haben somit das Recht, bloss einen verbrecherischen Irrtum zu beurteilen, und sich gegen ihn zu verteidigen, sobald er die Absicht zeigt, sich in die Tat umzusetzen. Die strikteste Pflicht der Diskussion würde dagegen denen zukommen, die wie Malatesta mit einem schwachen Schein sophistischer Logik die Schranken der Moral und der Gesetzlichkeit durchbrechen, und nach Zurücklegung einer kurzen Wegstrecke vor einem furchtbaren Punkt stehen bleiben, (wobei ihre persönliche Verantwortlichkeit, die vielleicht nur noch intellektuel ist, sich von ihrer ethischen Persönlichkeit loslöst), ohne daran zu denken, dass andere bereit sind plötzlich auf die Bildfläche zu treten, um selbst diese Verantwortlichkeit zu übernehmen, die aber nur in einer praktischen Verantwortlichkeit der Tat zum Ausdruck kommt. Diese letzteren sind die Opfer, bevor sie noch zu Verbrechern wurden [1]).

Wenn nun die von einem „Propagandaakt" veranlassten nachträglichen Erwägungen derartig sind, kann man sich leicht vorstellen, wie die Sprache und welcher Art die Argumentationen sein werden, die zur Verherrlichung und Aufreizung zur „Propaganda durch die Tat" bestimmt sind [2]). Aber wenn man

---

[1]) MALATESTA, spielte gelegentlich einer Polemik, die er im Jahre 1897 mit dem inzwischen gestorbenen Anarchisten ICILIO PARRINI (in Alexandrien, Egypten) hatte, der die Berechtigung aller Akte der Rebellion verteidigte, auf das unmenschliche Attentat EMILE HENRY's an, der schon seinen Übertritt von der Theorie zur Tat bewiesen hatte. „Die Tat der kollektiven Revolte, sagte MALATESTA, ist bei Gleichheit der Bedingungen von vornherein wichtiger als individuelle Taten; doch wäre es unlogisch den Wert einer Tat nach der Zahl der Teilnehmer zu messen, die sie ausgeführt haben. .... Wir protestieren gegen gewisse Taten, die uns schlecht und schädlich scheinen, weil die Taten derartig sind, und nicht weil sie vom einem einzelnen Menschen ausgeführt wurden .... So missbilligt z.B. der Schreiber dieses das Attentat des *Café Terminus* (das von HENRY begangen wurde), das Parrini so sehr gefällt, weil es ihm (Malatesta) ungerecht, grausam, unsinnig erscheint, womit er nicht die Persönlichkeit HENRY's beurteilen will, sondern die objektive Tat in ihrer sozialen Bedeutung, das heisst die gute oder die böse Wirkung, die sie auf andere Menschen ausüben konnte." *L'Agitazione*, Ancona, 4. Apr. 1897 No. 4. Wie dem Leser ersichtlich ist, lassen auch diese Worte, trotzdem sie eine Missbilligung einer besonderen Tat sind, Voraussetzungen zu, aus denen die extremsten verbrecherischen Konsequenzen gezogen werden können.

[2]) Unter den Aufreizungen genügt es eine der furchtbarsten wiederzugeben, die der Feder MOSTS entstammt. In letzter Zeit erinnerte daran ein amerikanisches Propagandaorgan, als es den Nekrolog dieses unerbittlichen Agitators machte: „Er (Most) war Atheist und Anarchist. Entschiedener Anhänger dessen, was man als *Propaganda durch die Tat* bezeichnet, verherrlichte er die Taten Hödels, Nobilings, Ryssakoffs, Czolgosz's. Seiner Feder entstammen Satze wie die folgenden: „Die Despoten sind Banditen; ihnen zu verzeihen, wäre ein Verbrechen. Da sie, so oft es ihnen gefällt, zur Hinterlist, zum Gift, zum Mord greifen, müssen auch wir durch Hinterlist, durch Gift, durch Mord antworten. Wer dazu nur die Möglichkeit hat, der soll es tun. Wer auf der

auch nur auf dem Boden der Rechfertigung verbleibt, muss besonders auf die heftige Sprache aufmerksam gemacht werden, mit der die anarchistischen Schriftsteller das Verhalten der Einzelnen und der Gesellschaft nach einem Attentat kritisieren.

---

anderen Seite der Linie steht, die das Feld der Ausbeuter und Unterdrücker von dem der Ausgebeuteten und Unterdrückten scheidet, ist dem Urteil verfallen. Gebt dem Volk die Moglichkeit die Gerechtigkeit durchzuführen, und rufen auch wir: Mord den Mördern! Retten wir die Menschheit durch Blut und Eisen, durch Gift und Dynamit!" *Los Parias, por la redención social*, Lima (Peru), III J. N. 24. Mai 1906. Vrgl.: F. Mehring, *Geschichte der deutschen Sozialdemokratie*, zit. Bd. II, SS. 393—400, 442—447; M. N[ettlau ?], *John Most: Freedom, Journal of anarchist communism*, Apr. 1906, v. XX. No. 205 sq. — Most stand in Beziehungen mit August Reinsdorf, von dem er, wie ich früher (S. 312· Fussnote anführte, die ersten ausdrücklich anarchistischen Beiträge in seiner von ihm in London seit dem 3. Januar 1879 redigierten Zeitschrift *Freiheit* aufnahm. Als Reinsdorf, der Mitglied der *jurassischen Föderation* war und dort unter dem Einfluss Bakunins stand, im Jahre 1884 das Dynamitattentat gegen den Kaiser von Deutschland, seinen Sohn, seinen Neffen und gegen den König von Sachsen am Niederwalddenkmal bei Rüdesheim organisierte, wofür er anfangs des nächsten Jahres in Halle geköpft wurde, schrieb Most eine glühende Verherrlichung des Geköpften, die dann der Katechismus der „Propaganda der Tat" geblieben ist. Most veröffentlichte diese Schrift, die ich schon erwähnte, in New-York im März 1885 unter dem Titel: *A. Reinsdorf u. die Propaganda der Tat*; 79 SS., 2 te Aufl.: Int. Libr.; No. 3, ibid., 15. Okt. 1890. Vrgl.: O. M., *Das Verbrechen am Niederwald: Preuss. Jahrb.*, Bd. 35; H. Friedlander, *Das Dynamit-Attentat g. d. Leben Sr. M. d. Kaisers, etc.* Leipzig, Milde, 1884.

Anm. d. Übers. — Johann Most entwickelt jedoch seine Ansichten uber die Propaganda durch die Tat am deutlichsten in seiner Broschüre: *Die freie Gesellschaft. Eine Abhandlung über Prinzipien und Taktik der kommunistischen Anarchisten.* New York, 1884, Selbstverl. d. Verfassers, 2te Aufl.; sie befinden sich auf den SS. 63—71: „Humanitätsphrasen, wie sie einem Sozialdemokraten auf den Lippen schweben können, weil es in seinem Kopfe überhaupt sehr gemütlich aussieht, würden in dem Munde eines Anarchisten ebenso unglaubwürdig, wie lächerlich klingen. Derselbe vermeidet sie daher und reizt ohne Unterlass die Arbeiter zur Empörung auf. Und da er weiss, dass eine jede einzelne revolutionäre *Handlung* viel weiterhin vernommen wird und in viel grossartiger Weise überall aufregend wirkt, wie Tausende von Reden und Schriften, so betreibt er vor allem die *Propaganda der Tat*. (S. 63) .... „Die meisten Menschen sind so schwerfällig in ihrem Denken, dass sie nur durch greifbare Dinge, durch aufregende Handlungen und ähnliche Demonstrationen in bedeutenderem Masse aus ihrer Alltagsträgheit aufgerüttelt werden können. Das ist den Anarchisten wohlbekannt. Aus diesem Grunde empfehlen sie als bestes Agitationsmittel die Propaganda der Tat. Diese ihre Taktik hat sie bereits tausendmal gefürchteter gemacht, als ihre Philosophie" (S. 64) ..... „Wir kämpfen nicht gegen Personen, sondern gegen ein System! ruft man da pathetisch in die Welt hinein, alsob es in der menschlichen Gesellschaft Systeme gäbe, welche nicht von Personen getragen und repräsentiert würden! „Die Tötung einzelner nützt ja doch nichts; es treten andere an ihre Stelle!" — werfen die weniger heuchlerisch Gesinnten ein. Gewiss, antworten wir, wäre es besser, wenn man imstande sein würde, gleich die ganze reaktionäre Brut (mit Kind und Kegel), wie giftiges Unkraut

Mesnil entrüstet sich an einer Stelle seiner schon angeführten Schrift [1]), dass so wenig schmeichelhafte Bezeichnungen Menschen gegeben werden, die die Idee des Todes mit sich tragen und mit dem Entschluss losgehen, den Tod zu geben und zu

---

auszumerzen; allein vorläufig sind auch vereinzelte Hinrichtungen nicht ohne Nutzen. Dieselben bringen der sogenannten ‚vornehmen Gesellschaft' das Bewusstsein bei, dass uber ihrem Haupte stetig das Damoklesschwert der sozialen Revolution schwebt, und dass sie auf einem Boden steht, von dem sie nie weiss, ob nicht die vulkanischen Gewalten der modernen Wissenschaft darunter glimmen. Schon dieser ist etwas wert. Es kommt einer Züchtigung der Reichen und Mächtigen gleich. Die Banditen der Ordnung, welche sich immer in dem Wahne gewiegt, dass sie niemand für ihre Verbrechen zur Rechenschaft ziehen könnte, sehen den „Vater Lynch" auf allen Wegen und Stegen, wie er ihnen, zornig und entschlossen, den Dolch der Rache entgegenstreckt. Das stört sie wesentlich in ihrem Wohlbehagen. Auf der anderen Seite erweckt jede rächende Tat, welche ein Revolutionär an einem Vertreter der kapitalistischen Gesellschaft oder an einem Gewaltswerkzeuge derselben begeht, bei den gequälten, ausgebeuteten Volksmassen Genugtuung, neuen Trost, neue Hoffnung. Ferner reizt gewöhnlich eine derartige Tat zur Nachahmung. Und vor allem ist sie ein Mittel zur Propaganda. Eine jede solche Tat wird beim heutigen Verkehrs- und Zeitungswesen binnen wenigen Stunden in der ganzen Welt bekannt. Man spricht in jeder Werkstatt, in jedem Wirtshaus, in jeder Hütte darüber. Die Gründe der Tat werden erwogen; man kommt auf den Täter selbst und damit auf die Grundsätze zu sprechen, denen zu lieb er die Handlung vollbracht. Das ist eine Agitation, wie sie durch Reden und Schriften nimmermehr erzielt werden könnte. Alles, was man daher allenfalls beklagen kann, ist der Umstand, dass bisher die Propaganda der Tat nicht schwunghafter betrieben wurde. Jeden Tag, jede Stunde müssten etliche Menschenfeinde in das Nichts befördert werden. Und wie wir die Entwicklung resp. Zuspitzung der Dingen kommen sehen, so erblicken wir auch schon jetzt einen Zustand, wo die Lynchjustiz täglich und stündlich geübt wird. Das wird das unmittelbare Vorspiel zur sozialen Revolution sein. Denn diesmal wird selbst der eigentliche Kampf nur aus einer grossen Reihe von Einzelakten bestehen, weil das gegenüber der modernen Kriegskunst die einzige Taktik ist, welcher letztere nicht beikommen kann. Alles gut und schön, ruft indessen ein unverbesserlicher „Wenn und Aber" Mensch dazwischen, aber seht Ihr nicht, welchen Schaden solche Taten der Bewegung verursachen? Werden nicht Hunderte von Genossen in den Kerker geschleppt? Jagt man nicht Tausende ausser Landes? Werden nicht die letzten Reste von den etwaigen früheren Volksfreiheiten ausgemerzt? Muss das nicht die Sache eher nach rück wärts statt nach vorwärts drängen? - Genug der Heulmeierei! Druck erzeugt Gegendruck! hat man früher in jeder Versammlung pathetisch ausgerufen. Wir wüssten nicht wie so diese physikalische Formel nun auf einmal ausser Kraft gekommen sein soll. „Je toller es die Regierungen treiben, desto rascher kommen wir zum Ziel". Seit Jahrzehnten hat das jeder sozialistische A B C Schütze täglich deklamiert; jetzt soll plötzlich das Gegenteil richtig sein .... Wir halten jedes Mittel, welches die Sache der sozialen Revolution fördert, für recht und empfehlen es. Unsere Feinde sind nie wählerisch im Kampfe gegen das Volk gewesen. Raub und Mord sind ihnen zur zweiten Natur geworden. Mithin heisst es: *Aug' um Auge!*" (S. 670).... „Im Falle der siegreichen Revolution springen die Ausbeuter über die Klinge, und mit den Toten macht man keine Kompromisse ... Entweder wird die Revolution unerbittlich terroristisch durch die Länder fegen, oder sie ist geliefert. Wenn die kommende soziale Revolution nicht ein Fehl-

empfangen, und die selbst, bei Gefahr ihres Lebens die Explosivstoffe vorbereiten. Ebensowenig möchte Mesnil, dass die Anarchisten beschuldigt werden Unschuldige und Unverantwortliche zu treffen, weil es, wie er sagt, eine Charakteristik der gegenwärtigen Gesellschaftsform ist, dass sich jeder unverantwortlich erklärt, während sich dagegen in Wirklichkeit niemand der Verantwortlichkeit entziehen kann, die gegenwärtigen Zustände geschaffen zu haben und aufrecht zu halten. Dies müsste nun nach Mesnil, wenn ich nicht irre, zum Schluss führen, dass man sich dieser Verantwortlichkeit dadurch entzieht, dass man zum Verbrecher wird. Es ist dies eine Art auf den Kopf gestellter Rehabilitation für den Preis des Verbrechens. Auch sollte, nach seiner Meinung, mit nicht geringerer Einseitigkeit jede Massregel zum Schutze der Gesellschaft verdammt werden, deren sich der Staat bedient. Die allerbrutalste Unterdrückung, versichert er, findet man in Italien und in Spanien. Aber je grösser die Unterdrückung ist, desto unwirksamer erscheint sie. Heute weniger wie jemals, haben die direkten Verfolgungen gegen die Menschen die Macht, die Entwicklung der Ideen aufzuhalten. Jedes Ausnahmegesetz fällt zum Vorteil jener aus, die es unterdrücken wollte. Sozialisten und Anarchisten haben dies schon öfters erfahren. „Die grausamen Repressalien, die von den Regierungen sofort nach Akten der „Propaganda durch die Tat" durchgeführt

---

schlag sein soll, so muss mit dem Kapitalismus, sowohl mit dessen persönlichen Repräsentaten, als auch mit dem materiellen Untergrunde desselben kurzer Prozess gemacht werden. Was von der Kapitalistenbrut nicht über die Klinge springt, bleibt ein Stachel im neuen Gesellschaftskörper; mithin wäre es Dummheit und Verbrechen, wenn man mit dem Parasitengezücht nicht gründlich Kehraus halten wollte. Das einfältige Geschwätz, als habe man, wenn man konsequent sein wollte, neun Zehntel der Menschheit auszurotten, da beim Ausbruch der Revolution doch höchstens ein Zehntel in den Kampf ziehen würde, ist lediglich ein Beweis dafür, wie weit die Sophisterei derjenigen geht, welche zwar die Revolution theoretisch predigen, sie aber praktisch bis zum Nimmerleinstag verschieben möchten. Umgekehrt ist auch gefahren: Kaum der zwanzigste Teil der Bewohner irgend eines „Kultur" (?) Landes braucht dem Schindanger einverleibt zu werden; denn mehr wirkliche Eigentumskanaillen (deren Helfershelfer eingerechnet) existieren glücklicherweise nirgends. Möge man sie übrigens — um kein übel angebrachtes Mitleid zu erwecken — möglichst *human* wissenschaftlich, etwa vermittelst Elektrizität abtun! Wir empfehlen keine Grausamkeiten, sondern nur Notwendiges." (SS. 70, 71).

[1]) *A. a. O.*, S.S. 45 sq.

wurden, haben durchaus nicht verhindert, dass sich ähnliche Akte kurz darauf wiederholten, — oft haben gerade diese die Rache hervorgerufen". Die Explosion des Restaurants Very folgte sofort auf die Massenverhaftung von ungefähr hundert Anarchisten; die Bombe, die ins Liceotheater von Barcelona geschleudert wurde, war eine Antwort auf die Hinrichtung von Pallas, der das Attentat gegen Martinez Campos beging. Und noch weniger erreichen — nach Mesnil — die Proteste der bürgerlichen Presse, weil sie nur dazu dienen, den Anarchisten die Möglichkeit zu geben ihre Ideen besser zu verbreiten, wie, um ein Beispiel anzuführen, seinerzeit Elisée Reclus die Gelegenheit hatte das Verhalten der „Diebe" zu erklären und zu billigen, die die Bourgeois in wirklich uneigennütziger Weise expropriierten, und dabei als einziges Ziel hatten der anarchistischen, Propaganda materiell zu helfen.

Etwas weniger nachsichtig ist von seiten der Anarchisten die Beurteilung der Attentate, wenn sie unter dem bedrohlichen Eindruck eines begangenen Attentats stehen. Kurz nach einem Attentat gegen einen bekannten Finanzmann wurden in einem anarchistischen Blatt [1]) folgende Auslassungen veroffentlicht: Unter den Unglücklichen, die von den Zuständen des gegenwärtigen Lebens hingeopfert werden, begehen die einen direkt Selbstmord, während die anderen es vorziehen, sich vorher an jenen zu rächen, denen sie die Schuld an ihrem Elend zuschreiben. Der Anarchismus kann solche Akte weder verhindern, noch hervorrufen. Es ist nicht der Anarchismus, der das Elend und die Unterdrückung hervorruft. Es ist offenbar, dass wenn auch die Anarchisten die allerberedtesten Menschen wären, sie einen glücklichen Menschen nicht überreden könnten, in den Tod zu gehen. Ausserdem sind die Akte der Empörung so alt wie die

---

[1]) P. Dechappe, *A propos d'attentats: Temps nouveaux* J. I, No. 26, 26. Okt. — 1. Nov., 1895: In einem anderen, späteren Artikel schreibt ein italienischer Anarchist unter dem Pseudonym L. Venieri (*Il partito socialista-anarchico e gli atti di rivolta individuale: Il social. anar., Suppl. d. Agitazione*, Rom, 29. Juli 1905) folgendes: „.... die sozialistisch anarchistische Partei kann, insofern sie eine Kollektivität darstellt, nicht für Taten verantwortlich gemacht werden — ob sie nun gut oder böse sind — die aber eine durchaus individuelle Charakteristik haben und sich dem Einfluss der Kollektivitat entziehen .... Mögen die anderen aufhören uns zu unterdrücken, und auch wir werden aufhören uns kollektiv und individuell zu empören." ....

Autorität selbst. Unter den durch die Autorität verknechteten Sklaven sind es immer die Allerunglücklichsten, die häufig die Allerbesten sind, die sich empören. Solange sich die Macht und der Reichtum in den Händen einer Klasse befindet, wird es immer Revolutionäre geben. Die Akte der Empörung sind also von jeder theoretischen Idee unabhängig. Wenn es auch keinen Anarchismus und keine Anarchisten gäbe, würden sich solche Akte nichtsdestoweniger ereignen. Wenn allerdings der grösste Teil der gegenwärtigen Rebellionen den Anarchisten zuzuschreiben ist, so besagt dies nur, dass sie ihr Elend nur noch lebhafter empfinden und wissen, dass es von der Ausbeutung und der Ungerechtigkeit herrührt. Diese Akte werden von den Anarchisten weder gebilligt noch missbilligt. Nun der, der sie ausführt, hat das Recht über sie zu urteilen. Derjenige, der handelt, überlegt zweifellos vorher die Tat, die er zu begehen im Begriffe ist, er denkt an die Menschenleben, die vernichtet werden, sowie an die Notwendigkeit seine Leiden laut zu verkünden. Die Anarchisten beschränken sich darauf diese Taten einfach als Anzeichen der gegenwärtigen Verhältnisse zu registrieren. Und wenn sie einerseits Trauer hervorrufen, indem sie alle sozialen Übel aufreissen, lassen sie andrerseits bessere Zeiten erwarten, weil sie andeuten, dass die Entbehrungen und die Sklaverei nicht mehr schweigend geduldet werden. Als Verkündung einer bevorstehenden Umwälzung sollten sie vielmehr mit Freuden begrüsst werden.

Wir sahen vor kurzem, welcher Art die Gründe sind, die die Anarchisten ins Feld führen zu können glauben, wenn nach einem „Propagandaakt" die Massregeln gesellschaftlicher Verteidigung folgen, oder solche ergriffen werden, um diese Akte zu verhindern. Aber noch viel bittere Vorwürfe machen sie den Sozialisten für ihren Mangel an Solidarität. Wenn es sich darum handelt die Mittel der Propaganda zu diskutieren, beklagen sich die Anarchisten viel zu sehr über die Ablehnung der Sozialisten ; was sie doch eigentlich aus dem theoretischen Standpunkt beider Lehren begreiflich finden sollten. Vor allem beklagen sich die Anarchisten über die ausgesprochen feindliche Stellung, die ihnen gegenüber von den Leitern der deutschen Sozialdemokratie eingenommen wird. Die entlegenste Ursache davon ist noch in der Rivalität zwischen Marx und Bakunin zu finden, worüber schon ausführlich gesprochen wurde. Der Anarchist Tcherkesoff, der als Gelehrter zu betrachten ist, hat verschiedene Tatsachen und Urteile gesammelt, die seiner Ansicht nach die Unehrlichkeit der marxistischen Sozialisten dem Anarchismus und ihren Begründern und Anhängern gegenüber beweisen sollen [1]). Er wirft z.B. Liebknecht, dem vor wenigen Jahren verstorbenen bekannten deutschen Sozialisten [2]) vor, dass er versucht hat Bakunin als Agenten der russischen Regierungen darzustellen, dass er den Anarchisten Domela Nieuwenhuis verleumdet hat, dass er „Männer von notorischer Reinheit des Charakters, wie den edlen und grossherzigen Cafiero" als „Agents provocateurs" verdächtigt hat. Aber der bitterste Vorwurf Tcherkesoffs betrifft das Verhalten der deutschen Sozialisten gegenüber den revolutionären Akten in anderen Ländern. Das *Kommunistische Manifest* sagte, dass „die Kommunisten überall in Übereinstimmung mit den Revolutionären arbeiten" [3]). Man sehe, fügt Tcherkesoff hinzu, ein Beispiel. Während der serbo-bulgarischen Revolution im Jahre 1875—'76, als die ganze Welt mit den Insurgenten sympathisierte, machten gerade nun die marxistischen Organe eine den für ihre Freiheit Kämpfender schädliche Propaganda, indem sie die Arbeiter versicherten, dass die Revolution vom russischen Despotismus zu dessen Vorteil hervorgerufen wurde. „Dieselbe Infamie begingen sie gegen

---

[1]) W. TCHERKESOFF, *Pages d'histoire socialiste ; I. Doctrines et actes de la socialdemocratie :* Publicat. d. „*Temps Nouveaux.*" No. 3, Paris. „*Temps nouveaux,*" 1896, S.S. 57—64. Über die Stellung der deutschen Sozialisten zur „Propaganda d.d. Tat", siehe die Rede A. BEBELS, *Attentate u. Sozialdemokratie*, Berlin, Buchhandl. Vorwärts, 1898.

[2]) LIEBKNECHT war bekanntlich mit ENGELS der direkteste Fortsetzer MARX's, in dessen Gesellschaft er seit 1848 als politischer Flüchtling zwölf Jahre lang in London lebte.

[3]) Das „*Kommunistische Manifest*" sagt an der angedeuteten Stelle wörtlich : „die Kommunisten unterstützen überall jede revolutionäre Bewegung gegen die bestehenden gesellschaftlichen und politischen Zustände. In allen diesen Bewegungen heben sie die Eigentumsfrage, welche mehr oder minder entwickelte Form sie auch angenommen haben möge, als die Grundfrage der Bewegung hervor. Die Kommunisten arbeiten endlich überall an der Verbindung und Verständigung der demokratischen Parteien aller Länder. Die Kommunisten verschmähen es, ihre Ansichten und Absichten zu verheimlichen. Sie erklären es offen, dass ihre Zwecke nur erreicht werden können durch den gewaltsamen Umsturz aller bisherigen Gesellschaftsordnung. Mögen die herrschenden Klassen vor einer kommunistischen Revolution zittern. Die Proletarier haben nichts in ihr zu verlieren als ihre Ketten. Sie haben eineWelt zu gewinnen."

[1]) Vrgl. : P. KROPOTKIN, *Serge Stepniak : Temps Nouveaux*, J. I., No. 37, 11.—17. Januar, 1896.

die unglückliche armenische Nation, die von der türkischen Armee, die von deutschen Offizieren organisiert war, massakriert wurde." Als die italienischen Anarchisten im Jahre 1877 die Revolte von Benevento organisierten, sagten und druckten die Berliner Sozialisten, dass Cafiero, Malatesta und deren Freunde, „unter denen sich ein Held der russischen Revolution, Stepniak befand" [1]), alle „Agents provocateurs" waren. Ein bürgerliches Blatt bemerkte daraufhin, dass es Liebknecht und seinen Kameraden wohl frei stehe, diese Tat zu missbilligen, dass es aber nicht ehrenhaft sei einen Cafiero, der sein Vermögen für die soziale Befreiung des Volkes opferte, als Agent provocateur und Verbrecher zu bezeichnen. Aber die allererbittertsten Anfeindungen wurden von seiten der Sozialisten in den Jahren 1876—1881 gegen die russischen Revolutionäre und darunter auch gegen Tcherkesoff geschleudert. Für jedes revolutionäre Attentat hatten die deutschen Sozialdemokraten nur Beschimpfungen. So kam es, dass die Flüchtlinge aus Sibirien recht bald begriffen, dass was der russischen revolutionären Bewegung am meisten schaden könnte, nicht die Angriffe der Sozialisten sind, sondern vielmehr deren Sympathie und deren Hilfe wäre. Die russischen Sozialisten, die den Lehren Marx's und Engels' folgten, wurden bald zu Gegnern der Revolution und bekämpften die Revolutionäre. Einer von diesen Russen, Utin, zeichnete sich ganz besonders durch seine Feindschaft gegen die Revolutionäre aus — und zum Schlusse flehte er um die Gnade des Zaren. Tcherkesoff, der jede kollektive revolutionäre Bewegung für nützlich hält, die zum Ziel hat „das Joch der Unterdrückung und Sklaverei abzuschütteln", hält dieses Minimum verzögernder Disziplin, die von der sozialdemokratischen Lehre und Tätigkeit kommen mag, für unberechtigt und verdammt sie sogar. Und wie Mesnil und andere, wie vorhin angeführt wurde, die individuelle „Propaganda durch die Tat" zu rechtfertigen suchten, so erstreckt dies Tcherkesoff auch auf die kollektiven Akte ausgesprochen anarchistischen Charakters, wie es z.B. die Insurrektion von Benevento war, über die wegen ihres typischen Charakters im folgenden Kapitel Näheres angeführt werden soll.

II.

Kollektive Taten.

Im Oktober 1876 gaben die italienischen Delegierten Carlo Cafiero und Errico Malatesta die nachfolgende Erklärung ab, in der zum ersten Mal die Theorie der Propaganda durch die Tat ausgedrückt wurde: „Die italienische Föderation glaubt, dass die insurrektionelle Tat, die dazu bestimmt ist durch die Tat die sozialistischen Prinzipien zu verkünden, das allerwirksamste Propagandamittel ist, und das einzige, das ohne die Massen zu korrumpieren oder zu betrügen, bis zu den allertiefsten sozialen Schichten eindringen und die lebendigen Kräfte der Menschheit für den Kampf gewinnen kann, der von der *Internationale* geführt wird" [1]. Ein vorhergehendes theoretisches Beispiel zu dieser Erklärung gab die von Bakunin gepredigte Taktik, der bekanntlich einige Monate vorher im selben Jahre gestorben ist. Cafiero und Malatesta [2] gaben Anfang April des folgenden Jahres, zusammen mit ihrem Kameraden Ceccarelli, ein praktisches Beispiel ihrer Theorie [3]. Sie stellten sich an die Spitze einer Truppe von Insurgenten, und in der Umgebung von Benevento verbrannten sie die Gemeindearchive, bemächtigten sich des am Steueramt deponierten Geldes und verteilten es unter das Volk.

---

1) Diese Deklaration wurde im *Bulletin de la Fédération Jurassienne* v. 3. Dez., 1876 reproduziert. Vrgl.: F. Dubois, *A. a. O.*, S.S. 25 u. 153 sq.

2) Man vergl. über Malatesta, die Zeilen Kropotkin's in seinen *Memoiren e. R.* etc. zit. II. Bd.

3) Um exakt zu sein, müsste man noch über den Aufstandsversuch von Bologna, vom 7.—8. August 1874 sprechen. Doch wurde schon darüber alles bei der Schilderung der letzten Jahre des Lebens Bakunins gesagt (vergl. vorher SS. 122 sq.). Eine beachtenswerte, auf Dokumenten beruhende Untersuchung, die sich die Aufgabe stellte, nachzuweisen, dass die Revolte von Bologna einen ausdrücklich anarchistischen Charakter hatte, wurde in der anarchistischen Zeitschrift: *La Libertà*, Bologna, 6.—20. Febr. u. 6.—20. Marz veröffentlicht.

Das Bulletin der *Juraföderation* machte hierzu folgenden Bemerkungen : „Durch das Verbrennen der Archive haben unsere Freunde dem Volk gezeigt, welche Achtung es vor dem Eigentum zu haben hat. Sie haben das aus den Steuereinhebungen eingelaufene Geld dem Volk zurückgegeben, und so zeigten sie ihm, welche Verachtung man für die Regierung haben müsse." [1]). Im folgenden Jahr, suchte Kropotkin wieder auf dem Kongress der *Juraföderation* (im Jahre 1878) die Aufmerksamkeit der Anhänger auf kollektive Insurrektionstaten zu ziehen. „Durch insurrektionelle Taten, erklärte er, suchen die Anarchisten im Volke den Geist der volkstümlichen Initiative wachzurufen, und zwar in der zweifachen Form der gewaltsamen Expropriation des Eigentums und der Desorganisation des Staates" [2]). Doch übertrifft seit jener Zeit die Zahl der individuellen Taten bei weitem jene der kollektiven Revolten. Die Unruhen von Montceau-les-Mines, bei denen eine Kirche geplündert und angezündet wurde (1882), die Demonstration auf den „Esplanades des Invalides" in Paris (1883), die von Louise Michel angeführt wurde [3]), der Riesenstreik

---

[1]) Eine Schrift zur Verherrlichung dieser Ereignisse, die heute sehr schwer aufzutreiben ist, wurde von T. S. Merlino am Tage vor dem Beginn des Prozesses wegen dieser Revolte veröffentlicht, und begann mit folgender Darstellung der Tatsachen und folgenden Erwägungen : „Eine Gruppe tapferer junger Männer, die sich im April vorigen Jahres in S. Lupo vereinigten,und mit bewaffneter Hand die Provinz von Benevento und der Terra di Lavoro durchliefen, auf dem Wege den Namen und die Stimme der *Internationale* bekannt machten und in den Kommunen von S. Gallo und Letino die Archive anzündeten, die Bureaus ausplünderten, das in den Steuerämtern aufgesammelte Geld unter das Volk verteilten und als sie allen Widerstand gegen ein ganzes Armeekorps, das zur Unterdrückung dieses kühnen Unternehmens kam, als zwecklos erkannend sich mit dem Rufe: *Es lebe die Internationale, es lebe die soziale Revolution !* ergaben, erklärten sie vor den Gerichtsbehörden nicht nur ihre Überzeugungen, sondern verkündeten auch ihre Absichten, wobei sie wussten, dass sie den Zorn und die Strenge der konservativen Gesetze hervorriefen, bereit die Grausamkeiten der administrativen und juridischen Polizei über sich ergehen zu lassen .... diese grossherzigen jungen Leute stehen nun vor dem Geschworenengericht von Benevento unter der Anklage gemeiner Verbrechen ...." etc. F. Merlino, *A proposito del processo di Benevento*, etc. Neapel, A. Eugenio, 1878, S. 3.

[2]) Zitiert von F. Dubois, *A. a. O.*, S. 155.

[3]) Kropotkin schildert in seinen *Memoiren* Bd. II. S. 352 dieses Ereignis in folgenden Worten : „Louise Michel, die buchstäblich ihren letzten Schal oder Mantel einer Bedürftigen reicht, die man während ihrer Gefangenschaft nie dazu bringen konnte, bessere Nahrung zu geniessen, weil sie immer das ihr Zugeschickte da die Mitgefangenen austeilte, wurde mit einem anderen Genossen, Pouget, zusammen wegen Stras-

von Chicago mit der Versammlung bewaffneter Arbeiter (1886), dann — wobei weniger wichtige übergangen werden — die Revolten von Xerez (1892) [1]) und von Lunigiana (1894), alle von so ausgesprochen revolutionärem anarchistischem Charakter [2]),

---

senraub zu neun Jahren Gefängnis verurteilt! .... Als sie eines Tages einem Zuge von Arbeitslosen voranschritt, trat sie in einen Bäckerladen, nahm ein paar Brotlaibe und gab sie den Hungrigen, die ihr folgten: Das war ihr Diebstahl." Im Jahre 1883 verurteilt, wurde Louise Michel im Januar 1886 in Freiheit gesetzt, doch im selben Jahre wurde sie wieder für anarchistische Propagandareden verurteilt.

[1]) Die Revolte von Xerez wird von der Propaganda häufig als typisches Beispiel einer kollektiven anarchistischen Insurrektion angeführt. Siehe z.B.: P. Kropotkin, *L'espropriazione*, mit Anhang: *Appunti storici sul „garrottamento" degli anarchici di Xeres: Bibl. d. Tribuna anarch.*, Nizza, tip. ital., 1892, SS. 27—31; sie enthält die Erklärungen der Verurteilten vor ihrer Hinrichtung. Eine ausführlichere Darstellung ist in der ebenfalls zur Propaganda herausgegebenen Schrift: *Los Sucesos de Jerez. 8 Enero 1892—10 Febrero* 1892, Barcelona, tip. calle de S. Rafael, 1893, 60 SS. (vrgl.: *Aos garrotados de Jerez*, 10 *de Ferriero: Bibl. de grupo anarch. „Os Vingadores"*, Lamego, 1893). Nach dieser Schrift soll die Revolte ihren ganz spontanen Ursprung in der ökonomischen Lage der Bauern gehabt haben, wobei keinerlei vorherige Abmachungen stattgefunden haben sollen: „Nachdem von wenigen, recht wenigen Privilegierten der so ausserordentlich fruchtbare Boden Andalusiens zu deren ausschliesslichem Besitz gemacht wurde, ist die ungeheuere Majorität des Volkes aller Mittel zum Leben entblösst und verurteilt die Qualen des Hungers zu leiden." Und wenn das Volk sich empört, fährt die Broschüre fort, dann kommt die Unterdrückung und die Verfolgungen „in so grausamer Weise, dass sie selbst den Ruhigsten erbittern .... Viel sprach man und spricht man noch zu dieser Zeit von den Exzessen des andalusischen Volkes, doch wird ein Tag kommen, an dem man die Geschichte der gesetzlichen Morde, der grausamen Banditenstreiche der öffentlichen Gewalt schreiben wird, und dann wird man sehen, dass, wie immer, der weisse Schrecken tausendmal blutiger war als der rote Schrecken." Die Erhebung von Xerez erfolgte, weil viele Arbeiter, gezwungen bei einem Lohn zu arbeiten, der sie nicht einmal vor dem Hunger schützte „dachten, und damit durchaus recht hatten, dass eine gewaltsame, plötzliche und definitive Lösung viel besser sei, als ein mit unbeweglichem Stoicismus erwarteter Tod." In der Nacht vom 8. Januar 1892 drangen einige hundert rebellische Landarbeiter in Xeres ein mit dem Ruf: *Es lebe die soziale Revolution, es lebe die Anarchie!* Ein Teil ging auf die Gefängnisse los, um einige Kameraden zu befreien, die am vorhergehenden Tage verhaftet wurden, und andere gingen zu den Kasernen, um die Soldaten aufzufordern die Bewegung zu unterstützen. Sie waren bewaffnet, aber „die Waffen, über die die Rebellen verfügten, waren absolut harmlos gegenüber den Gewehren des Militärs." Die Soldaten überwanden die Revolte, nachdem sie bloss in die Luft feuerten. Aber die Leichen von zwei Bürgern, die von zwei Insurgenten getötet wurden, wurden auf der Strasse gefunden. Nach der Durchführung des Prozesses, wurden am 10. Februar die beiden als die Mörder Verurteilten mit zwei anderen Rebellen hingerichtet.

[2]) Das Programm der *Associazione internazionale della Lunigiana* (schon veröffentlicht von Garofalo, *Superstizione social.*, S. 61, und von Rae, *A. a. O.*, SS. CXXXII-III) lautete: „Wir wollen die Autorität vernichten, weil sie die Ursache aller Vorrechte und aller Willkür ist, und wir wollen an deren Stelle die Anarchie setzen. Wir wollen

und noch andere mehr, die zwar den Agitatoren recht zu geben scheinen, die behaupteten, dass die individuellen Taten bloss aus Taten gegen die Autorität bestehen, und man sie deshalb durch kollektive Taten, durch Revolten gegen das Eigentum ergänzen müsse, zeigen aber andrerseits, dass die kollektiven Revolten weit davon entfernt sind, diese ununterbrochene Kette aufzuweisen, wie es mit den individuellen Akten der Fall ist. Der Vorzug der individuellen Tat über die kollektive wurde von Louise Michel in folgender Weise auseinandergesetzt: „Wir haben schon zahlreiche Aufstände von Volksmassen gesehen, die dringende Reformen erlangen wollten, — antwortete sie auf ein Interview nach dem Attentat Vaillants, — Was geschah? Man füsilierte das Volk. Nun wohl, wir finden, dass das Volk Blut genug hat lassen müssen; es ist besser, dass Leute von Herz sich opfern und auf ihre eigene Gefahr Gewaltakte begehen, die die Terrorisierung der Regierung und der Bourgeoisie zum Zwecke haben." [1]). Die Zahl dieser individuellen Akte bildet eine fast schon unübersehbare Reihe.

---

keine Herren, auch nicht wenn es uns gestattet wäre, sie uns selber zu wählen. . . . — Wir hassen ebenso sehr die gekrönte Tyrannei als jene unter der roten Mütze . . . Wir werden die Religion vernichten, weil diese mit ihrem Gott, abgesehen davon, dass sie die Grundlage aller Autorität ist, den Menschen verblödet und ihn zum gehorsamen Sklaven macht, der resigniert jede Erniedrigung, jede Beschimpfung erträgt, die Vernunft verneint und die Menschenwürde prostituiert. — Wir werden die gesetzliche Familie aufheben, die mit ihren egoistischen Gefühlen in Wirklichkeit ein Zuchthaus und eine Galeere für das Herz ist. An deren Stelle werden wir die grosse neue Verbrüderung setzen, die grosse edle Liebe für die ganze Menschheit. — Setzen wir alle unsere Kräfte zur Abschaffung der Ehe, dieser gesetzlichen Prostitution ein . . . . An deren Stelle werden wir die freie Liebe, die freie Ehe zwischen Mann und Frau setzen. — Wir wollen keine Privateigentümer mehr . . . . . Wir erklären uns als Internationalisten, das heisst, als Kommunisten, Anarchisten und Revolutionäre in den Mitteln und im Ziel. Wir sind heute und immer für die Aktion und wir erachten alle friedlichen Mittel zur Erreichung unseres gerechten Zieles für nutzlos und sogar für schädlich. Der gewaltsame Kampf, die Revolution ist unsere einzige Methode. — Der Dolch, das Gewehr, das Dynamit sind unsere Repräsentanten, unsere Abgeordneten . . . Die Barrikade ist unser Parlament. Wir sind Atheisten und deshalb weisen wir jeden Schwur zurück."

[1]) Im *Peuple* von Lyon, 20. Dez. 1893; zit. v. G. PLECHANOW *Anarchismus und Sozialismus*, Berlin, Vorwärts, 1894, S. 73. Über dieses Buch und die antianarchistische Tätigkeit des russischen Sozialisten PLECHANOW lese man die beissenden Kritiken des Anarchisten TCHERKESSOFF, *A. a. O.*, SS. 60—62. Ich will hier nicht in die Polemik eingreifen und beschränke mich darauf weiter vorne einige Dokumente wiederzugeben, die ich sorgfältig kontrolliert habe.

III.

Einzelakte.

„Trotzdem sich die verschiedenen anarchistischen Attentäter von einander ziemlich stark durch ihre Bildung und ihre geistige Verfassung unterscheiden, von denen die einen durch Gefühlsregungen getrieben, die anderen aus Vernunftgründen veranlasst, und andere wieder vom unwiderstehlichen Impuls ihres Temperamentes getrieben sind, haben sie dennoch eine gemeinschaftliche Charakteristik : die unbezähmbare Verachtung der Gefahr, der Glaube an ein höheres Ideal, die Überzeugung, dass welcher Art immer ihre Taten sein mögen, die verkommene Gesellschaft, die sie verurteilt weil sie stärker ist, nicht das Recht habe sich zu entrüsten und von Moral zu reden." Dies schrieb der Anarchist Malato [1]) mit Bezug auf die Verbrechen von Ravachol, Vaillant, Pauwels [2]), Emile Henry und Caserio. Und dies kann als das allgemeine Urteil betrachtet werden, das sich ein grosser Teil der theoretischen Anarchisten über die anarchistischen Attentäter bildet. Aber in der alltäglichen Propaganda bildet sich eine Art Abstufung, je nach dem Masse, in dem sich der Täter um die Lehre verdient gemacht hat. Im anarchistischen Verbrechen gibt es eine Art Hierarchie, und nicht alle Attentate tragen den Attentätern die gleiche Ehre ein, in der Propaganda als Beispiel angeführt zu werden. Über die von Ravachol (1892) begangenen Attentate, — denn ausser mehreren von ihm gelegten Bomben hatte er noch mehrere gemeine Verbrechen auf dem Kerbholz, darunter die Ermordung eines alten Einsiedlers und eine Grabschändung,

---

[1]) *Philosophie de l'anarchie*, zit. S. 288.

[2]) Am 15. März 1894 explodierte eine Bombe in der Magdalenen-Kirche in Paris, wobei aber nur der Dynamiteur selbst getötet wurde, der die Bombe brachte, nämlich der belgische Anarchist Jean Pauwels. Vrgl. : H. Varennes, *De Ravachol à Caserio, notes et documents*, Paris, Garnier, ohne Jahreszahl (1895), S. 209. Dieses Buch ist eine Sammlung genauer juridischer Chroniken, die im *Intransingeant* erschienen sind.

um Wertgegenstände daraus zu stehlen, — waren die Kameraden durchaus nicht sofort darin einig, ein ihm günstiges Urteil abzugeben [1]). Aber darauf kam ein neue Strömung zu seinen Gunsten. die während des doppelten Prozesses, in dem Ravachol zum Tode

---

[1]) Als Ravachol (sein wirklicher Name war Franz August Koenigstein) zum ersten Mal am 26. April 1892 vor den Pariser Geschworenen erschien, war er 32 Jahre alt und hatte schon folgende Verbrechen auf seinem Gewissen: In Varizelle, in der Nachbarschaft von Saint-Chamond schlich er nachts in die Wohnung eines achtzigjährigen Greises, den er im Schlafe überraschte und mit einem Axthieb auf den Schädel tötete, worauf er auch die alte Dienstmagd durch einen Schlag in den Rücken tötete (30. März 1886). Fünf Jahre darauf, am 15. Mai 1891 dringt er in Terrenoire nachts in den Friedhof und hebt mit fast übernatürlicher Kraft den Deckel eines Grabes auf. in dem seit langer Zeit eine reiche Dame begraben lag. Doch fand er den erhofften Schatz nicht und verlässt die Stätte nach zweistündiger Arbeit. Am 19. Juni desselben Jahres tötet er durch Erdrosselung einen 92jährigen kranken Greis in seinem Bette. der in einer einsamen Hütte in der Gemeinde Chambles als Einsiedler lebte, und raubt ihm dabei 40000 Francs. Zusammen mit einer Frau, seiner Mitschuldigen, verhaftet, gelang es Ravachol zu fliehen, als er ins Gefängnis abgeführt wurde. Am 27. Juli betrat er mit einem Komplizen in Saint-Etienne um zehn Uhr abends ein Geschaft, das von einer alten sechsundsiebzigjährigen Frau und ihrer sechsundvierzigjährigen Tochter betrieben wurde, unter dem Vorwand einen Hammer zu kaufen. Während die Mutter hinausging. um die ihr in Zahlung gegebene Banknote zu wechseln, versetzt Ravachol der Tochter mit diesem Hammer einen Schlag auf den Kopf, worauf sie ohne einen Laut niederstürzt. Dasselbe geschieht der Mutter, sobald sie das Lokal wieder betrat. Allerdings muss bemerkt worden, dass die Beweise für dieses Verbrechen Ravachol gegenüber nicht erbracht wurden. Mit diesen Präzedenzen betritt Ravachol die Szene anarchistischer Tatigkeit. Am 11. März 1892 lässt er eine Bombe im Hause eines Gerichsbeamten explodieren, der einige Monate zuvor einem Prozess gegen eine Gruppe von Anarchisten präsidierte; am 27. desselben Monates bringt er eine andere Bombe im Hause des Staatsanwalts (Bulot) zur Explosion, der an demselben Prozess teilnahm. Von einem Kellner eines Restaurants der öffentlichen Gewalt denunziert, wurde Ravachol verhaftet. Am Tage vor seinem Erscheinen vor den Geschworenen explodierte eine Bombe in diesem Restaurant und tötete den Eigentümer und einen Besucher. Dieser Tat wurde ein Tischler Meunier beschuldigt, der bedeutend spater (am 26. Juli 1894) vor den Geschworenen erschien und zur Zwangsarbeit verurteilt wurde. Der Prozess Ravachols (26. April 1892) behandelte zuerst seine zwei anarchistischen Attentate. Beim Verhör gab er eine kurze *Erklärung* ab, in der er unter anderem sagte: „Ich handelte im Namen der Anarchie, die die grosse Familie sein wird, in der sich jeder nach seinem Hunger satt essen können werden. Ich wollte terrorisieren, damit man auf uns aufmerksam werde und begreifen lerne was wir sind, nämlich die wirklichen Verteidiger der Unterdrückten." Die Geschworenen verurteilten ihn zu lebenslänglicher Zwangsarbeit. Zwei Monate darauf erschien Ravachol wieder vor den Geschworenen von Montbrison, im zuständigen Gerichtssprengel betreffs seiner anderen Verbrechen. Dort wurde er zu Tode verurteilt und am 10. Juli hingerichtet. Vrgl.: H. Varennes *A. a. O.*, SS. 1—48; *, *Ravachol anarchiste? Parfaitement:* Bibl. anarch., Paris, 1892, 20 SS.; *, *Ravachol: La Expropriación*, Grupo de propag. com.-anarquica, publ. No. 4 Buenos Ayres, Mai 1895, 32 SS.; eine Errinnerungschrift wurde von der portugiesischen Gruppe *Os invisiveis*, ohne

verurteilt wurde, noch günstiger für ihn wurde. „In dieser Zeit der Ironie und des Zynismus ist uns ein Heiliger erstanden", schrieb der Schriftsteller Paul Adam in einem *Eloge de Ravachol*. Und ein anarchistischer Reimschmied nannte ihm ohne weiters *Ravachol-Jesus*. Elisée Reclus schrieb folgende Worte: „Ich bewundere seinen Mut, seine Herzensgüte, seine Seelengrösse, die Grossmut, mit denen er seinen Feinden, ja noch mehr, seinen Verrätern verzieh. Es wäre mir schwer einen Menschen zu nennen, der ihn an Edelmut überragt. Ich will jetzt nicht untersuchen, ob es immer gut ist, das eigene Recht bis zum Extrem in Anspruch zu nehmen, ob nicht andere, vom Geiste der menschlichen Solidarität inspirierten Erwägungen an erster Stelle kommen sollen. Aber wie dem auch sei, ich gehöre zu denen, die in Ravachol einen Helden von seltener Hochherzigkeit sehen" [1]). Über den wahrhaftigen Kultus, den die Anarchisten mit Ravachol, Vaillant, Henry und anderen ihresgleichen betrieben, könnte man

---

Jahreszahl, ohne Ortsangabe, veröffentlicht, 7 SS. in 16°; — Die *Erklärung* Ravachols wurde auch besonders in Paris, 1892, 2 Seiten in 8° gedruckt und in vielen anarchistischen, auch italienischen Blättern, wie z.B. im *Sempre avanti* von Livorno, 2. Juli, 1892 abgedruckt. Seinen Namen nahmen einige Gruppen und Zeitungen in Spanien und eine in Buenos Ayres an, *La voz de Ravachol*, 11. Nov. '95, etc.

[1]) In der *Twentieth Century, a radical weekly magazin*, New-York Sept. 1895, S. 15, zit. von PLECHANOW, *A. a. O.*, S. 79. Man begreift nicht, wieso Reclus in diesen Worten uber Ravachol schreiben konnte, während er bei einer anderen Gelegenheit erklärte: „Die Propaganda durch die Tat verdammen? Aber was ist denn diese Propaganda anderes, als die Verkündung des Guten und der Menschenliebe durch das Beispiel? Diejenigen, die die Gewaltakte *Propaganda der Tat* benennen, beweisen nur, dass sie die Bedeutung dieses Ausdrucks nicht verstanden haben. Der Anarchist, der seine Aufgabe begriffen hat, wird anstatt einen Menschen zu töten, alles mögliche tun, um ihn für seine Ansichten zu gewinnen und aus ihm einen Anhänger zu machen, der wieder auf eigene Faust die Propaganda durch die Tat fortsetzen wird, indem er sich allen gegenuber als gut und gerecht erweist." G. PLECHANOW, *A. a. O.*, S. 78. An einer anderen Stelle schreibt wieder derselbe Reclus: „Die Anarchie ist der Gipfel der humanitären Theorien. Wer sich Anarchist nennt, muss gut und milde sein. Alle Attentate betrachten die wirklichen Kameraden als Verbrechen. Wenn diejenigen, die solche barbarische Akte mit der Absicht begehen, dadurch die anarchistischen Ideen fortschreiten zu lassen, so irren sie sich stark. Man wird zu einem solchen Grade des Eckels gegenüber den Kameraden gelangen, sie werden einen solchen Abscheu hervorrufen, dass man überhaupt nicht mehr von der Anarchie reden wird. Und doch ist die Idee schön und erhaben. Diejenigen die durch das Böse wirken, beflecken unsere Lehre. Unglücklicherweise gibt es deren viele mitten unter uns." Diese Zeilen erschienen in der Zeitung *Le Travail*, von Lüttich, zit. von F. DUBOIS, *A. a. O.*, S. 131.

nicht wenige Seiten mit dokumentarischen Belegen veröffentlichen, doch genügen hier nur wenige Andeutungen.

Eine grosse Bedeutung erhielten für die Propaganda die *Erklärungen*, die von den Attentätern während der Prozesse abgegeben wurden. Die revolutionären Blätter nahmen die Gelegenheit war, um sie zu veröffentlichen und zu kommentieren. Ich will im folgenden einzelne Stellen aus den *Erklärungen* Henrys und Caserios als Beispiele anführen. Emile Henry erschien im Alter von kaum über 20 Jahren am 27. April 1894 vor dem Geschworenengericht in Paris, unter der Anklage durch eine Bombe in einem Polizeikommissariat fünf Personen getötet und den Tod einer sechsten hervorgerufen zu haben; weiter, eine andere Bombe in ein Café geschleudert zu haben, wodurch eine Person getötet und der Tod einer zweiten Person verursacht und zwanzig Personen verletzt wurden; und schliesslich, dass er sechs Revolverschüsse gegen seine Verfolger abfeuerte, die ihn verhaften wollten. Er wurde zum Tode verurteilt. Als er das Wort ergriff, begann er seine Rede an die Geschworenen mit der Erklärung, dass er durchaus nicht die Absicht habe, sich zu verteidigen, weil er sich keineswegs den Massregeln der Gesellschaft entziehen will, die er angegriffen hat, sondern dass er nur die Absicht habe, die Bedeutung seiner Handlungen auseinanderzusetzen, und wodurch er dazu veranlasst wurde. Er erklärte, erst seit kurzer Zeit Anarchist zu sein. In die revolutionäre Bewegung wurde er durch die Lehren des Lebens „mit seinen Kämpfen und Enttäuschungen, seinen Widerwärtigkeiten und seinen Ungerechtigkeiten" hineingezogen. „Man hat mir gesagt, fuhr er fort, dass dieses Leben den Intelligenten und Tatkräftigen weit offen stehe, und die Erfahrung zeigte mir, dass sich nur die Schamlosen und Speichellecker einen guten Platz am gedeckten Tische sichern können. Man hat mir gesagt, dass die sozialen Institutionen auf der Gleichheit und der Gerechtigkeit beruhten, und ich konstatierte um mich herum nur Lügen und Schurkereien. Jeder neue Tag nahm mir eine Illusion ... Ich begriff bald, dass die grossen Worte: Ehre, Aufopferung, Pflicht, die man mich verehren gelehrt hat, nichts als eine Maske zur Verdeckung der schamlosesten Schandtaten waren. Der Fabrikant, der ungeheuere Reichtümer aus dem Mark seiner Arbeiter herauspresst, denen das Notwendigste mangelt, gilt als Ehrenmann. Vom Abgeordneten, vom Minister, deren Hände für Bestechungen immer geöffnet sind, heisst es, dass sie sich für das öffentliche Wohl opfern. Der Offizier, der das letzte Gewehrmodell auf siebenjährigen Kindern erprobt, wird für seine Pflichterfüllung vom Ministerpräsidenten in voller Parlamentssitzung beglückwünscht. Kurz, alles was ich sah empörte mich und lenkte meinen Geist zur Kritik dieser gesellschaftlichen Organisation. ..... So wurde ich ein Feind dieser Gesellschaft, die ich für verbrecherisch erachte. Einen Augenblick von der Sozialdemokratie angezogen, dauerte es nicht lange, bis ich der Partei den Rücken kehrte .... weil sie noch das Autoritätsprinzip aufrecht erhält, das nichts anderes ist, als ein altes Überbleibsel vom Glauben an eine höhere Macht. Ich aber bin Materialist und Atheist, die wissenschaftlichen Studien haben mich stufenweise in den Zusammenhang der natürlichen Kräfte eingeweiht. Ich hatte begriffen, dass die Hypothese Gott von den modernen Wissenschaften ausgeschlossen ist, dass die religiöse und autoritäre Moral, die nur auf der Lüge beruht, verschwinden müsse. Welches war nun die neue Moral, die mit den Naturgesetzen harmoniert und die alte Welt erneuern und eine glückliche Menschheit gebären konnte ? Da setzte ich mich nun mit einigen anarchistischen Kameraden in Verbindung, welche ich heute noch als die Besten betrache, die ich jemals gekannt habe. Der Charakter dieser Männer riss mich sofort ganz hin. Ich bewunderte an ihnen ihre Aufrichtigkeit sondergleichen, eine absolute Offenherzigkeit und eine tiefe Verachtung aller Vorurteile, und ich wollte die Idee, welche diese Menschen so verschieden machte von allen anderen, die ich bis dahin gesehen hatte, kennen lernen. Diese Idee fand in mir ein durch persönliche Beobachtungen und Nachdenken gut vorbereitetes Feld um sie aufzunehmen. Sie drückte nur das genauer aus, was bis dahin nur unbestimmt und nebelhaft in mir schlummerte. Und so wurde ich Anarchist .... Sobald eine Idee reif ist und ihren Ausdruck gefunden hat, muss man ohne zu zaudern deren Verwirklichung verfolgen. Ich war überzeugt, dass die gegenwärtige Organisation schlecht ist; ich wollte gegen sie kämpfen, um so ihren Untergang zu beschleunigen. In diesen Kampf habe ich einen tiefen Hass mitgebracht, der jeden Tag von dem empörenden Schauspiel dieser Gesellschaft neu angefacht wurde, von dieser Gesellschaft, wo alles den menschlichen Neigungen, den wohltätigen Tendenzen seines Herzens, dem freien Aufschwung des Gedankens ein Hindernis ist. Ich wollte dreinschlagen, so gewaltig und so gut ich konnte." Im weiteren erzählt Henry von einem Bergarbeiterstreik, der damit abschloss, dass die Arbeiter zur Freude der Kapitalisten nachgeben und zur Arbeit „noch elender als zuvor" zurückkehren mussten. „Daraufhin entschloss ich mich, fährt Henry fort, in diesem Konzert glücklicher Töne eine Stimme erschallen zu lassen, die die Bourgeois schon gehört haben, die sie aber mit Ravachol tot wähnten: — die Stimme des Dynamits. Ich wollte der Bourgeoisie zeigen, dass es von nun an für sie keine ungetrübte Freude mehr gab, dass ihre unverschämten Triumphe gestört würden und ihr goldenes Kalb auf seinem Sockel furchtbar erzittern wird, bis die letzte Erschütterung es herabschleudert in Kot und Blut. Zu gleicher Zeit wollte ich aber auch den Grubenarbeitern zeigen, dass es nur eine Kategorie von Menschen gibt, welche ihre Leiden aufrichtig fühlen und stets bereit sind, sie zu rächen, nämlich die Anarchisten. Diese Männer sitzen nicht, wie Guesde und Konsorten, auf den Polstersesseln der Parlamente, sondern sie besteigen die Guillotine. Deshalb bereitete ich meine Bombe vor. Da kam mir auf einen Augenblick die Anklage, die man Ravachol entgegengehalten hatte, ins Gedächtnis: Und die unschuldigen Opfer? Aber ich löste diese Frage schnell. Das Haus, in dem sich die Bureaus befanden, war nur von Bourgeois bewohnt. Es gab dort also keine sogenannten unschuldigen Opfer. Denn die ganze Bourgeoisie lebt von der Ausbeutung der Unglücklichen, infolgedessen muss sie auch ganz ihre Verbrechen büssen." Henry sprach auch ausführlich über das zweite furchtbare Attentat, das selbst von vielen seiner eigenen Genossen missbilligt wurde. Er erklärte, dass es eine Rache für die Unterdrückungsmassregeln war, die dem Attentat Vaillants gegen die Deputiertenkammer folgten. Man wollte, sagte er, die Ausrottung der Anarchisten. Alle Mittel waren gut, denn sie sollten einen Feind treffen, vor dem man Furcht hatte, und diejenigen, die gezittert haben, wollten sich nun mutig zeigen. Man guillotinierte in Vaillant einen Menschen, der niemanden getötet hatte, und andere wurden zu Hunderten eingekerkert. Aber ausserhalb der Kerkermauern gab es noch andere Männer, welche im Stillen die Jagd auf die Anarchisten beobachteten und nur die günstige Gelegenheit abwarteten, um ihrerseits Jagd auf die Jäger zu machen. Die Bourgeoisie betrachtet die Anarchisten als eine Masse und verfolgt sie in Masse. Da also eine ganze Richtung für die Tat eines Einzelnen verantwortlich gemacht wird, wobei in Bausch und Bogen zugeschlagen wurde, so habe ich gezeigt, dass auch wir nach derselben Methode zu verfahren wissen. Darum habe auch ich (durch die ins Café geworfene Bombe) ohne meine Opfer zu wählen, mitten in die Bande hineingeschlagen. Die Bourgeoisie soll begreifen, dass die, welche leiden, endlich ihrer Leiden mühe sind; sie schlagen deshalb umso brutaler zurück, je brutaler man mit ihnen war. „Ich weiss es auch, dass es Individuen gibt, die sich Anarchisten nennen, welche sich beeilen werden, jede Solidarität mit den Propagandisten der Tat zurückzuweisen. Diese versuchen es, eine spitzfindige Unterscheidung zwischen den Theoretikern und den Terroristen zu konstruieren. Zu feige, um selbst ihr Leben zu riskieren, verleugnen sie noch diejenigen, die handeln. Heute gehört aber ohne Zaudern und Zagen das Feld der Tat. Wir wollen weder verzeihen noch straucheln, sondern marschieren, bis die Revolution, das Ziel aller unserer Bestrebungen, ausbricht und unser Werk damit krönt, dass sie die Welt befreit. In diesem erbarmungslosen Krieg, den wir der Bourgeoisie erklärt haben, verlangen wir kein Mitleid. Wir säen den Tod und wissen ihn auch zu erleiden. Daher sehe ich mit Gleichgiltigkeit Euerem Urteilsspruch entgegen. Ich weiss auch, dass mein Kopf nicht der letzte sein wird, welchen Ihr abschlagen werdet, es werden noch andere fallen, denn die Hungerleider lernen den Weg Euerer grossen Cafés und Restaurants, Terminus und Foyot kennen. Der blutigen Liste unserer Toten werdet Ihr noch andere Namen anreihen können. Ihr habt gehenkt in Chicago, geköpft in Deutschland, garrotiert in Jerez, erschossen in Barcelona, guillotiniert in Montbrison und in Paris, doch was Ihr niemals vernichten werdet, das ist die Anarchie. Ihre Wurzeln sind zu tief. Sie ist im Schosse einer verfaulten Gesellschaft geboren, die im Zerfallen ist, und sie ist die gewaltsame Empörung gegen die bestehende Ordnung. Sie stellt die gleichheitlichen und freiheitlichen Bestrebungen dar, die die herrschende Autorität vernichten werden;

sie ist überall — wodurch sie für Euch unfassbar wird. — Sie wird Euch besiegen" [1]).

Die *Erklärungen* von Caserio, der den Präsidenten Carnot am 24. Juni 1894 tötete, also kaum einen Monat nach der Hinrichtung Henry's, entnehme ich einer in London von Emile Pouget [2]) herausgegebenen, aber nur geheim verbreiteten Broschüre. Es ist derselbe Pouget, der mit Louise Michel für die Ereignisse auf den Esplanades des Invalides verurteilt wurde. Die Broschüre ist in einem leichten *Argot* (dem Pariser Dialekt) geschrieben, der den Anhängern der Bewegung und den Besucheren der Boule-Noire und des Moulin-de-la Galette von Paris durchaus bekannt ist. Vor allem enthält sie eine empörende Verherrlichung des Verbrechens, eine wahre Flut der niedrigsten verbrecherischen Instinkte. Es soll hier als Beispiel eine Stelle des Originals mit voller Beibehaltung der Orthographie wiedergegeben werden: „Ayant (der Präsident Carnot) bien bafré et encore mieux pompé, il crut le populo ivre; et afin de le voir tituber, fit éclipser les cavaliers qui bouchaient les côtes de sa carriole. Hélas, il avait vu triple; tout le monde n'avait pas la panse pleine! Caserio était de ce tas.... Trouvant mauvais que des birbes mangent la part d'une centaine de bon bougres, le gas s'approcha du souverain, et d'un coup de poignard. lui coupa la chique.... A part qu'il en est mort, Carnot n'aura pas à se plaindre que Caserio lui ait troué la foie. Jusque là, le type avait passé pour un tourte; on l'avait bombardé président.

---

1) H. Varennes, *A. a. O.*, S.S. 235—242. Diese *Erklärungen* Henrys wurden 1894 zur Propaganda veröffentlicht und in viele Sprachen übersetzt, auch in deutsch vom *Weckruf*, Zürich, 1905.

2) Während die Erklärungen Henrys unbeanstandet blieben, wurde die Veröffentlichung der *Erklärungen* Caserios verboten. Als Caserio am 2. August in Lyon vor den Geschworenen erschien, war schon das Gesetz vom 28. Juli 1894 in Kraft getreten, das das Pressgesetz in diesem Sinne änderte, dass die Tribunale und Gerichtshöfe das Recht erhielten die Veröffentlichung der Prozessverhandlungen ganz oder teilweise zu verbieten, wenn „sie eine Gefahr für die öffentliche Ordnung darstellten". Das wollte man in den armseligen *Deklarationen* Caserios entdeckt haben. Daraufhin wurden sie von den in London wohnenden Anarchisten geheim gedruckt und veröffentlicht, und in Form eines gewöhnlichen Briefes in geschlossenem Umschlag nach Frankreich eingeschmuggelt. Ich zitiere aus dieser Ausgabe: *Il n'est pas mort!* aus den Flugschriften der von Pouget redigierten Zeitung: *Le père Peinard*, No. 1, Sept. 1894, 30 SS. Es erschienen davon verschiedene Übersetzungen, Vrgl.: G. Etievant, I. Grave, S. Caserio, *Anarchy on trial: Freedom Pamphlets*, No. 9 London, 1894.

à cause de son imbécillité; le plus bête semblait le nec plus ultra des présidents. Grace à Caserio, on lui a decouvert une foultitude de qualités et de vertus, ... de quoi rendre des points à toutes les saintes nitouches du paradis" [1]).

Die *Erklärungen* Caserios an die Geschworenen sind ein Dokument, dessen sich die Propaganda in ausgiebigem Masse bedient. Er sprach da von der traurigen Lage der Arbeiter, die schlecht gezahlt, häufig ohne Arbeit sind und in vielen Teilen Italiens durch die Malaria dezimiert werden. „Ich dachte nach, sagt da Caserio, und beobachtete, dass die Zahl der Ausgehungerten unendlich ist, dass viele Kinder leiden, während es doch in den Städten weder an Brod noch Kleidern mangelt. Ich sah zahlreiche und grosse Magazine gefüllt mit Kleidern und Wollstoffen, und andere Magazine voll von Getreide und Mais, wonach so viele verlangen. Und auf der anderen Seite sieht man, wie Tausende von Menschen, die nichts machen und nichts erzeugen, auf Kosten der Mühen der Arbeiter leben und täglich Tausende von Francs zu ihrem Vergnügen vergeuden, die Töchter des Volkes verführen und sich aller Genüsse des Lebens erfreuen. Wie litt ich darunter, diese verfaulte, so schlecht organisierte Gesellschaft zu sehen! Oft sagte ich zu mir selbst: „Diejenigen, die die ersten Reichtümer aufgespeichert haben, sind die Urheber der gegenwärtigen sozialen Ungleichheiten". .... Es gibt kein Vaterland für die Arbeiter. Für uns ist das Vaterland die ganze Welt. Die jenigen, die die Liebe zum Vaterland predigen, tun es, weil sie in ibremLande alle Mittel zum Leben haben, weil sie dort ihren Wohlstand finden:

---

[1]) Anm. d. Übers. — Die Übersetzung dieses Absatzes würde im gleichen Tone ungefähr folgendermassen lauten: — „Nachdem er (der Präsident Carnot) sich tüchtig angefressen und sich noch tüchtiger vollgesoffen hat, dachte er, das Volk müsste nun besoffen sein; um es nun im Suff wackeln zu sehen, lies er die Kavaleristen, die um seinen Wagen 'rum auf der Lauer lagen, abtreten. Leider hat er aber nicht gut hingeguckt, nicht alle hatten den Bauch voll! Caserio war einer von diesen .... Der da fand, dass es nicht gerade richtig ist, dass Strolche den Anteil von Hunderten braver Jungens selber fressen. Caserio trat an den Souverain heran und mit einem Messerstich murkste er ihn ab. ... Abgesehen davon, dass er daran verreckt ist, hätte sich Carnot eigentlich gar nicht darüber zu beklagen, dass ihm Caserio die Gedärme aufgeschlitzt hat. Bis nun hielt man Carnot für ein Rindvieh; man ernannte ihn zum Präsidenten wegen seiner Dämlichkeit; der allerdämlichste erschien als der nec plus ultra aller Präsidenten. Dank Caserio hat man an ihm einen ganzen Haufen von Vorzügen und Tugenden entdeckt. ... um die ihn alle heiligen Engel des Paradieses beneiden könnten." —

so verteidigen auch die Vögel ihr Nest, weil sie sich wohl darin fühlen. Ich glaubte an Gott, aber als ich die grosse Ungleichheit unter den Menschen sah, erkannte ich, dass es nicht Gott war, der die Menschen erschuf, sondern, dass es die Mensohen sind, die Gott erschaffen haben. (Man beachte, wie dieses Feuerbachsche Philosophem durch die Propaganda bis ins Hirn dieses Attentäters eindrang.) .... Aus allen diesen Gründen wurde ich Anarchist .... Nur unter den Anarchisten fand ich gute und aufrichtige Menschen, die für das Wohl der Arbeiter zu kämpfen wissen." Aber die Regierung beeilt sich gegen sie alle Verfolgungsmassregeln einzuleiten, ohne sich darum zu kümmern, dass auch die Anarchisten Kinder haben, die während der Monate und Jahre der Einkerkerung ihrer Ernährer Hunger leiden und nach Brod schreien. Die bürgerliche Justiz kümmert sich nicht um diese Unschuldigen. „Wenn also die Regierungen gegen uns Gewehre, Fesseln und Gefängnisse in Anwendung bringen, sollen wir Anarchisten, die wir unser Leben verteidigen, zu Hause beim Ofen sitzen bleiben? Sollen wir unsere Ideen, die die Wahrheit sind, verleugnen? Nein! Im Gegenteil; wir antworten diesen Regierungen mit dem Dynamit, mit der Bombe, mit dem Dolch. Mit einem Wort, wir müssen das Möglichste tun, um die Bourgeoisie und die Regierungen zu vernichten. Emile Henry schleuderte eine Bombe in ein Restaurant, ich nahm meine Rache mit Hilfe eines Dolches. Wenn Ihr als die Vertreter der bürgerlichen Gesellschaft meinen Kopf haben wollt, könnt Ihr ihn nehmen" [1]).

---

[1]) Es muss bemerkt werden, dass aus diesen armseligen und zusammenhangslosen Worten deutlich das Echo der *Erklärungen* Henrys hervorklingt, die Caserio zweifellos gelesen haben muss. Beim Verhör erklärte aber Caserio von niemandem inspiriert worden zu sein, auch nicht in Bezug auf die Gestaltung seiner Ideen. Als sein ex-offo Verteidiger erwähnte, dass Caserio in Mailand Unterricht von einem anarchistischen Advokaten, Gori, erhielt, der „der Erzieher und Lehrer des Angeklagten war", unterbrach ihn Caserio, um dies entschieden zu verneinen. H. Varennes, *A. a. O.*, S. 269 Übrigens hat Gori selbst erzählt, welcher Art seine Beziehungen zu Caserio waren: „Als Sante Caserio zum ersten Mal in Mailand war, war er schon ein enthusiastischer Anarchist, und ich erinnere mich auch des tiefen Eindrucks, den er auf mich machte, als wir uns vorgestellt wurden." Gori war dann Verteidiger Caserios, als dieser für die Verteilung antimilitaristischer Manifeste an die Soldaten gerichtlich verfolgt wurde. Über die von ihm später begangenene Ermordung Carnots hatte Gori nichts anderes zu sagen als: „Oh! Dieser Dolchstoss kam wie ein Blitz. Nun, ausser der tragischen Tatsache, dass ein Mann stirbt und eine Familie weint, sehe ich etwas viel

Dieses Quellenmaterial erübrigt es für mich bei noch anderen Einzelakten zu verweilen [1]). Doch muss hinzugefügt werden, dass die extremste Propaganda auch die Persönlichkeit anarchistischer Verbrecher von geringerer Bedeutung heranzieht,

---

Wichtigeres und Grösseres; ich höre dabei das Dröhnen der sozialen Tragödie, in der der Tod dieses Menschen nur eine kleine Episode ist. Es konnte auch nicht anders sein; die Racheakte der Guillotine mussten die Vergeltungsmassregeln durch das Dynamit und den Dolch hervorrufen. Das Gesetz hat seine Henker und der unterdrückte Gedanke seine Rächer." P. Gori *Santos Caserio, apuntos históricos*, Buenos Ayres, libr. sociológica, 1901, SS. 4 und 12. Diese Schrift erschien zum ersten Mal in der Zeitschrift: *The Torch*, London, März, 1895.

[1]) Ich sage nichts über die Tat von Gaetano Brescі, weil die Anführung von Dokumenten über diese Tat, wegen ihres verbrecherischen Inhaltes geradezu unmöglich ist. Man kann auch kaum, auch nicht als Dokument, die *Erklärungen* Brescis wiedergeben, die im Auszug in einer apologetischen Schrift von Pedro Esteve, *A. proposito d'un regicidio*, enthalten sind, (erschienen Paterson, N. Y. tip. de „El Despertar", 1900 Bibl. della „Questione sociale", No. 9, SS. 1 und 43). Was Esteve schreibt, kann man sich schon aus folgenden Worten vorstellen, die durchaus nicht zu den heftigsten zu zählen sind: „.... Heute kann bei den gegebenen politischen Verhältnissen die Schaffung einer mächtigen anarchistischen Organisation beinahe als ein Titanenwerk betrachtet werden, wo man doch schon so furchtbar zu kämpfen hat, um nur eine kleine Gruppe zu begründen, — so furchtbar ist die Erbitterung, mit der wir verfolgt werden .... Wir wollen nur propagieren, überzeugen, das betätigen, was wir für gut, gerecht und schön halten, ohne jemanden zu zwingen, uns zu folgen. Aber wenn ihr uns dieses unveräusserliche Menschenrecht verweigert, wenn ihr uns, anstatt als Menschen zu behandeln, wie Bestien traktiert, wohlan, so werden wir wie Bestien kämpfen — solange wir nicht als Menschen betrachtet werden." SS. 34 u. 43. — In einem Flugblatt unter dem Titel *Cause ed effetti*, das im September 1900 in London veröffentlicht wurde, und das, wie in einer Fussnote bemerkt wurde, „in grösstmöglicher Anzahl von Exemplaren in Italien einzuführen" gesucht wurde, sind zwei Artikel von Malatesta enthalten, worin in einem von diesen: *Che cosa è l'anarchia*, der nicht unterzeichnet ist, der Standpunkt behandelt wird, den die Anarchisten nach dem Attentat von Monza einnahmen. Eine einzige Stelle genügt, um uns einen Begriff davon zu machen. So lange es Menschen gibt, schreibt Malatesta, die darauf bestehen, sich der gegenwärtigen Zustände zu erfreuen und sie mit Gewalt zu verteidigen, stehen die Anarchisten vor der „Notwendigkeit und der Pflicht .... die Gewalt der Gewalt entgegenzustellen". „Heisst das nun, fährt er fort, dass wir uns immer mit melodramatischen Komplotten beschäftigen und immer daran sind, oder die Absicht haben, einen Unterdrücker zu erdolchen? Durchaus nicht! Wir verabscheuen die Gewalt aus Gefühlsgründen und aus Prinzip, und wir tun immer das Möglichste um sie zu vermeiden; nur die Notwendigkeit dem Übel mit geeigneten und wirksamen Mitteln zu widerstehen, kann uns dazu bestimmen zur Gewalt zu greifen." — Anerkennt also Malatesta den Mord als ein *geeignetes und wirksames* Mittel? Es ist der richtige antilegale circulus viziosus. Man geht von einer abstrakten Voraussetzung aus, die die vollständige Verneinung der Konsequenzen ist, zu denen man gelangt. Bei einer abstrakten Voraussetzung und einer konkreten Konsequenz, die sie verneint, können sich die Anarchisten nicht beklagen, dass die juridische Organisation mehr mit der Konsequenz als der Prämisse rechnet, und sich eines Verteidi-

um die Kameraden zur Aktion aufzustacheln, wobei jedes Beispiel als praktische Kommentierung der theoretischen Propaganda betrachtet wird, die sich — was nicht unerwähnt bleiben soll — für manche nicht bloss auf die Diskussion allgemeiner Ideen beschränkt, mit denen wir uns ausführlich beschäftigt haben, sondern oft bis zur Aufreizung zur „Tat" und zur Andeutung der praktischen Mittel zu ihrer besseren Durchführung geht. Ich will hier nicht darüber diskutieren, — zum Teil auch, weil die einem einfachen Forscher für diese Aufgabe zur Verfügung stehenden Elemente nicht ausreichen würden, — ob ein gewisses, Ende 1890 in London verbreitetes Blatt unter dem Titel *L'International*, wirklich das Werk von Anarchisten war oder nicht. Wenn es richtig ist. dass die Anarchisten, wenigstens in ihrer grossen Majorität den Diebstahl als Mittel zur Erreichung ihrer Ziele verwerfen, (viele erinnern sich, dass gelegentlich des Falles Pini, der sich als Anarchist bezeichnete, eine lange und teilweise recht bedauerswerte Diskussion [1]) entstand), so ist daran zu zweifeln, ob dieses Blatt wirklich ihr Werk war. Denn darin wurde eben „der Diebstahl.

---

gungsgesetzes bedient, das von allen angenommen und verteidigt wird, weil es alle beschützt. — Die Anarchisten veröffentlichten auch zum Zwecke der Propaganda : *La difesa di G. Bresci alle Corte di Assise di Milano* (29. August 1900), von S. Merlino. Paterson, Aurora Club, 1903, 3e Aufl., wobei sie mit Bezug auf die Stelle, wo Merlino zugibt, dass Bresci das „begangene Verbrechen zu sühnen" haben wird, nicht vergessen zu erklären, dass diese Versicherung in dieser Rede „nicht besagt, dass sie die Zustimmung der Herausgeber enthalte." — Schliesslich müssen noch die Verherrlichungen hinzugefügt werden, die in den anarchistischen Blättern jedesmal am Jahrestag der Tat enthalten sind, wobei aber noch weitere allgemeine Betrachtungen gemacht werden. Es soll hier nur noch ein einziges Beispiel von den neueren Apologieen angeführt werden. In der *Cronaca sovversiva*, Barre, Vermont sind am 28, Juli 1906, J. IV. No. 30, in Anschluss an eine Apologie Brescis, aus der ich auch nicht einen Satz zu zitierenfür nötig erachte, noch folgende Sätze hinzugefügt: „. . . . . Brod, Freiheit, Freude werden nicht kniefällig von Gott, vom König, vom Herrn erfleht, die im Raub und Diebstahl brüderlich vereinigt sind, sie werden nicht vom Staat, vom Parlament, vom Gesetz erbettelt, die dazu geschaffen sind sich gegenseitig zu verbürgen und sich durch das Henkerbeil und die Folter, durch Mitrailleusen und Galeeren, durch Betrug und Gewalt gegenseitig zu unterstützen. Vom Feinde, der mit Waffen und Listen ausgerüstet ist, kann Brod und Freude nur ausserhalb der Intrigen und Träumereien einer friedlichen Aktion, durch einen furchtbaren Kampf errungen werden, der viele Tränen und viel Blut kosten wird . . . ." . . . .

Anm. d. Übers. — Die angedeutete Stelle aus der *Erklärung* Brescis lautete : „Ich habe ein Attentat auf das Haupt des Staates begangen, weil er meiner Ausicht nach für alle bleichen und blutenden Opfer dieses Systems verantwortlich ist, das er repräsentiert und verteidigen lässt. Und wie ich dies schon einmal erklärt habe,

der Mord, die Brandstiftung als berechtigte Mittel propagiert, um das *Ultimatum* der Anarchisten allen Herrschenden der bestehenden Gesellschaft bekannt zu machen". In derselben Zeitschrift wurde auch Pini verteidigt, wobei dargelegt wurde, dass die von ihm und seinen Kameraden gestohlenen Summen zum Zwecke der Propaganda verwendet wurden, wobei Pini als „energischer und ernster Mann" [1]) gerühmt wird. Dasselbe Blatt enthielt auch auf der letzten Seite ihrer letzten Nummer eine Reihe praktischer Angaben für die Ausführung von „Propagandaakten". Diese Angaben, die später abgedruckt und als Broschüre veröffentlicht wurden, wurden ziemlich stark in den Reihen der Anarchisten verbreitet. *L'indicateur anarchiste*, dies ist der Titel der Broschüre, gibt die Mittel zur Herstellung von Explosivstoffen, Bomben und manchem anderen an, was für die revolutionäre Aktion von Nutzen sein kann [2]). „Alle Rezepte, die wir Dir geben", —

---

habe ich diesen Beschluss nach den blutigen Unterdrückungsmassregeln gefasst, die vor zirka 7 oder 8 Jahren infolge eines im Widerspruch mit dem Staatsgrundgesetz durch königliches Dekret über Sizilien verhängten Belagerungszustandes platzgriffen. Und als dann die anderen Unterdrückungsmassregeln des Jahres '98 folgten, die noch zahlreicher und barbarischer waren, und wieder nur die Konsequenz des durch königliches Dekret verhängten Belagerungszustandes waren, nahm meine Absicht eine noch grössere Entschlossenheit an .... Ihr könnt mich verurteilen. Eurere Verurteilung lässt mich gleichgültig. Ich vertraue auf die kommende Revolution". — Es muss bemerkt werden, dass nicht nur von Anarchisten Verherrlichungen dieses Königsmordes herrühren, vrgl. z. B. die Broschüre des Sozialisten Amilcare Cipriani, *Le Regicide*, à l'admin. du journal Le Petit Sou (ein sozialistisches Tagblatt) Paris, (1900).

[1]) Vrgl.: *, *La défense du compagnon Pini*; gefolgt von: *Mort aux voleurs*, 2 SS. in folio, Paris, 1889; *, *Un brano di difesa del nostro compagno V. Pini*, o. O., 1889, 15 SS. M. Nettlau, *Bibl. d. l'An.*, zit, SS. 92, 107, 130. —

[2]) Übrigens fehlen auch nicht Verherrlichungen *Pinis* aus authentischen anarchistischen Quellen. In einem vorhin erwähnten Blatt sind als „Vorläufer und Bilderstürmer" aufgezählt: „Duval, Pini, Ravachol, die gegen die Moral und das Gesetz, gegen das Eigentum, den Staat und die Ordnung, das Recht der Elenden, der Besiegten des Lebens und der Arbeit anrufen, den sozialen Vertrag, der zu ihrem Nachteil verletzt wurde, aufs neue zu gestalten, *indem sie das was sie brauchten dort nahmen, wo es ist* und worauf sie ein unbestreitbares Recht haben ...." *Cronaca sovversiva*, 29. Juli 1906.

[3]) Auch manches andere anarchistische Blatt enthielt Angaben zur Herstellung von Explosivstoffen und über Mittel gewaltsamer Aktion. *La Lutte*, ein anarchistisches Blatt von Lyon, eröffnete im Juli 1883 eine ständige Rubrik unter dem Titel: *Antibourgeoise Produkte*. Zum ersten Mal sah man da in einer Zeitschrift chemische Formeln neben sozialen Theorien. „Unter diesem Titel, hiess es da, werden wir unsere Freunde

heisst es da — „wurden von uns aus speziellen Werken entnommen, wir erbrobten sie in der Praxis, und so geben wir Dir von Spezialisten erhaltene Resultate an, die durch unsere eigenen Experimente kontrolliert wurden". Etwas weiter heisst es: „Beeile Dich nicht allzu sehr um zu handeln. Das wird schon schneller kommen als Du denkst, wenn Du nur ernstlich arbeitest. Eine Reise von tausend Meilen beginnt man mit einem Schritt, sagte einst ein Weiser. Und Du weisst Kamerad, — nur der erste Schritt ist schwer". Diese wenigen kalten Worte, sind vielleicht die verbrecherischsten, die uns zur Wiedergabe in diesem Werke unterlaufen sind, um den Charakter der anarchistischen Lehre und Tätigkeit genau zu bestimmen. Und deshalb sind wir überzeugt, dass sie aus moralischer Verworfenheit herrühren

---

mit den allerwichtigsten Explosiv- und Brandstoffen bekannt machen, die am leichtesten herzustellen und zu behandeln sind, kurz, in einem Wort — mit den allernützlichsten .... Es ist notwendig, dass für den kommenden Kampf jeder ein wenig Chemiker werde". Zu den verschiedenen Einzelheiten, werden z.B. folgende Ratschläge hinzugefügt: „Man geht bei einem Haus vorbei, in dessen Keller brennbare Stoffe aufgespeichert sind (Wolle, Alkohol, etc.). Man lässt nun durch das Kellerloch ein Fläschchen fallen, das eine Lösung von .... enthält, und setzt seinen Weg ruhig fort. Die Flasche bricht, die Flüssigkeit ergiesst sich, und eine Viertelstunde darauf bricht das Feuer aus. Vrgl.: T. Dubois, *A. a. O.*, SS. 158, 159. Es fehlen auch nicht neuere Veröffentlichungen dieser Art. Die Broschüre *La salute è in voi*, die als „unumgänglich notwendig für alle Kameraden, die sich zu bilden wünschen" erklärt wird, und geheim in einer kleinen Stadt der Vereinigten Staaten veröffentlicht wurde, ist ein ebensolches Handbüchlein zum Gebrauch der Dynamiteure. Das erwähnte anarchistische Blatt: *La Cronaca sovversiva* von Barre Vermont, v. 21. Juli 1906 gibt sich zu dessen Bürgen her, indem es in seinen Spalten einen auf S. 15, Zeile 10 dieser Broschüre beim Kapitel *Nitroglyzerin* unterlaufenen Druckfehler berichtigt: „Es werden 200 Gramm Salpetersäure abgewogen, etc., statt dessen soll es heissen, was korrigiert werden muss: Es werden 1200 Gramm Salpetersäure abgewogen etc."

SCHLUSSBETRACHTUNGEN.

ΠΩΛ. Ἦ που ὅ γε ἀποθνήσκων ἀδίκως ἐλεεινός τε καὶ ἄθλιός ἐστιν.
ΣΩ. Ἧττον ἢ ὁ ἀποκτιννύς, ὦ Πῶλε καὶ ἧττον ἢ ὁ δικαίως ἀποθνήσκων.

PLATO, *Gorgias*, XXIV. B.

... οὐ γὰρ οἴομαι θεμιτὸν εἶναι ἀμείνονι ἀνδρὶ ὑπὸ χείρονος βλάπτεσθαι.

Id., *Apologie Sokrates'* XVIII, D.

Die sorgfältige Untersuchung und analytische Dokumentierung, die mich methodisch in der vorliegenden Monographie leitete, hat uns, wenn ich nicht irre, die Möglichkeit gegeben, in die verborgensten und entferntesten Gebiete einzudringen, in denen der Anarchismus propagiert wird und sich konkretiert. Die vorgeführten Elemente der Analyse konnten fast von selbst und ohne alle formalistischen Bemühungen in einer objektiven Form systematisiert werden, die durch genügend sichere Richtungslinien und ein genügend hervortretendes Relief gekennzeichnet ist, damit die Bedeutung und der Gesamtwert des anarchistischen Phänomens zum Vorschein kommen kann. Man hat nun tatsächlich — wieder wenn ich nicht irre, — stets die unbestreitbare Bekräftigung der vollen Erschöpfung analytischer Vorsicht, sooft die zersteuten Fragmente der Analyse, die vom Fleiss des Forschers untersucht und vereinigt wurden, schliesslich, gewissermassen durch ihre innere Kraft, eine Art synthetischer Kristallisation hervorrufen, in der ein komplexes soziales Phänomen (und dies ist doch der Anarchismus), das für einen Augenblick aus seinem unerfassbarem Rhythmus losgelöst wurde. der es ihm ermöglicht aus der umgebenden Wirklichkeit Bekräftigungen oder Abschwächungen zu schöpfen, — nun im Lichte seiner grössten und vollständigsten Bedeutung festgestellt und dargelegt wird. Hier angelangt kann man mit der Garantie des allseitigsten und sichersten Resultats sein Urteil abgeben ; besonders wo diese Bewertung, durchaus nicht beeinträchtigt von vorgefassten zustimmenden oder übertrieben strengen Urteilen, die von der eventuellen Bedeutung oder der allzu offenkundigen Irrtümlichkeit besonderer Punkte hervorgerufen werden konnten, einen Charakter annehmen kann, der sie am meisten erhebt und ihren Wert am meisten garantiert, nämlich, dass sie ernst und mit dem Streben nach Gerechtigkeit gebildet wurde. Umso mehr ist diese Garantie notwendig um das beste zu erreichende Resultat zu ergeben, als es sich in unserem Falle um ein Phänomen handelt, das in seinem Wesen in einer Lehre besteht, die sich nicht nur an der Grenzlinie der sozialen Wirklichkeit ausdrückt, sondern bereit ist mitten ins Leben der sozialen Wirklichkeit selbst mit einer Aktion hineinzutreten, die keinerlei Analogie mit einer anderen sozialen Aktion aufweist, weil sich keine, wie die anarchistische Aktion, in einer so widerstandskräftigen Verknüpfung eines so unbegreiflichen Missverhältnisses ausdrückt, das zwischen den Mitteln vorhanden ist, deren sie sich bedient, und den weit entfernten Resultaten, die sie als Konsequenz der ersteren zu erreichen beabsichtigt. Aber diese synthetische objektive Darstellung des anarchistischen Phänomens ermöglicht es auch, dass die Beurteilung von jedem sentimentalem Element frei bleibt und in einem unanfechtbaren, lapidaren ethischen Urteil zusammengefasst werden kann. Es könnte angenommen werden, dass der Forscher längs der gewundenen Wege der Analyse, von der Notwendigkeit so zahlloser Wahrnehmungen zersplittert und von der Anhäufung so vieler Zeugnisse zur Bestimmung des Irrtums erdrückt, vielleicht in einer nachsichtigen geistigen und sentimentalen Unentschlossenheit schwanken müsste. Sobald jedoch die Lehre in einem systematischen Schema zurückkonstruiert ist, das sie in ihrer einheitlichen Bedeutung wieder darstellt, und es möglich wird, sie an wenigen beweglichen Punkten umzustellen, wo Berührungsversuche mit den sichersten Resultaten der Wissenschaft möglich sind; sobald schliesslich der Anarchismus in seiner doppelten Erscheinung als Lehre und als Aktion aller seiner unvermeidlichen Überwucherungen entledigt ist, mit denen er bei einer so heterogenen Menge von Ausgestaltern und Anhängern ständig in Berührung kommt, und in das Gebiet der wissenschaftlichen Beobachtung hineingezogen wird, gewinnt auch der Gelehrte die volle Gewalt seiner Hilfsmittel wieder, um zu einer allseitigen und definitiven Beurteilung schreiten zu können. Und wenn die Wissenschaft, die nicht bloss eine mechanische Aufspeicherung definitiver Resultate ist, sondern auch eine fortdauernde Vermehrung der vorzüglichsten und am meisten ausgestalteten Untersuchunsgmomente, nun nicht genügende theoretische Argumentationen liefern sollte, um die Beurteilung des anarchistischen Phänomens durch abstrakte Polemik zu nähren und zu bereichern, wird der Gelehrte neue Materialien zur Argumentation aus dem unerschöpflichen Reservoir der sozialen Wirklichkeit herauszufinden wissen. Denn schliesslich handelt es sich ja nicht so sehr darum, den theoretischen Verneinungen der Anarchisten die Behauptungen der Wissenschaft entgegenzustellen, was ein absolut steriles und abstraktes Unternehmen wäre, dem sich übrigens die Theoretiker der Anarchie dadurch entziehen, dass sie auf das Recht und die Pflicht wissenschaftlicher Vorbereitung verzichten. Es handelt sich vielmehr darum, eventuell durch ein dialektisches Experiment, die anarchistische Ideenwelt und Aktion in den lebendigen Mittelpunkt der sozialen Wirklichkeit zurückzuführen, damit noch vor und ausserhalb aller theoretischen Überlegung, durch die einfache Einwirkung der grundlegenden Energieen des sozialen Lebens selbst, die unbeugsame Verdammung resultiere. Denn das soziale Leben hat, unabhängig von den wissenschaftlichen Untersuchungen, die sie hervorheben, Gesetze, die von innen heraus an seiner innerlichen Struktur wirken. Und diese Gesetze werden sich je nach den immer komplexeren Ansprüchen immer mehr differenzieren können, doch können sie nicht umhin mit dem fundamentalen Charakter zu harmonieren, ohne den sie nicht wirken könnten: das ist, mit dem Gleichgewicht und der eventuellen Vermehrung der Funktionen selbst, aus denen sich die soziale Wirklichkeit herausbildet und in einem Lebensprozess ausgestaltet, mit einem Gleichgewicht und einer Vermehrung, die, bevor sie noch dem sozialen Leben bekräftigende, komplementäre und positive Energieen hinzufügt, imstande sind die negativen Energien, die sie aufzulösen oder zu vernichten streben, zu überwinden.

Das Schema systematischer Objektivierung, in dem uns einerseits die anarchistische Ideenwelt in den Ausführungen der bedeutendsten Schriftsteller und der fast anonymen Anhänger und andrerseits die Aktion erscheint, bietet uns schon stillschweigend die Richtschnur einer ethischen und wissenschaftlichen Beurteilung, als Element zu einer höheren und verständlicheren Bemessung der Verantwortlichkeit der Anarchisten, woraus definitiv und unbestreitbar hervorgeht, ob den inkoherenten Bestrebungen, unter denen sie hin und herschwanken und von denen es scheinen könnte, dass sie nur bezüglich der anzuwendenden Mittel übereinstimmen, nicht doch eine Harmonie moralischer Anforderungen entspricht, aus denen die unerschütterte und dauerhafte Bedeutung des sozialen und individuellen Lebens hervorgeht.

I.

Die Beurteilung der Lehren der Theoretiker.

Die anarchistische Lehre präsentiert sich vor allem, — ebenso sehr in ihrer Gesamterscheinung, als bei ihren einzelnen Schriftstellern, als jedweder wissenschaftlichen Grundlage vollständig entbehrend. Es ist ja wahr, dass die Wissenschaft nicht immer überströmend an Resultaten ist; auch erreichen nicht alle Forscher, auch nicht die besten unter ihnen, Resultate, die wert sind in der Kette des wissenschaftlichen Fortschritts und ihrer Tradition wiedergegeben zu werden. Doch gibt es fundamentale Regeln der Methode, von denen niemand das Recht hat abzuweichen, auch nicht jene, die die Berechtigung der vorher angenommen Methoden in Zweifel ziehen, um neue Standpunkte und neue Untersuchungsmittel vorzuschlagen. Die wichtigste dieser zu beachtenden Regeln besteht darin, mindestens den von jeder Wissenschaft kontrollierten und anerkannten Präzendenzen Rechnung zu tragen. Die Pflicht der Wissenschaftlichkeit wird durch die Einnahme origineller Standpunkte durchaus noch nicht erfüllt, sondern durch das Suchen nach der Wahrheit. Und die Wahrheit wird durch nacheinanderfolgende Errungenschaften aufgestappelt, die das Zusammenwirken vieler Forscher erfordert, ohne das keine wissenschaftliche Tradition entstehen könnte. Nur bei Anwendung dieser elementaren Vorsichtsmassregel, können auch die Bescheidensten vermeiden, dass ihre Schriften nichts anderes als mechanische Aufstappelungen des Irrtums werden, oder dass sie wenigstens nicht diesem Durchschnitt sentimentaler Versurhe verfallen, wo bloss Resultate sehr relativer Approximation erreicht werden können, ohne dass die innerliche überzeugende Notwendigkeit erscheinen könnte, weshalb gerade diese Resultate und nicht andere, oder sogar entgegengesetzte das Bedürfniss nach Wahrheit befriedigen und man die Verantwortung übernimmt, sich zu deren Verkünder anderen gegenüber zu machen. Dies ist eine Unzulänglichkeit, die gewiss nicht nur den Theoretikern der Anarchie zuzuschreiben ist, sondern in jenen nicht weniger als in vielen anderen, vollständig offenkundig ist. Welches ist also die Stellung der Agitatoren, deren Schriften hier teilweise analysiert wurden, in Bezug auf die theoretischen Präzedenzen, die ihnen am nächsten sind, sowie auf die gegenwärtigen Resultate der Wissenschaft? Dies soll nun kurz dargelegt werden.

Dieser Denker, der Stirner die geistige Richtschnur gab, ist ohne Zweifel Feuerbach. In den Werken dieses letzteren fand Stirner diese Keime empirischer Verneinung in Bezug auf das religiöse Problem und die idealistischen oder rationalistischen Resolutionen des moralischen Problems, von wo nur noch ein kurzer Schritt zu weiteren, noch kühneren Negationen führen konnte. Die Erklärung Feuerbachs, dass jede positive Religion die Gottheit durch einen Prozess anthropomorphischer Objektivierung der individuellen Charakterzüge des Gläubigen konstruiert, wird bei Stirner zur Verneinung, die noch tiefer und gründlicher sein soll, als jede berechtigte, auch nur sentimentale Annahme einer Gottheit. Auf diese Weise wird der Versuch, der bei Feuerbach als eine blosse psychologische Darstellung bezeichnet werden könnte, bei Stirner das Bestreben eine aprioristische, vorgefasste Meinung rationell darzulegen. Dies ist noch nicht alles. Während Feuerbach die Konsequenzen seiner Lehre mit dieser dogmatischen Sorgfalt von sich weist, die die untrügliche Charakteristik aller Denker ist, die von unzureichenden kritischen Voraussetzungen ausgehend, sich für die Schwäche ihres Gedankes mit abgenutzten Formeln leidenschaftlicher Versicherungen schadlos halten, wie wenn sie fürchten würden, sich auf einem Gebiete zu lange aufzuhalten, wo der Widerspruch nur allzu leicht ist, — entspricht dagegen bei Stirner der grösseren Unhaltbarkeit des Ausgangspunktes, gewissermassen im umgekehrten Verhältnis, die grössere Selbstgewissheit der Schlussfolgerungen. Es ist dies ein unvermeidliches Resultat. Die einfachen Verneinungen Feuerbachs werden bei Stirner heftige Bestreitungen, die wie von der Furcht eines überzeugenden Rückhalts der bescheideneren Funktionen des

Gedankens und des Gefühls inspiriert zu sein scheinen. So konnte Stirner der anarchistischen Propaganda viel eher als konkrete Resultanten, nur gegenwärtig schon abgenutzte Formeln theoretischer Auffassungen und sozusagen theologischer Abneigungen geben, von denen es scheint, dass sie sich bis zum letzten Glied der Kette der Negationen entwickelen sollten, die bis zur transzendentalen Autonomie des Individuums gelangen, insofern man vom ersten Glied, der Verneinung Gottes ausgeht. Und Stirner wird nicht gewahr, dass er durch ein derartiges Vorgehen gerade nur eine auf den Kopf gestellte Theologie betreibt; denn wenn seine Schlussfolgerung unrichtig ist, (was wohl im Möglichkeitsbereich der Geschichte des menschlichen Gedankens liegt) nimmt er stillschweigend die Verantwortung einer Voraussetzung auf sich, die diese verneint, von der er ausgegangen ist; während die Ansprüche eines kritischen Gedankens weit davon entfernt sind von ihm in einem oder im anderen Sinne so viel zu verlangen. Wenn das geistige Verfahren Stirners berechtigt wäre, müsste man von allen denen, die zu Schlussfolgerungen gelangen, die seinem Individualismus widersprechen, die Voraussetzung der Existenz Gottes verlangen. Nun hat sich aber z.B. Marx, der zu kommunistischen Resultaten gelangt, dessen wohl gehütet. Weit davon entfernt, eine theologische Voraussetzung anzunehmen, anerkannte auch er im Grunde die Feuerbachschen Schlussfolgerungen, aber bedeutend scharfsinniger in seiner methodischen Einsicht, schloss er sich ihnen nicht mehr an, als sie für ihn ein bequemes Mittel approximativer Erledigung eines Punktes bedeuteten, der in Bezug auf die Gesamtheit der sozialen Lehren eine durchaus sekondäre Bedeutung hatte. Diese so einfache Kritik greift, wenn ich nicht irre, die Grundlagen der Frage an.

Nicht unähnlich ist der Standpunkt Stirners Feuerbach gegenüber in Bezug auf das moralische Problem. Der egoistische Eudämonismus des ersteren war auf der, übrigens sehr plumpen, Beobachtung des Individuums in seinen Beziehungen zu seinesgleichen aufgebaut. Für Feuerbach kann der Einzelne nicht umhin, sich den ethischen Imperativen des reinen Egoismus zu unterwerfen, die ihm von einem der beiden Motive aufgedrängt werden, nämlich: entweder, um sich gegen Taten zu verteidigen, die vom Egoismus der ihn Umgebenden inspiriert sind; oder, um gleichzeitig mit dem eigenen Wohl, das nur durch den Egoismus erreicht werden kann, der die geeignetsten Mittel vorschlägt, um zur Befriedigung der Bedürfnisse zu gelangen, anderen Glück zu verschaffen. Es war nur logisch, dass Feuerbach aus dieser Alternative nicht herauskommen konnte, wo er, gewiss nicht als der erste in der Geschichte des Gedankens, mit einer axiomatischen Voraussetzung die ethischen Ziele mit der realistischen Befriedigung der Bedürfnisse verwechselte. Die Ethik ist eine Wissenschaft der Ziele, weshalb eben die Pflicht vorliegt, sie zu konstruieren, indem sie beurteilt werden. Indem als der zu erreichende Punkt die Befriedigung der Bedürfnisse angenommen wird, wird die Ethik, und dies ist der Fall bei Feuerbach, durch eine äusserliche Beschreibung des mechanischen psychologischen Bestrebens ersetzt; was ein Aequivalent der induktiven Verknüpfungen der moralischen Arithmetik Benthams darstellt. Stirner verkürzt noch den von Feuerbach gefolgten Weg und verschlimmert ihn natürlich noch mehr. Jeder Mensch hat ausserhalb aller Beziehungen zur sozialen und politischen Kollektivität, individuelle Bedürfnisse, die ihm die Natur aufzwingt und der Wille ihm vorschlägt. Es liegt im Individuum, obwohl sich die Natur darum nicht kümmert, sich Bedürfnisse aufzuerlegen, denen nicht Pflichten, sondern Rechte entsprechen. Jedes Bedürfnis, das ein Mensch zu befriedigen weiss und kann, ist eben sein Recht, das in ihm entsteht und sich erschöpft, sobald es nur eine Ausdrucksform findet, die keinerlei Verantwortlichkeit von ihm nach sich zieht. Aber so sehr sie auch als politisch und sozial besondere Individuen angenommen werden können, bleiben doch immerhin die anderen Individuen. Nun wohl, sagt Stirner, es ist nun die Aufgabe des Individuums sich solche Verhältnisse zu schaffen, dass alle, die ihn umgeben, bloss ein Mittel zur Erreichung seiner Ziele darstellen. Im ganzen ist es ein egoistischer Widerspruch, der zum metaphysischen Exponenten erhoben wurde, der aus jedem Individuum gleichzeitig das höchste Ziel und das am vollständigsten zu vernachlässigende Mittel macht; und während er tatsächlich dem Einzelnen jede Möglichkeit in Bezug auf seine Mitmenschen bietet, indem er diesen jede Möglichkeit nimmt als mehr zu gelten, als ein blosses Mittel, bietet er wieder nachher einem jeden dieser letzteren in Bezug auf das erste einzelne Individuum, die Möglichkeit dieses zum einfachen Mittel herabzusetzen. Im selben Moment, in dem also ein Individuum einfach in der Absicht handelt, die anderen als Mittel zu gebrauchen, steht es anderen Handlungen aller anderen gegenüber, die allerdings nicht vereinigt und deshalb nicht multipliziert, aber zum mindesten numerisch addiert sind, die wieder das Verhältnis ihm gegenüber umdrehen. Die absolute Autonomie des Einzelnen wird durch die absolute Autonomie aller anderen aufgehoben. Dieser Imperativ des absoluten Egoismus kann also in die Wirklichkeit nicht umgesetzt werden, wenn die atomistische Zusammenhäufung der Einzelnen kaum ein System im Gleidgewicht befindlicher Kräfte darstellt, oder derartig ist, dass sie, in die Tat umgesetzt, zur absoluten Vernichtung und Aufhebung eines jeden noch so elementaren sozialen Gebildes führen müsste. Das ist nun ein ethisches Imperativ, dass selbst die Kannibalen sich scheuen würden, es anzuerkennen [1]).

In diese wenigen Worte zusammengezogen, die wohl diejenigen sind, die ihre innere Bedeutung ausdrücken, könnte es scheinen, dass die Ethik Stirners, da sie von wirklich möglichen Bedingungen und tatsächlicher Anwendung viel zu weit entfernt ist, ein bloss spekulatives Interesse erregen müsste, gewissermassen als der sophistische und delirierende Ausdruck eines glücklicherweise vereinzelten Denkers. Doch wäre es ausserordentlich vernünftig, dass in der moralischen Welt, wo jede neu errungene noch so bescheidene Wahrheit immer eine nützliche praktische Anwendung findet, die allerschwersten Irrtümer (die so zahlreich und von so verschiedenen Abstufungen sind, während es doch nur eine einzige Wahrheit gibt) ohne schädliche Wirkung bleiben würden. Diese abstrakten Irrtümer, die in ihrem Vollinhalt unmöglich ins Leben umgesetzt werden können, weil die Wirklichkeit, auch wenn sie sie über sich ergehen liesse, sie zum Absurdum zurückführen müsste, durchdringen aber dennoch, zum Teil auch wegen des

---

[1]) Eine von der vorliegenden etwas verschiedene Darlegung der Kritik der Stirnerschen Lehren, der ich aber zum grossen Teil beistimme, bietet: R. STAMMLER, *Wirtschaft u. Recht*, etc. 2 Aufl., Leipzig, Veit, 1906, SS. 547, sq. Diese Seiten könnten genügen, um zu beweisen, dass in Deutschland die Gelehrten es nicht verschmahen die Lehre Stirners der exegetischen Inkompetenz der Dilettanten und Interessierten zu entziehen, um ihr ihre streng wissenschaftliche Kritik entgegenzustellen. Vrgl.: ID., *Die Theorie des Anarchismus, Berlin*, Haering, 1894, SS, 13 sq.

unzureichenden Widerstandes, der ihnen entgegengestellt wird, selbst diejenigen, die sie nicht anerkennen. Der grösste Fehler der Stirnerschen Ethik rührt von der Tatsache der aus historischer Erfahrung nachgewiesen Unmöglichkeit her, dass alle ein soziales Aggregat bildenden Teile sie annehmen (in welchem Falle die Kräfte der Einzelnen sich aufwiegen würden, denn sonst würde das Entstehen einer Reaktion aus dem Instinkt der kollektiven Selbsterhaltung nicht auf sich warten lassen); er rührt auch von der Tatsache her, dass sie nur von einigen Wenigen angenommen wird, die allen anderen gegenüberstehen, die nicht bereit sind sich der Organe des sozialen und juridischen Schutzes zu bedienen. Stirner verstand, dass seine Lehre nur in diesem Sinne eine praktische Rückwirkung haben könnte; und der strenge Individualismus, in dem seine ganze Theorie verkörpert zu sein scheint, zerfällt nun plötzlich, um als Imperativ für die Aktion einer ganzen Klasse, nämlich der Klasse des Proletariats aufzutreten. Im selben Augenblick, in dem Stirner diese Vereinigung der Kräfte vorschlägt, unterwirft er sich notwendigerweise der ganzen geistigen Strömung der hegelschen Linken, von der er herrührt, und beweist somit, dass ebenso wie es möglich war, aus ihr die individualistischen Prämissen als Vorbedingung zu seinem Egoismus zu ziehen, es auch genau so möglich wurde diese Konsequenzen zu ziehen, die später eine viel organischere Ausarbeitung bei den darauffolgenden Schriftstellern und der Bewegung des revolutionären Kommunismus finden sollte. Die Vereinigung, oder wenn man diese Bezeichnung vorzieht, der Parallelismus dieser beiden Richtungen in den Gedanken Stirners erklärt uns den schwachen Einfluss, den sie auf die Entstehung dieser revolutionären Tendenzen ausgeübt haben, die zwanzig Jahre nach dem Erscheinen seines Werkes zur Begründung der *Internationale* führten; dies erklärt uns aber auch, wieso sie, wenn sie auch nicht die Oberhand bekommen, doch zum mindesten eine der ersten Stellungen einzunehmen beginnen, sobald sie sich von der *Internationale* absonderten und allmählig die organisierten Reihen der Anarchie bei weitem zu übertreffen anfangen. Noch etwas ist beachtenswert, was als Folge dieses Details erscheint. Während der Einfluss Stirners, der von dem zweiten Gesichtspunkt seines Werkes herrührt, durch langsames Eindringen erfolgt so dass er gewissermassen von jenen nicht bemerkt wird, die weniger in der Lage sind dessen gewahr zu werden, weil sie ihm näher stehen (so sehr, dass viele Anarchisten, die bloss bei der empirischen Beobachtung der äusseren Beziehungen stehen bleiben, ihn ausdrücklich bestreiten), wirkt indessen der Einfluss seines individualistischen Standpunktes mit viel offenkundigerer Energie, die bis zum gegenwärtigen historischen Moment unter den spärlichen Reihen derjenigen fortdauert und sich stets aufs neue belebt, die besonders darauf Wert legen, sich als individualistische Anarchisten zu bezeichnen. Kein einziger anderer theoretischer Schriftsteller der Anarchie übt heute diese doppelte Wirkung aus, ohne mit denen zu rechnen, die in der Stirnerschen Lehre nichts anderes entdecken, als eine antizipierte Übertreibung dieser neueren Theorien, die die Gewalt als die einzige Grundlage des Rechtes und des Staates betrachten. Doch ist es offenbar, dass diese letzten Annäherungen, die auf partielle nund äusserlichen Analogien begründet sind, darin fehlgehen, dass sie die ausdrücklich antiwissenschaftliche Stellung Stirners nicht in Rechnung ziehen, von der wohl Gefühlsargumente für die revolutionäre Propaganda, aber nicht Elemente einer Lehre geschöpft werden können, die weiterer Entwicklung fähig wäre. Viel nützlicher wäre es nachzuweisen, was übrigens auch ganz gut gemacht wurde, wie Stirner die dialektischen Standpunkte seines negativen Gedankens den griechischen Sophisten entlehnt; und ob er, obwohl er es vermeidet zum englischen Utilitarismus zu gelangen, der schon lange vor ihm in ein System gebracht wurde, nicht einen Vorläufer in Hobbes hatte, der unter der Form des rationalistischen Verfahrens des natürlichen Rechtes, den theoretischen Inhalt eines empirischen und individualistischen Egoismus zusammendrängt. Doch liegt ein fundamentaler Unterschied in der Tatsache, dass während Hobbes den Krieg aller gegen alle als die Konstatierung primitiver Verhältnisse erkannte, denen berechtigterweise als Entwicklung und Betätigung des Selbsterhaltungstriebs des Individuums, die juridische Ordnung des Staates folgte, geht Stirner dagegen von der Autonomie des Individuums aus, und über die Verneinung des Staates hinweg, gibt er der einfachen Konstatierung des primitiven Krieges aller gegen alle, die beeinflussende und wirkende Bedeutung eines moralischen Imperativs. Somit ist nicht nur das logische Verfahren umgedreht, denn nicht nur der induktive logische Endpunkt Hobbes' ist umgedreht und als deduktive Prämisse von Stirner angenommen, sondern seine abstrakte Bedeutung wird von Stirner in eine praktische Bedeutung umgewandelt, die zur Regel dienen soll. Und das ist die Ursache, weshalb die Lehre Hobbes' von den Gelehrten nur noch als ein nicht zu übergehendes Zeugnis einer überwundenen Lehre angeführt wird, während die Lehre Stirners, obwohl sie auf der irrtümlichen und transzendenten egoistischen Antinomie aufgebaut ist, von der vorhin gesprochen wurde, ihre ganze gegenwärtige Bedeutung beibehält, die zahlreiche Anhänger gewinnt.

Stirner rührt in direkter Linie von der Hegelschen Linken her und stellt auch ihren Kulminationspunkt dar. Proudhon rührt indirekt von demselben Hegel her, wodurch er in der Geschichte des Gedankes das vielleicht einzige Beispiel einer unbewussten Übertragung darstellt, wegen der viele nicht weniger unbewusste Anhänger manchen Irrtümern verfielen. Aber weit mehr als der befolgten Methode, die ja nicht streng genommen werden kann, da sie von keiner richtigen Ableitung aus einer bewusst angenommenen und rigorös diskutierten theoretischen Präzendenz herrührte, verdankt Proudhon die Anhängerschaft vieler seiner Schüler (man sah, dass Tucker, der seinerseits der Begründer einer grösseren Bewegung ist, sich von ihm herleitet) dem Charakter seiner revolutionären Schlussfolgerungen, auch wenn sie nicht von berechtigten Prämissen und berechtigten methodischen Darlegungen herrühren. Dabei soll unter seine Anhängern die ganze Schaar jener gar nicht mit gerechnet werden, die sich mit noch weniger zufrieden geben, nämlich mit diesen Abfällen seines zügelossen Gedankens, die solchen elementaren anarchistischen vorgefassten Ansichten zu Nutze kommen können, die sich auch ausserhalb des direkten Einflusses Proudhons selbst bilden konnten.

Dieser Standpunkt erklärt sein Fortbestehen trotz der erwähnten Kritiken Marx's, die in Bezug auf die allgemeinen Schlussfolgerungen Proudhons als definitiv betrachtet werden können; und trotz des vorübergehenden Auftretens und des raschen Niederganges des Proudhonschen Mutualismus in den ersten Kongressen der *Internationale*, wurde er bald durch den Einfluss Marx's mit Hilfe der „wissenschaftlichen Methode" verdrängt, wie sie sich selbst nannte, die wir dagegen die orthodoxe Methode des Sozialismus nennen möchten, und zwar durch die Untersuchung der als historisch katastrophenartig angenommenen allerraschesten Mittel, um zur sozialen Revolution zu gelangen. Aber der Mutualismus wurde von den extremen Reihen der Anarchisten noch rascher vergessen als überwunden, die jedes verzögernde Mittel zurückweisen, da sie nur die direkte Aktion anerkennen. die sich eben nicht in der Suche nach einem friedlichen ökonomischen Gleichgewicht ausdrückt, wie es durch den Mutualismus verkündet wurde, (die *Banque du Peuple* von Proudhon sollte noch mehr, als die von Owen in den Jahren 1832—'34 versuchte *Labour exchange Bank* direkt zum unentgeltlichen Kredit und somit zur ökonomischen Gleichheit führen) sondern durch die gewaltsame Expropriation der gegenwärtigen Inhaber des Privateigentums. Schon vom Ausgangspunkt aus bei der Bestimmung der vermuteten ökonomischen Gesetze, kommen die Irrtümer zum Vorschein, von denen sich die ganze weitere Lehre Proudhons nicht mehr befreien kann. Als er es unternahm, sich mit den ökonomischen Fragen zu beschäftigen, erkannte er nicht, dass sich schon in den selben Studien, gerade in diesen Jahren. durch das Werk Rossi's, Chevaliers, Cherbuliez' und zum grossen Teil durch den Optimismus Bastiats in der französischen klassischen Schule eine bestimmte Richtung zeichnete. Ganz besonders lag aber sein Fehler darin, nicht zu entdecken, was die, wenigstens allgemeine, Bedeutung des Hauptwerkes von Smith war. den er bloss als eine äusserliche Autorität zitiert, während er schon fruchtbare Keime zu einer grossen Literatur ausstreute, die Proudhon unbekannt blieb; und, was ein noch grösserer wissenschaftlicher Fehler ist, er erkannte nicht, dass kein Schritt berechtigterweise in anderer Richtung gemacht werden konnte, ohne das Feld schrittweise den Resultaten zu entrissen, zu denen Ricardo gelangt ist. dessen wissenschaftliche Tätigkeit sich während einer Periode (1809—1823) erstreckte, die Proudhon zu berücksichtigen wohl verpflichtet gewesen wäre. Und zum Beweise für die Behauptung, wie sehr sich Proudhon ausserhalb der wissenschaftlichen Bewegung stellte, genügt nur noch anzuführen, dass gerade im Jahre, in dem seine *Contradictions économiques* (1843) erschienen. die durch ganz unzulässige Beeinflussungen hegelscher Dialektik verdunkelt wurden und über die Bestimmung sogenannter apodiktischer ökonomischer Gesetze urteilen wollten, sich schon in Deutschland, besonders durch das Werk Roschers, die induktive historische Methode entwickelte, die auf die Volkswirtschaftslehre angewandt wurde. Proudhon fehlte eben mit einem Wort die weitgehende wissenschaftliche Vorbildung, die Marx dagegen hatte, und dies könnte genügen, um die geringere und weniger tiefe Andauer seines Einflusses auf die ganze nachfolgende sozialistische Bewegung zu erklären, und um andrerseits seine relative Lebensfähigkeit durch alle anarchistischen Lehren hindurch zu begreifen.

Aber wenn man auch Proudhon nur als das betrachtet, was er war, und nicht als das, was er, ohne zu viel zu verlangen, hätte sein können, könnten die Kritiken nicht weniger deutlich sein. Die Idee, die sich Proudhon von den ökonomischen Kräften und den sie regelnden Gesetzen machte, war nicht weniger transzendental, als das Gleichgewicht, in das er durch deduktive Konstruktionen die komplexen realen Offenbarungen des ökonomischen Lebens hineinzwängen wollte, um den „Übeln" vorzubeugen, die er in ihnen entdeckte. Für Proudhon sind die ökonomischen Kräfte, die kein induktives Kriterium bestimmen konnte, von Gesetzen regiert, die dem Mann der Wissenschaft und der Politik durch eine, man weiss nicht woher gekommene, intuitive Offenbarung bekannt sein sollten; und diese Gesetze müssten auf die soziale Organisation angewandt werden, ohne dass man wüsste von wem und auf welchem Wege. Mit anderen Worten, die ökonomischen Gesetze müssten, obwohl sie in jedem Fall nur der Ausdruck eines notwendigen Verhältnisses sein können, das aus dem Inneren des gesamten Produktionsprozesses, des Austausches und des Konsums der Produkte wirkt, einer Leitung unterworfen sein; und wie wenn dies noch nicht genügen würde, einer Leitung, die eventuell noch im Widerspruch zur politischen Gesellschaftsordnung stehen sollte, die sie abzulenken sucht. Und wenn es ihnen nicht möglich ist, im Konflikt mit dem politischen Organismus siegreich zu bleiben, müssten sich solche Gesetze der Wirkung dieses letzteren entziehen. Von den zwei abstrakt erfassten und sich entgegengestellten Entitäten, und zwar einerseits vom Komplex der „ökonomischen Kräfte" und andrerseits vom Staat, würden die ersteren die Oberhand haben und dies nur durch die wundertätige Wirkung einer guten Leitung, die, man weiss nicht von wem besorgt würde. und dem Einfluss der Proudhon'schen Auffassung unterworfen wäre. Es ist traurig, dass sich all das auf so kleinliche Ausdrucksformen reduzieren kann, aber im wesentlichen sagt Proudhon wirklich nichts anderes. Die Arbeitsteilung und die Konkurenz sind zum Beispiel ökonomische Kräfte, die in der Praxis schädliche Resultate hervorrufen; man soll also darangehen sie besser anzuwenden und es werden nützliche Resultate zum Vorschein kommen. Und Proudhon sagt uns auch tatsächlich welches dieses „bessere" Mittel ist, ohne natürlich seine Behauptung durch irgend eine rechtfertigende Begründung zu unterstützen. Sein Vorschlag geht dahin, die politische Organisation so weit zu revolutionieren. um sie schliesslich ganz ausschalten zu können. Auf diese Weise würden soziale Gebilde möglich, die ausschliesslich von diesen ökonomischen Kräften und Gesetzen geleitet würden, die Proudhon durch blosse Abstraktion, ohne jede induktive Untersuchung entdeckt zu haben vorgibt, wobei er noch eine weit wichtigere Verantwortlichkeit auf sich nahm, nämlich die Revolution als berechtigt zu erklären, um zu diesem vorgefassten Ziele zu gelangen.

Das Missverhältnis zwischen der theoretischen Vorbereitung und solchen praktischen Konsequenzen ist zu schwerwiegend, um weiterer Beweise zu bedürfen. Nicht nur gelingt es Proudhon in Bezug auf das ökonomische Phänomen nicht die Elemente zu unterscheiden, aus denen es besteht, z.B. das objektive und technische Element der Produkte, vom subjektiven und ethischen Element, das sich auf den Zusammenhang der Produktion, des Austausches und des Konsums bezieht; aber ebensowenig gelingt es ihm den ökonomischen Zusammenhang vom politischen zu unterscheiden, indem er die gegenseitigen Abhängigkeitsverhältnisse so sehr verkennt, dass er schliesslich die Aufhebung der politischen Grundlage verkündet, ohne sich um die unvermeidlichen ökonomischen Folgen zu bekümmern. Das willkürliche Spiel solcher ideologischer Begriffe konnte nur das Resultat absolut unzureichender wissenschaftlicher Vorbildung und mangelnden Sinnes für die Wirklichkeit sein. Wenn dazu noch der Einfluss der hegelschen Dialektik hinzugefügt wird, die so wenig in ihrer innersten Bedeutung begriffen wurde, dass sie als Mittel zum Aufstellen der sonderbarsten und gewaltsamsten Antithesen diente.

wird es offenbar, wie Proudhon die, ich möchte fast sagen, empirische Unterstützung der allerbekanntesten und elementarsten Hilfsmittel wissenschaftlicher Untersuchung mangelt, die ihn auf dem Gebiete der Ökonomie wenigstens zum ersten Schritt einer genauen morphologischen Beschreibung der besonderen ökonomischen Erscheinungen, die in sein Untersuchungsgebiet fielen, und eventuell auch zur Untersuchung ihrer Ursachen und unmittelbaren Beziehungen führen müssten, indem er sich ihren ursprünglichen Kräften genähert hätte. Die Untersuchung, auch nur der empirischen Regelmässigkeit und Gleichförmigkeit, hätte ihn davor bewahrt in utopistische Vermutungen in Bezug auf die spezifischen Gebiete zu verfallen, bevor ihm noch das praktische Experiment den unverbesserlichen Irrtum gezeigt hätte, — wie es auch in Bezug auf dieses Gebiet der Fall war, das später die zentrale Utopie seines Systems wurde, nämlich die Unentgeltlichkeit des Kredits.

Die Anhäufung aller dieser theoretischen Fehler ist in seiner Denkschrift über das *Eigentum* zu finden, die, da sie der Zeit nach die erste war, die er geschrieben hat, alle ihre unhaltbaren methodischen Unzulänglichkeiten auf alle anderen, späteren Werke übertrug. Marx, der, wie man sah, von seinen persönlichen Ansichten ausging, warf Proudhon vor, dass er in Bezug auf das Eigentum vom Zusammenhang der juridischen Abstraktion ausging und seine Untersuchungen machte, ohne die reale und objektive Tatsache des Eigentums selbst berücksichtigt zu haben; Marx glaubte nun, dass alle Irrtümer der proudhon'schen Kasuistik davon herrührten, dass Proudhon das Eigentum nicht in seiner ökonomischen Realität betrachtet hat. Doch geht diese Kritik offenkundig von einer systemathisch vorgefassten Ansicht aus, die durchaus nicht beweist, dass sie, auch wenn sie von Proudhon gefolgt worden wäre, zu beachtenswerteren Resultaten geführt hätte. Viel richtiger wäre es dagegen zu sagen, dass Proudhon sich in ein Labyrinth von Sophismen verrennt, gerade weil es ihm nicht gelingt im Eigentum eine objektive Ta'sache zu erkennen, die weder juridisch, noch ökonomisch ist. So geschieht es, dass gegenüber der in ökonomischem und juridischem Sinne objektiven Institution des Eigentums, Proudhon sich mit einem durchaus unzulänglichen dialektischen Prozess bemüht, die *Unmöglichkeit* des Eigentums unterschiedslos zu beweisen, wobei man nicht weiss, ob dies ökonomisch oder juridisch gemeint ist. Proudhon sieht den realistischen Vorgang nicht, auf Grund dessen sich das Privateigentum als ökonomische Tatsache darstellt und das Recht es organisiert und garantiert; somit verwirft er wieder seine Negation in einem abstrakten Moment, in dem es keinerlei Unterscheidung zwischen diesen wohl verschiedenen Gesichtspunkten geben kann. Er bezieht sich unterschiedslos auf das eine und das andere, je nachdem es ihm die logischen Anforderungen der sophistischen Spirale gebieten, auf der sich seine Argumentationen bewegen. Da er aber von Zeit zu Zeit eines Siegels bedarf, das wenigstens einige Punkte dieser beweglichen Alternative bestimmt, die jedoch die Illusion geben soll, zu konkreten Schlussfolgerungen zu kommen, kommen ihm Behauptungen zu Hilfe, die von einem unbestimmten Gefühl bewegt sind, das er Gerechtigkeit nennt, die umso unbestimmter ist, als ihr ein realistisches Kriterium des Rechtes mangelt, nach dem sie bestimmt und angewandt werden könnte. Demnach sieht also Proudhon, ausser den besonderen juridischen Fehlern, die anzuführen weder in meiner Aufgabe noch in meiner Kompetenz liegt [1]), nicht, wie die äusserlichen Güter (die *Dinge* im juridischen Sinne) wohl ein Mittel zur Erhaltung des als Einzelner betrachteten Menschen und zur Befriedigung seiner Bedürfnisse sind, dass aber das Dazwischentreten des Rechtes, um sie zu verteilen und eine bestimmte Grundlage der Beziehungen aufrecht zu halten, durch die Tatsache notwendig wurde, dass das Individuum nicht isoliert ist, sondern in Gesellchaften lebt, die wenigstens sozial sind, bevor sie noch politisch sind.

Diese Bemerkungen zeigen, wie weit Proudhon davon entfernt war, die Bedeutung der aus seiner Denkschrift über das *Eigentum* folgenden Konsequenzen zu erfassen und sich dem sophistischen Netz seiner besonderen Irrtümer zu entziehen. Er wurde es

---

1) Es genügt zu sagen, dass als Proudhon im Jahre 1840 seine Denkschrift schrieb, er das klassische Werk SAVIGNY's über das Eigentum (*Das Recht des Besitzes*) nicht beachtete, das schon im Jahre 1803 erschienen war, (im J. 1836 war schon die 6te Auflage erschienen) die die Grundlage aller nachherigen Untersuchungen über dieses Thema wurde.

nicht gewahr, (und diese unanfechtbare Kritik gilt auch gleichzeitig für alle seine direkten und indirekten Anhänger, die das Recht des Privateigentums verneinen), wie eine solche vorausgeschickte Verneinung, anstatt die Möglichkeit zu diesem freien Regime der Verträge zu geben, das eine Aera grösserer Betätigung individueller Initiative und Freiheit bedeuten sollte, es durch eine tatsächliche Unmöglichkeit verhindert, weil er den Begriff einer fragmentarischen formalen juridischen Gesellschaftsordnung fortbestehen lässt, der er aber jede Grundlage und jeden Inhalt entzieht. Und das Recht, als konkretes Werkzeug des sozialen Gleichgewichtes, ist keine Form, wenn es nicht auch gleichzeitig ein Inhalt ist. Dies gilt in unbestreitbarer Weise für die allgemeine These, ohne von der unbegreiflichen Urteilslosigkeit zu sprechen, die Proudhon nicht erkennen lässt, welche Rückstrahlung seine Lehre auf andere Punkte der Entwicklung des Rechtes haben kann und wie sie mit der elementarsten historischen Induktion in Widerspruch steht. Für den ersten Punkt genügt es anzuführen, wie Proudhon, der doch in Bezug auf die Familie nicht zu den extremen Konsequenzen jener gelangte, die sein Werk fortsetzten, nicht gewahr wird, welchen Schlag seine Verneinung des Eigentums der Familie versetzte. Die Familie wird durch die juridischen Rückwirkungen durchdrungen, insofern das einzelne Individuum bewogen wird, die Angehörigen der Familie aus der Bestimmung der ihm durch das Eigentumsrecht persönlich garantierten äusseren Güter nicht auszuschliessen. Auf diesem Wege, durch aus Erbrecht, wird die ethische Ordnung der durch die Ehe besiegelten Familie aufgebaut, und zwar innerhalb des formalen Rechtssystems, wobei gewissermassen die juridische Persönlichkeit des Einzelnen, der den eigenen persönlichen Willen über alle anderen und gegen alle anderen gelten lassen wollte, abgeschwächt wurde. Es ist also nicht so sehr das Recht, das der Familie zusteuert, als vielmehr diese, die sich als innige und unteilbare Einheit, dem Rechte zuwendet. Und von diesem besonderen Verhältnis rührt es her, dass sich die Familie von juridischen Elementen durchdringen lassen kann, ohne aber dabei alle Beziehungen, die innerhalb ihres Schosses zum Ausdruck kommen, zu strengen Rechtsverhältnissen zu erheben, was vielmehr zum zersetzenden als zum einigenden Element für die

Institution der Familie würde. Aber dieses juridische Minimum, in wohl begrenztem Masse und Verhältnis, ist nichtsdestoweniger notwendig, .insofern es das allerverbreitetste und weiteste ethische Element bekräftigt, indem mit verschiedenen aber immerhin im wesentlichen einheitlichen Modalitäten bestimmt wird, dass die Eigentumsrechte nicht nur auf das einzeln betrachtete Individuum Bezug haben, sondern auch auf alle diejenigen, die die Familie bilden, zu der es gehört. Und von diesem Prinzip rührte nicht nur das Erbrecht her, sondern auch die juridische Bestimmung aller anderen Familien- und Erbschaftsbeziehungen, die unter den verschiedenen Gliedern der Familie selbst entstehen. Ausser diesem ersten Eindringen des juridischen Elementes in die Familie muss noch die weitere Durchtränkung angeführt werden, die sich durch die Tatsache vollzieht, dass die Familie, wie sehr richtig gesagt wurde, „dass Verbindungsglied zwischen dem einzelnen Menschen und der politischen Gesellschaft ist" (Puchta), und somit sorgt der Staat für die eigene Wohlfahrt, die auf alle rückwirken muss, wenn er die Familie als Bedingung und Mittel zur Erreichung einer allgemeineren juridischen Ordnung in den Bereich des Rechtes einbezieht. Nun bemerkt aber Proudhon nicht, dass er durch die Verneinung der Berechtigung des Privateigentums die Familie vom Recht absondert, indem er ihr den Weg des Erbrechts versperrt, durch das das Recht selbst in die Institution der Familie eindringen kann, indem es ihre natürliche Grundlage des ethischen Elementes verstärkt. Wer so weit geht, die ethische Institution der Familie zu negieren, darf sich nun über diese Konsequenz nicht beklagen; Proudhon hätte dies aber doch tun müssen, da er solche Konsequenzen ablehnen zu wollen schien. Aber ausser dieser Reihe juridischer Betrachtungen, die zu vermehren nur allzu leicht wäre, hätte Proudhon vom Absurdum seiner Konsequenzen durch eine nur oberflächliche historische Beobachtung abgehalten werden können, von der er ersehen hätte, dass das Recht des Privateigentums immer die fortschreitende Entwicklung eines vorhergehenden Gesellschaftszustandes unterschiedslosen kollektiven oder gemeinschaftlichen Eigentums darstellt. Ohne von Proudhon verlangen zu wollen, dass er die nachfolgenden wissenschaftlichen Untersuchungen über die Entwicklung des Privateigentums im Vorhinein gekannt haben sollte, kann ihm jedoch vorgehalten werden, dass er diese historischen Zeugnisse gar nicht in Erwägung zog, die ihm zur Verfügung standen. Es ist nur nötig an die Entwicklung des Eigentums bei den Germanen zu erinnern, die sich zuerst in einer rudimentären Form kollektiven Eigentums ausdrückt, das allen Gliedern der Gemeinschaft unteilbar angehörte (in den ersten Perioden waren auch die Arbeitsprodukte Gemeineigentum und nur die beweglichen Güter konnten Privateigentum sein), was der Periode des nomadischen Lebens entspricht, wobei auch zeitweilige Niederlassungen vorkamen, in denen aber kein Interesse entstehen konnte durch die Arbeit Früchte aus dem Boden hervorzuziehen, und somit fehlte der Ansporn zur erblichen Übertragung. Nur Schritt für Schritt drückt sich, in einer der Ständigkeit der Ansiedlungen entsprechenden Periode (die die Dauerhaftigkeit des Besitzes ermöglicht), mit dem relativen Fortschritt des Ackerbaus und eines lebhafteren Gefühls der Bewahrung und Vermehrung der Familie, im Eigentum das Bestreben aus unter die Gewalt des Individuums zu kommen. Jede Phase der Entwicklung der primitiven barbarischen Verhältnisse ist durch ein sukzessives Durchbrechen der Bande des Kondominats gekennzeichnet, das ursprünglich die ganze Kollektivität betreffend, sich schliesslich nur noch auf die Familie beschränkt, bis es sich endlich auflöst und in das Privateigentum auseinanderfällt. Aber Proudhon zeigt, dass er weit davon entfernt ist, auch nur diese bescheidenen historischen Zeugnisse berücksichtigen zu wollen, (die schon im Cäsar und im Tacitus gefunden werden könnten) und er wird es deshalb nicht gewahr, dass die ganze apprioristische Konstruktion seiner sozialen Harmonie komplizierte Gestaltungen in Bewegung setzt und mechanisiert, die aus der Zusammenwürfelung von Überresten humanitärer Oekonomie, abgenutzter juridischer Kasuistik und transzendentaler Gleichheit hervorgehen, die seine Auffassung zu dem Punkt zurückführen, wo soziale Vereinigungen historischen Charakters, um nicht von noch entlegeneren zu sprechen, die ersten Schritte veranlassten, die langsam und mühevoll auf den Weg der entstehenden Zivilisation führten, durch die sich das Privateigentum konsolidierte und aus dem Staate ein Recht hervorging, das es garantiert. Und somit ist es logisch, dass während sich die

Wissenschaft für seine Doktrinen nicht interessiert, oder nur insofern, als es gilt seine Irrtümer zu widerlegen, wann dies notwendig wird, diese Doktrin dagegen als eine unerschöpfliche Fundgrube von Argumenten von denjenigen benutzt wird, die die gegenwärtige soziale Wirklichkeit und die Zukunft ausserhalb aller Vernunft und im Widerspruch zu den Geboten der historischen Gerechtigkeit beurteilen und verkünden.

Bakunin machte noch weitere Schritte auf diesem Wege. Diesem mangelten sogar die wenigen Überreste chaotischer theoretischer Hilfsmittel, die eine oberflächliche Überdeckung des Werkes Proudhons darstellten. Das, was heute die Lehre Bakunins genannt wird, ist nichts anderes, als eine Zusammenhäufung transitorischer Rechtfertigungen seiner revolutionären Aktion und seiner zur Aktion drängenden Aufforderungen an alle, die mit ihm in Berührung kamen. Marx, der Bakunin sein ganzes Leben lang mit unversöhnlichem Hass verfolgte, hatte nicht so sehr Unrecht, als er ihn als einen der allergrössten Ignoranten auf dem Gebiete der sozialen Lehren erklärte. Aber gerade diese Unwissenheit machte ihn in der Theorie und in der Praxis kühner und machte aus ihm einen typischen, in der Organisation geradezu mächtigen Anarchisten. Ich verweilte genügend lange bei den Details seines Lebens, um mich der Pflicht entheben zu können ein Urteil abzugeben, das offenbar allzu weit von der grenzenlosen Bewunderung entfernt wäre, die ihm noch heute die Anarchisten und noch viel mehr diejenigen zollen, die in ihrer Jugend persönliche Berührung mit ihm hatten. Darüber könnte ich vielseitige Zeugnisse anführen, aus denen hervorgehen würde, dass sich ein grosser Teil der heutigen anarchistischen Tätigkeit an seine direkten Fortsetzer anknüpft. Aber um auf dem Gebiete der Theorie zu verbleiben, ist es nötig anzuführen, wie sich in diese zögernd und spärlich abstrakte Elemente einschleichen, die durch sofortige Anpassung für die direkten Ziele der Propaganda für ein vorgefasstes Ziel ausgenützt wurden, zu dem Bakunin vielmehr durch seine psychologische Natur als durch seine Studien gedrängt wurde; und wie er niemals das Bedürfnis verspürte die Überwindung der theoretischen Barrieren zu versuchen, die ihm die Wissenschaft ausserhalb seiner Wissens entgegenstellt.

Obwohl er in den letzten Jahren seines Lebens eine Übersetzung des *Kapital* von Marx unternahm, die allerdings aus den seinerzeit erwähnten Gründen bald unterbrochen wurde, muss doch betont werden, dass er sich durchaus keine bewusste Kenntnis des Marxismus aneignete, noch auch das Bedürfnis einer diesbezüglichen Polemik fühlte, obwohl es wesentliche Punkte waren, in denen seine anarchistische Auffassung von der Marx'schen abwich. Und Marx wirkte doch in seiner Nähe nicht nur als Theoretiker, sondern auch als Organisator, und Bakunin stellte eine Organisation der anderen entgegen. Doch betrachtete er ihn als Gegner in der Aktion und nicht in den Ideen und deshalb genügte ihm irgend eine abstrakte Auffassung, die ihn direkt zum Ziele führen konnte, wobei er sich auch oft mit weniger zufrieden gab, wann es sich darum handelte Anhänger zu gewinnen. Aus diesem Grunde baut sich die Ideenwelt Bakunins auf den empirischen Erwägungen der politischen Ereignisse seiner Zeit auf. Es fehlt ihm die glänzende aber systemathische Phantasie Owens und Fouriers, um eine phantastische und utopische Gestaltung einer zukünftigen Gesellschaft vorauszusehen; es fehlt ihm die Wissenschaft und die beissende Ironie Marx's, um versuchen zu können die ökonomischen Grundlagen der heutigen Gesellschaft in ihren Fundamenten zu untergraben; es fehlt ihm das *cor novum* oder die *abundantia cordis*, um ein Ideal mit erträglichen humanitären Betrachtungen zu veredeln. Es bleibt ihm also nur die Aktion, beschränkt von den kleinlichen Erwägungen kleinlicher Politik, für die er weitgehende Wirkungen annahm, die an Unwissenheit grenzen. Nichts anderes bezeugen die von Bakunin vorbereiteten Erhebungen, an denen er teilnahm. Wer aber unter seinem Einfluss handelte, übersah wie er selbst alle diese Unzulänglichkeiten, die übrigens nicht verhinderten, dass die ersten Sektionen der *Internationale* in Italien und Spanien einen ausdrücklich anarchistischen Charakter hatten, dass in der Schweiz die *Juraföderation* die erste vollständig anarchistische Organisation hervorbrachte, und dass schliesslich die vorwiegend marxistisch gefärbte Organisation der *Internationale* sich auflöste, um nachher mehrmals wieder mit ausgesprochen anarchistischem Charakter neu belebt zu werden.

Nach diesen Zeilen kann die Untersuchung über die Quellen der Lehren Bakunins wohl zurücktreten. Auch er liess sich von Hegelschen Einwirkungen ebenso wie Proudhon beeinflussen (wobei es von geringer Bedeutung ist, dass er direkt an den Quellen schöpfte), kam dann bald beim groben Materialismus an (eine nur auf den Kopf gestellte Metaphysik schlimmster Art), der um die Mitte des vorigen Jahrhundertes unter den von einem monistischen Dogma erfüllten Geistern im Schwunge war, das alle Dogmen zu verneinen schien. Auf diesem spärlichen ideologischen Besitztum pflanzte er einige Comte'sche Keime ein (und zwar besonders vom Saint-Simonistischen Comte nach der ersten und vom mystischen und okkultistischen Comte nach der letzten Manier), und ganz besonders die simplistischen und rhetorischen Formeln der jakobinischen Literatur, die in den Konventikeln der politischen Verschwörungen Russlands (Alexander Herzens, der in diesem Sinne und für lange Zeit nicht nur der Kamerad, sondern der Inspirateur Bakunins war), Frankreichs (wobei wir wissen, dass Bakunin sich dort während der stürmischen Perioden politischer Umwälzungen aufhielt) und Italiens (wobei er sich besonders mit den von den mazzinianischen Organisationen ausgeschlossenen Elementen in Verbindung setzte). So entstand daraus eine revolutionäre Auffassung von unvorhergesehener Form, deren Originalität vollständig in der Verschmelzung einer ganz unwahrscheinlichen Menge von Theorien liegt, die aus den dunkelsten Abgründen vorwissenschaftlicher Ideengestaltungen gezogen sind. Diese, durch die Kongresse der *Internationale* und der *Alliance* einer Kollektivität vorgelegt, die nicht mehr als Bakunin für wissenschaftliche Diskussionen vorbereitet war, fanden, anstatt eine Beschränkung durch die Prüfung zu erleiden, eine Bekräftigung in der bedingungslosen Anhängerschaft. Auf diese Weise konnte Bakunin die Notwendigkeit der Revolution nachweisen, indem er die Bewegungsgründe von nichts geringerem als den Naturgesetzen herleitete, wobei er durch eine gewagte Analogie oder auch durch Deduktion, von der Ordnung der natürlichen Erscheinungen auf die der sozialen Erscheinungen und zur Notwendigkeit historischer und politischer Gesetze gelangte, ohne gewahr zu werden, wie alle seine Bestrebungen revolutionärer Organisation unnötig wären, wenn eine solche Notwendigkeit in der Geschichte wirken würde, und vor allem, wenn sich ein solche Notwendigkeit bei einer oberflächlichen Analyse entdecken liesse. Er konnte sich noch ausserdem die Illusion machen, dass er von einer positiven Beobachtung der sozialen Gemeinschaft auf ein allgemeines Kriterium der Freiheit geschlossen hat, die aber nur eine phantastische transzendente Ausstrahlung der menschlichen Individualität jenseits des Staates und somit auch ausserhalb der Geschichte ist; denn er betrachtet die Freiheit als die Energie zum Ausschaltung dieser sozialen Organe, die die juridische Freiheit, die Grundlage jeder äusserlichen Form höherer menschlicher Freiheit erst möglich macht, die die Freiheit eines jeden im Verhältnis zur Freiheit aller genau bestimmt und im Gleichgewicht hält. Und schliesslich konnte er glauben, die Gesetze der Entwicklung der sozialen Ethik durch die Annahme erkannt zu haben, dass die menschliche Kollektivität sich gegen ein unbestimmtes Endziel einer der Einwirkung des Staates sich entziehenden Gerechtigkeit bewegt, ohne zu bemerken, dass im Augenblick selbst, in dem er im Staat das Organ der Ungerechtigkeit und jeden sozialen Übels erkennt, er den Staat nicht mit demselben Masstabe der Notwendigkeit betrachtet, der er seine Auffassung einer idealen, auf der Solidarität, der Autonomie und der Gleichheit begründeten Gerechtigkeit unterwerfen zu können glaubt. Es ist nun offenbar, dass entweder Bakunin darauf verzichtete die Notwendigkeit der Erreichung dieser seiner idealen Gerechtigkeit anzuerkennen, und dann hätte er das Recht gehabt (obwohl ihn die Wissenschaft zu diesen Schlussfolgerungen nicht autorisiert hätte) den Staat als eine Resultante des Zusammenstosses des Willens der Einzelnen zu betrachten, das heisst, sich mit grosser Verspätung der überwundenen Theorie des sozialen Vertrages anzuschliessen, und somit einen nachfolgenden Zusammenstoss derselben Willensbestrebungen zur Auflösung und Verneinung des Staates anzuerkennen und vorzuschlagen; oder erachtete Bakunin seine vorgefasste Auffassung eines Zustandes idealer Gerechtigkeit als einen von der sozialen Gemeinschaft notwendig zu erreichenden Ankunftspunkt, und dann müsste er zugeben, dass dieselben zwingenden Gesetze, die für die Gerechtigkeit wirken, auch nicht umhin konnten auch für den Staat zu wirken; und somit ist es ein Absurdum zu behaupten, dass ein Dazwischentreten einzelner Willensbestrebungen den notwendigen Gesetzen der Geschichte siegreich entgegentreten könnte, aus denen in festem Gefüge der Staat hervorgegangen ist und aus denen in der Zukunft der Zustand einer transzendentalen Gerechtigkeit hervorgehen sollte. Und tatsächlich hat die Gerechtigkeit, wie sie von Bakunin aufgefasst wurde, als ein Ausdruck, der durch die Freiheit ersetzt werden kann, einen nur transzendentalen Wert, dem jede realistische Grundlage mangelt. Wenn man die Auffassung hat, dass die Gerechtigkeit ein und dasselbe ist wie die Freiheit, verliert man den Ausgangspunkt der Darlegung, um gewahr zu werden, dass die Freiheit zur Willkür wird, und somit ist nicht ausgeschlossen, dass man der Willkür ohne Kontrolle und ohne mögliche Sanktion verfällt. Wenn man dagegen annimmt, dass die Freiheit sich immer auf der Gerechtigkeit begründet und sich in ihr verkörpert, kommt man zum Resultat, dass auch die permanente Willkür die permanente Gerechtigkeit wäre. Die Resultate sind gleich, weil das, was bloss eine Analogie abstrakter Voraussetzungen ist, sich in der Wirklichkeit in einer vollkommenen Gleichheit der Standpunkte ausdrückt. Bakunin sieht schliesslich nicht, wie Gerechtigkeit und Freiheit zwei Begriffe sind, die sich nur deshalb gegenseitig einschliessen, weil sie sich notwendig gegenseitig bedingen und umgekehrt, dass aber das eine nicht das andere ist, und noch viel weniger ist eines ganz das andere, mit Ausnahme des Falles, dass man die unerwünschten praktischen Konsequenzen ertragen will; diese würden viel eher als eine Gleichheit der Ausgangspunkte und der juridischen Bedingungen möglich machen, die Übermacht einiger Individuen, oder wenn sie gemeinsame Bewegungsgründe ökonomischer Bestimmung hätten, einer bestimmten sozialen Klasse über alle anderen ermöglichen, ohne dass daraufhin — da Bakunin es als beseitigt betrachtet — das Gefüge des vom Staate ausstrahlenden positiven Rechtes dazwischentreten könnte, das sonst nicht umhin kann der Willkür des Einzelnen einen minimalen mässigenden Zügel anzulegen, der unterschiedslos für alle in gleichem Masse gilt und wirkt. Auch Bakunin verfällt somit dem unvermeidlichen Widerspruch aller derer, die die soziale Wirklichkeit durch Deduktionen rekonstruieren, und zwar nicht mit der Absicht, ihr durch die konkreten, innerhalb der Wirklichkeit selbst wirkenden Energieen hindurch ein zu erreichendes ideales Ziel zu bestimmen, sondern indem er von diesen Energieen absieht und abstrakt andere Energieen erfasst, die sie verneinen. So müssen wir, wenn wir den Prozess der Geschichte ausserhalb der Geschichte zurückverfolgen, sobald wir dahin gelangen die Summe zu ziehen, uns erinnern, dass Überbleibsel neu belebt und Bedingungen wieder erneuert wurden, die das lebendige und dauernde Experiment der Geschichte selbst schon ausgeschaltet hat, oder allein in der Lage sein kann, sie in der Zukunft auszuschliessen. Und das will im wesentlichen sagen, dass der absolute soziale Optimismus, als konkrete erreichbare Gesellschaftsordnung aufgefasst, immer einer fragmentarischen und überwundenen Phase dieser selben sozialen Wirklichkeit entspricht, die man überwinden möchte, gerade weil die ideologischen Materialen, aus denen eine Utopie erfasst wird, nichts anderes sein können, als fragmentarische Materialien, die von der Gesamtheit der vergangenen Geschichte ausgeschaltet und nun von der Phantasie umgestaltet wurden.

Es könnte scheinen, als ob die Entfernung, die die Ideenwelt Bakunins von der Wirklichkeit trennt, von Kropotkin durchlaufen wurde, und zwar durch die Tatsache, dass dieser letztere uns aufmerksam macht, dass er auf Grund *wissenschaftlicher* Untersuchung vorgehen will. Und niemand würde ja besseres wünschen. Wenn man jedoch genau beobachtet, wagt sich schon Kropotkin auf gewundene Wege vom Augenblick, in dem er nicht mit Genauigkeit bestimmt, ob es die Tendenzen und Resultate der modernen Wissenschaft sein sollen, die uns zur anarchistischen Weltanschauung führen sollen, oder ob es nicht vielmehr, seiner Ansicht entsprechend, die moderne anarchistische Auffassung ist, die eine Wirkung auf die Tendenzen und Resultate der Wissenschaft hat und haben soll, und ob nicht endlich weder die eine noch die andere dieser beiden Verfahren vorwiegt und statt dessen ein Austausch der Unterstützung der Wissenschaft durch die Anarchie, oder dieser durch jene stattfinden soll. Die seinerzeit schon gemachte kritische Darlegung dieses angeblich wissenschaftlichen Standpunktes ermächtigt uns zum Schluss, dass keiner von diesen drei Standpunkten genau die Entwicklungslinie der Ideen Kropotkin darstellt. Es kann doch nicht angenommen werden, dass Kropotkin im Ernst versichern will, dass die gegenwärtigen Resultate der Wissenschaften eine Tendenz zur anarchistischen Weltauffassung aufweisen. Es ist wohl wahr, dass er sich zuweilen darin gefällt, in grossen Zügen einen harmonischen Kreis zue ntwerfen, der von den Gesetzen der Astronomie bis zu den „Naturgesetzen" geht, die die historischen Kollektivitäten und die einzelnen Menschen regieren. Doch konnte er selbst nicht im Vorhinein diese ökonomischen, politischen und juridischen Mängel am Gleichgewicht angreifen wollen, die ihm in einem so grossen Teil seiner anderen Schriften Gelegenheit zu Untersuchungen geben und die nichtsdestoweniger die Resultante dieser von ihm angerufenen „Naturgesetze" wären. Diese Gesetze sollten nun, man weiss nicht wie, von einem Moment zum anderen, eventuell mit Hilfe der Revolution, schon morgen Gleichgewicht und Harmonie herstellen, und dies mit derselben Leichtigkeit, mit der sie, nach Kropotkin, heute gerade das Gegenteil hervorrufen. Ebensowenig kann die Auffassung vertreten werden, nach der Kropotkin den einzelnen Wissenschaften ihre definitive und untrügliche Aufgabe zu bestimmen beabsichtigt, wie er es übrigens mit einigen in solcher Weise macht, dass wir verpflichtet sind zuzugeben, dass ihm weiter nichts als eine hastige Fruchtbarkeit in weitschweifiger Anführung von Beispielen behilflich war, um ihn zur Meinung zu bewegen, dass die anarchistische Auffassung der sozialen Welt die Resultante und die Krönung dieser Prämissen wäre. Wenn Kropotkin, wahrlich sehr freigiebig, dem Physiologen einen *Kosmos* von Zellen und Organen, dem Psychologen einen *Kosmos* „besonderer Fähigkeiten", dem Soziologen einen *Kosmos* besonderer Individuen zuteilt, damit jeder von diesen eine Lösung der Probleme des Lebens, des Geistes und der Gesellschaft im Sinne der anarchistischen Lehre gebe, ist es wahrscheinlich, dass der Physiologe, der Psychologe und der Soziologe mit gutem Gewissen erklären, dass sie gar keine definitive Lösung haben, die diesem Ziel entsprechen würde. Die moderne Wissenschaft bemüht sich noch um die Lösung dieser ungeheueren Probleme und verwirft die bis jetzt gebotenen provisorischen Lösungen, weil sie den Exponenten ihrer Bedeutung erhöht hat. Wenn also Kropotkin um jeden Preis in kurzen elementaren Formeln ausgedrückte Lösungen will, und er zeigt nur allzusehr, dass er sie will, muss er sich mit der durch einen Vorgang innerer empirischer Herabsetzung von Büchner wieder aufgenommenen alten Physiologie Bichats, mit dem materialistischen Monismus Haeckels und den trügerischen beschreibenden Annäherungen der organischen Soziologie zufrieden stellen, — wie er sich auch durchaus damit begnügt. Nun ist aber all dies weit entfernt Wissenschaft zu sein, es ist nicht einmal ein Teil davon. Die modernen Wissenschaften sind ohne Zweifel auf dem Wege neuer Errungenschaften ; aber das Resultat wird gewiss nicht in diesen voreiligen annähernden Schätzungen liegen, die Kropotkin und sein Anhänger anzunehmen sich bereit zeigen. Die Errungenschaften werden vor allem in neuen und erhabeneren Aufstellungen der Probleme und in einer mehr durchdringenden und feineren Untersuchmung der Mittel bestehen, die zu ihrer Lösung angewandt werden können. In diesem Sinne verjüngen sich die mathematischen Wissenschaften nicht weniger als die biologischen und sozialen Wissenschaften. Kropotkin, der auf dem hastig und allzu dogmatisch *Gewussten* konstruiert, wobei er ganze Serien einfacher, bloss äusserlicher Analogien als definitiv annimmt, konstruiert ohne Grundlage. Es kann nichts besser und methodisch schätzenwerter und somit auch notwendiger sein, als einer ethischen und sozialen Untersuchmung die grösstmögliche Unterstützung wissenschaftlicher Prämissen zu geben, damit unsere Kompetenz zu dem Minimum gelange, sie bewerten zu können. Wenn es sich aber nur darum handelt, durch retrospektive Zeugnisse, ohne ihre innere Bedeutung in Rechnung zu ziehen, eine irrtümliche ethische und soziale Auffassung zu bekräftigen, ist es natürlich, dass sie im umgekehrten Verhältnis zu den angewandten Vorsichtsmassregeln überströmen.

Ebensowenig kann der andere von Kropotkin eingenommene Standpunkt aufrecht erhalten werden, dass die anarchistische Lehre einen Einfluss auf die allgemeine Richtung der Wissenschaften haben könnte. Würde man das zugeben, verfiele man einer Tautologie, weil zum mindesten bewiesen werden müsste, dass der Anarchismus die Resultate der Wissenschaft in Rechnung zieht, während man doch sah, dass er ihr in Wirklichkeit, wenigstens bis nun, fremd gegenübersteht. Dabei blieb unerwähnt, dass die anarchistische Lehre, über deren Ausgestaltung doch zugegeben werden muss, dass sie auf jeden Fall weit davon entfernt ist, in allen ihren Teilen harmonisch zu sein, in der Geschichte des Gedankens eine privilegierte Stellung einnehmen würde, die bis heute so weitgehend und unbeschränkt selbst den bedeutendsten moralischen Strömungen versagt blieb. Und da braucht wohl kaum hinzugefügt zu werden, dass noch bevor der Wert der anarchistischen Lehre der unvermeidlichen Kontrolle der zukünftigen Wissenschaft unterbreitet wird, es nur kluge Vorsicht von seiten ihrer Ausarbeiter wäre, sie beim Lichte der Resultate der gegenwärtigen Wissenschaft zu kontrollieren. Doch entschlüpft Kropotkin mehrere Male eine bestimmte Versicherung, die alle diese Vorsichtsmassregeln überflüssig macht; so die Behauptung, dass die Harmonie der Welt der Erscheinungen einfach das Werk des Zufalls ist. Es ist schwer zu bestimmen, ob sich Kropotkin von der Tragweite dieser Behauptung, von der der ganze wesentliche Teil seines Gedankens ausstrahlt, Rechenschaft abgelegt hat; und ob er das Bewusstsein hatte, zu welcher weit in der Vergangenheit zurückliegenden Tradition des Gedankens und an welche gegenwärtige Neubelebung dieser Tradition er sich anschliesst, wenn er sie zur seinigen macht. Dagegen ist es leicht hinzuzufügen, dass wenn diese Behauptung anerkannt wird, daraus eine Konsequenz und eine Frage entsteht. Die Konsequenz ist, dass jede Möglichkeit einer eventuellen Wirkung der anarchistischen Lehren auf die Entwicklung der Wissenschaften von dem Augenblick ausgeschlossen ist, wo man die angebliche Wahrheit, dass die Welt der Erscheinungen, wie sie sich heute darbietet, die Resultante provisorischer und zufälliger Ursachen sei, als eine wissenschaftliche Errungenschaft betrachtet. Eine solche Behauptung würde, anstatt der Ausgangspunkt nachfolgender Untersuchungen zu sein, die Aufgabe jeder Wissenschaft definitiv vernichten. Und die Frage ist folgende: Weshalb erwartet doch Kropotkin, der die harmonische Gestaltung der natürlichen Phänomene einfach durch zufälliges Anpassen zulässt, nicht auch eine ähnliche Harmonisierung der sozialen Konflikte auf demselben Wege, da ihn ja sein strenger Determinismus die einzelnen Individuen und die mitwirkenden Faktoren als mechanische Triebkräfte betrachten lässt, die nicht allzusehr von jenen verschieden sind, die die Kette der natürlichen Erscheinungen hervorrufen. Man sieht nun, welche unbedeutende Wirkung die überlegte Tätigkeit eines oder weniger Individuen auf die Gesellschaft hätte, wenn jede Handlung von den unkontrollierbaren und unvorhergesehenen Schwankungen des Zufalls abhängen würde. Auf diesem Wege käme man ohne weiteres zu nicht weniger transzendentalen Konsequenzen, als diejenigen, die nebenbei heute eine bedeutende Strömung des Gedankens repräsentieren, die die Individuen als auf das soziale Leben atomistisch wirkende Faktoren betrachtet, die von absolut autonomen Beweggründen durch die Kraft des Willens ausgehen, der sich selbst bestimmt, wobei Schritt für Schritt eine neue, noch nicht dagewesene jungfräuliche Serie von Willensakten hervorgerufen wird. Kropotkin erkennt also nicht, dass das Anwenden einer relativen Behauptung als absoluten Exponenten nicht weniger traszendent ist, als das umgekehrte Verfahren, d. h., durch eine Abstraktion zu einem absoluten Prinzip gelangen zu wollen, indem es der relativen und empirischen Wirklichkeit anzupassen versucht wird, — dies nur mit dem Unterschied, dass dieser zweite logische Prozess eine bewusste Erhöhung des Gedankens darstellen kann, der die Probleme sozusagen in die feinste und klarste Atmosphäre erhebt, zu der die Vernunft gelangen kann, (es ist die Vernunft, die es versucht sich selbst eine höhere Würde zu geben); im anderen Falle wird dagegen das grobe und empirische Spiel der Erscheinungen mit den Elementen verwickelt, die, ohne Unterscheidung gehandhabt, unberechenbare Verschiebungen der Phänomene selbst auf durchaus unvorhergesehene Bahnen hervorrufen. Das mindeste, was demjenigen zustossen kann, der doch diese Beobachtungen machen muss, ist, sich sagen lassen zu müssen, dass er theoretische Diskussionen ins Feld führt, wo es sich um viel wichtigere aber bescheidene praktische Probleme handelt. Doch ist es offenbar, dass sich kein Kritiker der anarchistischen Lehre von der Wirklichkeit entfernen möchte, wenn nicht die Begründer der anarchistischen Lehren unbewusst die ersten wären, die die Wirklichkeit verlassen.

Nachdem nun die Unhaltbarkeit dieser doppelten Alternative nachgewiesen ist, nämlich, dass die moderne Wissenschaft zur anarchistischen Weltauffassung führen müsse, oder dass diese einen dauernden Einfluss auf die weitere Entwicklung der Wissenschaften haben könne, bleibt die dritte Hypothese gleichzeitig ausgeschlossen, dass die moderne Wissenschaft und die anarchistische Lehre parallel vorgehen, indem sie sich gegenseitig ihre Hilfsmittel der Untersuchung und ihre Resultate entlehnen. Die anarchistische Lehre wird in der Auffassung Kropotkins noch mehr wie in der der anderen Agitatoren eine isolierte phantastische Voraussicht der allgemeinen Grundlage der zukünftigen Gesellschaft, die eine umso geringere Grundlage in der Wissenschaft hat, als er sich, wie gezeigt wurde, auf eine Serie von, wie es scheint mit bewusster antikritischer Absicht gewählten, weniger wichtigen Resultaten der einzelnen Wissenschaften stützt. Dabei spricht er den allgemeinen Resultaten der Wissenschaften selbst jede Berechtigung ab, indem er annimmt, dass die ganze Erscheinungswelt und die ganze soziale Morphologie nur zufällige Resultate sind, wodurch es ein logischer Widersinn wäre die Gesetze ihrer Entwicklung auffinden zu wollen. Somit verliert das, was Kropotkin aus solchen Prämissen folgern kann, jede ernste Bedeutung, bis er auf den Boden dieser Darlegung der anarchistischen Lehre gelangt, in Bezug auf die der Forscher nur deshalb kein Recht hat diese präliminarischen Kritiken geltend zu machen, weil diese Lehre viel eher als von diesen Prämissen entstanden, die eklektische Resultante individueller Ausarbeitungen anderer Theoretiker oder der kollektiven auf den anarchistischen Kongressen zustande gekommenen Ausgestaltungen sind. Dies bestätigt nur, dass das, was bei Kropotkin als seine erste Präokkupation erscheinen konnte, nämlich, der anarchistischen Lehre eine wissenschaftliche Voraussetzung zu geben, nichts anderes war, (was wir bald noch besser sehen werden), als ein misslungener Versuch den chaotischen Resultanten vorhergehender Ausarbeitungen eine wissenschaftliche Rechtfertigung *a posteriori* zu geben, indem er sie auf der äusserlichen Grundlage einer eklektischen und bloss formalen Anordnung aufbaute. Und da eine solche nachher eintretende Rechtfertigung nicht die rigorosen Vorsichtsmassregeln beansprucht, wie sie an den gestellt werden, der von einem unberührten Punkt der Diskussion ausgeht, um zu beachtenswerten Schlussfolgerungen zu gelangen, nimmt Kropotkin tatsächlich das traditionelle Resultat der anarchistischen Lehren als definitive Errungenschaft an; er begnügt sich ohne weiteres damit, diese überwundenen Resultate der einzelnen Wissenschaften zu übernehmen, in deren Mitte die anarchistische Auffassung ohne Gefahr der Disharmonie eingefügt werden konnte. Es kam ihm also durchaus gelegen, sich vor allem dem materalistischen Monismus anzuschliessen, der mit einem Zuge, mitten durch viele beunruhigende Unbekannte hinwegschreitet, um durch die ganze Stufenleiter der kleinlichsten Vereinfachungen hindurch, die mit dem Namen der Wissenschaft ausgeschmückt wurden, zu dieser verheissenen Erde der Soziologie zu gelangen, auf der sich fortan die theoretischen Hypothesen so vieler Inkompetenter aufbauen. Es wäre also überflüssig von Anfang bis zu Ende die Auffassung zu diskutieren, die sich Kropotkin von den historischen Wissenschaften macht, indem er in ihr nur das beschreibende Verfahren der Naturwissenschaften erkennt, der Volkswirtschaftslehre, indem er sie zur interessierten Rechtfertigung der „kapitalistischen Ausbeutung" herabsetzt, der ethischen Wissenschaften, die er zur parteischen Rechtfertigung der sozialen Ungleichheiten herabsetzt u.s.w.

Demselben Mangel jeder soliden Grundlage begegnet man auch bei den Behauptungen, auf denen Kropotkin die Kritik der heutigen Gesellschaftsordnung aufbaut. Er nimmt als anerkannte Voraussetzung an, die zu beweisen er sich wohl hütet, dass alle diese moralischen und juridischen Normen schädlich sind, die den Geist der Empörung gegen die Autorität zu unterdrücken suchen. Vor allem findet er, dass diese Unterdrückung vom Gesetz, somit vom positiven Recht ausgeübt wird; und im selben Augenblick, in dem er die Zeit bedauert, wo nur das Gewohnheitsrecht herrschte, zögert er nicht diesem Gewohnheitsrecht selbst die bewusste Verantwortlichkeit zuzuschreiben, da er ja aus dem Gewohnheitsrecht fast eine Verkörperung der gegenwärtigen sozialen Ungleichheiten macht. Kurz, Kropotkin verwechselt den Brauch im allgemeinen ethischen Sinne, als die primitive und unterschiedslos gestaltende Form regelmässiger und gleichförmiger Verhaltungsregeln, mit dem spezifischen und technischen Begriff des Brauches als „Quelle des positiven Rechtes". Und demgemäss gelingt es ihm nicht zu erklären, aus welchen Gründen die Gewohnheit in dieser ersten Form (als ethischer Brauch aufgefasst) seinen so lauten retrospektiven Beifall hervorruft, dass er es beklagt, dass die moderne Gesellschaft sich nicht immer noch bei diesem weit zurückliegenden Zustand befindet, in dem dieses primitive Gewohnheitsrecht entstand und sich ausbildete, — während es ihm zu gleicher Zeit erscheint, dass dieses Gewohnheitsrecht der Ursprung des Gesetzes ist, dessen gegenwärtige Zwangswirkung er beklagt. Er löst nun diese Widersprüche, die nur seine Inkompetenz und nichts anderes geschaffen hat, indem er den interessierten und bewussten Willen einzelner Individuen auftreten lässt, die die „schädlichen Gebräuche" geschaffen haben sollen, die sie den anderen mit der Absicht aufdrängten, sie zur Unterstützung ihrer eigenen Herrschaft zu gebrauchen. Wie Proudhon ökonomische Kategorien konstruierte, um ihre „gute" und ihre „schlechte" Seite hervorzuheben, so macht Kropotkin, um einen elementaren Fehler zu rechtfertigen, der offenbar nicht in den Dingen, sondern in seinem Geiste liegt, aus der Wirkung natürlicher historischer Verhältnisse die Resultante einer überlegten Handlung persönlichen Willens, um das ziemlich armselige Resultat zu erreichen, sagen zu können, dass es „nützliche" und „schädliche" Gebräuche gibt, und dass man somit diese ausschliessen und jene bewahren soll. Dieser Irrtum ist der Grundstein der anarchistischen Theorie Kropotkins. Sobald dieser entfernt ist, wird der ganze harmonische Charakter zerstört, durch den seine Theorie, trotz der Ostentation wissenschaftlicher Ansprüche, eine archaische Färbung trägt, die sie den possibilistischen Systemen des überwundenen, utopischen prämarxistischen Sozialismus so nahe stellt. Indem Kropotkin den genetischen Prozess der Gewohnheitsrechte aus einem überlegten Akt der nach der Herrschaft strebenden Minoritäten bestimmt, verliert er die wesentliche und technische Bedeutung des Gewohnheitsrechtes selbst aus dem Auge, was eine schwerwiegende Wirkung auf alle nachträglich daraus gezogenenen Konsequenzen ausüben musste. Kropotkin entgeht die vollständige und unlösbare Verschmelzung der Unmittelbarkeit und Allgemeinheit der Überzeugungen und fortdauernder Übereinstimmung der Handlungen mit diesen Überzeugungen, ohne die eben keine Gebräuche entstehen konnten. Das Gewohnheitsrecht ist nichts von ausserhalb Aufgezwungenes, sondern eine Schöpfung von innen heraus, aus der Mitte derer selbst, die sich ihm anpassen. Um genau zu sein, ist es nicht so sehr die Gewohnheit, die das Recht schafft, als vielmehr dieses, das jene hervorruft und in ihrer Ausübung, die den fundamentalen Charakter der Gebräuche selbst bildet, nach aussen wirkt, sich konkretiert und sich befestigt. Ein Brauch, der keinen zentralen juridischen Kern hat, von dem er ausstrahlt, ist ein historischer

Widersinn. Dasselbe würde genügen, um nachzuweisen, wie phantastisch Kropotkins Annahme eines persönlichen und interessierten Dazwischentretens einer Gruppe einzelner Willensbestrebungen ist, die notwendig das Gewohnheitsrecht hervorgebracht hätten.

Diese Erwägungen allein hätten Kropotkin von allen diesen Irrtümern abhalten können, die von seinen Prämissen herrühren, und vor allem davon, dass er die sozialen Klassen als die Resultante eines Willensaktens einzelner Glieder der herrschenden Minoritäten, und das Gesetz als die unmittelbare und dauernde Resultante der Gewalt betrachtet. Wenn man sich auf die Gesellschaft des Mittelalters bezieht, aus der Kropotkin mit Vorliebe seine Beispiele zieht, kommt man zum Resultat, dass nur eine parteiisch vorgefasste Meinung zur überraschenden Resultante von Willensakten führen konnte, die egoistisch das Absondern und die Verkettung der sozialen Klassen mit den entsprechenden verschiedenen Rechtsausmassen bewirkten, wie sie sich in der feudalen Epoche befestigten. Das bedeutet so viel, als zu versichern, dass vom Willen der herrschenden Minoritäten auch diese Einrichtung des Grundeigentums abhing, von der eben diese sozialen Ungleichheiten herrührten, die niemals so tiefgehend selbst im klassischen Altertum bestanden. Gewiss kann durch eine so oberflächliche Ideologie die komplexe Erscheinung nicht erklärt werden, wegen der notwendigerweise der Feudalismus den Ausgangspunkt zu diesen sozialen Ungleichheiten gab, deren bestimmende Gewalt recht andauernd und bedeutend höher sein musste, als die Willkür der Einzelnen, sobald es ihnen gelang sich auch in das Gewebe des politischen Lebens der Kommune einzuschleichen und sich durch sie hindurchzuziehen, während es doch scheint, dass nur die Freiheit die Institution der letzteren leitete und ihre allmähligen Umgestaltungen bewirkte. Es genügte also nur die Struktur und den Zusammenhang der Ungleichheiten der feudalen Gesellschaft zu bestimmen, um zu ersehen, dass solche Ungleichheiten auch zum grossen Teile fortdauern, wann mit dem kommunalen Leben dieses Element der Freiheit eintritt, bei dem es scheinen sollte, dass der freie Wille imstande wäre, wenigstens die allerschreiendsten Ungleichheiten unter den verschiedenen sozialen Klassen auszugleichen. Und doch sehen wir, dass die italienischen, ebenso städtischen als ländlichen

Kommunen sich im ewigen Kampf befanden, die abwechselnd die Herrschaft des Adels und die der Untertanen hervorrief, ohne dass man jemals zu diesem gleichheitlichen Gleichgewicht gelangt wäre das doch von der politischen Freiheit garantiert gewesen sein soll. Über die Willkür des individuellen Willens hinaus wirkten mächtigere und allgemeinere Gewalten, die vor allem durch das Auftreten des beweglichen Reichtums gegen den im Grundeigentum begründeten Reichtum geschaffen wurden, was den Kontrast einiger sozialer Klassen gegen andere hervorrief, wodurch diese Kämpfe um die Macht genährt wurden, die dahin gingen, bloss jenen die Freiheit zu garantieren, die zum Schaden der Besiegten die Übermacht erhielten. Das einzelne Individuum handelte und strebte also nach der Vorherrschaft nicht aus persönlichen Motiven, als vielmehr als Teil, den er mit einer ganzen Klasse gemein hatte, die sich fast immer in einer Partei-Oligarchie ausdrückte, in der Form neuer Bedürfnisse, die von unpersönlichen und vorwiegend ökonomischen Ursachen bestimmt wurden. Wann also demgemäss Kropotkin, seine parteiische Auffassung verallgemeinernd, an individuelle Verantwortlichkeiten anknüpft, deren Konsequenzen sich noch bis auf unsere Tage fortzögen, und zwar an jene, die die notwendigen Resultanten komplexer Tatsachenverhältnisse waren, von denen die nachfolgenden Entwicklungen bedingt wurden, verschliesst er sich den Weg, um auch nur die wichtigsten Richtlinien des Geschichtsvorganges betreten zu können, in Bezug auf diese bleiben die differenzierten Kernbildungen individueller Initiativen, insofern sie einen sozialen Reflex haben, ein Mysterium, so oft sie vom ganzen Zusammenhang der Beziehungen ausgeschlossen sind, die in verschiedenem Grade, aber immer in einem Grade geringsten Zwanges auf alle besonderen Willensbestrebungen wirken. Wenn es das Werk der freien Initiative wäre, die tatsächlichen Verhältnisse, die Kropotkin zu beklagen sich für berechtigt hält, zu begründen und zu verewigen, so ist es ausser Zweifel, dass eine andere Strömung freier Initiative entstanden wäre, die wohl verstanden hätte sich ihr zu widersetzen. Aber dies kann gerade aus dem Grunde nicht erfolgen, weil auf alle dieselben Bedingungen wirken, von denen der mühselige Prozess der Zivilisation ausgeht, die anfänglich ein langsamer Prozess der Loslösung der sozialen Urgestaltungen von den allergröbsten zwingenden Ursachen ist.

Aehnliche Kritiken können auch für die weiteren Konsequenzen gelten, die Kropotkin das Gesetz, und somit das Recht, als das Resultat der gewollten und bewussten Gewalt betrachten lässt. Auf diese Weise verschliesst er sich, wie man binnen kurzem bei der besonderen Kritik der juridischen Auffassung der Anarchisten sehen wird, den Weg zum Verständnis der Beziehungen, die zwischen dem Recht und der Gewalt auftreten. Indem er das Recht als ein Resultat der Gewalt betrachtet, das heiss, der Willkür, die sich aufzwingt und geltend macht, bedingt er es gerade durch den Ausdruck, der sich ihm mit der grössten Deutlichkeit entgegengestellt. Die Wissenschaft zögert nicht in entschiedenster Weise dem zu widersprechen, was Kropotkin als eine der wichtigsten Konsequenzen seiner Lehre erklärt, nämlich, dass das Recht von der Gewalt herrühre und dass es eine und dieselbe Sache wäre. „Das eine, und dies wurde schon mit energischer Eindringlichkeit gesagt, der nichts hinzugefügt werden könnte, ist der logische unüberwindliche Gegensatz des anderen. Das Recht repräsentiert als bestimmende Norm des *suum cuique* die absolute Negation des Parasitismus und der materiellen Gewalt. Das Recht drückt, als Ausübung der Fähigkeiten und Ansprüche innerhalb der Grenzen der Gesetze und in den Formen juridischer Mitwirkung, das Gegenteil der *vis privata* und der formalen Gewalt aus. Der Zustand der Gewalt ist der Zustand des Raubes und des Krieges; der Zustand des Rechts ist der Zustand des Friedens; die Gewalt ist die Willkür; das Recht ist das Gesetz. Zwischen einer und der anderen kann, wie zwischen zwei Unvereinbaren nur dieser absolute *hiatus* auftreten, der den natürlichen Zustand vom Zustand der Zivilisation in der abstrakten ideologischen Auffassung des natürlichen Rechtes trennt. Das will besagen, dass zwischen dem einen und dem anderen kein dauerndes Verhältnis möglich ist, und somit auch ebensowenig irgend ein Verhältnis der Differenziation" [1]). Aber wenn auch Kropotkin diese scharfsinnigen Bemerkungen, die doch auf den Grund der Frage herabsteigen, nicht verstehen kann, konnte er doch begreifen, dass wenn auf dem Grunde des Rechtes die Gewalt stehen würde, sich auf keine

---

[1]) I. Petrone, *Contributo all' analisi dei caratteri differenziali del diritto.* Torino, Bocca, 1897, S. 98.

Weise erklären liesse, wieso sich innerhalb dieses Rhythmus der Geschichte, der ihr Leben und ihre Bewegung ausdrückt, dauernde juridische Kernpunkte befestigen konnten, die sich schon bei den alleräItesten Gesellschaften bilden und sich durch die allerverschiedensten Gesellschaftszustände hindurch, wie ein friedliches Erbteil dauernder Garantieen zur Erreichung eines Minimums von Zusammengehörigkeit und sozialen Gleichgewichts fortsetzen. Wenn das Recht Gewalt wäre, würde, da ja jede Gewalt jederzeit bereit ist sich auf vielfache und unvorhergesehene Bahnen zu werfen, nichts der unrhythmischen und willkürlichen Dynamik des Rechtes selbst gleichkommen, noch wäre irgend eine friedliche Aufspeicherung der grundlegenden juridischen Prinzipien möglich. Und das ist gerade das Gegenteil dessen, was wirklich der Fall ist. So sehr ist dies wahr, dass an die Gewalt gerade diejenigen appellieren müssen, die gegen diese grundlegenden Prinzipien aufzutreten wagen; und die Anarchisten, die die Gewalt an der Grundlage des Rechtes sehen, um sich den Anschein zu geben eine zerstörende Kritik vorzuführen, müssen zu nichts anderem, als zur Gewalt ihre Zuflucht nehmen, sobald sie nur ihre revolutionäre Ideologie in die Tat umzusetzen suchen. Im selben Augenblick, in dem die Anarchisten, um sich den Anschein zu geben als Verbesserer der Fehler der Geschichte aufzutreten, an die Grundlage des Rechtes ein Prinzip stellen, das ihm widerspricht, sind sie die ersten, die dieses Prinzip auf das soziale Leben einwirken lassen möchten, ohne sich weiter die Mühe zu geben, zu erklären, wieso in ihren Händen ein Mittel veredelt würde, dessen Gebrauch sie von seiten aller anderen zu verdammen bereit sind, auch wenn sie, um die anderen verantwortlich zu machen, gezwungen sind, zu einer falschen Versicherung ihre Zuflucht zu nehmen, die von der Wirklichkeit durchaus nicht bestätigt wird.

Und tatsächlich wäre ja jene Expropriation, die Kropotkin als den Ausgangspunkt der Revolution bestimmt, nichts als ein koalierter Gewaltakt, sobald es ihm nicht gelingt, wie wir soeben gesehen haben, zu beweisen, dass die gegenwärtige juridische Gesellschaftsordnung gerade auf der Gewalt begründet ist, ebensowenig, wie das was er in Bezug auf das Privateigentum mit Proudhon wiederholt, dass es „ein bewusster oder unbewusster Raub am Besitztum aller" ist. Sobald also die gegenwärtige soziale und juridische Ordnung nicht auf der Gewalt begründet ist, ist es umso weniger gerecht und logisch, dass diejenigen an die Gewalt appellieren, die sie umzustürzen beabsichtigen. Aber die Gewalt ist der dem Recht entgegenstehende Punkt, und somit stellt sich Kropotkin selbst ausserhalb dieses Rechtes, das er zu verwirklichen den Anspruch erhebt. Es ist ein Weg ohne Ausgang. Und ausserdem, mehr noch als jede kritische Bemerkung, beweist es die Tatsache, dass die angebliche wissenschaftliche Vorbildung Kropotkins ihn nicht davor bewahrt, sobald es sich ihm darum handelt die Fäden seiner Prämissen zusammenzuziehen, auf diese Proudhon'sche Behauptung zurückzukommen, die sich sogar in den Augen eines grossen Teiles der Anarchisten selbst als absolut unhaltbar erwiesen hat. Proudhon machte daraus einen Mittelpunkt, um den sich alle seine paradoxalen Deduktionen drehten, und Kropotkin macht daraus den Endpunkt seiner angeblich wissenschaftlichen Induktion. Dies will besagen, dass diese Behauptung erstens die Verdammung einer schlecht gewählten Methode, und zweitens die Verdammung einer unentsprechend angewandten Methode enthält. Es kann darüber kein Zweifel verbleiben, wenn man bemerkt, mit welcher Unverdrossenheit Kropotkin, nachdem er sich vom Wust der Induktionen befreit, die auf jedem Schritt mit parteiischen dogmatischen Versicherungen angelegt sind, deren trügerische Unhaltbarkeit soeben gesehen wurde, sich in Vorausahnungen der Gestaltung der zukünftigen Gesellschaft stürzt und darin verliert. Der ausdauernde Eifer. mit dem Kropotkin der unvermeidlichen Tendenz jeder unwissenschaftlichen sozialen Konstruktion verfällt, ausführliche Vermutungen über die Zukunft darzulegen, ist der Beweis des Mangels jeder kritischen Vorsicht in seiner ganzen Lehre. Und diese Vorausahnungen tragen bei Kropotkin nicht einmal die Charakteristik der weitherzigen Utopien, die sich von der Phantasie und dem Gefühl derjenigen loslösen, die sie erfasst haben, und die weiter auf uns als Ideale herabgestrahlt werden. Wenn man genau hinsieht, sind die Vorausahnungen Kropotkins nur eine unfruchtbare Paraphrase derselben Negationen, auf denen seine ganze Theorie aufgebaut ist. Unter diesen Alternativen ist es ihm nicht gelungen auch nur einen einzigen sicheren Punkt zu erringen, wo er der Kritik unbesiegbar widerstehen könnte. Seine ökonomischen Vorausahnungen in Bezug auf die Produktion und die Arbeit beschränken sich darauf, anzunehmen, dass in der Zukunft die Lohnarbeit aufgehoben würde, was nur eine Paraphrase seiner vorhergehenden Negationen des Eigentums und des Kapitals ist. Die Vermutungen über die Verwaltung der Gerechtigkeit beschränken sich auf den Vorschlag, an Stelle der Repression der antisozialen Akte und der moralischen Überredung, die Praxis der gegenseitigen Hilfe zu stellen, was wieder nur eine auf den Kopf gestellte Paraphrase der juridischen Gewalt ist, die er in der heutigen Gesellschaft zu finden glaubt. Wie es darauf, um zur gegenseitigen Hilfe zu gelangen, notwendig wird, durch die Revolution hindurchzugehen, ist ein Widerspruch den Kropotkin sich nicht die Mühe gibt zu überwinden, indem er sich damit zufrieden gibt, seine eigenen Gedanken auf der leichten Alternative ins Gleichgewicht zu bringen, der sozialen Zukunft den engen Kreis der in seinen eigenen Ideen enthaltenen Ausgestaltung anzuweisen, — wobei er die Verantwortlichkeit übernimmt, die bestehende Gesellschaft verdammt zu haben, wie wenn sie die praktische Durchführung bewusster einzelner Willensakte wäre, um aus dem Gang der Geschichte gerade auf das Gegenteil von dem schliessen zu können, was den menschlichen Endzielen vorgezeichnet ist. Die ganze Lehre Kropotkins führt zu nichts anderem, als zu dem unerhörten Simplizismus dieser armseligen Schlussfolgerungen.

Die Lehre Tuckers hat in Bezug auf die anderen bis jetzt untersuchten Theorien die Charakteristik, dass sie zu Schlussfolgerungen kommt, die, in die Wirklichkeit umgesetzt, die Vorbedingungen der Konflikte, die von ihm als Resultat der heutigen politischen und ökonomischen Organisation beklagt werden, noch vermehren würde. Indem er sich keiner Form des Kommunismus anschloss, fand sich Tucker vor der Notwendigkeit, einen Grundplan der zukünftigen Gesellschaft mit denselben Materialien und denselben Mitteln zu konstruieren, die ihm die heutige Gesellschaft bietet, mit Ausnahme des Versuchs neue Standpunkte und neue Strukturen zu suchen, die wenigstens den Anschein haben, sich als Wirkung einer unbeschränkten Autonomie des Individuums aufzubauen. Der extreme Individualismus Tuckers stellt tatsächlich den nicht integrierten Versuch der theoretischen Prezendenzen Spencers dar, Funktionen und Befugnisse dem Staate, wie er sie heute ausübt, zu entziehen, um dem Individuum seinen ursprünglichen Zustand der Autonomie wiederzugeben, die ihm erlauben würde, andere Organe dieser Funktionen nach einem vorgefassten Plan wieder herzustellen, der jedem Einzelnen eine absolute Freiheit garantieren würde. Es ist offenbar, dass diesem Programm gegenüber der erste grundlegende Einwand die mangelnde Rechtfertigung betreffen müsste, dass nichts in dem Organismus zu verwerten sei, den man zerstören will, bevor man noch den Versuch macht, ihn durch einen oder durch eine Serie von gleichwertigen zu ersetzen. Aber Tucker ist in seinen Vorschlägen so summarisch und abgekürzt, dass weitere besondere Einwände grössere Bedeutung erhalten.

Einer der schwächsten Punkte der Lehre Tuckers ist der, dass er das Individuum, ohne auch dann Unterscheidungen zu machen, wo es am notwendigsten wäre, abwechselnd als besonderen Faktor, der von jeder Organisation unabhängig ist, oder als einen integrierenden Faktor einer bestimmten konstituierten oder zu konstituierenden Gesellschaft betrachtet. So bemerkt er nicht, wann er dem Individuum die Aufgabe zuweist dem Staate diese Funktionen zu entziehen, die der freien Initiative übertragen werden könnten, dass eine ähnliche Aufgabe dem Individuum nur dann übertragen werden kann, wann es eine neue Organisation zu begründen im Begriffe ist, die diese ersetzt, die man zu zerstören beabsichtigt. Somit sieht er nicht, dass er im selben Augenblick, in dem er den Grad der individuellen Autonomie erhöhen möchte, er nur die Unterwerfung des Individuums unter einer Form kollektiver Organisation — unter eine andere verlegt. Dabei liegt der erschwerende Umstand vor, dass er dadurch, dass er das Individuum dem Staate entzieht, es auch einer Unterwerfung entzieht, die es, (da es eine juridische Unterordnung ist), auch gleichzeitig gegen den Angriff anderer individueller oder vereinigter Kräfte schützt, während es durch die Einführung in irgend eine andere Organisation wehrlos der eventuellen Übermacht jedes anderen Individuums oder der freien Vereinigung anderer Organisationen überliefert wird, die eventuell stärker sind, als jene, denen es selbst angehört. So sind die individuell schwächeren nicht geschützt, auch wenn sie einer starken Organisation beitreten, weil die Organisation des Staates, die sie alle harmonisieren würde, als aufgehoben angenommen wird; und andrerseits sind auch die individuell starken nicht geschützt, wenn sie in die Lage kommen einer schwachen Organisation anzugehören. So kommt es, dass während Tucker das Individuum als Einzelnen betrachtet, der den Exponenten seiner Autonomie zu erhöhen sucht, das Resultat erreicht wird, dass sein Räsonnement sich auf die notwendige Voraussetzung des vereinigten Individuums verrennt, mit der unvermeidlichen Wirkung, dass die Vereinigung, von der angenommen wird, dass das Individuum ihr beitrete, den Exponenten dieser angeblichen Autonomie auf ein Minimum herabsetzt oder gar in einen negativen Wert umwandelt, der von anderen Kräften dargestellt wird, die die Erreichbarkeit seiner Initiative übertreffen.

Aber Tucker fällt weiter noch in den entgegengesetzten Irrtum, und der ist, dass das Individuum, von dem angenommen wird, dass es als Mitglied einer aus sozialen und ökonomischen Interessen resultierenden Vereinigung wirkt, und somit auch zur Verteidigung und Erreichung des eigenen Vorteils besser gerüstet sein solte, — sich vielmehr bloss seiner unzureichenden persönlichen Macht überlassen sieht. Das typische Beispiel hat man in der vorgeschlagenen Organisation der Geldzirkulation und des Grundeigentums, in Bezug auf die Tucker nicht umhin kann, zuzugeben, dass das Individuum als Teil der vereinigten Organisationen wirken sollte. Doch bemerkt er nicht, dass in beiden Fällen die Aufopferung der Individualität eines jeden Einzelnen keinen entsprechenden Ersatz finden würde, weil in den Kreditorganisationen das Individuum bis zur Grenze seiner finanziellen Leistungsfähigkeit gelten würde, das heisst also gar nicht gelten würde, wenn diese Leistungsfähigkeit nicht bestünde; und in der Bodenorganisation würde das Individuum eben nur bis zur Grenze der individuellen Leistungsfähigkeit seiner Arbeit gelten, wenn man für einen Moment zugibt, dass die Erde, wie es Tucker wünscht, denen gehören soll, die sie bebauen. In mehr allgemeiner These kann gesagt werden: Tucker verliert dadurch, dass er aus allen seinen Beweisführungen über soziale und ökonomische Gebiete, das Wort Staat ausschliesst, den er als überwunden voraussetzt, jede leitende Richtschnur zur Unterscheidung der beiden Standpunkte, die sich gegenseitig bedingen aber nicht zu verwechseln sind, und zwar, des als Einzelner wirkenden und des als Glied einer Vereinigung wirkenden Individuums. Und somit drückte er theoretisch diesen unüberwindlichen Gegensatz zwischen der Suche nach dem kollektiven Vorteil aus, der keinen Wert haben kann, weil er notwendigerweise von der Leistungsfähigkeit des Einzelnen bedingt ist, und der Erreichung eines individuellen Vorteils, der unmöglich oder nur vorübergehend erreicht werden kann, weil er nur durch die unbeständige Leistungsmöglichkeit der Organisationen bedingt ist, was gerade das einzige praktische Resultat darstellen würde, wenn der Staat, dass heisst diese juridische Organisation der Gesellschaft aufgehoben würde, die allein alle individuellen und kollektiven Autonomieen verbürgen kann, indem sie sie ins Gleichgewicht bringt. Somit schafft Tucker nicht nur unhaltbare ideologische Standpunkte, denn durch Rückwirkung schafft er auch unhaltbare tatsächliche Verhältnisse, so, dass nachdem ihm unbewusst die dialektische Antithese entschlüpft ist, sie — bevor sie noch im Abstrakten undurchführbar erscheint, schon in der Wirklichkeit undurchführbar ist. Es kann doch in Wirklichkeit nicht möglich werden, dass die sozialen und ökonomischen Energieen sich zu irgend einer stabilen Gesellschaftsordnung gestalten, wenn man das Organ ablehnt, das die juridische Ausgleichung aller Energien darstellt, nämlich den Staat in seiner historischen Form.

Dieser Widerspruch erscheint auch dann unlösbar, wenn man die kritische Untersuchung vom wirkenden Individuum auf die Funktionen überträgt, die Tucker dem Staat entzogen und privaten Vereinigungen übertragen wissen möchte, die durch freie Initiative handeln. Indem Tucker die einheitliche Harmonie des Staates zerbricht und dessen Funktionen privaten Vereinigungen überträgt, erkennt er nicht, dass er nicht nur das Individuum mit der Aufgabe eines mühseligen Neuaufbaus belastet, die eine Verausgabung von Kräften bedingt, die für Ziele sofortigen Vorteils ausgenützt werden könnten, sondern er verschliesst sich selbst die auch nur theoretische Möglichkeit aus dem Werk der besonderen Vereinigungen diese einigende leitende Absicht herauszubilden, die bloss der Staat erreichen kann. Als solche offenbaren sich die besonderen Organisationen, von denen die Verwendung der „freiwilligen Steuern" für allgemeine Ziele sowie die legislativen und juridischen Funktionen hervorgehen sollen. Um mit sich selbst und seiner Auffassung der politischen Freiheit nicht in Widerspruch zu kommen, muss Tucker auch in diesen Funktionen die Betätigung der freien Konkurrenz anerkennen; doch genügt dies schon, um in ein so hypothetisches Gebiet zu gelangen, dass es der Wissenschaft nicht mehr würdig ist, die weireren Konsequenzen zu diskutieren. Alle historische Stätigkeit bloss wegen einer Kaprice (und es kann dies nicht anders bezeichnet werden) unterbrechen zu wollen, die Notwendigkeit der Durchführung einer neuen Serie kollektiver Bestimmungen anzunehmen, ist so viel als das ganze System sozialer Kausalität zerbrechen zu wollen. Dass es übrigens unmöglich ist diese abstrakte Auffassung in die Wirklichkeit umzusetzen, beweist die Tatsache, dass, da diese verschiedenen Funktionen, die dem Staate entzogen werden sollen, untereinander in Harmonie stehen müssten, sie durch Übertragung ein Schattenbild gerade desselben Staates hervorrufen müssten, den Tucker eben abschaffen möchte.

Aber die Lehre Tuckers setzt nicht nur eine undurchführbare juridische und ökonomische harmonische Neugestaltung voraus, sondern ist ausserdem noch solcher Art, dass wenn sie auch verwirklicht würde, sie die gegenwärtigen sozialen Konflikte noch vermehren müsste. Man sah, dass die Aufhebung dessen, was er das „Geldmonopol" nennt, gerade diese Verallgemeinerung der ökonomischen Leistungsfähigkeit voraussetzt, die eben erst geschaffen werden soll. Aber auch angenommen, dass alle tatsächlich die Freiheit der Emmission von Geldnoten hätten, würde man bei der günstigsten Hypothese nichts anderes erreichen, als die ganze Zirkulation mit künstlichen Scheinen zu beladen und zu trüben, deren rasches Sinken nicht nur den anderen, sondern auch denen selbst den grössten Schaden bereiten würde, die sie emitiert haben, wobei sie in eine noch schlimmere Lage kämen, als die, in der sich diejenigen befinden, die in der gegenwärtigen ökonomischen Ordnung gezwungen sind den so vielfachen Formen der finanziellen Konkurrenz fern zu bleiben. Ähnliche Erwägungen könnten in Bezug auf die anderen gegenwärtigen Formen der ökonomischen Organisation gemacht werden, die

Tucker monopolistisch nennt, und die sich, wenn sie durch die von ihm vorgeschlagenen Formen ersetzt würden, tatsächlich in ebenso viele straffe und starke Monopole auflösen würden, wobei die Übel, die er im gegenwärtigen Zustand vorhanden behauptet, noch vermehrt würden. Tatsächlich verlangt er nichts anderes, als die ökonomischen Erscheinungen diesen Formen partieller Gleichgewichtszustände, die wenigstens zeitweilig auftreten, zu entziehen, die durch das ganze System der juridischen Garantieen möglich wurden. So würde die freie Konkurrenz, die in einer auf juridischer Grundlage aufgebauten Gesellschaft einem Minimum korrigierenden Zügels ausgesetzt ist, der dahin geht, sie zur harmonischen Vereinigerin des Produzenten und Konsumenten zu machen, nach Tuckers Theorie der Anstoss zu zügellosem Wettbewerb werden, den nichts mässigen würde. Und da die Konkurrenz der Produzenten, auf dieses Extrem getrieben, zu unerträglichen Schädigungen führen müsste, folgte weiter, dass das einzige mögliche Mittel um der produktiven Desorganisierung vorzubeugen, die Anwendung von Berufsgenossenschaften im allgemeinen Sinne und im grössten Massstabe wäre, oder um dem, Tucker speziell von der ihn umgebenden ökonomischen Welt gebotenen Beispiel zu folgen, von *Trusts*, das heisst, dieser technischen und administrativen Konzentration der verschiedenen Unternehmungsgruppen, die gerade Tucker selbst vermeiden möchte. Auch hier geht Tucker, während er den Grad der individuellen ökonomischen Freiheit erhöhen wollte, mit eiligen Schritten einer Produktionsform entgegen, die gerade die produktive Tätigkeit und die Autonomie einzelner Unternehmer ausschliesst. Dies war aber wohl nicht das Ziel, dass Tucker zu erreichen sich vorstellte. Ohne diese elastischere Form der freien Konkurrenz zu erreichen, die ihm in Gedanken vorschwebte, kommt er zur Form des *Trust*, den er zu beseitigen beabsichtigt; und er hebtdie Konkurrenz tatsächlich ganz auf, sobald es dem Trust gelingt ein richtiges Monopol zu werden. Und ohne seine Behauptung zu beweisen, dass die *Trusts* eine Ausgeburt des Staates sind, der im Gegenteil das einzige Organ ist, das die Macht hat ihnen einen Zügel aufzulegen, lässt er zum Schlusse kommen, dass man durch die Loslösung der ökonomischen Erscheinung der Produktion von der juridischen Umgebung, immer und notwendigerweise zur allerkonzentriertesten Form der Produktion gelangen müsste. Wenn es sich dennoch ereignet hat, (und es ist nicht Tucker derjenige, der die Kompetenz hätte daran zu erinnern) dass trotzdem unter dem Schutze des Staates einige *Trust* mit autonomen ausser-gesetzlichen Organisationen die Unterwerfung der Arbeiter und die gewaltsame Verhinderung der Konkurrenz anderer durchführen konnten, so ist es offenbar, dass man zu noch schlimmeren Extremen gelangen müsste, wenn das Dazwischentreten des Staates nicht einmal eine berechtigte Wahrscheinlichkeit darstellen würde. Alle diese Erwägungen beweisen indirekt, dass Tucker auch dann irrt, wann er annimmt, dass solche Produktionsformen das Resultat der Schutzzollpolitik einzelner Staaten seien, da doch, (ohne gar in Rechnungzu ziehen, dass *Trusts* nicht weniger unter dem englischen Freihandelssystem als in den Vereinigten Staaten und Deutschland, den nunmehr klassischen Ländern des Protektionismus entstanden sind), nun nachgewiesen wurde, dass sie auch in der von Tucker formulierten Hypothese der Abwesenheit jeder Einmischung des Staates jedesmal dann entstehen würden, sobald, — genau so wie es im gegenwärtigen ökonomischen Zustand der Fall ist, — die autonomen und unabhängigen Unternehmungen danach streben, sich durch eine vernichtende Konkurrenz gegenseitig hinauszudrängen. Wenn wirklich die schwächeren Unternehmungen in der allerverzweifeltsten Phase des Kampfes Produkte zu ruinierenden Preisen anbieten, die die starken Unternehmungen vermeiden wollen, erfolgt der Anstoss zu einer technischen und administrativen Konzentration, die die Möglichkeit ausschliesst, dass der Schwache dem Starken und Nützlichen das Gesetz diktiert. Übrigens ist Tucker ziemlich weit davon entfernt, einen genauen Begriff von der freien ökonomischen Konkurrenz zu haben, die zwar den Produzenten, die von der Konkurrenz gezwungen werden die Produktionsverhältnisse zu verbessern, zeitweise eine Vermehrung des Ertrages bieten kann, schliesslich aber durch den Austausch doch zum Vorteil der Konsumenten ausfällt. Und während ausserdem im gegenwärtigen Zustand ein Mindestmass freier Konkurrenz selbst in jenen Berufen nicht ausgeschlossen ist, die Produkte herstellen, deren Vermehrung nur in beschränktem Masse möglich ist, würde dagegen das von Tucker gedachte System zu den allerunerbittlichsten Konsequenzen der monopolistischen Produktion auch in Bezug auf die in unbeschränktem Masse zu vermehrenden Produkte führen. Man würde schliesslich einer straffen und schweren ökonomischen Sklaverei verfallen, deren Beispiel oder nur Gefahr die heutigen Produktionsformen zu bieten weit entfernt sind.

Aber jede Untersuchung über die Ziele, die Tucker erreichen möchte, verliert ihre Bedeutung im Vergleich zu den Mitteln, die er vorschlägt, und die beim „passiven Widerstand" gegen die Erfüllung der elementarsten Pflichten des Menschen und Bürgers beginnen, um durch eine Kette egoistischer Beweggründe bis zu Dynamitakten zu gelangen. Da er sich Ziele vorsetzt, die ausserhalb jeden realistischen Kriteriums des sozialen Lebens stehen, musste Tucker notwendigerweise an Mittel appellieren, die jede soziale Rücksicht ausschliessen. Er drückt das Individuum zur automatischen Bewegungslosigkeit herab, um es stufenweise bis zu den überlegtesten Formen der Gewalt zu drängen; und er erkennt nicht, dass es genügen würde, dass ein einziges Individuum von den ihm empfohlenen Mitteln Gebrauch mache, damit die vorausgesetzte Freiheit aller anderen unerbittlich vergewaltigt würde, wobei jede Möglichkeit einer Sühne, ausgeschlossen wäre. Tatsächlich wäre unter solchen Verhältnissen selbst die Todesstrafe, die er aus barbarischen Vorurteil nicht für unberechtigt zu erklären wagt, nichts anderes als ein Racheakt, weil man für die soziale Verteidigung keine Fürsorge treffen würde, und man durch die Beseitigung eines oder einiger Individuen, die dieselben Prinzipien zu den extremsten Konsequenzen trieben, die für alle anderen weiter als berechtigt angesehen werden sollen, kein Gleichgewicht herstellen würde. Es muss noch einmal gesagt werden, dass wann die anarchistische Lehre in logischer Übersicht ihrer extremen Konsequenzen zusammengefasst wird, die Kritik die bescheidene Form annehmen muss, sie ganz einfach als Unsinn zu bezeichnen. Wenn man schliesslich noch hinzufügt, dass durch den Ausschluss jeder moralischen Pflicht und jeder juridischen Kontrolle, Tucker nicht nur die disharmonische Serie dieser Vertragsvereinigungen unmöglich macht, von denen er sich so nützliche Resultate zu versprechen scheint, (und es ist überflüssig hinzuzufügen, dass das ausserordentlich empirische Kriterium Tuckers auch nicht eine entfernte Vorarbeit in der Lehre Maines findet, der ein Gesetz der juridischen Entwicklung in der Tendenz sah, dass die Einflussphäre der Verträge sich ausdehne und die Wirkungssphäre des imperativen Rechtes auf das äusserst Notwendige zur Einhaltung der Verträge selbst herabsinke, eine Lehre, die mit allseitiger Rückwirkung in den ganzen Neokontraktualismus von Spencer bis De Greef, Tönnies, Durkheim und anderer mehr eingedrungen ist); sondern jedes, auch nur zeitweiliges Gleichgewicht unter den Verhältnissen der einzelnen Individuen untereinander unmöglich macht, weil die egoistische Triebfeder entweder zur Auflehnung gegen die Organisation oder dazu drängt, das Individuum selbst so weit wie möglich zu isolieren, oder auch zu einer solchen Organisation drängt, die, auf der Grundlage der Gewalt errichtet, notwendigerweise nur von kurzer Dauer sein kann, wie die Gewalt selbst. Die Idee Tuckers ist also nichts als eine fragmentarische ideologische Vorausahnung, der durchaus keine soziale Wirklichkeit entspricht, noch entsprechen könnte. Und wann er wieder an eine durch das freie Einvernehmen der Beteiligten bestimmte allgemeinere Form der Gesellschaft denkt, die an Stelle des Staates treten sollte, zieht er wieder die Lehre vom Gesellschaftsvertrag hervor, die er aber auf den Kopf stellt. Die Theoretiker des sozialen Vertrages erachteten durch irrtümliche Schlussfolgerungen auf Grund von Überbleibseln römischer Exegesen, und andrerseits von den umgebenden politischen Verhältnissen beeinflusst, die Geschichtlichkeit des Gesellschaftsvertrages als einheitliche Quelle jeden Rechtes, indem sie das Recht selbst dem Traditionalismus der theologischen Erklärungen entzogen. Tucker macht nun aus dem Gesellschaftsvertrag nicht den Ausgangspunkt, sondern das Endziel, indem er den Einzelnen ein Mittel vorschlägt, dass, ohne in andere Erwägungen einzutreten, ohne Zweifel auch dann dem Ziele durchaus unentsprechend wäre, wenn es sich bloss darum handeln würde die Verwertung jener Elemente der Kohäsion zu erreichen, die schon heute in der gegenwärtigen sozialen Organisation wirken. Die Lehre Tuckers zeigt sich also auch von diesem Standpunkt aus als unerreichbare Utopie, in gleichem Masse als die kommunistische Utopie, die er bekämpfen wollte. Indem er im Gegensatz zum Kommunismus vorging, um den grösstmöglichen Grad individueller Freiheit zu erringen, gelangt er zur vollständigen Aufhebung gerade dieser Garantieen, die die elementarsten Formen der Freiheit ermöglichen, und die Schritt für Schritt die höheren Formen bedingen. Er schreibt dem Individuum, einfach durch abstrakte Hypothese, eine tatsächliche Autonomie zu, die unfähig ist das geringste konkrete Band sozialer, ökonomischer oder ethischer Beziehungen zu begründen. Denn wenn nur ein einzelnes Individuum den Versuch machen würde, seine Handlungen den ihm von Tucker vorgeschlagenen egoistischen Imperativen anzupassen, würde dieses Individuum, bevor noch irgend eine Rückwirkung des positiven Rechtes und der Moral eintreten würde, der automatischen Selbstvernichtung verfallen, weil man ohne gegenseitige Hilfe nicht leben und nicht wirken kann, und der Egoismus diese Gegenseitigkeit ausschliesst, die von den elastischen Triebfedern unterstützt, sich bis zu den allseitigsten Formen der von Gerechtigkeit genährten menschlichen Solidarität erheben und ausdrücken kann.

II.

Allgemeine ethische Beurteilung.

Das Bisherige bildete nur Fragmente der Kritik *ad hominem* Man könnte also einwenden, dass trotz der inneren Widersprüche in den einzelnen Lehren der bedeutendsten Agitatoren, die Anarchie eine Summe von Resultaten darstellt, die unabhängig von diesen Widersprüchen ihren Wert und ihre Wirksamkeit hat. In einem gewissen Sinne ist dieser Einwand berechtigt, weil, wenn in der täglichen Propaganda von der Abschaffung des Staates, des positiven Rechtes, des Privateigentums und über andere Gebiete gesprochen wird, die ihre Grundpfeiler bilden, wird nicht auf die Lehre dieses oder jenes Theoretikers hingewiesen, als vielmehr auf einen Komplex von Behauptungen, die sich gewissermassen von den einzelnen Lehren losgelöst haben und genügen, um die Kohäsion der Masse der Anhänger zu erreichen und andere Anhänger anzuwerben. Solchen Propagandaideen eine wissenschaftliche Auffassung des Staates und des Rechtes entgegenzustellen, würde zu keinerlei nützlichem Resultat, weder in Bezug auf die Kritik und die Beurteilung der Anarchie führen, weil der Vorgang der anarchistischen Ideenbildung in dauerndem Gegensatz zum Verfahren der wissenschaftlichen Untersuchung steht; noch in Bezug auf die Anarchisten selbst, die sich, wie man es soeben bei den bekanntesten Agitatoren sehen konnte, unfähig zeigen, die allerwichtigsten Resultate der Wissenschaft selbst zu berücksichtigen und mit diesen zu polemisieren. Anstatt also in offenkundigem und unvereinbarem Missverhältniss eine Theorie der anderen, und wissenschaftliche Erklärungen ihren unüberlegten Negationen entgegenzustellen, wird es viel nützlicher sein, die allseitige Fehlerhaftigkeit ihres Gedankenprozesses darzulegen. Nur so kann die ganze Irrtümlichkeit ihrer Resultate enthüllt und bewertet werden. Und umso besser ist es, wenn nach Abschluss der Beurteilung hervorgehen wird, dass die Wissenschaft eine so starke Reserve nunmehr definitiver Errungenschaften in ihrem Guthaben aufweisen kann, deren sie sich gar nicht zu bedienen braucht, um das bescheidene Resultat zu erreichen, die Unhaltbarkeit der anarchistischen Lehren dargelegt zu haben.

Wann die Anarchisten die Verneinung des Staates verkünden, so beabsichtigen sie dadurch vor allem ein Organ der Beschränkung der freien individuellen und kollektiven Initiative zu beseitigen. Sie sehen aber nicht, dass das unmittelbare Resultat ihrer Negationen jenes ist, diese freiwillige Kohäsion der Individuen untereinander mit den Wurzeln herauszureissen, aus der allein die Möglichkeit des gemeinsamen Lebens entsprosst. Die Anarchisten, ebenso die Individualisten als die Kommunisten, formulieren durch die Isolierung des Individuums und durch die Zuerkennung gleicher Initiativfähigkeit allen Individuen, eine Abstraktion, durch die selbst dieser spontane Anschluss der einen an die anderen vernichtet wird, der den Schwächeren gestattet sich den Konsequenzen einer ungleichen individuellen Initiative zu entziehen, indem sie eine Anschlussmöglichkeit in Organisationen finden, die ohne ihr bewusstes und überlegtes Dazwischentreten entstanden sind, und ihnen in gewissen Masse die gezwungene Unzulänglichkeit ihrer Initiativkraft ersetzt. Der Einzelne erreicht schon durch einen solchen, ich möchte sagen — mechanischen Anschluss, — wenn auch durch die Aufopferung seiner individuellen

Initiative, die übersehen werden kann, weil sie ja allein nicht ausreichen würde ihm die Erreichung der elementarsten menschlichen Ziele zu verbürgen, — das Maximum des Resultates, somit das, was der Gleichheit des Ausgangspunktes entsprechen würde, die ihm seine persönliche Kraft zu verbürgen unfähig war. Und das genügt, dass die Regeln, die unbedingt auch in der Organisation wirken müssen, an der der Schwache teilnimmt, ihm gestatten Hilfe in Anspruch zu nehmen und Ziele zu erreichen, die ihm sonst verweigert wären. Dies ist jedoch nur eine abstrakte Kritik, die bloss als Antwort auf die Abstraktionen der Anarchisten ihre Gültigkeit hat. Die Wirklichkeit ist weit davon entfernt, von diesem Anfangspunkt der der gesellschaftlichen Mitwirkung fernstehenden Individuen auszugehen. Die gesellschaftlichen Vereinigungen sind historische Gestaltungen, denen das Individuum als Einzelner niemals in Form eines autonomen Moleküls gegenübersteht, dem es frei wäre an einer materiellen Masse teilzunehmen oder unabhängig zu bleiben. Auch wenn das Individuum zu besonderen Vereinigungen hinneigt, die z.B. von ökonomischen Zielen bestimmt sind, bewegt es sich als integrierender Bestandteil der vielseitigen vorhergehenden Vereinigungen. Und somit ist der realistische Vorgang, innerhalb dessen das Individuum wirkt, immer, auch in seinen indifferenzierten Formen, ein Prozess der Kooperation. Niemals erhebt oder erniedrigt ein Individuum den Grad seiner eigenen Individualität auf ein absolut gleiches Mass, sondern immer auf das relative Mass der gegenseitigen Einwirkung, der es von allen Gliedern der Gemeinschaft ausgesetzt ist. Daraus folgt, dass jeder aus einem System heraus handelt, das nach dem Gleichgewicht strebt, in dem um einige Einheiten das Mindestmass der Schwäche der Einen erhöht, und das Maximum der Macht anderer um einige Einheiten herabgesetzt wird. So ist es diesen unmöglich, sich dieser Herabsetzung zu entziehen, während jen eeine Steigerung des Verhältnisses erzielen müsssen. Ein solcher natürlicher Prozess ist notwendig; das heisst, er ist unabhängig von der autonomen Entscheidung des Einzelnen, weil es nicht in der Autonomie der einzelnen Entscheidungen liegt, sich den fundamentalen Bedingungen des menschlichen Daseins zu entziehen. Wenn die Anarchisten den Staat negieren, um sich einem die freie Initiative hemmendem Organ zu entziehen, hat ihre

Verneinung eine Wirkung, die weit über ihren Ausgangspunkt hinausgeht, da sie die Negation jeder elementaren Form des gemeinsamen Zusammenlebens inbegreift. Diese setzt durchaus nicht voraus, dass irgend eine Vereinigung auf das Individuum wirke, um seine Initiative zu vernichten, sondern, dass das Individuum sich anderen zuwende, um Vereinigungen zu konstituieren oder solchen beizutreten, oder, wenn es schon an solchen teilnimmt, bereit sei sich ihnen anzupassen, um eine minimale Initiative möglich zu machen, die gleichzeitig ein Minimum an Kooperation ist, die ihm die Möglichkeit der Existenz garantiert.

Diese allgemeinen Bemerkungen finden eine spezifische Bestätigung in Bezug auf den Staat, weil sich die Anarchisten durch dessen Negierung nicht nur ausserhalb aller historischen Wirklichkeit stellen, sondern zeigen, dass sie sich mit einer Abstraktion zufrieden geben, die keiner aufmerksamen Prüfung standhalten kann. Indem die Anarchisten die individuellen Willensbestrebungen als atomistisch wirkende Autonomien betrachten, verschliessen sie sich den Weg zum Verständnis und zur Erreichung dieser Einheit des Wollens und Handelns, die sich gerade durch den Staat ausdrückt, der die einzelnen Willensbestrebungen und Tätigkeitsformen zur Erreichung gemeinsamer Ziele organisiert, von denen einem jeden gegeben ist, einen grösseren Teil zu erringen, als der Bei rag seiner persönlichen Tätigkeit darstellt. Wenn es möglich wäre, wie es die individualistischen Anarchisten annehmen, dass jeder besondere Wille nur zur Erreichung seines eigenen Zieles wirkte, so würde daraus folgen, dass alle Willensbestrebungen anderer Individuen seiner individuellen Initiative hindernd entgegenstünden, denn jedes menschliche Ziel hat einen gemeinsamen Nenner, und somit ist es möglich es mit dem kleinsten Mittel durch die Verbindung und nicht durch die Teilung der Kräfte zu erreichen. Dieselbe Bemerkung gilt auch für die kommunistischen Anarchisten, die an Stelle des individuellen Atomismus den Atomismus der Vereinigungen stellen, ohne daran zu denken, dass die besonderen Autonomien, insofern sie nicht von einem höheren Organ des Rechtes oder des Staates vereinheitlicht und organisiert sind, sich in einem Zustand dauernden Konfliktes befinden würden, wodurch wegen einer Vereinigung, die ihr Ziel erreicht, weil sie stärker ist, alle anderen notwendigerweise verzichten müssten. Da tatsächlich nur der Staat die generischen Konkurrenzverhältnisse verbürgen kann, garantiert er damit auch die Erreichung der besonderen Ziele im Verhältnis zu der von den Konkurrenten aufgewandten Energie, so, dass das von einer sozialen Gruppe oder einem Individuum erreichte grösste Ziel das von einer anderen sozialen Gruppe oder Individuum erreichte minimale Ziel nicht ausschliesst und wenigstens mit ihm vereinbar ist. Es ist allerdings wahr, dass alle Einzelnen, um eine ähnliche Wirkung zu erreichen, ihrem individuellen Wollen gegenüber diesen Willen finden, der das Recht ist, nämlich den Willen des Staates. Aber der individuelle Wille, der nicht nur eine Kaprice ist, wird durch den Willen des Staates vielmehr ergänzt als gehindert. Und auf jede Weise wird diese Macht der zügelnden Kontrolle, die selbst der geringsten Potentialität das Erreichen eines ihrer Kraft entsprechenden Zieles verbürgt, immer noch vorteilhafter sein, als die anarchistische Abstraktion, in der die Ziele hypothetisch von einem einzigen Sieger im Kampfe erreicht würden, ohne dass irgend ein Organ eingreift, um zu bestimmen, bis zu welchem Maximum der Potentialität das Individuum oder die Gruppe von der willkürlichen Einmischung einer höheren Potentialität geschützt wäre. Das kollektive Leben würde sich schliesslich nach der Lehre der Anarchisten in eine Serie von Versuchen auflösen, die die Individuen und Vereinigungen den sozialen Zielen nähern würden, ohne dass sie jemals von den zeitweilig stärkeren Individuen und Gruppen mit einer Garantie der Beständigkeit und Dauerhaftigkeit erreicht werden könnten.

Der sophistische Fehler der anarchistischen Behauptungen offenbart sich noch mehr, wenn von diesen theoretischen Hypothesen zu einer realistischen Auffassung des Staates herabgestiegen wird. Die Anarchisten können, wenn sie die Aufhebung des Staates verkünden, tatsächlich nicht erklären, wie es ihnen gelingen würde, die Einheit des Volkes aufzulösen und die Grenzen des Territoriums zu zertrümmern, bei denen doch das Volk in jedem Staate beharrt. Aber was noch schlimmer ist, ist die Tatsache, dass sie nicht erklären können, wie es ihnen gelingen würde, die allerzäheste formale Kohäsion aufzulösen, durch die ein Volk sich durch den Staat auf einer juridischen Grundlage bildet und sich unter einer gemeinsamen oder höchsten Autorität einigt, die die Macht hat, sich dem besonderen Wollen des Einzelnen aufzuzwingen. Wann die Anarchisten Insurrektionen und Revolutionen vorschlagen, um zu diesem Ziel zu gelangen, bemerken sie nicht, dass sie in den Widerspruch verfallen, dem sie ausweichen möchten, nämlich, dass sie Mittel vorschlagen, die eventuell geeignet wären, eine Aenderung der Regierung herbeizuführen, aber nicht, um das formale und dauernde Element des Staates zu beseitigen. Mit anderen Worten, sie betreiben, um es mit einer Wendung auszudrücken, die sie gebrauchen, um das Gegenteil ihrer Absichten auszudrücken, „jakobinische Predigten", schlagen aber, weil sie es eben nicht können, gar kein Mittel vor, wieso sich der Autorität irgend einer Staatsform zu entziehen. Und somit würde sich, wenn es auch den Anarchisten gelingen sollte eine Macht zu organisieren, die fähig wäre die Staatsgewalt zu überwinden, die siegreiche Gewalt an Stelle der besiegten setzen, ohne die Möglichkeit zu haben sich selbst wieder aufzulösen, sondern vielmehr noch mit der Notwendigkeit, eine neue juridische Grundlage zu organisieren und eine neue Gewalt zu befestigen. Anzunehmen, dass diese Gewalt sich selbst aufheben könnte, ist gleichbedeutend mit der Annahme, dass es ihr niemals gelingen würde die Gewalt des Staates zu überwinden; und das ist gerade die wahrscheinliche Ursache der Tatsache, weshalb die Vereinigung der anarchistischen Kräfte, auch dort wo sie am geschlossensten erscheint, immer nur eine Vereinigung von Energieen darstellt und darstellen wird, die unfähig sein wird die juridische Ordnung der Gesellschaft zu zerstören. Und deshalb wird ihr schliesslich immer siegreich entgegengetreten werden können. Die Anarchisten könnten jedenfalls noch erklären, und tatsächlich erklären es auch die individualistischen Anarchisten, dass sie an Stelle des Staates die freie Kooperation der Einzelnen und der Gruppen stellen wollen. Doch sehen sie wieder nicht, dass sie, ausser gegen die Unmöglichkeit vollständiger Auflösung des Staates zu stossen, was soeben betont wurde, noch in eine undifferenzierte Gesellschaftsform stürzen würden, die zur Erreichung von Zielen, für die die politische Gesellschaft sorgt, unzureichend wäre. Diese letztere wirkt nämlich derart, dass nicht nur die Kooperation für kollektive, aus dem freiwilligen Anschluss ihrer Glieder entstehenden Ziele kapitalisiert und orientiert wird, sondern dass auch die Mitwirkung aller jener obligat ist, und eventuell erzwungen wird, die sich nicht aus eigenem Antrieb anschliessen wollen. Die Anarchisten müssten also entweder auf diese Beihilfe verzichten, und somit würde sich ihre rudimentäre Organisation auf eine einfache numerische Summe von Individuen beschränken, die einen unvergleichlichen Nachteil in Bezug auf die juridische Organisation des Staates aufweisen würde, oder sie müssten dahin kommen, die Mittel zu finden, die Kooperation derjenigen, die nicht aus eigenem Antrieb teilnehmen wollten, obligatorisch zu machen, (denn ohne die Verallgemeinerung der Kooperation könnte überhaupt die Gesellschaft nicht bestehen, die eine unvermeidliche menschliche Notwendigkeit ist). Damit würde aber zumindestens eine Nachahmung dieser höchsten Staatsgewalt geschaffen, die man ja beseitigen wollte, mit dem Nachteil, dass diese Form keinerlei Garantie bieten würde, dass ihre Offenbarungen von den Anforderungen einer auf juridischer Ordnung aufgebauten Gesellschaft inspiriert werden könnten, die sich durch ein juridisches Band unter den Vereinigten ausdrücken würde. Sie wäre ohne die entsprechende Garantie, die dagegen durch die autonome juridische Person des Staates erreicht wird, dass sie in der Synthese eines einheitlichen Ganzen die Willensbestrebungen und die Handlungen der Genossen selbst kombinieren und organisieren würde; und schliesslich ohne die allseitigste Garantie, die alles inbegreift, und die vom Staate selbst untrennbar ist, nämlich die, für den Schutz der Rechte zu sorgen.

Indem die Anarchisten den Staat in den Elementen vernichten, aus denen er besteht, zerstören sie das Organ der historischen Kontinuität und somit der Entwicklung des kollektiven Lebens, weil der Staat in seinen höchsten Formen das Entstehen und Entfalten aller berechtigten Initiativen ebenso sehr der Einzelnen als der Gesellschaftsgruppen hervorruft und beschützt. Indem sie sich ausserhalb des Staates stellen, würden die Anarchisten die Gesellschaft auf eine mechanische Summe von Vereinigungen herabsetzen, die von durchaus verschiedenen Interessen bewegt wären, das heisst, man käme bei der günstigsten Hypothese zu noch viel schärferen Unterschieden, als sie unter den gegenwärtigen Gesellschaftsklassen bestehen, die sie doch beseitigen wollen. Und diesen Unterscheidungen würden, da jede höhere juridische Garantie fehlt, entsprechend viele Kampfesziele folgen, die die Gesellschaft von der Kooperation und der höchsten Form der Solidarität immer mehr entfernen würde. Der Entwicklungsprozess würde auf den Kopf gestellt werden. Anstatt dahin zu streben, immer bewusster gemeinsame und allgemeine Ziele zu erringen, würde nur der mechanische Faktor der Gewalt zur Durchsetzung besonderer Ziele gegenüber anderen besonderen Zielen zunehmen. Aber in dieser Zersplitterung der Energieen würde noch eine wertvolle Errungenschaft verloren gehen, nämlich das ethische Element, das an der Grundlage des modernen Staates steht, und das Bestreben hat ihn immer inniger zu durchdringen; so dass das Individuum im Staate eine Komplettierung findet, die anstatt seine individuelle Autonomie zu verringern, vielmehr dahin geht, sie zu verstärken, weil die Disziplin der juridischen Ordnung derartig ist, dass das für die eigenen Ziele sich betätigende Individuum, sich noch mehr betätigt, wenn es sich mit kollektiven Zielen identifiziert. Indem die Anarchisten die Verknüptung der individuellen Handlungen ausserhalb des Staates annehmen, verzichten sie auf das allerstärkste disziplinarische Mittel, um in den Einzelnen die Überzeugung hervorzurufen, dass die Abschwächung des Egoismus, wie sie von der juridischen Ordnung veranlasst wird, schliesslich zum Vorteil des Individuums selbst ausfallen würde, weil sie dahin geht, dass die beiden Begriffe: im eigenen Interesse und freiwillig im kollektiven Interesse zu handeln, immer mehr mit einander vertauscht werden können. Daraus folgt nicht nur eine juridische Rechtfertigung des Staates, sondern auch eine höhere ethische Legitimierung seiner Existenz. Und die Anarchisten widersetzen sich durch die Verneinung des Staates nicht nur der historischen Notwendigkeit, gegen die sie mit ihren Abstraktionen gar nichts vermögen, sondern auch einer höchsten ethischen Anforderung, da der Staat das notwendige Organ ist, durch dessen Hilfe die individuelle Autonomie, die in konkreten Offenbarungen zum Ausdruck kommt, erreichen kann, dass das individuelle Interesse mit dem kollektiven und dieses mit jenem ausgeglichen wird.

Die Anarchisten fallen in noch grössere Widersprüche, wann sie erklären, dass in der von ihnen erwünschten amorphen, nicht politischen Gesellschaftsordnung jede positive Rechtsnorm aufgehoben sein wird. Auch dies ist ein Punkt, in dem sie, abgesehen von kleinen Nuancen, untereinander übereinstimmen. Für sie wird das Recht nicht eine historische Resultante sein, die für alle unterschiedslos massgebend ist, sondern das willkürliche Produkt des individuellen Willens, den sie als Regler der menschlichen Handlungen, je nach den empirischen Bedingungen, die von Fall zu Fall eintreten, entweder anerkennen oder auch nicht. Das heisst, dass das Recht kein Recht mehr wäre. Nur das Individuum allein hätte darüber zu entscheiden, welche Rechte ihm nach dem Masse seiner mit seinem Vorteil kombinierten Macht zukämen. Ausser dieser individuellen Entscheidung anerkennen die Anarchisten keinerlei bestimmende Macht, keinerlei Kontrolle, keinen Zwang. Indem sie schliesslich dem Recht die Berechtigung absprechen, dem Einzelnen irgend welche Pflicht aufzuerlegen, nehmen sie jedem anderen Individuum die Möglichkeit seine eigenen Rechte geltend zu machen. Das heisst, sie verneinen das Recht, das als Wirkungsnorm und als Macht zum Handeln aufgefasst wird, und somit verneinen sie gleichzeitig die von diesem doppelten Standpunkt herrührenden juridischen Beziehungen zwischen den Individuen. Während sie sich also der Illusion hingeben, das Individuum von jedem Zwang befreit zu haben, nachdem sie ihm seine vollständige Autonomie wiedergaben, befindet sich das Individuum in absoluter Unmöglichkeit diese Autonomie auszuüben, weil niemand irgend welche juridische Verpflichtungen ihm gegenüber anerkennen würde. Diese Beobachtung könnte allein genügen, um nachzuweisen, zu welch absurden Konsequenzen die Anarchisten gelangen müssen. Wenn jede Norm verneint wird, die dem menschlichen Handeln in seinen äusseren Beziehungen als Befehl oder als Verbot massgebend sein soll, und wenn auch der Staat verneint wird, der diese Normen geltend zu machen hat, würden auch die Ziele ausbleiben, die von diesen Normen garantiert werden sollten. Die menschliche Tätigkeit würde sich in einem unterschiedslosen Widerstreit erschöpfen, wobei keinerlei Harmonie zwischen den angewandten Mitteln und den zu erreichenden Zielen möglich wäre, wodurch auch die volle Erringung der Ziele selbst unmöglich würde. Ausserdem können die Anarchisten nicht sagen, wie sie es anstellen werden, um die juridische Norm ihrer wesentlichen Charakteristik: der Verpflichtung zu entblössen. Sie können sich keine Rechenschaft ablegen, dass sie demgegenüber eine andere negative Norm von einer zumindestens nicht geringerer Verbindlichkeit entgegenstellen müssten, damit wenigstens ein Konflikt entstehen kann. Die verneinende Norm des Rechtes könnte, mit anderen Worten, dem menschlichen Willen nicht auf andere Weise aufgezwungen werden, als mit analogen Gründen und Mitteln, durch die jede juridische Norm erzwungen wird. Es müsste also eine obligatorische Gewalt und ein Vollstreckungsmacht ebenso für die Selbstbestimmung vorhanden sein, wie sie das Recht besitzt. Aber die spezifisch juridische Form ist ihrerseits obligatorisch als die Konsequenz neuerer oder entfernter allgemeinerer juridischer Prämissen, die historisch, gewissermassen durch antizipierte Synthese, das ganze System des Rechtes darstellen; während den antijuridischen Ansprüchen der Anarchisten diese Prämissen, diese Tradition und somit diese Verbindlichkeit fehlen würde. Die Anarchisten fügen noch hinzu, dass sie, um das Individuum der Verbindlichkeit der Normen, dem Netz der juridischen Beziehungen und den eventuellen Gesetzesvollstreckungen zu entziehen, auf die freiwillige Zustimmung der Individuen rechnen. Sie bedenken jedoch nicht, dass diese Spontaneität der Zustimmung, auf die sie sich berufen, um sie dem Recht entgegenzustellen, schon in die juridische Ordnung eingedrungen ist, und weiter gelten wird, bis sich das Recht durch eine genügend sichere Grundlage, aber auch gleichzeitig durch eine genügende grosse Elastizität verstärkt hat, um mit seinen Garantieen der Entwicklung aller sozialen Bedürfnisse folgen zu können, wobei es, gerade weil es Recht ist, nicht nur das Bestreben die freiwillige Zustimmung des individuellen Willens hervorzurufen, sondern auch die Zwangsgewalt bewahrt, deren Organ der Staat ist, um sich dann geltend machen zu können, wann diese Zustimmung ausbleibt.

Es muss hinzugefügt werden, dass wenn die Anarchisten die Berechtigung des Rechtes, aufgefasst als Norm der Tätigkeit, verneinen, sie auch somit gleichzeitig das Recht, aufgefasst als Möglichkeit des Handelns verneinen, und somit isolieren sie das Individuum von jedem autonomen Tätigkeitsgebiet. Auch in diesem Sinne gelangen sie, während sie glauben für die Abschaffung einer Beschränkung zu kämpfen, zum entgegengesetzten Resultat, nämlich zum Absperren jedes freien Tätigkeitsfeldes für das Individuum, das in Ermangelung einer juridischen Ordnung, auf seinem Wege der ganzen Summe der Tätigkeit anderer begegnen würde und auch den anderen gegenüber keinen einzigen berechtigten Anspruch erheben könnte. Das ganze System juridischer Verpflichtungen würde verschwinden, und somit würde jede Möglichkeit harmonischer juridischer Beziehungen zwischen den einen und den anderen ausgeschlossen sein, und niemand könnte sich der Gewissheit erfreuen, dass andere ihm gegenüber eine juridische Verpflichtung haben, und dass das Recht ihm dessen Erfüllung garantiert. Man verfiele somit in einen Zustand ständiger Disharmonie und somit dauernden Kampfes, in dem sich alle Individuen als besondere Einheiten gegenüberstehen würden, die sich nur mit Hilfe der Gewalt geltend machen könnten. Die Menschen, nun aller formalen Gleichheit entblösst, die sie unter der Herrschaft des Rechtes im Gleichgewicht bewahrt und zurückführt, würden, von den gewaltsamen Impulsen materieller Ungleichheiten getrieben, aufeinanderstossen, und unter diesen würde dann nicht nur eine geschändete Gerechtigkeit wirken, sondern direkt eine auf den Kopf gestellte Gerechtigkeit, die von der unerbittlichen, sinnlosen Gewalt bestimmt wäre; das heisst, dass an Stelle der Gerechtigkeit, die das korrelative und bedingende Element des Getriebes des sozialen Lebens bildet, die Ungerechtigkeit treten würde. Aber die in ein System gebrachte Ungerechtigkeit kann nicht die innerliche Resultante einer natürlichen Gestaltung sein. Die Anarchisten müssten sie somit von aussen, durch die Überwindung und Auflösung der Energieen des sozialen Lebens aufzwingen. Diese historische Unmöglichkeit ist, schon abgesehen von allen anderen juridischen und ethischen Erwägungen, die konkrete Verdammung ihrer Lehren.

Unbeschadet dessen beschränken sich aber die Anarchisten nicht nur auf die abstrakte Verneinung des Staates und der juridischen Ordnung, sondern schlagen noch gewaltsame Mittel vor, um eine auf der Ungerechtigkeit begründete soziale Umwälzung einzuleiten. Hierher gehört ihr Vorschlag die Expropriation aller Güter durchzuführen, ohne Rücksicht auf welche Weise das gegenwärtige Privateigentum begründet sein konnte. Es ist unnötig zu untersuchen, wie und inwiefern sie im Unrecht sind, dass sie keinerlei juridische und moralische Erwägungen berücksichtigen, da sie ja *a priori* jede Berechtigung des Rechtes und der Moral bestreiten. Sie folgen der Logik eines unverzeihlichen Fehlers, und mehr noch als für die Konsequenzen auf abstraktem Gebiete, sind sie dafür verantwortlich, bei Prämissen zu verharren, die schon eine schwache Kritik für unhaltbar erklärt. Doch andrerseits sind sie nicht weniger auch für die Konsequenzen verantwortlich, und zwar speziell die Expropriation betreffend. Abgesehen von jeder Erwägung juridischer Natur (bei der Behandlung der Theorien Proudhons sah man, dass solche Erwägungen durchaus zu Ungunsten der Anarchisten ausfallen), würden sie, wenn sie die Analyse der ökonomischen Entwicklung des Eigentums bloss gestreift hätten, erkannt haben, wie die Wirkungskraft der einzelnen Willensbestrebungen, um das Eigentum in Formen zu konstituieren, die seinen verschiedenen Phasen entsprachen, nur vorübergehend und unbedeutend war, ebenso wie sie auch unzureichend ist, um die Form zu zertrümmern, die sie in ihrer neuesten Phase angenommen hat. Die von den Anarchisten vorgeschlagene willkürliche Enteignung wäre, abgesehen von der offenkundigen Ungerechtigkeit, ebenso unzureichend, um eine neue Form kollektiven Eigentums hervorgehen zu lassen, als, um nur ein Beispiel anzuführen, die Tatsache der Okkupation (und Maine hat dies mit unübertrefflicher Kritik nachgewiesen) der natürliche Weg der Aneignung, sich als ungenügend zur Erklärung des Ursprungs des Eigentums in seiner primitiven Form erwies. Die gegenwärtige Form des Eigentums ist das letzte Glied einer Kette aufeinanderfolgender ökonomischer und juridischer Gestaltungen, und dies kann nicht durch einen Willensakt und noch viel weniger durch einen Akt der Ungerechtigkeit umgestossen werden.

Tatsächlich bietet die Logik der Tatsachen, die im Erscheinungsgebiet der sozialen Wirklichkeit das Vorbild der Logik der Menschen sein sollte, niemals die ökonomischen Formen und die juridischen Institutionen (und somit ebenso wenig das Eigentum) in einer definitiven konkreten Morphologie krystallisiert; somit wird jedes absolute Urteil, das man darüber abgeben wollte, unentsprechend.

Und wenn sich jemand, wie es mit den Anarchisten der Fall ist, dazu verleiten lässt, so weigert sich die Wirklichkeit die Mittel zu liefern, um zu solchen neuen, vorgefassten und willkürlichen Formen zu gelangen. Es handelt sich nicht darum, die bevorstehenden Resultanten der Geschichte zu rechtfertigen, oder durch vergebliche Bemühungen zu revolutionieren, sondern darum, die Entwicklung durch den wirkenden und realen Beitrag unserer Tätigkeit zu beschleunigen, die einer grundlegenden kathegorischen, durch den höchsten ethischen Inhalt bestärkten Norm folgen sollte, nämlich, dass man jedesmal dann für nützliche soziale Ziele wirkt, so oft man persönlich uneigennützige Ziele verfolgt. Auch hat die ökonomische Wissenschaft nicht die Pflicht der Rechtfertigung oder das Recht der Verdammung. Sie erfüllt vollständig ihre Aufgabe, die einzige, die ihr möglich ist. wenn sie sich von der äusserlichen Beschreibung empirischer Prozesse, zur innerlichen Untersuchung und eventuell zur Erklärung des Weges zu den entferntesten von ihr erreichbaren Ursachen der genetischen Prozesse erhebt. Von diesen können wahrscheinliche Annäherungsurteile hergeleitet werden, welcher Art die Resultanten der ökonomischen Formen sein können, die uns eventuell beängstigen und die sich im Widerspruch mit den beschleunigenden Antizipationen des Gedankens offenbaren. Marx konnte alle vorhergehenden Paraphrasen des Kollektivismus und des utopischen Kommunismus, und gleichzeitig auch die Auffassungen der Anarchisten überwinden, die sie mit vielfachen verschlechternden Beeinflussungen geerbt haben, weil er genau das Bewusstsein dieses methodischen Erfordernisses hatte. Es unterliegt keinem Zweifel, und die Wissenschaft ist gegenwärtig in der Lage dies zu konstatieren, ohne einen Widerspruch auch nur zuzulassen, dass Marx sich irrte, als er das Gesetz der Kapitalkonzentration als unvermeidlich aufstellte; doch urteilte er richtig, als er nachzuweisen suchte, dass die objektive, konkrete, nicht individualisierte Energie der ökonomischen Entwicklung auf seine Untersuchung und Schlussfolgerungen wirkte, wobei er begriff, dass wenn sich auch diesem Verlauf der menschliche Wille und Initiative zum grossen Teil anschliessen können, da ja die Geschichte gerade die aufeinanderfolgende Objektivierung des menschlichen Willens in konkreten Resultanten darstellt, — so ist deren Resultat gewiss nicht die Revolutionierung einer bestimmten historischen Gesellschaftsordnung, sondern vielmehr die Beschleunigung ihrer natürlichen Entwicklung. Und tatsächlich schlug Marx durchaus keine künstliche Aenderung der gegenwärtigen ökonomischen Ordnung vor, und war weit entfernt von der ungesetzlichen und verbrecherischen Auffassung der Expropriation, wie sie die Anarchisten propagieren. Indem Marx von der nur deshalb falschen, weil allzu einseitigen Voraussetzung ausging, dass die Aenderungen der Produktionsmittel das Vorwiegen bestimmter Formen der Gesellschaftsordnung veranlassten und veranlassen, erwartete er vom Wirken der gegenwärtigen Produktionsformen die „Aufhebung der Bourgeoisie", die durch das Anwachsen und die Vereinigung des Proletariats überwunden würde. Daraus soll nun die Vernichtung der kapitalistischen Gesellschaft erfolgen, an deren Stelle der gemeinsame Bestiz an den Produktionsmittel treten würde. In den darauffolgenden Phasen der Ideen Marx' werden die Resultanten, aufgefasst als Vorausahnungen der neuen Produktivform, Schritt für Schritt der individuellen und kollektiven Initiative entzogen, um durch das freie Spiel der ökonomischen Energien herbeigeführt zu werden. Der marxistische Kommunismus überwindet in seiner inneren Entwicklung die aktive und stürmische revolutionäre Phase, die sich auf die Anarchisten vererbt hat, um zu einer Objektivierung der Revolution zu gelangen, die als Umwandlung der ökonomischen Verhältnisse aufgefasst wird. Vom *Kommunistischen Manifest* bis zum *Kapital* rollt sich gerade die Spirale dieses Unterschiedes ab. Im ersteren erklärte Marx, dass das Proletariat nach der Eroberung der politischen Macht, diese dazu verwenden müsse, um der Bourgeoisie das ganze Kapital zu konfiszieren, um in den Händen des Staates, das heisst, des zur herrschenden Klasse organisierten Proletariats, alle Produktionsmittel zu konzentrieren, wodurch auch die Produktivkräfte vermehrt würden. Es wurde noch hinzugefügt, dass dies nicht anders erfolgen kann, als „vermittelst despotischer Eingriffe in das Eigentumsrecht und in die bürgerlichen Produktionsverhältnisse", worauf er zur Idee der „Expropriation des Grundeigentums und Verwendung der Grundrente zu Staatsausgaben" gelangte. Im *Kapital* objektiviert sich dagegen dieses revolutionäre Imperativ in der Erwartung einer ökonomischen Resultante. Wenn die Konzentration des Reichtums in den Händen der Bourgeoisie und die entsprechende Kondensation des Proletariats und seine progressive Verelendung zugegeben wird; sobald auch zugegeben wird, dass der Organisation des kapitalistischen Produktionsprozesses die Organisation des Proletariats entspricht, muss nach Marx daraus folgen, dass die Erde und die anderen Produktionsmittel immer mehr im sozialen Sinne gebraucht würden, um schliesslich durchweg gemeinschaftliche Produktionsmittel zu werden. Die individuelle Arbeit wird gesellschaftliche Arbeit, das heisst, sie wird nicht mehr zum Vorteil einzelner Arbeiter, sondern zum Nutzen der ganzen Kollektivität ausgeführt. Es wird also ein Augenblick kommen, in dem die Produktionsmittel „die sie umgebende kapitalistische Hülle" nicht mehr ertragen werden, worauf die Expropriation notwendig durch das Spiel der inneren Gesetze der kapitalistischen Produktion, d. h., durch die Konzentration des Kapitals vor sich gehen wird. Da nun aber die evolutive Voraussicht Marx's durch die Tatsache widerlegt ist, da die beiden Voraussetzungen, und zwar die Konzentration des Kapitals und die steigende Verelendung des Proletariats als mit der Wirklichkeit nicht übereinstimmend nachgewiesen wurden, ist umso mehr das anarchistische Imperativ der gewaltsamen Expropriation unhaltbar. Ausser dem Umstand, dass sie durch das Recht verdammt wird, erweist sie sich auch als praktisch undurchführbar; und auch wenn sie durchgeführt wäre, würde sie doch nicht die Ungleichheit in der Verteilung der Güter aufheben, weil die Unterschiede der Initiative und Verhältnisse für die Beschaffung des ökonomischen Wohlstandes und dessen Genusses unberührt blieben. Für Marx, der die neuen Produktionsformen vom inneren Spiel der ökonomischen Gesetze erwartete, war es berechtigt, — wenn ihm nicht mit noch grösserer Berechtigung die Wissenschaft seine Voraussetzungen selbst bestritten hätte, — eine auf der Arbeit jedes Einzelnen begründete Verteilung der Produkte zu erwarten, worauf, als weitere Wirkung der umwandelten ökonomischen Struktur, eine nachfolgende Phase der auf den Bedürfnissen jedes Einzelnen begründeten Verteilung folgen könnte [1]). Den Anarchisten

---

[1]) Die alleranschaulichste Darlegung seines Kriteriums der Verteilung der Pro-

dagegen, die das Imperativ der Expropriation als Mittel vorschlagen, um ohne weiteres zur Verteilung nach den Bedürfnissen zu gelangen, antwortet die Wissenschaft, dass die Expropriation mit keinerlei elementarer Rechtsordnung vereinbar ist, und dass sie ausserdem noch unzureichend wäre, um auch nur eine nach der persönlichen Arbeitsleistung begründete ökonomische Verteilung zu erreichen. Um also das Gebiet des Rechtsstreites betreten zu können, müssten die Anarchisten mindestens zu Marx zurückgehen, und um in die Wirklichkeit zu treten, müssten sie sich erinnern, dass seinerseits der Marxismus von der Wirklichkeit selbst schon überwunden ist.

III.

Die Verantwortlichkeit der Anarchisten.

Wenn die anarchistische Lehre als nichts anderes erscheinen würde, als ein Gewebe von Widersprüchen, die die Agitatoren nicht auflösen und die Anhänger nicht überwinden können, könnte die Aufgabe des Forschers, dem die Neubelebung der in sozialen Utopien ausgedrückten theoretischen Verirrungen als ein periodischer Rücklauf in der Geschichte des Gedankens erscheint, als erschöpft betrachtet werden, sobald er diese Widersprüche und diese Irrtümer enthüllt hat. Aber die ganze anarchistische Lehre ist noch von einem tief unmoralischen Geist durchdrungen. Dieses Urteil ist auch richtig, wenn man die Bedeutung der Lehre auf ein Mittelniveau erhebt, von dem die ganz besonderen ihrem Schosse entsprungenen Auswüchse, mit denen aber nicht alle Anarchisten einverstanden sind, ausgeschlossen bleiben. Die Wissenschaft kann nicht mehr entgegenkommend sein, doch kann sie

---

dukte in der sozialistischen Gesellschaft veröffentlichte Marx gelegentlich einer Kritik des Programms von Gotha: *Neue Zeit*, 1891, J. IX, Bd. I. SS. 567. s.q.. Unter den allerbedeutendsten Widerlegungen des marxistischen Standpunktes vgl Wagner. *Grundlegung d. politischen Oekonomie*, 3e Aufl., 1862, Bd. I. 1. A. K I. S. III, § 50 und *passim*.

es auch nicht weniger sein, um gerecht zu bleiben. Gewiss kann die Mehrzahl der Anarchisten nicht für die extremen theoretischen Verirrungen einiger Anhänger solidarisch erklärt werden. Nicht alle Anarchisten würden anerkennen, wie wir es bei einem sahen, dass der Inzest eine moralische Handlung und der Diebstahl gestattet ist und in die Kategorie der individuellen Expropriationen gehört. Noch begehen alle Anarchisten einzeln genommen Attentate. Aber das schliesst nicht aus, dass nicht der erste Keim der Verantwortlichkeit auch die Theorie in ihrer Gesamtheit trifft, die es möglich macht, dass diejenigen, die bis zu diesen extremen Konsequenzen gelangen, sich als Anarchisten bezeichnen und an dieser Bewegung teilnehmen. Und die Verantwortlichkeit einer Lehre wäre ein leeres Wort, wenn sie nicht gleichzeitig die individuelle und kollektive Verantwortlichkeit ihrer Anhänger bedeutete. Es ist unbestreitbar, dass die anarchistische Lehre nicht einen Schritt gemacht hat, um aus ihrem Schosse die extremen Übertreibungen derer auszuschliessen, die die Grundprinzipien anzunehmen erklären, und diese Übertreibungen als die berechtigten Konsequenzen der Prämissen betrachten. Unter allen Anarchisten besteht gewissermassen ein Band passiver Solidarität, was der erste moralische Fehler, aber auch nur allzu sehr die erste Notwendigkeit ihrer Lehre ist. In dieser fliessen durch eine unvermeidliche unmoralische Anziehungskraft alle Auswürfe des antiwissenschaftlichen Gedankens, und nicht wenige der verbrecherischen Gefühls- und Ideenwelt zusammen. Diese namenlose Masse der Unzufriedenen, der Deklassierten, der Unverantwortlichen, auf die, wie wir sahen, Bakunin rechnete, um die Scharen der Empörung und der Revolution zu vermehren, finden eine vollkommene Parallele auf dem theoretischen Gebiet dieser Lehre, der die kritische Unterscheidung mangelt, um diese verschlimmernde Auswahl nach abwarts verhindern zu können. Durch die unvermeidliche Gewalt der Dinge weist die anarchistische Lehre, die sich mit einem Anschein berechtigter Unzufriedenheit von den Reihen des orthodoxen Sozialismus lostrennte und bald durch die Elemente des extremen Individualismus verstärkt wurde, die Tendenz auf, immer mehr unmoralische Elemente aufzunehmen. Anstatt den kritischen Unterscheidungsgeist zu steigern, der immer jede Lehre durchdringt, sobald sie nur über die Anfänge ihrer

Begründung hinausging, drängt die anarchistische Lehre unvermeidlich dahin, sich ihrer zu entledigen.

Es würde genügen, dass sich die Anarchisten von der Unvermeidlichkeit dieses Vorganges nur Rechenschaft ablegen, um den Glauben an die Sittlichkeit der von ihnen vertretenen Sache zu verlieren. Statt dessen erfolgt gerade das Gegenteil. Es ereignet sich zwar zuweilen, dass einzelne oder ganze Gruppen von Anarchisten ihre theoretischen und praktischen Standpunkte bis zu dem Grade abschwächen, dass sie sich der äussersten Fraktion des Sozialismus nähern. Aber wenn dies erfolgt, so saugt sie vielmehr der Sozialismus als der Anarchismus auf, der ihre Abschwächungen in Rechnung zieht und sie ihnen vorwirft. Doch für die wenigen Gruppen, die sich von der Anarchie loslösen, vermehrt sich im umgekehrten Verhältnis das sich immer erneuernde Kontingent der Anhänger. Und es ist offenbar, dass die Anarchisten, die einen Schritt zum Sozialismus machen (und dies ist auch dort der Fall, wo sie die Organisation anerkennen, um eine kollektive Aktion von seiten des Proletariats möglich zu machen), sich recht bald von allen formalistischen Zwangsregeln des orthodoxen Sozialismus umgarnt sehen, die wenigstens scheinbar die Kontrolle zwischen Individuum und Individuum und den Gruppen kompliziert, was genügt, um die allergewalttätigsten Kühnheiten persönlicher Initiative zu erdrücken; während diejenigen, die den anarchistischen Reihen selbst mit den schüchternsten Absichten beitreten, sofort eine Anregung zur Beschleunigung und Vermehrung ihrer auch nur bescheidenen anfänglichen Kühnheit erhalten. Es kann auch nicht anders sein: sei es, weil der Kernpunkt der Adepten des Anarchismus schon von selbst eine Kohäsion bietet, die sich ausserhalb jeden Respektes und irgend eines autoritären Prinzips bildete, oder weil die neuen Anhänger gerade unter jenen rekrutiert wurden, die sich der Bevormundung des Staates und der juridischen Ordnung entziehen wollen. Die anarchistische Lehre bringt es mit sich, dass sich ihr immer mehr solche Anhänger anschliessen, die sich schon der juridischen Kontrolle des Staates zu entziehen suchen, und deshalb umso grösseren Grund haben, sich, wenigstens auf theoretischem Gebiete, auch jeder moralischen Kontrolle zu entziehen. So stellt sie eine immer rohere und komplexere Kondensation jener Elemente dar, die ihre Gefühle, ihre

Ideen und Handlungen in der freien Diskussion des Gedankens und innerhalb der freien Offenbarung gesetzlicher Handlungsweise auszudrücken nicht verstehen und nicht können.

Wenn dieser Vorgang unvermeidlich ist, könnte geschlossen werden, dass die Verantwortlichkeit der ursprünglichen Begründungskeime der Anarchie stark abgeschwächt, und dass übrigens eine partielle kritische Unterscheidung nicht ausgeschlossen ist, die die schwersten unmoralischen Konsequenzen ausschliesst. Aber die Anarchisten können das Privileg nicht beanspruchen, für die Konsequenzen nicht verantwortlich zu sein, weil sie doch nichts von der Verantwortlichkeit für die Prämissen entlasten kann. Dass die kritische Vorsicht im Schosse dieser Lehre nicht nur schwer, sondern auch unmöglich wird, da sie durch immer neue Irrtümer erweitert wird, ist die Konsequenz ihrer Prämisse, dass die verkehrte Idee der Befreiung des Menschen von jeder Autorität sich auch auf dem Gebiete des Gedankens und des Gefühls ausdrücken müsste; wie wenn der Gedanke nicht ein Gesetz in der Wahrheit und jede Offenbarung des Gefühls einen Zügel in der Pflicht hätte. Wenn irgend ein Agitator das Wort ergreift, um, wie ich an entsprechender Stelle ein Beispiel anführte, den von einem Anarchisten gezogenen Konsequenzen entgegenzutreten, die dieser in einem Attentat ausdrückte, kann niemand den ersteren dafür verantwortlich machen, dass er diesen letzteren in der Diskussion nicht überwunden hatte. Doch müsste sich jener dagegen dafür verantwortlich halten, dass er eine Lehre verteidigt, deren Voraussetzungen es nicht möglich machen, dass sich die Rechte der Vernunft für alle oder gegen alle geltend machen, wenn die Vernunft zum Wahnsinn und die Betätigung zum Verbrechen wird. Doch ist es nicht nötig bis zu diesem Resultat zu kommen, um die passive Solidarität der Anarchisten nachzuweisen, die sich durch ein immer festeres unmoralisches Band verbunden fühlen, dem sie sich nicht entziehen können, auch wenn sie allen Konsequenzen entgegentreten, — so lange sie auch nur eine einzige von den Prämissen bestehen lassen. Jeder einzelne Anarchist ist gewiss nicht positiv für jeden Akt der anderen Anarchisten verantwortlich, aber keiner von ihnen kann sich der Verantwortlichkeit entziehen, den Voraussetzungen einer Lehre zuzustimmen, die es notwendig mit sich bringt, dass man zu solchen Konsequenzen gelangt.

Daraus folgt auch, um wie viel schwerer noch die Verantwortlichkeit für die die einzelnen Agitatoren ist. Auf ihre einfachsten Grundzüge reduziert und an den Resultaten der Wissenschaft geprüft, sah man, dass die Lehre der einzelnen Agitatoren sich in einen Komplex von Irrtümern, Missverständnissen oder solchen Unzulänglichkeiten auflösen, dass man verwundert bleiben muss, dass Menschen mit ganz respektablen Geistesfähigkeiten sich ihnen in gutem Glauben fürs ganze Leben anschliessen konnten, indem sie ihr Bedürfnis nach Wahrheit und den Wunsch eine Antwort auf die ungelösten Fragen des Lebens und des Geistes zu erhalten, mit solch irrtümlichen Schlussfolgerungen zufrieden geben konnten, — insofern sie nicht direkt unmoralisch und somit im Gegensatz zur ganzen Bewegung der Vernunft stehen. Aber wenn man auch ihren guten Glauben zugeben will, ist durchaus noch nicht ihre geistige Verantwortlichkeit verringert. Wer bereit ist seine Vernunft von jedem Zügel zu befreien und Zeugnisse zur Unterstützung seiner Prämissen aufzuspeichern, die er zurückgebliebenen und überwundenen Formen des Gedankens entlehnt, hat kein Recht in Dinge dreinzureden, die die allerstrengste menschliche Untersuchung ermüden, und die in Wirklichkeit das ewige mühselige Experiment der Geschichte darstellen. Und wer sich dieser Vorbereitung nicht unterzieht, hat ausser der geistigen Verantwortlichkeit gleichzeitig auch noch eine moralische Verantwortlichkeit, weil der Irrtum sich nicht im Geiste desjenigen erschöpft, der ihn erdacht hat, sondern andere Geister sucht, sich in andere Seelen einschleicht und schliesslich die Veranlassung zu Handlungen wird, die diesen Irrtümern entsprechen. In derselben Weise muss auch die Verantwortlichkeit eines grossen Teiles der Anhänger, wenigstens derjenigen bestimmt werden, die in der Lage sind die letzte Bedeutung der Lehren der Agitatoren zu begreifen. Wenn ihr Gefühl intellektueller Würde auch nur geringe Wurzeln in einem tieferen moralischen Gefühl fände, würden sie zweifellos, bevor sie noch die Lehre dieses oder jenes Theoretikers adoptierten und sich zu ihren Verbreitern machten, das Bedürfnis gefühlt haben, an anderen Quellen die Erbauung ihrer Persönlichkeit zu suchen. Auf diese Weise würde sie der normale Gang der Wissenschaft rasch genug wieder gewinnen, weil sie sich nicht mehr der Illusion hingeben würden Resultate der Volkswirtschaft bei Proudhon, der Soziologie bei Kropotkin, oder der Geschichtsphilosophie bei irgend einem verspäteten Popularisierer der Gemeinplätze des revolutionären Jakobinismus zu finden. Das passiert hauptsächlich denjenigen, die wegen der Unzulänglichkeit der moralischen Triebfeder, oder aus geistiger Disziplinlosigkeit, die vorher durch das unwürdige geistige Apostolat jener geschmeichelt wurde, die in den dunklen und zweifelhaften Zonen des unterwissenschaftlichen Geisteslebens gedeihen, später in der von der anarchistischen Lehre gepredigten Gewalt und in ihren verbrecherischen Postulaten dieses Gebiet kühner Entfaltung der geistigen Autonomie und der freien Offenbarung der Aktion zu finden glauben, die von dieser ansteckenden Pseudowissenschaft unbefriedigt geblieben sind. Durch den Anschluss an die anarchistische Lehre machen sie keinen Schritt nach vorwärts, sondern nur einen Schritt, der zum ersten verfehlten Schritt auf dem Wege ihrer Kultur parallel ist; nämlich vom Reiche der anmassenden und unehrlichen Ignoranz, die nicht das Privilegium der Anarchisten ist, geraten sie in das Reich der furchtbarsten geistigen Sklaverei, die durchaus das Privilegium der Anarchisten bildet.

Der Verantwortlichkeit dieser beiden Kategorien von Anarchisten, der Theoretiker und ihrer nächsten Anhänger oder Ausleger, muss noch die Verantwortlichkeit der namenlosen Masse aller anderen hinzugefügt werden. Es ist klar, dass es sich um Verantwortlichkeit in verschiedenem Massstabe handelt, die aber nichtsdestoweniger zu berücksichtigen ist. Die anarchistische Idee findet ohne Zweifel ihren Boden intensiver Kultur bei allen jenen, die ihr wegen ihrer mangelnden geistigen und moralischen Anlagen keinen, aus einem auch nur bescheidenen Guthaben von Kenntnissen und Überzeugungen gebildeten Widerstand entgegenstellen können. Und gerade deshalb treten besonders aus dieser ungebildeten und unmoralischen Masse jene Individuen hervor, die bereit sind die Theorie durch verbrecherische Gewaltakte in die Praxis umzusetzen. Die persönliche Verantwortlichkeit ist niemals vollständig aufgehoben, weil die anarchistische Lehre, bevor sie noch den Anstoss zur Aktion gibt, mit der Kritik und der Zerstörung der bestehenden Gesellschaft beginnt, und es gibt keinen so geringen Grad bewusster Überlegung, auch in den Fällen von Abwesenheit jeder elementaren Bildung, dass sie nicht imstande wäre, den verräterischen Krebsschaden zu entdecken, der sich in dieser Kritik einnistet. Und übrigens, um zu den extremsten Konsequenzen der abstrakten Verkündung der Lehre zu gelangen, muss jeder, der handelt, fast immer ein Element persönlicher Überlegung hinzufügen, die dazu dienen müsste, eher von der Tat abzuhalten als zur Tat zu drängen. Die Anhänger haben also neben den Agitatoren auch ihren Anteil moralischer Verantwortlichkeit, ebenso so sehr, ob sie sich zur Tatd rängen lassen oder auch nicht so weit gehen. Dies gilt auch jenen zur Antwort, und in der Mehrzahl sind es die Anarchisten selbst, die in den anarchistischen Verbrechen ein unvermeidliches Produkt ökonomischer Ursachen sehen. Die Tatsachen beweisen aber das Gegenteil. Kein einziges von den anarchistischen Verbrechen wurde aus direkter Veranlassung ökonomischer Missverhältnisse hervorgerufen, — ohne zu erwähnen, dass wenn ökonomische Schwierigkeiten eine notwendige Veranlassung zum Verbrechen wären, (nur in diesem Falle könnte man von der Unverantwortlichkeit der wirkenden Kräfte sprechen) alle diejenigen, die sich in solchen Verhältnissen befänden, das Kontingent des Verbrechens vermehren würden, bevor sie noch ihre Energie dazu anwendeten, um aus ihn en herauszukommen, — was aber von der Wirklichkeit weit entfernt ist. Übrigens ist das ein Untersuchungsgebiet, in dem man sich nicht bloss mit allgemeinen Versicherungen bewegen kann, und das andere Wissenschaften betrifft. Es verbleibt somit auf jeden Fall der allgemeine ethische Schluss auf die Verantwortlichkeit auch der Anhänger, und mehr noch derjenigen, die zu den extremen Konsequenzen des anarchistischen Verbrechens gelangen; eine Verantwortlichkeit, die gewiss nicht entstanden wäre, wenn sich nicht durch die Ausdauer der Agitatoren eine Tradition der anarchistischen Ideenwelt gebildet hätte, in der die Anhänger fortwährende Aufreizungen zur Empörung finden können, die es unvermeidlich mit sich bringen, dass sie in Formen des allerunmenschlichsten Verbrechertums ausarten müssen.

Aber der ethische Inhalt der anarchistischen Lehren impliziert auch die Verantwortlichkeit der Anhänger nicht nur in passivem und geistigem Sinne, sondern in direkter und positiver Weise.

Der Anfangspunkt dieser Verantwortlichkeit keimt schon in der Verneinung jeder vernünftigen Unterwerfung des Menschen unter irgend welche Autorität, somit auch unter die Autorität der moralischen Pflicht, wodurch dem Menschen die Möglichkeit genommen ist einer Hierarchie ethischer Imperative zu gehorchen, mit deren Hilfe er dieses Mindestmass an Ansprüchen an das moralische Leben erfüllen könnte, die sich allen Menschen ohne Unterschied aufdrängen. Durch die Aufstellung dieses Prinzips sondern sich die Anarchisten nicht nur vom moralischen Leben ab, sondern müssen ihm notwendigerweise entgegenarbeiten. Und dieser Gegensatz offenbart sich auch tatsächlich in Bezug auf die Familie, das Recht, den Staat, und diese allerweitesten Formen menschlicher Solidarität, die zur Erreichung der höchsten ethischen Ziele dienen, indem sie für sich selbst diese Vorteile ausschliessen, die sie den anderen entziehen, und zwar die gegenseitige Hilfe, durch die die soziale Tätigkeit für das gemeinsame materielle und moralische Wohl vereinigt und vermehrt wird. Der höchste Grad der Verantwortlichkeit der Anarchisten ist dann durch ihre gewalttätige Aktion gegen das Menschenleben gekennzeichnet, wann sie gleichzeitig mit dem Leben eines anderen Menschen ihm auch die Möglichkeit abschneiden, die dem Leben selbst innewohnende Pflicht und Verantwortlichkeit vollinhaltlich zu erfüllen und zu erreichen, — eine Pflicht und eine Verantwortlichkeit, die sich in einem einzigen höchsten ethischem Moment verkörpert, nämlich in dem durch die Naturgesetze herbeigeführten Tode.

Die Anarchisten, die Verbrecher werden, und alle anderen Anhänger, die sich von einer solchen Lehre nicht zurückziehen, in der solche extreme Konsequenzen unvermeidlich sind, verletzen nicht weniger ein kathegorisches Verbot der juridischen als auch der moralischen Ordnung, in Bezug auf die das einzelne Wollen des Individuums ein in der Anerkennung des sozialen Lebens verpflichtetes Wollen ist, in dem das Recht regiert und die Pflicht regieren soll Und die höchste Vergewaltigung des Rechtes und der Pflicht ist die Vernichtung eines Menschenlebens. Die Anarchisten sind schliesslich dafür verantwortlich, dass sie nicht anerkennen, dass das Individuum die elementare Pflicht des Lebens zu erfüllen hat, in dem es aus der Betätigung der eigenen Energie, die, wenn auch minimale Befriedigung seiner eigenen allernotwendigsten Bedürfnisse zu schöpfen hat. Ohne die ununterbrochene Erfüllung dieser Pflicht, die für jeden gleichzeitig Opfer und Vorteil bedeutet, würde sich das soziale Leben in einer Summe von sterilen Erwartungen erschöpfen, der eine unüberwindliche moralische Disharmonie entsprechen würde. Die Anarchisten erniedrigen in sich selbst die menschliche Persönlichkeit, indem sie die Möglichkeit niedriger materieller Siege bei günstigeren Kampfbedingungen suchen. und gelangen zur moralischen Antithese, solche Bedingungen durch die Vernichtung anderer menschlicher Persönlichkeiten erreichen zu wollen. Aber wer nicht zögert in anderen das erste Recht. nämlich das Recht aufs Leben zu vernichten, indem er die erste Pflicht verletzt, nämlich dieses Recht zu respektieren, verzichtet für sich selbst auf den Wert der menschlichen Persönlichkeit, da er sich auf das Niveau dieser feindlichen Gewalten herabsetzt, gegen die die Gesellschaft das ewige Recht der Verteidigung hat. Denn dies erfolgt um den Preis der Unverletzlichkeit des Lebens aller ihrer Glieder und der Erreichung der individuellen und gesellschaftlichen Ziele, deren Harmonie allein dem Menschen ermöglicht den Weg der ausstrahlenden und wachsenden Zivilisation zu beschreiten. Sobald die Anarchisten nur das Recht anerkennen, wird sich das Recht auch auf sie erstrecken, bereit auch ihnen seine Garantieen zu gewähren. Doch ausserhalb des Rechtes kann es nur berechtigte Massregeln geben. Das ernste, aber unerbittliche Verdammungsurteil, das die ethische Vernunft über ihre Lehren und ihre Handlungen ausspricht, zeigt den Anarchisten, welcher der Weg der Gerechtigkeit ist, auf dem die Menschen in der Erfüllung der Pflicht und in der Ausübung des Rechtes gleich nebeneinander stehen.

Alphabetisches Namensregister.*)

*) Die in *Kursiv* gedruckten Namen beziehen sich auf Personen, die historisch erwähnt werden aber nicht als Autoren auftreten.
Die fett gedruckten Zahlen bedeuten, dass sich die Stelle im Text befindet, die anderen Ziffern weisen auf die Fussnoten hin.

Zeitfracht Medien GmbH
Ferdinand-Jühlke-Straße 7
99095 Erfurt, Deutschland
produktsicherheit@kolibri360.de